EL PROCEDIMIENTO DE ACTUACIÓN ANTE LOS ÓRGANOS DE LA JURISDICCIÓN DE VIGILANCIA PENITENCIARIA

(Hacia un Derecho Procesal Penitenciario)

JUAN RAFAEL BENÍTEZ YÉBENES

Magistrado
Profesor asociado de Derecho Procesal
Universidad de Granada (Campus de Melilla)

EL PROCEDIMIENTO DE ACTUACIÓN ANTE LOS ÓRGANOS DE LA JURISDICCIÓN DE VIGILANCIA PENITENCIARIA

(Hacia un Derecho Procesal Penitenciario)

Dykinson, S.L.

Colección "Biblioteca de Criminología"

Instituto Andaluz Interuniversitario de Criminología (Sección de Granada)

Director: Prof. Dr. Lorenzo Morillas Cueva

Editorial DYKINSON, S.L. Meléndez Valdés, 61 - 28015 Madrid
Teléfono (+34) 91544 28 46 - (+34) 91544 28 69
e-mail: info@dykinson.com
http://www.dykinson.es
http://www.dykinson.com
Consejo Editorial véase www.dykinson.com/quienessomos

ISBN: 978-84-9148-141-6
Depósito Legal: M-6498-2017

Preimpresión por:
Besing Servicios Gráficos S.L.
besingsg@gmail.com

A mi esposa y a mis hijos,
que dan sentido a mi vida.

A mis padres, ya ausentes, pero
siempre presentes en el recuerdo.

"Por el mismo hecho de prohibir la tutela privada, el Estado se obliga a proteger por sí los derechos de los particulares; viene obligado a asumir para sí la tutela jurídica –lo cual constituye una de sus tareas primordiales– y a crear el mecanismo adecuado para ello."

Prof. Gómez Orbaneja

ÍNDICE

ABREVIATURAS

AAP	Auto de la Audiencia Provincial
AP	Audiencia Provincial
Art./-s	Artículo/Artículos
ATC	Auto del Tribunal Constitucional
ATS	Auto del Tribunal Supremo
BOCG	Boletín Oficial de las Cortes Generales
BOE	Boletín Oficial del Estado.
CC	Código Civil.
CE	Constitución Española
CEDH	Convenio Europeo para la Protección de los Derechos Humanos
Cfr	Confróntese
CGPJ	Consejo General del Poder Judicial
cit.	Citado
coord/-s	Coordinador/-es
CP	Código Penal
CPM	Código Penal Militar
DA	Disposición Adicional
DGIP	Dirección General de Instituciones Penitenciarias
DOUE	Diario Oficial de la Unión Europea
Dtor./-es	Director/-es
DUDH	Declaración Universal de los Derechos Humanos
edit.	Editor.
EOMF	Estatuto Orgánico del Ministerio Fiscal
FD	Fundamento de Derecho.
FJ	Fundamento Jurídico.
JVP	Juez-ces/Juzgado-s de Vigilancia Penitenciaria
LDYPJ	Ley de Demarcación y Planta Judicial
LEC	Ley de Enjuiciamiento Civil
LECr	Ley de Enjuiciamiento Criminal
LO	Ley Orgánica.

LOGP	Ley Orgánica General Penitenciaria
LOPJ	Ley Orgánica del Poder Judicial
LOPJ	Ley Orgánica del Poder Judicial.
LOTC	Ley Orgánica del Tribunal Constitucional
LOTC	Ley Orgánica del Tribunal Constitucional.
LRJAPPAC	Ley de Régimen Jurídico de las Administraciones Públicas y del Procedimiento Administrativo Común.
LRJCA	Ley Reguladora de la Jurisdicción Contencioso Administrativa
LRMRPUE	Ley de Reconocimiento Mutuo de Resoluciones Penales en la Unión Europea
MF	Ministerio Fiscal
Nº	Número
ONU	Organización de Naciones Unidas.
p./pp.	Página-s
PIDCP	Pacto Internacional de Derechos Civiles y Políticos
PLORPJVP	Proyecto de Ley Orgánica Reguladora del Procedimiento ante los Juzgados de Vigilancia Penitenciaria, de 1997.
RD	Real Decreto.
RP	Reglamento Penitenciario
SAP	Sentencia de la Audiencia Provincial
SSTC	Sentencias del Tribunal Constitucional.
SSTS	Sentencias del Tribunal Supremo
STC	Sentencia del Tribunal Constitucional.
STCJ	Sentencia del Tribunal de Conflictos de Jurisdicción
STEDH	Sentencia del Tribunal Europeo de Derecho Humanos
STS	Sentencia del Tribunal Supremo.
TBC	Pena de Trabajos en Beneficio de la Comunidad
TC	Tribunal Constitucional.
TCJ	Tribunal de Conflictos de Jurisdicción
TEDH	Tribunal Europeo de Derechos Humanos
trad.	Traducción
TS	Tribunal Supremo.
Vid.	Véase
vol.	Volumen
VV.AA.	Varios Autores.

PRÓLOGO

Escribir un Prólogo a una obra es no solamente presentarla al lector, aunque en sus orígenes en el viejo teatro griego y romano su característica principal fuera la de narrar el argumento y pedir anticipada indulgencia a los espectadores para la representación, sino también meterse en ella, profundizar en sus contenidos, valorar sus planteamientos. El prologuista no puede ser neutral sino comprometido con el texto y con el autor. Valorar que no narrar.

Semejante labor se me hace sencilla después de la lectura pausada, enriquecedora y detallada de este libro "El procedimiento de actuación ante los órganos de la jurisdicción de vigilancia penitenciaria" de Juan Rafael Benítez Yébenes. No solamente se trata de una obra que estudia con delicada y profunda minuciosidad el procedimiento citado sino que además apuesta con valentía científica por la propuesta o, al menos, por el inicio de un trascendente caminar hacia un Derecho Procesal Penitenciario.

Y no es fácil tal planteamiento, pues el denominado Derecho Penitenciario en general anda titubeante, sobe todo doctrinalmente, en cuanto a su naturaleza y ubicación sistemática. Para algunos, fundamentalmente penalistas, parte del Derecho de ejecución de penas, amparado bajo el gran paraguas de la Penología, y cuyo objetivo principal es, en España, el estudio de la LO 1/1979, de 26 de septiembre, General Penitenciaria y su Reglamento –Ley que, por otra parte, cambió para bien, con parámetros basados en esquemas garantistas, la comprensión del sistema penitenciario, sobre hipótesis de legalidad en la ejecución de las penas, reeducación y reinserción de los sentenciados a penas privativas de libertad, individualización científica, separación en grados, libertad condicional, actualmente de manera híbrida incluida por el Código penal dentro de la suspensión de penas y, sobre todo para lo que interesa en este libro, la loable incorporación de la figura del Juez de Vigilancia Penitenciaria dentro de la normativa citada, como valedor del reconocimiento y respeto de los derechos humanos de los reclusos–; para otros está a caballo entre la Ciencia del Derecho Penal y la Criminología, incluyéndose en una u otra según las cuestiones a tratar, e incluso en el Derecho Procesal Penal; unos terceros, y es la posición más emergente, abogan por la autonomía del Derecho penitenciario como tal, como ciencia, en palabras de Rodríguez Alonso, "del saber jurídico y criminológico independiente", sobre tres argumentos a tener muy en cuenta: por razón de las fuentes –las normas que regulan la relación jurídica penitenciaria van creando un cuerpo diferente al Derecho penal sustantivo y procesal (importancia en este último sentido de la propuesta de Benítez Yébenes)–, por razón de la materia –la relación jurídica penitenciaria–, por razón de la jurisdicción –reiteración de la trascendencia, en tal línea, del Juez de Vigilancia Penitenciaria, como órgano jurisdiccional específico–. Encomiable esfuerzo de eminentes penitenciaristas al respecto por intentar lograr una disciplina independiente desde la coherencia científica. El camino es largo, pero trabajos con argumentos y razones como las recogidas en este libro han de servir de mucho para su consolidación final; en este punto desde su variable procesal.

El autor admite la primera y más importante de las premisas: estima el Derecho Penitenciario como una rama autónoma del ordenamiento jurídico, de naturaleza material o sustantiva. Con respecto a la segunda, reconoce la necesidad de otra herramienta jurídica de carácter adjetivo o instrumental, por lo que se plantea la existencia de un Derecho Procesal Penitenciario, pero como una especialización dentro del Derecho Procesal Penal, en la que el Juez de Vigilancia se presenta como órgano especializado de la jurisdicción penal, que aplica el Derecho Penitenciario, la herramienta procesal que utiliza es una especialización del Derecho Procesal Penal, a la que denomina Derecho Procesal Penitenciario. El escritor con esta intermedia posición en el ámbito procesal abre el camino con rigurosa fundamentación pero no lo cierra definitivamente a su autonomía conceptual y de naturaleza, como hace en el ámbito sustantivo, posiblemente porque sea bastante más complicada la interrelación de las diferentes variables procesales, además de las normativas.

Y desde tal perspectiva de compromiso científico y de excelente labor investigadora recorre las diversas fases analíticas de la figura en examen para poder llegar a unas conclusiones sumamente aceptables que diseñan, en definitiva, el objetivo prioritario de la obra: dar a conocer todas las opciones por las que se mueve el Juez de Vigilancia Penitenciaria y proponer como derivación de ello la necesaria estructura procesal penitenciaria. Con tal finalidad, nos acerca inicialmente a modo de introducción a los orígenes de la figura, a su aparición y progresiva implantación como juez de ejecución o de vigilancia penitenciaria, según denominación usada por los diferentes sistemas en el ámbito internacional y a su marco normativo en el sistema penitenciario español; ello, en este trípode de cuestiones, lo hace con profundidad comparativa y con un exhaustivo análisis de la regulación en nuestro Ordenamiento del Juez de Vigilancia Penitenciaria.

El segundo bloque, nuclear en la exposición, abarca el estudio concreto de los Órganos de Vigilancia Penitenciaria, en relación a sus propias características -por ejemplo la especialización de su función jurisdiccional y los principios básicos de actuación, respeto a la personalidad del recluso, de actividad dirigida a la resocialización, de judicialización de la ejecución, de actuación de oficio-, composición y organización, naturaleza jurídica, y con una especial atención a la Fiscalía de Vigilancia Penitenciaria que, aun sin contar con referencia alguna en la LOGP, el autor explicita e intenta situar en su realidad práctica con determinación del marco jurídico que le da soporte y justificación de dicha intervención fiscal en la jurisdicción de vigilancia penitenciaria, para, de este modo, narrar las funciones que tiene encomendadas en dicho ámbito, sin perjuicio de alguna otra referencia a la nueva oficina fiscal, en cuanto puede suponer una novedosa estructura organizativa del ejercicio de su función, incluso en este caso.

En el tercero, se centra en la jurisdicción y competencia de la institución en análisis, en la importante delimitación de su jurisdicción –incluida la jurisdicción militar– y límites –entre los que incorpora los derivados del reconocimiento mutuo de resoluciones penales en la Unión Europea, así como el del difícil equilibrio con las competencias de la administración penitenciaria reconocida legalmente al respecto– como órgano jurisdiccional unipersonal con las fundamentales atribuciones decisorias de hacer cumplir la pena impuesta, resolver los recursos correspondientes, salvaguardar los derechos de los internos y corregir los abusos y desviaciones que en el cumplimiento de la normativa de régimen penitenciario hubiere lugar.

El último de los bloques está dedicado a la parte más procesal del trabajo, al procedimiento de actuación. Lo comienza con una relevante ausencia del sistema, cuya necesidad reivindica con pasión: una ley que regule el procedimiento en la jurisdicción de Vigilancia Penitenciaria; esto es, y en definitiva, una específica Ley procesal de vigilancia penitenciaria. En él incluye, además, todo lo relacionado con aquél: el cómo es, su especial configuración en cuanto a naturaleza jurídica, principios informadores, acceso a expedientes, legitimación, especialidades procedimentales, recursos, entre otras cuestiones.

En definitiva, una obra completa, informada, bien elaborada sistemáticamente, con un relevante complemento dogmático y una extraordinaria visión práctica fruto de la experiencia y el buen saber y mejor hacer del autor. Con sus treinta y dos conclusiones finales estructura una acertada propuesta de lo que denomina Derecho procesal penitenciario que, no me cabe la menor duda, tendrá éxito en el futuro como destacada variable del Derecho procesal penal, pero sobre todo del Derecho Penitenciario.

Enjuiciada la obra, me resta hablar de su autor. Juan Rafael Benítez Yébenes, cordobés de Carcabuey, es magistrado de la Audiencia Provincial de Málaga (Sección 7ª, civil y penal, con sede en Melilla) y desempeña en régimen de compatibilidad las funciones jurisdiccionales de Juez de Vigilancia Penitenciaria de Melilla. Es Fundador y Presidente de la Asociación Melillense de Estudios Penitenciarios y Profesor Asociado de Derecho procesal en la Universidad de Granada, Campus de Melilla. Autor de relevantes publicaciones sobre Derecho Penitenciario y procesal, con amplia actividad investigadora en congresos, ponencias, conferencias.

Estos esquemáticos datos ponen de manifiesto la personalidad científica, docente y judicial de Dr. Benítez Yébenes. Juez, profesor, penitenciarista, investigador. Trabajador infatigable, entregado organizador de reuniones científicas. Persona activa, inquieta, comprometida. Ha sabido en su ciudad de adopción, la multicultural y bella ciudad de Melilla, proyectar desde la presidencia de la Asociación Melillense de Estudios Penitenciarios, medalla del mérito social penitenciario, un auténtico foro de debate sobre el Derecho

Penitenciario, referente en el resto de España y lugar de encuentro anual de expertos en Derecho penitenciario, penalistas, criminólogos y demás especialistas en estas materias.

Su amplia destreza práctica y su multidisciplinar formación las ha sabido plasmar con generosidad en este ilustrativo libro que marca un hito en esa compleja adscripción científica del Derecho penitenciario, más complicada todavía en el ámbito procesal y que sitúa a la figura del Juez de Vigilancia Penitenciaria y al procedimiento de actuación antes sus órganos jurisdiccionales en una interpretación real, rigurosa y crítica como no podía ser de otra manera dada la formación y el compromiso científico de su autor, el Dr. Benítez Yébenes.

Decía Marun Abbud, escritor libanés, que “la sabiduría, después de todo, no es otra cosa que la experiencia”, a lo que he de añadir, la experiencia conseguida con el trabajo, el saber y el conocimiento; precisamente lo que el lector va encontrar en este libro.

Granada, en una soleada tarde de invierno de 2017

Lorenzo Morillas Cueva

Catedrático de Derecho Penal.
Universidad de Granada

INTRODUCCIÓN

Con la llegada del pensamiento de la Ilustración y de los movimientos posteriores, tales como la Codificación, el Liberalismo, y el Constitucionalismo, surgió la idea –que iría adquiriendo cada vez mayor fuerza– de la existencia de unos derechos fundamentales, inherentes a la persona por el mismo hecho de su categoría de ser humano, con independencia de su condición de ciudadano, de su status social, o de su pertenencia a un determinado Estado, y que por consiguiente no se ostentan o disfrutan por ser una concesión estatal. Esto influyó en todos los ámbitos legislativos, y especialmente en la respuesta penal a las conductas consideradas como delictivas, tanto a la hora de tipificar esas conductas, como en el enjuiciamiento de las mismas, y posteriormente en la ejecución de la pena impuesta al infractor. Surgen así las ciencias penales, con un destacado papel del moderno Derecho Penal, y entre las que también hemos de reconocer, con autonomía propia, al Derecho Penitenciario.

La lucha por el reconocimiento y defensa de los derechos humanos resurgió con especial fuerza tras el último conflicto armado mundial, de tal modo que una vez constituida la Organización de las Naciones Unidas comenzaron a surgir una serie de Pactos y Convenios internacionales reconociendo y consagrando tales derechos. Estos textos tienen unas veces un efecto jurídico vinculante, y otras son meras recomendaciones a los estados para que adapten su legislación a tales textos.

Pero toda esta actividad en pro de los derechos humanos tuvo una especial relevancia en el continente europeo, de tal modo que en el ámbito del Consejo de Europa también surgieron textos similares a los nacidos en el seno de las Naciones Unidas. Entre estos textos, a modo de recomendación a los estados, merecen destacarse las denominadas Reglas Mínimas para el Tratamiento de los Reclusos, en las que se contempla la necesidad de que exista un control de la actividad realizada por la administración penitenciaria encargada de la ejecución de las penas, debiéndose realizar ese control por un órgano ajeno a dicha administración. Esto dio pié a que muchos estados establecieran la figura de un Juez encargado de la vigilancia de la ejecución de las penas, distinto del tribunal sentenciador.

A nuestro entender, la irrupción de este Juez en el ordenamiento jurídico, supone un último peldaño en el proceso evolutivo de humanización del derecho penal y modernización de los sistemas penitenciarios.

Como consecuencia de que nuestro Legislador patrio, durante el periodo que conocemos como etapa de la transición a la democracia, se hizo eco de esas corrientes imperantes en los países del occidente civilizado, que propugnaban el respeto por los derechos humanos, un nuevo tratamiento de los reclusos acorde con tales derechos, y la necesidad de controlar la actividad penitenciaria, nació la Ley Orgánica General Penitenciaria, promulgada en el año 1979, que creó en nuestro país la novedosa figura del Juez de Vigilancia Penitenciaria, a la que dedica tres artículos: el 76, 77, y 78. En los dos primeros regula su competencia, y en el 78 dispone que: «*En lo que respecta a las cuestiones orgánicas referentes a los Jueces de Vigilancia y a los procedimientos de su actuación, se estará a lo dispuesto en las Leyes correspondientes*».

El problema está en determinar cuáles son estas "*Leyes correspondientes*" que hayan de regular esos dos aspectos, el orgánico y el procedimental, a los que alude el citado artículo.

La propia Ley ofrece una solución meramente provisional a esta cuestión, al señalar en su Disposición Transitoria Primera que: «*Hasta que se dicten las normas referidas en el artículo 78, el Juez de Vigilancia se atenderá a los artículos 526, 985, 987, 990 y concordantes de la Ley de Enjuiciamiento Criminal.*»

Pese a tan escasa normativa, los Juzgados de Vigilancia Penitenciaria entraron en funcionamiento el día 1 de octubre de 1981, según Acuerdo del Consejo General de Poder Judicial de fecha 9 de julio de ese mismo año, e iniciaron su andadura procesal aplicando los preceptos mencionados en la citada Disposición Transitoria

Primera, los principios inspiradores del proceso penal recogidos en la Ley de Enjuiciamiento Criminal, y unas Prevenciones que dictó la Presidencia del Tribunal Supremo en ese año 1981, al amparo de unas competencias que le atribuía la entonces vigente Ley Orgánica del Poder Judicial de 1870, estableciendo una serie de pautas y criterios a seguir.

Con posterioridad se promulgó la Ley Orgánica 6/1985 de 1 de julio, del Poder Judicial, que reguló las cuestiones orgánicas referentes a los Jueces de Vigilancia Penitenciaria, fundamentalmente en sus artículos 94 y 95, y también la Ley 39/1988, de 28 de diciembre, de Demarcación y Planta Judicial. Ambas leyes fueron modificadas por la Ley Orgánica 5/2003 de 27 de mayo, que creó los Juzgados Centrales de Vigilancia Penitenciaria, de los que en la actualidad solo se ha constituido uno.

Como puede comprobarse, de los dos aspectos contemplados en el artículo 78 de la Ley Orgánica General Penitenciaria, solo el orgánico ha sido regulado. Sin embargo, cuando se han cumplido ya más de treinta y seis años desde la publicación de esta Ley Orgánica[1] y de la entrada en funcionamiento de los Juzgados de Vigilancia Penitenciaria, subsiste aún el problema a la hora de determinar cuáles sean las "*leyes correspondientes*" a los procedimientos de actuación ante estos Juzgados; lo que crea inseguridad jurídica y supone, a nuestro entender, una vulneración del principio de legalidad procesal.

Hoy por hoy la única norma procesal existente específica para estos Juzgados es la Disposición Adicional Quinta de la Ley Orgánica del Poder Judicial, relativa a la regulación de los recursos, que fue reformada por la Ley Orgánica 5/2003 de 27 de mayo (que vino a trastocar todo el sistema anterior), y por la Ley Orgánica 7/2003 de 30 de junio que, con una defectuosa técnica legislativa, añadió un nuevo apartado 5 a la citada Disposición Adicional regulando los efectos suspensivos de determinados recursos, disponiendo que el anterior apartado número 5 pasará ahora a ser el número 6, pero sin disponer nada del número que debe corresponder al anterior número 6 –que debe entenderse subsistente al no haber sido expresamente derogado y regular materia distinta–, ni establecer tampoco una nueva re-

---

[1] La Ley Orgánica 1/1979 de 26 de septiembre, General Penitenciaria, fue publicada en el BOE nº 239, de 5 de octubre de 1979.

numeración de los apartados siguientes. Pese a ello ha de entenderse que se ha producido una renumeración tácita de los distintos apartados de esta Disposición Adicional. Así lo han entendido las distintas editoriales jurídicas al publicar y sacar al mercado los correspondientes textos legales.

En todo lo demás, que no sean recursos, nos encontramos en la misma situación de interinidad o provisionalidad contemplada en la mencionada Disposición Transitoria Primera de la Ley Orgánica General Penitenciaria. No obstante, en la VI Legislatura (1996-2000) hubo un intento de regular unas normas procesales específicas para esta jurisdicción. Así, con fecha 29 de abril de 1997 el Boletín Oficial de las Cortes Generales publicó el "Proyecto de Ley Orgánica reguladora del procedimiento ante los Juzgados de Vigilancia Penitenciaria", pero este Proyecto, que estaba en trámite, con el cambio de Legislatura caducó, y no se ha vuelto a producir con posterioridad ninguna iniciativa legislativa similar.

Ante esta situación, salvo en materia de recursos, los demás trámites procesales dependen del buen criterio del Juez respectivo, al aplicar los principios generales del proceso penal a las actuaciones que entienda que debe practicar, hasta llegar a dictar la correspondiente resolución; aplicando también la doctrina del Tribunal Constitucional emanada de los recursos de amparo que ante él llegan en materia penitenciaria, y guiándose asimismo –aunque sin efecto vinculante– por los denominados Criterios refundidos de actuación aprobados por los Jueces de Vigilancia en las reuniones que con periodicidad anual o bianual han venido celebrando, a fin de unificar criterios y marcar una pauta homogénea a seguir, a lo que se suma la incipiente jurisprudencia unificadora del Tribunal Supremo sobre esta materia, pues hasta la reforma introducida por la mencionada Ley Orgánica 5/2003 no estaba previsto que llegaran a este Tribunal cuestiones relativas a la jurisdicción de vigilancia penitenciaria[2].

---

[2] Las dos primeras resoluciones dictadas por la Sala Segunda del Tribunal Supremo, en el ejercicio de estas nuevas competencias, han sido la Sentencia nº 1097/2004 de fecha 30-9-2004 dictada en el Recurso de casación para unificación de doctrina nº 3/2004; y el Auto de fecha 7 de octubre de 2004 dictado en el Recurso de Queja nº 109/2003 por el que desestimó la queja contra el auto de 4-11-03 de la Sección Quinta de la Audiencia Provincial de Madrid, que denegó la preparación de un recurso de casación para unificación de doctrina.

Por otro lado, la propia naturaleza jurídica de los Juzgados de Vigilancia Penitenciaria presenta complejidades que conviene despejar, pues, si bien, son órganos incardinados en la jurisdicción penal, sin embargo, tienen competencia para revisar actos administrativos, como son los emanados de la Administración Penitenciaria. En este mismo orden de cosas, el protagonismo que le otorga la Ley Orgánica General Penitenciaria y la doctrina del Tribunal Constitucional a los Jueces de Vigilancia, como jueces ejecutores de las penas privativas de libertad, asumiendo en este caso las funciones que corresponderían a los tribunales sentenciadores, aparece contrarrestado por las últimas reformas y corrientes jurisprudenciales, que los supeditan en algunos aspectos a dichos tribunales, y les atribuyen unas funciones que pueden calificarse de consultivas, y no estrictamente jurisdiccionales, dando lugar a situaciones confusas o de fricción en las relaciones de los Juzgados de Vigilancia con los Tribunales sentenciadores y con la Administración penitenciaria. En este sentido parece que el legislador no tiene una idea muy clara sobre qué quiere que sean, o qué función deben desempeñar los Jueces de Vigilancia.

El examen del Título V de la Ley Orgánica General Penitenciaria (artículos 76, 77, y 78), que se intitula: "Del Juez de Vigilancia", permite afirmar que el legislador de 1979 quiso implantar un órgano de naturaleza netamente jurisdiccional (no consultiva), con competencias propias (no delegadas del tribunal sentenciador), en materia de ejecución de las penas privativas de libertad y medidas de seguridad postdelictuales, y de control jurisdiccional de los actos de la Administración Penitenciaria. Sin embargo, leyes posteriores parecen indicar que el legislador se ha apartado de este criterio inicial sobre la naturaleza y función del Juez de Vigilancia, como lo demuestra con la regulación que establece de las medidas de seguridad en el Código Penal[3] al hacer recaer sobre el Juez de Vigilancia Penitenciaria la elaboración de una serie de informes y propuestas al tribunal sentenciador. Con ello no se contribuye a delimitar las competencias entre el juez de vigilancia y el órgano sentenciador, ni a consolidar la naturaleza jurisdiccional de aquél al convertirlo en una especie de "Juez-perito informante". Como señala Doñate Martín[4],

---

[3] *Vid.* artículos 96, 97, 98, y 105 del Código Penal.

[4] DOÑATE MARTIN, A.; «Problemas generales de la Jurisdicción de Vigilancia», en *Vigilancia Penitenciaria. (VII Reunión de Jueces de Vigilancia Penitenciaria)*, Consejo General del Poder Judicial, Madrid, 1994, p. 42.

convertir al Juez de Vigilancia en "perito de pronósticos" es iniciar el camino que tras varios años de reformas y cambios competenciales está abandonando la doctrina y legislación italianas. Pese a tener ya en nuestro país la figura de un auténtico Juez de ejecución, con más de treinta años de experiencia, en lugar de potenciarlo, se le convierte en mero perito de otro Juez o Tribunal.

La figura del Juez de Vigilancia Penitenciaria surge como novedad frente a lo que había venido siendo la norma general en nuestro Derecho, cual es la de que el órgano sentenciador es también quien se encarga de ejecutar o de hacer que se ejecute su fallo[5]. Este panorama se complica cuando tras la creación de los juzgados de lo penal, se constituyeron, de conformidad con lo dispuesto en el artículo 98 de la Ley Orgánica del Poder Judicial, en algunas ciudades –las más populosas, con mayor volumen de asuntos– determinados juzgados de este tipo, conocidos como juzgados de ejecutorias, que, en lugar de fallar las causas, tienen atribuida la competencia exclusiva para ejecutar las sentencias dictadas por otros juzgados de lo penal. De este modo, existen para las causas por delito (único tipo de infracción que hoy día recoge el Código Penal) cuatro clases de órganos de ejecución: Las salas de lo penal y los juzgados de lo penal que ejecutan sus propios fallos; los juzgados de lo penal con competencia exclusiva para ejecutar las sentencias de otros juzgados de lo penal; y los juzgados de vigilancia penitenciaria, encargados de la ejecución de las penas privativas de libertad, pero sin que en la ejecución de tales penas haya perdido su competencia el tribunal sentenciador[6]. Lo que da lugar a que en determinadas situaciones se produzcan desajustes, e incluso resoluciones contradictorias entre los tribunales sentenciadores y los juzgados de vigilancia.

Por otro lado, a la hora de desempeñar esa capital función que atribuye nuestro ordenamiento jurídico a los Jueces de Vigilancia Penitenciaria de: "salvaguardar los derechos de los internos y corregir los abusos y desviaciones que en el cumplimiento de los preceptos del régimen penitenciario puedan producirse" (art. 76.1 LOGP), se

[5] *Vid.* artículos 984 y 985 de la Ley de Enjuiciamiento Criminal.

[6] Antes de la reforma operada en el CP por la LO 1/2015 de 30 de marzo, que entró en vigor el día 1-7-2015, y que suprimió del catalogo de las infracciones penales a las faltas, también había que tener en cuenta a los Juzgados de Paz y a los Juzgados de Instrucción, que eran los competentes para la celebración de los juicios de faltas y ejecución de las sentencias que ellos se dictaran.

ha de tener muy en cuenta que el ingreso de una persona en un establecimiento penitenciario hace que surja una relación especial de sujeción entre el recluso y la administración penitenciaria, distinta a la relación ordinaria o común que pueda existir entre el administrado y la Administración en cualquier otro ámbito administrativo.

Como dice el profesor López Benítez[7], este tipo de relaciones jurídico-administrativas se caracterizan porque crean una íntima inmediación entre la Administración y el administrado, de tal manera que éste se inserta en la esfera organizativa de la Administración, bien para servir y cumplimentar los objetivos de ésta –caso de los funcionarios–, o bien para beneficiarse de las ventajas que el establecimiento administrativo proporciona, caso, en el que a nuestro entender se encuentran los internos en los centros penitenciarios. Esta integración queda sometida a un régimen jurídico peculiar que se traduce en un especial tratamiento de la libertad y de los derechos fundamentales, y a instituciones como la reserva de ley y el principio de legalidad, que constituyen en nuestro ordenamiento jurídico la garantía máxima de esa libertad y de esos derechos fundamentales.

Todo esto condiciona la protección jurisdiccional que se deba dispensar por el Juez de Vigilancia, la cual se ha de realizar a través de los cauces procedimentales adecuados.

Conforme a lo dispuesto en el artículo 117.3 de la Constitución, y el artículo 2.1 de la Ley Orgánica del Poder Judicial, el ejercicio de la potestad jurisdiccional comprende el enjuiciamiento y la ejecución de lo resuelto. En este sentido, señala el profesor Gómez Orbajena[8] que el fin del proceso penal no es sólo la imposición de la pena, sino también la ejecución de la misma. Pero a la hora de ejecutar la pena (o las medidas de seguridad en su caso) nos encontramos que en dicha ejecución intervienen órganos jurisdiccionales y administrativos, y que también confluyen preceptos del Derecho Penal, del Derecho Procesal, y del Derecho Administrativo. Por eso, a nuestro entender, conviene distinguir por un lado entre la ejecución procesal de la sentencia, y por otro el cumplimiento material de la pena impuesta.

---

[7] LOPEZ BENITEZ, M,; *Naturaleza y presupuestos constitucionales de la relaciones especiales de sujeción*, Servicio de Publicaciones de la Universidad de Córdoba, Civitas, Madrid, 1994, pp. 42-43.

[8] GOMEZ ORBANEJA, E.; y HERCE QUEMADA, V.; *Derecho Procesal Penal*, 8ª edic., Madrid, 1975, p. 8.

Desde esta perspectiva, se integran en la ejecución procesal de la pena, como una fase más del proceso penal regida por el derecho procesal, todos los actos de los tribunales sentenciadores y órganos judiciales competentes destinados a promover el cumplimiento de la condena conforme a la regulación de la Ley de Enjuiciamiento Criminal (Libro VII)[9], así como a la resolución de los incidentes de ejecución que la ley atribuya a los órganos sentenciadores o de ejecución (recuérdese el caso de los juzgados penales de ejecutorias). Todos estos actos son de naturaleza procesal; más concretamente, procesal penal.

Por otro lado, el cumplimiento material de la pena impuesta viene constituido por los actos de otros órganos del Estado que tienen a su cargo la realización material de las penas, conforme a las resoluciones del órgano jurisdiccional competente para la ejecución procesal. Nos encontramos en primer lugar con los órganos policiales, encargados del apresamiento del penado y de su traslado al centro de cumplimiento correspondiente, y por otro lado todos los actos propios de una parcela de la Administración pública destinada a este fin, la Administración Penitenciaria, en cuya actividad confluyen normas de derecho administrativo, normas de derecho penal, y métodos de otras ciencias penales como la criminología y la penología. Esta confluencia de normas es lo que ha dado lugar al nacimiento de una parcela autónoma del Derecho, de naturaleza híbrida penal-administrativa, que es el Derecho Penitenciario. De ahí que a la pregunta de si esta actividad de ejecución material de la pena impuesta pertenece al derecho penal o al derecho administrativo, debamos responder diciendo que pertenece al Derecho Penitenciario, al que ha de atribuírsele un carácter sustantivo. No debe olvidarse que la herramienta de aplicación del derecho material o sustantivo es el denominado derecho procesal o adjetivo.

En el estado actual de la ciencia jurídica, podemos sostener la existencia de una disciplina jurídica con autonomía científica propia, que se llama Derecho Penitenciario, autónomo a independiente

---

[9] Conforme al artículo 990 de la Ley de Enjuiciamiento Criminal: «Corresponde al Juez o Tribunal a quien el presente Código impone el deber de hacer ejecutar la sentencia adoptar sin dilación las medidas necesarias para que el condenado ingrese en el establecimiento penal destinado al efecto, a cuyo fin requerirá el auxilio de las Autoridades administrativas, que deberán prestárselo sin excusa ni pretexto alguno».

del Derecho Penal, con el que desde luego tiene bastantes conexiones, como también con el Derecho Administrativo, y con el Derecho Procesal Penal (pensemos en la actividad procesal de ejecución). Llegados a este punto, podemos incluso hacernos la pregunta de si podría hablarse de un Derecho Procesal Penitenciario, distinto del Derecho Procesal Penal.

La figura del Juez de Vigilancia Penitenciaria surge como jurisdicción especializada (distinta del tribunal sentenciador) en la ejecución de las penas privativas de libertad. No cabe duda de que el derecho material condiciona el tipo de protección jurisdiccional que el ordenamiento jurídico dispensa. Por ello cabe plantearse que si el Juez de Vigilancia Penitenciaria lo que aplica es un derecho material autónomo, cual es el Derecho Penitenciario, también puede hablarse de la existencia de un Derecho Procesal Penitenciario.

Este Derecho Procesal Penitenciario exige la regulación de un procedimiento específico que regule la ejecución de las penas y medidas de seguridad privativas de libertad, la tramitación de las peticiones y quejas de los reclusos ante los Juzgados de Vigilancia Penitenciaria, y demás competencias que atribuye la ley a estos Juzgados, como herramienta que facilite a éstos el adecuado ejercicio de sus funciones.

La necesidad de esta regulación es algo que se ha venido demandando en todas las Reuniones de los Jueces de Vigilancia, y de lo que también se ha hecho eco el Consejo General del Poder Judicial al mandar publicar las Conclusiones y los Criterios Refundidos de Actuación aprobados por dichos Jueces.

En el año 2008 se publicaron por el Consejo General de Poder Judicial los *Criterios de Actuación, Conclusiones y Acuerdos aprobados por los Jueces de Vigilancia Penitenciaria en sus 16 Reuniones celebradas entre 1981 y 2007*[10], en cuyo apartado nº 150, recogiendo un Acuerdo del año 2000, se vuelve a incidir sobre la necesidad de una Ley procesal de Vigilancia Penitenciaria. Con anterioridad, en la VIII Reunión, celebrada en Madrid durante los días 3 al 5 de noviembre de 1994, se aprobó el Criterio nº 78 que señala que: «El procedimiento para la tramitación de las peticiones, quejas y recursos ante el Juez de Vigilancia, y para la sustanciación de los recursos contra sus decisio-

---

[10] *Conclusiones Vigilancia Penitenciaria,* Consejo General del Poder Judicial, Madrid, 2008.

nes, debe ser breve, flexible, garantizador, específico y autónomo, teniendo en cuenta tanto la vertiente de ejecución penal como la de control jurisdiccional de los actos de la Administración Penitenciaria, a la que deberá darse entrada como parte cuando se trate de actos comprendidos en el artículo 79 de la Ley Orgánica General Penitenciaria. También podrán ser parte en estos procedimientos las víctimas y los perjudicados por el delito». Por su parte, el Pleno del Consejo General del Poder Judicial, en su reunión del día 22-3-1995, además de mandar publicar los Criterios Refundidos de Actuación aprobados por los Jueces de Vigilancia en la expresada Reunión, también adoptó el Acuerdo: «Vigésimo sexto. 5.- Hacer presente al Ministerio de Justicia e Interior la necesidad de promulgar una nueva Ley Orgánica General Penitenciaria y una Ley reguladora del procedimiento de vigilancia, coherentes con el futuro Código Penal y con las nuevas orientaciones procesales, confiriendo competencia plena a los Jueces de Vigilancia para el control de la ejecución de las penas privativas de libertad».

Ante esta situación de falta de una regulación procesal, necesariamente hemos de recordar las palabras del profesor Gómez Orbaneja: "Por el mismo hecho de prohibir la tutela privada, el Estado se obliga a proteger por sí los derechos de los particulares; viene obligado a asumir para sí la tutela jurídica –lo cual constituye una de sus tareas primordiales– y a crear el mecanismo adecuado para ello"[11].

Por todo ello, como denunciábamos en nuestro trabajo publicado con motivo del XXV Aniversario de la Facultad de Derecho de Córdoba[12], hemos de volver a decir que esta ausencia de normas específicas, reguladoras del procedimiento ante los Juzgados de Vigilancia Penitenciaria, no es respetuosa con el derecho a la tutela judicial efectiva consagrado en el artículo 24-1 de la Constitución[13].

---

[11] GOMEZ ORBANEJA, E.; y HERCE QUEMADA, V.; *Derecho Procesal Civil, Parte General*, Vol. I, 8ª edic., Madrid, 1979, p. 2.

[12] BENITEZ YEBENES, J. R.; «Algunos problemas de la ejecución penal desde la perspectiva de la jurisdicción de vigilancia penitenciaria», en *Personalidad y capacidad Jurídicas, 74 contribuciones con motivo del XXV aniversario de la Facultad de Derecho de Córdoba*, coord. por Rafael Casado Raigón e Ignacio Gallego Domínguez, t. I, Servicio de Publicaciones de la Universidad de Córdoba, Córdoba, 2005, pp. 175-190.

[13] Dice la Sentencia del Tribunal Constitucional nº 93/1983, de 8 de noviembre, en su Fundamento de Derecho Tercero, que: «En desarrollo de este derecho fundamental, las Leyes procesales han de prever un cauce procedimental para que todas las personas puedan obtener una resolución de fondo, fundada en derecho, de

Las normas procesales, al ser de orden público, no son disponibles ni por las partes, ni por el propio órgano judicial[14]. Hace falta un cauce procedimental que sea el que diga el legislador, no el que con mejor o peor criterio se "invente" cada juez[15]. La falta de esta norma procesal, que venimos denunciando, constituye, a nuestro entender, un serio obstáculo para que los órganos de la jurisdicción de vigilancia penitenciaria puedan otorgar adecuadamente la tutela judicial efectiva que se le demande en el ejercicio de sus competencias.

Todas estas cuestiones, en su incidencia en el procedimiento de actuación ante los órganos de la jurisdicción de vigilancia penitenciaria, son las que abordaremos en el presente trabajo.

---

acuerdo con las ideas expuestas, en el ejercicio de sus derechos e intereses legítimos. La Constitución no impone un tipo de procedimiento determinado, pudiendo valorar el legislador cual sea el más adecuado, siempre que no se produzca indefensión».

14 *Vid.* Sentencia del Tribunal Constitucional nº 16/1989 de 30 de enero, Fundamento de Derecho Cuarto.

15 Indica la Sentencia del Tribunal Constitucional nº 206/1987 de 21 de diciembre, en su Fundamento de Derecho Quinto, que el derecho a la tutela judicial efectiva «solo puede ejercerse por los cauces que el legislador establece o, dicho de otro modo, es un derecho de configuración legal. Ello implica que el legislador cuenta con un ámbito de libertad amplio en la definición o determinación de las condiciones y consecuencias del acceso a la justicia, pues le incumbe crear la configuración de la actividad judicial y, más concretamente, del proceso en cuyo seno se ejercita el derecho fundamental ordenado a la satisfacción de pretensiones».

CAPÍTULO I
ORÍGENES DE LA FIGURA DEL JUEZ DE EJECUCIÓN DE PENAS, O DE VIGILANCIA PENITENCIARIA

Aunque esta publicación versa sobre cuestiones orgánicas y procesales relativas a los órganos de la jurisdicción de vigilancia penitenciaria, sin embargo, considero necesario enmarcar en el contexto histórico, jurídico y social, la aparición de la figura del Juez de Vigilancia Penitenciaria, o Juez de Ejecución de Penas como también se le conoce.

Es necesario conocer previamente cómo surge este nuevo órgano jurisdiccional y cuál es su naturaleza jurídica, para poder analizar posteriormente cuál es y cuál debe ser el procedimiento, tipo de proceso, ante estos órganos en función de las materias de las que tienen que conocer.

1. ANTECEDENTES HISTÓRICOS, JURÍDICOS Y SOCIALES

Hasta ahora, ninguno de los distintos autores que han estudiado la figura del Juez de Vigilancia lo han hecho mirando en el tiempo más atrás de nuestra Constitución de 1978, y de la aparición de esta figura en otros países; lo que nos retrotrae como mucho a mediados del pasado siglo XX. Sin embargo; a nuestro entender –y esta es una cuestión que hasta ahora nadie se ha planteado– el Juez de Vigilancia Penitenciaria debe ser considerado como un producto de la evolución jurídico-social experimentada en Occidente desde la segunda mitad del siglo XVIII, y que llega hasta nuestros días como consecuencia del reconocimiento y respeto de los derechos humanos.

1.1. La superación del Antiguo Régimen

Fue a partir de la segunda mitad de este llamado Siglo de las Luces, a la vista de la crueldad con que se castigaban los delitos, y la inseguridad jurídica que rodeaba toda esta materia, cuando se gesta el nacimiento de lo que hoy denominamos Derecho Penal y conjunto de disciplinas que integran el concepto de Ciencias Penales.

A la hora de establecer un antes y un después en esta evolución social e histórica a que hemos hecho mención, podemos establecer la línea divisoria en el momento en que apareció el pensamiento de la Ilustración y el movimiento de la Codificación, que se sitúan históricamente a partir de la segunda mitad del siglo XVIII y comienzos del XIX, junto con el Liberalismo y el Constitucionalismo, y el respeto a los derechos fundamentales, la libertad y su garantía.

La normativa penal de todos los países europeos se caracterizaba por ser un complejo heterogéneo, y hasta caótico, de ordenanzas, antiguas leyes, edictos reales, y costumbres, que configuraban un derecho generador de desigualdades y privilegios, en donde se juzgaba a los hombres en función de su condición social; que permitía múltiples arbitrariedades, además de ser excesivamente riguroso y cruel; en donde se prodigaban los castigos corporales y la pena de muerte. Esto por lo que respecta al Derecho penal sustantivo, pues en lo atinente al Derecho Penal adjetivo, el proceso imperante era el inquisitivo, rigurosamente secreto y que ignoraba las garantías más elementales de los derechos de defensa; perseguía la investigación de la verdad a cualquier precio, con un sistema de pruebas legales en las que la confesión era considerada la más importante de todas, y que imponía al acusado la obligación de prestar juramento[16].

Estos abusos a que daba lugar la normativa criminal reinante es lo que determinó que los más ilustres pensadores de la época comenzaran a interesarse por los temas penales.

En este sentido podemos citar a Voltaire quien, desde el año 1752, efectuó una continua crítica del sistema penal vigente, atacando el excesivo arbitrio judicial y defendiendo que la pena debe ser proporcionada a la personalidad criminal del autor del delito. Consideraba

---

[16] GOMEZ ORBANEJA, E., y HERCE QUEMADA, V., *Derecho Procesal Penal*, 8ª edic., Madrid, 1975, pp. 99-101.

admisibles la pena de privación de libertad y la de trabajos perpetuos, pero censuraba la confiscación de bienes y la de muerte. También criticó con dureza el procedimiento penal, su carácter secreto, así como la utilización de la tortura. Dentro de esta misma corriente del pensamiento iluminista se encuentran Montesquieu y Rousseau, quienes habían efectuado críticas similares. Así, el exceso inútil de las penas en vigor, lo absurdo de la tortura, y la proporción necesaria entre pena y delito, son cuestiones que aparecen tratadas en la obra "El espíritu de las leyes" de Montesquieu[17].

Pero sin duda, en este orden de ideas, de capital importancia resultó la aportación de Cesare Bonessana, Marqués de Beccaria, quien en el año 1764 publicó el Libro "Dei delitti e delle pene", cuyo contenido rápidamente se propagó por toda Europa, y fue traducido a múltiples idiomas[18]. Sus ideas dieron lugar a una explosión de entusiasmo en unos y causaron escándalo en otros, pero provocaron un amplio debate entre los prácticos del derecho y los legisladores acerca de la necesidad de la reforma del sistema penal. Es sorprendente la vigencia actual de parte de su pensamiento y de las ideas que expone en su obra.

Según el profesor Sainz Cantero[19], dentro de este movimiento reformista, también puede citarse autores como: Servan, que en 1767 publicó su "Discurso sobre la Administración de la Justicia Criminal"; Jean Paul Marat que en 1780 publicó su obra titulada "Plan de Legislación Criminal", y también John Howard, quien contribuyó poderosamente a la renovación del sistema penitenciario.

Todas estas ideas reformistas tuvieron una amplia acogida en el movimiento codificador, por lo que pasaron a convertirse en leyes al promulgarse los primeros Códigos.

Como se ha apuntado, la legislación criminal del antiguo régimen se caracterizaba por la anárquica dispersión de normas que amparaban privilegios, provocaban desigualdades, y atentaban contra la más elemental seguridad jurídica. De este modo, el movimiento codificador, que se inicia después de la Revolución y se extiende a lo

---

[17] SAINZ CANTERO, J. A., *Lecciones de Derecho Penal. Parte General*, 3ª edic., Bosch, Barcelona, 1990, p. 97 y ss.

[18] Vid. *"Tratado de los Delitos y de las Penas"*. Traducido del italiano por D. Juan Antonio de las Casas. Madrid MDCCLXXIV; edición facsímil. Ed. MAXTOR, Valladolid, 2004.

[19] SAINZ CANTERO, J. A., *Lecciones de Derecho Penal. Parte General*, cit., p. 107 y ss.

largo del siglo XIX, se caracteriza por su intento de unificar las leyes penales como por el de reformar el sistema, estableciendo garantías individuales en el Derecho Penal sustantivo y en el proceso penal.

1.2. El Derecho Penitenciario, y Procesal Penitenciario

El efecto humanizador producido en el derecho punitivo por la Ilustración, el movimiento codificador, el liberalismo y el constitucionalismo[20], hace que en los códigos del siglo XIX vayan desapareciendo las penas corporales y cediendo terreno la pena capital, a la vez que van tomando auge las penas privativas de libertad, lo que produce así mismo que se comience a hablar de la "ciencia penitenciaria" y de la Penología[21], evolucionando hasta lo que hoy conoce-

---

[20] Frente al absolutismo del antiguo régimen se alzaron las grandes revoluciones liberales, que dieron lugar al constitucionalismo moderno. Este representa una corriente de pensamiento que propugna la limitación y el control del poder político por medio del derecho. Estrechamente ligadas a la historia del constitucionalismo están las declaraciones de derechos que se consideran inherentes a la persona. Desde estas primeras declaraciones (el Bill of Rights de 1689 en Inglaterra, las de las excolonias norteamericanas –sobre todo la de Virginia de 1776–, la Déclaration des droits de l'homme et du citoyen de 1789 en Francia), desde sus orígenes, las declaraciones de derechos han tenido como finalidad primaria proteger a los particulares frente al Estado; así, la acción de todos los poderes públicos debe hallar un tope jurídicamente infranqueable en esos derechos solemnemente declarados. (LUIS MARÍA DIEZ-PICAZO; *Sistema de Derechos Fundamentales*, 1ª edic., Thomson-Civitas, Madrid 2003, p. 27).

[21] El profesor Mata y Martín habla de la "Ciencia Penitenciaria", a la que atribuye un carácter multidisciplinar, que abarca múltiples y variados conocimientos; de tal modo que, aunque el sistema penitenciario precisa de un marco legal, aquélla no puede identificarse con el Derecho Penitenciario. Dice que "se trata sin duda de una actividad reglada y para la que se establece un específico orden jurídico, pero como tal ciencia abarca muchas más perspectivas necesarias para el conjunto de la actividad de ejecución y de la totalidad de la vida en prisión." MATA Y MARTIN, Ricardo M., *Fundamentos del Sistema Penitenciario,* Tecnos, Madrid, 2016, p. 55.

Dice el Profesor Sáinz Cantero (JOSE A. SAINZ CANTERO, *Lecciones de Derecho Penal. Parte General*, 3ª edic., Bosch Casa Editorial S.A., Barcelona, 1990, p. 87) que "es sin duda la Penología la disciplina más discutida de todas las que forman parte de la Enciclopedia de las Ciencias Penales. Se pone en entredicho su denominación, su carácter de ciencia autónoma, su naturaleza, e incluso su alojamiento sistemático, que se disputan otras disciplinas que también se ocupan del delito y del delincuente "

Por su parte Cuello Calón (EUGENIO CUELLO CALON, *La Moderna Penología: represión del delito y tratamiento de los delincuentes, penas y medidas de seguridad, su ejecución,* Bosch, Barcelona 1958, p. 11) sostiene que "como consencuencia de ella (la Penología) surge el derecho de ejecución penal, llamado por algunos Derecho penitenciario, que contiene las normas jurídicas que regulan la ejecución de las penas y medidas de seguridad."

mos como Derecho Penitenciario, cuya autonomía científica sostenemos[22], el cual hace referencia a la dimensión normativa contenida en la ciencia penitenciaria. Esta naturaleza normativa del Derecho Penitenciario es lo que le diferencia de la Criminología. Pero sin embargo, esa misma naturaleza normativa podría llevar a pensar que no goza de plena autonomía, que no se trata de una disciplina jurídica autónoma en su relación con el Derecho Penal, el Derecho Procesal Penal, y el Derecho Administrativo. Por eso, como dice Tamarit Sumalla[23], lo más acertado es hablar de una "autonomía integradora" dentro de lo que es el sistema global del Derecho Penal; y en este sentido se refiere a la teoría surgida en el seno de la doctrina alemana, conocida como "teoría de los tres pilares" que viene a destacar las particularidades del régimen jurídico de las tres fases que conforman el íter de la pena: la amenaza penal, la imposición, y la ejecución de la sanción. En cualquier caso, indica este autor, la afirmación de la autonomía del Derecho Penitenciario supone la superación del debate sobre si las normas de ejecución penal pertenecen al Derecho Penal material, o al Derecho Procesal penal.

Pero, a nuestro entender, ello no es exactamente así, ni puede darse por concluido o superado el debate, pues no todas las normas de ejecución penal forman parte del Derecho Penitenciario. Tales normas integran lo que se denomina Derecho de Ejecución Penal, y éste no cabe identificarlo, ni es sinónimo de Derecho Penitenciario, toda vez que existe entre ambos una diferencia sustancial, pues mientras que el citado Derecho de Ejecución se refiere a las normas que regulan toda clase de penas y medidas de seguridad, el Derecho Penitenciario sólo contempla las normas jurídicas reguladoras de la ejecución de las penas y medidas de seguridad privativas de libertad[24].

Al estar integrado en las Ciencias Penales, podemos sostener que el Derecho Penitenciario también tiene unos orígenes comunes a

---

[22] *Cfr.* GIMENEZ-SALINAS COLOMER, E.; «Autonomía del Derecho Penitenciario. Principios Informadores de la LOPJ» en *Cuadernos de Derecho Judicial. Derecho Penitenciario.* CGPJ, Madrid, 1995, pp. 67 y ss.

[23] TAMARIT SUMALLA, J.M.; y Otros; *Curso de Derecho Penitenciario. Adaptado al Nuevo Reglamento Penitenciario de 1996.* Cedecs Editorial S.L., Barcelona 1996, pp. 21 y ss.

[24] Sobre esta misma cuestión véase FERNANDEZ GARCÍA J., PEREZ CEPEDA A., SANZ MULAS N., ZUÑIGA RODRIGUEZ L.; *Manual de Derecho Penitenciario,* coord. Ignacio Berdugo Gómez de la Torre y Laura Zúñiga Rodriguez, editado por Universidad de Salamanca y Editorial Colex; Madrid-Salamanca, 2001.

tales Ciencias, y aparece entroncado en las distintas corrientes reformadoras que dieron lugar al Derecho Penal moderno, surgidas en la segunda mitad del siglo XVIII y principios del siglo XIX, con toda la evolución experimentada con posterioridad hasta nuestros días. Pero, pese a su estrecha relación con el Derecho Penal, hoy día el Derecho Penitenciario debe ser ya considerado como una rama o disciplina autónoma del Derecho Penal. En su relación con éste, podemos decir que corresponde al Derecho Penal la determinación de la responsabilidad criminal del sujeto del delito y la fijación de la pena, y, en su caso, la medida de seguridad correspondiente. Por el contrario, al Derecho Penitenciario le corresponde la aplicación y ejecución de las mismas, y el tratamiento del condenado para lograr su mejor reinserción social. Puede decirse, por ello, que la misión del Derecho Penitenciario empieza donde termina el cometido del Derecho Penal.

Hoy día está aceptado por la doctrina científica la existencia de una rama del ordenamiento jurídico con entidad propia y autónoma del Derecho Penal, y del Derecho Administrativo con el que obviamente tiene conexiones dada la intervención de un importante sector de la Administración Pública (la Penitenciaria) en la ejecución de las penas privativas de libertad.

Al hilo de esto que acabamos de exponer, conviene traer a colación la evolución que han ido experimentando las distintas parcelas del Derecho. Del originario Derecho Civil, o "ius civile", se han ido desgajando a lo largo del tiempo otras disciplinas jurídicas que hoy conocemos. Incluso dentro de lo que tradicionalmente viene siendo reputada como una rama o disciplina jurídica con entidad autónoma, hoy se aprecian parcelas con su propia autonomía; así, por ejemplo, el Derecho de Familia dentro del Derecho Civil, o el de Seguros dentro del Mercantil.

Según García Valdés[25], nadie puede dudar hoy sobre la realidad científica y jurídica del Derecho Penitenciario, sin contar su importancia práctica en los últimos decenios de legislación europea. Para este autor, desde el punto de vista conceptual, puede entenderse el Derecho Penitenciario como el conjunto de normas jurídicas que regulan la ejecución de las penas y medidas privativas de libertad.

---

[25] GARCÍA VALDÉS, Carlos; «Derecho Penitenciario Español. Notas sistemáticas», en *Comentarios a la Legislación Penal*, dir. por Manuel Cobo del Rosal, coord. por Miguel Bajo Fernández; EDERSA, Madrid 1986, pp.1-5.

Para Bueno Arús[26] la sumisión de la Administración penitenciaria al ordenamiento jurídico representa la existencia de un "conjunto de normas reguladoras de la ejecución de las penas privativas de libertad", que conocemos con el nombre de Derecho Penitenciario.

Tamarit Sumalla[27] a la hora de definir el Derecho Penitenciario sigue a García Valdés pero, además, señala que este Derecho es esencialmente una parte del Derecho de ejecución penal que ha alcanzado sustantividad propia a causa del carácter preeminente que ocupan las penas privativas de libertad en el sistema de penas vigente y, especialmente, de la expansión y dispersión normativa producida en la materia.

Para Calderón Cerezo[28] y Luzón Cuesta[29] el Derecho Penitenciario puede conceptuarse como "el conjunto de normas jurídicas que regulan la ejecución de las penas y medidas de seguridad, desde el momento en que es ejecutivo el título que legitima su ejecución", y cuya autonomía no se opone a las estrechas relaciones que mantiene con el Derecho Penal sustantivo, el Derecho Procesal Penal y el Derecho Administrativo sancionador.

Según Fernández García[30] se debe considerar al Derecho Penitenciario como parte integrante de la penología, que fue definida por Francis Lieber en el año 1838 como "rama de la ciencia penal que se ocupa del castigo del delincuente", y en lo referente a su definición sigue a García Valdés, defendiendo igualmente su autonomía frente a otras disciplinas como la criminología, el derecho penal, procesal, o administrativo.

En opinión de Rodríguez Alonso y Rodríguez Avilés[31], en una primera acepción conceptual, el Derecho Penitenciario puede definirse como el

---

26 BUENO ARUS, Francisco; «Garantías y límites de la actividad penitenciaria» en *Comentarios a la Legislación Penal*, dir. por Manuel Cobo del Rosal, coord. por Miguel Bajo Fernández; EDERSA, Madrid 1986, p. 50.

27 TAMARIT SUMALLA Josep Mª, y otros; cit. *Curso de Derecho Penitenciario. Adaptado al Nuevo Reglamento Penitenciario de 1996*, cit., p. 19.

28 CALDERON CEREZO Angel; CHOCLAN MONTALVO José Antonio; *Derecho Penal. Parte General*, t. I, 2ª edic., Bosch, Barcelona, 2001, p. 569.

29 LUZON CUESTA Jose María; *Compendio de Derecho Penal. Parte General.* 21ª edic., Dykinson, Madrid, 2011, p. 298.

30 FERNANDEZ GARCÍA Julio, y otros; «El Derecho Penitenciario. Concepto», en *Manual de Derecho Penitenciario*, coord. por Ignacio Berdugo Gómez de la Torre y Laura Zúñiga Rodríguez, Universidad de Salamanca-Colex, Madrid-Salamanca 2001, pp. 107 y ss.

31 RODRIGUEZ ALONSO Antonio; RODRIGUEZ AVILES Juan Antonio; *Lecciones de Derecho Penitenciario (Adaptadas a la normativa vigente)*, 4ª edic.,Comares, Granada, 2011, p. 3.

conjunto de normas reguladoras de la ejecución de las penas y medidas de seguridad privativas de libertad. Pero dado que las normas y preceptos contenidos en las leyes y reglamentos penitenciarios no solamente se dirigen a la regulación, la aplicación o la ejecución de las penas y medidas de seguridad privativas de libertad, sino que una parte importante de su contenido viene a regular la relación jurídica que surge con el internamiento preventivo de los detenidos y presos, definen en una acepción amplia al Derecho Penitenciario como "el conjunto de normas que regulan la ejecución de las penas y medidas privativas de libertad y la relación jurídica que surge como consecuencia de la detención y prisión provisional"[32].

Siguiendo también una concepción amplia del Derecho Penitenciario, Fernández Arévalo y Nistal Burón consideran que este Derecho se asienta sobre dos nociones diferentes: la actividad penitenciaria y la relación jurídica penitenciaria. De ahí que se puede definir al Derecho Penitenciario como el regulador de la actividad penitenciaria y de la relación jurídica penitenciaria. Pero sin embargo, ante la asunción por parte de la Administración Penitenciaria de nuevas competencias en materia de ejecución de penas, tales como la de trabajos en beneficio de la comunidad, localización permanente, de determinadas medidas de seguridad y de la suspensión de ejecución de la pena, estos autores proponen una definición descriptiva del contenido del Derecho Penitenciario. Así, definen al Derecho Penitenciario como "el conjunto de normas jurídicas que tiene por objeto la regulación de los derechos y deberes de las personas internadas en Centros Penitenciarios, la organización de las Instituciones Penitenciarias, la retención y custodia de los reclusos, y su convivencia ordenada, las actividades de intervención reeducadora y de reinserción social, así como el control y seguimiento por parte de las Instituciones Penitenciarias de las penas y medidas de seguridad alternativas"[33].

Por su parte, dice la profesora Cervelló Donderis[34] que el contenido inicial –penas privativas de libertad– del Derecho Penitenciario se

---

[32] A esto hemos de añadir nosotros que, no sólo la relación jurídica con detenidos y presos preventivos, sino también la relación jurídica que surge entre la Administración Penitenciaria y el penado o condenado, sujeto a la ejecución de las penas y medidas de seguridad competencia de dicha Administración.

[33] FERNANDEZ AREVALO Luis; NISTAL BURON Javier; *Manual de Derecho Penitenciario,* 2ª edic., Aranzadi, Cizur Menor (Navarra) 2012, pp. 225-226.

[34] CERVELLO DONDERIS Vicenta; *Derecho Penitenciario,* 4ª edic., Tirant lo Blanch, Valencia, 2016, pp. 23-24.

ha ido extendiendo para abrir su campo de actuación a las medidas de seguridad, las instituciones postcarcelarias asistenciales, a incluso a otro tipo de penas. Por lo que considera que "tan negativo como una excesiva restricción puede ser también una desmedida ampliación, pues en todo caso la materia regulada ha de tener una relación coherente que permita una legislación y sistematización común, por ello es preferible limitar el contenido de esta materia (el Derecho Penitenciario) al conjunto de normas jurídicas que regulan la ejecución de todas las sanciones penales privativas de libertad sean penas o medidas de seguridad."

En el ámbito del Derecho español, quienes abogan por la idea de la autonomía del Derecho Penitenciario alegan que tiene sus propias fuentes, constituidas esencialmente por los artículos 17-1 y 25-2 de la Constitución, la Ley Orgánica General Penitenciaria y el Reglamento Penitenciario; también tiene su propia materia como objeto científico de conocimiento, que es la actividad llevada a cabo por la Administración en la aplicación de esas normas para el cumplimiento de las penas y medidas privativas de libertad; y por último tiene su autonomía jurisdiccional representada por la figura del Juez de Vigilancia Penitenciaria[35].

Esta idea es recogida y desarrollada por la profesora Giménez-Salinas Colomer[36], que señala que el Derecho Penitenciario surge como disciplina autónoma a principios del siglo XIX, y se define en la Enciclopedia de Ciencias Penales como aquella ciencia que se ocupa de la ejecución de penas y medidas, en principio privativas de libertad y, con cita del profesor García Valdés[37], su autonomía se basa en tres ámbitos: fuentes, objeto y autonomía jurisdiccional[38].

---

[35] PAZ RUBIO, J. M.; GONZALEZ-CUELLAR, A.; y otros; *Legislación Penitenciaria. Concordancias, comentarios, y jurisprudencia*, Colex, Madrid, 1996, pp. 21-23.

[36] GIMENEZ-SALINAS COLOMER, Esther; «Autonomía del Derecho Penitenciario. Principios informadores de la LOPJ» en *Derecho Penitenciario, Cuadernos de Derecho Judicial*, C.G.P.J., Madrid 1995, p. 75.

[37] GARCIA VALDES, Carlos; *Derecho Penitenciario (Escritos 1982-1989)*, Ministerio de Justicia, Madrid, 1989.

[38] En este mismo sentido, sobre la autonomía del Derecho Penitenciario con base en sus fuentes, objeto, y autonomía jurisdiccional; así como su contenido relativo a las penas y medidas privativas de libertad, se pronuncian Juanatey Dorado, Rodríguez Magariños, y Mir Puig.

Son sus fuentes: la Constitución, el Código Penal, la Ley Orgánica General Penitenciaria, la Ley de Enjuiciamiento Criminal, el Reglamento Penitenciario, y las órdenes y circulares de la Dirección General (hoy Secretaría General) de Instituciones Penitenciarias.

Su objeto es el marcado por el artículo 25-2 de la Constitución, en donde se indica que las penas privativas de libertad y las medidas de seguridad estarán orientadas hacia la reeducación y reinserción social[39].

La autonomía jurisdiccional viene representada por la creación de la figura del Juez de Vigilancia Penitenciaria.

Nosotros sostenemos –como hemos expuesto con anterioridad–, que actualmente ya existe una disciplina jurídica con autonomía científica propia, que se llama Derecho Penitenciario, autónoma e independiente del Derecho Penal, con el que desde luego tiene bastantes conexiones, como también con el Derecho Administrativo, y con el Derecho Procesal Penal (pensemos en la actividad procesal de ejecución).

Esa evolución histórica y jurídica que da lugar al que hoy conocemos como Derecho Penitenciario, es la que también ha traído consigo la judicialización de la ejecución de las penas privativas de libertad. Antaño los jueces y tribunales se limitaban a dictar sentencia, pero su labor terminaba a las puertas de las cárceles. Lo que ocurría en su interior era algo que les resultaba ajeno. Por consiguiente, la figura del Juez de Vigilancia Penitenciaria, o Juez de Ejecución de penas como también se le conoce en otros ordenamientos (v. gr. el francés), o como por algunos autores patrios se propone que se denomine, va unida al nacimiento del Derecho Penitenciario, y a esa necesidad cada vez más creciente de judicializar la ejecución penal.

JUANATEY DORADO, Carmen; *Manual de Derecho Penitenciario*, 3ª edic., Iustel, Madrid, 2016, pp. 27-28.

RODRIGUEZ MAGARIÑOS, Faustino Gudin; «El Derecho Penitenciario» en *Derecho Penitenciario, enseñanza y aprendizaje*, dir. Rosario de Vicente Martínez, Tirant Lo Blanch, Valencia, 2015, pp. 34-42.

MIR PUIG, Carlos; *Derecho Penitenciario, el cumplimiento de la pena privativa de libertad*, 3ª edic., Atelier, Barcelona, 2015, pp. 22-24.

[39] Esto se ha de completar con lo dispuesto en el art. 1 de la LOGP, que junto al fin primordial de la reeducación y la reinserción social, también señala como fin de las Instituciones penitenciarias reguladas en esta Ley, la retención y custodia de detenidos, presos y penados.

Pero la aparición de la figura del Juez de Vigilancia Penitenciaria, como jurisdicción especializada (distinta del tribunal sentenciador) en la ejecución de las penas privativas de libertad, debe hacer que nos cuestionemos cuáles son las herramientas jurídicas con las que actúa este Juez para ejercer su jurisdicción. Parece obvio que una de tales herramientas es ese derecho material autónomo que hemos denominado Derecho Penitenciario. Pero para aplicar éste, como cualquier otro derecho material o sustantivo, hace falta otra herramienta jurídica de carácter instrumental o adjetivo que es lo que se conoce como derecho procesal. Por ello cabe plantearse la existencia de un Derecho Procesal Penitenciario, distinto del Derecho Procesal Penal, como herramienta que utiliza el Juez de Vigilancia para la aplicación del Derecho Penitenciario.

Una vez dictada la sentencia de condena hay que realizar una serie de actos procesales para ejecutarla, que se integrarían dentro del denominado derecho procesal de ejecución. Pero si se trata de una pena privativa de libertad o una medida de seguridad cuya ejecución material se atribuye a la Administración Penitenciaria, a la hora de ejecutar el título de condena (sentencia ejecutoria) entramos dentro del campo de actuación del Derecho Penitenciario, por lo que, teniendo en cuenta el carácter dinámico que tiene la ejecución de las penas privativas de libertad, se han de desarrollar una serie de actuaciones que son las que vendrían a constituir lo podemos considerar como Derecho Procesal Penitenciario.

Como dice el profesor Gómez Orbaneja "la función que se desarrolla en el proceso penal tiene por finalidad la represión de actos punibles mediante la imposición de penas"[40]. Frente a esto, podemos decir que la función que se desarrolla en el proceso penitenciario tiene por finalidad la reinserción y reeducación del penado, a tenor de lo dispuesto en el art. 25.2 CE. Por eso, desde esta perspectiva, podemos hablar de un Derecho Procesal Penitenciario diferenciado del Derecho Procesal Penal.

Ocurre, sin embargo, que el campo de aplicación del Derecho Penitenciario lo reclaman también como propio otros juristas como los penalistas[41], o incluso los criminólogos. Por otro lado, como rama

---

[40] GOMEZ ORBANEJA, E., y HERCE QUEMADA, V., *Derecho Procesal Penal*, 8ª edic., cit. p. 6.

[41] Algunos autores muestran ciertas reticencias a la hora de reconocer al Derecho Penitenciario como una disciplina jurídica autónoma e independiente. En

científica, hoy se admite la autonomía de la ciencia del proceso penal y del propio proceso penal. Por tanto, podemos predicar que el Derecho Procesal Penal es autónomo tanto del Derecho Penal como del Derecho Procesal Civil (aunque las normas de éste se apliquen supletoriamente al proceso penal)[42]. Desde esta perspectiva, lo que podemos defender, mejor que la autonomía, es la especialización del Derecho Procesal Penitenciario. Así podemos establecer el silogismo de que si el Juez de Vigilancia Penitenciaria es un órgano especializado de la jurisdicción penal, que aplica el Derecho Penitenciario, la herramienta procesal que utiliza es una especialización del Derecho Procesal Penal, que podemos denominar Derecho Procesal Penitenciario.

2. LA NECESIDAD DE CONTROLAR LA ACTIVIDAD PENITENCIARIA

Tradicionalmente la actuación de los órganos de la jurisdicción penal venía circunscrita a la instrucción, enjuiciamiento y fallo de las causas penales; y, una vez producida la firmeza de la sentencia condenatoria, el reo era entregado o quedaba a disposición de las autoridades administrativas que eran las encargadas de realizar los actos materiales necesarios para llevar a cabo el cumplimiento de la sentencia condenatoria. De esta suerte, como gráficamente se ha expuesto por algún autor "la jurisdicción se despedía del preso a la puerta del

---

este sentido podemos citar a Morillas Cueva, quien considera que (para él) "por el momento se configura como un ámbito del Derecho Penal, al menos en su vertiente más normativa, dentro del componente generalista del Derecho de ejecución de penas." Para añadir, sin embargo, y a continuación, que semejante afirmación no deja de tener sus quiebras, pues, a veces, en demasiadas ocasiones, "los penalistas ocupados en valoraciones conceptuales, con frecuencia excesivamente formales y teóricas, sobre justificación, fundamento y fines de la pena, clases, aplicación y ejecución de las mismas, sustitutivos penales, propuestas y contrapropuestas, obviamos, cuando no ignoramos, ese otro campo, inmenso de posibilidades, atractivo de contenidos, que es el estricto del Derecho Penitenciario". MORILLAS CUEVA, Lorenzo. Prólogo a la Primera Edición de Lecciones de Derecho Penitenciario de Antonio Rodríguez Alonso. Comares. Granada, 1997. EL MISMO. *Derecho Penal. Parte General. Fundamentos conceptuales y metodológicos del Derecho Penal. La ley Penal.* 2ª ed., Dykinson S.L., Madrid, 2010, pp. 50-51.

[42] El artículo 4 de la Ley 1/2000, de 7 de enero, de Enjuiciamiento Civil establece su carácter supletorio al disponer que: «En defecto de disposiciones en las leyes que regulan los procesos penales, contencioso-administrativos, laborales y militares, serán de aplicación, a todos ellos, los preceptos de la presente Ley.»

penal"[43], limitándose a constatar su permanencia en el mismo hasta la extinción de la pena, pues en realidad lo que hacían los tribunales era entregar una especie de "cheque de penas en blanco" únicamente limitadas en cuanto a su duración, siendo la Administración la encargada de rellenar su contenido; pues ésta era la que organizaba y disponía todo lo relativo a la vida en los establecimientos penitenciarios y al cumplimiento de las penas, sin ningún tipo de control jurisdiccional.

Evidentemente, esta situación era un campo abonado para que se produjeran abusos, desigualdades, discriminaciones, y de absoluta falta de seguridad jurídica. Esto motivó que ya a finales del siglo XIX, y con especial intensidad a partir de mediados del siglo XX, empezara a sentirse la necesidad, y a debatirse sobre la intervención y control jurisdiccional en el ámbito de la ejecución de las penas privativas de libertad y de las medidas de seguridad.

En este orden de cosas, dice Luzón Cuesta[44] que el tema del control judicial fue abordado en el Congreso Internacional Penal y Penitenciario de Berlín de 1936, que adoptó un voto favorable a la creación del juez de ejecución de penas, y que, si bien las Reglas Mínimas de Ginebra no se refieren a esta figura, sí que se refieren a la figura del juez de vigilancia las Reglas del Consejo de Europa de 1973, concretamente su regla 56-2. Señala este mismo autor que Quintano propugnaba, en 1966, en la segunda edición de sus «Comentarios al Código Penal», la necesidad de creación de Jueces dedicados a la ejecución de las pena, ya que «la intervención judicial presente no pasa de ser un formulismo de problemática eficacia.» Por su parte, Pérez Cepeda[45] indica que en varios congresos internacionales celebrados a mediados del siglo pasado se abordó el tema de la intervención judicial en la ejecución de las penas, y que concretamente, en el Congreso de Derecho Penal y Penitenciario celebrado en Berlín en 1935, Jiménez de Asúa propugnó la intervención del Juez en la ejecución penal. Indica igualmente que, a nivel internacional, fue determinante la aprobación por el Comité de Ministros

---

43 PEREZ CEPEDA A., y Otros; *Manual de Derecho Penitenciario*, ed. Universidad de Salamanca y Colex, Madrid-Salamanca 2001, pp. 411-413.

44 LUZON CUESTA J. Mª; *Compendio de Derecho Penal. Parte General*, 9ª edic., Dykinson S.L., Madrid, 1997, p. 298.

45 PEREZ CEPEDA A., y Otros; *Manual de Derecho Penitenciario*, cit., p. 412.

Europeos de unas Reglas mínimas en enero de 1973, que establecían la recomendación de que exista un órgano de control exterior y distinto de la propia Administración, existiendo países como Portugal, Francia e Italia que ya contaban con Juez de Vigilancia Penitenciaria, aunque parece que fue Brasil el primer país que reguló la intervención y funciones de esta institución.

Como puede apreciarse, inicialmente surgió la preocupación por humanizar la respuesta penal contenida en los códigos y leyes penales. Se humanizan las penas y la instrucción penal, se suprimen las penas crueles y los castigos corporales, se pasa del sistema procesal inquisitivo al acusatorio, y ahora se produce una evolución más, que consiste en la humanización de las cárceles. Por todo ello, nosotros nos atrevemos a afirmar que, en todo este proceso evolutivo, la aparición de la figura del Juez de Vigilancia Penitenciaria constituye el último escalón.

2.1. Protección de los derechos humanos en general y de los reclusos en particular, en el ámbito mundial

La necesidad de controlar la actuación de la Administración penitenciaria brota como una consecuencia propia del respeto a la dignidad de los reclusos, seres humanos titulares de derechos inherentes a esa dignidad y naturaleza, merecedores de que también a ellos les sean observados y respetados esos derechos humanos consustanciales a cualquier persona, por el mero hecho de serlo, independientemente de cuál sea su condición, inclusive si está libre o privada de libertad.

Cuando hablamos de "derechos humanos" o "derechos del hombre"[46] nos estamos refiriendo, según nuestro contexto histórico-cultural, a que existen unos derechos que son fundamentales, y que el hombre posee por el mero hecho de ser hombre, inherentes a su propia naturaleza y dignidad, y que no son derechos concedidos por la sociedad política, sino que son anteriores a la idea de Estado, y que han de ser consagrados y garantizados por éste. Sin embargo, no es hasta los tiempos modernos cuando aparece una conciencia clara y

---

[46] Entendido el término "hombre" en su acepción derivada del latín *homo-hominis* = ser humano (*genus hominum*, el género humano) que engloba al género masculino y femenino; y no en el de *vir-viri* = varón, contrapuesto al de *mulier-mulieris* = mujer.

universal de tales derechos; y ello tras numerosos conflictos sociales y movimientos de reivindicación.

Como señala Truyol y Serra[47], en el campo jurídico-positivo y constitucional el papel de vanguardia corresponde a Inglaterra. Tres grandes documentos de su historia constitucional pertenecen hoy, por la influencia que ejercieron, a la historia universal del Estado de Derecho. La *Petition of Rights* de 1628 protege los derechos personales y patrimoniales. El Acta de *Habeas Corpus,* de 1679, tiene una significación trascendental, por cuanto prohibía la detención de nadie sin mandamiento judicial y obligaba a someter a la persona detenida al juez ordinario dentro del plazo de veinte días. En 1689, la Declaración de Derechos (*Declaration of Rights*) confirmaba los derechos ya consagrados en los textos anteriores.

Posteriormente vendrían la Revolución Americana, y la Francesa, con sus respectivas formulaciones o declaraciones de derechos. La Declaración de Independencia americana de 4 de julio de 1776 afirma en su Preámbulo tener por verdades evidentes por sí mismas, que todos los hombres nacen iguales; que el Creador los dotó de ciertos derechos inalienables, entre ellos la vida, la libertad y la búsqueda de la felicidad. Por su parte, la Declaración de los Derechos del Hombre y del Ciudadano adoptada el 26 de agosto de 1789, en plena Revolución Francesa, por la Asamblea constituyente, reconoce solemnemente la existencia de "derechos inalienables e imprescriptibles" que pertenecen a toda persona, como son: la libertad, la propiedad, la seguridad, y el derecho de resistencia a la opresión; pero sobre todo, consagra, reaccionando contra los privilegios sociales del pasado, el principio de igualdad en derechos de todos los individuos; principio que de hecho es la condición primera de la existencia de todos los demás derechos. Esta Declaración francesa tuvo una enorme influencia, tanto en Europa como en el resto del mundo. Un ejemplo de ello es nuestra Constitución de Cádiz de 19 de marzo de 1812.

Pero si bien, en un principio, como hemos expuesto, estos derechos humanos o del hombre son reconocidos a nivel interno en cada Estado, a medida que la comunidad internacional se va organizando también van apareciendo reconocimientos, siquiera parciales, en

---

47 TRUYOL Y SERRA A.; *Los Derechos Humanos,* 2ª edic., Tecnos, Madrid 1977, p. 16.

este nivel internacional[48]. Aunque fue sobre todo en el año 1945, tras quedar al descubierto los horrores cometidos durante la II Guerra Mundial, cuando se inicia verdaderamente el proceso de internacionalización de los derechos del hombre, constituyendo el verdadero hito de partida la firma en San Francisco, el día 26 de junio de 1945, de la Carta de las Naciones Unidas. Este Tratado, firmado por los pueblos de las Naciones Unidas «resueltos a proclamar de nuevo su fe en los derechos fundamentales del hombre, en la dignidad y valor de la persona humana», puede considerarse como el primer instrumento de derecho internacional en consagrar en su globalidad –aunque de manera un poco abstracta– los derechos del hombre.

Fruto de este esfuerzo de las Naciones Unidas, preocupadas por los problemas internacionales de orden económico, social, intelectual o humanitario, desarrollando y fomentando el respeto de los derechos del hombre y de las libertades fundamentales para todos, fue la elaboración de lo que se conoce como la "Carta Internacional de los Derechos del Hombre". Se trata en realidad de cuatro textos adoptados sucesivamente por la Asamblea General de la ONU: El primero de ellos, la Declaración Universal de los Derechos Humanos firmada en París el 10 de diciembre de 1948, consagrado día de los derechos humanos por la 3ª sesión de la Asamblea General. El texto de esta Declaración se inspira en la Declaración francesa de 1789. Aunque proclamada como el ideal común a lograr por todos los pueblos y todas las naciones, esta DUDH no tiene alcance jurídico obligatorio. Sin embargo, la mayoría de los países le reconocen un valor moral incontestable que la sitúa, de hecho, por encima de una simple recomendación, pues incluso muchos países hacen referencia a ella en sus respectivas Constituciones[49].

---

48 Es el caso, por ejemplo, del derecho de petición y de su ejercicio posible ante la Sociedad de Naciones por poblaciones minoritarias, cuando los recortes territoriales efectuados en el marco del Tratado de Versalles de 1919, que puso fin al primer conflicto armado mundial.

También podemos citar el caso del reconocimiento de derechos específicos de los trabajadores y de su protección en el seno de la Organización Internacional del Trabajo. (Esta Organización fue creada en 1919 por el Tratado de Versalles. Sus Estados miembros están representados por delegados de los gobiernos, empleados y asalariados. Tiene por finalidad desarrollar la justicia social mejorando las condiciones de vida y de trabajo en el mundo. Está asociada a la ONU desde 1946).

49 Este es el caso de España. El artículo 10-2 de la Constitución española de 1978 establece que: «Las normas relativas a los derechos fundamentales y a las libertades

Los otros tres textos, firmados todos ellos en Nueva York el 16 de diciembre de 1966, son el Pacto Internacional de Derechos Económicos, Sociales y Culturales, que versa principalmente sobre el derecho al trabajo, la libertad sindical, el derecho a estar cubierto del hambre, el derecho a la salud física y mental, el derecho a la educación, a la participación en la vida cultural y en el beneficio del progreso científico y de sus aplicaciones. El Pacto Internacional de Derechos Civiles y Políticos, que se refiere especialmente al derecho a la vida, a la igualdad, al derecho a libertad y seguridad, prohibición de la tortura y de penas o tratos inhumanos o degradantes, abolición de la esclavitud, derecho a la participación política, la propiedad, el matrimonio, y las libertades fundamentales de opinión, expresión, pensamiento, conciencia, religión, asociación y reunión[50]. Y el Protocolo Facultativo del Pacto Internacional de Derechos Civiles y Políticos, con el que se pretende asegurar el mejor logro de los propósitos de este Pacto y la aplicación de sus disposiciones, facultando al Comité de Derechos Humanos, establecido en la Parte IV del Pacto, para recibir y considerar comunicaciones de individuos que aleguen ser víctimas de violaciones de cualquiera de los derechos enunciados en este Pacto.

A diferencia de lo que ocurre con la Declaración Universal, que como hemos expuesto no tiene fuerza jurídica vinculante, estos Pactos constituyen tratados internacionales que vinculan jurídicamente a todos los Estados signatarios.

---

que la Constitución reconoce, se interpretarán de conformidad con la Declaración Universal de Derechos Humanos y los tratados y acuerdos internacionales sobre las mismas materias ratificados por España.»

[50] Este PIDCP, aborda en su artículo 10 el tema relativo al trato a las personas privadas de libertad. Dice este artículo:

«1.- Toda persona privada de libertad será tratada humanamente y con el respeto debido a la dignidad inherente al ser humano.

2.-

a) Los procesados estarán separados de los condenados, salvo en circunstancias excepcionales, y serán sometidos a un tratamiento distinto, adecuado a su condición de personas no condenadas.

b) Los menores procesados estarán separados de los adultos y deberán ser llevados ante los tribunales de justicia con la mayor celeridad posible para su enjuiciamiento.

3.- El régimen penitenciario consistirá en un tratamiento cuya finalidad esencial será la reforma y la readaptación social de los penados. Los menores delincuentes estarán separados de los adultos y serán sometidos a un tratamiento adecuado a su edad y condición jurídica.»

Pero además de estos cuatro Textos citados, que tienen una indudable vocación mundial y que presentan aspectos generales, en el seno de la ONU y de sus instituciones especializadas, también se han adoptado otros muchos de un carácter más específico, representados por recomendaciones, resoluciones o convenios que, unas veces tienen por objeto proteger al hombre considerado individualmente[51] y otras proteger a una categoría o grupo de personas[52].

Entre los innumerables textos destinados a proteger a una categoría particular de individuos, merece destacarse, a los efectos que a nosotros, desde el punto de vista de esta publicación, nos interesan, la Resolución 663 C I (XXIV) de fecha 31 de julio de 1957, por la que el Consejo Económico y Social aprobó el "Conjunto de las Reglas Mínimas para el Tratamiento de los Reclusos[53] y Recomendaciones relativas a ello." Este Texto, redactado por la Fundación Internacional Penal y Penitenciaria[54], había sido adoptado el 30 de agosto de 1955 por el Primer Congreso de las Naciones Unidas para la Prevención del Crimen y del Tratamiento de los Delincuentes[55], celebrado en Ginebra.

---

[51] Como ejemplo de este tipo de textos podemos citar: El Convenio para la Prevención y Represión del Crimen de Genocidio, de 9 de diciembre de 1948; el Convenio sobre la imprescriptibilidad de los crímenes de guerra y crímenes contra la humanidad, de 26 de noviembre de 1968; el Convenio internacional sobre la eliminación de todas las formas de discriminación racial, de 21 de diciembre de 1965; o el Convenio internacional sobre la eliminación y represión del crimen de apartheid, de 30 de diciembre de 1973.

[52] A este grupo pertenecen, por ejemplo, la Declaración de los Derechos del Niño proclamada por la Asamblea general de la ONU el 20 de noviembre de 1959, o la Declaración sobre la eliminación de la discriminación contra los jóvenes, de 7 de noviembre de 1967. Merecen también mencionarse dentro de este apartado, los innumerables textos elaborados en el seno de la OIT destinados a proteger a los trabajadores.

[53] Según las distintas traducciones realizadas al español, unas veces se emplea la palabra "Detenidos", y otras la de "Reclusos". El término empleado por la versión oficial inglesa es "Prisoners", que alude tanto a la persona que ha sido hallada culpable de un delito y enviada a prisión, como a la que ha sido capturada, confinada y privada de libertad por otro motivo, como por ejemplo por el enemigo en una guerra. Por eso, entiendo que en español es más apropiado usar en este caso el término "Reclusos", que es más amplio, en lugar de "Detenidos", que tiene una significación más específica en nuestro derecho penal y procesal penal.

[54] Esta Fundación ha sucedido a la "Comisión internacional penal y penitenciaria" creada en 1876. Esta Comisión había elaborado en 1933 un "Conjunto de reglas para el trato a los detenidos"; Conjunto que fue ratificado en 1934 por la Sociedad de Naciones, pero que quedó en el olvido.

[55] El texto de estas Reglas Mínimas (*Standard Minimum Rules for the Treatment of Prisoners,* adopted Aug. 30, 1955 by the First United Nations Congress on the

Pero aunque fue en el marco de la ONU, y de sus instituciones especializadas, en donde surgió el proceso de reconocimiento internacional de los derechos humanos, ese reconocimiento también se ha producido en el seno de organizaciones internacionales regionales. Así, la Carta de la Organización de Estados Americanos, adoptada en Bogotá en mayo de 1948, contiene varias disposiciones relativas a los derechos del hombre, y posteriormente los Estados miembros de la OEA firmaron el 22 de noviembre de 1969 el Convenio interamericano de los Derechos del Hombre. Del mismo modo, la Carta de la Organización de la Unidad Africana, firmada el 25 de mayo de 1963 en Addis-Abeba, consagra los derechos del hombre. La OUA adoptó en enero de 1981 una Carta africana de los Derechos del Hombre y de los Pueblos, dispuesta para firma de los Estados Miembros el 26 de junio de 1981.

2.2. Protección de los derechos humanos en general y de los reclusos en particular, en el ámbito europeo

Ha sido, sin duda, en el continente europeo en donde este movimiento de reconocimiento y protección de los derechos humanos ha logrado un pleno resultado, en el marco institucional del Consejo de Europa[56], por la firma en Roma, el día 4 de noviembre de 1950,

---

Prevention of Crime and the Treatment of Offenders) puede consultarse en la dirección de internet: «*http://www.unhchr.ch/htlm/menu3/b/h comp34.htm*». También ha de indicarse que todas las materias relativas a las Naciones Unidas pueden consultarse en el Portal de las Naciones Unidas: «*http://www.un.org/*». También en el acceso directo a la colección de tratados: «*http://untreaty.un.org/*».

[56] El Consejo de Europa fue creado por el Tratado de Londres de 5 de mayo de 1949, firmado originariamente por diez Estados: Bélgica, Dinamarca, Francia, Irlanda, Italia, Luxemburgo, Noruega; Países Bajos, Reino Unido y Suecia. Actualmente lo componen 47 Estados miembros que son, además de los citados fundadores, los siguientes: Albania, Alemania, Andorra, Armenia, Austria, Azerbaiyán, Bosnia-Herzegovina, Bulgaria, Chipre, Croacia, Eslovaquia, Eslovenia, España, Estonia, Finlandia, Georgia, Grecia, Hungría, Islandia, Letonia, Antigua República Yugoslava de Macedonia, Liechtenstein, Lituania, Malta, Moldavia, Mónaco, Montenegro, Polonia, Portugal, República Checa, Rumanía, Federación Rusa, San Marino, Serbia, Suiza, Turquía, y Ucrania.

Tiene por objetivo favorecer en Europa un espacio democrático y jurídico común, organizado alrededor del Convenio Europeo de los Derechos Humanos y de otros textos de referencia sobre la protección del individuo, como los Protocolos anexos al dicho Convenio, y la Carta Social Europea. El mandato político actual del Consejo de Europa se definió en la tercera Cumbre de los Jefes de Estado y de

de la Convención para la Salvaguardia de los Derechos del Hombre y de las Libertades Fundamentales, también denominado Convenio para la Protección de los Derechos Humanos y de las Libertades Fundamentales, comúnmente conocido como Convenio Europeo de Derechos Humanos (CEDH)[57].

Este Convenio constituye, hoy en día, el sistema internacional más completo de protección efectiva de los derechos humanos, pues proporciona a los particulares un control judicial supranacional frente a posibles violaciones de sus derechos por los Estados.

El CEDH reconoce básicamente el derecho a la vida, a la libertad y a la seguridad de la persona, el derecho a un proceso equitativo, el principio de legalidad penal, el respeto a la vida privada y familiar, las libertades de pensamiento y de expresión, la libertad de reunión y de asociación, el derecho a contraer matrimonio, y la prohibición de la discriminación.

El Convenio se ha completado con doce Protocolos; unos son de naturaleza jurídico-material, es decir, de ampliación de los derechos reconocidos en el Convenio, y otros de carácter formal o procedimental, relativos al funcionamiento de los órganos de protección del Convenio. Especial consideración merece el penúltimo de ellos, el Protocolo nº 11, de fecha 11 de mayo de 1994[58], el cual reestructura el sistema de protección del Convenio y modifica parcialmente sus Protocolos anteriores de contenido jurídico-material. En particular, este Protocolo reduce los órganos de protección del Convenio a uno: el Tribunal Europeo de Derechos Humanos, suprimiendo la Comisión Europea de Derechos Humanos, estableciendo nuevas normas de procedimiento del Tribunal e incorporando las reguladoras de su función consultiva.

A éste le ha seguido el Protocolo nº 12, relativo a la prohibición general de la discriminación, hecho en Roma el 4 de noviembre de 2000[59].

Gobierno celebrada en Varsovia en mayo de 2005. Para más información pude visitarse el Portal del Consejo de Europa: «*http://www.coe.int/*».

[57] El CEDH fue firmado por España el 24 de noviembre de 1977, y ratificado mediante Instrumento de Ratificación de 26 de septiembre de 1979, publicado en el BOE nº 243 de 10-10-1979.

[58] El Protocolo nº 11 fue firmado por España en la fecha de su adopción, el 11-5-1994, siendo ratificado por Instrumento de Ratificación de 28 de noviembre de 1996, publicado en el BOE nº 152 de 26-6-1998 (corrección de errores BOE nº 223, de 17-9-1998).

[59] El Protocolo nº 12 fue firmado por España el día 4 de octubre de 2005, y ratificado por Instrumento de 25 de enero de 2008; publicado en el BOE nº 64 de 14-3-2008.

A partir de la entrada en vigor del Protocolo nº 11, el complejo normativo del Convenio Europeo de Derechos Humanos está formado por el Texto del mismo Convenio (modificados todos sus artículos del 19 al 59, salvo el 52), y por los Protocolos Adicional y números 4, 6, 7 y 12, que son de significado jurídico-material[60]. Los Protocolos de carácter jurídico-procedimental (los números 2, 3, 5 y 8 a 10) carecen de vigencia.

También en el ámbito jurisdiccional ha tenido su reflejo esta progresiva evolución que hemos dejado expuesta, plasmada en diversos textos normativos, y que es fruto de esa necesidad de control de la actividad penitenciaria. Como exponente de ello podemos citar la Sentencia del Tribunal Europeo de Derechos Humanos de 28 de julio de 1984, recaída en el asunto Campbell y Fell contra el Reino Unido, que incluyó la frase: "la justicia no puede detenerse a las puertas de las cárceles."

Esta frase hizo rápidamente fortuna en la jurisprudencia constitucional española, haciéndose eco de ella la Sentencia del Tribunal Constitucional nº 2/1987 de 21 de enero, en un recurso de amparo contra una sanción penitenciaria (que era también la cuestión principal que se planteaba en la expresada Sentencia del Tribunal Europeo de Derechos Humanos), y desde entonces no ha dejado de repetirse en nuestra jurisprudencia.

---

[60] El llamado Protocolo Adicional (es realmente el Protocolo nº 1) añade nuevos derechos a los reconocidos en el Convenio. Estos nuevos derechos son el de propiedad, educación y elecciones libres.

El Protocolo nº 4 incorpora como nuevos derechos al Convenio, los de exclusión de la prisión por deudas, libertad circulación y prohibición de expulsiones tanto de nacionales como colectivas de extranjeros. Este Protocolo fue firmado por España el 23 de febrero de 1978, y ratificado por Instrumento de 28 de agosto de 2009, publicado en el BOE nº 247 de 13-10-2009.

El Protocolo nº 6 se refiere a la abolición de la pena de muerte en tiempo de paz.

El Protocolo nº 7 también añade derechos a los reconocidos por el Convenio, cuales son los relativos a las garantías en caso de expulsión de extranjeros, el doble grado jurisdiccional en materia penal, indemnización en caso de error judicial, non bis in idem, e igualdad entre los esposos. Este Protocolo fue firmado por España el 22 de noviembre de 1984, y ratificado por Instrumento Ratificación de 28 de agosto de 2009, publicado en el BOE nº 249 de 15-10-2009.

Al Protocolo nº 12 ya nos hemos referido en la nota anterior, y establece la prohibición general de la discriminación, de tal modo que el goce de todos los derechos reconocidos por la ley han de ser asegurados sin discriminación alguna, sin que nadie pueda ser objeto de discriminación por parte de cualquier autoridad pública.

Como hemos apuntado más arriba, tradicionalmente la ejecución de las penas privativas de libertad ha estado en manos de las autoridades administrativas, de tal modo que los jueces y tribunales penales, una vez dictada la sentencia condenatoria y declarada su firmeza, se desentendían prácticamente de la ejecución, quedando todos los pormenores o incidencias que pudieran producirse durante el cumplimiento de la pena sin ningún tipo de control jurisdiccional, y al albur de lo que decidieran las autoridades administrativas correspondientes. Evidentemente, esta era una situación que se prestaba a que se produjeran abusos, como consecuencia de la falta de un control externo sobre la actuación administrativa de ejecución de las penas.

En ese contexto que venimos apuntando, de demanda internacional de un control sobre la actividad de ejecución de las penas, de protección de los derechos humanos, y por ende de un control en el sentido de humanizar y establecer límites, e incorporar garantías jurídicas al ámbito penitenciario, es como aparecieron las "Reglas Mínimas para el Tratamiento de los Reclusos", a las que ya nos hemos referido con anterioridad, elaboradas en el Primer Congreso de las Naciones Unidas sobre Prevención del Delito y Tratamiento del Delincuente, celebrado en Ginebra en el año 1955, y aprobadas por el Consejo de las Naciones Unidas en Resolución 663 C I (XXIV) de 31 de julio de 1957[61]. También se hace eco de la necesidad de humanizar y controlar la ejecución de la pena el Pacto Internacional de los Derechos Civiles y Políticos, fechado en Nueva York el 19 de diciembre de 1966, ratificado por España, y que forma parte de nuestro ordenamiento jurídico[62].

Inspirado en esas "Reglas Mínimas" de las Naciones Unidas, el Consejo de Europa así mismo elaboró unas "Reglas Mínimas para el Tratamiento de los detenidos"[63] aprobadas por Resolución (73) 5,

---

[61] El texto de estas Reglas Mínimas sufrió una modificación posterior por la Resolución 2076 (LXII) de 13 de mayo de 1977, pero que no ha afectado a su contenido básico.

[62] Conforme al artículo 96-1 de la Constitución: «Los tratados internacionales válidamente celebrados, una vez publicados oficialmente en España, formarán parte del ordenamiento interno. Sus disposiciones sólo podrán ser derogadas, modificadas o suspendidas en la forma prevista en los propios tratados o de acuerdo con las normas generales del Derecho internacional.»

[63] Dependiendo de la traducción, unas veces se emplea el término "detenidos", y otras los de "reclusos" o "internos". La denominación, según la versión oficial inglesa es "*Standard Minimum Rules for the Treatment of Prisoners", drawn up by the Council of*

del Comité de Ministros de fecha 19 de enero de 1973. Estas "Reglas mínimas europeas" fueron revisadas por la Recomendación número R (87) 3 del Comité de Ministros de los Estados Miembros del Consejo de Europa, de fecha 19 de febrero de 1987, que aprobó las denominadas "Reglas Penitenciarias Europeas".

Estas Reglas Europeas suponen un desarrollo y concreción de muchas de las materias recogidas genéricamente en las Reglas Mínimas de las Naciones Unidas. Entre los principios que inspiran las Reglas Europeas, merecen destacarse, a los efectos que a nosotros para este trabajo nos interesan, el referido al "principio de legalidad en la ejecución de las penas", y el referido al control ejercido "por una autoridad judicial o cualquier otra autoridad legalmente habilitada para visitar a los internos y que no pertenezca a la Administración penitenciaria."

Concretamente, ha de señalarse que las "Reglas mínimas europeas" de 1973, bajo el epígrafe "Inspección y control", contemplan la Regla nº 56, referida a esta materia, estableciendo en su apartado nº 1, un control por inspectores calificados y experimentados, sobre los establecimientos y servicios penitenciarios, cuidando de que éstos estén administrados de conformidad con las leyes y reglamentos vigentes para lograr los objetivos de los servicios penitenciarios. Por otro lado, en su apartado nº 2, establece o contempla otro tipo de control, referido al respeto de los derechos individuales de los internos y de la legalidad del cumplimiento de las penas, que deberá realizarse por una autoridad judicial, u otra legalmente habilitada para visitar a los detenidos y que no pertenezca a la administración penitenciaria.

Por otro lado, también debe ponerse de manifiesto que las "Reglas Penitenciarias Europeas" de 1987, no contemplan un apartado específico para este tipo de controles, sino que su capítulo o Parte I, referido a los Principios básicos, contiene la Regla nº 5, en la que establece que la protección de los derechos individuales de los internos, con especial atención a la legalidad de la ejecución de las medidas del internamiento, deberá asegurarse por medios de control externos, de acuerdo con las normas nacionales, por una autoridad judicial, u otra debidamente autorizada para visitar a los internos y no perteneciente a la administración penitenciaria.

Europe, Resolution (73) 5. Según la versión francesa es *"Ensemble des règles minima pour le traitement des détenus" élaborées par le Conseil de l'Europe, Résolution (73) 5.*

Sin perjuicio de todo lo anterior, según Tamarit Sumalla[64], en una dirección reformista que incide en los principios de las declaraciones internacionales que hemos mencionado, se han producido modificaciones legislativas importantes en los países de nuestro entorno más cercano, entre las que se pueden citar la Ley italiana de 26 de julio de 1975 –con reformas posteriores, la más importante la de 10-10-1986–, y la Ley alemana de ejecución penal de 16 de marzo de 1976, que sido objeto de reformas parciales en 31-8-1990 y 18-12-1989.

Pero como el tiempo no se detiene y la sociedad evoluciona, teniendo en cuenta los importantes cambios sociales que han influido en desarrollos significativos en el ámbito del derecho penal en Europa durante los últimos veinte años –como así reza en su Exposición de Motivos– el Comité de Ministros del Consejo de Europa aprobó la Recomendación REC (2006) 2 de 11 de enero de 2006, sobre las Reglas Penitenciarias Europeas.

En esta Recomendación se hace alusión a la Convención Europea de Derechos Humanos, a la Jurisprudencia del Tribunal Europeo de Derechos Humanos, y al trabajo desarrollado por el Comité Europeo para la Prevención de la Tortura y de las Penas o Tratamientos Inhumanos o Degradantes; se reitera que nadie puede ser privado de libertad, salvo como último recurso y de conformidad con los procedimientos determinados por ley; y se señala que la ejecución de las penas privativas de libertad y la custodia de los detenidos exige tener en cuenta las exigencias de seguridad y disciplina y debe, al mismo tiempo, garantizar las condiciones del internamiento para que no atenten contra la dignidad humana, ofreciéndoles ocupación en actividades constructivas y preparándoles para la reinserción social. Se pone también de manifiesto que es importante que los Estados Miembros del Consejo de Europa continúen poniéndose al día y respetando los principios comunes en su política penitenciaria, pues el respeto de tales principios comunes reforzará la cooperación internacional en este ámbito.

Es por ello, por lo que de acuerdo con los estándares contenidos en otras Recomendaciones del Comité de Ministros del Consejo de Europa, que tratan aspectos específicos de la política y la práctica

---

64 TAMARIT SUMALLA, J.M.; y Otros; *Curso de Derecho Penitenciario. Adaptado al Nuevo Reglamento Penitenciario de 1996*, cit., pp. 35-36.

penitenciaria[65], atendiendo al espíritu del conjunto de las Reglas Mínimas para el tratamiento de los reclusos de las Naciones Unidas, y considerando que la Recomendación REC (87) 3 del Comité de Ministros sobre las Reglas Penitenciarias Europeas debe ser revisada y actualizada de forma profunda para poder reflejar los cambios producidos en materia de política penal, las prácticas condenatorias y la gestión de las prisiones en general en Europa, el Comité de Ministros del Consejo de Europa, recomienda a los Gobiernos de los Estados miembros: a) Que tanto en la elaboración de su legislación como en su política y práctica, sigan las Reglas contenidas en el Anexo de esta Recomendación, que reemplaza a la Recomendación (87) 3 del Comité de Ministros sobre las Reglas Penitenciarias Europeas; y b) Que se aseguren de que la presente Recomendación y su Exposición de motivos se traduzca y difunda de la manera más amplia posible, y especialmente entre las Autoridades Judiciales, el Personal Penitenciario y los propios internos[66].

El mencionado Anexo a esta Recomendación REC (2006) 2, es el que contiene las nuevas Reglas Penitenciarias Europeas. Estas Reglas aparecen estructuradas en diferentes Títulos o Partes: El I, referido a los Principios básicos, establece como uno de éstos el de que «Todas las prisiones deberán ser inspeccionadas por parte del Gobierno de forma regular, y controladas por una autoridad independiente.» El II, está referido a las Condiciones de Internamiento; el III a la Salud; el IV al Buen Orden; el V a la Dirección y Personal penitenciario; el VI a la Inspección y Control, estableciendo una Inspección gubernamental y un control independiente; el VII se refiere a los Internos

65 Concretamente estas Recomendaciones son las siguientes: Rec. R (89) 12 sobre la Educación en Prisión; Rec. R (93) 6 concerniente a los Aspectos Penitenciarios y Criminológicos del Control de Enfermedades Contagiosas, especialmente SIDA, y los Problemas Asociados de Salud en la Prisión; Rec. R (97) 12 sobre el Personal encargado de la Aplicación de las Medidas y Sanciones; Rec. R (98) 7 relativa a los Aspectos Eticos y Organizativos del Cuidado de la Salud en el Medio Penitenciario; Rec. R (99) 22 concerniente a la Masificación en las Prisiones y la Inflación Carcelaria; Rec. R (2003) 22 relativa a la Libertad Condicional; y Rec. R (2003) 23 relativa a la Gestión de la Administración Penitenciaria de las Condenas a Cadena Perpetua y otros Internamientos de Larga Duración.

66 En el ámbito profesional en el que nosotros nos movemos, no se ha dado la difusión que aquí se interesa, siendo esta Recomendación y las nuevas Reglas que en ella se adoptan totalmente desconocidas, pues si hay que hacer alguna referencia a las Reglas Penitenciarias, aún se cita a las de 1987.

Preventivos; el VIII a los internos Penados; y el IX a la actualización de las Reglas.

Incidiendo sobre esta materia relativa al control de la actividad de la Administración Penitenciaria, hemos de recordar lo que dice García Albero[67], en el sentido de que las reglas penitenciarias internacionales no contienen criterios específicos sobre los órganos encargados de controlar los establecimientos; tan solo reconocen el derecho de queja de los internos (Regla mínima nº 36 de las Naciones Unidas de 1955, y Regla penitenciaria Europea nº 42 de 1987) ante las autoridades competentes (penitenciaria o judicial), así como que exista una inspección de prisiones que será designada, igualmente, por las autoridades competentes en la materia. En este sentido, pone de manifiesto, citando a García Aran/De Sola[68], que incluso la Regla 56.2 del Consejo de Europa (Resolución 73/5), a la que se señala como inspiradora del sistema del Juez de Vigilancia, contiene en realidad la exigencia de un control externo a la propia Administración penitenciaria, pero sin que necesariamente haya de adoptar la forma de un juez[69]. De hecho, salvo en países como Brasil, Italia o Francia, la figura del Juez de Vigilancia Penitenciaria es generalmente desconocida, y en otros ha sido de reciente implantación.

3. LA APARICIÓN Y PROGRESIVA IMPLANTACIÓN DE LA FIGURA DEL JUEZ DE EJECUCIÓN O DE VIGILANCIA PENITENCIARIA EN EL ÁMBITO INTERNACIONAL

3.1. Brasil

Fue Brasil el primer país en establecer, en el año 1922, la figura del "Juez de Ejecución Penal".

---

[67] GARCIA ALBERO, R.; y Otros; *Curso de Derecho Penitenciario. Adaptado al Nuevo Reglamento Penitenciario de 1996.* Cedecs Editorial S.L., Barcelona 1996, p. 233.

[68] GARCIA ARAN/DE SOLA.- *Legislació penitenciària europea comparada,* p. 30.

[69] El texto de esta Regla 56.2 es el siguiente: "El respeto a los derechos individuales de los reclusos, en particular la legalidad de la ejecución de las penas, deberá estar asegurada por el control ejercido conforme a la reglamentación nacional por una autoridad judicial o cualquier otra autoridad legalmente habilitada para visitar a los reclusos y no perteneciente a la Administración Penitenciaria."

En España ese control externo se ejerce, además de por el Juez de Vigilancia Penitenciaria, por el Defensor del Pueblo, y por los Defensores del Pueblo de las distintas Comunidades Autónomas.

Las facultades que se otorgaron a este Juez fueron muy amplias, pues no se limitaban solamente al control de la ejecución penal, en el sentido de desarrollar y materializar el contenido del fallo de la sentencia condenatoria, sino que además se extendían a la posibilidad de cursar instrucciones y órdenes generales a los responsables de la Administración; por lo que de este modo también ejercían un control sobre los órganos administrativos encargados de los establecimientos penitenciarios y ejecución de las penas.

El Juez de Ejecución Penal de Brasil desempeña su función junto con otros órganos, que de forma más o menos directa también intervienen en la ejecución de la pena. De entre éstos, el órgano que tradicionalmente ha venido siendo más relevante ha sido el denominado Consejo Penitenciario, que fue creado mediante Decreto federal número 16. 665 de 6 de noviembre de 1924.

Pero, como decimos, no sólo estos dos órganos –el Juez de Ejecución y el Consejo– son los únicos con funciones relativas a la ejecución pena en Brasil. La Ley nº 7.210, de 11 de julio de 1984, de Ejecución Penal[70], en su Título III regula "Los órganos de la Ejecución Penal", disponiendo su artículo 61 que estos órganos son: I.- El Consejo Nacional de Política Criminal y Penitenciaria; II.- El Juez de Ejecución; III.- El Ministerio Público; IV.- El Consejo Penitenciario; V.- Los Departamentos Penitenciarios; VI.- El Patronato; y VII.- El Consejo de Comunidad.

El Consejo Nacional de Política Criminal y Penitenciaria es un órgano dependiente del Ministerio de Justicia, y está integrado por trece miembros designados por el Ministro de entre profesores y profesionales del derecho penal, procesal penal, penitenciario y ciencias afines, así como por representantes de la comunidad y de los ministerios con competencia en el área social.

Este Consejo Nacional tiene unas competencias de carácter general, y le incumbe, a nivel federal y estatal, proponer directrices sobre la política de prevención del delito, la administración de la justicia penal y la ejecución de las penas y medidas de seguridad; promover

---

[70] Esta Ley, cuyo texto puede consultarse en «*http://www.soleis.adv.br*», fue últimamente reformada por la Ley nº 12.121 de 15 de diciembre de 2009. Además de por la anterior, desde su promulgación también fue modificada por las siguientes: Ley nº 9046/95; Ley nº 9460/97; Ley nº 10.713/13.8.2003; Ley nº 10.792/1.12.2003; Ley nº 11.340/7.8.2006; Ley nº 11.466/28.3.2007 y Ley nº 1942/28.5.2009.

la evaluación periódica del sistema judicial penal para su adecuación a las necesidades del país; establecer reglas sobre construcción de los establecimientos penitenciarios; inspeccionar las prisiones, así como informar sobre el desarrollo de la ejecución penal en los Estados, Territorios y Distrito Federal, proponiendo a las autoridades responsables las medidas necesarias para su mejoramiento; e informar al Juez de Ejecución o a la autoridad administrativa en caso de violación de las normas referentes a la ejecución penal.

El Juez de Ejecución, a quien compete la ejecución penal, es el previsto en la respectiva ley local de organización judicial, y en su defecto, dicha competencia corresponde al juez sentenciador. Compete al Juez de Ejecución Penal: a) Aplicar a los casos juzgados la ley posterior que de cualquier modo favorezca al condenado; b) Declarar extinguida la responsabilidad penal; c) Decidir sobre la refundición y acumulación de penas, sobre la progresión o regresión en el régimen penitenciario, la remisión de condena, la suspensión de la pena, la libertad condicional y los incidentes de la ejecución; d) Autorizar las salidas temporales; e) Determinar la forma de cumplimiento de la pena restrictiva de derechos y supervisar su ejecución, la conversión de la pena restrictiva de derechos y de multa en pena privativa de libertad, la conversión de la pena privativa de libertad en restrictiva de derechos, la aplicación de las medidas de seguridad, la revocación o restablecimiento a la situación anterior, el cumplimiento de la pena o medida de seguridad en otra comarca; f) Velar por el correcto cumplimiento de las penas y medidas de seguridad; g) inspeccionar mensualmente los establecimientos penitenciarios, tomando las medidas para el adecuado funcionamiento y promoviendo, en su caso, la depuración de responsabilidades; h) Prohibir o clausurar en todo o en parte, el establecimiento penal que estuviese funcionando en condiciones inadecuadas o con infracción de las disposiciones de la Ley de Ejecución Penal; i) Promover la composición y establecimiento del Consejo de Comunidad; j) Emitir certificado anual relativo a la pena a cumplir por los internos.

Por su parte, al Ministerio Público le corresponde fiscalizar la ejecución de la pena y las medidas de seguridad, actuando en el proceso ejecutivo y en los incidentes de la ejecución, instando la adopción de las medidas necesarias, e interponiendo los recursos procedentes. En todo esto, su actuación es similar a la del Ministerio Fiscal en España; pero además, la ley brasileña la impone la obligación de visitar mensualmente los establecimientos penitenciarios, registrando su visita en un libro propio.

El Consejo Penitenciario, del que hicimos referencia al principio, es un órgano consultivo, pero también fiscalizador de la ejecución de la pena. Está prevista su constitución en el ámbito de cada Estado, Territorio y Distrito Federal; sus miembros son nombrados por el gobernador de cada uno de estos lugares, de entre profesores y profesionales del derecho penal, procesal penal, penitenciario y ciencias afines, así como representantes de la comunidad, y su funcionamiento se regula por la legislación estatal o federal. Le corresponde a este Consejo emitir parecer sobre el indulto y la conmutación de la pena, inspeccionar los establecimientos y servicios penitenciarios, presentar al Consejo Nacional de Política Criminal y Penitenciaria un informe anual sobre el trabajo desarrollado el año anterior, supervisar los patronatos, así como la asistencia a los excarcelados.

La legislación brasileña contempla también los denominados Departamentos Penitenciarios. Existe un Departamento Penitenciario Nacional, dependiente del Ministerio de Justicia, que es el órgano ejecutivo de la política penitenciaria nacional y de apoyo administrativo y financiero al Consejo Nacional de Política Criminal y Penitenciaria. Por otro lado, la legislación local también puede crear un Departamento Penitenciario, u órgano similar, con las atribuciones que establezca. Este Departamento u órgano similar, tiene por finalidad supervisar y coordinar los establecimientos penitenciarios penales del Estado a que pertenezcan.

Otro de los órganos contemplados por la legislación brasileña es el Patronato, que puede ser público o privado, y tiene la misión de prestar asistencia a los internos y a los excarcelados, pero también fiscaliza el cumplimiento de las penas de prestación de servicio a la comunidad y de limitación de fin de semana, y colabora en el control del cumplimiento de las condiciones de la suspensión de la pena, y de la libertad condicional. En este sentido, el Patronato tiene una función similar a los Servicios Sociales Penitenciarios en España.

Finalmente, contempla la Ley, dentro de los órganos de la ejecución penal, el llamado Consejo de Comunidad, que habrá uno en cada Comarca o Distrito judicial, y estará compuesto por un representante de una asociación comercial o industrial, un abogado, y un asistente social. Incumbe a este Consejo visitar, por lo menos mensualmente, los establecimientos penales existentes en la comarca entrevistar a los presos, presentar informes mensuales al Juez de Ejecución y al Consejo Penitenciario, y procurar la obtención de recursos materiales y humanos para la mejor asistencia a los presos, en coordinación con la dirección del establecimiento.

Como se ve, pese a la intervención de órganos de naturaleza administrativa, el control de la ejecución penal es de carácter jurisdiccional, interviniendo tales órganos administrativos como colaboradores del Juez de Ejecución Penal.

3.2. Otros países de Iberoamérica

Además de Brasil, también existen otros países iberoamericanos que han introducido en sus ordenamientos jurídicos esta figura del Juez de Ejecución de penas.

Este es el caso, por ejemplo, de **Argentina** que incorporo el Juez de Ejecución en la jurisdicción federal a partir de la reforma de 1992. El Juez de Ejecución Argentino tiene una amplia competencia pues controla el respeto de todas las garantías constitucionales en el trato otorgado a los condenados, presos y personas sometidas a medidas de seguridad; supervisa el cumplimiento por el imputado de las instrucciones e imposiciones establecidas en los casos de suspensión del procedimiento de prueba; le compete el control del efectivo cumplimiento de las sentencias condenatorias dictadas por el Poder Judicial de la Nación, la resolución de todos los incidentes que se susciten en dicho período y finalmente, la colaboración en la reinserción social de los liberados.

En **Venezuela**, hasta el año 1998, no existía la figura del Juez de Ejecución Penal. Con la entrada en vigor del Código Orgánico Procesal Penal venezolano se introduce la fase de "Ejecución de la Sentencia". En este sentido, a partir del mes de julio de 1999 la ejecución de las penas tendrá doble naturaleza: jurisdiccional y administrativa, puesto que las incidencias de la ejecución son una actividad procesal, mientras que la ejecución material de las penas continúa como una actividad administrativa. Dentro de las principales funciones otorgadas en el Código Orgánico Procesal Penal al Juez de Ejecución venezolano están las siguientes: La ejecución de penas y medidas de seguridad impuestas mediante sentencia firme (Artículo

472-1). Decidir todo lo relacionado con la libertad del penado: rebaja de penas, suspensión condicional de la ejecución de la pena, redención de la pena por el trabajo y el estudio, libertad condicional, permisos de salida, extinción de la pena (Artículo 472-2). Determinar el lugar y condiciones en que se debe cumplir la pena o medidas de seguridad (Artículo 472-3). Acumular las penas en caso de varias sentencias condenatorias dictadas en procesos distintos contra la misma persona (Artículo 472-4). Controlar la legalidad del Régimen Penitenciario mediante inspecciones y otras vías (Artículo 479). Practicar el cómputo y determinar así la fecha exacta de finalización de la condena (Artículo 475). La introducción de la figura del Juez de Ejecución Penal, con el nuevo Código Orgánico Procesal Penal, y la Ley de Reforma Parcial de la Ley de Régimen Penitenciario constituyen sin duda alguna un avance e innovación en materia penal, conduciendo a cambios en el Sistema Penitenciario Venezolano.

En la **República Dominicana**, el Juez de la Ejecución de la Pena es una figura totalmente nueva, su creación fue dispuesta por la Ley 76-02, que contiene el Código Procesal Penal, que fue implementado en el año 2004; pero fue en Abril del año 2005 cuando fueron designados los Jueces de la Ejecución de la Pena, teniendo bajo su responsabilidad la ejecución de las sentencias condenatorias que hayan adquirido la autoridad de cosa irrevocablemente juzgada, dictadas por los tribunales del Departamento Judicial, y en el ámbito de la Supervisión y Control de la Autoridad Penitenciaria, tiene a su cargo la vigilancia de los Centros de Corrección y penitenciarías que se encuentran en el Departamento Judicial donde ejerce sus funciones. El Juez de la Ejecución de la Pena tiene la principal atribución de "Garantizar a los condenados el goce de los derechos humanos fundamentales y de las garantías reconocidas por la Constitución, los Tratados Internacionales, las Leyes y el Código Procesal Penal".

3.3. Italia

Desde el punto de vista histórico, la figura del juez de vigilancia ("giudice di sorveglianza") aparece contemplada por primera vez en el derecho italiano en su Código Penal de 1930 con una amplia gama de funciones, unas veces decisorias sobre las diversas incidencias surgidas en la ejecución de la pena, o consultivas emitiendo informes sobre concesión de beneficios penitenciarios de la competencia de la

Administración, específicamente disciplinadas por el Reglamento de prisiones aprobado por Decreto de 18 de junio de 1931.

Fue Italia el primer país europeo en crear la figura del juez de vigilancia penitenciaria, pero en contra del entusiasmo que despertó esta figura, a la que el citado Decreto de 18 de junio de 1931 atribuía competencias tradicionalmente reservadas a otros órganos de carácter administrativo, por una serie de razones –según dice Franco Della Casa–[71] reconducibles fácilmente a la filosofía (retributivo-aflictiva) de la pena que inspiraba al Reglamento de 1931, y la consiguiente relación de "sujeción especial" existente entre condenados y Administración Penitenciaria, el papel del "giudice di sorveglianza" terminó por resultar absolutamente marginal.

Sin embargo, esta situación se invirtió con la reforma penitenciaria de 1975. La Ley de reforma penitenciaria de 26 de julio de 1975, nº 354, crea la moderna "magistratura di sorveglianza" que constituye la actual jurisdicción de vigilancia penitenciaria, como parte del sistema judicial penal, encargada de la vigilancia o supervisión de la ejecución de la pena, una vez que ha recaído la sentencia firme de condena.

Dicha Ley ha reservado a la "magistratura di sorveglianza" un papel indudablemente relevante pues, mientras que en otros sistemas se considera que la ejecución de la pena, incluida la prisión, tiene naturaleza simplemente administrativa, en Italia se considera necesaria su judicialización[72].

Basta pensar en algunos de los principios rectores de la Ley de 1975, que son precisamente la antítesis de la idea o filosofía que inspiraba el Reglamento de 1931. En particular la Ley de 26 de julio de 1975, nº 354, atiende la principio del fin reeducativo de la pena, solemnemente proclamado en el artículo 27-3 de la vigente Constitución Italiana.

Esto constituye el corolario que prefigura muchas de las áreas de intervención de la "magistratura di sorveglianza", la que, en efecto, con la Ley de 1975, está investida de una pluralidad de competencias –medidas

---

[71] DELLA CASA, Franco; *La Magistratura di Sorveglianza. Organizzazione competenze procedure*, G. Giappichelli Editore, Torino 1992, p. 2.

[72] *Vid.* CARLO IOVINO, Felice Pier; *Contributo Allo Studio del Procedimento di Sorveglianza*, Institui del Diritto Processuale Penale, collana coordinata da Andrea Antonio Dalia, G. Giappichelli Editore, Torino 1995, pp. 7-9.

alternativas a la prisión, permisos, programas de tratamiento– que reflejan claramente las directrices del nuevo sistema penitenciario. Pero no solo eso, sino que la configuración de una fase ejecutiva destinada a la individualización de la pena ha comportado inevitablemente un proceso de maduración en su vertiente procesal, pues a la magistratura di sorveglianza se la ha dotado de un ritual –el procedimiento de sorveglianza– expresamente creado para el ejercicio de su "jurisdicción reeducativa".

En el ámbito de la jurisdicción de vigilancia (soveglianza) coexisten dos tipos de órganos judiciales: uno unipersonal, "l'Ufficio di Sorveglianza", y otro colegiado, el "Tribunale di Sorveglianza", denominado al principio como "Sezione di Sorveglianza", hasta la reforma llevada a cabo por la Ley de 10 de octubre de 1986 número 663, llamada segunda ley de reforma penitenciaria.

L'Ufficio –el equivalente a oficina o juzgado de vigilancia– se establece sobre la base de una pluralidad de distritos o circunscripciones territoriales sobre los que extiende su jurisdicción. Está compuesto de uno o más magistrados, magistrati di sorveglianza, hasta finales del año 1986 denominados "giudici", jueces. Es un órgano que actúa como juez unipersonal, dotado de una fuerte autonomía, sólo funcionalmente subordinado al "Tribunale".

Desde el punto de vista organizativo, la estructura de esta jurisdicción se basa en L'Ufficio (e i magistrati) di sorveglianza. Oficina o Juzgado de vigilancia a la que se pueden asignar uno o más magistrados. Cada uno de ellos realiza las funciones que la ley atribuye al juez de vigilancia, competiéndoles también, sobre la base de un turno preestablecido, formar el colegio judicial del Tribunale di sorveglianza.

El magistrado de sorveglianza, además de realizar las funciones que la ley asigna al juez unipersonal, también concurre a la composición del Tribunale di sorveglianza, órgano que opera a nivel de distrito, y juzga con un colegio de cuatro miembros, constituido por una mitad de magistrados "ordinarios" y la otra mitad por jueces "no togados", provenientes de las categorías indicadas en el artículo 70-3 del Código Penal: expertos en psicología, servicios sociales, pedagogía, psiquiatría, criminología y ciencias forenses.

Estos jueces legos son nombrados por el Consejo Superior de la Magistratura, a propuesta del presidente del Tribunale di sorveglianza, por un periodo de tres años renovables.

Además de estos dos órganos, mención aparte merece la figura del Presidente del Tribunale, por su particular situación dentro de este órgano colegiado, y en el ámbito de los "uffici" de vigilancia pertenecientes al mismo distrito de la corte de apelación.

La primera característica viene en virtud de lo dispuesto en el artículo 70-8 del Código Penal, en virtud del cual, el presidente tiene voto de calidad en el supuesto de no alcanzarse una mayoría.

Por otro lado, su función también tiene una vertiente de carácter administrativo. En este sentido tiene el poder de organizar la actividad del Tribunale. Así mismo, ostenta una posición de orden superior en el ámbito del distrito, pues tiene la facultad de coordinar, para la distribución o desarrollo de los asuntos de la competencia del Tribunale, la actividad de varios uffici di sorveglianza, y sobre todo lo relativo a remediar, mediante una suplencia interna, una eventual situación de emergencia que pudiera producirse en alguno de los uffici correspondientes al tribunale del que él es presidente. Esta última previsión es extremadamente oportuna en cuanto permite, de cara a la exigencia derivada de una insuficiente provisión de la plaza de un determinado ufficio, recurrir a magistrados que ya realizan funciones de vigilancia y que están en posesión de la necesaria especialización. Así se desprende de lo previsto en el artículo 70 bis 2 c) del Código Penal, que establece que "en caso de necesidad, el presidente del órgano colegiado recurrirá a magistrados di sorveglianza del distrito; disponiendo el apartado d) que sólo cuando esta solución resulte impracticable, solicitará al presidente de la corte de apelación que disponga una suplencia externa.

A la magistratura di sorveglianza le compete la vigilancia de la ejecución de las penas, garantizando el respeto de los derechos de los internos y detenidos; interviene en la aplicación de medidas alternativas al encarcelamiento, en la ejecución de penas sustitutivas, en la ejecución y aplicación de medidas de seguridad. En particular, al magistrado di sorveglianza le compete la responsabilidad de supervisar la organización de los centros penitenciarios y notificar al Ministerio de Justicia[73] las necesidades de los servicios, aprobar el programa de trata-

[73] En Italia las cárceles dependen del Ministerio de Justicia. En España también pertenecían a este Ministerio, pero en la V Legislatura, en el año 1994 se produjo la fusión de los Ministerios de Interior y Justicia, creándose el Ministerio de Justicia e Interior, que estuvo vigente hasta el año 1996, fecha en que, tras las elecciones generales de ese año comenzó la VI Legislatura, y volvieron a separarse ambos Ministerios;

miento individualizado para cada interno y las modalidades de trabajo en el exterior, resolver sobre la remisión de la pena y la admisión de los condenados con enfermedad mental, decidir sobre la concesión de permisos, sobre las medidas de seguridad, y sobre las reclamaciones en materia disciplinaria. A todos estos fines, la ley impone al magistrado la obligación de visitar frecuentemente los centros penitenciarios.

El Tribunale se ocupa de la concesión y revocación de las medidas alternativas a la prisión (libertad condicional a prueba ordinaria o especial, semilibertad, liberación anticipada, detención domiciliaria, el aplazamiento de la ejecución de las penas).

L'Ufficio decide en materia de permisos ordinarios y recompensas, y también es competente para las licencias de los semiliberados y de los internos, sobre la aplicación y la eliminación de las medidas de seguridad, y sobre la aprobación de los programas de tratamiento reeducativo individualizado, que la Administración está obligada a preparar por ley, al final del primer periodo de observación intramuros de cada condenado definitivo.

Siguiendo a Franco Della Casa[74], podemos sistematizar las funciones de la jurisdicción de sorveglianza de la siguiente manera:

1°. Competencias "extrapenitenciarias" de la magistratura di sorveglianza:

En este sentido podemos aludir a las audiencias impuestas en los artículos 127-3, 489-3 y 666-4 del Código de Procedimiento Penal.

La Ley de 3 de julio de 1989, n° 257, relativa a las "disposiciones para la aplicación de convenios internacionales relativos a la ejecu-

---

pero a partir de entonces las cárceles, y toda la Administración Penitenciaria, pasaron a depender del Ministerio del Interior.

Por Real Decreto 907/1994 de 5 de mayo, de reestructuración de Departamentos Ministeriales, (BOE 108/1994 de 6 de mayo) se creó el Ministerio de Justicia e Interior, que asumió las competencias anteriormente atribuidas al Ministerio de Justicia y al Ministerio del Interior, los cuales fueron suprimidos. Posteriormente, por Real Decreto 758/1996, también de 5 de mayo, de reestructuración de Departamentos Ministeriales, fue suprimido el Ministerio de Justicia e Interior, y las competencias en materia de Asuntos Penitenciarios pasaron a depender del Ministerio del Interior.

[74] DELLA CASA, Franco; *La Magistratura di Sorveglianza. Organizzazione competenze procedure*, cit., pp. 33 y ss.

ción de sentencias penales" en su artículo 5.2º destinado a la aplicación del Convenio Europeo para el traslado de personas condenadas, adoptado en Estrasburgo el 21 de marzo de 1983[75], señala al magistrado di sorveglianza como el órgano legitimado, aunque en forma no exclusiva, para recoger el consentimiento del condenado objeto de traslado a un país extranjero. Al mismo tiempo, el artículo 9.2º, referido a la Convención europea para la vigilancia de las personas condenadas o liberadas condicionalmente, adoptada en Estrasburgo el 30 de noviembre de 1964[76], devuelve al magistrado di sorveglianza

---

[75] Este Convenio nº 112 del Consejo de Europa, conocido como Convenio de Estrasburgo, fue ratificado por España por Instrumento de 18 de febrero de 1985 (BOE nº 138 de 10-6-1985). Los Jueces de Vigilancia Penitenciaria españoles no intervenían en su aplicación, por lo que era competencia de la Administración todo lo relativo al traslado de los internos.

Sin embargo, este Convenio ha sido superado, en el ámbito de la Unión Europea, por la Decisión Marco 2008/909/JAI del Consejo, de 27 de noviembre de 2008, relativa a la aplicación del principio de reconocimiento mutuo de sentencias en materia penal por las que se imponen penas u otras medidas privativas de libertad a efectos de su ejecución en la Unión Europea. Conforme a lo dispuesto en el art. 26.1 de esta Decisión Marco, sin perjuicio de su aplicación entre Estados miembros y terceros países, y de su aplicación transitoria, la citada Decisión Marco sustituye, a partir del 5 de diciembre de 2011, entre los Estados miembros de la Unión Europea, las disposiciones correspondientes del mencionado Convenio Europeo sobre traslado de personas condenadas de 21 de marzo de 1983, y su Protocolo Adicional de 18 de diciembre de 1997.

Esta Decisión Marco ha sido incorporada al Derecho español mediante la Ley 23/2014, de 20 de noviembre, de reconocimiento mutuo de resoluciones penales en la Unión Europea (BOE nº 282, de 21-11-2014). Conforme a esta Ley, y la L.O. 6/2014, de 29 de octubre, que la complementa (BOE nº 263, de 30-10-2014), los Jueces de Vigilancia son competentes para transmitir a otro Estado de la Unión una resolución por la que se imponga una pena o medida privativa de libertad y, por consiguiente, disponer el traslado de la persona condenada al país al que se transmita dicha resolución.

[76] Este Convenio no ha sido firmado por España, lo cual creaba importantes problemas para los liberados condicionales de países de la Unión Europea, que pretendían disfrutar la libertad condicional en su país de origen conforme a lo previsto en el artículo 197 del Reglamento Penitenciario, pues, entre otros inconvenientes, los Jueces de Vigilancia españoles no disponían de los mecanismos o instrumentos jurídicos necesarios para poder controlar tales libertades condicionales.

Sin embargo, de forma similar a lo ocurrido con el Convenio mencionado en la nota anterior, este Convenio también ha sido superado en el ámbito de la Unión Europea por la Decisión Marco 2008/947/JAI del Consejo, de 27 de noviembre de 2008, relativa a la aplicación del principio de reconocimiento mutuo de sentencias y resoluciones de libertad vigilada con miras a la vigilancia de las medidas de libertad vigilada y las penas sustitutivas. El art. 23.1 de esta Decisión Marco, establece que la misma sustituye a partir del 6 de diciembre de 2011, en las relaciones entre los Estados miembros de la Unión Europea, a las disposiciones correspondientes del

la competencia para adaptar la medida de control, eventualmente impuesta, a aquella prevista en la legislación italiana.

También se ha de recordar que la magistratura di sorveglianza está llamada a intervenir en dos aspectos de la sanción sustitutiva y de la conversión de la pena pecuniaria pendiente de pago. Conforme al artículo 660 del Código de Procedimiento Penal, el magistrado di sorveglianza es competente para determinar la insolvencia del condenado, y en el supuesto de una situación de insolvencia temporal, puede optar por fijar el pago en cuotas o por el aplazamiento del pago de la multa.

2º. Competencias del magistrado di sorveglianza:

Podemos clasificarlas de la siguiente manera:

a) La función de garantía y su exteriorización en el ámbito del tratamiento en el interior de las cárceles.

A este ámbito pertenecen las situaciones relativas a las medidas alternativas. Aquí se puede hacer una primera división entre las competencias del magistrado que obedecen a una pura y simple función de garantía, y aquellas otras que tienen por objeto realizar un control relativo a la legalidad de la actuación de la Administración penitenciaria.

b) Vigilancia genérica y control objetivo, sobre las quejas de los internos.

El área neurálgica del poder reservado al magistrado di sorveglianza es aquella inherente a su actividad de control de la actuación de la administración penitenciaria.

La ejecución de la pena de prisión presenta, de hecho, una actividad caracterizada, por la fuerza de las cosas, de un marcado y difuso predominio de la autoridad administrativa, y naturalmente, por tan-

---

Convenio del Consejo de Europa de 30 de noviembre de 1964, relativo a la vigilancia de las personas con condenas en suspenso o en libertad condicional.

Esta Disposición Marco también ha sido incorporada al Derecho español mediante la antes citada Ley 23/2014, de 20 de noviembre, de reconocimiento mutuo de resoluciones penales en la Unión Europea.

to, ese propio control de tal actividad constituye el banco de pruebas de un organismo expresamente creado para garantizar la legalidad al interno de la institución carcelaria.

Este mecanismo de control se puede ejercer bien resolviendo sobre las reclamaciones "en sobre cerrado" que reciba, sin especificar la fuente de conocimiento, como consecuencia de la visita a la cárcel, la charla con los internos y los funcionarios penitenciarios, y a la vista de documentos. Pero también, como consecuencia de la queja concreta de un interno.

c) Otra área control viene constituida por el programa de tratamiento; y en particular por la admisión al trabajo extrapenitenciario.

Además del control genérico, el legislador ha dedicado una autónoma previsión a la actividad del magistrado en esta materia.

d) Las intervenciones urgentes en el ámbito de las medidas alternativas y suspensivas.

Se reconoce al magistrado el poder de modificar, mediante resolución motivada, la prescripción originariamente establecida del tribunale sobre la libertad condicional en prueba o la detención domiciliaria.

e) Las medidas de seguridad.

Magistrato di sorveglianza y medidas de seguridad representan los términos de un binomio que siempre ha estado caracterizado por una relación muy estrecha.

Antes de dar inicio a la ejecución de una medida de seguridad, el magistrado di sorveglianza debe determinar la peligrosidad social del sujeto al cual se le va a aplicar, independientemente del hecho de que tal cumplimiento ya se haya dispuesto por el juez del enjuiciamiento, el cual pudo ordenar una medida de seguridad personal solo previa determinación de la efectiva peligrosidad social del imputado.

3º. Competencias del tribunale di sorveglianza:

El tribunale actúa como juez de primer grado, o como juez de apelación respecto del ufficio.

En primer grado es competente en materia de concesión o revocación de las medidas alternativas a la privación de libertad, de la libertad condicional y el aplazamiento obligatorio o facultativo de la ejecución de la pena privativa de libertad.

Como juez de apelación, resuelve los recursos contra algunas de las medidas del ufficio.

El tribunale resuelve siempre por ordinanza, adoptada en sesión a puerta cerrada ("in camera di consiglio") por un colegio compuesto por el presidente, un magistrado di sorveglianza y dos expertos. Uno de los magistrados que componen el colegio debe pertenecer al Ufficio competente por el territorio del lugar en que se encuentre el sujeto interesado.

Las resoluciones del tribunale están sujetas al recurso de casación, y sus competencias podemos clasificarlas de la siguiente manera:

a) Las medidas reeducativas.

En el ámbito de su actuación en primera instancia, el puesto de honor corresponde a las medidas reeducativas, que comprenden, por su trascendencia, las medidas alternativas a la privación de libertad, tales como la libertad condicional a prueba, la semilibertad, la liberación anticipada, la detención domiciliaria, y la libertad condicional.

b) Las medidas suspensivas.

Son las relativas al aplazamiento de la ejecución de la pena, como por ejemplo cuando se está pendiente de la resolución por parte del Ministerio de Justicia de una medida de gracia, o en los supuestos de delitos cometidos en relación al estado de toxicodependencia, estando sometido el sujeto a un programa terapéutico.

c) Las quejas, denuncias y reclamaciones, en materia de vigilancia especial.

Aquí están una serie de supuestos en los que se incluye la actividad de control del órgano judicial cuando la autoridad administrativa sustrae al régimen ordinario de tratamiento al interno, a causa de su "peligrosidad penitenciaria."

d) Las reclamaciones y quejas relativas a los permisos y al cómputo erróneo de la duración de la pena.

e) La apelación de las resoluciones relativas a medidas de seguridad.

En el ámbito de la nueva regulación recogida en el Código de Procedimiento Penal de 1988, se establece que el tribunale opera como juez de apelación para el conocimiento de los recursos contra las resoluciones emitidas en primer grado por el magistrado di sorveglianza en materia de medidas de seguridad y delincuencia cualificada.

Además de lo expuesto sobre organización y competencia, la otra novedad que supuso la reforma del año 1975 fue la creación de un procedimiento di sorveglianza, un rito que tanto el juez unipersonal como el colegiado deben seguir para tratar un número relevante de materias indicadas por el legislador.

El procedimiento concede un adecuado espacio al contradictorio, y concluye con una ordinanza recurrible en casación. Se comprende así, por qué nunca ha sido puesto en duda su carácter jurisdiccional.

Existen unos estrechos lazos entre una concepción "dinámica" de la fase ejecutiva y la consiguiente exigencia de jurisdiccionalización, pero al decir de Franco Della Casa[77], con las debidas diferencia, se debe avanzar en la elaboración de un nuevo código de procedimiento penal que unificara –salvando algunas limitaciones correctivas– la disciplina del procedimiento de sorveglianza y la del procedimiento de ejecución.

La principal característica del procedimiento de sorveglianza está constituida por el hecho de que no opera la prohibición del "ne procedat iudex ex officio."

Cuando el procedimiento de sorveglianza tiene por objeto una medida reeducativa, podrá iniciarse de oficio o a instancia del interesado o su abogado, o del ministerio público.

3.4. Francia

El artículo 721 del Código de Procedimiento Penal de 1958, introdujo la figura del "Juez Encargado de seguir la Aplicación de las

[77] DELLA CASA, Franco; *La Magistratura di Sorveglianza. Organizzazione competenze procedure*, cit., p. 77.

Penas". Con posterioridad aparecieron varias leyes ampliando y potenciando la figura de este Juez encargado de supervisar la ejecución de las penas; cuyas funciones no se limitan a resolver únicamente las incidencias surgidas en la aplicación de las penas privativas de libertad, sino que se extienden más allá de los muros del establecimiento penitenciario, controlando la aplicación de los beneficios de la condena condicional y de la libertad condicional, y encargándose igualmente de la tutela y asistencia de los penados liberados, ayudándoles a insertarse de nuevo, tras el cumplimiento de su pena, en la dinámica de la vida en sociedad[78].

En el año 1975 las funciones del Juez de aplicación de las penas en el interior de los establecimientos penitenciarios se pusieron en entredicho, entrando en un proceso de recorte que culminó en el año 1981, al transferirse a la Comisión de aplicación de las penas una gran parte de las decisiones hasta entonces atribuidas al Juez de aplicación de penas. No obstante, una reforma legislativa de 1983 volvió a la situación anterior al año 1981.

En el año 2004 la Ley n° 2004-204 de 9 de marzo de 2004 sobre adaptación del sistema de justicia a la evolución de la criminalidad, o Ley Perbén II, introdujo importantes reformas en esta jurisdicción relativas a la aplicación de las penas.

En la actualidad, tras la reforma llevada a cabo por la expresada Ley n° 2004-204, que entró en vigor el día 1° de enero de 2005, las disposiciones relativas a la jurisdicción de aplicación de las penas se encuentran recogidas en el Código Procesal Penal, Libro V: "De los procedimientos de ejecución"; Título I: "De los tribunales de l'aplication des peines" (arts. 712-1 a 713-8). Este Capítulo está dividido a su vez en cuatro Secciones. Sección I "Establecimiento y composición" (arts. 712-1 a 712-3); Sección II "Competencia y procedimiento ante los tribunales de primer grado" (arts. 712-4 a 712-10); Sección III "Del procedimiento en caso de apelación" (arts. 712-11 a 712-15); y Sección IV "Disposiciones comunes" (arts. 712-16 a 713-8)[79].

---

[78] *Vid.* ALONSO de ESCAMILLA, Avelina; «La Institución del Juez de Vigilancia en el Derecho Comparado: Sus relaciones con la Administración penitenciaria.», en *Anuario de Derecho Penal y Ciencias Penales*; Tomo XXXIX, Fasc. I, abril 1986; p. [75]-88.

[79] Estas disposiciones normativas pueden consultarse en el portal de Internet: «*http://www.legifrance.gouv.fr*». Por su interés también merece citarse: «*http://www.justice.gouv.fr*».

A diferencia de lo que ocurre en el Derecho español, en el francés, su Código Procesal Penal (el equivalente a nuestra Ley de Enjuiciamiento Criminal) contempla la regulación de los órganos judiciales encargados de la aplicación de las penas y el procedimiento a seguir ante ellos. En nuestro Derecho tenemos las normas que regulan el establecimiento, composición y competencias de los órganos de la jurisdicción de vigilancia penitenciaria, entre los que se incluyen no sólo los juzgados unipersonales de dicho nombre, sino también las secciones penales de las distintas Audiencias Provinciales encargadas de conocer de los recursos de apelación contra las resoluciones de aquellos órganos unipersonales, la Sala de lo Penal de la Audiencia Nacional en cuanto órgano de apelación respecto de las resoluciones del Juzgado Central de Vigilancia Penitenciaria, y por supuesto la Sala de lo Penal del Tribunal Supremo, encargada de conocer del recurso de casación previsto en esta materia. Tales normas aparecen recogidas en la Ley Orgánica General Penitenciaria, la Ley Orgánica del Poder Judicial, y Ley de Demarcación y Planta Judicial y normativa que la desarrolla. Pero de lo que carecemos en el Derecho Español es de una norma procedimental para esta jurisdicción.

El Derecho Francés, en esta parcela jurisdiccional de aplicación de las penas, contempla dos órganos de primer grado: El juez de l'application des peines y el tribunal de l'application des peines, a quienes corresponde, en las condiciones previstas por la ley, fijar las principales modalidades de ejecución de las penas privativas de libertad o de algunas penas restrictivas de libertad, orientando y controlando las condiciones de su aplicación.

En cada tribunal de Grande Instante, uno o varios magistrados estarán encargados de las funciones de juez de l'application des peines. Así mismo, en la circunscripción de cada Cour d'appel, se establecerán uno o varios tribunales de l'application des peines cuya competencia territorial corresponde a la de uno o varios tribunales de Grande Instante de la demarcación. El tribunal de l'application des peines se compone de un presidente y de dos asesores designados por el primer presidente entre los jueces de l'application des peines de la demarcación del tribunal.

En grado de apelación existen dos órganos, de tal modo que la apelación de las resoluciones dictadas por el juez de l'application des peines referidas a reducción de penas, autorizaciones de salida vigilada, permisos de salida, o aquellas otras resoluciones sobre medidas adoptadas por este juez sin la celebración de un previo debate contradictorio entre las partes, se interpondrá ente el presidente de la sala de l'application des peines de la Cour d'appel. Sin embargo, para la adopción de otras medidas, como son las relativas a la excarcelación, de semilibertad, fraccionamiento o suspensión de penas, vigilancia electrónica, o libertad condicional, el juez debe celebrar un debate contradictorio, celebrado en *chambre du conseil*, en el que oirá al Ministerio Fiscal, al condenado, su abogado, y dictará posteriormente el fallo correspondiente.

También el tribunal de l'application des peines a la hora de resolver sobre medidas referidas a la prolongación del periodo de seguridad, libertad condicional, o suspensión de la pena, que no dependan del juez de l'application des peines, lo hace oída la opinión del representante de la Administración penitenciaria, previa la celebración de un debate contradictorio, en el que escuchará al Ministerio Fiscal, las observaciones del condenado, su abogado, y también si lo solicitare al abogado de la parte civil.

Estas sentencias –las del juez, en los casos que resuelve previo debate contradictorio, y las del tribunal de l'application des peines, que siempre resuelve previa la celebración de dicho debate– son recurribles en apelación ante la sala de l'application des peines de la Cour d'appel.

Las resoluciones del Presidente y de la Sala de la Cour d'appel podrán ser objeto de un recurso de casación que será suspensivo.

Existe una estrecha relación entre el juez y los tribunales de l'application des peines con la Administración penitenciaria, pues en determinadas ocasiones, antes de resolver se debe oír la opinión del representante de la Administración penitenciaria.

Finalmente se ha de indicar que existe un órgano consultivo que es la comisión de l'application des peines, que está presidida por el juez de l'application des peines, y de la que son miembros natos el fiscal y el director del establecimiento penitenciario correspondiente.

Pese a estas estrechas relaciones entre el juez de l'application des peines y la administración penitenciaria, estos órganos (el juez y el tribunal) tienen un indudable carácter jurisdiccional, enmarcándose su actuación dentro de las normas reguladoras del proceso penal, y sus resoluciones son recurribles como cualquier otra resolución judicial.

3.5. Portugal

Debido a la influencia de la legislación brasileña, o como consecuencia de los especiales lazos que siempre han existido entre estos dos países, así como por la existencia de figuras similares en otros Estados, lo cierto es que Portugal por Decreto Ley nº 783/76 de 29 de octubre[80] consagró por primera vez la intervención directa de una magistratura especializada en el cumplimiento de las penas y medidas de seguridad privativas de libertad, y en la reintegración social de los condenados.

Lo hizo a través de los llamados "Tribunales de Ejecución de Penas", con la finalidad de prolongar la actuación del poder judicial en la fase de tratamiento penitenciario, atenuando de este modo la discontinuidad que tradicionalmente ha existido entre el enjuiciamiento y condena por un lado, y la actuación penitenciaria dirigida a la reintegración social de los reclusos, por otro.

Esta intervención judicial se previó que se materializase por medio de las visitas, al menos mensualmente, a los centros penitenciarios, con los contactos regulares con los presos, en la participación en los consejos técnicos en que se tratasen decisiones de particular importancia para los reclusos, en la revisión periódica de la libertad condicional y vigilada, en la concesión de la innovadora medida de la salida precaria prolongada, en la revisión anual del internamiento de los inimputables peligrosos, y ya posteriormente, tras la excarcelación, en la coordinación de las actividades de asistencia social ejercida en beneficio de los liberados.

Como se refleja en el preámbulo de este Decreto Ley de creación de los Tribunales de Ejecución de Penas, el legislador portugués entendió que garantizando a los reclusos el acceso a una entidad independiente, beneficiaría el clima de los establecimientos penitenciarios y que estimularía la adhesión de los presos al proceso de su

---

[80] Este Decreto Ley, publicado en el Diario Oficial de la República, I serie, número 254 de fecha 29 de octubre de 1976, fue posteriormente modificado por la Ley nº 24/77 de 18-4; por el Decreto Ley nº 222/77 de 30-5; Decreto Ley nº 204/1978 de 24-7; Ley nº 24/82 de 23-8; Decreto Ley nº 402/82 de 23-9; y Ley nº 59/98 de 25 de agosto.

reintegración social, sin que, por otro lado, resultara disminuida la autoridad de la administración penitenciaria por su colaboración con el poder judicial. Pero también era consciente dicho legislador, y así lo expresó, que en particular, en el ámbito de las reformas penales, toda innovación legislativa tiene que ser acompañada de una permanente reflexión crítica y evaluación práctica para poder ampliar su eficacia y corregir los defectos.

Con algunas modificaciones posteriores, el citado Decreto Ley nº 783/76 ha estado vigente hasta el mes de Abril de 2010, en que entró en vigor la Ley nº 115/2009 de 12 de octubre, que aprobó el Código de Ejecución de las Penas y Medidas Privativas de Libertad[81].

Este Código de Ejecución consta de 246 artículos, y se compone de dos Libros. El Primero se intitula "De la Ejecución de las penas y medidas privativas de libertad", y el Segundo lleva por título "Del Proceso ante el tribunal de ejecución de penas."

El Libro I tiene un contenido similar a la Ley Orgánica General Penitenciaria española. Regula las principios generales de la ejecución en el ámbito penitenciario, los derechos y deberes de los reclusos, los distintos tipos de establecimientos penitenciarios y regímenes de ejecución; el ingreso, destino y programas de tratamiento; instalaciones penitenciarias, vestuario, y alimentación; lo relativo a la salud, enseñanza, formación profesional, trabajo y actividades; el apoyo social y económico; la asistencia religiosa; los contactos con el exterior; lo relativo al orden, seguridad y disciplina; la salvaguarda de derechos y medios de tutela mediante la presentación de reclamaciones, peticiones y quejas; la modificación de la ejecución de la pena en los supuestos de enfermedad grave y permanente, o de avanzada edad; y también contiene unas reglas especiales relativas al cumplimiento de la prisión preventiva y detención en los establecimientos penitenciarios.

Sin embargo, en lo que esencialmente difiere este Código de Ejecución de Penas y Medidas Privativas de Libertad portugués de la Ley Orgánica General Penitenciaria española, es en la regulación del proceso ante el Tribunal de ejecución penal, al cual dedica su Libro II[82].

---

81 Publicada en Diario da Republica, 1ª serie, nº 197, de 12 de octubre de 2009; estableció un periodo de vacatio legis de 180 días desde la fecha de su publicación.

82 La Ley Orgánica General Penitenciaria, promulgada en el año 1978, creó en nuestro país la novedosa figura del Juez de Vigilancia Penitenciaria, a la que dedica solamente tres artículos: el 76, 77 y 78. En los dos primeros regula su competencia, y

Comienza este Libro regulando la competencia territorial, que viene determinada en función de la localización del establecimiento penitenciario en el que se encuentre destinado el recluso. Respecto de la material, compete al tribunal de ejecución de penas garantizar los derechos de los reclusos, pronunciándose sobre la legalidad de las decisiones de los servicios de prisiones en los casos y términos previstos en la ley. Una vez dictada sentencia por la que se determine la aplicación de una pena o medida privativa de libertad, compete al tribunal de ejecución de penas controlar la respectiva ejecución y decidir su modificación, sustitución y extinción, sin perjuicio de lo dispuesto en el Código de Proceso Penal. Compete así mismo al tribunal de ejecución de penas, supervisar la ejecución de la prisión y de los internamientos preventivos, debiendo comunicar las decisiones que adopte en este ámbito al tribunal por orden del cual el preso cumple la medida cautelar.

Junto al tribunal de ejecución de penas actúan, por un lado, el Ministerio Público que también realiza una función fiscalizadora de la actuación de la Administración penitenciaria y de salvaguarda de los derechos de los internos instando y promoviendo ante el tribunal de ejecución las medidas procedentes, y recurriendo las resolución de éste en los términos previstos en la ley; y, por otro lado, el Consejo Técnico, que es un órgano auxiliar del tribunal con funciones consultivas. En particular, compete al Consejo Técnico emitir parecer sobre la concesión de la libertad condicional, de la libertad a prueba, de los permisos de salida y de las condiciones a que deben ser sujetos; y también dar su parecer sobre los asuntos que, en los términos de la ley, sean sometidos a su apreciación por el juez del tribunal de ejecución de penas.

Están previstos los siguientes tipos de procedimiento, en función de la materia sobre la que haya que resolver: internamiento, homologación, libertad condicional, permiso de salida, verificación de legalidad, impugnación, modificación de la ejecución de la pena de prisión, indulto, y cancelación de antecedentes penales. También se contempla un proceso denominado supletivo, para todos los demás asuntos.

---

en el tercero dispone que: «En lo que respecta a las cuestiones orgánicas referentes a los Jueces de Vigilancia y a los procedimientos de su actuación, se estará a lo dispuesto en las leyes correspondientes.» Sin embargo, el problema está en que no hay una ley específica que regule lo relativo a los procedimientos de actuación; cuestión de la que vamos a tratar en este trabajo.

En materia de recursos, están previstos el de apelación, y el especial para unificación de jurisprudencia.

Son recurribles en apelación las decisiones del tribunal de ejecución de penas, relativas a la extinción de la pena o medida de seguridad privativas de libertad; la concesión, denegación o revocación de la cancelación de antecedentes penales; y las dictadas en proceso supletivo. Como puede comprobarse, la mayoría de las resoluciones dictadas en los tipos de procedimiento citados resultan irrecurribles.

El recurso especial para unificación de jurisprudencia está previsto para los casos en que se produzcan resoluciones contradictorias entre tribunales de apelación, o cuando éstos resuelvan contra la jurisprudencia fijada por el Supremo Tribunal de Justicia.

3.6. Polonia

El sistema judicial polaco está constituido por: El Tribunal Supremo, los tribunales ordinarios, los tribunales militares, y los tribunales administrativos. Dentro de los tribunales ordinarios están los tribunales de apelación, los tribunales regionales y los tribunales de distrito[83].

En Polonia la institución judicial de vigilancia penitenciaria está regulada por la Ley de 27-7-2001 sobre la Constitución de tribunales ordinarios –ustawa z 27.07.2001 Prawo o ustroju sadów powszechnych (Dz. U [BOE Polaco] nº 98 de 2001 pos. 1070, con los cambios posteriores.)

El artículo 16 de esta Ley fija que en cada Juzgado de Distrito (Sad Okregowy) entre varias divisiones (secciones/departamentos) del mismo Juzgado exista un Departamento/División Penitenciario[84].

La figura del juez de vigilancia penitenciaria fue introducida en Polonia por el Código Penal Ejecutivo polaco que entró en vigor el 1º de enero de 1970, que establece una distinción entre la función de juzgar y la de ejecutar la juzgado, atribuyendo al juez penitenciario la función de vigilar la legalidad y el desarrollo normal de la ejecución

---

[83] *Vid.* «*http://ec.europa.eu/civiljustice/org_justice/org_justice_pol_es.htm*».

[84] Información suministrada por la Embajada de Polonia en España. E-mail «consmad@polonia.es».

de las penas. A éste compete la concesión de permisos de salida, la suspensión o modificación de las decisiones de las comisiones penitenciarias –compuestas por médicos, psicólogos y pedagogos– clasificando a los penados, así como las decisiones relativas a sanciones disciplinarias.

En el ámbito de competencias de esta jurisdicción, los penados disponen de un derecho de queja directa ante la autoridad judicial y pueden estar asistidos de un defensor ante cualquier decisión que suponga privación o restricción de sus derechos; de tal modo que la intervención judicial se extiende a todos los ámbitos de la ejecución de la pena, salvo los relativos a los de la mera administración penitenciaria[85].

Polonia, con fecha 9 de junio de 1989, ratificó la Convención de las Naciones Unidas contra la Tortura y otros Tratos o Penas Crueles, Inhumanos o Degradantes, lo que produjo también unas profundas reformas legislativas destinadas a crear las garantías legales que aseguren el respeto de los derechos civiles y las libertades políticas que constituyen el fundamento del Estado de Derecho.

En este orden de cosas, podemos señalar en primer lugar que el Código Penal prevé (en sus artículos 27 y 29) que el ministerio fiscal o el juez de vigilancia penitenciaria supervisen los casos de malos tratos o de tratos inhumanos o crueles infligidos a las personas sometidas a detención provisional o condenadas. En virtud de este Código (artículo 7.3), las penas se aplicarán en forma humana, de conformidad con el respeto de la dignidad del condenado, fortaleciéndose la supervisión que ejerce el juez de vigilancia y limitándose las atribuciones de los servicios penitenciarios durante la ejecución de la pena de prisión.

El nuevo Código Penal, en vigor desde el 1° de septiembre de 1999, estipula en su artículo 4 que las medidas de seguridad penales y preventivas, se aplicarán de forma humanitaria con el debido respeto a la dignidad del privado de libertad.

Los derechos y libertades de los presos son supervisados por la Administración penitenciaria, los tribunales, el Defensor del pueblo, organizaciones no gubernamentales, y el Departamento de Inspección del Servicio Penitenciario.

---

85 *Vid.* ALONSO de ESCAMILLA, Avelina; «La Institución del Juez de Vigilancia en el Derecho Comparado: Sus relaciones con la Administración penitenciaria.», cit., pp. 80-81.

El juez penitenciario, que es independiente del Servicio de Prisiones, supervisa las condiciones carcelarias en general y la legalidad y oportunidad de las medidas adoptadas en los centros penitenciarios, centrándose en las medidas coercitivas y el tratamiento inadecuado de los presos.

El juez tiene acceso ilimitado a los locales y a todos lo documentos pertinentes. En caso de transgresiones flagrantes, el juez penitenciario puede dar instrucciones al órgano superior en la jerarquía de la administración penitenciaria para remediar la situación. Las recomendaciones del juez pueden incluso comportar el cierre de la instalación.

Las decisiones del juez penitenciario pueden ser recurridas ante el tribunal de apelación. Los reclusos tienen derecho ilimitado a los contactos con su abogado. Según el nuevo Código Penal, también podrán estar representados en todos los asuntos por personas de su confianza, entre ellos representantes de organizaciones no gubernamentales, motivados por el objetivo de ayudar a su rehabilitación social[86].

La ratificación de la citada Convención también produjo sus efectos en la reforma del Código Penal Ejecutivo, que define las reglas de ejecución de la pena de privación de libertad. Así, a partir de 1989 se potenció esta idea con el objeto de definir el estatuto de la persona privada de libertad mediante la determinación precisa de sus derechos y obligaciones, respetando al mismo tiempo las Reglas mínimas para el tratamiento de los reclusos, individualización de los métodos y medidas de reinserción social, fortaleciendo el papel de los tribunales y jueces de vigilancia penitenciaria durante la ejecución de la pena, la suavización de los efectos del aislamiento y la mejora de las condiciones de vida de los condenados.

En esta línea de actuación, el Parlamento polaco aprobó el 23 de febrero de 1990 una Ley de Reforma del Código Penal Ejecutivo, por medio de la cual los periodos de trabajo efectuados por el condenado son equivalentes al trabajo en libertad, se garantiza el derecho a la remuneración por el trabajo y se deroga la pena llamada de "cama dura" como categoría de pena disciplinaria. A partir de entonces los condenados tienen derecho a impugnar las decisiones

---

86 *Cfr.* Informe CAT/C/SR. 415 de 10 de mayo de 2000 sobre Polonia, relativo al Acta de la primera parte de la 415ª Reunión del Comité Contra la Tortura, de la Convención de las Naciones Unidas contra la Tortura, y otras Penas o Tratamiento Crueles, Inhumanos o Degradantes.

administrativas del establecimiento penitenciario ante el tribunal penitenciario.

Estas cuestiones también se trataban en el Decreto del Ministro de Justicia de 2 de mayo de 1989 sobre la ejecución de la pena privativa de libertad (Boletín oficial nº 31, pos. 166) que entró en vigor el 1º de octubre de 1989. Este Decreto reemplazó al reglamento provisional de ejecución de la pena privativa de libertad de 1974. En virtud de las disposiciones de este nuevo Reglamento se suavizó el modo de ejecución de la pena en el caso de los adolescentes, mujeres, los condenados por infracciones involuntarias, personas con perturbaciones psíquicas, o los enfermos mentales, alcohólicos, toxicómanos y los discapacitados físicos. Así mismo, se aumentó la capacidad de la remuneración del condenado, se introdujeron nuevas recompensas (como por ejemplo, conversaciones telefónicas con sus allegados y permisos de salida de veinticuatro horas). También se suprimió la pena consistente en pasearse en aislamiento y la limitación o privación del derecho a la correspondencia. Del mismo modo, los envíos de alimentos pasaron a considerarse como un derecho del condenado y no como una recompensa.

En el marco de sus facultades, los jueces de vigilancia penitenciaria y los fiscales supervisan la ejecución de la pena privativa de libertad y de la detención preventiva, así como el respeto de los derechos y obligaciones de las personas privadas de libertad. Independientemente de las inspecciones, los jueces de vigilancia penitenciaria y los fiscales también celebran entrevistas con los condenados en los establecimientos penitenciarios, en el marco del examen de las solicitudes de puesta en libertad condicional anticipada, consistiendo en general las quejas y solicitudes de los condenados las materias relacionadas con las sanciones disciplinarias, la asistencia médica, las condiciones de trabajo, y las instalaciones de los centros penitenciarios[87].

3.7. Alemania

En Alemania no existe una figura similar al juez de vigilancia penitenciaria español, al juez de "l'application des peines" francés, o al

[87] *Cfr.* Informe CAT/C/9/Add. 13 de fecha 21 de mayo de 1993, relativo a Polonia, emitido por el Comité contra la Tortura, conforme al artículo 19 de la Convención de las Naciones Unidas contra la Tortura y otros Tratos o Penas Crueles, Inhumanos o Degradantes.

magistrado "di sorveglianza" italiano; sin embargo, está previsto el control jurisdiccional sobre la ejecución de las penas a través de una "Cámara de ejecución de la condena" (Strafvollzugskammer) que supervisa la fase del proceso después de la sentencia[88].

La Ley alemana del Tribunal Constitucional (GVG)[89] de fecha 12 de septiembre de 1950, en su versión publicada el 9 de mayo de 1975 (cuya última modificación la constituye el artículo 22 de la Ley de 17 de diciembre de 2008) establece que la jurisdicción ordinaria será ejercida por los tribunales locales, los tribunales regionales, los tribunales superiores regionales (tribunales de apelación), y por el Tribunal Federal de Justicia (Bundesgerichtshof, el más alto tribunal federal para el área de la jurisdicción ordinaria.)

En el Título V de esta Ley, se prevé en el ámbito de los tribunales regionales, la constitución de salas (cámaras) de lo penal con jurisdicción sobre ejecución de sentencias. Estas salas estarán compuestas por tres jueces, incluido el presidente del tribunal, cuando se trate de procedimientos para la suspensión de la ejecución del resto de la pena de cadena perpetua, o de suspensión de la ejecución de internamiento en un hospital psiquiátrico; y por uno de los jueces del tribunal en los demás casos.

Los miembros de las salas de lo penal con jurisdicción sobre ejecución de sentencias son nombrados por la presidencia del tribunal regional de entre los miembros de dicho tribunal y de los jueces en su distrito que estén destinados en el tribunal local.

El Código alemán de Procedimiento Penal (StPO) en su versión publicada el 7 de abril de 1987 (cuya última modificación la constituye el artículo 2 de la Ley de 31 de octubre de 2008) regula en sus artículos 449 y siguientes, la ejecución de la sentencia.

Una vez recaída sentencia firme de condena, la ejecución de la misma se encomienda al Ministerio Público, con la supervisión de la Sala (Cámara) de lo Penal con jurisdicción en esta materia de ejecución, regulándose en los artículos 453 y siguientes sus competencias relativas a la supervisión de la pena, la libertad condicional y su revo-

---

88 Información suministrada por la Embajada de Alemania en España. C/ Fortuny 8, 28010 – Madrid.

89 Esta Ley del Tribunal Constitucional es similar a la española Ley Orgánica del Poder Judicial, pues regula la organización judicial alemana.

cación, cálculo de la pena impuesta, y otras cuestiones relativas a la ejecución.

Tratándose de penas privativas de libertad, la Administración conserva la responsabilidad ejecutiva, existiendo determinados Consejos y Comisiones que son los órganos encargados del control penitenciario en el ámbito administrativo. No obstante, la Ley alemana sobre Ejecución de la Pena (StVollzG) de 16 de marzo de 1976 (cuya última reforma es de 19-12-2007) establece la posibilidad (artículo 109) de que los reclusos que se consideren perjudicados en sus derechos puedan recurrir contra las decisiones y acciones del director del establecimiento penitenciario, ante la Cámara de ejecución de la condena.

Conforme al artículo 114 de esta Ley, la solicitud de una decisión judicial no tiene ningún efecto suspensivo. No obstante, la Sala podrá suspender el funcionamiento de la medida impugnada si existe riesgo de que con su ejecución se frustre la realización del derecho del solicitante. Contra la decisión judicial de la Cámara de ejecución de la condena cabe recurso de segunda instancia, que no tiene efecto suspensivo[90].

3.8. Otros países de Europa

Ha sido en el continente europeo, tanto en el ámbito del Consejo de Europa como de la Unión Europea, la zona del mundo en donde se ha experimentado una mayor evolución jurídica, y en donde se ha consagrado un mayor nivel de protección de los derechos del hombre, motivo por el que, además de ser el área geográfica en la que vivimos, debe merecer especialmente nuestra atención.

Desde el punto de vista de la institución que analizamos, la figura del Juez de Vigilancia Penitenciaria o Juez de Ejecución de Penas, no ha tenido una unánime acogida en el viejo continente. Así, por lo general en los países escandinavos y en aquellos propios del derecho anglosajón, esta institución no ha tenido la acogida o implantación que ha merecido en los demás países mediterráneos y de derecho latino.

De forma similar a lo que acabamos de ver respecto de Alemania, en el caso de **la República de Hungría** la Ley XIV de 2003 introdujo la

---

[90] *Vid.*, sobre derecho alemán: «*http://www.juris.de*» (jurisprudencia); «*http://www.jusline.de*» (servicios relativos a leyes); y «*http://bundesrecht-juris.de*» (leyes en internet).

figura del juez de ejecución de penas, pero no como juez de vigilancia penitenciaria; de tal manera que su misión se centra fundamentalmente en la ejecución de las sentencias dictadas por otros tribunales, siendo competencia administrativa todo lo relativo a la ejecución penitenciaria de las condenas[91].

Por citar otros casos, como por ejemplo **el Gran Ducado de Luxemburgo**, en este país no existe la figura del Juez de Vigilancia Penitenciaria o de Ejecución de Penas. En Luxemburgo, la ejecución de penas y el tratamiento penológico de los penados es, entre otros asuntos, de la incumbencia del Fiscal General del Estado[92].

Otro tanto ocurre en la **República Checa**, en donde tampoco hay una figura similar el Juez de Ejecución de Penas o Juez de Vigilancia Penitenciaria. Las penas de los condenados son "vigiladas" por los denominados "Procuradores de Estado" de la Región correspondiente[93].

Tampoco existe la institución del Juez de Vigilancia Penitenciaria o Juez de Ejecución de Penas en la **República de Lituania**. Normalmente la funciones que en España y otros países desempeña este órgano jurisdiccional, en Lituania corresponden al Departamento de Instituciones Penitenciarias del Ministerio de Justicia, al que están subordinados todos los centros penitenciarios[94].

4. ESTUDIO COMPARATIVO E INFLUENCIAS SOBRE EL JUEZ DE VIGILANCIA PENITENCIARIA ESPAÑOL

Dentro del contexto internacional en general, y especialmente del panorama europeo, la legislación penitenciaria española, tras la entrada en vigor de la Ley Orgánica 1/1979, de 26 de septiembre, General Penitenciaria, se caracteriza por el equilibrio entre el res-

---

[91] *Vid.* website del Ministerio de Justicia húngaro: «*http://www.irm.gov.hu/*», y la del Instituto Nacional Penitenciario: «*http://www.bvop.hu/?mid=26&lang=en*».

[92] Información facilitada por la Embajada de Luxemburgo en España [Madrid.Am@mae.etat.lu].

[93] Información facilitada por la sección consular de la Embajada de la República Checa en España [consulate_Madrid@mzv.cz].

[94] Información facilitada por la Embajada de la República de Lituania en España (C/ Pisuerga, 5, 28002 – Madrid). La información más amplia sobre el Departamento de Instituciones Penitenciarias se puede encontrar en la siguiente dirección de internet: «*http://www.kalejimudepartamentas.lt/?item=sk_ist&lang=3*».

peto de los derechos de los internos y las necesidades de mantener el buen orden y la seguridad en los establecimientos penitenciarios, todo ello en orden a la reeducación y reinserción social de los internos, que constituye la finalidad constitucional de las penas y medidas privativas de libertad, conforme a lo dispuesto en el art. 25.2 CE.

Muchas de las instituciones recogidas en otros países son ilegales o tienen difícil encaje en nuestro Derecho, lo cual, lejos de provocar una quiebra de la seguridad de nuestras prisiones las coloca en una posición privilegiada para las tareas tratamentales y nos lleva a la conclusión de que el mejor sistema penitenciario no es el que potencia más sus aspectos represivos sino el que, sin dar la espalda a estos, los regula haciéndolos compatibles con los derechos de los internos[95]. En este equilibrio es en el que se enmarca nuestro Derecho Penitenciario.

Por otro lado, en los sistemas que hemos expuesto se observa, en la mayoría de ellos, un elemento denominador común, cual es la existencia de un órgano encargado de la ejecución y control del cumplimiento de las penas y medidas de seguridad privativas de libertad, distinto del tribunal sentenciador.

Pero dicho órgano, al que se le atribuye esta competencia, puede caracterizarse por ser fundamentalmente un "*juez de ejecución*" que sustituye al tribunal sentenciador en su originaria misión de ejecutar y hacer ejecutar lo juzgado, o por ser más bien un "*juez de vigilancia*" que controla la legalidad de los actos de la administración encargada de la ejecución de la pena, y que vela por los derechos de los internos en establecimientos penitenciarios evitando o corrigiendo los abusos que en dicho ámbito pudieran producirse.

Ambas funciones (ejecución y vigilancia) no pueden desligarse ni ser objeto de una nítida separación, pero según predomine una u otra podemos hablar de la existencia, en el derecho comparado, de dos modelos a la hora de organizar lo relativo al cumplimiento de las penas y medidas de seguridad. Del mismo modo, en función de las competencias atribuidas al órgano encargado de esta misión, podemos distinguir si nos encontramos ante un órgano de naturaleza netamente jurisdiccional, o híbrida administrativa-judicial.

---

[95] TELLEZ AGUILERA, Abel; «Aproximación al Derecho Penitenciario de algunos países europeos» en *Boletín de Información del Ministerio de Justicia* nº 1818, de 1 de abril de 1998, p. 19.

En atención a lo expuesto podemos decir que Francia viene a ser el país representativo de los que siguen el primero de los modelos citados, de tal manera que el juez de *l'aplication des peines* francés es fundamentalmente un "juez de ejecución" que también desempeña algunas funciones administrativas. Por el contrario, el país que representa el otro modelo es Italia, siendo su *magistrado di sorveglianza* más propiamente un "juez de vigilancia" con funciones netamente jurisdiccionales aunque, a veces, también consultivas. La jurisdicción de este magistrado ha sido calificada como "jurisdicción reeducativa" pues dicho magistrado tiene activa participación en el control del tratamiento penitenciario y medidas que se aplican a los internos, con especial incidencia en el control de la legalidad de los actos de la administración penitenciaria, velando por los derechos de los reclusos, de tal manera que puede actuar de oficio siempre que lo crea convenientes, sin necesidad de que exista ninguna petición.

El primer modelo es el que podemos decir que siguen también, primordialmente, Portugal y Brasil, cuyo Juez de Ejecución Penal puede cursar instrucciones y órdenes generales a los responsables de la Administración. En este aspecto existe una importante diferencia con el Juez de Vigilancia Penitenciaria Español, pues éste no puede dictar ese tipo de órdenes o instrucciones, sino sólo formular propuestas a tenor de lo dispuesto en el artículo 77 de la Ley Orgánica General Penitenciaria[96].

En este mismo orden de cosas, como puede observarse a tenor de cuanto expusimos más arriba, el Juez de Ejecución Penal de Brasil tiene unas amplísimas competencias en todo lo relativo a la ejecución, a diferencia de lo que ocurre con el Juez de Vigilancia Español, pues muchas de las competencias atribuidas a aquél corresponden en España al tribunal sentenciador, o incluso a la Administración penitenciaria, como es el caso del lugar de cumplimiento de la pena[97].

---

96 Según el artículo 77 de la LOGP: «Los Jueces de Vigilancia podrán dirigirse a la Dirección General de Instituciones Penitenciarias, formulando propuestas referentes a la organización y desarrollo de los servicios de vigilancia, a la ordenación de la convivencia interior de los establecimientos, a la organización y actividades de los talleres, escuela, asistencia médica y religiosa, y en general a las actividades regimentales, económico-administrativas y de tratamiento penitenciario en sentido estricto.»

97 En este sentido, el artículo 31-1 del Reglamento Penitenciario, aprobado por R. D. 190/1996 de 9 de febrero, establece que: "Conforme a lo establecido en el artícu-

Como veremos más adelante en el desarrollo de este trabajo, en la creación del Juez de Vigilancia, España se ha inspirado en el modelo francés e italiano pero podemos encontrar una mayor influencia de este último.

Característica de ambos modelos es la de contar con una normativa procesal específica que regula el procedimiento de actuación para el ejercicio de su jurisdicción. Pero en Francia este procedimiento está regulado, dentro de los procedimientos de ejecución, junto a los demás procedimientos penales, en el Código Procesal Penal, que es el equivalente a nuestra Ley de Enjuiciamiento Criminal. En Italia, por el contrario, el procedimiento de sorveglianza está regulado de forma distinta al procedimiento de ejecución.

En España, una vez fracasado del intento de regular el procedimiento ante los Juzgados de Vigilancia Penitenciaria, al caducar el Proyecto de Ley Orgánica que a tal fin se presentó ante las Cortes en el año 1997, hubo un nuevo intento de establecer algún tipo de regulación de esta materia en un Anteproyecto de Reforma de la Ley Orgánica General Penitenciaria que se elaboró en el año 2005.

Ante esta situación, hemos de plantearnos si lo que resulta más conveniente es regular este procedimiento por separado o incluido, como procedimiento de ejecución, dentro de la Ley de Enjuiciamiento Criminal.

Sea como fuere, y por razones eminentemente prácticas, nosotros consideramos que no se deben desaprovechar los actuales esfuerzos que se están realizando para elaborar una nueva Ley de Enjuiciamiento Criminal, de tal modo que este esfuerzo legislativo debe servir para regular, de una vez por todas, el procedimiento de actuación ante la jurisdicción de vigilancia penitenciaria.

---

lo 79 de la Ley Orgánica General Penitenciaria, el centro directivo tiene competencia exclusiva para decidir, con carácter ordinario o extraordinario, la clasificación y destino de los reclusos en los distintos establecimientos penitenciarios, sin perjuicio de las atribuciones de los Jueces de Vigilancia en materia de clasificación por vía de recurso."

CAPÍTULO II
EL JUEZ DE VIGILANCIA PENITENCIARIA ESPAÑOL. MARCO NORMATIVO

El Juez de Vigilancia Penitenciaria aparece en el Derecho Español con la promulgación de la Ley Orgánica 1/1979, de 26 de septiembre, General Penitenciaria, que fue la primera de la actual etapa democrática instaurada por la vigente Constitución de 1978.

Esta Carta Magna supuso un hito en nuestro derecho, de tal manera que puede hablarse de un antes y un después tras su entrada en vigor, en la medida en que ello supuso la derogación de todas aquellas normas anteriores contrarias de dicha Ley Suprema y la reinterpretación o adaptación a la nueva realidad jurídica constitucional de todas las demás anteriores que no resultaran incompatibles con la nueva legalidad constitucional, así como la elaboración de todo un cuerpo legal posterior acorde o en desarrollo de todo el contenido de la Constitución.

Es en la Constitución en donde se fijan los principios fundamentales del modelo penal elegido por el poder constituyente, que debe ser complementado con las correspondientes normas legales elaboradas por el poder legislativo, actuando el Tribunal Constitucional como máximo intérprete legal del sistema de la justicia penal en los casos en que sea necesaria su intervención.

Pero antes de exponer el marco constitucional en el que se encuadra la actuación de este nuevo órgano jurisdiccional, y de entrar en el análisis de la Ley que lo crea, resulta conveniente exponer algunos rasgos sobre la situación de la ejecución penal en nuestro derecho histórico, en la etapa anterior a la actual Constitución, y antes de la entrada en vigor de la mencionada Ley Orgánica 1/1979.

1. DERECHO HISTÓRICO Y SITUACIÓN ANTERIOR A LA VIGENTE CONSTITUCIÓN DE 1978

Haciendo una revisión historiográfica podemos hacer mención de la Real Pragmática de los Reyes Católicos, incluida en la Novísima Recopilación, Libro XII, Título XXXIX, que atribuía a los jueces una función inspectora, referida a las visitas a las prisiones.

En el año de 1480, los Reyes Católicos mandaron y ordenaron "*que el sábado de cada semana dos de nuestro Consejo vayan a las nuestras cárceles, a entender y ver los procesos de los presos que en ellas penden, así civiles como criminales, juntamente con nuestros Alcaides; y sepan la razón de todos ellos, y hagan justicia brevemente, y se informen particularmente del tratamiento que se hace a los presos; y no den lugar en su presencia sean maltratados por los Alcaides; y que la relación de los delitos la haga el Relator o el Escribano, y no los Alcaides, sino cuando se la pidieren los del Consejo. Y mandamos que uno de los que visitaren la semana pasada, vaya la siguiente con otro; y así por su orden se hagan continuamente las dichas visitas*"[98].

Pese a esta antaña previsión, y aunque teóricamente los jueces tuvieran la posibilidad de visitar e inspeccionar las cárceles, esa era una actividad no reglada y no ejercida en la práctica, de tal modo que una vez dictada la correspondiente sentencia de condena, y entregado el penado a las autoridades encargadas de ejecutar materialmente la pena privativa de libertad, tales autoridades eran las encargadas de dicha ejecución sin ninguna intervención judicial posterior.

Hasta el siglo XIX encontramos normativas dispersas reguladoras de los distintos presidios y cárceles. A partir de la Ordenanza General de Presidios del Reino de 1834 y la Ley de Prisiones de 1849, las cárceles que antes dependían de la Administración militar, ahora pasaron a depender de la civil; en un primer momento del Ministerio de Fomento, luego del de Gobernación, y después, a partir de 1887, del Ministerio de Justicia. Posteriormente, por RD 758/1996, de 5 de mayo, de reestructuración de Departamentos Ministeriales, las competencias en Asuntos Penitenciarios pasaron a depender del Ministerio del Interior[99].

---

[98] Novísima Recopilación (1850), Libro XII, Título XXXIX, Ley I. Vid. Los Códigos españoles, concordados y anotados, tomo X, Madrid, p. 143.

[99] *Vid. supra* nota número 57 del anterior Capítulo I. También sobre esta cuestión:

No es sino a partir del movimiento codificador que recoge las ideas reformistas de la Ilustración sobre la ejecución de la pena y el mundo de las prisiones, cuando se contempla esa posibilidad de visitar las cárceles y ejercer de esto modo algún tipo de inspección y control de la actividad administrativa de ejecución de las penas. Aparecen los diferentes códigos que recogen las correspondientes normas sustantivas y procesales, siendo digno de reseñar que, por lo que respecta a la codificación penal, la situación política de cada momento determinó la aparición de un Código Penal propio; lo que tuvo también su influencia en la normativa reguladora de las prisiones[100].

En este contexto aparece la aún vigente Ley de Enjuiciamiento Criminal, promulgada por Real Decreto de 14 de septiembre de 1882[101], que atribuye unas exiguas facultades a los órganos de la jurisdicción penal en orden al control de la ejecución de las penas privativas de libertad, al decir en el último párrafo de su artículo 990 que "Los tribunales ejercerán además las facultades de inspección que las Leyes y Reglamentos les atribuyan sobre la manera de cumplirse las penas." Además, especialmente referido a los detenidos y presos preventivos, el artículo 526 prevé una visita semanal del juez de instrucción o de los presidentes de las Audiencias a las cárceles de su territorio; precepto ciertamente en desuso pues, salvo algún caso excepcional, actualmente las únicas visitas de este tipo que se realizan las llevan a cabo los jueces de vigilancia penitenciaria.

A estos dos preceptos había que sumar el artículo 838 de la Ley Orgánica del Poder Judicial de 1870 y el artículo 93 del Reglamento

---

LUZON CUESTA J. Mª; *Compendio de Derecho Penal. Parte General*, 9ª edic., Dykinson S.L., Madrid, 1997, p. 292.

BENITEZ YEBENES, Juan R.; «El Presidio de Melilla: antecedentes histórico-normativos de la libertad condicional en España», en *Revista Akros*, núm. 4 (2005), pp. 71-82.

[100] En este orden de cosas podemos citar los Código Penales españoles del siglo XIX: El de 1822; el de 1848 (cuya estructura básica ha estado vigente, a través de los códigos posteriores, hasta el actual de 1995) y su reforma de 1850; el Código Penal de 1870, y el Código Carlista de 1875. Los Códigos Penales del siglo XX fueron: El de 1928 (Dictadura de Primo de Rivera); el de 1932 (II República); el de 1944 (Régimen del General Franco), y sus posteriores reformas: Texto Revisado de 1963, y Texto Refundido de 1973. Durante la transición política al régimen constitucional actual existieron diversos proyectos, promulgándose el vigente Código Penal, que se ha dado en llamar el Código Penal de la Democracia, por Ley Orgánica 10/1995 de 23 de noviembre (BOE 24-XI-95), que entró en vigor el día 25 de mayo de 1996.

[101] Gaceta núm. 260 a 283, de 17 de septiembre a 10 de octubre de 1882.

de los Servicios de Prisiones de 1956, que también contemplaban esa facultad visitadora de los centros penitenciarios por parte de los jueces; facultad que, sin embargo, no fue objeto de un adecuado desarrollo que regulara la forma y alcance de su realización.

Todas estas previsiones no trastornaron la tranquilidad de los responsables de las instituciones penitenciarias, y solamente han servido como base documental en el desarrollo doctrinal[102].

Aparte de los preceptos citados, antes de la aparición del Juez de Vigilancia Penitenciaria, no estaba previsto en nuestra legislación patria ningún otro tipo de control de los órganos de la jurisdicción penal sobre el cumplimiento de las condenas privativas de libertad. Pero, es más; obsérvese la distribución de funciones que se establecen en el Libro VII ("De la Ejecución de Sentencias") de la Ley de Enjuiciamiento Criminal, especialmente en sus artículos 984, 985, y 990, entre el tribunal sentenciador y la administración penitenciaria. Los dos primeros artículos atribuyen la competencia para la ejecución de la sentencia al Juzgado o Tribunal sentenciador, sin embargo, conforme al artículo 990, párrafo segundo, esta competencia del tribunal sentenciador queda reducida a "adoptar sin dilación las medidas necesarias para que el condenado ingrese en el establecimiento penitenciario", pero una vez producido dicho ingreso, según se desprende de la redacción del párrafo tercero de este artículo 990, la competencia para el cumplimiento de la pena pasa a corresponder a las autoridades gubernativas[103].

---

[102] El mandato contenido en el todavía vigente, al menos formalmente, artículo 526 de la Ley de Enjuiciamiento Criminal, relativo a la necesaria visita semanal de los Jueces de Instrucción a las prisiones de la localidad, nunca se convirtió, al igual que su antecedente normativa referida a las visitas generales de las Audiencias previstas en el artículo 17 del Reglamento Provisional para la Administración de Justicia de 1835, en un auténtico control judicial de la actuación penitenciaria, algo predicable, asimismo, de las previsiones contenidas al respecto en el artículo 990 de la Ley de Enjuiciamiento Criminal. *Vid.:* TELLEZ AGUILERA, A.; *El control jurisdiccional en el Derecho Penitenciario español.* Congrés Penitenciari Internacional: La funció social de la política penitenciària. Barcelona, 2006, p. 90.

[103] Según el artículo 990 de la Ley de Enjuiciamiento Criminal:

«Las penas se ejecutarán en la forma y tiempo prescritos en el Código Penal y en los reglamentos.

Corresponde al Juez o Tribunal a quien el presente Código impone el deber de hacer ejecutar la sentencia adoptar sin dilación las medidas necesarias para que el condenado ingrese en el establecimiento penal destinado al efecto, a cuyo fin requerirá el auxilio de las autoridades administrativas, que deberán prestárselo sin excusa ni pretexto.

En definitiva, el panorama competencial que dibuja la Ley de Enjuiciamiento Criminal es que al tribunal sentenciador le compete tomar las medidas necesarias para que el reo ingrese en el centro penitenciario correspondiente, y "las facultades de inspección que las Leyes y Reglamentos les atribuyan sobre la manera de cumplirse las penas"; pero estas facultades de inspección, como expusimos más arriba no han sido objeto de desarrollo, salvo la mera referencia contenida en el artículo 526 de la propia Ley que, por su contenido y ubicación, está más bien referido a presos preventivos, y los también citados artículos de la Ley Orgánica del Poder Judicial de 1870, y Reglamento de Prisiones de 1956[104].

A tenor de esta normativa lo que ocurría era, en palabras de Manzanares Samaniego[105] que repiten todos los autores que tratan sobre la materia, que la justicia se despedía del reo en la puerta del penal, y no volvía a acordarse de él hasta que tenía que aprobar la propuesta de licenciamiento definitivo de la condena. De ahí que pueda establecerse la distinción entre "ejecución de la sentencia" que corresponde al tribunal sentenciador, y "ejecución de la pena" atribuible a la Administración penitenciaria a la que, a su vez, venía atribuida antes de la vigente normativa –la que se instaura tras la entrada en vigor de la Ley Orgánica General Penitenciaria y creación de los Jueces de Vigilancia Penitenciaria– la competencia para decidir sobre las circunstancias reales de la ejecución de la pena; de ahí que pudiera decirse que los tribunales transferían a la Administración una especie de "penas en blanco" (de modo similar a los cheques de este nombre), que después eran concretadas e individualizadas, en intensidad –según el tratamiento penitenciario– y en duración –en función del otor-

---

La competencia del Juez o Tribunal para hacer cumplir la sentencia excluye la de cualquier autoridad gubernativa hasta que el condenado tenga ingreso en el establecimiento penal o se traslade al lugar en donde deba cumplir la condena.

Los Tribunales ejercerán además las facultades de inspección que las Leyes y Reglamentos les atribuyan sobre la manera de cumplirse las penas.»

[104] Otro tipo de control, pero difuso o indirecto era como consecuencia de la participación del Presidente de la Audiencia y un magistrado en el órgano mixto encargado de conceder la libertad condicional, tras la entrada en vigor de la Ley de 23 de julio de 1914 sobre Libertad Condicional, y su Reglamento aprobado por Real Decreto de 28 de octubre de 1914.

[105] MANZANARES SAMANIEGO, José L.; «La problemática del Juez de Vigilancia», en *Revista de Estudios Penitenciarios*, núm. 232-235, 1981.

— «Relaciones entre la Administración Penitenciaria y los Jueces de Vigilancia», en *Anuario de Derecho Penal y Ciencias Penales*, Tomo XXXVII, fasc. I, 1984.

gamiento de beneficios penitenciarios que pudieran acortarlas–, por la propia Administración sin control jurisdiccional[106].

Este panorama legislativo, que propiciaba la aparición de abusos, era contrario a las corrientes de pensamiento que propugnaban el control judicial de la ejecución de las penas privativas de libertad, que venían imponiéndose en el derecho comparado y a través de la influencia de los organismos internacionales, como ya hemos expuesto con anterioridad, defensores de los derechos humanos; y, por supuesto, contrario a los postulados de nuestra Constitución de 1978.

2. MARCO CONSTITUCIONAL

El Título VI de la Constitución está dedicado al Poder Judicial y establece las sanciones propias del Poder Judicial en España, la estructura básica y órganos de gobierno. En cuanto al aspecto organizativo del Estado español, debido a la descentralización en Comunidades Autónomas, el artículo **149.1** otorga al Estado la exclusividad en materia jurídico penal, específicamente en los apartados "5. Administración de Justicia." y "6. Legislación mercantil, penal y penitenciaria; legislación procesal, sin perjuicio de las necesarias especialidades que en este orden se deriven de las particularidades del derecho sustantivo de las Comunidades Autónomas."

Por consiguiente, desde la perspectiva de la función jurisdiccional que desempeña el Juez de Vigilancia Penitenciaria, éste órgano se inserta dentro del Poder Judicial del Estado, por lo que su marco constitucional viene constituido por el Título VI ("Del Poder Judicial") de la Constitución, de cuyo articulado merece destacarse lo dispuesto en el artículo **117.3**: «El ejercicio de la potestad jurisdiccional en todo tipo de procesos, juzgando y haciendo ejecutar lo juzgado, corresponde exclusivamente a los Juzgados y Tribunales determinados por las leyes, según las normas de competencia y procedimiento que las mismas establezcan.»

---

106 *Vid.* GARCIA ALBERO Ramón, y otros; *Curso de Derecho Penitenciario*, Cedecs Editorial S.L., Barcelona 1996, pp. 232 y ss.

En el mismo sentido PEREZ CEPEDA Ana; «Lección 18.- El control de la actividad Penitenciaria. El Juez de Vigilancia Penitenciaria», en *Manual de Derecho Penitenciario*; coord. Por I. Berdugo Gómez de la Torre y L. Zúñiga Rodríguez, Universidad de Salamanca y editorial Colex, 2001, pp. 411 y ss.

Por otro lado, atendiendo a la parcela del derecho en la que desarrolla su función, se ha de partir de la base de que el artículo **25.2** de la Constitución Española, la Ley Orgánica General Penitenciaria y su Reglamento componen el marco normativo esencial del sistema penitenciario en España, que a su vez recoge las recomendaciones instauradas en las Normas Penitenciarias Europeas.

El propósito principal, de la Constitución Española y la ley Orgánica General Penitenciaria en relación con el sistema penitenciario, es garantizar el cumplimiento de las penas y asegurar la protección e integridad de los reclusos. Adicionalmente, esta misión se complementa con la rehabilitación de los reclusos, procurando evitar en lo posible que la estancia en la cárcel sea una escuela para fortalecer aún más al delincuente, siendo por el contrario su objetivo la reinserción y rehabilitación[107].

2.1. Previsiones constitucionales sobre la justicia penal y penitenciaria

La justicia penal y penitenciaria está profundamente ligada a las previsiones constitucionales y existe un programa constitucional para esta justicia que está conformado por un conjunto de declaraciones y preceptos donde se establece cómo debe ser la justicia en general y

---

[107] Siguiendo el mandato constitucional, la Ley Penitenciaria de 26.9.1979 (art. 1) y el Reglamento Penitenciario de 9.II.1996 (art.2) proclaman como fines de las instituciones penitenciarias: - primordialmente: "la reeducación y reinserción social de los sentenciados a penas y medidas penales privativas de libertad"; - otros fines: "la retención y custodia de detenidos, presos y penados" y la labor asistencial y de ayuda para los internos, los liberados y sus respectivos familiares. El alcance de la expresión constitucional ("estarán orientadas a la reeducación y reinserción social") ha suscitado problemas en la doctrina. El Tribunal Constitucional ha declarado repetidamente que la resocialización no es un derecho fundamental del interno ni el único objetivo admisible de la prisión. Consecuencia inmediata de la colocación de la finalidad resocializadora en el vértice principal del mundo penitenciario es la articulación en prisión de un tratamiento individualizado (arts. 59 y ss. L.), en la línea propugnada por la Criminología Clínica. Fin del tratamiento es procurar la superación por el sujeto –a través de la aplicación de métodos médico-biológicos, psiquiátricos, psicológicos, pedagógicos y sociales– de aquellos factores personales o sociales que le han impulsado a delinquir.

BLANCO, I. y DE LA CUESTA, J. (2000) *Módulo I: Derecho Penal. El sistema penitenciario español.* Transcripción en línea] Disponible en: *http://ocw.ehu.es/ciencias-sociales-y-juridicas/derecho-penal-y-violencia-contra-la-mujer/contenidos/leccion-i-4-el-sistema-penitenciario-espanol.* [Consultada 2011, abril 28].

la justicia penal en particular, teniendo como base una serie de artículos en la Constitución española, a los que seguidamente nos referiremos, comenzando por su artículo primero que propugna como valores superiores de nuestro ordenamiento jurídico la libertad y la justicia, entre otros.

El artículo **9** de la CE[108] establece la primacía de la norma para los ciudadanos, para los poderes públicos, la promoción y defensa de la libertad e igualdad de los individuos y en el apartado 3° establece el principio de legalidad y reitera en el artículo 25 los principios de aplicación en el sistema penal. El artículo **10** de la Constitución, también está vinculado al sistema penal y describe los derechos de la persona[109].

El artículo **14** de la Constitución establece la igualdad ante la ley y en su aplicación a la justicia penal implica también la igualdad en el tratamiento procesal del sujeto. El artículo **15** prohíbe la tortura, las penas inhumanas o degradantes y queda abolida de manera expresa la pena de muerte. En el mismo orden de principios orientadores del sistema penal, el artículo **17**[110] establece los mecanismos de protección jurídica de la libertad de los ciudadanos como lo indica en el aparta-

---

[108] Artículo 9.3 de la Constitución española: "La Constitución garantiza el principio de legalidad, la jerarquía normativa, la publicidad de las normas, la irretroactividad de las disposiciones sancionadoras no favorables o restrictivas de derechos individuales, la seguridad jurídica, la responsabilidad y la interdicción de la arbitrariedad de los poderes públicos."

[109] "Dentro del Título dedicado a los "Derechos y deberes fundamentales", pero en cuyo "debe" hemos de apuntar de partida que no goza de la protección reforzada de los artículos 14 al 29 que supone la tutela directa de los mismos ante el Tribunal Constitucional por vía de amparo. Aún así la configuración de la dignidad de la persona como derecho inviolable, y lo que es más importante como fundamento del orden político y de la paz privativa de libertad y la vigilancia jurisdiccional de su efectivo cumplimiento estamos tratando. El contenido programático del artículo 10 en cuanto a su relevancia en el sistema penal no queda ahí, su segundo apartado también tiene preeminencia en cuanto interesa tener presente que toda norma relativa a derechos fundamentales y libertades, en su vertiente penal, procesal y penitenciaria (ámbito de la justicia penal), ha de ser interpretada de acuerdo a la Declaración Universal de Derechos Humanos y a los tratados y acuerdos internacionales sobre las mismas materias ratificados por España." MARTIN DIZ, F.; *El juez de vigilancia penitenciaria. Garante de los derechos de los reclusos*; Comares, Granada 2002, p. 15.

[110] Artículo 17 de la Constitución española:

"1. Toda persona tiene derecho a la libertad y a la seguridad. Nadie puede ser privado de su libertad, sino con la observancia de lo establecido en este artículo y en los casos y en la forma previstos en la Ley.

2. La detención preventiva no podrá durar más del tiempo estrictamente necesario para la realización de las averiguaciones tendentes al esclarecimiento de los he-

do 2°, referido al plazo máximo de duración de la detención preventiva y los derechos y garantías fundamentales de dicha institución, como lo es el procedimiento de habeas corpus, artículo 17 apartado 4°.

Por su parte, el artículo **18** garantiza el derecho al honor, a la intimidad personal y familiar, y a la propia imagen, la inviolabilidad del domicilio, y el secreto de las comunicaciones[111].

La relación del apartado 2° del artículo 18 con el aspecto jurídico penal se encuentra en la proclamación de la inviolabilidad del domicilio, que conduce al delito de allanamiento de morada tipificado en los artículos 202 al 204 del Código Penal. El apartado 3° de este mismo artículo, garantiza el secreto de las comunicaciones tipificando una serie de conductas que están penalmente establecidas en los artículos 197 y siguientes del Código Penal.

Desde el punto de vista penitenciario, los derechos consagrados en el artículo 18 de la Constitución tienen su incidencia en lo relativo al registro de celdas, y a la intervención de las comunicaciones de los internos.

Con independencia de lo que se deja expuesto, los dos preceptos más relevantes referidos a la justicia penal y penitenciaria en la Constitución, son el artículo **24**[112] y el artículo 25, el primero de es-

---

chos, y, en todo caso, en el plazo máximo de setenta y dos horas, el detenido deberá ser puesto en libertad o a disposición de la autoridad judicial.

3. Toda persona detenida debe ser informada de forma inmediata, y de modo que le sea comprensible, de sus derechos y de las razones de su detención, no pudiendo ser obligada a declarar. Se garantiza la asistencia de abogado al detenido en las diligencias policiales y judiciales, en los términos que la Ley establezca.

4. La Ley regulará un procedimiento de *habeas corpus* para producir la inmediata puesta a disposición judicial de toda persona detenida ilegalmente. Asimismo, por la Ley se determinará el plazo máximo de duración de la prisión provisional."

[111] Artículo 18 CE:

"1. Se garantiza el derecho al honor, a la intimidad personal y familiar y a la propia imagen.

2. El domicilio es inviolable. Ninguna entrada o registro podrá hacerse en él sin consentimiento del titular o resolución judicial, salvo en caso de flagrante delito.

3. Se garantiza el secreto de las comunicaciones y, en especial, de las postales, telegráficas y telefónicas, salvo resolución judicial.

4. La ley limitará el uso de la informática para garantizar el honor y la intimidad personal y familiar de los ciudadanos y el pleno ejercicio de sus derechos."

[112] Artículo 24 de la Constitución española:

"1. Todas las personas tienen derecho a obtener la tutela efectiva de los jueces y tribunales en el ejercicio de sus derechos e intereses legítimos, sin que, en ningún caso, pueda producirse indefensión.

tos establece el derecho constitucional procesal y recoge las garantías procesales básicas de cualquier proceso en el sistema judicial español. La tutela judicial efectiva es una expresión y concepción constitucional que proporciona cobijo a muchos de los accesos en vía de amparo ante el Tribunal Constitucional.

El artículo **25**[113] establece en el primer apartado el denominado principio de legalidad penal, que es un principio vinculado con los artículos 1 y 2 del Código Penal, el artículo 1 de la Ley de Enjuiciamiento Criminal y el artículo 2 de la Ley Orgánica General Penitenciaria. Por tanto, los delitos en general y en específico aquellos que tienen como consecuencia la pena privativa de libertad, deben estar definidos en el texto legal vigente con anterioridad a su comisión.

En el segundo apartado de este artículo se establecen los objetivos constitucionales de las penas privativas de libertad y las medidas de seguridad, señalando que éstas están orientadas hacia la reeducación y reinserción social y no podrán consistir en trabajos forzados.

La máxima eficacia y protección constitucional a los derechos y libertades se encuentra en el artículo **53** de la Constitución, que asigna un amparo ante los tribunales ordinarios preferente y sumario respecto a otros asuntos como un amparo específico ante el Tribunal

---

2. Asimismo, todos tienen derecho al Juez ordinario predeterminado por la Ley, a la defensa y a la asistencia de letrado, a ser informados de la acusación formulada contra ellos, a un proceso público sin dilaciones indebidas y con todas las garantías, a utilizar los medios de prueba pertinentes para su defensa, a no declarar contra sí mismos, a no confesarse culpables y a la presunción de inocencia.

La Ley regulará los casos en que, por razón de parentesco o de secreto profesional, no se estará obligado a declarar sobre hechos presuntamente delictivos."

[113] Artículo 25 de la Constitución española:

"1. Nadie puede ser condenado o sancionado por acciones u omisiones que en el momento de producirse no constituyan delito, falta o infracción administrativa, según la legislación vigente en aquel momento.

2. Las penas privativas de libertad y las medidas de seguridad estarán orientadas hacia la reeducación y reinserción social y no podrán consistir en trabajos forzados. El condenado a pena de prisión que estuviere cumpliendo la misma gozará de los derechos fundamentales de este Capítulo, a excepción de los que se vean expresamente limitados por el contenido del fallo condenatorio, el sentido de la pena y la Ley penitenciaria. En todo caso, tendrá derecho a un trabajo remunerado y a los beneficios correspondientes de la Seguridad Social, así como al acceso a la cultura y al desarrollo integral de su personalidad.

3. La Administración civil no podrá imponer sanciones que, directa o subsidiariamente, impliquen privación de libertad."

Constitucional, dejando reforzados con esta doble instancia específica todas las garantías penales y procesales establecidas en el Texto Constitucional.

2.2. Objetivos constitucionales de la pena privativa de libertad

Como referencia a los objetivos constitucionales de la pena privativa de libertad, señalados en el apartado nº 2 del artículo 25 CE, se encuentran el artículo 1 de la Ley Orgánica General Penitenciaria y el artículo 2 de su Reglamento. Estas normas son un mandato dirigido a los órganos ejecutores y no debe emplearse la pena privativa de libertad como justificación para recluir y luego rehabilitar a las personas.

El Tribunal Constitucional no ha considerado que los fines de la pena privativa de libertad sean exclusivamente la reeducación, resocialización o rehabilitación de los condenados, sino que ello es un mandato al legislador y así lo indica en el Auto 15/1984, de 11 de enero, que ha sido el primer pronunciamiento del Tribunal Constitucional y es doctrina que permanece vigente e invariable: "no contiene un derecho fundamental, sino un mandato del constituyente al legislador para orientar la política penal y penitenciaria, mandato del que no se derivan derechos subjetivos" y posteriormente se reafirma en el Auto número 486/1985, de 10 de junio: "lo que dispone el artículo 25.2 es que en la dimensión penitenciaria de la pena se siga una orientación encaminada a la reeducación y a la reinserción social, mas no que a los responsables de un delito al que se anuda una privación de libertad se les condone la pena en función de la conducta observada durante el período de libertad provisional"

El Tribunal Constitucional ha mantenido su planteamiento en diferentes pronunciamientos sin embargo ha advertido que no se desconociese la importancia del principio constitucional del artículo 25.2[114]. Sin embargo, mayoritariamente ha sostenido que el artículo 25.2 de la Constitución no es un derecho fundamental[115] sino un

[114] "El artículo 25.2 de la Constitución Española no confiere como tal un derecho amparable que condicione la posibilidad y la existencia misma de la pena a esa orientación". Sentencia del Tribunal Constitucional 2/1987, de 21 de enero.

[115] "aunque tal regla puede servir de parámetro de la constitucionalidad de leyes, no es fuente, en sí misma, de derechos subjetivos a favor de los condenados a penas pri-

mandato al legislador para orientar la política penal y penitenciaria, tal como lo ha indicado en la Sentencia 109/2000, de 5 de mayo.

El precepto citado no consagra ningún derecho fundamental para solicitar una queja de amparo y solamente es un principio interpretativo de las normas referidas a la imposición y cumplimiento de las penas privativas de libertad, en orden a la reeducación y reinserción social de los internos.

2.3. El respeto de los derechos fundamentales de los internos. Incidencia de la normativa constitucional sobre determinadas actuaciones de la Administración Penitenciaria

El interno deberá ser respetado en sus derechos fundamentales salvo los que se vean expresamente limitados por el contenido del fallo condenatorio (art. 25.2 CE). En este sentido se manifiesta el artículo 3 LOGP, que igualmente recoge el deber de la Administración Penitenciaria de velar por la vida, integridad física y salud de los internos.

Como pone de manifiesto el profesor Mata y Martín, los derechos fundamentales necesariamente se encuentran comprometidos en la vida en prisión, pues la función del sistema penitenciario abarca la totalidad de la vida de una persona interna en un centro penitenciario. Esto obliga a establecer unas reglas o un sistema que permita, por una parte la privación o restricción de los derechos fundamentales afectados por la condena e inherentes a la situación de internamiento y, por otra, el respeto y el mantenimiento de los derechos fundamentales no suspendidos legalmente ni restringidos con base en el ordenamiento jurídico. En definitiva, se hace necesario evaluar cada uno de los derechos fundamentales en su concreta realización, en los muy diversos momentos de la vida en prisión durante la ejecución de la pena[116].

---

vativas de libertad, ni menos todavía de derechos fundamentales susceptibles de amparo constitucional. Por lo tanto, la simple congruencia de la institución de los permisos penitenciarios de salida con el mandato constitucional establecido en el artículo 25.2 de la Constitución Española no es suficiente para conferirles la categoría de derecho subjetivo, ni menos aún de derecho fundamental". Sentencia del Tribunal Constitucional 75/1998.

[116] MATA Y MARTIN, Ricardo M.; *Fundamentos del Sistema Penitenciario,* Tecnos, Madrid, 2016, pp. 175-176.

La STC nº 90/1997 hace hincapié en la consideración del interno como titular de "todos los derechos que corresponden a cualquier ciudadano." En definitiva, como ha señalado la STEDH de 28 de junio de 1984, caso Campbell y Fell, las peculiaridades del internamiento en un centro penitenciario no pueden implicar que "la justicia se detenga en la puerta de las prisiones."

Así, el Tribunal Constitucional ha proclamado que el penado durante el cumplimiento de la pena privativa de libertad goza del **derecho a la presunción de inocencia** (art. 24.2 CE) frente a las sanciones disciplinarias que le puedan ser impuestas durante el régimen de internamiento.

La vigencia de tal derecho fundamental implica, en primer término, que la posibilidad de ser sancionado depende de que exista contra el penado una prueba de cargo, considerándose como tal las actas de los funcionarios (STC nº 192/1987 de 2-12), sin perjuicio de que las mismas puedan ser desvirtuadas a través de otras pruebas. Sin embargo, no constituye prueba bastante para desvirtuar el mentado derecho fundamental un parte de denuncia anónimo (STC nº 97/1995 de 21-12).

En segundo lugar, que la carga de la prueba compete a la Administración (SSTC nº 86/1995 de 6-6, y nº 175/2000 de 26-6), toda vez que la inocencia del interno se presume constitucionalmente.

Y por último, que las mentadas pruebas de cargo hayan sido practicadas con todas las garantías legales. En este sentido, la STC nº 175/2000 estimó el recurso de amparo, dado que la prueba de cargo se había obtenido mediante la vulneración del secreto de las comunicaciones del penado y, por lo tanto, el conocimiento de los hechos motivadores de la sanción disciplinaria se alcanzó mediante una prueba obtenida ilegalmente.

Igualmente se ha reconocido el **derecho del interno a utilizar los medios de prueba pertinentes para su defensa** (art. 24.2 CE), y así se admitió el amparo en la STC nº 128/1996 de 9-7, por denegarle las pruebas propuestas para desvirtuar los hechos en los que se fundaba la sanción disciplinaria impuesta (intento de escapar de prisión negado por el penado, que afirmaba que se subió al tejado para recoger dinero y una bola de hachís que le habían tirado). En igual sentido la STC nº 25/1997 de 25-2, y la STC nº 83/1997 de 22-4 que recuerda que, desde su STC nº 18/1981, el Tribunal Constitucional viene declarando que las garantías procesales establecidas en el art. 24.2 CE son aplicables no sólo en el proceso penal, sino también en los procedimientos administrativos sancionadores con las matizaciones que resultan de su propia naturaleza, en cuanto que en ambos casos se ejerce la potestad punitiva del Estado. Del mismo modo, la STC nº 9/2003 de 20-1 pone de manifiesto que la normativa penitenciaria, no sólo no limita el derecho a la utilización de los medios de prueba pertinentes para la defensa en el procedimiento disciplinario, sino que incluso lo refuerza y lo reconoce, tanto a través de la intervención posterior del Juez de Vigilancia Penitenciaria, que puede decidir la práctica de las pruebas que hubieran sido denegadas durante la tramitación del expediente disciplinario, cuanto exigiendo dentro de dicho expediente la motivación de la denegación por no pertinencia o relevancia de las pruebas propuestas.

Por lesión del **derecho fundamental a la igualdad** del art. 14 CE, se estimó el amparo interpuesto por un interno al cual le habían denegado, en las mismas circunstancias, unas comunicaciones íntimas que, sin embargo, se las habían concedido a otros penados (STC nº 193/2001 de 1-10). Sin embargo, en la STC nº 137/2000 de 29-5, el Tribunal Constitucional entendió que no se llegó a justificar que hubiera existido discriminación en la denegación de un permiso de salida, por el hecho de ser extranjero.

Los derechos a la integridad física y moral, a la intimidad personal y familiar, y al secreto de las comunicaciones, también pueden verse afectados por determinadas actuaciones de la Administración Penitenciaria, de ahí que el Tribunal Constitucional se haya pronunciado sobre tales cuestiones, marcando las directrices que deben observarse para evitar la vulneración de tales derechos de los internos.

En tal sentido se puede mencionar:

A) Los cacheos con desnudo integral

El cacheo con desnudo integral, por suponer una de las invasiones más agresivas en el ámbito de protección del derecho fundamental a la intimidad personal, consagrado como uno de los derechos de más alto rango en el artículo 18 de la Constitución, exige que su práctica se realice de forma restrictiva y dentro de unos estrictos márgenes, en orden a la finalidad legalmente perseguida con dicha medida.

Haciéndose eco del mencionado precepto constitucional, el artículo 23 de la Ley Orgánica General Penitenciaria dispone que los registros y cacheos en las personas de los internos, se efectuarán en los casos, con las garantías y periodicidad que reglamentariamente se determinen y dentro del respeto a la dignidad de la persona. Así mismo, el artículo 68.3 del Reglamento Penitenciario establece que el cacheo con desnudo integral se efectuará por funcionarios del mismo sexo que el interno, en lugar cerrado sin la presencia de otros internos y preservando, en todo lo posible, la intimidad.

Sobre el respeto al derecho fundamental a la intimidad personal de los reclusos, en los supuestos de cacheos con desnudo integral, se pronunció el Tribunal Constitucional en su Sentencia 218/2002 de 25 de noviembre. Señala este Alto Tribunal que: "... es indudable que una medida de registro personal de los reclusos puede constituir, en determinadas situaciones, un medio necesario para la protección de la seguridad y el orden de un establecimiento penitenciario. Y entre tales situaciones se halla ciertamente, aquella en la que existe una situación excepcional en el centro, con graves amenazas de su orden interno y su seguridad por el comportamiento de los reclusos, como se ha reconocido por la Comisión Europea de Derechos Humanos (Decisión de 15 de mayo de 1990, caso MC Feel y otros), al declarar proporcionada a la finalidad perseguida una medida de registro similar a la aquí impugnada".

Y continúa el Tribunal Constitucional diciendo: "Sin embargo, el anterior supuesto pone de relieve que para afirmar la conformidad de la medida enjuiciada con la garantía constitucional a la intimidad personal de los reclusos no es suficiente alegar una finalidad de protección de intereses públicos, como antes se ha dicho pues es preciso cohonestarla con el derecho a la intimidad de los reclusos. De manera que, al adoptar tal medida, es preciso ponderar, adecuadamente y de forma equilibrada, de una parte, la gravedad de la intromisión que comporta en la intimidad personal y, de otra parte, si la medida es imprescindible para asegurar la defensa del interés público que se pretende proteger. Y bien se comprende que el respeto a esta exigencia requiere la fundamentación de la medida por parte de la Administración penitenciaria, pues sólo tal fundamentación permitirá que sea apreciada por el afectado en primer lugar, y posteriormente, que los órganos judiciales puedan controlar la razón que justifique, a juicio de la autoridad penitenciaria y atendidas las circunstancias del caso, el sacrificio del derecho fundamental."

El Tribunal Constitucional también se pronunció sobre esta medida de cacheo con desnudo integral en su STC nº 204/2000 de 24-7, en la STC nº 57/1994 de 28-2, y en el ATC nº 94/1999 de 14-4.

La doctrina emanada de las citadas resoluciones podemos resumirla diciendo que esta medida de cacheo con desnudo integral se adoptará cuando se estime que no puede ser eficaz ninguna otra; que la resolución de intervención será siempre motivada; que se realizará en local cerrado sin la presencia de otros internos; que se practicará en el menor tiempo posible y se proveerá al interno de una bata; que de su resultado se dará cumplida información a la Dirección del Centro; y que igualmente tanto de la resolución del cacheo como de su resultado se dará cuenta al Juzgado de Vigilancia Penitenciaria.

B) El registro de celdas

Por lo que se refiere al registro de las celdas, la primera cuestión que surge es la de si la celda de los internos de los centros penitenciarios tiene la consideración de domicilio de éstos y si, por consiguiente, debe merecer la protección que al mismo se dispensa en el artículo 18.2 de la Constitución que señala que: «El domicilio es inviolable. Ninguna entrada o registro podrá hacerse en él sin consentimiento del titular o resolución judicial, salvo en caso de flagrante delito.»

Para la doctrina constitucional, el domicilio viene constituido por un ámbito de privacidad, dentro del espacio limitado que la propia persona elige, inmune a la injerencia de otras personas o de la autoridad pública (SSTC 189/2004 de 2-11, y 22/1984 de 17-2). Pero como indica la STC 89/2006 de 27-3, aunque el desarrollo de la vida privada es compatible con una situación de reclusión, dado que es innegable que la celda de un centro penitenciario es un ámbito de intimidad para su ocupante y un espacio apto para desarrollar su vida privada, sin embargo, tal recinto no reúne las características de haber sido objeto de elección por su ocupante ni la de configurarse como un espacio específico de exclusión de la actuación del poder público, pues –como recuerda la STC 283/2000 de 27-11– el ingreso en prisión supone la inserción del ciudadano en un ámbito intenso de control público del que resulta la imposibilidad de generar un domicilio en el sentido constitucional del término.

Por tanto, queda descartada la consideración de la celda como domicilio. No obstante, debe valorarse la compatibilidad del registro de la celda con el derecho a la intimidad personal de su ocupante; derecho a la intimidad consagrado en el artículo 18.1 de la Constitución.

El derecho a la intimidad personal es propio de la dignidad de la persona reconocida en el art. 10.1 de la Constitución e implica, –como señalan las SSTC 231/1988 de 1-12 y 233/2005 de 26-9–, "la existencia de un ámbito propio y reservado frente a la acción y el conocimiento de los demás, necesario, según las pautas de nuestra cultura para mantener una calidad mínima de la vida humana". Pero no se trata de un derecho absoluto, pudiendo ceder ante intereses constitucionalmente relevantes. Así, específicamente, en los casos de los condenados a penas de prisión, el artículo 25.2 de la Constitución, admite que los derechos constitucionales de estas personas puedan ser objeto de limitaciones que no son de aplicación a los ciudadanos comunes, y en concreto, que puedan serlo "por el contenido del fallo condenatorio, el sentido de la pena y la Ley penitenciaria."

El primero de los requisitos para la validez de la limitación del derecho fundamental de un preso a la intimidad personal es que dicha limitación venga determinada por la ley, y en todo caso ha de ser sometida, en su aplicación, al principio de proporcionalidad.

Los registros en las celdas de los internos están previstos en el artículo 23 de la Ley Orgánica General Penitenciaria, y en los artículos 65 y 68 del Reglamento Penitenciario. Por lo que llegados a este punto, lo que se ha de determinar es si en el caso concreto del registro de la celda de un interno, y la consiguiente afectación que ello supone para su derecho fundamental a la intimidad personal, ello es una medida proporcionada y, en consecuencia, admisible desde el punto de vista del respeto constitucional que dicho derecho merece, o si por el contrario resulta desproporcionada y, por tanto, vulneradora de tal derecho fundamental.

Según la doctrina constitucional, cualquier medida restrictiva de derechos fundamentales exige la estricta observancia del principio de proporcionalidad, el cual exige que se cumplan los tres siguientes requisitos o condiciones: 1º.- Si tal medida es susceptible de conseguir el objetivo propuesto (juicio de idoneidad); 2º.- Si tal medida es necesaria, en el sentido de que no exista otra medida más moderada para la consecución del propósito perseguido con igual eficacia (juicio de necesidad); y 3º.- Si la medida es ponderada o equilibrada, por derivarse de ella más beneficios o ventajas para el interés general que perjuicios sobre otros bienes o valores en conflicto (juicio de proporcionalidad en sentido estricto). (STC 207/1996 de 16-12).

Desde el punto de vista de la doctrina que se deja expuesta, lo relevante –según señala la STC 89/2006 de 27-3– a fin de justificar una medida que limita el derecho constitucional a la intimidad personal reconocido en el artículo 18.1 de la Constitución, es que se constate por la Administración Penitenciaria que tal medida es necesaria para velar por el orden y la seguridad del establecimiento en atención a la concreta situación de éste o el previo comportamiento del recluso.

En este orden de cosas pueden resultar conflictivos los cacheos y requisas de carácter extraordinario ordenados por la Dirección del establecimiento penitenciario, practicados de forma sorpresiva a fin de investigar la posesión de objetos prohibidos (v. gr. armas o droga) y evitar su ocultación. En tales casos, teniendo en cuenta la finalidad de la medida, la misma debe reputarse proporcionada y justificada la falta de comunicación previa, pues el preaviso podría privar de sentido a la justificada indagación a la que servía el registro. Por lo que la clave, en estos casos –conforme a la doctrina que señala la STC 89/2006 de 27-3– está en la constatación de la existencia de razones convincentes para la falta de información simultánea o posterior al interno interesado, acerca de la dimensión e intensidad del registro de su celda y de los objetos incautados en el mismo. Por ello, en tales casos, no cabe apreciar vulneración del derecho fundamental a la intimidad, si con posterioridad se notifica al interno la práctica del registro y su resultado, posibilitando con ello que pueda reaccionar contra dicha medida y controlarla a posteriori.

Fuera de estos casos, resulta evidente que la presencia de los interesados en los registros, cacheos y requisa de su celda, ropas, enseres y objetos, previstos en la legislación penitenciaria, constituye el medio más natural y adecuado para informar de dicha medida, restrictiva de su derecho a la intimidad, a quien la sufre, resultando inadmisible que la Administración penitenciaria busque momentos de ausencia de los internos para realizar tales medidas invasivas del derecho a la intimidad de los mismos.

C) La intervención de las comunicaciones de los internos

Otra cuestión que dejamos anteriormente apuntada, con especial incidencia en el artículo 18 de la Constitución, es la relativa a la intervención de las comunicaciones de los internos.

El Tribunal Constitucional declaró en su STC nº 170/1996 de 23 de octubre, que los internos de un centro penitenciario son también titulares del derecho al secreto de las comunicaciones, si bien la Ley Orgánica General Penitenciaria (art. 51) y su Reglamento (arts. 41 y ss.) determinan los límites de su ejercicio en atención a las peculiaridades de la relación penitenciaria.

Por su parte la STC nº 175/1997 de 27 de octubre se encargó de indicar que el marco normativo constitucional del derecho a las comunicaciones de que puede gozar un condenado a pena de prisión recluido en un establecimiento penitenciario viene determinado no sólo por lo dispuesto en el artículo 18.3 de la Constitución, sino también por su artículo 25.2, pues es este precepto el que constituye la norma específica aplicable a los derechos de los reclusos que adquieren un status propio, que se configura como una relación de sujeción especial. Esta relación origina un entramado de derechos y deberes recíprocos entre la Administración Penitenciaria y el recluso que, en todo caso, debe ser entendida en un sentido reductivo, compatible con el valor preferente de los derechos fundamentales.

A tenor del contenido del artículo 51 de la Ley Orgánica General Penitenciaria, podemos distinguir dos modalidades de comunicaciones a las que tienen derecho los internos. Por un lado el apartado número 1 se refiere a las comunicaciones genéricas, en cuanto autoriza a los internos a "comunicar periódicamente de forma oral o escrita, en su propia lengua, con sus familiares, amigos y representantes de organismos internacionales e instituciones de cooperación penitenciaria, salvo en los casos de incomunicación judicial." Por otro lado están las comunicaciones específicas con su abogado y procurador, contempladas en el apartado nº 2 del citado artículo; y también las específicas del apartado nº 3 del mismo artículo que se refieren a las mantenidas con profesionales, asistentes sociales, sacerdotes o ministros de su religión.

Las comunicaciones con abogados y procuradores sólo pueden ser suspendidas o intervenidas por orden de la autoridad judicial y en los supuestos de terrorismo. Las demás comunicaciones podrán ser suspendidas o intervenidas motivadamente por el Director del establecimiento, dando cuenta a la autoridad judicial competente. (Art. 51.2 y 5 LOGP).

Esta dación de cuenta no puede ser entendida como la mera comunicación al Juez de Vigilancia para su conocimiento, sino que implica un verdadero control jurisdiccional de la medida efectuado a posteriori, mediante una resolución motivada, toda vez que corresponde a dicho Juez salvaguardar los derechos fundamentales de los internos (arts. 76.1 y 2 g) de la LOGP). Como dice la mencionada STC 175/1997 de 27 de octubre, con cita a su vez de la STC nº 73/1983), a la misma conclusión conduce el artículo 106.1 de la Constitución, por el que la Administración, también la penitenciaria, está sujeta al control judicial de la legalidad de su actuación. A ello se ha de añadir que el recluso puede ponerse en comunicación con ciudadanos libres, a los que también les afecta el acuerdo administrativo de intervención; por ello, resulta claro que si el Juzgado de Vigilancia Penitenciaria se limitase a una mera recepción de la comunicación del acto administrativo en el que se acuerda intervenir las comunicaciones y adoptase una actitud meramente pasiva ante la restricción por dicho acto del derecho fundamental del recluso no estaría dispensando la protección del derecho en la forma legalmente exigible.

La STC nº 106/2001 de 23-4, hace un compendio de la doctrina constitucional relativa a esta materia. En este sentido señala que la doctrina constitucional sobre el derecho al secreto de las comunicaciones de los ciudadanos recluidos en un centro penitenciario y los requisitos que deben cumplir los Acuerdos o medidas de intervención de las mismas, constituye ya un cuerpo jurisprudencial consolidado. En similares términos se pronuncia la STC nº 192/2002 de 28-10.

Los Acuerdos de intervención deben estar motivados; ha de darse cuenta de ellos a la autoridad judicial competente; notificarse al interno afectado, y; contener una limitación temporal de la medida de intervención (SSTC nº 128/1997 de 14 de julio, nº 175/1997 de 27 de octubre, nº 200/1997 de 24 de noviembre, nº 188/1999 de 25 de octubre, nº 175/2000 de 26 de junio).

La motivación ha de extenderse a la especificación de cuál de las finalidades legalmente previstas (seguridad, buen orden del establecimiento e interés del tratamiento) es la perseguida, y a la explicitación de las circunstancias que permiten concluir que la intervención resulta adecuada para alcanzar la finalidad perseguida. El Acuerdo ha de contener los datos necesarios para que pueda llevarse a cabo el juicio de idoneidad, necesidad y proporcionalidad, aunque no resulta exigible que en el mismo se explicite ese triple juicio por parte de la Administración, pues los referidos datos pueden completarse con los que de forma clara y manifiesta estén en el contexto en el que se ha dictado el Acuerdo (SSTC nº 170/1996 de 29 de octubre; nº 128/1997 de 14 de julio; nº 200/1997 de 24 de noviembre; nº 141/1999 de 22 de julio).

La comunicación de la medida adoptada a la autoridad judicial ha de ser inmediata, con el objeto de que ésta ejerza con plenitud su competencia revisora sobre la restricción del derecho fundamental. Por lo que, si la autoridad judicial adoptase una actitud meramente pasiva no estaría dispensando la protección del derecho en la forma exigida (SSTC nº 183/1984 de 20 de junio; nº 170/1996 de 29 de octubre; nº 175/1997 de 27 de octubre; nº 200/1997 de 24 de noviembre; nº 141/1999 de 22 de julio; nº 188/1999 de 25 de octubre).

El mantenimiento de la medida más allá del tiempo estrictamente necesario podría lesionar el derecho afectado (SSTC nº 206/1991 de 30 de octubre; nº 41/1996 de 12 de marzo). Por ello, ha de determinarse el período de su vigencia temporal, aunque esto puede hacerse depender de la desaparición de la circunstancia que justifica la intervención (SSTC nº 170/1996 de 29 de octubre; nº 175/1997 de 27 de octubre; nº 200/1997 de 24 de noviembre; nº 141/1999 de 22 de julio; ATC nº 54/1999 de 8 de marzo).

D) Exámenes por rayos X

Esta materia del sometimiento de los internos a exploraciones mediante el empleo de rayos X, a fin de indagar la posible ocultación de objetos prohibidos en las cavidades corporales, ha sido tratada en la STC 35/1996 de 11-3, en su conexión con el derecho a la integridad física y moral, y el derecho a la salud.

Indica el Tribunal Constitucional que los poderes específicos que la Ley atribuye a la Administración penitenciaria para prevenir y eliminar alteraciones del régimen disciplinario y también para sancionar administrativamente las infracciones de dicho régimen que puedan cometer los internos (SSTC nº 74/1984, nº 2/1987, nº 190/1987, nº 161/1993, nº 229/1993, nº 297/1993 y nº 129/1995) vienen limitados por los derechos fundamentales de los mismos y sus actos no están exentos de un control judicial «habida cuenta de las garantías establecidas en el art. 9.3 CE, y las fijadas en el art. 106.1 de la misma CE» (SSTC nº 73/1983 y nº 129/1995). Control que corresponde a los Jueces de Vigilancia Penitenciaria [art. 76.2 e) de la LOGP], a quienes por tanto compete a través del procedimiento correspondiente determinar si existió o no vulneración de los derechos fundamentales de dichas personas.

El derecho a la integridad física de los internos podría verse afectado por actuaciones coactivas que, con justificación en las normas de seguridad penitenciaria, puedan determinar un riesgo inmediato o futuro para la salud, puesto que también el derecho a la salud, o mejor aún, a que no se dañe o perjudique la salud personal, queda comprendido en el derecho a la integridad personal, el cual, como señala la STC nº 120/1990, resultaría afectado, incluso en el caso de que «se imponga a una persona asistencia médica en contra de su voluntad» y, por consiguiente, esa asistencia médica coactiva constituirá limitación vulneradora del derecho fundamental, a no ser que tenga justificación constitucional».

Dentro de esta perspectiva de protección del derecho fundamental a la integridad física de los internos han de examinarse, pues, prácticas como la que ahora nos ocupa (los exámenes radiológicos), que, en garantía de que los efectos dañosos para la salud no vayan a producirse, habrán de llevarse a cabo con todas las prevenciones necesarias a tal efecto, determinando previamente si la práctica resulta necesaria y adecuada al fin de seguridad pretendido y previniendo razonablemente que el riesgo quede cortado mediante la observancia de las precauciones precisas para la inocuidad de aquélla, tales como la utilización de aparatos idóneos, que el nivel de radiación sea adecuado y controlado, los intervalos de aplicación suficientes, etc., según las técnicas internacionalmente experimentadas y admitidas. Puesto que, como señalaba la STC nº 57/1994, «es preciso considerar, además, si tal actuación es conforme con la garantía constitucional de la intimidad personal en razón de los medios utilizados (STC nº120/1990), pues a la hora de elegir éstos es necesario emplear aquellos que en menor medida lesionen o restrinjan los derechos fundamentales de la persona (STC nº 137/1990).

A ello se agrega que el fin perseguido con esta medida es el de garantizar la seguridad del establecimiento y aunque tales razones de seguridad no puedan constituir con carácter general el único soporte de dichas exploraciones radiológicas, han de apreciarse también la concurrencia de otras circunstancias en el interno, reveladoras de su peligrosidad (intentos de agresión, destrozos de celdas, intentos de fuga, ocupación de objetos prohibidos, etc.). De ahí, que en estos casos aparezcan justificados aquellos fines de seguridad en relación con la práctica de las observaciones radiológicas, adecuadas a la exigencia que se dice en la STC nº 57/1994 de que «lo relevante a los fines de justificar una medida que limita el derecho constitucional reconocido» (en aquel caso por el art. 18.1 CE) «es que se hubiera constatado por la Administración Penitenciaria que tal medida era necesaria para velar por el orden y la seguridad del establecimiento en atención a la concreta situación de éste o el previo comportamiento del recluso».

E) Alimentación y asistencia médica forzosas

Esta materia ha sido tratada por el Tribunal Constitucional con ocasión de las huelgas de hambre mantenidas por algunos internos.

La Administración Penitenciaria tiene el deber de velar por la vida y la salud de los internos sometidos a su autoridad, según el artículo 3.4 de la Ley Orgánica General Penitenciaria. La asistencia médica obligatoria constituye el medio imprescindible para evitar peligros para la integridad física y moral o incluso riesgo para la vida de los internos, que el Estado tiene obligación de proteger como se desprende con carácter general de lo dispuesto en el artículo 43 de la Constitución, y de forma específica en los mencionados artículos 3.4 y 36 y siguientes de la Ley Orgánica General Penitenciaria.

El Tribunal Constitucional en Sentencia nº 67/1991 de 22 de marzo, ya se pronunció sobre la constitucionalidad de las resoluciones judiciales que, en caso de grave e inminente peligro de muerte para los internos en huelga de hambre, autorizaban la alimentación forzosa y el tratamiento médico necesario para salvaguardar la vida, cumpliéndose así el derecho y el deber que imponen los mencionados artículos de la Ley Orgánica General Penitenciaria. Problema que ya había sido resuelto en sentido favorable a la constitucionalidad de tales medidas por las Sentencias del Tribunal Constitucional nº 120/1990 de 27 de junio, y nº 137/1990 de 19 de julio. De la doctrina contenida en estas Sentencias se desprende que no es constitucionalmente exigible a la Administración Penitenciaria que se abstenga de prestar asistencia médica, que precisamente va dirigida a salvaguardar el bien de la vida que el art. 15 de la CE protege. Pero esta protección que entraña necesariamente una restricción a la libertad, ha de realizarse mediante un ponderado juicio de proporcionalidad que, sin impedir los deberes de la Administración Penitenciaria a velar por la vida, integridad y salud de los internos, restrinja al mínimo los derechos fundamentales de quienes, por el riesgo de su vida en que voluntariamente se han colocado, precisen de tal protección. No establecen, pues, dichas Sentencias un límite que rigurosamente haya de ser respetado en todo caso como una exigencia constitucional, sino una adecuada ponderación que con criterios médicos y jurídicos, ha de realizarse en cada supuesto por la Administración Penitenciaria y, en su caso por los órganos judiciales con competencia sobre esta materia.

Conforme al artículo 76-1 de la Ley Orgánica General Penitenciaria, corresponde al Juez de Vigilancia la salvaguarda de los derechos de los internos, entre los que se encuentra el establecido en el artículo 15 de la Constitución, es decir el derecho a la vida y a la integridad física, derecho fundamental y por tanto primordial y básico para la tutela y defensa de los demás derechos reconocidos en el citado cuerpo legal. En este orden de cosas, corresponde a este Juez realizar ese juicio de proporcionalidad, a que aluden las citadas Sentencias del Tribunal Constitucional, entre el deber de la Administración de velar por la vida, integridad y salud de los internos, y el derecho de libertad de éstos a negarse a recibir los cuidados y protección de la Administración Penitenciaria, para, llegado el caso, autorizar la aplicación al interno, en contra de su voluntad, de la alimentación forzosa y de los tratamientos médicos prescritos, a cuyo fin podrán utilizarse, si fuesen necesarios, los medios coercitivos previstos en el artículo 72 del Reglamento Penitenciario.

La pauta, a la hora de realizar este juicio de proporcionalidad, la marca la STC nº 11/1991 de 17 de enero, que consideró constitucionalmente correcta la doctrina contenida en los Autos de la Audiencia Provincial y del JVP de Cáceres, recurridos en amparo, que establecían que, respetando la libre y consciente voluntad del interno, la asistencia médica y la alimentación forzosa del mismo, «por ahora» habría de demorarse «hasta que perdida su consciencia o por tomar una decisión contraria a la actual se le precise prestar los auxilios médicos necesarios para la salvaguardia de su integridad física y moral». Esta doctrina se fundamenta en el argumento de que la alimentación forzosa «encuentra su apoyo legal en la necesidad de preservar el bien de la vida humana, igualmente protegible por la Constitución Española»; que la «Administración Penitenciaria tiene el deber de velar por la integridad de los penados, lo que, a su vez, le permite poner limitaciones a los derechos fundamentales de los internos que se coloquen en un peligro de muerte», y que «hasta que la vida del huelguista no corra peligro grave debe prevalecer el derecho a que hace referencia el art. 15 de la Constitución, tal y como implícitamente reconoce el art. 10 de la Ley de Sanidad, pero desde el momento en que el huelguista se coloca en una situación de peligro de muerte, objetivamente evidenciable, debe prevalecer el derecho a la vida».

Como complemento se añade, que debe atenderse a la evolución clínica, por cuya razón, «deberán extremarse los cuidados necesarios y los informes médicos oportunos que serán trasmitidos al interesado, a fin de que en cada momento pueda conocer su situación real y los peligros que para su vida pudieran derivarse de su continuación en la huelga de hambre, de suerte que si su estado se agravara deberá procederse conforme a lo establecido en el reglamento penitenciario.» En definitiva, con toda claridad se exige, pues, un seguimiento médico del interno, a fin de que se le informe de su evolución y de los posibles peligros que para su vida se vayan generando.

3. LA LEY ORGÁNICA GENERAL PENITENCIARIA

Como se apuntó más arriba, el Juez de Vigilancia Penitenciaria se crea en nuestro ordenamiento jurídico por la Ley Orgánica 1/1979, de 26 de septiembre, General Penitenciaria, que fue la primera de la Democracia. En la exposición de motivos del Proyecto de Ley General Penitenciaria inicialmente remitido por el Gobierno para su tramitación al Congreso de los Diputados, se le denominaba "Juez de Vigilancia de ejecución de las penas"[117].

3.1. Antecedentes de la Ley

La situación de las cárceles españolas, antes de la reforma que se inicia con la entrada en vigor de esta Ley era caótica y deplorable, a juzgar por lo que resulta de los trabajos parlamentarios que se realizaron previamente a su aprobación. De hecho, un importante número diputados y senadores habían estado presos en distintas cárceles, por lo que conocían por propia experiencia la realidad penitenciaria española de la etapa preconstitucional, que se prolongó, aunque con algunas reformas que mejoraron las condiciones de vida de los reclusos, como las llevadas a cabo en los años 1964, 1968, 1970, y 1977[118], hasta la entrada en vigor de esta Ley Orgánica.

En una de sus intervenciones ante la Cámara, con motivo de los trabajos parlamentarios llevados a cabo para la aprobación de la Ley, el diputado Sr. Sáenz de Cosculluela, del Grupo Parlamentario Socialista del Congreso, se refirió[119] al informe de la Comisión creada en la legislatura anterior para la investigación de la situación de los establecimientos penitenciarios, en cuyo informe, del que conoció el Congreso de los Diputados, se puso de manifiesto su mal emplazamiento, su saturación, el marginal origen social de los internos, los anacrónicos sistemas de clasificación, la convivencia de presos adultos y menores. En cuanto a sanidad e higiene, el análisis no podía ser más demoledor: mala o inexistente atención médica por falta de medios materiales y humanos, pésima higiene, mala alimentación. Deficientísimos eran, por otra parte los sistemas de educación y acceso a la cultura; plena la carencia sexual y afectiva; los débiles ex-

---

[117] *Vid.* Boletín Oficial de las Cortes nº 148, del día 15 de septiembre de 1978, p. 3200.

[118] Tras la entrada en vigor del Reglamento de los Servicios de Prisiones, aprobado por Decreto de 2 de febrero de 1956, esta norma reglamentaria experimentó sucesivas reformas llevadas a cabo por Decreto 2705/1964 de 27 de julio, Decreto 162/1968 de 25 de enero, Decreto 1372/1970 de 30 de abril, y Real Decreto 2273/1977 de 29 de julio, siendo éste último el que supuso una reforma de más profundo y amplio calado, de tal manera que, conforme a los principios que le inspiran, constituye el antecedente de la actual Ley Orgánica General Penitenciaria.

[119] *Vid.* Diario de Sesiones del Congreso de los Diputados, nº 24, de 24 de julio de 1979, p. 1296.

plotados; el trabajo no era rehabilitador y se prestaba en condiciones económicas de pura explotación, y sin Seguridad Social. No había instalaciones deportivas, las comunicaciones eran incómodas, el preso se encontraba alejado de su medio familiar y social. En suma, había mucha arbitrariedad, desconocimiento de los derechos humanos de los internos, régimen represivo, núcleos de corrupción, nulo tratamiento educativo y ausencia de una labor rehabilitadora.

Esta situación de las cárceles españolas fue sufrida en sus propias carnes por algunos de los parlamentarios que entonces formaban parte de las Cortes Generales, que elaboraron la Ley Orgánica General Penitenciaria.

Durante el debate del Proyecto de Ley en el Senado, uno de los senadores, el Sr. Andreu Abelló, del Grupo Catalunya, Democracia i Socialisme, describió su experiencia personal de cómo eran las cárceles en el régimen político anterior.

Decía: "... he conocido una que, por sarcasmo se llama la Cárcel Modelo de Barcelona, que era la cosa más infecta; era un auténtico infierno. No hay que decir las circunstancias en que yo la visité, ni hace falta decir que contra mi voluntad. Era en pleno invierno. No había ningún cristal en la celda, altísima de techo, que no estuviera roto, y el único mobiliario para recibir humanamente a un preso era un catre del que la mitad estaba roto, y no te atrevías a apoyarte por miedo a caerte, con un colchón que yo creo que era ya casi negro y que debía tener cuarenta años de franquismo; debía tener la misma vida que el régimen, lo que quiere decir que era de una suciedad total. No había otro mobiliario. Sólo había para asearte un grifo encima de un wáter que tenías casi que taparte los ojos y la boca para acercarte a él durante el día. Eso era la Cárcel Modelo de Barcelona. Pero después, para que la conociera más, me llamaron por la tarde diciéndome que en razón de mi edad podía optar entre ir al asilo o a la enfermería; y entonces, un pobre médico que le debía dar lástima, me dijo: «Oiga usted, no opte por el asilo, porque en realidad es un manicomio y hay dos o tres esquizofrénicos que si usted les cae mal le pueden pegar una puñalada la primera noche». Entonces opté por la enfermería. Yo desconocía que en la enfermería estaba el mercado negro de la cárcel, que era lo único que había bien organizado. En cuanto cerraban la puerta que daba a la enfermería y a las celdas de la enfermería, empezaban a salir desde cocinas eléctricas, que empalmaban ya no sé cómo, hasta botellas de wisky, coñac, toda clase de estupefacientes y todo género de juegos de cartas, que jugaban hasta la siete de la mañana. Se producían unos escándalos horrorosos, porque había unos cuantos que se emborrachaban cada día, mientras al lado otros desgraciados se estaban muriendo poco a poco. La suciedad era exactamente la misma. Si quería lavarme la cara no tenía más remedio –como yo no intervenía en los juegos ni en el mercado libre que había allí dentro– que aprovechar, a las cinco o las seis de la mañana, para irme a un lavadero, la única cosa que había, y a pesar del frío me lavaba un poco la cara y todo eso y volvía a tumbarme en la cama. Pero era todo tan sucio que yo confieso que en los ocho días que estuve detenido en esta enfermería, a pesar de haberme mandado mi mujer ropa para poder cambiarme, opté por no descalzarme ni cambiarme nada, porque no sabía dónde apoyarme para cambiarme, puesto que todo era asqueroso y repugnante. Esa era la visión dantesca, y no exagero nada, de la Cárcel Modelo de Barcelona. Horrible cárcel, donde, por lo que me contaron, se prostituía a los menores que entraban allí. Ocurrían las cosas más repugnantes sin que nadie le hiciera caso al pobre preso, y el chico joven que llegaba allí había aprendido perfectamente la carrera de un delincuente para toda su vida. Eso se hacía en aquella cárcel, y no protestaba nadie"[120].

Situación similar describe en su intervención el senador Sr. Borrás Serra, del Grupo Parlamentario Socialista del Senado, de la que tuvo conocimiento por su actividad en el Patronato de la Merced, refiriéndose al comportamiento y prácticas de muchos directores y funcionarios de centros penitenciarios, citando expresamente el caso de la muerte del interno Agustín Rueda Sierra a consecuencia de malos tratos en la prisión madrileña de Carabanchel el día 13 de marzo de 1978, sin que nadie hubiera tomado en consideración la denuncia, previamente formulada por los reclusos de la séptima galería de dicha prisión, en la que acusaban al director de la misma y a varios funcionarios de disfrutar golpeando y pisoteando a los presos[121].

Ante este panorama es como se inician los trabajos para la elaboración de la que hoy conocemos como Ley Orgánica General Penitenciaria.

---

[120] *Vid.* Diario de Sesiones del Senado, nº 15, de 12 de septiembre de 1979, p. 570.

[121] *Vid.* Diario de Sesiones del Senado, nº 15, de 12 de septiembre de 1979, pp. 573-576.

Previamente se había aprobado el Real Decreto 2273/1977 de 29 de julio[122], que modificaba el Reglamento de los Servicios de Prisiones del año 1956[123], que constituye el primer hito normativo

---

[122] BOE nº 210 de 2-9-1977, pp. 19673-19680.

Según esta propia norma, los fines concretos de esta reforma pueden esquematizarse de la siguiente manera: 1º.- Actualización de la terminología, poniendo al día la normativa y las expresiones utilizadas en el Reglamento. 2º.- Modificación de algunos plazos con objeto de conseguir una mayor celeridad y seguridad en el sistema progresivo penitenciario. 3º.- Una regulación más amplia del beneficio de redención de penas por el trabajo y una remisión general al Código Penal, con la finalidad de que las reformas que en él puedan establecerse tengan una inmediata proyección en el Reglamento. 4º.- Un tratamiento de los internos, basado más acentuadamente en la presunción de lealtad del recluso al sistema penitenciario, en el deseo de colaborar a su propia reforma y con el propósito de lograr la mejor preparación para su vida en libertad. Se considera al recluso un miembro de la sociedad y no un marginado de ella, de ahí que todo cuanto contribuya a mantener estos vínculos (comunicaciones orales y escritas, recepción de libros, prensa, radio, televisión, cine, participación activa en la vida del establecimiento, etc.) se fomente dentro de las naturales e inevitables limitaciones, por lo que el sistema de censura y control de la correspondencia pasa de ser regla general a constituirse en excepción. 5º.- Un mayor reconocimiento de la importante función que la abogacía representa en la defensa del orden jurídico en general, público y privado, facilitándose el ejercicio de los derechos de tal consideración. 6º.- Recortamiento del sistema de sanciones y ampliación del de premios, para que con uno y otro y marcando el acento en el segundo, puedan los funcionarios de instituciones penitenciarias llevar a cabo su difícil cometido con mayores probabilidades de acierto y eficacia, con la idea esencial de alentar la buena conducta, desarrollar el sentido de responsabilidad y promover el interés y la cooperación del interno en lo que atañe a su tratamiento. 7º.- Un íntegro sometimiento del sistema penitenciario a la ley como corresponde a un estado de derecho. De ahí la posibilidad de impugnar las más importantes decisiones penitenciarias que por su trascendencia deben someterse al correspondiente control de la Dirección General, con el fin de conseguir una unidad en la aplicación de las normas reglamentarias y una mayor garantía para el interno, con una más efectiva intervención de los jueces y tribunales en la ejecución de las penas privativas de libertad. 8º.- Otras mejoras de difícil catalogación entre las que cabe destacar una prudente armonización del sistema progresivo conjugando los intereses individuales de los internos con los de la propia Administración penitenciaria. En este sentido se prescribe una revisión semestral de la clasificación de los penados, que será recurrible ante la Dirección General, estableciéndose también la posibilidad de que permanezcan en el mismo establecimiento los internos, a pesar de su progresión, si para ello y la Administración resulta conveniente.

[123] Este Reglamento, aprobado por Decreto de 2 de febrero de 1956, todavía está vigente en lo referente a la redención de penas por el trabajo, aplicándose a la cada vez menor población reclusa que, habiendo sido sentenciada al amparo de la normativa del anterior Código Penal de 1973, aún sigue aplicándosele el beneficio de la redención ordinaria de penas por el trabajo, a razón de un día redimido por cada dos trabajados, conforme a lo previsto en el artículo 100 del citado Código, y la redención extraordinaria de 45 días al trimestre, conforme a lo dispuesto en el citado Reglamento.

en el proceso de cambio del anterior sistema penitenciario hasta el actual. Era entonces Director General de Instituciones Penitenciarias D. Jesús Haddad Blanco, verdadero impulsor de la reforma que habría de culminar en la promulgación de una Ley penitenciaria, toda vez que era consciente de que ello no podría conseguirse mediante decretos, circulares o disposiciones de carácter reglamentario. Pero no pudo culminar su trabajo porque el día 22 de marzo de 1978 murió víctima de un atentado terrorista. Le sucedió en la Dirección General D. Carlos García Valdés, quien a los cincuenta días de ser nombrado presentó al Ministro de Justicia el Anteproyecto de Ley Penitenciaria, para su posterior aprobación como Proyecto por el Consejo de Ministros[124].

Presentado en el Congreso de los Diputados el Proyecto de Ley General Penitenciaria, por Acuerdo de la Presidencia del Congreso, de fecha 12 de septiembre de 1978, se ordenó su remisión a la Comisión de Justicia y su publicación en el Boletín Oficial de las Cortes, siendo publicado en dicho Boletín nº 148 de 15 de septiembre de 1978, abriéndose a partir de entonces un plazo de quince días hábiles para que los Grupos Parlamentarios y los señores Diputados pudieran presentar enmiendas.

En un principio, el Proyecto de Ley General Penitenciaria se tramitó como "ley ordinaria" ya que en el momento de su presentación en el Congreso aún no se había aprobado la Constitución, y por tanto no estaba en vigor la normativa relativa a las "leyes orgánicas".

Sin embargo, aprobada la Constitución, y disueltas las Cortes Constituyentes, se produjo la paralización del Proyecto de Ley. No obstante, poco después de iniciada la nueva legislatura[125] dicho Proyecto fue rehabilitado, por Acuerdo de la Mesa del Congreso adoptado en su sesión del día 9 de mayo de 1979, a petición del Gobierno.

[124] Tanto D. Jesús Haddad Blanco, como D. Carlos García Valdés, que también fue objeto de otro atentado terrorista que no logró acabar con su vida, merecieron los elogios de ambas Cámaras, Congreso y Senado, a lo largo de las intervenciones de los distintos parlamentarios en los debates de la Ley, estando presente el Sr. García Valdés en el palco de invitados del Senado el día su aprobación por esta Cámara, el día 12-9-1979, siendo objeto de un caluroso aplauso por los señores senadores. (Véanse el Diario de Sesiones del Congreso de los Diputados, nº 24, de 24 de julio de 1979, y el Diario de Sesiones del Senado, nº 15, de 12 de septiembre de 1979).

[125] Era la Iª Legislatura de la vigente etapa constitucional; Legislatura que se inició el 23 de marzo de 1979.

Del mismo modo, por Acuerdo de la Presidencia del Congreso de los Diputados de 11 de mayo de 1979, se mandó abrir un plazo de quince días hábiles desde la publicación de dicho Acuerdo para presentar enmiendas exclusivamente al articulado, haciéndose saber a los Grupos Parlamentarios y a los señores diputados que en la anterior Legislatura hubieran presentado enmiendas y que deseen rehabilitarles, que deberán presentar escrito expresando el número inicialmente atribuido a la enmienda, e indicación del artículo a que la misma se refiera. Así mismo, se mandó dar traslado a la Comisión de Justicia, competente para conocer de la tramitación del citado Proyecto de Ley[126].

En el plazo de quince días hábiles, concedidos al efecto (de conformidad con lo dispuesto en el apartado a) del artículo 3° de la Resolución de la Presidencia de la Cámara de 19 de abril de 1979 sobre tramitación de asuntos que tuvieron entrada en el Congreso durante la anterior legislatura) todos los Grupos Parlamentarios rehabilitaron las enmiendas que ya habían formulado. El Grupo Parlamentario de Coalición Democrática ratificó las enmiendas formuladas por el anterior Grupo de Alianza Popular. Al Proyecto se presentaron un total de cien escritos de enmiendas[127].

La Ponencia designada para informar el Proyecto de "Ley General Penitenciaria" examinó el citado Proyecto, así como las enmiendas presentadas al mismo y emitió su Informe con fecha 2 de julio de 1979[128].

A la vista del Informe de la Ponencia, la Comisión de Justicia examinó el Proyecto de Ley y emitió su correspondiente dictamen, que elevó a la Mesa del Congreso de los Diputados[129]. Tras ello, los

---

[126] «Boletín Oficial de las Cortes» Congreso de los Diputados, Serie A, número 25-1, del día 18 de mayo de 1979.

[127] *Vid.* «Ley Orgánica General Penitenciaria. Trabajos Parlamentarios», Cortes Generales, Servicio de Estudios y Publicaciones, edic. preparada por el Letrado D. Fernando Sainz Moreno, Madrid 1980, pp. 25-71.

[128] *Vid.* «Ley Orgánica General Penitenciaria. Trabajos Parlamentarios», cit., pp. 79-97.

La Ponencia designada para informar el Proyecto de "Ley General Penitenciaria" estaba integrada por los Sres. Diputados: D. José María Gil-Albert Velarde, D. Alberto Estella Goytre, D. Carmelo Casaño Salido, D. Javier Sáenz Cosculluela, D. Joaquín Navarro Esteban, D. Fernando Sagaseta Cabrera, D. Emilio Pérez Ruíz, D. Miguel Roca i Junyent, D. Juan Luis de la Vallina Velarde, D. José A. de la Cuerda Montoya, D. Josép Solé Barberá, D. José A. Maturana Plaza, y D. Rodolfo Guerra Fontana.

[129] Publicado en el «Boletín Oficial de las Cortes Generales», Congreso de los Diputados, Serie A, número 25-II, del día 18 de julio de 1979.

Grupos Parlamentarios presentaron enmiendas al dictamen de la Comisión para su discusión en el Pleno de la Cámara[130].

El Pleno del Congreso de los Diputados debatió y aprobó el Dictamen de la Comisión de Justicia sobre el Proyecto de Ley General Penitenciaria en una sola sesión: la sesión plenaria extraordinaria nº 24 celebrada el martes 24 de julio de 1979. Como existía un acuerdo general sobre la validez sustancial del Proyecto el debate se redujo al mínimo. En esta sesión se calificó de hecho la Ley como "ley orgánica", por lo que, de conformidad con lo previsto en el artículo 81 de la Constitución[131], se sometió la Ley General Penitenciaria a una votación final sobre el conjunto de la totalidad del proyecto. Efectuada la votación, dio el siguiente resultado: Votos emitidos, 286; a favor 284; abstenciones, dos. Por lo que aprobada la Ley en el Congreso, fue remitida a continuación para su tramitación al Senado, conforme al artículo 90 de la Constitución[132].

El texto aprobado por el Congreso fue publicado en el Boletín Oficial de las Cortes Generales, Congreso de los Diputados, serie A, núm. 25-III, de 30 de julio de 1979. Dicho texto tuvo entrada en el Senado el día 2 de agosto siguiente, acordándose su inclusión en el orden día de la próxima sesión extraordinaria[133].

Transcurrido el plazo de presentación de enmiendas no se formuló ninguna, por lo que en aplicación de lo dispuesto en el artículo 86-2 del Reglamento provisional del Senado, el Proyecto pasó directamente al conocimiento del Pleno de la Cámara, que lo examinó en su sesión celebrada el miércoles día 12 de septiembre de 1979. Al no haberse presentado enmiendas tampoco existió debate, quedando reducidas las intervenciones a un turno de declaraciones de los portavoces de los Grupos Parlamentarios. Una vez oídos los portavo-

---

130 Estas enmiendas fueron publicadas en el «Boletín Oficial de las Cortes Generales», Congreso de los Diputados, Serie A, número 25-II,1, del día 20 de julio de 1979.

131 Conforme al artículo 81 de la Constitución:

«1. Son leyes orgánicas las relativas al desarrollo de los derechos fundamentales y de las libertades públicas, las que aprueben los Estatutos de Autonomía y el régimen electoral general y las demás previstas en la Constitución.

2. La aprobación, modificación o derogación de las leyes orgánicas exigirá mayoría absoluta del Congreso, en una votación final sobre el conjunto del proyecto.»

132 Diario de Sesiones del Congreso de los Diputados, número 24, de 24 de julio de 1979.

133 «Boletín Oficial de las Cortes Generales», Senado, Serie II, número 28, de 9 de agosto de 1979.

ces, el Pleno del Senado aprobó por aclamación (asentimiento) el Proyecto de Ley Orgánica General Penitenciaria sin introducir ninguna modificación en el texto que le fue remitido por el Congreso de los Diputados[134].

Sancionada y promulgada por el Rey, conforme a lo previsto en el artículo 91 de la Constitución, la Ley Orgánica General Penitenciaria número 1/1979 de 26 de septiembre, fue publicada en el Boletín Oficial del Estado número 239 de 5 de octubre de 1979, y al no contener ninguna disposición expresa sobre su entrada en vigor, lo hizo a los veinte días de su publicación[135].

3.2. Rasgos de la Ley Orgánica General Penitenciaria

La Ley Orgánica 1/1979 de 26 de septiembre, General Penitenciaria, supuso una reforma sustancial y profunda de nuestro anterior sistema penitenciario. Nació con la idea de ser un primer paso en la normalización de la situación penal y penitenciaria de nuestro país y en la implantación de un nuevo sistema de ejecución de penas y medidas de seguridad en el marco de un Estado democrático de derecho. Como se expresa en la Exposición de Motivos del Proyecto de Ley General Penitenciaria[136], que finalmente, tras la tramitación parlamentaria que hemos visto con anterioridad, terminó siendo la actual Ley Orgánica General Penitenciaria, la idea del legislador de entonces era que esta Ley se insertase en un contexto general de renovación de nuestra legislación, del que destacaran muy especialmente las reformas del Código Penal y de la Ley de Enjuiciamiento Criminal. Sin embargo, estos propósitos de aquél legislador sólo se han cumplido a medias, pues si bien ya tenemos un nuevo Código Penal[137], el tema de la elaboración de una nueva Ley de Enjuiciamiento Criminal –a diferencia de lo que ha ocurrido con la Civil– es una cuestión aún pendiente.

---

[134] *Vid.* Diario de Sesiones del Senado, número 15, de 12 de septiembre de 1979, y «Boletín Oficial de las Cortes Generales», Senado, Serie II, número 28, de 14 de septiembre de 1979.

[135] Conforme a lo dispuesto en el artículo 2.1 del CC: «Las leyes entrarán en vigor a los veinte días de su completa publicación en el Boletín Oficial del Estado, si en ellas no se dispone otra cosa.»

[136] Boletín Oficial de las Cortes, número 148, del día 15 de septiembre de 1978, p. 3202.

[137] Ley Orgánica 10/1995 de 23 de noviembre, del Código Penal (BOE nº 281, de 24-11-1995).

Para los autores del Proyecto, y para el legislador que aprobó la vigente Ley Orgánica General Penitenciaria, esta Ley era necesaria por no constituir el Código Penal ni la Ley de Enjuiciamiento Criminal lugares adecuados para una regulación de la ejecución de las penas y medidas privativas de libertad, al no revestir las normas reglamentarias la fijeza que demanda la consagración positiva de los derechos y deberes fundamentales de los internos.

Como igualmente se expresa en la Exposición de Motivos del Proyecto de Ley que le sirvió de base[138], en su elaboración se tuvieron en cuenta las reglas mínimas para el tratamiento de los reclusos elaboradas por las Naciones Unidas y el Consejo de Europa, los pactos internacionales sobre derechos humanos, las leyes penitenciarias de los países más avanzados[139], también, en un principio, el anteproyecto de Constitución española, y finalmente el propio texto definitivo de la Carta Magna una vez aprobada ésta. Recuérdese que como hemos puesto de manifiesto con anterioridad, inicialmente el Proyecto de Ley General Penitenciaria se tramitó como "ley ordinaria", debido a que en el momento de ser presentado en el Congreso aún no se había aprobado la Constitución[140]. No obstante, finalmente la Constitución se aprobó antes, y la Ley Orgánica que nos ocupa lo fue después.

Por eso esta Ley, siendo consecuente con el nuevo ordenamiento constitucional, especialmente con el artículo 25-2 de la Norma Fundamental del Estado[141], comienza su articulado estableciendo

---

138 Boletín Oficial de las Cortes, número 148, del día 15 de septiembre de 1978, p. 3201.

139 Sobre las Reglas Mínimas de las Naciones Unidas y del Consejo de Europa, los Pactos internacionales de Derechos Humanos, y las leyes penitenciarias de los países más avanzados, ya hemos tratado con anterioridad en este trabajo. *Vid. supra*, el apartado relativo a la necesidad de controlar la actividad penitenciaria, del capítulo anterior.

140 El Proyecto de Ley se publicó para su tramitación parlamentaria, en el Boletín Oficial de las Cortes el día 15-9-1978, y la Constitución fue aprobada por las Cortes el día 31 de octubre de 1978, ratificada por el Pueblo Español en referéndum de 6 de diciembre de 1978, sancionada por S.M. el Rey el 27 de diciembre de 1978, y publicada en el BOE nº 311-1 de 29 de diciembre de 1978.

141 Conforme al artículo 25-2 de la Constitución: «Las penas privativas de libertad y las medidas de seguridad estarán orientadas hacia la reeducación y reinserción social y no podrán consistir en trabajos forzados. El condenado a pena de prisión que estuviere cumpliendo la misma gozará de los derechos fundamentales de este Capítulo, a excepción de los que se vean expresamente limitados por el con-

los tres fines de las Instituciones Penitenciarias que regula: Como fin primordial se establece el de la reeducación y reinserción social de los sentenciados a pena y medidas penales privativas de libertad. Precisamente a la consecución de este fin va dirigido el tratamiento penitenciario, como conjunto de actividades directamente dirigidas a la consecución de la reeducación y reinserción social de los penados[142]. Pero también se establecen otros dos fines más: Por un lado, el de la retención y custodia de detenidos, presos y penados[143]; y por otro lado el de la asistencia y ayuda para internos y liberados. A tal fin se crea la Comisión de Asistencia Social, que sustituye al antiguo Patronato de Nuestra Señora de la Merced, que era el organismo que venía encargándose de esta misión[144].

De las propias palabras del legislador, recogidas en la Exposición de Motivos del Proyecto de Ley, en las intervenciones parlamentarias durante su tramitación, y del propio texto definitivo de ésta, se desprende que los rasgos más sobresalientes de la misma son: consagración expresa del principio de legalidad con referencia a la ejecución de la pena y medidas penales, potenciación del régimen abierto y reducción del cerrado a supuestos extraordinarios, sumisión general del régimen penitenciario a las exigencias del tratamiento científico de los internos, trabajo equiparado al trabajo en libertad, régimen

---

tenido del fallo condenatorio, el sentido de la pena y la ley penitenciaria. En todo caso, tendrá derecho a un trabajo remunerado y a los beneficios correspondientes de la Seguridad Social, así como el acceso a la cultura y al desarrollo integral de su personalidad.»

[142] Establece el artículo 59 de la Ley Orgánica General Penitenciaria que: «1. El tratamiento penitenciario consiste en el conjunto de actividades directamente dirigidas a la consecución de la reeducación y reinserción social de los penados. 2. El tratamiento pretende hacer del interno una persona con la intención y la capacidad de vivir respetando la Ley penal, así como de subvenir a sus necesidades. A tal fin, se procurará, en la medida de lo posible, desarrollar en ellos una actitud de respeto a sí mismos y de responsabilidad individual y social con respecto a su familia, al prójimo y a la sociedad en general.»

[143] Por este motivo la Administración Penitenciaria debe establecer los adecuados mecanismos de control, vigilancia y seguridad de los establecimientos penitenciarios. A la consecución de este fin se orientan los registros y cacheos que pueden acordarse conforme al artículo 23 de la Ley Orgánica General Penitenciaria, en las personas de los internos, sus pertenencias y locales que ocupen, los recuentos, así como las requisas de las instalaciones del establecimiento; que habrán de practicarse dentro del respeto a la dignidad personal de los internos.

[144] Este Patronato aparecía regulado en los artículos 207 a 214 del Reglamento de los Servicios de Prisiones, aprobado por Decreto de 2 de febrero de 1956.

disciplinario adaptado a las normas promulgadas en 1973 por el Consejo de Europa, implantación de la figura del Juez de Vigilancia penitenciaria como órgano decisivo amparador de los derechos de los internos, importancia atribuida a la asistencia social durante el internamiento y pospenitenciaria que conduce a la creación de la Comisión de Asistencia Social y del Cuerpo de Asistentes Sociales al servicio de la Administración Penitenciaria como elementos claves de dicha asistencia.

Seguidamente haremos unos breves comentarios sobre estos rasgos:

A) Consagración expresa del principio de legalidad con referencia a la ejecución de las penas y medidas penales

Este principio de legalidad aparece consagrado en el artículo 2, al disponer que: "La actividad penitenciaria se desarrollará con las garantías y dentro de los límites establecidos por la Ley, los reglamentos y las sentencias judiciales"[145].

Consecuencia de este principio de legalidad es la garantía en la ejecución de la pena, que consagra el artículo siguiente, esto es el 3, de tal modo que la actividad penitenciaria se debe ejercer respetando, en todo caso, la personalidad humana y los derechos e intereses de los reclusos no afectados por la condena, sin establecer ningún tipo de discriminación[146].

---

[145] Este precepto es acorde con lo dispuesto en el párrafo primero del artículo 990 de la Ley de Enjuiciamiento Criminal ("Las penas se ejecutarán en la forma y tiempo prescritos en el Código penal y en los reglamentos"), y en lo establecido en el artículo 3 del Código Penal ("1. No podrá ejecutarse pena ni medida de seguridad sino en virtud de sentencia firme dictada por el Juez o Tribunal competente, de acuerdo con las leyes procesales. 2. Tampoco podrá ejecutarse pena ni medida de seguridad en otra forma que la prescrita por la Ley y reglamentos que la desarrollan, ni con otras circunstancias o accidentes que los expresados en su texto. La ejecución de la pena o de la medida de seguridad se realizará bajo el control de los Jueces y Tribunales competentes.")

[146] El artículo 3 de la Ley Orgánica General Penitenciaria consagra los que pueden considerarse como derechos esenciales de los reclusos. En su párrafo primero se establece con carácter general que: «La actividad penitenciaria se ejercerá respetando, en todo caso, la personalidad humana de los recluidos y los derechos e intereses jurídicos de los mismos no afectados por la condena, sin establecerse diferencia alguna por razón de raza, opiniones políticas, creencias religiosas, condición social o cualesquiera otras circunstancias de análoga naturaleza.»

Pero sin embargo, pese a que este principio de legalidad, tendente a establecer y proteger la garantía ejecutiva y la seguridad jurídica[147], debe ser rigurosamente respetado por todos los poderes públicos, especialmente por la Administración penitenciaria y órganos jurisdiccionales, según el tenor de los preceptos a los que acabamos de referirnos, difícilmente puede respetarse, y de hecho se producen importantes quiebras, como más adelante veremos, si no hay un procedimiento regulador del proceso de actuación ante los órganos de la jurisdicción de vigilancia penitenciaria; lo cual es uno de los graves defectos o lagunas de los que adolece nuestro ordenamiento jurídico, tal y como denunciamos en este trabajo, pues propicia situaciones de trato desigual y de actuaciones dispares ante los diversos órganos de esta jurisdicción.

B) Potenciación del régimen abierto y reducción del cerrado a supuestos extraordinarios

Se parte de la idea de que el penado no es un ser eliminado de la sociedad, sino una persona que continúa formando parte de la misma, incluso como miembro activo, si bien sometido a un particular régimen jurídico, motivado por el comportamiento antisocial de aquél y encaminado a preparar su vuelta a la vida libre en las mejores condiciones para ejercitar socialmente su libertad.

En este sentido, la Ley clasifica los establecimientos de cumplimiento en dos tipos: los de régimen ordinario, y los de régimen abierto. No obstante, prevé la existencia de establecimientos de régimen cerrado o departamentos especiales, para los penados calificados de peligrosidad extrema o para casos de inadaptación a los regímenes ordinario y abierto, si bien la permanencia de los internos destinados a estos centros será por el tiempo necesario hasta tanto desaparezcan o disminuyan las razones o circunstancias que determinaron su ingreso.

También prevé la Ley que cuando la inadaptación a los regímenes ordinario y abierto sea debido a la presencia de anomalías o deficiencias de la personalidad del interno, entonces se le destinará al centro

[147] Según el artículo 9-3 de la Constitución, ésta garantiza, entre otros, el principio de legalidad y la seguridad jurídica.

especial correspondiente. En los establecimientos especiales prevalece el carácter asistencial, y son de tres tipos: centros hospitalarios, centros psiquiátricos, y centros de rehabilitación social[148].

C) Sumisión general del régimen penitenciario a las exigencias del tratamiento científico de los internos

Esta sumisión del régimen al tratamiento es una consecuencia del mandato constitucional (art. 25-2 de la Constitución) que establece que las penas privativas de libertad y las medidas de seguridad están orientadas hacia la reeducación y reinserción social; de lo que se hace eco expresamente el artículo primero de esta Ley al señalar que las instituciones penitenciarias en ella reguladas tienen como fin primordial la reeducación y reinserción social de los sentenciados a penas y medidas penales privativas de libertad.

Por eso, la Ley concibe la sanción de privación de libertad como tratamiento, esto es, como actividad directamente dirigida a la consecución de la reeducación y reinserción social de los penados, mediante la utilización de los métodos científicos adecuados. El tratamiento no pretende consistir en una modificación impuesta de la personalidad del interno, sino en una puesta a disposición del mismo de los elementos necesarios para ayudarle a vivir fecundamente su libertad, para lo que se procura desarrollar en los internos una actitud de respeto a sí mismos y de responsabilidad individual y social con respecto a su familia, al prójimo y a la sociedad en general[149].

Conforme a la moderna ciencia penitenciaria, se prevé que las penas privativas de libertad se ejecuten según el sistema progresivo de individualización científica, separado por grados. Para la individualización del tratamiento, tras la adecuada observación de cada penado por los equipos técnicos de especialistas correspondientes, se realizará su clasificación, la cual debe tener en cuenta no sólo la personalidad y el historial individual, familiar, social y delictivo del interno, sino también la duración de la pena y medidas penales en su caso, el medio al que probablemente retornará y los recursos, facilidades y dificultades existentes en cada caso y momento para el éxito del tratamiento[150].

---

148 *Vid.* arts. 9, 10, y 11 de la Ley Orgánica General Penitenciaria.

149 *Vid.* art. 59 de la Ley Orgánica General Penitenciaria.

150 *Vid.* arts. 63 y 72 de la Ley Orgánica General Penitenciaria.

Dispone la Ley que el fin primordial del régimen de los establecimientos es lograr en los mismos el ambiente adecuado para el éxito del tratamiento. La Ley no da una definición de qué sea el régimen penitenciario, no obstante, el Reglamento se encarga de especificar que se entiende por régimen penitenciario el conjunto de normas o medidas que persiguen la consecución de una convivencia ordenada y pacífica que permita alcanzar el ambiente adecuado para el éxito del tratamiento y la retención y custodia de los reclusos[151].

En consecuencia, las funciones regimentales deben ser consideradas como medios y no como finalidades en sí mismas. Por tal motivo, aunque las actividades integrantes del tratamiento y el régimen están regidas por un principio de especialización, sin embargo deben estar debidamente coordinadas[152].

D) Trabajo equiparado al trabajo en libertad

Este es otro efecto más, derivado del tan repetido artículo 25-2 de la Constitución; el cual, además de señalar que las penas privativas de libertad y las medidas de seguridad estarán orientadas hacia la reeducación y reinserción social, establece expresamente que no podrán consistir en trabajos forzados, y que el condenado a pena de prisión que estuviese cumpliendo la misma tendrá derecho a un trabajo remunerado y a los beneficios correspondientes de la Seguridad Social.

Desde esta perspectiva, la Ley considera que el trabajo es un derecho y un deber del interno, siendo –a su vez– un elemento fundamental del tratamiento, con el que debe ser compatible. Pero la Ley establece varias modalidades de trabajo de los internos, pues por un lado distingue entre las actividades relativas a la formación profesional, al estudio y formación académica, artesanales, intelectuales, artísticas, las prestaciones personales en servicios auxiliares comunes del establecimiento, y por otro lado el trabajo directamente productivo que será remunerado y debe desarrollarse en las condiciones de seguridad e higiene establecidas en la legislación vigente.

Tiene, por consiguiente, el trabajo penitenciario productivo un doble carácter, pues por un lado es un elemento del tratamiento, pero por

---

[151] *Vid.* art. 73 del Reglamento Penitenciario, aprobado por Real Decreto 190/1996 de 9 de febrero (BOE nº 40, de 15-2-1996).

[152] *Vid.* art. 71 de la Ley Orgánica General Penitenciaria.

otro constituye un régimen laboral especial, sometido a las normas del derecho del trabajo[153]; especialmente en lo referente a la protección de la Seguridad Social, seguridad e higiene laboral, jornada de trabajo y descanso laboral, defensa de derechos e intereses laborales ante los organismos y tribunales competentes, y prestación por desempleo[154].

La relación laboral de carácter especial, existente entre el actual organismo autónomo "Trabajo Penitenciario y Formación para el Empleo" (anteriormente "Trabajo y Prestaciones Penitenciarias") u organismo autonómico equivalente y los internos que desarrollan una actividad laboral en los talleres productivos de los centros penitenciarios, está regulada por el Real Decreto 782/2001 de 6 de julio[155]. Queda excluida de la regulación de esta relación laboral de carácter especial, la relación laboral de los internos en régimen abierto, sometidos a un sistema de contratación ordinaria con empresarios, que se regulará por la legislación laboral común, sin perjuicio de la tutela que en la ejecución de estos contratos pueda realizarse por la autoridad penitenciaria.

E) Régimen disciplinario adaptado a las normas promulgadas en 1973 por el Consejo de Europa

Ya hemos visto con anterioridad en este trabajo que el Consejo de Europa, inspirado en las Reglas de las Naciones Unidas, elaboró unas "Reglas Mínimas para el tratamiento de los detenidos"[156] que fueron aprobadas por Resolución (73) 5, del Comité de Ministros de fecha 19 de enero de 1973[157].

---

153 El artículo 2.1c) del Texto Refundido de la Ley del Estatuto de los Trabajadores, aprobado por Real Decreto Legislativo 1/1995 de 24 de marzo, enuncia como relación laboral de carácter especial la de los penados en las instituciones penitenciarias.

154 *Vid.* arts. 26 a 35 de la Ley Orgánica General Penitenciaria.

155 Este Real Decreto derogó los preceptos del Reglamento Penitenciario (arts. 134 a 152) que regulaban esta relación laboral especial penitenciaria. Fue publicado en el BOE nº 162 de 7-7-2001, y entró en vigor, conforme a su Disposición Final Segunda, el día siguiente al de su publicación, salvo en lo referente a las cotizaciones a la Seguridad Social y demás conceptos de recaudación conjunta, que se aplicó con efectos retroactivos desde el día 1-1-2001.

156 El término "detenidos" no debe entenderse en su acepción técnico-jurídica del derecho español, prevista en el artículo 520 de la Ley de Enjuiciamiento Criminal, sino en un sentido amplio o genérico referido a toda persona privada de libertad.

157 También se ha expuesto con anterioridad en este trabajo, que estas Reglas Mínimas fueron revisadas en el año 1987 y en el año 2006, pasando a denominarse

La Ley Orgánica General Penitenciaria se hace eco[158] de las previsiones contenidas en las reglas 27 a 34, relativas a la disciplina y castigos y medios de coacción, de estas Reglas Mínimas europeas de 1973[159], y así establece, con carácter general, que el régimen disciplinario de los establecimientos se dirige a garantizar la seguridad y

---

"Reglas Penitenciarias Europeas". (*Vid. supra*, el apartado referente a la necesidad de controlar la actividad penitenciaria, del Capitulo anterior.)

Como la Ley Orgánica General Penitenciaria se promulgó en el año 1979, obviamente no pudo contemplar las revisiones posteriores a estas Reglas Mínimas de 1973 en las que se inspira. En cualquier caso, en esas revisiones posteriores se mantiene el núcleo esencial y los principios fundamentales de las Reglas de 1973.

158 *Vid.* arts. 41 a 45 de la Ley Orgánica General Penitenciaria.

159 Las citadas Reglas Mínimas establecen lo siguiente:

«*Disciplina y castigos.*

27.1. Deben mantenerse el orden y la disciplina en el interés de la seguridad y de una vida comunitaria bien organizada.

2. Deben prohibirse los castigos colectivos.

28.1. Ningún detenido podrá ejercer en los servicios del establecimiento un empleo que implique un poder disciplinario.

2. Esta regla no podrá obstaculizar el buen funcionamiento de los sistemas basados en el *self-government.* En efecto, estos sistemas implican que ciertas actividades o responsabilidades de orden social, educativo o deportivo se confíen, bajo control, a detenidos agrupados para su tratamiento.

29. Los siguientes puntos deben determinarse o bien por una ley, o bien por un reglamento de la autoridad administrativa competente:

a) La conducta que constituya una infracción disciplinaria;

b) El tipo y la duración de las sanciones disciplinarias que se puedan infligir;

c) La autoridad competente para pronunciar esas sanciones.

30.1. Un detenido no puede ser castigado más que conforme a las disposiciones de tal ley o reglamento, y jamás dos veces por los mismos hechos.

2. Debe transmitirse inmediatamente el informe disciplinario a las autoridades competentes que estatuyen sin demora.

3. No se puede castigar a ningún detenido sin informarle de la infracción que se le imputa y sin que tenga la posibilidad de presentar su defensa.

4. En la medida en que sea necesario y realizable, hay que permitir al detenido presentar su defensa mediante un intérprete.

31. Las penas corporales, el calabozo oscuro así como toda sanción cruel, inhumana o degradante deben prohibirse terminantemente como sanciones disciplinarias.

32.1. La pena de aislamiento disciplinario y cualquier otra medida punitiva que podría alterar la salud física o mental del detenido no pueden infligirse sin que el médico haya examinado al detenido y certificado por escrito que éste es capaz de soportarlas. En todo caso, estas medidas jamás deberán ser contrarias al principio establecido en la regla 31, ni apartarse de él.

2. El médico debe visitar todos los días a los detenidos que sufran tales sanciones disciplinarias y hacer un informe al director si estima necesario que se ponga fin o se modifique la sanción por motivos de salud física o mental.

Medios de coacción.

conseguir una convivencia ordenada; prohibiendo que ningún interno desempeñe servicio alguno que implique el ejercicio de facultades disciplinarias[160].

Se establece el principio de legalidad en materia disciplinaria, de tal manera que no se puede imponer ninguna sanción que se halle expresamente prevista en la Ley. Se reconoce el derecho de defensa de los internos frente a las infracciones que se les imputen, debiendo tramitarse el correspondiente expediente bajo los principios de audiencia y contradicción. Las sanciones sólo se impondrán por el correspondiente órgano colegiado, siendo susceptible de recurso el acuerdo sancionador, pudiendo dicho órgano, reducirlas o dejarlas sin efecto conforme al principio de oportunidad; y aquellas sanciones que puedan afectar a la salud física o mental del recluso, como por ejemplo la sanción de aislamiento, sólo pueden ejecutarse bajo el adecuado control médico.

Finalmente contempla la Ley la posibilidad de emplear medios coercitivos en supuestos extremos, dirigidos exclusivamente al restablecimiento de la normalidad y sólo durante el tiempo estrictamente necesario, y prohíbe la utilización de armas de fuego por los funcio-

---

33. Debe prohibirse el empleo de cadenas y de grilletes. Las esposas, las camisas de fuerza y otras trabas jamás se aplicarán a título de sanciones. No podrán utilizarse más que en los siguientes casos:

a) Por medida de precaución o contra una evasión durante el traslado siempre que se quiten en cuanto al detenido comparezca ante una autoridad judicial o administrativa.

b) Por razones médicas y bajo indicación del médico.

c) Por orden del director, si han fracasado los otros medios de dominar al detenido para impedir que se perjudique a sí mismo o perjudique a otras personas o que cause daños; en este caso el director debe consultar con urgencia al médico y hacer un informe para la autoridad administrativa superior.

34. El modelo y el modo de empleo de los instrumentos de coacción autorizados en el artículo deben ser determinados por la administración penitenciaria central. Su aplicación no debe prolongarse más allá del tiempo estrictamente necesario.»

[160] Era tradicional en nuestro sistema penitenciario, desde la Real Ordenanza de Presidios del Reino de 1834, la existencia de internos denominados "cabos de vara", elegidos entre los presos de buena conducta que llevaran cumplidos dos tercios de su condena, caracterizados por su capacidad de liderazgo sobre los demás, a los que se les atribuía la facultad de vigilar, dirigir y controlar a los demás reclusos. (*Vid.* BENITEZ YEBENES, Juan R.; «El Presidio de Melilla: antecedentes histórico-normativos de la libertad condicional en España», en *Revista Akros*, núm. 4 (2005), nota 9).

narios de instituciones penitenciarias en el desempeño de sus funciones de vigilancia.

F) Implantación de la figura del Juez de Vigilancia como órgano decisivo, amparador de los derechos de los internos

No nos vamos a detener ahora en el análisis de esta novedosa figura en nuestro ordenamiento, por ser ello objeto de otros apartados de este trabajo. Baste ahora decir, como se ha apuntado, que surge por la necesidad de establecer un control específico del ejercicio de la actividad penitenciaria.

Existe un control genérico sobre la Administración Penitenciaria, que es el que pueden ejercer el Parlamento, el Gobierno, o el Defensor del Pueblo. Algo menos genérico, por su carácter jurisdiccional, es el ejercido por la jurisdicción contencioso-administrativa, en tanto en cuanto, conforme al artículo 106-1 de la Constitución "los Tribunales controlan la potestad reglamentaria, y la legalidad de la actuación administrativa, así como el sometimiento de ésta a los fines que la justifican", correspondiendo a los jueces y Tribunales de este orden jurisdiccional el ejercicio de este control, a tenor de lo previsto en los artículos 8 y 9-4 de la Ley Orgánica del Poder Judicial, y en la Ley Reguladora de la Jurisdicción Contencioso-Administrativa[161].

Pero para ejercer un control específico, desde la perspectiva de lo dispuesto en el artículo 117-3 de la Constitución (juzgar y hacer ejecutar lo juzgado), a fin de judicializar la ejecución penal, es por lo que surge esta figura "con atribuciones para hacer cumplir la pena impuesta, resolver los recursos referentes a las modificaciones que pueda experimentar con arreglo a lo prescrito en las Leyes y reglamentos, salvaguardar los derechos de los internos y corregir los abusos y desviaciones que en el cumplimiento del régimen penitenciario puedan producirse"[162].

---

[161] Como dice Fernández Bermejo, el control de la legalidad de la actuación de la Administración, previsto en el art. 106 CE, tiene un alcance general y, por ello, no se sustrae al mismo la actividad de la Administración Penitenciaria. Por tal motivo la LOGP creó al JVP.

FERNANDEZ BERMEJO, Daniel; *Derecho Penitenciario*, Centro de Estudios Financieros, Madrid, 2016, p. 378.

[162] La Ley Orgánica General Penitenciaria regula la figura del Juez de Vigilancia Penitenciaria en los artículos 76 a 78, pero también se refiere a él en otros preceptos de su articulado como son el 17-3 y el 45-2, así como la Disposición Transitoria Primera.

G) *Importancia atribuida a la asistencia social durante el internamiento y pospenitenciaria, que conduce a la creación de la Comisión de Asistencia Social y del Cuerpo de Asistentes Sociales al servicio de la Administración Penitenciaria como elementos claves de dicha asistencia*

La Ley contempla la regulación de esta materia en sus artículos 73, 74 y 75, disponiendo el 74 que: «El Ministerio de Justicia, a través de la Comisión de Asistencia Social, organismo dependiente de la Dirección General de Instituciones Penitenciarias, cuya estructura y funciones se determinarán en el Reglamento Orgánico de dicho Departamento, prestará a los internos, a los liberados condicionales o definitivos y a los familiares de unos y otros la asistencia social necesaria.»

Con anterioridad a la constitución de la Comisión de Asistencia Social, la asistencia que la Ley atribuye a ésta venía desempeñándose por el Patronato de Nuestra Señora de la Merced, conforme a lo previsto en los artículos 207 a 214 del Reglamento de los Servicios de Prisiones aprobado por Decreto de 2 de febrero de 1956.

No obstante lo anterior, debe tenerse en cuenta que por Real Decreto 907/1994 de 5 de mayo, de Reestructuración de Departamentos Ministeriales (BOE nº 108 de 6-5-1994), se creó el Ministerio de Justicia e Interior, que asumió las competencias anteriormente atribuidas al Ministerio de Justicia y al Ministerio del Interior, los cuales fueron suprimidos.

Durante la vigencia de esta normativa de reorganización ministerial, se publicó el Real Decreto 326/1995 de 3 de marzo, por el que se regulaba el Organismo autónomo "Trabajo y Prestaciones Penitenciarias" (BOE nº 61, de 13-3-1995), estableciendo como objetivos del mismo la promoción, organización y desarrollo de la educación, cultura, deporte y trabajo en los centros penitenciarios, así como la asistencia social de los reclusos, liberados condicionales y sus familias. Conforme a este Real Decreto, la Comisión de Asistencia Social a que se refiere el artículo 74 de la Ley Orgánica General Penitenciaria, quedaba integrada como órgano de colaboración interadministrativa en el Organismo autónomo Trabajo y Prestaciones Penitenciarias, con la composición y funciones que determinaba dicho Real Decreto.

Posteriormente, tras un cambio de Gobierno como consecuencia de la celebración de elecciones generales, apareció el Real

Decreto 758/1996, también de 5 de mayo, de Reestructuración de Departamentos Ministeriales, que suprimió el Ministerio de Justicia e Interior, y las competencias en materia de Asuntos Penitenciarios, en lugar de residenciarse en el Ministerio de Justicia, pasaron a depender del Ministerio del Interior.

El mencionado RD 326/1995 de 3 de marzo, regulador del Organismo autónomo Trabajo y Prestaciones Penitenciarias, fue derogado por el Real Decreto 868/2005 de 15 de julio por el que se aprobó el Estatuto del Organismo Autónomo "Trabajo Penitenciario y Formación para el Empleo"[163]. En la Disposición Adicional Primera de este Real Decreto se regula la integración de la Comisión de Asistencia Social, y en la Disposición Adicional Segunda su composición y funciones.

Posteriormente, el Real Decreto 1976/2008 de 28 de noviembre modificó el Estatuto de este Organismo Autónomo aprobado por el citado RD 868/2005, y las Disposiciones Adicionales de éste, antes mencionadas, relativas a la Comisión de Asistencia Social.

Finalmente, motivado por la necesidad de adaptar dicho Organismo a las nuevas normas que regulan el régimen jurídico de las entidades estatales de derecho público, se dictó el Real Decreto 122/2015 de 27 de febrero[164], por el que se aprueba el Estatuto de la entidad de derecho público Trabajo Penitenciario y Formación para el Empleo, que ha derogado al Estatuto anterior. No obstante, deben entenderse en vigor las normas contenidas en el RD 1976/2008, relativas a la Comisión de Asistencia Social la cual se integra, como órgano de colaboración interadministrativa, en la Secretaría General de Instituciones Penitenciarias.

La Comisión, que debe reunirse al menos una vez al año, se rige por su propias normas de funcionamiento, y en lo no previsto en ellas, debía ajustarse a lo establecido en el capítulo II del Título II de la Ley 30/1992 de 26 de noviembre, de Régimen Jurídico de las Administraciones Públicas y del Procedimiento Administrativo Común.

Esta Ley ha sido derogada por la Ley 39/2015 de 1 de octubre, del Procedimiento Administrativo Común de las Administraciones Públicas, que entró en vigor el día 2/10/2016; de tal modo que la citada

---

[163] BOE nº 176, de 25-7-2005.

[164] BOE nº 51, de 28-2-2015.

Comisión, en lo no previsto en sus normas específicas, debe seguir lo establecido en esta Ley, así como en la Ley 40/2015 de 1 de octubre, de Régimen Jurídico del Sector Público, que entró en vigor también en la expresada fecha.

Además de lo previsto en los artículos 74 y 75 de la Ley Orgánica General Penitenciaria, son atribuciones de la Comisión de Asistencia Social, conforme a estas disposiciones reglamentarias, la definición de las líneas generales de las prestaciones sociales a los internos y liberados, y a los familiares de unos y otros, y la colaboración de forma permanente con las instituciones, organismos y entidades dedicados a la asistencia de los internos y a la rehabilitación de los excarcelados, así como con las redes autonómicas, provinciales y locales de servicios sociales.

4. EVOLUCIÓN NORMATIVA

Con anterioridad a la promulgación de la Ley Orgánica General Penitenciaria, los mecanismos aplicados para la organización, vigilancia e inspección de los establecimientos penitenciarios fueron un notorio fracaso. Se aplicaba un régimen autoritario, y los inspectores dependían de la propia Administración penitenciaria. De igual forma, era también un fracaso la manera en que el colectivo judicial se conducía por esta materia, debido a que se consideraba la ejecución de las penas privativas de libertad como algo ajeno a los jueces; por lo que el límite de éstos era la firma de la sentencia condenatoria, de tal modo que lo posterior a este acto se entendía que estaba fuera de sus funciones, salvo la aprobación del licenciamiento definitivo una vez extinguida la condena.

La Ley Orgánica General Penitenciaria, como hemos visto, es una disposición nacida con propósitos modernos y transformadores en la ejecución de la pena privativa de libertad, necesaria, oportuna, y cuyo contenido refleja un profundo cambio en los instrumentos jurídicos penales, o más propiamente dicho penitenciarios.

Como consecuencia de la aparición de esta Ley, hubieron de hacerse una serie de modificaciones en nuestro ordenamiento jurídico relativas a la organización y funcionamiento de la Administración penitenciaria, así como para la puesta en marcha de los Jueces de Vigilancia creados por dicha Ley.

De igual modo, el propio desarrollo que ha ido experimentando la sociedad española y las necesidades que han ido surgiendo en cada momento, han dado lugar a que el legislador y demás poderes públicos con capacidad normativa, hayan elaborado las leyes y normas reglamentarias que han creído necesarias o convenientes para dar respuesta a tales necesidades, produciéndose de esta manera una evolución normativa en toda esta materia, en la que podemos distinguir dos bloques de normas:

A) En un lado podemos colocar a todas las normas de derecho material o sustantivo, que se integrarían dentro de lo que se denomina Derecho Penitenciario.

B) Por otro lado hallamos a todas las disposiciones relativas a las cuestiones orgánicas y de funcionamiento de los Juzgados de Vigilancia Penitenciaria, que conformarían un bloque de normas adjetivas o procesales integradoras de lo que postulamos con el nombre de Derecho Procesal Penitenciario.

4.1. Evolución de las normas de Derecho Penitenciario

4.1.1. Las reformas de la L.O.G.P.

Siguiendo un criterio cronológico y de jerarquía normativa, en primer lugar podemos citar las modificaciones operadas en la propia Ley Orgánica General Penitenciaria.

Ha sido modificada por las siguientes leyes:

Ley Orgánica 13/1995 de 18 de diciembre (BOE nº 302 de 12 diciembre de 1995), que dio nueva redacción a la letra e) del apartado 1 del artículo 29 y al apartado 2 del artículo 38; adicionó el apartado 3 al artículo 38, y cambió el anterior apartado 3 del artículo 38 que pasó a ser el apartado 4 del mismo artículo.

Esta reforma se hizo eco de los cambios producidos en la legislación laboral sobre la protección por maternidad, de tal modo que aplicó a las internas embarazadas la posibilidad de disfrutar del mismo periodo de descanso que las demás mujeres en libertad; por lo que estableció la excepción de trabajar las mujeres embarazadas durante dieciséis semanas ininterrumpidas ampliables por parto múltiple hasta dieciocho semanas, distribuyéndose el periodo de excepción a elección de la interesada, siempre que seis semanas sean inmediatamente posteriores al parto.

También se dispuso una nueva regulación relativa a la relación de las internas con sus hijos menores de edad.

En su redacción original, el artículo 38.2 de la LOGP preveía que las internas pudieran conservar consigo a sus hijos, hasta alcanzar la edad de escolarización obligatoria. Pero, según los expertos en la materia, esta posibilidad de permanencia del niño en el interior del centro penitenciario hasta la edad de seis años puede llegar a comportar graves disfuncionalidades en su desarrollo emocional y psicológico, dado que se hace consciente de la privación de libertad que afecta a su madre y vincula la conformación de su personalidad inicial a tal hecho. Por este motivo, el legislador mediante esta reforma procuró establecer un sistema de equilibrio entre los derechos de la madre y los del hijo, aunque dando una prevalencia natural a los de éste último por ser la parte más débil y merecedora, por consiguiente, de una especial protección jurídica. También tuvo en cuenta el legislador los cambios en la organización del sistema educativo que permiten la escolarización de los niños a partir de los tres años, y la posibilidad que abren los servicios sociales de atención a la infancia de ofrecer formas de vida más adecuadas para su desarrollo. Por este motivo, de forma similar a lo regulado en los países de nuestro entorno, esta Ley Orgánica 13/1995 redujo hasta los tres años el límite de edad de permanencia de los niños con sus madres presas. Por otro lado, previó la celebración de convenios de la Administración Penitenciaria con entidades públicas y privadas con el fin de potenciar al máximo el desarrollo de la relación materno-filial y de la formación de la personalidad del niño, así como el establecimiento de un régimen específico de visitas para los menores que no superen los diez años y no convivan con la madre en el centro penitenciario.

Ley Orgánica 5/2003 de 27 de mayo (BOE nº 127, de 28 de mayo de 2003).

Esta Ley modificó la Ley Orgánica del Poder Judicial, y la Ley de Demarcación y Planta Judicial, creando los Juzgados Centrales de Vigilancia Penitenciaria, por lo que nos volveremos a referir a ella más adelante, en el apartado relativo a la evolución normativa sobre las cuestiones orgánicas y de funcionamiento de los Juzgados de Vigilancia Penitenciaria. Pero también la mencionamos ahora porque, así mismo, modificó la LOGP dando una nueva redacción al párrafo h) del apartado 2 del artículo 76, estableciendo la posibilidad de que el Juez Central de Vigilancia Penitenciaria pueda recabar el auxilio de los Jueces de Vigilancia del lugar en que radique el establecimiento que haya de ser visitado por aquél.

Ley Orgánica 6/2003 de 30 de junio (BOE nº 156, de 1 de julio de 2003).

Esta Ley parte del reconocimiento que tienen los internos en los centros penitenciarios a gozar del derecho a la educación garantizada por el artículo 27 de la Constitución, aunque sometido a modulaciones y matices derivados de la situación de sujeción especial que vincula a los internos con la Administración Penitenciaria, y que obliga a aquéllos a acatar las normas del régimen penitenciario que les sea de aplicación.

Teniendo en cuenta estas circunstancias, el hecho de que, por imperativo constitucional, las penas privativas de libertad deben estar orientadas hacia la reeducación y reinserción social, así como la experiencia acumulada desde la entrada en vigor de la LOGP, esta Ley Orgánica 6/2003 dio una nueva redacción al artículo 56 al objeto de precisar las condiciones y garantías de los internos en el acceso a las enseñanzas universitarias, de forma que, sobre la base de las especiales circunstancias que concurren en el ámbito penitenciario, se aseguren las condiciones de calidad inherentes a este tipo de enseñanzas. En este orden de cosas, establece que para que los internos puedan acceder al servicio público de la educación universitaria será necesario que la Administración Penitenciaria suscriba, previos los informes de ámbito educativo que se estimen pertinentes, los oportunos convenios con universidades públicas, debiendo garantizar tales convenios que la enseñanza se imparte en las condiciones y con el rigor y la calidad inherentes a este tipo de estudios, adaptando, en lo que sea preciso, la metodología pedagógica a las especiales circunstancias que concurren en el ámbito penitenciario.

Ley Orgánica 7/2003, de 30 de junio, de medidas de reforma para el cumplimiento íntegro y efectivo de las penas. (BOE nº 156, de 1 de julio de 2003).

Como expresamente se indica en su exposición de motivos, esta Ley se dirige a perfeccionar el ordenamiento jurídico con el fin de concretar la forma del cumplimiento de las penas para conseguir que se lleve a cabo de manera íntegra y efectiva y, en consecuencia, dar mayor protagonismo al principio de seguridad jurídica en esta materia, siempre desde el escrupuloso respecto a los principios contenidos en el artículo 25 de la Constitución. Pero además, también persigue la Ley un claro objetivo, cual es el de lograr una lucha más eficaz contra la criminalidad pues, como ha señalado autorizada doctrina penal, el mayor freno de los delitos no es la dureza de las penas, sino su infalibilidad, de modo que la certeza de un castigo, aunque sea moderado, surte más efecto que el temor de otro más severo unido a la esperanza de la impunidad o de su incumplimiento.

Para conseguir estos propósitos, esta Ley modificó los artículos 36, 76, 78, 90, 91, y 93 del Código Penal, en los que se entremezclan normas de Derecho Penal y de Derecho Penitenciario. Esto supuso la introducción en nuestro ordenamiento jurídico del denominado "periodo de seguridad", que significa que en determinados delitos de cierta gravedad el condenado no puede acceder al tercer grado de tratamiento penitenciario hasta que haya cumplido la mitad de la pena impuesta. También, la modificación del límite máximo de cumplimiento de las penas elevándolo a 40 años en determinados supuestos de delitos de terrorismo. En este mismo sentido, con esta reforma se pretende que los beneficios penitenciarios, los permisos de salida, la clasificación en tercer grado y el cómputo del tiempo para la libertad condicional, en los supuestos de crímenes especialmente graves, estén referidos siempre a la totalidad de las penas impuestas en las sentencias, así como la mejora técnica de la regulación de los supuestos de otorgamiento de la libertad condicional y su adaptación a las distintas modalidades delictivas.

Esta Ley Orgánica 7/2003 también modificó la LOGP en el sentido de adicionar los apartados 5 y 6 al artículo 72, introduciendo como requisito para la progresión al tercer grado de tratamiento el haber satisfecho la responsabilidad civil derivada del delito, considerando a tales efectos la conducta efectivamente observada en orden a restituir lo sustraído, reparar el daño e indemnizar los perjuicios materiales y morales causados; y además, para que las personas condenadas por delitos de terrorismo pudieran ser progresadas a dicho grado, introdujo también el requisito de que muestren signos inequívocos de haber abandonado los fines y los medios terroristas, y que hayan colaborado activamente con las autoridades para impedir la producción de este tipo de delitos, atenuar sus efectos, identificación y captura de responsables, o para la obtención de pruebas.

4.1.2. El Reglamento Penitenciario de 1981

En este mismo proceso de evolución y mejora de la normativa penitenciaria se enmarca la aprobación del Reglamento Penitenciario, como consecuencia de lo previsto en la Disposición Final Segunda de la Ley Orgánica General Penitenciaria[165].

Cumpliendo el mandato contenido en esta Disposición Final Segunda, el Gobierno dictó el Real Decreto 1201/1981 de 8 de mayo, por el que aprobó el Reglamento Penitenciario[166]. Este nuevo Reglamento produjo la derogación de la mayor parte del anterior Reglamento de los Servicios de Prisiones, que hasta entonces se había venido aplicando, aprobado por Decreto de 2 de febrero de 1956, y de todas las disposiciones modificadoras o complementarias del mismo.

Sin embargo, la necesidad de materializar de manera más eficaz el carácter progresivo en la ejecución de las penas recogido en la LOGP, dio lugar a que este Reglamento de 1981 fuese modificado parcialmente por el Real Decreto 787/1984 de 26 de marzo, que hizo desaparecer las dos formas de régimen cerrado contempladas en el Reglamento reduciéndolas a una sola, realizó una nueva regulación en materia disciplinaria fijando un nuevo catálogo de infracciones y ampliando las garantías de los internos en un nuevo procedimiento sancionador, realizó una nueva regulación del funcionamiento de los equipos técnicos, posibilitó la asistencia en instituciones extrapenitenciarias de los internos clasificados en tercer grado afectos de toxicomanías, y dio una nueva redacción a la Disposición Transitoria Segunda de este Reglamento Penitenciario de 1981, como consecuencia de la desaparición del Patronato de Nuestra Señora de la Merced tras la publicación del Real Decreto 1415/1983 de 30 de marzo.

---

[165] Según esta Disposición Final Segunda: «En el plazo máximo de un año el Gobierno aprobará el Reglamento que desarrolle la presente Ley, continuando entre tanto en vigor el Reglamento de los Servicios de Prisiones aprobado por Decreto de 2 de febrero de 1956 y modificado por Decreto 2705/1964 de 27 de julio; 162/1968 de 25 de enero; 1372/1970 de 30 de abril, y Real Decreto 2273/1977 de 29 de julio, en lo que no se oponga a los preceptos de la Ley General Penitenciaria.»

[166] BOE núms. 149 a 151 de 23 a 25-6-1981; corrección de errores en BOE nº 182 de 31-7-1981.

En este orden de cosas, esta Disposición Transitoria Segunda mantuvo la vigencia de los artículos 65 a 73 del Reglamento de los Servicios de Prisiones de 1956, relativos a la redención de penas por el trabajo, en tanto continuase vigente el artículo 100 del Código Penal de 1973 que consagraba este beneficio penitenciario, y dispuso que las competencias atribuidas en dichos artículos al Patronato de Nuestra Señora de la Merced corresponden a los Jueces de Vigilancia.

Cuando menos resulta llamativo, por no decir totalmente improcedente o jurídicamente desafortunado, que en una norma reglamentaria, dictada por el Gobierno de la Nación, se disponga sobre cuál debe ser la competencia de los Jueces de Vigilancia; materia ésta que está reservada a la Ley. A nuestro entender resultaba innecesario que el Poder Ejecutivo invadiera esta zona, pues, que la competencia de los Jueces de Vigilancia Penitenciaria para aprobar las propuestas de redención de penas por el trabajo, debe entenderse atribuida a estos Jueces, es una consecuencia lógica y necesaria de lo normado en el artículo 76.2-c) de la LOGP, que establece que: «Corresponde especialmente al Juez de Vigilancia: ...c) Aprobar las propuestas que formulen los establecimientos sobre beneficios penitenciarios que puedan suponer acortamiento de la condena.»

Por los mismos motivos, igual de desafortunada consideramos a la Disposición Transitoria Quinta de este Reglamento Penitenciario de 1981, pues entra a disponer sobre cuáles son las normas a las que deben atenerse los Jueces de Vigilancia en el ejercicio de sus funciones. Cierto es que esta Disposición Transitoria lo que hace es reproducir con palabras similares, lo contemplado en la Disposición Transitoria Primera de la Ley Orgánica General Penitenciaria al referirse al artículo 78 de la misma; pero al estar ello ya regulado en esta norma de rango legal resulta innecesario, y jurídicamente reprobable, que se disponga sobre esta materia, reservada a la ley, en una norma de carácter reglamentario. Mejor hubiera sido que esas energías, y unas pocas más, se hubiesen empleado en presentar un proyecto de ley que regulara las materias a las que se refiere el mencionado artículo 78 de LOGP[167].

---

[167] Según el art.78.1 LOGP: «En lo que respecta a las cuestiones orgánicas referentes a los Jueces de Vigilancia y a los procedimientos de su actuación, se estará a lo dispuesto en las Leyes correspondientes.» Y la Disposición Transitoria Primera de esta LOGP establece que: «Hasta que se dicten las normas referidas en el artículo 78,

Por otro lado, sin perjuicio de lo anterior, aún se encontraba vigente el Real Decreto 633/1978, de 2 de marzo, que regulaba la asistencia hospitalaria extrapenitenciaria de los internos. Como quiera que esta norma era anterior incluso a la Ley Orgánica General Penitenciaria, que impone a la Administración Penitenciaria el deber de velar por la vida, integridad física y salud de los internos[168], y establece un sistema de asistencia penitenciaria, sin perjuicio de que los internos puedan ser asistidos, en casos de necesidad o urgencia, en centros hospitalarios extrapenitenciarios[169], es por lo que, a fin de realizar el adecuado desarrollo reglamentario de estas previsiones legales, el Gobierno aprobó el Real Decreto 319/1988, de 30 de marzo, que modificó en estos aspectos el mencionado Reglamento Penitenciario de 1981.

4.1.3. El nuevo Código Penal de 1995

Además de en la Ley Orgánica General Penitenciaria y en su Reglamento, en el Código Penal también se contienen normas de Derecho Penitenciario, como son todas las referentes al cumplimiento de las penas y medidas de seguridad privativas de libertad. Por lo que en este sentido, la promulgación del vigente Código Penal aprobado por Ley Orgánica 10/1995 de 23 de noviembre[170] que, como establece su Disposición Final Séptima, entró en vigor a los seis meses de su completa publicación en el Boletín Oficial del Estado, supuso un avance o evolución de la normativa penitenciaria.

---

el Juez de Vigilancia se atendrá a los artículos 526, 985, 987, 990 y concordantes de la Ley de Enjuiciamiento Criminal.»

Por su parte, la Disposición Transitoria Quinta de este Reglamento Penitenciario de 1981, establecía que: «En tanto no se promulguen las normas orgánicas y procesales que desarrollen la intervención del Juez de Vigilancia, referidas en el artículo 78 de la Ley Orgánica 1/1979, de 26 de septiembre, General Penitenciaria, las Autoridades Judiciales a quienes atribuya aquella condición el Consejo General del Poder Judicial, se atendrán a los artículos 526, 985, 987, 990 y concordantes de la Ley de Enjuiciamiento Criminal. Los diversos Organismos de la Administración Penitenciaria, en sus respectivos casos, se relacionarán con dichas Autoridades a efectos de elevación de expedientes y colaboración en cuantos asuntos sean legalmente de su competencia.»

[168] Así lo dispone el artículo 3.4 de la LOGP.

[169] Así lo establece el artículo 36 de la LOGP.

[170] BOE nº 281 de 24-11-1995.

Esta Ley Orgánica, además de derogar al anterior Código Penal de 1973 y otra serie de leyes penales sustantivas, también derogó el artículo 256 del Reglamento Penitenciario de 1981, entonces en vigor, relativo a los beneficios penitenciarios, que contemplaba la posibilidad de adelantar el beneficio de la libertad condicional, pues esta materia ha sido objeto de una mejor regulación en el nuevo Código. Así mismo, esta Ley Orgánica derogó los artículos 65 a 73 del Reglamento de los Servicios de Prisiones, aprobado por Decreto de 2 de febrero de 1956, que se encontraban vigentes, relativos a la redención de penas por el trabajo, como consecuencia lógica de la desaparición de este beneficio penitenciario en la nueva legislación penal. Como ya no se contempla la posibilidad, que regulaba el anterior Código Penal de 1973 en su artículo 100, de redimir penas por el trabajo, este nuevo Código, en su Disposición Transitoria Segunda, respetando el principio de aplicación de la ley penal más favorable, establece que "las disposiciones sobre redención de penas por el trabajo sólo serán de aplicación a todos los condenados conforme al Código derogado, y no podrán gozar de ellas aquellos a quienes se les apliquen las disposiciones del nuevo Código."

Desde el punto de vista penitenciario, el nuevo Código Penal parte del principio consagrado en el artículo 25.2 de la Constitución por el que se establece que las penas privativas de libertad y las medidas de seguridad están orientadas hacia la reeducación y reinserción social y no podrán consistir en trabajos forzados.

Dedica algunos artículos a la regulación de la ejecución de las penas y de las medidas de seguridad, estableciendo que unas se ejecuten directamente por el Juez o Tribunal sentenciador, y otras con intervención del Juez de Vigilancia Penitenciaria. Así mismo, en algunos casos, como el contemplado en el artículo 36, tras la redacción dada por la Ley Orgánica 7/2003 de 30 de junio, también dicta normas sobre la clasificación de los sentenciados a pena de prisión superior a cinco años. También contiene en sus artículos 90 a 93 la regulación de libertad condicional, cuya concesión compete al Juez de Vigilancia y que, como señala el artículo 72.1 de la LOGP, constituye el último grado penitenciario; así como el tipo de intervención que otorga a dicho Juez, emitiendo informes al tribunal sentenciador, en la ejecución de las medidas de seguridad impuestas a los sujetos criminalmente peligrosos.

Por regla general, se contempla la intervención del Juez de Vigilancia en las penas privativas de libertad que supongan el ingreso del penado en un establecimiento penitenciario, y algunas privativas de derechos como es el caso de los trabajos en beneficio de la comunidad. En este sentido se ha de destacar que, en su redacción originaria, el artículo 37 regulaba la ejecución de la pena de arresto de fin de semana bajo el control directo del Juez de Vigilancia Penitenciaria[171]. Sin embargo esta pena desapareció con la reforma llevada a cabo por la Ley Orgánica 15/2003 de 25 de noviembre que, en sustitución de la misma, introdujo la de localización permanente, y pese a ser pena privativa de libertad[172], y existir la posibilidad de que el Juez o Tribunal sentenciador acuerden que se cumpla en establecimiento penitenciario[173], el control de su ejecución no se atribuye al Juez de Vigilancia sino al órgano sentenciador[174], a diferencia de lo ocurría con el anterior arresto de fin de semana.

Lo anteriormente expuesto pone de manifiesto que el legislador español se ha ido apartando de aquella idea originaria plasmada en el artículo 76 de la LOGP según el cual "el Juez de Vigilancia tendrá atribuciones para hacer cumplir la pena impuesta", correspondiéndole especialmente "adoptar todas las decisiones necesarias para que los pronunciamientos de las resoluciones en orden a las penas privativas de libertad se lleven a cabo asumiendo las funciones que corresponderían a los Jueces y Tribunales sentenciadores."

---

171 El art. 37 CP, en su redacción anterior, que regulaba la derogada pena de arresto de fin de semana, disponía en su apartado nº 3 que: «Si el condenado incurriera en dos ausencias no justificadas, el Juez de Vigilancia, sin perjuicio de deducir testimonio por el quebrantamiento de condena, podrá acordar que el arresto se ejecute ininterrumpidamente.»

172 Según el art. 35 CP: «Son penas privativas de libertad la prisión, la localización permanente y la responsabilidad subsidiaria por impago de multa.»

173 Conforme a lo previsto en el segundo párrafo del art. 37.1 CP: «...,en los casos en los que la localización permanente esté prevista como pena principal, atendiendo a la reiteración en la comisión de la infracción y siempre que así lo disponga expresamente el concreto precepto aplicable, el Juez podrá acordar en sentencia que la pena de localización permanente se cumpla los sábados, domingos y días festivos en el centro penitenciario más próximo al domicilio del penado.»

174 Dispone al apartado nº 3 del art. 37 CP que: «Si el condenado incumpliera la pena, el Juez o Tribunal sentenciador deducirá testimonio para proceder de conformidad con lo que dispone el art. 468.» Y el apartado nº 4 de este mismo artículo que: «Para garantizar el cumplimiento efectivo, el Juez o Tribunal podrá acordar la utilización de medios mecánicos o electrónicos que permitan la localización del reo.»

4.1.4. El vigente Reglamento Penitenciario de 1996

Tras la entrada en vigor del nuevo Código Penal, y pasados quince años desde la aprobación del Reglamento Penitenciario de 1981, la transformación experimentada por la sociedad española y los cambios legislativos producidos durante ese tiempo, propiciaron la aprobación de un nuevo Reglamento Penitenciario, lo cual se llevó a efecto por Real Decreto 190/1996 de 9 de febrero[175] que, como señala expresamente el apartado nº 2 de su Disposición Final Única, entró en vigor el día 25 de mayo de 1996 coincidiendo, de este modo, con la entrada en vigor del nuevo Código Penal.

Por consiguiente, podemos señalar como factores que provocaron la aprobación de este nuevo Reglamento Penitenciario de 1996, actualmente en vigor, los siguientes:

Como se ha apuntado, y de forma especial, la promulgación del nuevo Código Penal de 1995 así como la modificación introducida en la LOGP por la Ley Orgánica 13/1995 de 18 de diciembre, con la consiguiente necesidad de adaptarse a las realidades jurídicas y retos planteados por estas Leyes.

La nueva regulación en materia sanitaria introducida por la Ley General de Sanidad de 1986 que estableció la universalización de la prestación sanitaria, las reformas introducidas en el ámbito de la educación por la Ley de Ordenación General del Sistema Educativo de 1990, así como las reformas administrativas producidas por la Ley de Régimen Jurídico de las Administraciones Públicas y del Procedimiento Administrativo Común de 1992, y otra serie de reformas en materia de contratación y del marco estatutario de la función pública, todas ellas productoras de efecto en el ámbito penitenciario, fueron incorporadas al mismo a través de este nuevo Reglamento.

Del mismo modo, este Reglamento recoge la doctrina marcada por el Tribunal Constitucional al resolver los recursos llegados a él, que tenían como presupuesto la aplicación de la LOGP. También atiende a la necesidad de incorporar la informática y las nuevas tecnologías al mundo penitenciario, y la de recoger en un texto positivo las experiencias tratamentales generadas por la práctica penitencia-

---

[175] BOE núm. 40, de 15-2-1996; corrección de errores en BOE nº 112, de 8-5-1996.

ria; especialmente los avances producidos en el campo de la intervención y tratamiento de los internos, consolidando una concepción del tratamiento más acorde con los nuevos planteamientos de la dogmática jurídica y de las ciencias de la conducta, haciendo hincapié en el componente resocializador más que en el concepto clínico del mismo.

Y finalmente se ha de añadir también, como elemento provocador de esta reforma reglamentaria, el cambio de perfil y el incremento de la población reclusa, al aumentar la edad media de los internos con una mayor presencia de mujeres y presos extranjeros, el predominio de la criminalidad urbana, y la irrupción de la delincuencia organizada, con la posibilidad de que aparezcan grupos de reclusos con capacidad para desestabilizar la seguridad y buen orden de los establecimientos penitenciarios.

Como principales novedades, o características de este nuevo Reglamento podemos señalar las siguientes:

Un mayor predominio de las actividades tratamentales sobre las regimentales, concibiendo la reinserción del interno como un proceso de formación integral de su personalidad, por lo que el Reglamento opta por una concepción amplia del tratamiento en el que se incluyen tanto las actividades terapéutico-asistenciales como las formativas, educativas, laborales, socioculturales, recreativas y deportivas, a fin de dotar a los internos de instrumentos eficientes para su propia emancipación.

La potenciación del principio de individualización científica en la ejecución del tratamiento penitenciario[176]. En este orden de cosas se regulan las formas especiales de ejecución, las salidas programadas, y los programas de actuación especializada para adaptar el tratamiento a las necesidades individuales de cada interno.

Una mayor diversificación de las actividades, dinamizando la vida de los centros penitenciarios, para evitar que los instrumentos del tratamiento queden vacíos de contenido, configurando esta actividad como un auténtico servicio público dirigido a la reinserción y resocialización de los reclusos, sin perjuicio de las funciones de custodia.

---

[176] Según el artículo 72.1 de la LOGP: «Las penas privativas de libertad se ejecutarán según el sistema de individualización científica, separado por grados, el último de los cuales será el de la libertad condicional conforme determina el Código Penal.»

Un mayor aumento de la participación de la sociedad en la actividad penitenciaria, favoreciendo la colaboración con la Administración Penitenciaria de entidades públicas y privadas dedicadas a la asistencia de los reclusos, así como los contactos de los internos con el exterior para fortalecer los vínculos de éstos con sus familias y con la comunidad.

Una redefinición del régimen cerrado, creando dentro del mismo dos modalidades de vida según se trate de internos extremadamente peligrosos, o de internos manifiestamente inadaptados a los regímenes comunes; pero realizando, en ambos casos, actividades para atender las necesidades del tratamiento e incentivar la adaptación al régimen ordinario.

También se caracteriza este nuevo Reglamento por establecer un completo estatuto jurídico de los reclusos, regulando ampliamente sus derechos y deberes, así como el acceso a las prestaciones de las Administraciones públicas, con especial incidencia en la asistencia sanitaria y en la asistencia social.

En lo relativo al control de la actividad penitenciaria, merece destacarse que se establece una mayor intervención del Ministerio Fiscal y mayor comunicación con la Jurisdicción de Vigilancia.

En materia disciplinaria, el nuevo Reglamento contiene una detallada regulación del procedimiento sancionador haciéndose eco de la doctrina constitucional y de las observaciones realizadas por los Jueces de Vigilancia Penitenciaria, respetando las debidas garantías de defensa de los internos. No obstante, por mandato expreso del apartado nº 3 de su Disposición Derogatoria Unica, ha dejado vigente la tipificación de las faltas muy graves, graves, y leves, de los artículos 108, 109, y 110, y las sanciones previstas para ellas en el artículo 111, así como la determinación de los actos de indisciplina grave del artículo 24.1, todos ellos del anterior Reglamento Penitenciario de 1981.

En este mismo orden de cosas, en su Disposición Transitoria Tercera, establece que el contenido de los artículos 277 a 324, 328 a 332, y 334 a 343 del citado Reglamento de 1981, relativos a los servicios, unidades y puestos de trabajo en los centros penitenciarios, se mantendrá vigente, con rango de resolución del centro directivo de la Administración penitenciaria correspondiente, en lo que no se oponga a lo establecido en el nuevo Reglamento, hasta que por el centro directivo correspondiente se dicte la resolución que establezca la nueva regulación de la organización de los servicios y unidades de los centros penitenciarios, así como las funciones de cada uno de los puestos de trabajo de los mismos.

4.1.5. Otras normas reglamentarias

Con posterioridad a la publicación del actual Reglamento Penitenciario, han ido también apareciendo otras disposiciones normativas de carácter reglamentario con la finalidad de desarrollar y dar cumplimiento a determinadas previsiones contenidas en la Ley Orgánica General Penitenciaria y en el Código Penal, así como para mejorar o adaptar el Reglamento a las necesidades actuales. En este orden de cosas, por su importancia, podemos citas las siguientes:

4.1.5.1. El Real Decreto 690/1996, de 26 de abril. Circunstancias de ejecución de los TBC y arresto de fin de semana

Poco después de la aparición del Reglamento Penitenciario, se publicó el Real Decreto 690/1996, de 26 de abril, por el que se establecían las circunstancias de ejecución de las penas de trabajo en beneficio de la comunidad y arresto de fin de semana[177]. Estas dos penas fueron introducidas en nuestro ordenamiento jurídico por el nuevo Código Penal, que entraría en vigor el 25 de mayo de 1996, cuyos artículos 37 y 49, al regular tales penas, establecían en el último párrafo de su redacción originaria que "las demás circunstancias de ejecución se establecerán reglamentariamente de acuerdo con lo dispuesto en la ley penitenciaria, cuyas normas se aplicarán supletoriamente en lo no previsto expresamente en este Código."

4.1.5.2. El Real Decreto 1203/1999, de 9 de julio. Derecho a la Educación. Unidades educativas de los establecimientos penitenciarios

La primera reforma del actual Reglamento Penitenciario vino de la mano del Real Decreto 1203/1999, de 9 de julio, por el que

---

[177] BOE nº 120, de 17-5-1996.

se integran en el Cuerpo de Maestros a los funcionarios pertenecientes al Cuerpo de Profesores de Educación General Básica de Instituciones Penitenciarias y se disponen normas de funcionamiento de las unidades educativas de los establecimientos penitenciarios[178].

El derecho fundamental a la educación, consagrado para todos los ciudadanos en el artículo 27 de la Constitución, tiene una especial incidencia en el ámbito penitenciario toda vez que, como señala el artículo 25.2 de dicha Norma Suprema, las penas privativas de libertad están orientadas a la reeducación de los internos. En coherencia con lo anterior, la LOGP dedica sus artículos 55 a 58 a regular lo relativo a la instrucción y educación de los internos; y para desarrollar la labor docente que debe impartirse en los centros penitenciarios se creó un Cuerpo específico de Profesores de Educación General Básica de Instituciones Penitenciarias.

Sin embargo la Ley Orgánica 1/1990, de 3 de octubre, de Ordenación General del Sistema Educativo vino a modificar el sistema de educación propio del ámbito penitenciario, incardinándolo en el sistema educativo general situando la educación de los presos bajo la responsabilidad de las autoridades educativas competentes en el ámbito de la Administración Central del Estado o Autonómica correspondiente, a cuyas Administraciones educativas también asignó la obligación de garantizar a la población reclusa la posibilidad de acceder a la educación de personas adultas. Es por ello por lo que, para hacer efectivas las disposiciones de la LOGSE en el ámbito penitenciario, se dictó este Real Decreto 1203/1999 que derogó los artículos 272.1-d) y 274.2-g) del Reglamento Penitenciario, articuló la mencionada integración de los funcionarios penitenciarios del Cuerpo de Profesores de Educación General Básica en el Cuerpo de Maestros, y estableció una serie de normas de funcionamiento de las unidades educativas de los establecimientos penitenciarios para adaptar la prestación de este servicio público a las peculiaridades del régimen penitenciario.

---

178 BOE nº 173, de 21-7-1999.

4.1.5.3. El Real Decreto 782/2001, de 6 de julio, modificado por el Real Decreto 2131/2008, de 26 de diciembre. La relación laboral de carácter especial de los penados

La segunda reforma del Reglamento Penitenciario tuvo lugar por el Real Decreto 782/2001, de 6 de julio, por el que se regula la relación laboral de carácter especial de los penados que realicen actividades laborales en talleres penitenciarios y la protección de Seguridad Social de los sometidos a penas de trabajo en beneficio de la comunidad[179]. Este Real Decreto derogó los artículos 134 a 152, ambos inclusive del Reglamento Penitenciario en los que, hasta entonces se regulaba la relación laboral especial penitenciaria de los penados con el Organismo Autónomo Trabajo y Prestaciones Penitenciarias u órgano autonómico equivalente, como consecuencia de la actividad por cuenta ajena realizada por aquellos en los talleres productivos de los centros penitenciarios, y efectuó una nueva regulación sobre esta materia en consonancia con lo previsto en las Leyes 55/1999 de 29 de diciembre y 14/2000, también de 29 de diciembre, ambas de Medidas fiscales, administrativas y del orden social. Esta nueva normativa nació con la pretensión de fomentar la inserción laboral del colectivo de reclusos, por ser uno de los que presenta mayor riesgo de exclusión social, de tal modo que concibe el trabajo de los internos como una actividad que tiene como finalidad última su futura reinserción laboral. De este modo, en esta nueva regulación se combina formación y actividad laboral, se incorpora un catálogo de oferta de puestos de trabajo por actividades que han de seguir la tendencia del sector laboral, se procura que la labor de preparación para la inserción no se vea interrumpida con motivo de los traslados de los internos a otros centros penitenciarios, se realiza una mejor regulación de los supuestos en que el trabajo se lleva a cabo en colaboración con personas físicas o jurídicas ajenas a la institución penitenciaria, y se establece la cobertura de Seguridad Social de este colectivo de presos trabajadores acorde con sus especiales características. Por otro lado, este Real Decreto también regula, en sus artículos 22 y 23, la protección de la Seguridad Social de los sometidos a penas de trabajo en beneficio de la comunidad, cumpliendo con lo dispuesto en el artículo 49.4ª del Código Penal que establece que este trabajo "gozará de la protección dispensada a los penados

---

179 BOE nº 162, de 7-7-2001.

por la legislación penitenciaria en materia de Seguridad Social." Pero teniendo en cuenta que este trabajo no entraña una relación laboral sino que se trata de una pena, en la que tampoco se desempeña una actividad productiva y remunerada.

No obstante en su originaria redacción, los citados artículos 22 y 23 establecían que los sentenciados a pena de trabajo en beneficio de la comunidad únicamente estarán incluidos en la cobertura del Régimen General de la Seguridad Social respecto de las contingencias de accidentes de trabajo y enfermedades profesionales que puedan sufrir en el cumplimiento de dicha pena, incumbiendo a las personas jurídicas en cuyo ámbito de organización y dirección se realice el trabajo, la obligación de cotizar por las referidas contingencias así como cumplir las demás obligaciones para con la Seguridad Social. Esta obligación impuesta sobre las personas o entidades bajo cuya organización o dirección se realizaba el trabajo, propiciaba que tales personas rehusaran colaborar con la Administración penitenciaria ofertando puestos de trabajo en los que se pudiera cumplir la expresada pena. Para superar esta situación, procurando una mayor flexibilización y posibilitar el cumplimiento de las penas y de las consecuentes actuaciones administrativas en materia de Seguridad Social, es por lo que se dictó el Real Decreto 2131/2008, de 26 de diciembre[180], que dio nueva redacción a los mencionados artículos 22 y 23 del R. D. 782/2001, de tal modo que a partir de esta reforma fue el Ministerio del Interior, del que depende la Administración Penitenciaria, quien asumió las obligaciones con la Seguridad Social en cuya acción protectora, del Régimen General por accidentes de trabajo y enfermedades profesionales, se encuentran incluidos los sentenciados a esta pena, pero únicamente por los días de prestación efectiva del trabajo.

4.1.5.4. El Real Decreto 515/2005, de 6 de mayo, a su vez modificado por el Real Decreto 1849/2009, de 4 de diciembre. Circunstancias de ejecución de las penas de TBC, localización permanente, y determinadas medidas de seguridad

La reforma del Código Penal llevada a cabo por la Ley Orgánica 15/2003, de 25 de noviembre, significó una revisión parcial del sistema

---

180 BOE nº 16, de 19-1-2009.

de penas establecido en dicho Código que supuso la desaparición de la pena de arresto de fin de semana, la implantación de la pena de localización permanente, y la nueva regulación de la sustitución de las penas privativas de libertad y de la ejecución de las medidas de seguridad.

La falta de desarrollo reglamentario de esta nueva normativa legal, y la necesidad de adaptar la ejecución de la pena de trabajos en beneficio de la comunidad a esta reforma del Código Penal, dio lugar a la publicación de este Real Decreto 515/2005, de 6 de mayo, por el que se establecen las circunstancias de ejecución de las penas de trabajos en beneficio de la comunidad y de localización permanente, de determinadas medidas de seguridad, así como de la suspensión de la ejecución de las penas privativas de libertad[181]. Señala en su preámbulo que este Real Decreto "se limita exclusivamente a regular la asignación de funciones que corresponden a los servicios sociales penitenciarios en relación con esta materia, por cuanto corresponde al legislador, por prescripción constitucional, la asignación de funciones a jueces y magistrados." Esta manera de proceder nos parece que es la correcta y adecuada, en contra de lo ocurrido con las Disposiciones Transitorias Segunda y Quinta del anterior Reglamento Penitenciario de 1981, según expusimos más arriba al referirnos al mismo.

Como consecuencia de todo ello, este Real Decreto 515/2005 derogó al Real Decreto 690/1996, de 26 de abril, por el que se establecían las circunstancias de ejecución de las penas de trabajo en beneficio de la comunidad y arresto de fin de semana.

También realizó una reforma puntual en el Reglamento Penitenciario dando nueva redacción al párrafo e) del apartado nº 1 de su artículo 272, a fin de incluir en la composición de la Junta de Tratamiento a un trabajador social, que haya intervenido en las propuestas sobre las que se delibere.

Posteriormente, la generalización de la pena de trabajos en beneficio de la comunidad hizo necesario que se reformara este Real Decreto 515/2005.

Originariamente el Código Penal restringía la aplicación de la pena de trabajos en beneficio de la comunidad, conforme a la pri-

---

[181] BOE nº 109, de 7-5-2005.

mitiva redacción de sus artículos 53 y 88, a los supuestos de impago de la pena de multa o de sustitución de la pena de arresto de fin de semana; por lo que dado lo novedoso de esta pena y la carencia de infraestructuras para su cumplimiento, su aplicación fue muy escasa. Sin embargo, leyes posteriores, que modificaron el Código Penal, ampliaron de forma significativa la imposición de esta pena de trabajos en beneficio de la comunidad a un importante número de conductas tipificadas en dicho Código. Así: la Ley Orgánica 11/2003, de 29 de septiembre, de medidas concretas en materia de seguridad ciudadana, violencia doméstica e integración social de los extranjeros; la Ley Orgánica 15/2003, de 25 de noviembre, de modificación del Código Penal; la Ley Orgánica 1/2004, de 28 de diciembre, de medidas de protección integral contra la violencia de género; y la Ley Orgánica 15/2007, de 30 de noviembre, de modificación del Código Penal en materia de seguridad vial. Por lo que la generalización de esta pena dio lugar a que hubiera que mejorar la regulación reglamentaria de su ejecución; lo que se llevó a cabo por el Real Decreto 1849/2009 de 4 de diciembre[182], que modificó al mencionado R. D. 515/2005.

Esta reforma afectó a la determinación de los puestos de trabajo, que deberá ser facilitado por la Administración estatal, autonómica o local, a cuyo efecto se prevé la posibilidad de establecer convenios entre sí y con otras entidades públicas o privadas; a la entrevista del penado con los servicios sociales penitenciarios los cuales deben informar a aquél sobre las plazas existentes, e instruirle de sus derechos con advertencia de las consecuencias de su incomparecencia; también se establece por esta reforma la posibilidad de que los penados por delitos contra la seguridad vial puedan cumplir la pena de trabajos en beneficios de la comunidad mediante la realización de talleres de actividades en materia de seguridad vial organizados por las autoridades correspondientes; y finalmente dispone la coordinación de los servicios sociales penitenciarios con las Fuerzas y Cuerpos de Seguridad, las Oficias de Asistencia a las Víctimas y la Delegación del Gobierno para la Violencia de Género, en los supuestos de penas o medidas de seguridad impuestas por juzgados de violencia sobre la mujer.

---

[182] BOE nº 293, de 5-12-2009.

4.1.5.5. El Real Decreto 710/2006, de 9 de junio. Libertad ideológica y religiosa de los internos

La libertad ideológica y religiosa de todos los ciudadanos está garantizada por el artículo 16 de la Constitución. De forma específica en el ámbito penitenciario, la LOGP dispone en su artículo 54 que "la Administración garantizará la libertad religiosa de los internos y facilitará los medios para que dicha libertad puede ejercitarse." Este precepto legal tiene su correlato reglamentario en el artículo 230 del Reglamento Penitenciario, que establece que "en todo lo relativo a la asistencia religiosa de los internos se estará a lo establecido en los acuerdos firmados por el Estado español con las diferentes confesiones religiosas."

La asistencia religiosa de los reclusos de religión católica está recogida en el Acuerdo entre el Estado Español y la Santa Sede, sobre Asuntos Jurídicos, firmado el 3 de enero de 1979 en la Ciudad del Vaticano[183]. También se ha de indicar que en los artículos 292 y 293 del anterior Reglamento Penitenciario de 1981 se regulaban las funciones de los Capellanes de Instituciones Penitenciarias. Según se expuso más arriba, la Disposición Transitoria Tercera del Real Decreto 190/1996, que aprobó el actual Reglamento Penitenciario, mantuvo la vigencia de estos artículos con rango de resolución del Centro Directivo.

El Estado Español también celebró otros Acuerdos de Cooperación con distintas Federaciones de entidades religiosas, en los que se garantiza el derecho de asistencia religiosa de los fieles de dichas confesiones internados en centros penitenciarios[184]. Con

---

[183] Instrumento de ratificación publicado en el BOE nº 300, de 15-12-1979.

El Artículo IV de este Acuerdo establece que:

«1) El Estado reconoce y garantiza el ejercicio del derecho a la asistencia religiosa de los ciudadanos internados en establecimientos penitenciarios, hospitales, sanatorios, orfanatos y centros similares, tanto privados como públicos.

2) El régimen de asistencia religiosa católica y la actividad pastoral de los sacerdotes y de los religiosos en los centros mencionados que sean de carácter público serán regulados de común acuerdo entre las competentes autoridades de la Iglesia y del Estado. En todo caso, quedará salvaguardado el derecho a la libertad religiosa de las personas y el debido respeto a sus principios religiosos.»

[184] Tales Acuerdos fueron aprobados por las Leyes 24/1992, 25/1992, y 26/1992, todas ellas de 10 de noviembre, referidas respectivamente a los Acuerdos con la Federación de Entidades Religiosas Evangélicas; con la Federación de Comunidades Israelitas (hoy Judías) de España; y con la Comisión Islámica de España. Igualmente todas ellas publicadas en el BOE nº 272 de 12-11-1992.

la finalidad de garantizar este derecho, y para que la acreditación y autorización de los correspondientes ministros de culto que hayan de dispensar la asistencia religiosa ofrezca las máximas garantías jurídicas, es por lo que se aprobó el Real Decreto 710/2006, de 9 de junio, de desarrollo de los Acuerdos de Cooperación firmados por el Estado con la Federación de Entidades Religiosas Evangélicas de España, la Federación de Comunidades Judías de España y la Comisión Islámica de España, en el ámbito de la asistencia religiosa penitenciaria[185].

4.1.5.6. La Orden del Ministerio del Interior INT/3191/2008, de 4 de noviembre. Participación de los ciudadanos, instituciones y asociaciones en la resocialización de los reclusos. Los Consejos Sociales Penitenciarios

La Ley Orgánica General Penitenciaria contempla en su artículo 69.2 la posibilidad de contar con la colaboración y participación de los ciudadanos y de instituciones y asociaciones públicas y privadas ocupadas en la resocialización de los reclusos. El propio Reglamento Penitenciario establece en su preámbulo que uno de sus objetivos es el de abrir las prisiones a la sociedad para potenciar la acción de la Administración con los recursos existentes en la sociedad, favoreciendo decididamente la colaboración de entidades públicas y privadas dedicadas a la asistencia de los reclusos, en los términos recogidos en su artículo 62.

Esta regulación parte de la idea de que, si bien la Administración penitenciaria tiene encomendada la tarea de ejecutar las penas privativas de libertad, orientando su cumplimiento a la consecución del fin constitucional de la reinserción del penado, ello no implica una actividad exclusiva y excluyente de la Administración, sino que para alcanzar dicho objetivo puede y debe contar con la colaboración de otras entidades o personas, pues es toda la sociedad en su conjunto la interesada en recuperar a aquellos ciudadanos que en un momento determinado se apartaron del respeto a las normas de convivencia y de la legalidad.

---

185 BOE nº 138, de 10-6-2006.

Con la finalidad de favorecer la transparencia y la participación de la sociedad en esta tarea de la Administración penitenciaria se dictó la Orden INT/3191/2008, de 4 de noviembre, de creación del Consejo Social Penitenciario y de los Consejos Sociales Penitenciarios Locales[186/187].

El Consejo Social Penitenciario se constituye como un órgano consultivo, en el que tienen participación representantes de la propia Administración Penitenciaria, entidades sociales y organizaciones no gubernamentales que intervienen en al ámbito penitenciario, y que tiene como función primordial la de coordinar las actuaciones de estas entidades, su participación en el desarrollo de propuestas programáticas, y la planificación estratégica de actuaciones en materia de programas sociales y de reinserción. En ningún caso sus propuestas son vinculantes.

De forma similar, pero limitados al ámbito territorial de cada Centro Penitenciario o Centro de Inserción Social, esta Orden Ministerial dispone la creación de Consejos Sociales Penitenciarios Locales. Estos Consejos Locales deben remitir sus propuestas al Consejo Social Penitenciario, que las abordará cuando su alcance y repercusión sean de interés general o de ámbito supraterritorial.

4.1.5.7. El Real Decreto 419/2011, de 25 de marzo. Medidas de seguridad, control de internos muy conflictivos o inadaptados

La necesidad de regular los procedimientos de actuación en materia de seguridad, control y prevención de incidentes relativos a internos muy conflictivos y/o inadaptados; la necesidad de dar cobertura reglamentaria a los ficheros de internos de especial seguimiento (FIES); la necesidad de una intervención más directa e intensa en

---

[186] BOE nº 270, de 8-11-2008.

[187] Por RD 400/2012, de 17-2, que desarrolla la estructura orgánica básica del Ministerio del Interior se suprimió, en el ámbito de la Secretaría General de Instituciones Penitenciarias, la Dirección General de Coordinación Territorial y Medio Abierto y se realizaron modificaciones en la denominación de las subdirecciones generales. En coherencia con estas modificaciones, se dictó la Orden del Ministerio del Interior INT/1935/2014 de 7 de octubre (BOE nº 257, de 23-10-2014), por la que se modificó el apartado Tercero de la Orden INT/3191/2008 en lo relativo a la composición del Consejo Social Penitenciario.

el colectivos de presos destinados en los módulos o departamentos de régimen cerrado; y la necesidad de adaptar la organización administrativa penitenciaria tras la creación de los Centros de Inserción Social, dio lugar a la publicación de este Real Decreto 419/2011, de 25 de marzo[188], por el que se modifica el vigente Reglamento Penitenciario de 1996, siendo esta su última modificación.

Señala el citado Real Decreto que en los últimos años se ha producido un incremento del número de internos ingresados por actividades terroristas, con especial relevancia en el supuesto del denominado terrorismo yihadista, siendo preocupante el fenómeno de la captación u proselitismo de eventuales terroristas en el interior de las cárceles, así como un aumento considerable de los reclusos vinculados a grupos de delincuencia organizada, por lo que se hace necesario adoptar medidas de control reforzado con el fin de hacer frente a los riesgos y amenazas a la seguridad.

Por otro lado, con la nueva regulación de los ficheros FIES se garantiza que no supongan un sistema de vida distinto de aquel que reglamentariamente corresponda a cada interno. Por lo que se refiere a la modificación del desarrollo reglamentario del régimen de vida cerrado, regulado en el artículo 10 de la LOGP, se pretende una atención personalizada a este grupo de internos a través de programas específicos y profesionales especializados, procurando que la estancia de los jóvenes en este régimen de vida tenga la duración mínima imprescindible. Y por último, se modifica la composición de las Juntas de Tratamiento y de los Consejos de Dirección incluyendo en los mismos a los subdirectores de los Centros de Inserción Social.

4.1.5.8. El Real Decreto 840/2011, de 17 de junio. Circunstancias de ejecución de las penas de TBC, localización permanente, determinadas medidas de seguridad, suspensión de ejecución y sustitución de penas

Lo mismo que la reforma operada en Código Penal por la Ley Orgánica 15/2003 de 25 de noviembre determinó la publicación del Real Decreto 515/2005 de 6 de mayo, al que nos hemos referido an-

188 BOE nº 73, de 26-3-2011.

teriormente, con posterioridad la promulgación de la Ley Orgánica 5/2010, de 22 de junio, ha supuesto una relevante reforma del sistema de penas y medidas de seguridad del Código Penal, por lo que para llevar a cabo el adecuado desarrollo reglamentario en la ejecución de las penas y medidas afectadas es por lo que aparece este Real Decreto 840/2011, de 17 de junio, por el que se establecen las circunstancias de ejecución de las penas de trabajo en beneficio de la comunidad y de localización permanente en centro penitenciario, de determinadas medidas de seguridad, así como de la suspensión de la ejecución de las penas privativas de libertad y sustitución de penas[189].

Este Real Decreto deroga la anterior regulación sobre esta materia contenida en el mencionado Real Decreto 515/2005.

Por lo que respecta al cumplimiento de la pena de trabajos en beneficio de la comunidad, introduce una modificación sustancial respecto de la regulación anterior. Bajo la vigencia del ahora derogado R. D. 515/2005, existía un control judicial a priori, consistente en la elaboración de una propuesta de ejecución que la Administración penitenciaria remitía al Juez de Vigilancia, y una vez que esta autoridad judicial aprobaba la propuesta es cuando se iniciaba el cumplimiento de la pena. Este sistema planteaba innumerables dificultades prácticas, basadas fundamentalmente en la imposibilidad de notificar las resoluciones judiciales a los reos que no se encontraban a la inmediata disposición del Juzgado. Para superar estas dificultades, el nuevo sistema ideado en este nuevo Real Decreto consiste en suprimir ese control a priori del Juez de Vigilancia, de tal manera que, ordenada la ejecución por el juez o tribunal competente, la Administración penitenciaria procederá a su materialización, elaborando un plan de ejecución previa audiencia del penado, y una vez notificado al mismo, dicho plan tiene ejecutividad, dándose posteriormente cuenta al Juez de Vigilancia para su control, al que también se le dará cuenta de todas las incidencias relevantes durante la ejecución de la pena, así como de su finalización una vez cumplido el plan de ejecución.

La nueva regulación dada en el Código Penal a la pena de localización permanente permite que, en supuestos especiales, su cum-

---

[189] BOE nº 145, de 18-6-2011.

plimiento tenga lugar en centro penitenciario, y por otro lado también contempla la posibilidad de que el juez o tribunal sentenciador puedan acordar que, para su adecuado control, se utilicen medios mecánicos y electrónicos. La ejecución de esta pena de localización permanente, cuando se acuerde su ejecución en establecimiento penitenciario, debe cumplirse en sábados, domingos y días festivos en el establecimiento penitenciario más próximo al domicilio del penado. También requiere de la elaboración, por parte de la Administración, de un plan de ejecución, que goza de inmediata ejecutividad tras su aprobación, y que se remite a posteriori, no al Juez de Vigilancia sino al órgano sentenciador o Juzgado de Ejecutorias correspondiente. Por lo demás, tiene una regulación similar a la desaparecida pena de arresto de fin de semana.

Al acordar la suspensión de la ejecución de penas privativas de libertad o la sustitución de penas, el órgano sentenciador puede imponer también la sujeción a programas específicos de reeducación y tratamiento, o la observancia de determinados deberes u obligaciones. En tales casos, en este Real Decreto se contempla la actuación que debe realizar la Administración penitenciaria para su ejecución, que requiere la elaboración previa de un plan individual de intervención y seguimiento, que una vez aprobado se reviste de plena ejecutividad, y del que debe dar posterior cuenta al órgano sentenciador o Juzgado de Ejecutorias correspondiente. Tampoco interviene en la ejecución y control de estas medidas el Juez de Vigilancia, pues la reforma llevada a cabo en el Código Penal por la Ley Orgánica 5/2010, de 22 de junio, suprimió la intervención de este Juez en la dinámica del procedimiento revisor de las medidas de seguridad no privativas de libertad. Tan solo ha conservado la intervención del Juez de Vigilancia en la medida de custodia familiar y en la libertad vigilada postpenitenciaria. En este último supuesto, dispone este Real Decreto, que ahora comentamos, que antes de finalizar el cumplimiento de la pena privativa de libertad, a solicitud del Juez de Vigilancia, la Administración penitenciaria elevará a éste un informe técnico, elaborado por la Junta de Tratamiento del Centro penitenciario en el que el penado se encuentre cumpliendo condena, a fin de poder realizar la oportuna propuesta al Juez o Tribunal sentenciador sobre el contenido de la medida, fijando las obligaciones o prohibiciones que habrá de observar el condenado.

4.1.5.9. Las Instrucciones y Circulares de la Administración Penitenciaria

Dispone el artículo 79 de la Ley Orgánica General Penitenciaria que: «Corresponde a la Dirección General de Instituciones Penitenciarias del Ministerio de Justicia (hoy Secretaría General de Instituciones Penitenciarias incardinada en el Ministerio del Interior) la dirección, organización e inspección de las Instituciones que se regulan en la presente Ley, salvo respecto de las Comunidades Autónomas que hayan asumido en sus respectivos Estatutos la ejecución de la legislación penitenciaria y consiguiente gestión de la actividad penitenciaria»[190].

---

[190] El Real Decreto 991/2006, de 8 de septiembre, de desarrollo de la estructura orgánica básica del Ministerio del Interior (BOE nº 218, de 12-9-2006), integró la Dirección General de Instituciones Penitenciarias en la Secretaría de Estado de Seguridad; y además de esta nueva dependencia orgánica y funcional, en la Dirección General de Instituciones Penitenciarias creó la Subdirección General de Medio Abierto y Medidas Alternativas a la que le encomendó las funciones que en esta materia eran ejercidas por la Subdirección General de Tratamiento y Gestión Penitenciaria.

Posteriormente, el Real Decreto 1181/2008, de 11 de julio, por el que se modifica y desarrolla la estructura orgánica básica del Ministerio del Interior (BOE nº 171 de 16-7-2008) introdujo ciertas modificaciones en la organización interna de dicho Ministerio. Así, en el ámbito competencial de la Secretaría de Estado de Seguridad, elevó de rango a la Dirección General de Instituciones Penitenciarias, que pasó a ser una Secretaría General, cuyo titular tendrá rango de subsecretario. Esta Secretaría General de Instituciones Penitenciarias, cuenta a partir de entonces con dos Direcciones Generales. La Dirección General de Gestión de Recursos, encargada de gestionar los medios necesarios para el desarrollo de la política penitenciaria, y la Dirección General de Coordinación Territorial y Medio Abierto, que se ocupa de los restantes asuntos atribuidos a la Secretaría General.

Finalmente, el Real Decreto 400/2012, de 17 de febrero, por el que se desarrolla la estructura orgánica básica del Ministerio del Interior (BOE nº 42, de 18-2-2012), deroga la normativa anterior, suprime las Direcciones Generales de Gestión de Recursos y de Coordinación y Medio Abierto, e introduce en la estructura de la Secretaría General de Instituciones Penitenciarias las siguientes Unidades: a) La Subdirección General de Tratamiento y Gestión Penitenciaria, b) La Subdirección General de Penas y Medidas Alternativas, c) La Subdirección General de Inspección Penitenciaria, d) La Subdirección General de Relaciones Institucionales y Coordinación Territorial, e) La Subdirección General de Recursos Humanos, f) La Subdirección General de Servicios Penitenciarios, y g) La Subdirección General de Coordinación de Sanidad Penitenciaria. Se adscribe también a la Secretaría General de Instituciones Penitenciarias el Organismo Autónomo Trabajo Penitenciario y Formación para el Empleo, correspondiendo a dicha Secretaría la presidencia de este Organismo.

Para el desempeño de estas funciones, es por lo que tanto la Secretaría General de Instituciones Penitenciarias, como las Subdirecciones Generales que en ella se integran, pueden dictar Instrucciones y Circulares que tienen por objeto la organización de las distintas parcelas de la Administración penitenciaria, y la realización de las actividades y consecución de los fines que tiene encomendados. En la actualidad son más de cien las disposiciones existentes de este tipo.

Estas Instrucciones y Circulares pertenecen a los que podemos denominar "reglamentos administrativos o de organización", distintos de los "reglamentos ejecutivos" dictados para el desarrollo y ejecución de las disposiciones de una ley, y que por tanto están rodeados de unas garantías en su elaboración y requisitos de publicidad de los que carecen los anteriores.

Llegados a este punto hemos de poner de manifiesto que el ingreso de un penado en un centro penitenciario da lugar al establecimiento de una relación jurídica, denominada de "sujeción o supremacía especial" entre dicho penado y la Administración penitenciaria, de tal manera que ésta tiene un mayor poder de disposición y el administrado –en este caso el penado– se halla sometido a una serie de obligaciones especiales como consecuencia de su integración en una institución preexistente que proyecta su autoridad sobre quienes, al margen de su condición común de ciudadanos y como consecuencia de la modificación de su status libertatis, adquieren el estatuto específico de individuos sujetos a un poder público, que no es el que, con carácter general, existe sobre el común de los ciudadanos[191].

Pero como señala el profesor López Benítez[192], se ha de buscar el justo equilibrio entre los privilegios y las prerrogativas de la Administración por un lado, y la tutela de la libertad y de los derechos de internos por otro, teniendo en cuenta que la constitucionalización de esta relación de sujeción especial de los reclusos tiene unos fines típicos para la actividad penitenciaria, conforme a lo previsto en el ar-

---

Por otro lado, entre las distintas Comunidades Autónomas que prevén en sus Estatutos la asunción de competencias en materia penitenciaria, únicamente Cataluña las ha asumido y las ejerce efectivamente.

[191] *Vid.* Sentencia de la Audiencia Nacional, Sala de lo Contencioso-Administrativo, Sección 1ª, de fecha 1-3-2004 (recurso nº 1490/2001).

[192] LOPEZ BENITEZ, Mariano; «Prisiones, presos y derecho administrativo», en *Derechos Fundamentales y otros estudios, en homenaje al Prof. Dr. Lorenzo Martín-Retortillo*, vol. II, Zaragoza, 2008, pp. 835-858.

tículo 25.2 de la Constitución, lo que implica que la relación jurídica penitenciaria se halla bajo la reserva de ley orgánica. De esto se derivan dos consecuencias: En primer lugar, la imposibilidad de que la Administración pueda dictar reglamentos independientes en este ámbito. La segunda consecuencia de esta reserva de ley es la exigencia de una mayor densidad normativa a la hora de hacer realidad la vigencia de ciertos derechos y libertades en el interior de las prisiones, y el mayor protagonismo de las normas reglamentarias de la Administración.

Sin embargo, el protagonismo de estas normas reglamentarias debe situarse en sus justos términos, y no puede conducir a extralimitaciones de la Administración penitenciaria entrando a regular de forma independiente cuestiones que quedan extramuros de su competencia.

Al hilo de lo anteriormente expuesto, hemos de traer a colación la Sentencia del Tribunal Supremo, Sala Tercera, Sección 5ª, de 17 de marzo de 2009 (recurso 9576/2004), que declaró la nulidad de pleno derecho del apartado primero de la Instrucción 21/1996, de 16 de diciembre, de la Dirección General de Instituciones Penitenciarias, que contenía normas de carácter general sobre seguridad, control y prevención de incidentes relativos a internos muy conflictivos y/o inadaptados, que afectaban a los derechos y deberes de éstos.

Como señala esta Sentencia del Alto Tribunal, las "circulares o instrucciones, al carecer de la naturaleza y de las garantías de las normas jurídicas o disposiciones de carácter general, no son medio idóneo para regular derechos y deberes de los internos en los centros penitenciarios." Y señala en su Fundamento de Derecho Segundo que "la plausible conveniencia de prestar el servicio con igualdad de criterio en todos los centros penitenciarios, a través de instrucciones y circulares de régimen interno, no permite completar las normas de control y prevención aplicables a los internos a través de tales reglamentos organizativos, que no pueden traspasar el umbral del funcionamiento del servicio y adentrarse en la regulación de los derechos y deberes de unos internos a los que la propia Instrucción incluye en un grupo determinado, aunque se diga que es a los meros efectos administrativos, ya que todo lo relativo a su clasificación y tratamiento está reservado a la Ley penitenciaria y al Reglamento que la desarrolla, cuya aplicación se ha de llevar a cabo a través de los concretos actos administrativos relativos a cada interno con el consiguiente control jurisdiccional."

4.2. Evolución de las normas relativas a las cuestiones orgánicas y procedimientos de actuación de los Jueces de Vigilancia

Según hemos expuesto anteriormente, la Ley Orgánica 1/1979 de 26 de septiembre, General Penitenciaria, creó ex novo en el ordenamiento jurídico español la figura del Juez de Vigilancia Penitenciaria, en cuyo artículo 78.1 dispone que: «En lo que respecta a las cuestiones orgánicas referentes a los Jueces de Vigilancia y a los procedimientos de su actuación, se estará a lo dispuesto en las Leyes correspondientes.»

Como ni en esta Ley Orgánica ni en ninguna otra norma se establecía cuáles serían las autoridades judiciales que se encargarían de desempeñar dicha función ni, por supuesto, se habían constituido los correspondientes nuevos juzgados para el desarrollo de la misma, ni tampoco se habían establecido los procedimientos de actuación a través de los que deberían de ejercer su jurisdicción estos nuevos Jueces dispensando la tutela judicial efectiva en los asuntos de su competencia, es por lo que esta misma Ley da una solución provisional a esta cuestión al indicar en su Disposición Transitoria Primera que: «Hasta que se dicten las normas referidas en el artículo 78, el Juez de Vigilancia se atendrá a los artículos 526, 985, 987, 990 y concordantes de la Ley de Enjuiciamiento Criminal.»

Posteriormente, tras la entrada en vigor de esta Ley Orgánica, y en cumplimiento de lo previsto en su Disposición Final Segunda, –tal y como hemos visto más arriba– el Gobierno aprobó el primer Reglamento para su desarrollo mediante Real Decreto 1201/1981 de 8 de mayo, a cuya entrada en vigor aún no se habían determinado los miembros de la Carrera Judicial a los que se atribuiría el desempeño de la función de Juez de Vigilancia Penitenciaria. Por este motivo, y con desafortunada técnica jurídica, como igualmente hemos criticado más arriba[193], por regular en una disposición reglamentaria cuestiones reservadas a la ley, este Real Decreto en su Disposición Transitoria Quinta, repitiendo casi las mismas palabras de la Disposición Transitoria Primera de la Ley Orgánica para cuyo desarrollo se dictó, dispuso que: «En tanto no se promulguen las normas

[193] Vid. ut supra, apartado II.4.1.2 de este capítulo.

orgánicas y procesales que desarrollen la intervención del Juez de Vigilancia, referidas en el artículo 78 de la Ley Orgánica 1/1979, de 26 de septiembre, General Penitenciaria, las Autoridades Judiciales a quienes atribuya aquella condición el Consejo General del Poder Judicial, se atendrán a los artículos 526, 985, 987, 990 y concordantes de la Ley de Enjuiciamiento Criminal.»

Esas normas relativas a las cuestiones orgánicas y procedimentales de los Jueces de Vigilancia, a las que se refiere el artículo 78.1 de la LOGP son las normas adjetivas o instrumentales por medio de las que se debe organizar la estructura y el funcionamiento de estos órganos jurisdiccionales al aplicar el Derecho –material o sustantivo– Penitenciario, dotándolos de las herramientas jurídicas necesarias para el desempeño de su función. Estas normas son las que vienen a constituir lo que nosotros defendemos como Derecho Procesal Penitenciario y que, conforme a la propia distinción que se hace en el citado artículo 78.1, y en las mencionadas Disposiciones Transitorias, tanto de la Ley Orgánica como de su primer Reglamento, podemos clasificar en dos grupos: a) Normas orgánicas; y b) Normas procedimentales.

4.2.1. Normas orgánicas

4.2.1.1. Los primeros Acuerdos del C.G.P.J.

Ante el estado de cosas que acabamos de describir, y desde el punto de vista organizativo, el Consejo General del Poder Judicial adoptó el Acuerdo de 9 de julio de 1981[194] por el que inicialmente atribuyó la función de Juez de Vigilancia Penitenciaria a diecisiete miembros de la Carrera Judicial, hasta tanto se promulgase la Ley Orgánica del Poder Judicial. Dicha atribución recayó con carácter general en los Titulares de los entonces existentes Juzgados de Peligrosidad y Rehabilitación Social, y en los Titulares de algunos Juzgados de Primera Instancia e Instrucción.

Como complemento de este Acuerdo, el Consejo General del Poder Judicial dictó otro de fecha 22 de julio de 1981[195] por el que fijó el día 1 de octubre de 1981 como fecha en que entrarían en funcionamiento, como Jueces de Vigilancia Penitenciaria, las autorida-

[194] BOE nº 174 de 22 de julio de 1981.
[195] BOE nº 187 de 6 de agosto de 1981.

des judiciales a quienes atribuyó tal condición por Acuerdo de 9 de julio anterior.

Tras estos Acuerdos vinieron otros más, completando o derogando a los anteriores, a fin de atender a las necesidades que surgían a medida que la figura del Juez de Vigilancia Penitenciaria se iba implantando y desarrollando su actuación. Así, por Acuerdo de 28 de septiembre de 1981, del Consejo General de Poder Judicial[196], se dispuso que las Autoridades Judiciales a las que se atribuyó la función de Juez de Vigilancia Penitenciaria, tendrán como personal colaborador y auxiliar en dichas funciones al Secretario y funcionarios al servicio de la Administración de Justicia destinados en el Juzgado del que sea titular el Juez o Magistrado al que corresponda la función de Vigilancia Penitenciaria.

También el Ministerio Fiscal hubo de adaptarse a los cambios que la entrada en funcionamiento de estos nuevos órganos jurisdiccionales exigía. De este modo, en la Consulta de 22 de octubre de 1981 de la Fiscalía General del Estado[197] se establecía que "Los Fiscales adscritos a los Juzgados de Vigilancia Penitenciaria, dependerán del Fiscal de la Audiencia en donde radique el Juzgado y sus consultas y propuestas se elevarán a esta Fiscalía General por aquél a través del Fiscal de la Audiencia Territorial cuando su jurisdicción exceda del ámbito provincial. Deberá llevarse una carpetilla de cada expediente con indicación de las vicisitudes y ficha del interno."

Dos años más tarde de la entrada en vigor del Acuerdo del Consejo General del Poder Judicial de 9 de Julio de 1981, de atribución de competencias en materia de vigilancia penitenciaria a determinadas Autoridades Judiciales, la experiencia obtenida desde entonces puso de relieve la necesidad de efectuar una nueva atribución de las referidas competencias para conseguir un acercamiento de los Juzgados de Vigilancia Penitenciaria a los establecimientos sobre cuyos reclusos habían de recaer sus funciones, una adecuación de la distribución a las características geográficas, medios de comunicación y promedio del número de internos existentes en cada Centro y una mejor atención al servicio, al evitar la incidencia que la referida labor tenía en la función jurisdiccional en algunos órganos que la desempeñaban y para

---

196 BOE nº 235 de 1 de octubre de 1981.

197 Memoria Anual de la Fiscalía General del Estado 1821/1982 de 31 de diciembre de 1982. Boletín Oficial del Ministerio de Justicia nº 1821/1998 de 15 de mayo.

los que suponía una sobrecarga en el índice de su actividad, que generaba no pocas dificultades. Por ello, el Pleno del Consejo General de Poder Judicial siendo consciente de la importancia que, por su naturaleza, tiene la función de Vigilancia Penitenciaria, aspirando a su posible mejora, adoptó el Acuerdo de 26 de octubre de 1983[198] por el que atribuyó la función de Juez de Vigilancia Penitenciaria a determinadas Autoridades Judiciales, derogando el Acuerdo de 9 de julio de 1981 en cuanto se opusiera a lo dispuesto en el presente.

Conforme a este nuevo Acuerdo, de los 17 anteriores, ahora pasaban a ser 25 los miembros de la Carrera Judicial a los que se atribuía las funciones de vigilancia penitenciaria; y además, no sólo eran los titulares de órganos unipersonales –Juzgados de Peligrosidad y Rehabilitación Social, y Juzgados de Primera Instancia e Instrucción–, sino que también se atribuía esta función a algunos magistrados de órganos colegiados de las Audiencias Provinciales y de las extintas Audiencias Territoriales.

Como quiera que la labor encomendada a los Jueces de Vigilancia Penitenciaria iba en aumento, un año más tarde se puso de manifiesto que la competencia que en materia de vigilancia penitenciaria tenía atribuida, por Acuerdo del Consejo General del Poder Judicial de 26 de octubre de 1983, el Magistrado Titular del Juzgado de Peligrosidad y Rehabilitación Social número 1 de Barcelona era determinante de una cifra muy elevada de asuntos, por extenderse a un alto número de internos en establecimientos penitenciarios, lo que dificultaba en gran medida la dedicación que en labor tan importante y compleja debía proyectarse sobre los variadísimos problemas que suscitaba, por eso para mejorar dicha situación, por Acuerdo de 19 de diciembre de 1984 del Pleno del Consejo General del Poder Judicial, se atribuyó la función de Juez de Vigilancia Penitenciaria a un Magistrado de la Audiencia Territorial de Barcelona, de tal manera que este Magistrado, que comenzó a actuar con la denominación de Juez de Vigilancia Penitenciaria nº 2, asumió la competencia respecto del Centro Penitenciario de Hombres de Barcelona y de los establecimientos sitos en la provincia de Gerona. Respecto del resto de los establecimientos del territorio de la Audiencia Territorial de Barcelona, seguía manteniendo la competencia el titular del Juzgado de Peligrosidad y Rehabilitación Social número 1 de Barcelona, que comenzó a actuar con la denominación de Juez de Vigilancia Penitenciaria nº 1.

---

198 BOE nº 276 de 18 de noviembre de 1983.

Sin embargo, como consecuencia de un recurso interpuesto por este último Magistrado, el Pleno del Consejo General del Poder Judicial dictó otro Acuerdo de 29 de mayo de 1985, por el que modificó parcialmente el de 19 de diciembre de 1984, en el sentido de que la función de Juez de Vigilancia Penitenciaria atribuida a un Magistrado de la Audiencia Territorial de Barcelona quedaba reducida al ámbito del Centro Penitenciario de Hombres de Barcelona, reintegrando al Juez de Vigilancia Penitenciaria nº 1 la competencia sobre los centros de la provincia de Gerona.

4.2.1.2. La Ley Orgánica del Poder Judicial

Meses más tarde, ese mismo año se promulgó la Ley Orgánica 6/1985 de 1 de julio, del Poder Judicial[199] que supuso una importante reforma en todo lo relativo al Poder Judicial y a la Administración de Justicia en España, y que reorganizó los distintos órganos jurisdiccionales, creó unos, como por ejemplo los Tribunales Superiores de Justicia, Juzgados de lo Social, Juzgados de Menores, y suprimió otros, como por ejemplo las Audiencias Territoriales, Magistraturas de Trabajo, Juzgados de Peligrosidad y Rehabilitación Social, y los Juzgados de Distrito.

Por lo que ahora nos interesa, la Disposición Transitoria Vigésimo Séptima de la Ley Orgánica del Poder Judicial dispuso que a partir de su entrada en vigor las funciones en materia de peligrosidad y rehabilitación social corresponderán a los Juzgados de Instrucción, y que los referidos Juzgados de Peligrosidad y Rehabilitación Social se denominarán de Vigilancia Penitenciaria y desarrollarán las funciones que como tales correspondan, sin perjuicio de cuanto al respecto establezca la Ley de Planta.

De forma consecuente con lo anterior, el Pleno del Consejo General de Poder Judicial adoptó el Acuerdo de 5 de febrero de 1986[200] modificando las competencias en materia de vigilancia penitenciaria en el ámbito de la extinta Audiencia Territorial de Barcelona, de tal modo que dejó sin efecto la atribución de funciones

---

199 Publicada en el BOE nº 157 de 2 de julio de 1985. Corrección de errores en el BOE nº 264 de 4 de noviembre de 1985. Conforme a su Disposición Final, entró en vigor al siguiente día de su publicación en el Boletín Oficial del Estado.

200 BOE nº 34 de 8 de febrero de 1986.

de vigilancia penitenciaria que se hizo a un Magistrado la Audiencia Territorial, y las competencias en esta materia pasaron a asumirlas los Juzgados Peligrosidad y Rehabilitación Social nº 1 y nº 2, que pasaron a denominarse Juzgados de Vigilancia Penitenciaria número 1 y número 2, que se distribuyeron la competencia respecto de los establecimientos penitenciarios de las provincias de Barcelona, Gerona y Tarragona; continuando la vigilancia penitenciaria respecto de los establecimientos sitos en la provincia de Lérida atribuida a un Magistrado de la Audiencia Provincial de dicha Ciudad.

La Ley Orgánica del Poder Judicial establece una nueva división territorial del Estado en materia judicial[201] adaptándola a la nueva realidad del Estado de las Autonomías surgido tras la Constitución de 1978. Acorde con esta división, regula los Juzgados de Vigilancia Penitenciaria en sus artículos 94 y 95, estableciendo que en cada provincia habrá uno o varios Juzgados de Vigilancia Penitenciaria, aunque también podrán crearse Juzgados de este tipo cuya jurisdicción no abarque a toda la provincia, o bien se extienda a dos o más provincias de la misma Comunidad Autónoma, remitiéndose a la Ley de Planta en lo relativo al número de tales Juzgados, para lo que habrá de atenderse principalmente a los establecimientos penitenciarios existentes y a la clase de éstos.

4.2.1.3. La Ley de Demarcación y Planta Judicial

Unos años más tarde se promulgó la Ley 38/1988, de 28 de diciembre, de Demarcación y Planta Judicial[202], cuyo artículo 18 dispone que la planta de los Juzgados de Vigilancia Penitenciaria, en régimen de exclusividad de funciones, o compatibilizando con las del orden jurisdiccional penal, es la establecida en el Anexo X de esta Ley.

Como quiera que las competencias en materia de vigilancia penitenciaria que se venían ejerciendo por las Autoridades Judiciales a las que se las atribuyeron los Acuerdos del Pleno de Consejo General del Poder Judicial de 26 de octubre de 1983 y 5 de febrero de 1986, en algunos casos las mismas rebasaban los límites territoriales de las

---

[201] Conforme al artículo 30 de la Ley Orgánica del Poder Judicial: «El Estado se organiza territorialmente, a efectos judiciales, en municipios, partidos, provincias y Comunidades Autónomas.»

[202] BOE nº 313, de 30 de diciembre de 1988.

respectivas Comunidades Autónomas y, por tanto, de los Tribunales Superiores de Justicia, próximos a constituirse, en contradicción con el artículo 94 de la Ley Orgánica del Poder Judicial, es por lo que el Pleno del Consejo General del Poder Judicial adoptó el Acuerdo de 22 de febrero de 1989[203] derogando los dos Acuerdos anteriormente citados, y efectuando una adecuación de competencias en aras de la mayor claridad y simplificación siguiendo el sistema de enunciación por Comunidades Autónomas que hace la Ley de Demarcación y Planta en su Anexo X.

Tras la entrada en vigor de esta Ley, y conforme a las previsiones de sus artículos 45 y 62[204], la planta de los Juzgados de Vigilancia Penitenciaria, –como por regla general la de todos los órganos jurisdiccionales– ha ido experimentando un incremento sucesivo. En este orden de cosas cabe destacar la modificación del artículo 94 de la Ley Orgánica del Poder Judicial por Ley Orgánica 5/2003 de 27 de mayo[205], que introdujo un nuevo apartado número 4, que prevé la existencia de uno o varios Juzgados Centrales de Vigilancia Penitenciaria en relación con los delitos competencia de la Audiencia Nacional. Esta Ley Orgánica también modificó el Anexo X de la Ley 38/1988, de 28 de diciembre, creando el Juzgado Central de Vigilancia Penitenciaria nº 1.

Con posterioridad ha habido sucesivas reformas de este Anexo X[206], existiendo en la actualidad 50 Juzgados de Vigilancia Penitenciaria

---

[203] BOE nº 58, de 9 de marzo de 1989.

[204] Estos artículos de la Ley 38/1988, de 28 de diciembre, de Demarcación y Planta Judicial, establecen lo siguiente:

«Art. 45: El Gobierno, en el marco de la Ley de Presupuestos, previo informe del Consejo General del Poder Judicial, acordará la constitución y determinará la sede de los Juzgados de Vigilancia Penitenciaria necesarios para alcanzar el número total fijado en esta ley en el plazo general de programación establecido en el art. 62.»

«Art. 62: El Gobierno elaborará los programas necesarios para la aplicación efectiva de la nueva planta judicial, en el periodo comprendido entre 1989 y 1992. Corresponderá al Ministerio de Justicia su desarrollo y ejecución.

No obstante lo dispuesto en el apartado anterior, el Gobierno, previo informe del Consejo General del Poder Judicial, podrá acordar la extensión de los mencionados programas durante los años 1993 y 1994.»

[205] BOE nº 127, de 28 de mayo de 2003.

[206] La última reforma de este Anexo nº X ha sido llevada a cabo por el Real Decreto 819/2010, de 25 de junio, por el que se crean y constituyen 132 juzgados, se constituyen 2 juzgados y se crean 16 plazas de Magistrado en Tribunales Superiores de Justicia y Audiencias Provinciales correspondientes a la programación del año 2010 y 50 plazas de juez de adscripción territorial. (BOE 167, de 10 de julio 2010).

con dedicación exclusiva de su Magistrado Titular, y 3 Juzgados de Vigilancia Penitenciaria desempeñados en régimen de compatibilidad[207] por los Magistrados Titulares de otros órganos: El de La Rioja que está desempeñado por un Magistrado de un Juzgado de Primera Instancia e Instrucción de Logroño; el de Melilla, por un Magistrado de la Sección Séptima de la Audiencia Provincial de Málaga, con sede desplazada en la citada Ciudad Autónoma; y el Juzgado Central que lo compatibiliza el Juez de Menores de la Audiencia Nacional.

4.2.2. Normas procedimentales

4.2.2.1. La Disposición Transitoria Primera de la Ley Orgánica General Penitenciaria

Desde el punto de vista del derecho positivo, de las dos cuestiones –las orgánicas y las procedimentales– a que se refiere el artículo 78.1 de la LOGP, sólo lo relativo al aspecto orgánico es lo que hasta ahora ha quedado resuelto por el legislador, como hemos podido comprobar en el apartado anterior.

En el aspecto de los procedimientos, la Disposición Transitoria Primera de la propia LOGP intentó dar una solución provisional al indicar que: «Hasta que se dicten las normas referidas en el artículo 78, el Juez de Vigilancia se atendrá a los artículos 526, 985, 987, 990 y concordantes de la Ley de Enjuiciamiento Criminal.»

Sin embargo, los citados preceptos de la Ley de Enjuiciamiento Criminal, muy escasa o nula utilidad ofrecen ante los graves problemas que se presentan por la ausencia de normas reguladoras del procedi-

---

Con anterioridad fue modificado por las siguientes normas: Anexo único RD 1207/2009 de 17 julio; Anexo único RD 953/2008 de 6 junio; Anexo único RD 867/2007 de 2 julio; Anexo único RD 963/2006 del septiembre; Anexo único RD 1197/2005 del0 octubre; Art. 3 LO 5/2003 de 27 mayo; Anexo X RD 996/2002 de 27 septiembre; Anexo X RD 814/2001 de 13 julio; Anexo X RD 194/2000 de 11 febrero; Anexo X RD 1286/1999 de 23 julio; Anexo X RD 987/1998 de 22 mayo; Anexo X RD 2012/1997 de 26 diciembre; Anexo X RD 2368/1996 de 18 noviembre; Anexo X RD 2037/1994 de 14 octubre; Anexo X RD 763/1993 de 21 mayo; Anexo RD 911/1992 de 17 julio; y Art. 2 Ley 3/1992 de 20 marzo.

[207] Según el apartado nº 5 del artículo 94 de la L.O.P.J.: «El cargo de Juez de Vigilancia Penitenciaria será compatible con el desempeño de un órgano del orden jurisdiccional penal.»

miento de actuación de los Jueces de Vigilancia. El artículo 526, referido a las visitas a las prisiones, no es propiamente dicho una norma procesal. El artículo 985, sobre competencia para la ejecución de las sentencias, no es de plena aplicación por los Jueces de Vigilancia pues la dirección de la ejecución y la competencia para tomar decisiones esenciales que afecten a la misma, está residenciada en los tribunales sentenciadores. El artículo 987 contiene una norma genérica relativa al auxilio judicial. Y el artículo 990, relativo a la adopción de medidas para que el condenado ingrese en prisión, tampoco resulta de aplicación por el Juez de Vigilancia, pues como se ha encargado de poner de relieve el Tribunal Supremo, la competencia para dictar una orden de busca y captura corresponde al tribunal sentenciador[208].

4.2.2.2. La Disposición Adicional Quinta de la Ley Orgánica del Poder Judicial

Esta situación ha sido paliada en parte, en lo referente al tema de los recursos contra las resoluciones de los Jueces de Vigilancia, por la Disposición Adicional Quinta de la Ley Orgánica del Poder Judicial promulgada seis años más tarde.

Esta Disposición Adicional distingue entre resoluciones dictadas por los Jueces de Vigilancia en "materia de ejecución de penas" en cuyo caso la competencia para conocer de los recursos corresponde al tribunal sentenciador, y las dictadas "en lo referente al régimen penitenciario y demás materias", en cuyo caso atribuye la competencia a la Audiencia Provincial de la circunscripción territorial en que se encuentre el correspondiente establecimiento penitenciario.

Pero esta Disposición Adicional resultaba contradictoria con la redacción del artículo 82.1-3º de la LOPJ, regulador de las competencias de las Audiencias Provinciales que establecía que: «Las Audiencias Provinciales conocerán en el orden penal: ...3º. De los recursos que establezca la ley contra las resoluciones de los Juzgados de Vigilancia Penitenciaria en materia de ejecución de penas y del régimen de su cumplimiento.» Como puede observarse, tanto en materia de "ejecución" como de "régimen penitenciario", en ambos casos, atribuye la competencia a la Audiencia, sin hacer mención del tribunal sentenciador.

---

208 *Vid.* Auto de la Sala Segunda del Tribunal Supremo de 5-3-2009, recurso 20495/2008.

Ante la contradicción expuesta, los Jueces de Vigilancia Penitenciaria optaron desde el principio por dar preferencia a lo dispuesto en el artículo 82 LOPJ, criterio que fue seguido en la práctica por la generalidad de los órganos jurisdiccionales, orillando por completo al tribunal sentenciador de los recursos, de tal manera que fuera cual fuese la materia sobre la que versara la resolución recurrida –ejecución o régimen–, siempre se remitían los autos para su resolución a la Audiencia Provincial del territorio en el que estuviese ubicado el centro penitenciario. Pero esta situación cambió a raíz de un Acuerdo del Pleno No Jurisdiccional de la Sala Segunda del Tribunal Supremo adoptado en su Reunión de 28 de junio de 2002, que entendió que las resoluciones en materia de clasificación de los penados son recurribles ante el tribunal sentenciador. (Esta cuestión será objeto de estudio en el apartado de este trabajo relativo a la competencia funcional.)

Posteriormente, la Ley Orgánica 5/2003, de 27 de mayo, que creó los Juzgados Centrales de Vigilancia Penitenciaria, modificó los artículos 65, 82, 94 y la Disposición Adicional Quinta de la LOPJ. El artículo 65, introduciendo en el mismo un nuevo apartado 6°, para atribuir a la Sala de lo Penal de la Audiencia Nacional la competencia para conocer de los recursos contra las resoluciones de los Juzgados Centrales de Vigilancia Penitenciaria. También dio una nueva redacción al artículo 82.1-3° LOPJ al establecer que: «Las Audiencias Provinciales conocerán en el orden penal: ...3°. De los recursos que establezca la ley contra las resoluciones de los Juzgados de Vigilancia Penitenciaria, cuando la competencia no corresponda en materia de ejecución de penas y del régimen de su cumplimiento.» Por lo que desaparece de este precepto la distinción entre "ejecución de penas" y "régimen". En el artículo 94 LOPJ introdujo un nuevo apartado n° 4, relativo al establecimiento de los Juzgados Centrales de Vigilancia Penitenciaria en la Villa de Madrid, con ámbito competencial en relación con los delitos competencia de la Audiencia Nacional. Finalmente modificó la Disposición Adicional Quinta, ampliando la redacción de su contenido con nuevos párrafos, y aunque mantuvo la diferencia contemplada en esta Disposición entre resoluciones dictadas "en materia de ejecución de penas" y las dictadas "en lo referente al régimen penitenciario y demás materias", sin embargo introdujo un nuevo apartado (n° 5) disponiendo que en ambos casos, cuando quien haya dictado la resolución sea un Juzgado Central de Vigilancia la competencia corresponde a la Sala de lo Penal de la Audiencia Nacional.

Así mismo, con la reforma introducida en esta Disposición Adicional, se establece el recurso de casación para la unificación de doctrina ante la Sala Segunda del Tribunal Supremo, que en ningún caso afectará a las situaciones jurídicas creadas por las resoluciones precedentes a la impugnada; que el recurso de apelación se tramitará conforme a lo dispuesto en la Ley de Enjuiciamiento Criminal para el procedimiento abreviado; y que en aquellas Audiencias donde haya más de una sección se atribuirán los recursos que les correspondan en materia de vigilancia penitenciaria, a una o dos secciones con carácter exclusivo.

Más tarde fue promulgada la Ley Orgánica 7/2003, de 30 de junio, de medidas de reforma para el cumplimiento íntegro y efectivo de las penas, que también modificó la Disposición Adicional Quinta de la LOPJ, con la finalidad de otorgar efecto suspensivo a los recursos de apelación, en materias que pudieran dar lugar a la excarcelación en los supuestos de condenas por delitos graves, hasta que la Audiencia se haya pronunciado.

Esta Ley Orgánica 7/2003 dispuso que el apartado nº 5 de la Disposición Adicional Quinta pasara a ser el número 6, sin derogar al anterior número 6, que ha de estimarse subsistente[209] pues, al regular materia distinta, debe considerarse que no nos hallamos ante un supuesto de derogación tácita, ni tampoco renumera a los restantes apartados; de tal modo que ha de entenderse que esta Disposición Adicional Quinta de la LOPJ tiene dos aparatados nº 6, o que tácitamente se ha producido una renumeración de los restantes, avanzando cada uno un puesto, pasando el 6 a ser el 7, el 7 al 8, el 8 al 9, y el 9 al 10. Lo que al menos, desde un punto de vista eminentemente práctico, es lo más razonable para evitar confusiones.

Tras esta reforma de la Ley Orgánica 7/2003, no ha habido ninguna otra en materia relativa a los procedimientos de actuación. Por lo que en todo lo demás, que no sean recursos, nos hallamos ante la misma situación que a la entrada en vigor de la Ley Orgánica General Penitenciaria.

---

[209] *Vid.* artículo 2.2 del Código Civil.

4.2.2.3. Las Prevenciones de la Presidencia del Tribunal Supremo

Como expusimos más arriba, en cumplimiento del Acuerdo del Consejo General del Poder Judicial de fecha 22 de julio de 1981, sin haberse aún dictado las normas orgánicas y procesales a que se refiere al artículo 78.1 LOGP, el día primero de Octubre de 1981 iniciaron su actividad las autoridades judiciales a la que inicialmente se atribuyó la condición de Juez de Vigilancia Penitenciaria por otro Acuerdo anterior de fecha 9 de julio de 1981, del citado Organo de Gobierno del Poder Judicial.

Ante esta situación de orfandad legislativa que regulara su actuación, la Presidencia del Tribunal Supremo, en aras a la mejor administración de justicia, y sin perjuicio del libre criterio jurisdiccional de los nueves Jueces de Vigilancia, acordó dirigirles una serie de "Prevenciones" al amparo de lo dispuesto en el artículo 4 de la, entonces vigente, Ley Provisional sobre organización del Poder Judicial de 15 de septiembre de 1870, en las que exponía una serie de criterios o ideas sobre el cauce procedimental que debían seguir tales nuevos Jueces[210].

Como punto de partida se indica en tales Prevenciones que "Las razones de urgencia que han hecho necesaria la atribución de la condición de Juez de Vigilancia a determinadas Autoridades Judiciales, hacen obligado también que dicha función sea asumida decididamente desde su primer momento por sus titulares, a pesar de las deficiencias orgánicas y procesales a que deben enfrentarse."

Como puede apreciarse, era consciente el Presidente del máximo Organo del Poder Judicial de la dificultad de los Jueces de Vigilancia a la hora de desempeñar su función sin las herramientas o instrumentos jurídicos adecuados para ello, pero justificaba el inicio, sin más demora, de la actividad de dichos Jueces, en el elevado número de la población reclusa en España y en las deficiencias tradicionales del régimen penitenciario, que habían determinado una situación de legítima esperanza por parte de los interesados, y de la sociedad en general, en las mejoras que para la situación de los centros penitenciarios pudieran derivarse de la efectiva aplicación de la LOGP y de su Reglamento recientemente aprobado en 1981, para lo cual es

[210] Estas Prevenciones fueron publicadas en la *Revista Poder Judicial* nº 1 (primera época), 1981; pp. 70-74.

pieza indispensable la actuación del Juez de Vigilancia. Por todo ello –indicaba el Presidente del Tribunal Supremo– la pronta efectividad en el ejercicio de estas funciones y el mayor celo en su desempeño son de la mayor importancia para la Justicia y para la Sociedad.

En estas Prevenciones se indica esencialmente que pese a la ausencia de normas y libertad de trámites, la actuación de los Jueces encargados de la Vigilancia Penitenciaria es netamente procesal, ha de caracterizarse por la sumariedad, por la proporcionalidad, y por el respeto a las garantías inherentes a toda actividad jurisdiccional, y que, con carácter general, aquellas medidas que por su naturaleza hayan de ser instadas por el recluso no requieren abogado ni procurador.

4.2.2.4. Las Reuniones de los Jueces de Vigilancia Penitenciaria. Conclusiones y Criterios de Actuación

Para mitigar esta ausencia de regulación, además de las citadas "Prevenciones" dictadas por la Presidencia del Tribunal Supremo, el Consejo General del Poder Judicial convocó para el mes de septiembre de 1981 a todos los recién nombrados Jueces de Vigilancia Penitenciaria para una especie de encuentro o "curso intensivo de formación" en la Escuela Judicial, con el propósito de dialogar y debatir sobre la manera de orientar sus funciones y de proceder ante las evidentes lagunas del ordenamiento jurídico a las que tenían que enfrentarse.

De aquél encuentro, y como consecuencia de la toma de conciencia por parte de los Jueces de Vigilancia de su propia problemática y de las dificultades con que tropezaban en el ejercicio de su función, salió el propósito de que éstos, bajo el auspicio, patrocinio y coordinación del citado Organo de Gobierno del Poder Judicial, se reunieran con cierta periodicidad a fin debatir los problemas planteados en la ejecución de las penas y la interpretación de la Legislación penitenciaria, y se llegara a una serie de conclusiones y acuerdos, plasmados en unos "criterios comunes de actuación" que pudieran suplir en la práctica la falta de normas positivas sobre las cuestiones aludidas, que aseguraran lo más posible una uniformidad en la manera de proceder y evitaran las disfunciones evidentes que provocaría una actuación contradictoria de unos y otros ante las lagunas legales existentes[211]. Así se ha venido realizando hasta la presente, aunque con algunos cambios en el formato de la celebración de tales reuniones como consecuencia de la experiencia acumulada a lo largo de los años, los cambios legislativos, y demás cambios producidos tanto en el personal jurisdiscente como en el integrante del Organo de Gobierno del Poder Judicial.

Haciendo un relato cronológico de estas reuniones, podemos decir que la I Reunión tuvo lugar en Madrid durante los días 26 y 27 de abril de 1982. La II Reunión también tuvo lugar en Madrid los días 23 y 24 de Mayo de 1983. La III Reunión tuvo lugar en Madrid durante los días 9 a 11 de octubre de 1985. La IV Reunión se celebró en Madrid los días 9 a 12 de marzo de 1988. La V Reunión tuvo lugar en Madrid del 4 al 6 de octubre de 1990. La VI Reunión se celebró en Madrid del 21 al 23 de mayo de 1992. La VII Reunión también en Madrid del 27 al 29 de septiembre de 1993[212]. La VIII Reunión, igualmente en Madrid, del 3 al 5 de noviembre de 1994. La IX Reunión también tuvo lugar en Madrid los días 11 y 12 de abril de 1996.

A partir de esta última Reunión, a la siguiente, la número X, se la denominó "Jornadas", que tuvieron lugar en Madrid durante los días 18, 19, y 20 de noviembre de 1996. Las Jornadas, o Reunión número XI, tuvieron lugar en Madrid los días 27 y 28 de enero de 1997.

A la siguiente, la número XII, se la denominó indistintamente Reunión y Encuentro, y tuvo lugar en Madrid durante los días 20 a 22 de enero de 2003. Hasta esta reunión, incusive, todas se celebraron en Madrid, pero a partir de la siguiente, se celebraron también en otras capitales.

La XIII Reunión tuvo lugar en Valencia durante los días 29 al 31 de marzo de 2004. La XIV Reunión se celebró bajo la modalidad de un Seminario de Jueces de Vigilancia Penitenciaria y Jueces Penales de Ejecución, y tuvo lugar en Madrid los días 12, 13, y 14 de junio de 2006. La siguiente, la XV Reunión, también se celebró como Seminario de

---

211 El alma mater de estas Reuniones fue durante muchos años, hasta su jubilación, D. Francisco Bueno Arús, Abogado del Estado destinado como Letrado en los órganos técnicos del Consejo General del Poder Judicial.

212 Las Conclusiones, Criterios, y Acuerdos adoptados en esta Reunión fueron publicados en el Boletín de Información del Consejo General de Poder Judicial de marzo de 1994.

Jueces de Vigilancia Penitenciaria y Jueces Penales de Ejecución, al que igualmente fueron convocados algunos magistrados destinados en las secciones penales de las Audiencias Provinciales con competencia para el conocimiento de las apelaciones contra las resoluciones de los Jueces de Vigilancia. Esta Reunión se celebró en Barcelona durante los días 8, 9, y 10 de octubre de 2007, dándose la particularidad de que en su convocatoria se la denominaba como XV Reunión, sin embargo al remitir sus conclusiones a los participantes, y dar publicidad de las mismas, se la denominaba como XVI Reunión.

La XVII Reunión, al igual que la anterior, también siguió el formato de Seminario de Jueces de Vigilancia Penitenciaria y Jueces Penales de Ejecución, y tuvo lugar en Barcelona los días 3, 4, y 5 de junio de 2008.

A la numerada como XVIII se la denominó Reunión de Magistrados de Vigilancia Penitenciaria, tal vez para entender incluidos no sólo a los Titulares de los Juzgados de Vigilancia sino también a los Magistrados de las Audiencias con competencia en la materia, y tuvo lugar en Las Palmas de Gran Canaria durante los días 2, 3, y 4 de junio de 2009. La XIX Reunión también tuvo lugar en Las Palmas los días 24, 25, y 26 de mayo de 2010; y la XX Reunión tuvo lugar en el Puerto de la Cruz (Tenerife) los días 30, 31 de mayo, y 1 de junio de 2011. Desde nuestro punto de vista, esta es la última Reunión que puede ser considerada como tal, pues ya no se ha vuelto a convocar a todos los Jueces de Vigilancia para unificar criterios de actuación, sino que el CGPJ abandonando la idea que inspiraba las originarias Reuniones de Jueces de Vigilancia Penitenciaria lo que ahora hace es convocar Cursos o Seminarios en materia de Vigilancia Penitenciaria, dentro del Programa anual de Formación Continua de Jueces y Magistrados, para cuya asistencia no son seleccionados todos los Jueces de Vigilancia, y a los que incluso concurren otros miembros de la Carrera Judicial que no están destinados en órganos de la jurisdicción de vigilancia.

Los mencionados "criterios comunes de actuación" –también llamados "Criterios Refundidos de Actuación" a medida que hubo que ir refundiéndolos como consecuencia de los nuevos que se aprobaban en cada sucesiva reunión– no tienen obligatoriedad jurídica, por lo que en la práctica cada Juez de Vigilancia ha podido, y puede, actuar de acuerdo o no con los mismos, teniendo únicamente en cuenta su propia convicción y su personal interpretación de la Ley Orgánica General

Penitenciaria. Pero al menos las Reuniones de los Jueces de Vigilancia Penitenciaria han tenido, y tienen, la virtud de desvelar los problemas más espinosos, permitir a unos enriquecerse con la experiencia de los otros, y obtener unas conclusiones razonables que puedan servir de orientación práctica, en caso de duda, no solamente a los Jueces sino también a los teóricos del Derecho Penal y Penitenciario. Tienen pues un valor ejemplar, y merece la pena su mantenimiento y puesta al día.

El Consejo General del Poder Judicial, dado el interés que pueden suscitar para los prácticos y los estudiosos del Derecho, ha ido dando publicidad a los distintos Acuerdos, Conclusiones, o Criterios de Actuación aprobados por los Jueces de Vigilancia en las citadas Reuniones, a través de distintos medios como la Revista Poder Judicial, su comunicación directa a las Universidades y Colegios Profesionales, y modernamente también a través de internet en el portal «*http://www.poderjudicial.es*».

La última publicación impresa tuvo lugar en una especie de pequeño libro o folleto[213] en el que se incluyen, de forma refundida, depurada y actualizada todos los Criterios de Actuación, Conclusiones y Acuerdos, en las dieciséis reuniones celebradas por los Jueces de Vigilancia entre los años 1981 y 2007. En el número 150.1 se dice que: "Es urgente la regulación procesal de la actividad de los Jueces de Vigilancia Penitenciaria." En este acuerdo no se hace sino reiterar todos los acuerdos que, en el mismo sentido, se han adoptado en Reuniones anteriores en las que los Jueces de Vigilancia han hecho ver la necesidad de ser respetuosos con el ordenamiento jurídico dando cumplimiento a lo dispuesto en el artículo 78.1 de la LOGP, sin que se pueda comprender que el legislador siga impertérrito desoyendo una obligación tan palmaria desde la perspectiva del principio de legalidad.

4.2.2.5. Los intentos para conseguir una ley procesal

Como acabamos de exponer, y como recuerda de forma expresiva Racionero Carmona[214], "de la misma manera que Catón el Viejo con-

[213] «Conclusiones Vigilancia Penitenciaria. Criterios de actuación, conclusiones y acuerdos aprobados por los Jueces de Vigilancia Penitenciaria en sus 16 reuniones celebradas entre 1981 y 2007»; Consejo General del Poder Judicial; Madrid, 2008.

[214] RACIONERO CARMONA, Francisco; «La norma reguladora del procedimiento ante los Juzgados de Vigilancia Penitenciaria», en *Derecho Penitenciario II*; Cuadernos de Derecho Judicial, C.G.P.J., Madrid, 2004, pp. 100-105.

cluía todos sus discursos con la referencia a la destrucción de Cartago, todas las reuniones de los Jueces de Vigilancia Penitenciaria, formal o informalmente, se cierran con la petición de que se dicte la norma procesal correspondiente." En el mismo sentido dice este autor, que en esta materia nos encontramos ante un largo camino de "desidia legislativa", de tal modo que la historia del procedimiento ante los Juzgados de Vigilancia Penitenciaria es la de una "pasión inútil". A nuestro entender, lo que se puede decir es que más que inútil, de lo que se trata es de una pasión o empeño que aún no ha dado sus frutos; y no por falta de ilusión y esfuerzos puestos en esta tarea.

Uno de los intentos llevados a cabo para conseguir una ley procesal, específica para el ejercicio de las competencias y formulación de pretensiones ante los Jueces de Vigilancia Penitenciaria, estuvo a punto de conseguir sus frutos en la VI Legislatura (1996-2000).

A mediados de 1996 el Ministerio de Justicia elaboró un "Anteproyecto de Ley Orgánica reguladora del procedimiento ante los Juzgados de Vigilancia Penitenciaria" que fue remitido al Consejo General del Poder Judicial (Registro General, fecha de entrada de 26-12-1996, nº 1/30898), para el trámite de informe previsto en el artículo 108 de la Ley Orgánica del Poder Judicial y que, con independencia del informe que hicieran los órganos técnicos del Consejo, también fue objeto de estudio por los Jueces de Vigilancia Penitenciaria en su Reunión celebrada en Madrid los días 27 y 28 de enero de 2007, cuyas conclusiones fueron remitidas al Consejo.

En la Memoria Justificativa del Anteproyecto se decía que el mismo tenía una doble finalidad. De una parte, trataba de colmar las previsiones contenidas en la Ley Orgánica General Penitenciaria, en cuyo título V se instaura la figura del Juez de Vigilancia Penitenciaria y se dispone que, en lo que respecta a cuestiones orgánicas y procedimientos de su actuación se estará a lo dispuesto en las Leyes correspondientes; y, de otra parte, decía que pretendía ser congruente con las propias previsiones configuradoras del Juez de Vigilancia en la referida Ley Orgánica, atribuyéndole el protagonismo que en el ámbito de la ejecución de sentencias le corresponde.

A propuesta del Ministerio de Justicia, este Anteproyecto fue aprobado como "Proyecto de Ley Orgánica Reguladora del Procedimiento ante los Juzgados de Vigilancia Penitenciaria" por el Consejo de Ministros en su reunión del día 4 de abril de 1997, e inició su tramitación parlamentaria siendo publicado en el Boletín Oficial de las Cortes del día 29 de abril de 1997, Serie A 041[215]. Durante esta tramitación se presentaron hasta 196 enmiendas por los diferentes Grupos Parlamentarios (Popular, Socialista, Izquierda Unida, Partido Nacionalista Vasco, Convergencia i Unió, Coalición Canaria), pero este Proyecto que estaba en trámite, con el cambio de Legislatura caducó, y no se ha vuelto a producir con posterioridad ninguna iniciativa legislativa similar[216].

A las voces de los Jueces de Vigilancia, también hay que sumar los numerosos y reiterados llamamientos que se han hecho desde otros diversos sectores, poniendo de manifiesto la necesidad de la aprobación de una normativa reguladora del procedimiento de actuación ante los Juzgados de Vigilancia. En este orden de cosas podemos mencionar las Jornadas de Presidentes de Audiencias Provinciales celebradas en Valladolid los días 25 a 27 de septiembre de 2006 en las que en la Ponencia, relativa a propuestas para mejorar el funcionamiento de la Administración de Justicia, se aprobó como Conclusión 13 la de que: "Debe abordarse una regulación global y completa de la ejecución penal, con especial atención a la ejecución de las penas privativas de libertad y al juez de vigilancia penitenciaria, estableciendo un marco procesal legal para las actuaciones de éste en todos los aspectos de su competencia"[217].

El último de los intentos para conseguir una ley procesal en materia de Vigilancia Penitenciaria ha venido marcado por la Moción presentada por el Grupo Parlamentario Popular en el Senado (nº expte. 662/000080), a iniciativa del senador Sr. Altava Lavall, en la sesión celebrada los días 8 y 9 de mayo de 2013, por la que se insta al Gobierno a presentar a las Cortes Generales un proyecto de ley que regule el procedimiento ante los Juzgados de Vigilancia Penitenciaria[218].

---

[215] También aparece publicado en el Boletín de Información del Ministerio de Justicia, año LI, Suplemento al núm. 1797, de 15 de mayo de 1997.

[216] La Mesa de la Diputación Permanente del Congreso de los Diputados, en su reunión del día 4-2-2000, una vez producida la disolución de la Cámara, acordó la publicación de las iniciativas legislativas ya calificadas, y que caducaron como consecuencia de la disolución. Boletín Oficial de las Cortes Generales, Congreso de los Diputados, Serie D: General, nº 543 de 4-2-00; Número expte. 121/00038.

[217] El Pleno del Consejo General del Poder Judicial tomó conocimiento de estas Conclusiones mediante Acuerdo nº 20, adoptado en su Reunión de 3-11-2006.

[218] Publicada en: Cortes Generales, Diario de Sesiones del Senado, X Legislatura, nº 64, 9 y 9 de mayo de 2013, pp. 5343-5357.

5. FUENTES DEL DERECHO PROCESAL PENITENCIARIO

De forma pormenorizada hemos expuesto con anterioridad la transformación que se ha ido produciendo en nuestro ordenamiento jurídico, tanto en esa parte del derecho material o sustantivo denominado Derecho Penitenciario, como en aquella otra parte relativa a la organización de los Juzgados de Vigilancia Penitenciaria y normas instrumentales puestas a su disposición para el desempeño de su función jurisdiccional a la hora de aplicar aquél derecho material, que es lo que podemos denominar Derecho Procesal Penitenciario, como una especialidad dentro del Derecho Procesal Penal, que incluso puede evolucionar y adquirir cierta autonomía, pues el Derecho Procesal Penal lo que aplica es el Derecho Penal sustantivo, que no se puede identificar ni confundir con el Derecho Penitenciario.

Llegados a este punto, podemos incluso cuestionarnos si es posible hablar de la existencia de unas fuentes propias del Derecho Procesal Penitenciario.

Dice Valencia Mirón[219] que la expresión "fuentes del Derecho" es equívoca debido a sus múltiples significados, pues con ella se alude tanto al origen y fundamento último del Derecho, a las fuerzas sociales de producción de las normas jurídicas, como a la forma mediante las que éstas se manifiestan. Este autor a la hora de hablar de las fuentes del Derecho Procesal emplea este término como modelo o categoría que contiene normas jurídicas integradas en esta rama jurídica; de lo que se desprende que sigue la última de las tres acepciones que cita.

Este mismo criterio es el seguido por el profesor Gómez Orbaneja[220], quien señala que "llamamos fuentes del derecho procesal –como de cualquier otra rama del derecho objetivo– a las formas mediante las cuales se manifiestan y concretan las reglas jurídicas de que se compone."

Nosotros en este trabajo vamos a seguir también esta tercera acepción de las fuentes del derecho, como forma mediante la que las normas jurídicas se manifiestan, que es igualmente la que se corresponde con el concepto legal que se desprende del contenido del artículo

---

[219] VALENCIA MIRON, Antonio José; *Introducción al Derecho Procesal*, 9ª edic., Granada 2005, p. 43.

[220] GOMEZ ORBANEJA Vicente, y HERCE QUEMADA Emilio; *Derecho Procesal Civil*, vol. I «Parte General», 8ª edic., Madrid 1979; p. 25.

1.1 del Código Civil[221]. De tal modo que podemos decir que son fuentes del Derecho Procesal Penitenciario el conjunto de normas que se integran en esta rama jurídica.

Partiendo de la base de que el Derecho Procesal abarca tanto el aspecto relativo a la organización de los tribunales –esto es, las cuestiones orgánicas– como aquel otro dirigido a regular su actuación jurisdiccional –es decir, las cuestiones procedimentales–, podemos decir que constituyen fuente del Derecho Procesal Penitenciario, en las cuestiones orgánicas, las normas contenidas en la Ley Orgánica del Poder Judicial, la Ley de Demarcación y Planta Judicial, y los Acuerdos gubernativos del Consejo General del Poder Judicial, a los que nos hemos referido en el anterior apartado II.4.2.1 de este Capítulo. En la medida en que en dicho precepto no se regula ningún procedimiento, sino que se establecen cuales son las competencias del Juez de Vigilancia, también podemos incluir en este apartado al artículo 76 de la LOGP.

Para la otra vertiente del Derecho Procesal, relativa a los procedimientos de actuación, podemos decir que, a la vista de todo lo expuesto y del fracasado intento de conseguir una ley procesal específica para los Juzgados de Vigilancia Penitenciaria, las herramientas procesales o normas de derecho positivo que el legislador español ha puesto en manos de los Jueces de Vigilancia para que desarrollen su función, y por tanto integran el que denominamos como Derecho Procesal Penitenciario, son:

— La Disposición Transitoria Primera de la Ley Orgánica General Penitenciaria que, como vimos, contiene una remisión a determinados artículos de la Ley de Enjuiciamiento Criminal con muy escasa –por no decir nula– utilidad práctica.
— La Disposición Adicional Quinta de la Ley Orgánica del Poder Judicial, que constituye la única norma procesal específica para la jurisdicción de vigilancia penitenciaria, aunque circunscrita solamente al tema de los recursos.
— Algunas muy concretas, escasas y puntuales pautas marcadas en el Código Penal para las competencias que en el

[221] Según este artículo, «Las fuentes del ordenamiento jurídico español son la ley, la costumbre y los principios generales del derecho.»

mismo se otorgan al Juez de Vigilancia sobre aplicación del régimen general de cumplimiento (art. 36 CP), abono de prisión preventiva en causa distinta (art. 58 CP), suspensión de la ejecución de la pena por trastorno mental grave que impida al penado conocer el sentido de la pena (art. 60 CP), libertad condicional (arts. 90-93), y medidas de seguridad (arts. 98, 105 y 106 CP).

Teniendo en cuenta la mención que en el artículo 3.2 del Código Penal se hace a los reglamentos[222], también podemos incluir en este apartado de fuentes, junto a las citadas disposiciones legales, a los reglamentos dictados por el Poder Ejecutivo en uso de una delegación legislativa. Concretamente, en el aspecto que ahora abordamos, el Reglamento Penitenciario y el Real Decreto 840/2011, de 17 de junio, (por el que se establecen las circunstancias de ejecución de las penas de trabajo en beneficio de la comunidad y de localización permanente en centro penitenciario, de determinadas medidas de seguridad, así como de la suspensión de la ejecución de las penas privativas de libertad y sustitución de penas), en la medida en que en ambas disposiciones reglamentarias se contienen referencias concretas sobre alguna actuación que debe realizar el Juez de Vigilancia.

Aparte de lo anterior, ante tan exigua normativa procesal, a los Jueces de Vigilancia no les queda más remedio que acudir a las normas, principios, y preceptos procesales de carácter general contenidos en distintas leyes a fin de colmar las lagunas procesales a las que tienen que enfrentarse en el desempeño de su función. (La ausencia de una legislación procesal específica, más que una laguna es todo un océano).

En este orden de cosas, podemos citar en primer lugar al artículo 24 de la Constitución, en cuanto consagra una serie de derechos fundamentales para la protección judicial de los derechos que son aplicables a todos los órdenes jurisdiccionales. Las normas procesales de carácter general contenidas en el Libro III, intitulado "Del Régimen de los Juzgados y Tribunales" (arts. 179 a 297), de la Ley Orgánica del Poder Judicial. Las disposiciones y principios generales del proceso

---

222 Según el art. 3.2 del C.P.:«Tampoco podrá ejecutarse pena ni medida de seguridad en otra forma que la prescrita por la Ley y reglamentos que la desarrollan, ni con otras circunstancias o accidentes que los expresados en su texto. La ejecución de la pena o de la medida se realizará bajo el control de los Jueces y Tribunales competentes.»

penal contenidos en la Ley de Enjuiciamiento Criminal. Y los principios procesales generales de la Ley de Enjuiciamiento Civil, con el carácter supletorio que a esta Ley le otorga su artículo 4[223].

Igualmente se ha de tener en consideración la doctrina del Tribunal Constitucional, emanada de las resoluciones dictadas por este Supremo Interprete de la Constitución en los asuntos de su competencia sobre materia penitenciaria; así como la jurisprudencia del Tribunal Supremo (tras la modificación de la Disp. Adic. 5ª de la LOPJ, que estableció el recurso de casación para unificación de doctrina en esta materia), con los efectos complementadores que le otorga el artículo 1.6 del Código Civil en su función de asegurar una interpretación uniforme del ordenamiento jurídico[224].

Y finalmente el "usus fori", integrado por esas costumbres o maneras de proceder o actuar como consecuencia de la imaginación, inventiva, o bien criterio de los Jueces de Vigilancia Penitenciaria al aplicar el anterior raquítico sistema de fuentes, siguiendo su propio criterio o las pautas marcadas originariamente en las Prevenciones de la Presidencia del Tribunal Supremo, y posteriormente en los Criterios Refundidos de Actuación aprobados por dichos Jueces en las distintas reuniones que han ido celebrando.

Por lo que con tan precario bagaje procesal resulta meritoria y digna de encomio la labor de los Jueces de Vigilancia Penitenciaria que, sin contar con los instrumentos jurídicos adecuados, tienen que desempeñar su función otorgando la tutela judicial efectiva a las personas interesadas resolviendo inexcusablemente en los asuntos de su competencia, cumpliendo con el mandato del artículo 1.7 del Código Civil ("Los Jueces y Tribunales tienen el deber inexcusable de resolver en todo caso los asuntos de que conozcan, ateniéndose al sistema de fuentes establecido")[225], que se reproduce en el artículo

---

[223] Dispone el artículo 4 de la Ley de Enjuiciamiento Civil que: «En defecto de disposiciones en las leyes que regulan los procesos penales, contencioso-administrativos, laborales y militares, serán de aplicación, a todos ellos, los preceptos de la presente Ley.»

[224] Conforme al artículo 1.6 del Código Civil: «La jurisprudencia complementará el ordenamiento jurídico con la doctrina que, de modo reiterado, establezca el Tribunal Supremo al interpretar y aplicar la ley, la costumbre y los principios generales del derecho.»

[225] Conforme a la doctrina del Tribunal Constitucional (STC nº 12/1991 de 28-1-1991 y STC nº 23/1988 de 22-2-1988), «la tutela judicial efectiva, a la que todos tienen derecho, entraña, como presupuesto implícito e inexcusable, la necesidad de

11.3 de la LOPJ ("Los Juzgados y Tribunales, de conformidad con el principio de tutela judicial efectiva consagrado en el artículo 24 de la Constitución, deberán resolver siempre sobre las pretensiones que se formulen y sólo podrán desestimarlas por motivos formales cuando el defecto fuese insubsanable o no se subsanare por el procedimiento establecido en las leyes"), y a lo que incluso se conmina con una pena en el artículo 448 del Código Penal ("El Juez o Magistrado que se negase a juzgar, sin alegar causa legal, o so pretexto de oscuridad, insuficiencia o silencio de la Ley, será castigado con la pena de inhabilitación especial para empleo o cargo público por tiempo de seis meses a cuatro años").

---

que los Juzgadores resuelvan "secundum legem" y ateniéndose al sistema de fuentes establecido" (art. 1.7 CC).»

CAPÍTULO III
LOS ÓRGANOS DE LA JURISDICCIÓN DE VIGILANCIA PENITENCIARIA

1. CARACTERÍSTICAS PECULIARES

Utilizamos la expresión "Organos de la Jurisdicción de Vigilancia Penitenciaria" para comprender bajo esta denominación no sólo a los Jueces de Vigilancia (y al conjunto de medios personales y materiales puestos a su disposición para que le auxilien en su labor constituyendo, junto al Juez, el Juzgado de Vigilancia Penitenciaria), sino también a las Audiencias Provinciales, exactamente a las secciones de éstas que tienen asignado el conocimiento de los recursos de apelación y queja contra las resoluciones de los anteriores Juzgados, a la Sala de lo Penal de la Audiencia Nacional toda vez que conoce de los recursos contra las resoluciones del Juzgado Central de Vigilancia Penitenciaria, así como a la Sala de lo Penal del Tribunal Supremo pues, a partir de la Ley Orgánica 5/2003 de 27 de mayo, que reguló el recurso de casación para unificación de doctrina en este ámbito de la jurisdicción, esta Sala conoce también de los asuntos relativos a la materia de vigilancia penitenciaria, ya que con anterioridad a la entrada en vigor de esta Ley estos asuntos no llegaban al Tribunal Supremo, de tal modo que era el Tribunal Constitucional, a través de los diferentes recursos de amparo que por cuestiones surgidas en el ámbito penitenciario llegaban a él, quien marcaba la pauta y señalaba los criterios unificadores que debía establecer la jurisprudencia del Tribunal Supremo, a quien le corresponde esta función a tenor de lo dispuesto en el artículo 1.6 del Código Civil.

1.1. Especialización de la función jurisdiccional de Vigilancia Penitenciaria

Con el devenir del tiempo y del desempeño de su ejercicio profesional, los Jueces de Vigilancia –y los Organos de Gobierno del Poder Judicial– fueron adquiriendo cada vez mayor conciencia de la importancia de la función que desarrollaban en la ejecución de las penas y en el control jurisdiccional de los actos de la Administración Penitenciaria, por lo que en algunas de sus Reuniones ya pusieron de manifiesto la necesidad de la creación de Juzgados de Vigilancia en número suficiente para poder ejercer con plenitud todas las competencias que les atribuye la Ley Orgánica General Penitenciaria y que sus Titulares puedan dedicarse a esta función con dedicación exclusiva, limitándose los supuestos de compatibilidad con el desempeño de un órgano del orden jurisdiccional penal a casos excepcionales y en lugares de reducida población penitenciaria[226].

En este mismo sentido, estos Jueces también han entendido que deben constituir una especialización similar a la actualmente existente en el campo de la Justicia de Menores y recibir una formación criminológica adecuada para el desarrollo de su función, así como contar con los medios personales y materiales indispensables para favorecer la comunicación con la Administración penitenciaria, y que para poder dictar con mejor acierto las resoluciones adecuadas en todas las cuestiones relativas a su competencia deberían contar también con un equipo técnico formado por especialistas, a fin de poder completar, contrastar, confirmar o revisar, en su caso, los informes emitidos por los equipos de observación y tratamiento de los centros penitenciarios.

En el ya lejano año 1985, Alonso de Escamilla decía que era una preocupación constante en la doctrina, la preparación técnica en materia criminológica de los Jueces de Vigilancia. Consideraba que deberían ser juristas-criminólogos, pues como su intervención no se reduce a actuar en la esfera jurídica, sino que toman parte activa también en el tratamiento penitenciario, ciencias como la criminología, la psicología, y la ciencia penitenciaria, han de ser complemento indispensable en su formación. Y afirmaba que, para que estos Jueces

---

[226] *Vid.* art. 94.5 de la LOPJ.

no sean inoperantes deben ser especiales y especializados, lo que significa que deben constituirse en estamento autónomo dentro de la Carrera Judicial[227].

Las cuestiones anteriormente mencionadas fueron tratadas en la VII Reunión celebrada en Madrid en septiembre de 1993, y en la VIII Reunión celebrada en la citada Ciudad en el mes de noviembre del año siguiente[228], en donde también se puso de manifiesto la necesidad de crear una Sección Especial de Vigilancia Penitenciaria en los Tribunales Superiores de Justicia, para el conocimiento de todos los recursos de apelación y queja contra las resoluciones de los Jueces de Vigilancia de su territorio –debiendo ser, mientras tanto, una misma sección de la Audiencia Provincial la que conozca de estos recursos en lugar de repartirse entre las distintas secciones penales–, así como la posibilidad del recurso de casación por infracción de ley o doctrina legal ante el Tribunal

---

[227] ALONSO DE ESCAMILLA, Avelina; *El Juez de Vigilancia Penitenciaria*, Civitas, Madrid, 1985, p. 23.

[228] El número 85 de los Criterios Refundidos de Actuación de los Jueces de Vigilancia Penitenciaria, aprobados en la VII Reunión celebrada en Madrid, en septiembre de 1993, decía textualmente: «Se estima necesaria la creación de una Sección Especial de Vigilancia Penitenciaria en los Tribunales Superiores de Justicia, para el conocimiento de los recursos de apelación y queja contra las resoluciones de los Jueces de Vigilancia del territorio no excluidas de este tipo de recursos. Contra las resoluciones definitivas de aquélla, en los casos en los que no esté prevista expresamente la posibilidad de recurso de casación por infracción de ley o doctrina legal, cabrá el recurso de casación en interés de ley, a los solos efectos de la unificación de doctrina. Entre tanto se crea la Sección de referencia, se recomienda que la Sección de la Audiencia Provincial que conoce de los recursos contra las resoluciones de los Jueces de Vigilancia sea siempre la misma, en interés de la unificación de doctrina, debiendo determinarse su composición por la Sala de Gobierno correspondiente.»

De forma consecuente con lo anterior, el número 4º de los Acuerdos aprobados por los Jueces de Vigilancia en esta Reunión decía: «Instar al Consejo General del Poder Judicial que adopte las medidas oportunas para que pueda ser una realidad lo solicitado en el Criterio número 85 aprobado en esta Reunión, es decir, que en cada Audiencia Provincial la Sección que conozca de los recursos contra las resoluciones de los Jueces de Vigilancia sea siempre la misma, en interés de la unificación de doctrina, debiendo determinarse su composición por la Sala de Gobierno correspondiente, sin perjuicio de que, con la mima finalidad indicada, se preparen las reformas normativas necesarias para que en un futuro próximo existan dichas Secciones en los Tribunales Superiores de Justicia con carácter único en cada una de las Comunidades Autónomas.»

El citado Criterio nº 85 volvió a repetirse con el mismo ordinal y redacción en la VIII Reunión.

Vid. PAZ RUBIO José María, y otros; *Legislación Penitenciaria. Concordancias, Comentarios y Jurisprudencia*, 1ª edic. Colex, Madrid, 1996, pp. 821, 822 y 839.

Supremo, y en los supuestos en que no quepa este recurso, que se prevea el de casación en interés de ley a los solos efectos de la unificación de la doctrina. Un sector minoritario de estos Jueces, siguiendo una propuesta del Juez de Vigilancia de Alicante, al que también se sumó el de La Rioja, entendió que la Sección Especial de Vigilancia Penitenciaria para el conocimiento de los recursos contra las resoluciones dictadas por los Jueces de esta jurisdicción debía crearse en la Audiencia Nacional, en lugar de en los Tribunales Superiores de Justicia, porque al tratarse de un órgano único con competencia en todo el territorio nacional, de este modo se garantizaría la pretendida unidad de doctrina y se evitarían resoluciones contradictorias en materia de interpretación de las normas penitenciarias y de protección de los derechos de los internos, las cuales se seguirán produciendo si la competencia se atribuye a los Tribunales Superiores de Justicia, contribuyendo a crear o a mantener un estado de inseguridad jurídica y de agravio comparativo a los internos que, por la naturaleza de la materia, debería evitarse a toda costa.

El máximo Organo de Gobierno del Poder Judicial se hizo eco de estas consideraciones de los Jueces de Vigilancia, de tal modo que, en su Reunión del día 22 de marzo de 1995, el Pleno del Consejo General del Poder Judicial adoptó el Acuerdo vigésimo sexto[229] en el que entre otros extremos, decidió encomendar al Gabinete Técnico del Consejo el estudio de la procedencia de elaborar normas reglamentarias sobre el procedimiento de selección de los Jueces de Vigilancia considerados como una nueva especialización jurisdiccional; encomendar a la Vocalía de Formación del Consejo la organización de un Curso de Formación destinado a los Jueces de Vigilancia en el que se atienda preferentemente a las materias criminológicas y penitenciarias necesarias para esta especialización, y hacer presente al Ministerio de Justicia e Interior –además de la necesidad de promulgar una Ley reguladora del procedimiento de vigilancia–, la necesidad de preparar las reformas normativas necesarias para que en un futuro próximo existan Secciones de Vigilancia Penitenciaria en los Tribunales Superiores de Justicia con carácter único en cada una de las Comunidades Autónomas a fin de asegurar la unificación de la doctrina, al menos en este ámbito territorial, así como la necesidad de dotar a los Juzgados de Vigilancia de los equipos técnicos, de

---

[229] *Vid.* PAZ RUBIO José María, y otros; *Legislación Penitenciaria. Concordancias, Comentarios y Jurisprudencia*, cit., p. 825.

la infraestructura y de los medios necesarios para el desempeño en buenas condiciones de una función que tan directamente afecta a la garantía de los derechos fundamentales.

Estos viejos deseos, decisiones, y recomendaciones, sólo en parte se han cumplido.

No existen pruebas de especialización en la Carrera Judicial para acceder al cargo de Juez de Vigilancia Penitenciaria; la única especialización posible es en materia penal, pero no en la específica de vigilancia penitenciaria. Por lo que la provisión de plazas en estos Juzgados se realiza por concurso, en el que se requiere tener la categoría de magistrado (aunque también es posible que a falta de peticionarios de esta categoría puedan cubrirse por miembros de la Carrera Judicial con la categoría de juez), y se aplica la regla general de que tienen preferencia quienes ostentando esta categoría tengan mejor puesto en el escalafón, salvo para el Juzgado Central de Vigilancia que, en este caso, la preferencia la ostentan aquellos magistrados que hayan prestado servicios en el orden jurisdiccional penal durante ocho años dentro de los doce años inmediatamente anteriores a la convocatoria del concurso, y en su defecto se aplica la regla general. En la provisión de plazas de las secciones de las Audiencias Provinciales que hayan de conocer de los recursos contra las resoluciones de los Jueces de Vigilancia, tienen preferencia los magistrados que hayan prestado servicios en el orden jurisdiccional penal durante seis años dentro de los diez años inmediatamente anteriores a la convocatoria del concurso, y en la Sala de lo Penal de la Audiencia Nacional la preferencia corresponde a los magistrados que ostenten la especialización en el orden jurisdiccional penal, en su defecto a los que hayan prestado servicios en este orden jurisdiccional durante ocho años dentro de los doce inmediatamente anteriores a la convocatoria, y en su defecto aquellos que ostenten mejor puesto en el escalafón. [230] La provisión de plazas en la Sala Segunda del Tribunal Supremo sigue un régimen totalmente distinto, que termina por una decisión discrecional del Consejo General del Poder Judicial[231].

Sin perjuicio de lo anterior, en los últimos años –aunque no todos– el Consejo ha mantenido la convocatoria de una Reunión anual

---

[230] *Vid.* art. 330 de la LOPJ.

[231] *Vid.* arts. 342 a 347 en relación con el art. 127.1-c), todos ellos de la LOPJ.

de Jueces de Vigilancia Penitenciaria, a la que últimamente también ha convocado a magistrados de las secciones de las Audiencias que conocen de esta materia de vigilancia. Dentro de los Planes de Formación Continúa, también convoca todos los años algún curso o seminario específico en el que se tratan cuestiones propias de la vigilancia penitenciaria. Pero además de estas actividades formativas de carácter voluntario, sería ideal que los miembros de la Carrera Judicial que provenientes de órganos jurisdiccionales de distinto orden o especialidad obtuvieran, por concurso o por promoción a la categoría de magistrado, plaza en algún Juzgado de Vigilancia Penitenciaria, realizaran de forma obligatoria algunas actividades específicas de formación por cambio de orden jurisdiccional, de forma similar a lo que ocurre en los supuestos de provisión de los Juzgados de lo Contencioso-Administrativo, de lo Social, de lo Mercantil, de Violencia sobre la Mujer, y de Menores[232].

Entendemos que los Juzgados de Vigilancia Penitenciaria realizan una actividad –cuando menos– tan especializada como los Juzgados antes mencionados, pues el Derecho que aplican no es el Penal, sino otro más especial cual es el Derecho Penitenciario, y su actividad tiene una extraordinaria incidencia en una faceta muy sensible e importante como es la protección de los derechos fundamentales de los internos en los centros penitenciarios, que son un sector de la población que, por sus condiciones de sujeción o sometimiento especial a la Administración, se ve expuesto a un mayor peligro de vulneración, por lo que tales circunstancias exigen un mayor celo o una mayor diligencia en su protección, para lo cual resulta necesaria una adecuada preparación profesional por parte de los Jueces encargados de la salvaguarda de tales derechos. Esta necesidad no se satisface con el sistema actual, en el que no se exige ninguna preparación específica en Derecho Penitenciario, ni tampoco resulta obligatoria la realización de ninguna actividad formativa especial para acceder a ocupar el cargo de Juez de Vigilancia Penitenciaria. Resulta lamentable observar cómo los propios Jueces de Vigilancia en sus últimas Reuniones se han ido olvidando de aquellas reivindicaciones de especialización jurisdiccional, y cómo también la sensibilidad del Consejo General

232 *Vid.* arts. 67, 68, y 159 del Reglamento 2/2011 de la Carrera Judicial, aprobado por Acuerdo de 28 de abril de 2011 del Pleno del Consejo General del Poder Judicial. (BOE nº 110, de 9-5- 2011).

del Poder Judicial hacia esta materia ha ido declinando, de tal modo que ha caído en el más absoluto de los olvidos el Acuerdo vigésimo sexto, más arriba mencionado, adoptado por el Pleno del Consejo en su Reunión del día 22 de marzo de 1995, en el que se hacía eco de los criterios aprobados por los Jueces de Vigilancia en su VIII Reunión.

1.2. La necesidad de garantizar la unidad de doctrina

Por otro lado, la vieja aspiración, tantas veces reiterada por los Jueces de Vigilancia en sus Reuniones, relativa a la necesidad de garantizar la unidad de doctrina, por cuyo motivo se postulaba la creación de Secciones de Vigilancia en los Tribunales Superiores de Justicia y la regulación del recurso de casación para esta materia, ha quedado colmada, aunque de forma diferente, tras la promulgación de la Ley Orgánica 5/2003, de 27 de mayo, que reguló el recurso de casación para unificación de doctrina, y dispuso que en aquellas Audiencias donde haya más de una sección, mediante las normas de reparto, se atribuirá el conocimiento de los recursos contra las resoluciones de los Jueces de Vigilancia a una o dos secciones con carácter exclusivo.

Esta idea de "garantizar la unidad de doctrina" es la que sirvió precisamente también de base para la creación de los Juzgados Centrales de Vigilancia Penitenciaria; según la exposición de motivos de la citada L. O. 5/2003, "con el fin de conseguir una unificación de criterios en el marco del control de las penas en el ámbito de los delitos instruidos y enjuiciados por la Audiencia Nacional. Con esta medida se pretende evitar la disfunción que pudiera ocasionarse entre la centralización de la instrucción y el enjuiciamiento que corresponde a los órganos jurisdiccionales de la Audiencia Nacional y el control de la ejecución de las sentencias por los jueces de vigilancia penitenciaria en un ámbito y jurisdicción diferente a la que constituye el citado tribunal."

Sin embargo, desde esta perspectiva, que pretende una homogenización o unidad en el control de las penas impuestas por la Audiencia Nacional, se presenta como aspecto problemático de la nueva regulación introducida por esta Ley Orgánica, el cómo aborda el ejercicio de las competencias previstas en el artículo 76.2 apartado h) de la Ley Orgánica General Penitenciaria, esto es, la realización de visitas a los Centros Penitenciarios. Ante el peligro de que el Juez Central de Vigilancia Penitenciaria se convirtiera en un Juez itinerante, el artículo 2° de la Ley Orgánica 5/2003, siguiendo la recomendación realizada por el Informe del Consejo General del Poder Judicial modificó el citado apartado del artículo 76 previendo expresamente la posibilidad de que el Juez Central pueda recabar, para el ejercicio de dicha función, el auxilio judicial de los Jueces de Vigilancia Penitenciaria del lugar en que se radique el establecimiento que ha de ser visitado, previsión que contó con la oposición frontal de varias enmiendas, tanto en el Congreso como en el Senado[233].

En cualquier caso, la figura del Juez Central de Vigilancia Penitenciaria es legalmente factible tanto orgánica como procesalmente, pese a la opinión de algunos doctrinarios que consideran que esta figura fue creada por la desconfianza hacia los demás Jueces de Vigilancia Penitenciaria[234].

1.3. Cuestiones terminológicas

Hemos de insistir en que el derecho que aplican los Jueces de Vigilancia Penitenciaria es el Derecho Penitenciario, que aunque tiene zonas comunes con el Derecho Penal y el Derecho Administrativo, sin embargo podemos afirmar categóricamente que hoy constituye una disciplina jurídica autónoma; y lo mismo que otras parcelas jurídicas también tienen sus respectivos órganos jurisdiccionales especializados en su aplicación, y así nos encontramos con la figura del Juez (y del Juzgado) de lo Penal, de lo Contencioso-Administrativo, de lo Social, de Menores, de Violencia contra la Mujer[235], de lo Mercantil,

---

[233] TELLEZ AGUILERA, Abel; *El control jurisdiccional en el Derecho Penitenciario español.* Congrés Penitenciari Internacional: La funció social de la política penitenciària. Barcelona, 2006, p. 111

[234] En efecto, en cuanto a la desconfianza respecto al resto de Jueces de Vigilancia señalar que ello se trata de una valoración muy subjetiva que supone desconocer la legitimidad del intentar alcanzar una unidad de criterio cuando se trata de resolver asuntos relacionados con un tipo de delincuencia de tal importancia cual es la atribuida al conocimiento de la Audiencia Nacional, de la que, por cierto, *mutatis mutandi,* bajo el mismo argumento, se podría también decir que su instauración se debió a una desconfianza hacia los jueces y magistrados de resto del territorio nacional, algo que creo nadie, con fundado criterio, puede sostener.

Ramos, J.; *El tercer grado penitenciario y los Juzgados de Vigilancia.* Diario El País, 29 de octubre de 2003, p. 17.

[235] La existencia de un Derecho del Menor, como disciplina jurídica autónoma es, en nuestra opinión, aún dudosa todavía, y mucho más dudosa aún la de un Derecho autónomo de Violencia contra la Mujer.

y que al Juez de Primera Instancia también comienza a conocérsele como Juez de lo Civil, del mismo modo aquí se debe considerar sin ambages la figura del Juez de lo Penitenciario, o simplemente, suprimiendo la preposición (de) y el artículo (lo): Juez Penitenciario. Terminología ésta, que consideramos más adecuada a la actual de Juez de Vigilancia Penitenciara, consecuencia de los recelos iniciales que despertó esta figura, introducida en nuestro derecho por la Ley Orgánica 1/1979, de 26 de septiembre, General Penitenciaria.

Dice Sainz Cantero[236] que, quizás esta terminología no responda solo al gusto del legislador, sino que, más bien, con ella se intenta prevenir un riesgo cuyo temor habían manifestado quienes, desde la óptica de la Administración y la experiencia, pusieron sus manos en el texto de la Ley: el de que el Juez interfiera las funciones de la dirección del Centro, produciéndose conflictos de difícil y delicada solución. A este respecto, es indudable que la denominación de "Juez de Vigilancia" (solo vigilar, solo controlar la ejecución) ofrece menos coyuntura, aunque sólo sea terminológica, para una interferencia en las atribuciones propias de la Administración que la de "Juez de Ejecución de penas", que es el término que a esta figura se le da en los ordenamientos extranjeros.

Creemos que ya ha pasado un tiempo de rodadura suficiente, y que han de entenderse disipados los viejos recelos iniciales, de modo que debe desterrarse la denominación de Juez de Vigilancia, y que tampoco es adecuada la de Juez de Ejecución de penas, pues éste no tiene competencias sobre todas sino únicamente respecto de las privativas de libertad; por lo que, según lo antes expuesto, debe acogerse la denominación de Juez (de lo) Penitenciario.

1.4. Definiciones y conceptos

La actividad de la Administración Penitenciaria está sometida directamente al control de los Jueces de Vigilancia Penitenciaria, del Defensor del Pueblo y del Parlamento. Pero el ordenamiento penitenciario fortalece fundamentalmente el control jurisdiccional de la actividad penitenciaria a través de la figura de los Juzgados de Vigilancia Penitenciaria.

---

236 SAINZ CANTERO, J. A.; *Lecciones de Derecho Penal. Parte General*, 3ª edic., Bosch, Barcelona, 1990, p. 317.

Estos Juzgados tienen la responsabilidad de solucionar los asuntos que puedan generarse en el ámbito de la ejecución penal, adoptando funciones que de otra forma conciernen al tribunal sentenciador. La competencia de los Juzgados de Vigilancia Penitenciaria comprende el control de la ejecución de las penas y el amparo de los derechos de las personas confiadas a la Administración Penitenciaria.

El artículo 76 de la Ley Orgánica General Penitenciaria conceptúa al Juez de Vigilancia, y por extensión al Juzgado del que es Titular, como el órgano judicial que tiene atribuciones para hacer cumplir la pena impuesta, resolver los recursos referentes a las modificaciones que pueda experimentar con arreglo a lo establecido en las leyes y reglamentos, además de velar por los derechos de los internos y corregir los abusos y desviaciones que en el cumplimiento de los preceptos del régimen penitenciario puedan producirse.

Desde el punto de vista legal, podemos encontrar otra definición de los Jueces de Vigilancia, igualmente extensible a los Juzgados del mismo nombre, en la Exposición de Motivos de la mencionada Ley Orgánica 5/2003, al indicar que la Ley Penitenciaria "configura los jueces de vigilancia penitenciaria como los órganos jurisdiccionales a los que corresponde asegurar el cumplimiento de las penas y controlar las diversas situaciones que se pueden producir en el cumplimiento de aquéllas, así como de las decisiones que sobre dicha ejecución puede adoptar la Administración penitenciaria."

Para Peiteado Mariscal[237], desde el punto de vista orgánico, los Juzgados de Vigilancia Penitenciaria pueden definirse como órganos jurisdiccionales pertenecientes a la jurisdicción ordinaria, incardinados en el orden jurisdiccional penal, unipersonal, no especializado y constituido, como el resto de los Juzgados y Tribunales, por personal juzgador y no juzgador.

Efectivamente, en el Juzgado de Vigilancia Penitenciaria también están integrados el Letrado de la Administración de Justicia (anteriormente denominado Secretario) y los demás funcionarios de la Administración de Justicia que auxilian al Juez en su come-

---

[237] PEITEADO MARISCAL, P.; *La ejecución jurisdiccional de las penas privativas de libertad*. Edersa, Madrid, 2006, p. 12.

tido. Adicionalmente, estos Juzgados cuentan con la Fiscalía de Vigilancia, encargada de la defensa de la legalidad en la ejecución penal y el interés público tutelado por la ley, en consonancia con el mandato constitucional que tiene conferido el Ministerio Fiscal[238].

Según Ramos Méndez, los Juzgados de Vigilancia Penitenciaria son aquellos órganos que tienen "las funciones jurisdiccionales previstas en la Ley General Penitenciaria en materia de ejecución de penas privativas de libertad y medidas de seguridad, control jurisdiccional de la potestad disciplinaria de las autoridades penitenciarias, amparo de los derechos y beneficios de los internos en los establecimientos penitenciarios y demás que señale la ley"[239].

Para Martín Ostos, "el Juez de Vigilancia Penitenciaria controla la ejecución de las penas privativas de libertad y medidas de seguridad, y vela por el derecho de todos los presos incluidos los preventivos"[240].

Atendiendo a lo expuesto, se puede dar una definición extensa de los Juzgados de Vigilancia Penitenciaria indicando que son órganos jurisdiccionales creados por la Ley Orgánica General Penitenciaria con el objetivo exclusivo de judicializar la ejecución de las penas privativas de libertad, y a los que se atribuyen competencias diferentes como salvaguardar los derechos de los internos, hacer cumplir la pena impuesta, y resolver los recursos acerca de las modificaciones que pueda experimentar.

Pero dando una definición resumida, podemos concluir diciendo que los Juzgados de Vigilancia Penitenciaria son órganos jurisdiccionales unipersonales, que tienen como misión controlar la actividad penitenciaria y velar por el cumplimiento de los derechos de los internos.

No obstante lo anterior, el análisis de su naturaleza jurídica –que abordaremos más adelante– nos permitirá determinar cuáles son las notas que caracterizan a este Organo jurisdiccional, y complementar los anteriores conceptos y definiciones.

---

238 *Vid.* art. 124 de la Constitución, y arts. 1 y 3 de la Ley 50/1981, de 30 de diciembre, por la que se regula el Estatuto Orgánico del Ministerio Fiscal.

239 RAMOS MENDEZ, F.; *El proceso penal. Sexta lectura constitucional.* Barcelona, 2000, p. 53.

240 MARTIN OSTOS, J.; *Diccionario de Derecho Procesal*, Astigi, Sevilla, 2001, p. 85.

1.5. Principios básicos de actuación

Al igual que existen unos principios básicos hipotecarios, que vienen a ser una serie de criterios fundamentales, orientaciones esenciales o líneas directrices del sistema inmobiliario registral español, también en el ámbito del derecho penitenciario –que es el derecho que aplica el Juez de Vigilancia– podemos establecer, a nuestro entender, unos principios básicos que definen, orientan e informan la actuación de los órganos de la jurisdicción de vigilancia penitenciaria, y que pueden deducirse de las normas que conforman el denominado Derecho Penitenciario, contenidas esencialmente en el artículo 25.2 de la Constitución, la Ley Orgánica General Penitenciaria, el Código Penal, y el Reglamento Penitenciario.

Como ya expusimos con anterioridad al referirnos a la necesidad de controlar la ejecución de las penas, la figura del Juez de Vigilancia Penitenciaria se creó en nuestro ordenamiento jurídico con la finalidad de proteger los derechos de los internos, con el objetivo de ofrecer un mecanismo de control jurisdiccional de la actividad penitenciaria, contrario a la arbitrariedad en las actuaciones del poder ejecutivo.

Partiendo de estas premisas, podemos establecer dos principios básicos que son, a nuestro entender, los pilares sobre los que se fundamenta la actuación de los órganos de la jurisdicción de vigilancia penitenciaria: A).- El respeto a la personalidad del recluso y, por ende, a los derechos inherentes al mismo; y, B).- La judicialización de la ejecución penal, que implica el control jurisdiccional de la legalidad de los actos de la Administración Penitenciaria en la ejecución de las penas.

Estos dos principios esenciales, que informan la actuación de los Jueces de Vigilancia, se complementan y desarrollan con otros que podemos extraer de las distintas normas reguladoras de la actividad penitenciaria y la ejecución penal.

1.5.1. Principio de respeto a la personalidad del recluso

Este principio esencial, implica el respeto de los derechos inherentes a la personalidad de los internos, toda vez que éstos –como indica el artículo 25.2 CE– sólo están privados del derecho a la libertad, pero gozan de los demás derechos fundamentales, a excepción de los que se vean expresamente limitados por el contenido del fallo condenatorio, el sentido de la pena y la ley penitenciaria[241].

Como tiene declarado el Tribunal Constitucional, "es claro que la situación de sujeción especial de un interno en un establecimiento penitenciario no puede implicar la eliminación de su derechos fundamentales"[242], pero tales derechos pueden sufrir determinadas restricciones a tenor de lo indicado en el citado precepto constitucional, tal y como también puso de manifiesto este mismo Tribunal en su Sentencia nº 27/2001 de 29 de enero[243], siendo los Juzgados de

---

[241] a) El contenido del fallo condenatorio. La sentencia condenatoria a pena privativa de libertad es la consecuencia de una probada culpabilidad en la comisión de un hecho delictivo que tiene asociada tal consecuencia jurídica, consecuencia jurídica de las más graves que el Código Penal impone. Esta gravedad trae consigo la posible limitación de otra serie de derechos inherentes, de igual o menos valor, y que el fallo judicial puede sumar a la pena privativa de libertad, caso de la pérdida del derecho de sufragio.

b) El sentido de la pena. El órgano sentenciador, o incluso el propio Juez de Vigilancia, puede restringir determinados derechos del recluso acomodando dicha privación con la naturaleza de la pena privativa de libertad, así por ejemplo es evidente que se ve restringido, hasta su totalidad, el derecho a la libertad ambulatoria del artículo 17 de la Constitución Española, puesto que no es compatible en modo alguno con una condena que impone el confinamiento.

c) La ley penitenciaria. Por determinados motivos es la normativa del ámbito material, en el cual las penas privativas de libertad despliegan sus efectos en atención a la concurrencia de circunstancias que así lo imponen o aconsejan. De esta forma determinadas extralimitaciones en las conductas permitidas acarrean al recluso la pérdida temporal, valga como ilustración, de su derecho a comunicarse o a disfrutar de actos recreativos.

MARTIN DIZ, Fernando; *El juez de vigilancia penitenciaria. Garante de los derechos de los reclusos*, Comares, Granada, 2002, p. 124.

[242] STC nº 127/1996 de 9 de julio.

[243] Según el Fundamento de Derecho Tercero de esta STC nº 27/2001: «... los derechos fundamentales proclamados por la Constitución sólo pueden resultar limitados en los casos que la propia Constitución expresamente prevé o se infieran de la misma, al estar justificadas dichas limitaciones por la necesidad de preservar otros bienes y derechos constitucionalmente protegidos (STC 141/1999, de 25 de octubre, FJ 4). Refiriéndonos en concreto a la relación que se produce entre la Administración penitenciaria y las personas recluidas en un centro penitenciario, incluidas dentro de las denominadas "relaciones de sujeción especial" (SSTC 2/1987, de 21 de enero, FFJJ 2 y 4; 120/1990, de 27 de junio, FJ 6; 129/1995, de 11 de septiembre, FJ 3; 35/1996, de 11 de marzo, FJ 2; 60/1997, de 18 de marzo, FJ 1, entre otras), hemos resaltado que el interno se integra en una institución preexistente que proyecta su autoridad sobre quienes, al margen de su condición común de ciudadanos (y como consecuencia de la modificación de su "status libertatis"), adquieren el estatuto espe-

Vigilancia la pieza clave del sistema penitenciario para garantizar el respeto de los derechos de los internos[244].

Así pues, salvo las necesarias limitaciones derivadas de la propia condena y de la ejecución de pena impuesta, el ingreso de una persona en un establecimiento penitenciario no afecta a los derechos que le son inherentes como ser humano y como ciudadano, de tal manera que tales derechos de los internos "sólo podrán ser restringidos cuando lo dispongan las leyes"[245].

De forma coherente con lo normado en el citado precepto constitucional, el artículo 3 de la Ley Orgánica General Penitenciaria establece que "La actividad penitenciaria se ejercerá respetando, en todo caso, la personalidad humana de los recluidos y los derechos e intereses jurídicos de los mismos no afectados por la condena, sin establecerse diferencia alguna por razón de raza, opiniones políticas, creencias religiosas, condición social o cualesquiera otras circunstancias de análoga naturaleza,"[246] e incidiendo en este respeto de la personalidad del interno, el artículo 6 del mismo Texto legal prescribe que "ningún interno será sometido a malos tratos de palabra u obra."

---

cífico de individuos sujetos a un poder público que no es el que, con carácter general, existe sobre el común de los ciudadanos, lo que, en consecuencia (STC 181/1999, de 11 de octubre, FJ 5 y las que en ella se citan), obliga a que el marco normativo que regula los derechos fundamentales de quienes se encuentran internados en centros penitenciarios, venga determinado primordialmente por el art. 25.2 CE, que actúa como norma específica aplicable a los derechos fundamentales de los reclusos, pues la naturaleza especial de aquella relación de especial sujeción y la peculiaridad del marco normativo constitucional derivado del art. 25.2 CE supone que entre la Administración penitenciaria y el recluso se establezca un conjunto de derechos y deberes recíprocos, que deben ser entendidos en un sentido reductivo y, a la vez, compatible con el valor preferencial de los derechos fundamentales. Por lo tanto, con las modulaciones y matices que sean consecuencia de lo dispuesto en el art. 25.2 CE, las personas recluidas en centros penitenciarios gozan de los derechos fundamentales previstos en el Capítulo Segundo del Título I de la Constitución, a excepción de los constitucionalmente restringidos, es decir, de aquéllos que se vean expresamente limitados por el contenido del fallo condenatorio, el sentido de la pena y la Ley Penitenciaria (por todas, STC 170/1996, de 29 de octubre, FJ 4).

244 *Vid.* STC nº 143/1993 de 26 de abril.

245 En estos términos se expresa el artículo 3.2 del Reglamento Penitenciario.

246 El artículo 4.1 del Reglamento Penitenciario recoge una dicción similar al establecer que: «La actividad penitenciaria se ejercerá respetando la personalidad de los internos y los derechos e intereses legítimos de los mismos no afectados por la condena, sin que pueda prevalecer discriminación alguna por razón de raza, sexo, religión, opinión, nacionalidad o cualquier otra condición o circunstancia personal o social.»

Como lógica consecuencia de todo lo anterior, la legislación penitenciaria reconoce a los internos una serie de derechos que figuran recogidos en el mencionado artículo 3 de la Ley Orgánica General Penitenciaria, y desarrollados y ampliados en el artículo 4 del Reglamento[247]. Estos derechos tienen como contrapartida unos deberes, que aparecen expresados en el artículo 4 de la Ley y en el artículo 5 del Reglamento.

Del mismo modo, los reclusos siguen perteneciendo a la sociedad y no están excluidos de ella, de ahí que el artículo 69.2 de la Ley Orgánica General Penitenciaria establece que, con el fin de obtener la recuperación social de los internos en regímenes ordinario y abierto, se podrá contar con la colaboración y participación de los ciudadanos y de instituciones o asociaciones públicas o privadas ocupadas en la resocialización de los reclusos.

El vigente Reglamento Penitenciario de 1996, que sustituye al anterior de 1981, incide expresamente en este aspecto pues, como señala en su artículo 3.3: «Principio inspirador del cumplimiento de las penas y medidas de seguridad privativas de libertad será la consideración de que el interno es sujeto de derecho y no se halla excluido de la sociedad, sino que continúa formando parte de la misma. En consecuencia, la vida en prisión debe tomar como referencia la vida en libertad, reduciendo al máximo los efectos nocivos del interna-

---

[247] La doctrina, *vid.* PAZ RUBIO José María, y otros; *Legislación Penitenciaria. Concordancias, Comentarios y Jurisprudencia*, cit., pp. 46-49, clasifica estos derechos de los internos en: 1°.- Derechos de la persona: derecho a la vida y a la integridad física y moral, derecho al honor, derecho a la intimidad, derecho a la igualdad ante la ley, derecho a la libertad religiosa; 2°.- Derechos como ciudadano: a) Derechos civiles (derecho a la propiedad y a la familia), b) Derechos sociales (derecho a la educación y al acceso a la cultura, derecho-deber al trabajo), c) Derechos políticos (participación en los asuntos públicos, petición individual y colectiva, sufragio, referéndum, participación en la elaboración de disposiciones administrativas que les afecten; 3°.- Derechos como reclusos: a) Derechos relacionados con el régimen (derecho a recibir información sobre sus derechos y deberes, normas regimentales y medios para formular peticiones, quejas y recursos, derecho al descanso nocturno y semanal, derecho a las comunicaciones, derecho de defensa en el procedimiento sancionador y a no ser sancionado sino en los casos establecidos en el Reglamento, derecho a participar en las actividades del centro), b) Derechos relacionados con el tratamiento (derecho a ser destinado al establecimiento que por clasificación le corresponda, derecho a las progresiones de grado, derecho a los beneficios penitenciarios).

En términos similares BUENO ARUS Francisco, y otros; *Ley General Penitenciaria. Comentarios, Jurisprudencia, Concordancias, Doctrina*, 2ª edic., Colex, Madrid, 2010, pp. 61-69.

miento, favoreciendo los vínculos sociales, la colaboración y participación de las entidades públicas y privadas y el acceso a las prestaciones públicas.»

Este mismo Reglamento, expone en su Preámbulo, que uno de los principales objetivos que se persiguen con esta nueva regulación es el de la "apertura de las prisiones a la sociedad –que formula crecientes demandas de participación y se implica, cada vez más, en la actividad penitenciaria– para potenciar la acción de la Administración con los recursos existentes en la sociedad y para fortalecer los vínculos entre los delincuentes y sus familias y la comunidad, en línea con las conclusiones de la Naciones Unidas en su reunión de Tokio de diciembre de 1990. El Reglamento, no sólo contiene un variado elenco de contactos con el exterior (permisos de salida, comunicaciones especiales, potenciación del régimen abierto, tratamiento extrapenitenciario), sino que favorece decididamente la colaboración de entidades públicas y privadas dedicadas a la asistencia de los reclusos"[248].

Abundando en esta idea de que los reclusos siguen perteneciendo a la sociedad, y que es tarea de ésta en su conjunto la de recuperar a aquellos de sus ciudadanos que en un momento de sus vidas se apartaron de las normas de convivencia y de la legalidad, es por lo que el Ministerio del Interior aprobó la Orden INT/3191/2008, de 4 de noviembre, de creación del Consejo Social Penitenciario y de los Consejos Sociales Penitenciarios Locales[249]. Como esta norma indica, "las funciones fundamentales de este órgano consultivo serán la coordinación de las actuaciones de las entidades sociales y organizaciones no gubernamentales que intervienen en el ámbito penitenciario, la

---

[248] La participación y colaboración de estas entidades aparece regulada en el artículo 62 del Reglamento, contemplándose también en su artículo 111.3 la colaboración y participación de los ciudadanos y de instituciones o asociaciones públicas o privadas, en la ejecución de las actividades de los programas de tratamiento.

En desarrollo de estos preceptos, la Secretaría General de Instituciones Penitenciarias dictó la Instrucción 9/2009 de 4-11 (que derogaba parcialmente la Instrucción 4/2007) sobre intervención de ONGs, asociaciones y entidades colaboradoras en el ámbito penitenciario. Esta Instrucción fue modificada por la Instrucción 20/2011 de 17-11. Finalmente, estas Instrucciones han sido derogadas por la Instrucción 2/2012 de 7-6, que regula esta materia haciendo una refundición de los textos de las dos citadas Instrucciones, conservando en uno solo el contenido de los dos textos anteriores y adecuándolo a la nueva regulación de la estructura orgánica del Ministerio del Interior y de la Administración Penitenciaria, tras los Reales Decretos 1887/2011 y 400/2012.

[249] BOE nº 270 de 8-11-2008.

participación de éstas en el desarrollo de propuestas programáticas y la participación en la evaluación y planificación estratégica de actuaciones en materia de programas sociales y de reinserción."

1.5.2. Principio de actividad dirigida a la resocialización del recluso

Conforme al primer inciso del artículo 25.2 de la Constitución, «Las penas privativas de libertad y las medidas de seguridad estarán orientadas hacia la reeducación y reinserción social y no podrán consistir en trabajos forzados.»

La Constitución se hace eco en este artículo de las ideas de rehabilitación y terapia social que vinieron a sustituir a otras antiguas doctrinas de carácter más punitivo[250]. "Pero estas ideas que surgen en el seno de la corriente doctrinal del correccionalismo, nacido a mediados del siglo XIX, ya estaban en crisis cuando nuestra Constitución las recoge, pues la resocialización no puede ser coactiva, por otro lado tampoco proporciona justificación para las penas impuestas por delitos cometidos por personas que se encuentran socialmente integradas, como por ejemplo aquellas que incluso gozando de un alto status social cometen determinados delitos económicos o contra la seguridad vial, y por último nos encontramos con el poco éxito de una resocialización que tiene que llevarse en el medio penitenciario, que es totalmente diferente al que después tendrá que retornar el penado"[251].

---

[250] TAMARIT SUMALLA, Josep M.; SAPENA GRAU, Francesc; GARCIA ALBERO, Ramón; *Curso de Derecho Penitenciario. Adaptado al Nuevo Reglamento Penitenciario de 1996.* Cedecs Editorial, Barcelona 1996, pp. 38-39.

[251] "La idea de reformar al delincuente, de corregirlo, de mejorarlo a través de la prisión, discurrió por la doctrina penal de finales del siglo XIX, mediante las ideas del Correccionalismo, que eran unas corrientes pedagógicas y humanas que se desarrollaron a partir de la obra de los alemanes Krause y Röeder, y seguidas en España por Giner de los Ríos, Concepción Arenal, Silvela o Dorado Montero, como figuras más destacadas. Para los correccionalistas se concibe el delito como un déficit o trastorno en el proceso de socialización del individuo, por lo que el delincuente, según esta perspectiva, es un hombre retrasado. Para estos autores, de lo que se trata es de ayudar, cuando sea posible, al delincuente para que se someta a una metamorfosis total." FERNANDEZ CARCIA Julio; «Principios Fundamentales de la Ejecución Penitenciaria» en *Manual de Derecho Penitenciario,* coord. por Ignacio Berdugo Gómez de la Torre y Laura Zúñiga Rodríguez; Universidad de Salamanca y Colex, Madrid, Salamanca, 2001, p. 131.

Por otro lado, el artículo 1° de la Ley Orgánica General Penitenciaria establece como fin primordial de las instituciones reguladas en dicha Ley, no sólo la reeducación y la reinserción social de los sentenciados, sino también la retención y custodia. Así el Tribunal Constitucional ha interpretado en numerosas ocasiones[252] el mencionado art. 25.2 de la Constitución en el sentido de que la reeducación y reinserción no constituyen un derecho fundamental del penado, sino un mandato al legislador para orientar la política penal y penitenciaria, del que no se derivan derechos subjetivos susceptibles de amparo, y que implica que no puede haber penas privativas de libertad que por su duración o modo de cumplimiento impidan u obstaculicen de modo significativo la reeducación y reinserción social de los penados. En este mismo orden de cosas, el Supremo Interprete de la Constitución tiene declarado que la reeducación y resocialización a que se refiere el art. 25.2 CE no son las únicas finalidades que cumple la pena privativa de libertad, existiendo otras que la legitiman, como las de carácter preventivo, refiriéndose ampliamente a la prevención general y también a la especial[253].

Efectivamente, este fin primordial de la reeducación y reinserción social no puede tomarse de forma exclusiva, de tal manera que se ignoren otros fines, ya que de lo contrario habría que reputar como innecesaria la pena al delincuente que ya está reinsertado en la sociedad, al que no tiene posibilidades de reinsertarse o al que incluso la rechaza.

Pero pese a todo, ese fin constitucional de la reeducación y reinserción social del delincuente no puede postergarse o desatenderse, sino que ha de ser reconducido e interpretado desde un punto de vista más práctico y realista de tal manera que, según la doctrina constitucional antes expuesta, de lo que se trata no es tanto de conseguir la reinserción sino de no impedirla.

Como dice Fernández García, la moderna doctrina considera que el objetivo fundamental de la resocialización del delincuente se ciñe a que éste respete la ley penal y se abstenga de delinquir en lo sucesivo. Este era el criterio de Barbero Santos, citado y seguido por aquél,

---

[252] *Vid.* SSTC n° 28/1988 de 23-2; n° 172/1989 de 19-2; n° 204/1999 de 8-11; n° 8/2001 de 15-1; y AATC n° 15/1984 de 11-1; y n° 486/1985 de 10-7.

[253] *Vid.* SSTC n° 25/2000 de 31-1; n° 8/2001 de 15-1; n° 163/2002 de 16-9; n° 115/2003 de 16-6; y n° 202/2004 de 15-11, entre otras muchas.

para el que «socializar no significa otra cosa que el sujeto lleve en el futuro una vida sin cometer delitos, no que haga suyos los valores de una sociedad que pretende repudiar»[254].

Por su parte, García Arán[255] pone de manifiesto que pocos objetivos, como el de la resocialización, cuentan con tanta profusión de declaraciones formales y, paralelamente, con tantas críticas dirigidas desde todos los frentes; desde el puramente ideológico que destaca, entre otros riesgos, el de su contenido moralizante, hasta el pragmático, que afirma la imposibilidad material de hacerlo efectivo. Pero, en todo caso, destaca esta autora que el ideario de la resocialización ha permitido legitimar muchas instituciones que mitigan la dureza de la privación de la libertad, y especialmente la previsión de situaciones de semilibertad que redundan en la humanización de las penas; y, por otro lado, con independencia de la valoración de este principio, los poderes públicos están obligados a evitar todas las situaciones que perjudiquen este objetivo; en concreto, están obligados a contrarrestar los efectos desocializadores de la privación de la libertad, siendo la no desocialización el contenido mínimo de la idea de reinserción social.

En esta tarea es de capital importancia la figura del Juez de Vigilancia. Sin embargo, lamentablemente, como pone de manifiesto algún sector de la doctrina[256], y en esta nueva nota poner las citas bibliograficas que indicaré al final), este papel del JVP y la imagen que de él tiene la sociedad, se han visto seriamente dañados por los excesos de algunos medios de comunicación de tendencia amarillista imperante en los últimos tiempos y que hacen a este Juez uno de sus elementos tremendistas y escabrosos, favorito en la atribución de responsabilidades cuando alguna de sus decisiones, siempre sujetas a la más estricta legalidad, han sido aprovechadas en alguna ocasión

[254] FERNANDEZ CARCIA Julio; «Principios Fundamentales de la Ejecución Penitenciaria» cit., p. 132.

[255] GARCIA ARAN Mercedes; «La ejecución penitenciaria en una sociedad cambiante: hacia un nuevo modelo» en *Revista La Ley Penal*, año III, nº 30, septiembre 2006, pp. 7-8.

[256] Vid. MARTIN DIZ, Fernando; *El Juez de Vigilancia Penitenciaria: garante de los derechos de los reclusos*, Comares, Granada, 2002, p. 54.

CORONA TORRES, Rubén Darío; «La garantía de Ejecución Penal a cargo del Juez de Vigilancia Penitenciaria a 36 años de su existencia en la legislación española» en *Revista Internacional de Doctrina y Jurisprudencia*, vol. 11, diciembre 2015, Universidad de Almería, pp. 9-10.

por los reclusos beneficiarios de ellas, para volver a delinquir. no regresar al establecimiento penitenciario, o cometer algún acto similar que genere alarma social; circunstancias de la que hacen profusa publicidad los medios de comunicación, y que han generado en la sociedad cierta animadversión y desconfianza hacia estos órganos jurisdiccionales. Pero, todo ello no es más que el producto de una política auspiciada exageradamente por los medios de comunicación de masas, que promocionan una actuación penitenciaria que cumpla una función de "incapacitación social" del delincuente, encaminada a que éste no dañe a la sociedad durante el tiempo que se encuentre internado; y por lo tanto, para el ciudadano lego en esta materia, es complicado entender que haya un órgano jurisdiccional que vele por los derechos de aquéllas personas que han trasgredido la ley, y mucho más dificil le resulta comprender que exista un tratamiento rehabilitador y mecanismos judiciales para los reclusos que permitan obtener libertades anticipadas, o determinados beneficios penitenciarios, especialmente en el caso de ciertas penas consideradas hoy día como no graves. No obstante, pese a tales críticas, el JVP es considerado un modelo para la creación de juzgados de reinserción social en las jurisdicciones angloamericanas, en aplicación del denominado derecho terapéutico[257].

La reeducación y reinserción social son fines que se persiguen a través del tratamiento penitenciario, que es definido en el artículo 59.1 de la Ley Orgánica General Penitenciaria como "el conjunto de actividades directamente dirigidas a la consecución de la reeducación y reinserción social de los penados."

Teniendo en cuenta el objetivo fundamental de la resocialización, el tratamiento deber ser considerado como un derecho del penado, no como un deber o una actividad a la que deba ser sometido coactivamente.

Si el penado, en el ejercicio de su libertad, no se somete al tratamiento lo único que le puede acarrear es que no se le progrese de grado y que no obtenga los beneficios penitenciarios que supongan un acortamiento de su estancia en prisión. El fin de la reeducación y

---

257 WEXLER David B.; y CALDERON Jeanine; «El Juez de Vigilancia Penitenciaria: Un modelo para la creación de juzgados de reinserción en las jurisdicciones angloamericanas en *aplicación de los principios del "derecho terapéutico"» en Revista* Española de Investigación Criminológica, REIC AC-01-04.

la reinserción social debe ser compatible con el reconocimiento de los derechos fundamentales de los reclusos que proclaman el artículo 25.2 CE y el artículo 3 LOGP, lo que obliga, entre otras cosas, a considerar la dignidad humana, los derechos que le son inherentes y el libre desarrollo de la personalidad (art. 10.1 CE) como límite infranqueable de la ejecución penitenciaria y la intervención reeducadora[258].

Ese fin primordial de la reeducación y la reinserción social de los penados ha dado lugar a que, en la ejecución penitenciaria de la pena, prevalezca el tratamiento sobre el régimen, humanizándose dicha ejecución al potenciarse las relaciones con el mundo exterior, se amplían las salidas, las visitas y comunicaciones, se apuesta decididamente por la colaboración en esta tarea, reeducativa y resocializadora, de entidades y organizaciones no gubernamentales, y se contemplan fórmulas que permitan una flexibilización de la ejecución[259]. Sin embargo, como pese al amplio despliegue de actividades dirigidas a la resocialización y a la reeducación no se ha conseguido evitar la comisión de graves delitos, parece que ello ha dado lugar a que disminuya el interés inicialmente depositado en las actividades tratamentales; lo que induce a pensar que el legislador últimamente ha optado por un endurecimiento de las penas y un mayor rigor punitivo en su ejecución[260].

En todo caso, conforme a los postulados constitucionales del mencionado artículo 25.2 CE, una ejecución penitenciaria acorde con los fines de la reeducación y reinserción social de los reclusos debe limitar el uso del régimen cerrado, desarrollar tratamientos educativos dirigidos a cubrir deficiencias sociales, establecer programas de

---

[258] MUÑOZ CONDE Francisco; GARCIA ARAN Mercedes; *Derecho Penal. Parte General.* 6ª edic. Tirant lo Blanch, Valencia 2004, p. 551.

[259] Buen ejemplo de todo esto es lo normado en el art. 100.2 R.P. que establece: «No obstante, con el fin de hacer el sistema más flexible, el Equipo Técnico podrá proponer a la Junta de Tratamiento que, respecto de cada penado, se adopte un modelo de ejecución en el que puedan combinarse aspectos característicos de cada uno de los mencionados grados, siempre y cuando dicha medida se fundamente en un programa específico de tratamiento que de otra forma no pueda ser ejecutado. Esta medida excepcional necesitará de la ulterior aprobación del Juez de Vigilancia correspondiente, sin perjuicio de su inmediata ejecutividad.»

[260] Un buen ejemplo de esto es la reforma introducida por la L.O. 7/2003, de 30 de junio, cuyo título: "De medidas de reforma para el cumplimiento íntegro y efectivo de las penas", constituye un paradigma de lo que hemos dicho.

tratamiento específicos para determinadas formas de delincuencia, potenciar la aplicación del régimen abierto, y favorecer la concesión de beneficios penitenciarios a todos aquellos penados en quienes concurra un bajo índice de probabilidad de reincidencia.

La profesora Cervelló Donderis abunda en esta idea al señalar que la proyección actual sobre la ejecución penitenciaria se dirige a su humanización y atenuación de los posibles daños que origina la prisión para reducir los efectos de la prisionización, por lo que se trata de atenuar la nocividad de la prisión, con una actividad dirigida a que la prisión no perjudique a los internos, no los separe de la sociedad y reproduzca lo más posible la sociedad libre[261].

1.5.3. Principio de judicialización de la ejecución

Según el artículo 117.3 de la Constitución, el ejercicio de la potestad jurisdiccional en todo tipo de procesos, juzgando y haciendo ejecutar lo juzgado, corresponde a los juzgados y tribunales determinados por las leyes.

Si bien no puede desvincularse a los tribunales sentenciadores del cumplimiento de sus sentencias, pues a ellos compete en exclusiva hacer que se ejecuten; sin embargo, podemos distinguir entre "ejecutar" la sentencia y "cumplir" la pena, de tal manera que toda la actividad dirigida a ese cumplimiento de la pena corresponde a las autoridades administrativas bajo el poder fiscalizador del Juez de Vigilancia, que ejerce la tutela judicial efectiva de los internos en los centros penitenciarios, en los términos y dentro de los cauces que el legislador ha querido articular[262].

Así pues, en el ámbito de la ejecución penitenciaria de las penas el control de la ejecución corresponde el Juez de Vigilancia Penitenciaria, que tiene encomendada la misión de velar por el respeto de los derechos de los internos y controlar la actividad de la Administración Penitenciaria, para que los actos de ejecución realizados por ésta se ajusten al principio de legalidad que consagra el artículo 25.1 de la Constitución, y especialmente el artículo 3.2 del

---

[261] CERVELLO DONDERIS, *Vicenta; Derecho Penitenciario,* 4ª edic., Tirant lo Blanch, Valencia, 2016, p. 44.

[262] *Vid.* ATC nº 373/1989 de 3-7.

Código Penal y artículo 2 de la Ley Orgánica General Penitenciaria, de tal manera que la actividad penitenciaria se desarrolle con las garantías y dentro de los límites establecidos por la ley, los reglamentos y las sentencias judiciales, sin que pueda ejecutarse pena ni medida de seguridad en otra forma que la prescrita por la ley y los reglamentos que la desarrollan, ni con otras circunstancias o accidentes que los expresados en su texto.

Hasta la aparición de la figura del Juez de Vigilancia, aunque la Ley de Enjuiciamiento Criminal establece que la ejecución de las sentencias penales corresponde a los tribunales que las hayan dictado[263], sin embargo, la ejecución efectiva de lo juzgado era llevada a cabo por la Administración Penitenciaria con escaso control por parte de los órganos jurisdiccionales. De la Administración dependía la forma y el modo en que se ejecutaban las penas, pues ésta era la que aumentaba o disminuía el rigor punitivo de su ejecución, imponía sanciones u otorgaba beneficios penitenciarios a los reclusos, con escaso o nulo control por parte de la jurisdicción.

Esta situación no era respetuosa con lo dispuesto en el artículo 117.3 CE (que atribuye al poder judicial la función juzgar y hacer ejecutar lo juzgado), el artículo 25.2 CE (del que se deriva la tutela judicial efectiva de los derechos de los internos en los términos establecidos en este artículo), y del artículo 106.1 CE (que establece el control de la Administración por la Jurisdicción), de todo lo que surge la necesidad de judicializar la ejecución de las penas privativas de libertad. Nace así la figura del Juez de Vigilancia que, por un lado, asume funciones de ejecución propiamente dichas, al atribuirle el artículo 76.1 de la Ley Orgánica General Penitenciaria competencias para "hacer cumplir la pena impuesta y resolver los recursos referentes a las modificaciones que pueda experimentar con arreglo a lo prescrito en las leyes y reglamentos."

Pero además, junto a esta función de ejecución, la Ley Orgánica General Penitenciaria atribuye a los Jueces de Vigilancia una función de control jurisdiccional de los actos de la Administración Penitenciaria que tenga incidencia o afecten a los derechos y beneficios penitenciarios de los internos, pues el citado artículo 76.1 de LOGP, también establece que corresponde al Juez de Vigilancia "salvaguardar los derechos de los internos y corregir los abusos y desvia-

---

[263] *Vid.* arts. 984, 985, 986 y 988 de la LECr.

ciones que en el cumplimiento de los preceptos del régimen penitenciario puedan producirse."

Esta es una función de tutela de los derechos de los internos que va más allá del mero control de la ejecución de las penas, pues se extiende sobre toda la población reclusa, no sólo los penados sino que abarca también a los internos que sean detenidos o presos preventivos. Esta función de control de los actos de la Administración y tutela de los derechos de los internos, si no existiera la figura del Juez de Vigilancia Penitenciaria tendrían que asumirla los órganos de la jurisdicción contencioso-administrativa[264].

El ingreso de un penado en un establecimiento penitenciario, para cumplir una pena de prisión, sólo priva a éste de su derecho a la libertad personal con las consecuencias accesorias que de ello se deriven conforme a la legislación penitenciaria, pero no le priva de los demás derechos que no se vean afectados por el fallo condenatorio. Del mismo modo la ejecución de esa pena, en cuanto a su contenido y cumplimiento efectivo en el centro penitenciario, no tiene un carácter estático sino dinámico, pues por mor del sistema progresivo y de individualización científica establecido en nuestro ordenamiento jurídico para su ejecución, el penado puede progresar o regresar de grado, sufrir un mayor o menor rigor en la ejecución de su pena, y obtener beneficios penitenciarios que supongan un régimen de semilibertad y un acortamiento de su estancia en el establecimiento penitenciario[265].

Toda esta dinámica de ejecución se desarrolla por una parcela de la Administración, la Penitenciaria, que como toda la Administración debe estar sujeta al control de la legalidad de sus actos por los tribunales de justicia. Por ello, por algún sector de la doctrina se ha llegado incluso a plantear que, de lege ferenda, la ejecución de la pena debe proseguir su evolución judicializadora hacia un modelo de mayor dependencia del Poder Judicial, actuando el cuerpo de funcionarios de Instituciones Penitenciarias en re-

---

264 GARCIA ALBERO, Ramón: «El Juez de Vigilancia Penitenciaria», *Curso de Derecho Penitenciario. Adaptado al Nuevo Reglamento Penitenciario de 1996.* Cedecs Editorial, Barcelona 1996, p. 235.

265 Establece el art. 72.1 LOGP que: «Las penas privativas de libertad se ejecutarán según el sistema de individualización científica, separado en grados, el último de los cuales será el de libertad condicional conforme determina el Código Penal.»

lación con los tribunales de forma análoga a la Policía Judicial en la fase instructora[266].

Pero este principio de judicialización de la ejecución presenta algunas fisuras o adolece de falta de plenitud, pues aún subsisten determinados aspectos en los que la ejecución de la pena sufre importantes modificaciones acordadas directamente por la Administración, como es el caso de la imposición de la sanción de aislamiento, la concesión de permisos de salida de hasta dos días a los internos de segundo grado, o la clasificación penitenciaria, cuando lo deseable sería, como dice la profesora Cervelló Donderis, que cualquier modificación que afecte al contenido de la sentencia, y por tanto al cumplimiento de la pena, en virtud del principio de legalidad en la ejecución, tuviera un estricto control judicial[267].

En este mismo sentido anteriormente expuesto se manifiesta De Marcos Madruga al decir que, en relación con el artículo 117 CE, el problema es hasta dónde ha de llegarse en la judicialización de la ejecución de las penas privativas de libertad, y el papel de la Administración Penitenciaria como órgano colaborador en la ejecución, toda vez que no ha de olvidarse que lo importante no es tanto la denominación formal de la pena, sino su contenido, la forma de ejecución, quién tiene el control sobre ella, pues esa es la llave del sistema; o dicho de otra forma: quien maneja el modo de llevarse a cabo la privación de libertad tiene el verdadero poder en el ejercicio de la potestad punitiva del Estado.

Considera este autor que, sin ser pesimistas, no cabe duda de que no se ha llegado con todas sus consecuencias a un pleno desarrollo del art. 117 CE, siendo éste un notable punto de fricción entre lo político y lo judicial; pudiéndose encontrar numerosos ejemplos en los que tras recaer sentencia de condena, se conceden indultos o clasificaciones en tercer grado con inusitada rapidez. La colaboración de la Administración es imprescindible, pero ha de reconocerse que si queremos hacer realidad el mandato constitucional, en el poder de decisión sobre las cuestiones que afectan a la esencia de la pena, con especial referencia al tercer grado y sus particulares formas de ejecución , debería darse un papel dominante al Juez de Vigilancia.

---

266 FERNANDEZ AREVALO Luis; MAPELLI CAFFARENA Borja; *Práctica Forense Penitenciaria.* Civitas, Madrid, 1995, p. 21.

267 CERVELLÓ DONDERIS Vicenta: *Derecho Penitenciario,* cit., pp. 37-38.

Es precisamente en este tema, en donde queda mucho por hacer, pues la intervención de este Juez se limita a aprobar, a posteriori, el régimen de flexibilidad previsto en el art 100.2 RP, o acordar la clasificación en tercer grado de los septuagenarios y enfermos terminales en los términos recogidos en el art. 36.3 CP[268].

1.5.4. Principio de actuación de oficio

En estrecha relación con el principio de judicialización, hemos de considerar la existencia de otro principio que denominamos "de actuación de oficio".

Frente al principio dispositivo o de aportación de parte, propios del proceso civil, ha de entenderse que en la actuación del Juez de Vigilancia rige el principio de actuación de oficio similar al que inspira la ejecución penal.

El principio de actuación o impulso de oficio en la ejecución se desprende de lo dispuesto en el artículo 117.3 de la Constitución, y en los artículos 988.1 y 2, y 990.2 y 3 de la Ley de Enjuiciamiento Criminal[269].

Aunque el principal órgano de la ejecución es el Juez o Tribunal sentenciador, en el sentido de que a él no sólo compete juzgar sino también hacer que se ejecute lo juzgado, el Juez de Vigilancia también es un órgano de la misma, estando llamado a desempeñar un importante papel en la ejecución penal conforme a las competencias que le atribuye la legislación penitenciaria, siendo la primera que le asigna el artículo 76.1 de la Ley Orgánica General Penitenciaria la de "hacer cumplir la pena impuesta." Al ser órgano de la ejecución, y comoquiera que el principio que rige en ésta es el de inicio y actuación de oficio, el Juez de Vigilancia en su faceta de "juez de ejecución" debe, por consiguiente, actuar de oficio.

Pero en su vertiente de "juez de garantías", en el ejercicio de la función que tiene encomendada de salvaguarda de los derechos de los

---

[268] DE MARCOS MADRUGA, Florencio; «El Juez de Vigilancia Penitenciaria» en *Derecho Penitenciario, enseñanza y aprendizaje*, dir. Rosario de Vicente Martínez, Tirant Lo Blanch, Valencia, 2015, p. 363.

[269] *Vid.* BUENO ARUS Francisco, y Otros; *Ley General Penitenciaria. Comentarios, jurisprudencia, concordancias, doctrina*; 2ª edic., Colex, Madrid, 2010, pp. 31-32.

PEREZ-CRUZ MARTIN Agustín-Jesús, y Otros; *Derecho Procesal Penal*, 2ª edic., Civitas, Thomson Reuters, Aranzadi, Pamplona, 2010, pp. 1001-1002.

internos, como garante de los derechos que a éstos le corresponden, también debe actuar de oficio, de tal manera que si ve o detecta alguna actuación irregular de la Administración debe actuar corrigiendo el abuso o desviación aunque no haya mediado petición ni queja de aquéllos. Esto está en estrecha conexión, y puede considerarse además como una consecuencia derivada de la relación de sujeción especial a la que se halla sometido el interno respecto de la Administración penitenciaria[270], que genera una serie derechos y deberes para ambas partes de esa relación que deben ser escrupulosamente observados. Los derechos de los internos aparecen recogidos en el artículo 3 de la LOGP, y los deberes en el artículo 4 LOGP. Estos preceptos aparecen desarrollados en los artículos 4 y 5 del Reglamento Penitenciario.

Según tiene declarado el Tribunal Constitucional, el internamiento en un centro penitenciario origina una relación especial de sujeción, toda vez que el interno se integra en una institución preexistente que proyecta su autoridad sobre quienes, al margen de su condición común de ciudadanos y como consecuencia de la modificación de su status libertatis, adquieren el status específico de individuos sujetos a un poder público que no es el que, con carácter general, existe sobre los ciudadanos libres. Dicha relación de sujeción especial debe ser entendida en un sentido reductivo compatible con el valor preferente de los derechos fundamentales[271].

La legislación penitenciaria articula un sistema de protección de los derechos de los internos[272], en el que se incluye el derecho de éstos a recibir información sobre el régimen del establecimiento, sus derechos y deberes, normas disciplinarias, formular peticiones y quejas relativas a su tratamiento o al régimen del establecimiento, así como a formular los recursos que procedan[273].

---

270 *Vid.* LOPEZ BENITEZ Mariano; *Naturaleza y Presupuestos Constitucionales de la Relaciones Especiales de Sujeción*, Universidad de Córdoba, Civitas, Madrid 1994, pp. 413-445.

271 Son numerosas las Sentencias dictadas por el Tribunal Constitucional tratando sobre esta materia en el sentido expuesto. Entre otras podemos citar las nº 66/2007 de 27-3; nº 2/2006 de 16-1; nº 218/2002 de 25-6; nº 116/2002 de 20-5; nº 175/2000 de 26-6; nº 141/1999 de 22-7; nº 60/1997 de 18-3; nº 120/1996 de 8-7; nº 129/1995 de 11-9; nº 57/1994 de 28-2; nº 54/1992 de 8-4; nº 137/1990 de 19-7; nº 120/1990 de 27-6; nº 2/1987 de 21-1; nº 74/1985 de 18-6.

272 *Vid.* RODRIGUEZ ALONSO Antonio, RODRIGUEZ AVILES Juan Antonio; *Lecciones de Derecho Penitenciario (Adaptadas a la normativa vigente)*, 4ª edic., Comares, Granada, 2011, pp. 45-46.

273 Arts. 49 y 50 LOGP, y arts. 52, 53, y 54 RP.

Aunque la Ley Orgánica General Penitenciaria, al regular las competencias del Juez de Vigilancia, no establece que éste actúe a instancia o requerimiento del penado, sin embargo, la actuación de oficio aparece implícita en el artículo 76.1 LOGP sin que medie petición o queja del interno. Por otro lado, esta actuación de oficio sí que es expresamente contemplada en el artículo 58.2 del Código Penal al regular el abono de prisión provisional en causa distinta[274].

Lo anteriormente expuesto quiere decir que la legislación penitenciaria no hace recaer sobre los internos la carga exclusiva de aportar los hechos (dar cuenta de los posibles abusos o irregularidades de la Administración) ni tampoco atribuye a éstos la facultad exclusiva de poner en marcha la actuación del Juez de Vigilancia. Este, para actuar, no necesita la instancia o rogación de parte, basta para ello el conocimiento propio de algún hecho que requiera su actuación, o por medio de denuncia por parte del Ministerio Fiscal, u otras personas o entidades. Aunque los internos también puedan provocar su actuación; especialmente en el ejercicio de la competencia prevista en el artículo 76.2.g) LOGP, relativa a la resolución de peticiones y quejas, pues en este ámbito competencial hay materias, cuya solicitud tiene que partir de los propios internos, toda vez que resultaría contrario a la norma, pues no sería ampararles en sus derechos, por ejemplo, dar u obligar a éstos a realizar o tener permisos, comunicaciones o visitas no pedidas o en contra de su voluntad.

Cuando el artículo 76.2.g) LOGP atribuye al Juez de Vigilancia Penitenciaria competencia para "acordar lo que proceda sobre las peticiones o quejas que los internos formulen, en relación con el régimen y el tratamiento penitenciario, en cuanto afecte a los derechos fundamentales o a los derechos y beneficios penitenciarios de aquellos", no está limitando o restringiendo el objeto procesal del procedimiento de queja a la petición o –si se prefiere en términos civilísticos– pretensión deducida por el interno, de tal modo que le quede vedado el Juez de Vigilancia pronunciarse sobre una cuestión que

---

[274] Art. 58.2 CP: «El abono de prisión provisional en causa distinta de la que se decretó será acordado *de oficio* o a petición del penado y previa comprobación de que no ha sido abonada en otra causa, por el Juez de Vigilancia Penitenciaria de la jurisdicción de la que dependa el centro penitenciario en que se encuentre el penado, previa audiencia del ministerio fiscal.»

no sea la suscitada en la pretensión del interno o traspasar los límites fijados, positiva o negativamente, por dicha pretensión.

El inciso final del apartado g) del nº 2 del artículo 76 LOGP ("acordar lo que proceda") debe interpretarse, de modo sistemático, poniéndolo en relación con el nº 1 del mismo precepto legal que confiere al Juez de Vigilancia atribuciones para, entre otras funciones, "salvaguardar los derechos de los internos y corregir los abusos y desviaciones que en el cumplimiento de los preceptos del régimen penitenciario puedan producirse", por lo que, sobre la base de este precepto, el Juez de Vigilancia puede hacer los pronunciamientos que procedan ("acordar lo que proceda") para salvaguardar tales derechos o corregir los abusos o desviaciones que estime producidos, si como consecuencia de una queja o a resultas de la misma, aunque el interno no se refiera a ella, tuviese noticia o llegase a su conocimiento que se ha conculcado algún derecho del interno o se ha producido desviación o abuso de poder en la actuación de la Administración Penitenciaria.

Y es que, como señala la Sentencia del Tribunal Constitucional nº 73/1983 de 30 de julio "... Es el Juez de Vigilancia quien ha de velar por las situaciones que afecten a los derechos y libertades fundamentales de los presos y condenados, en los términos previstos en los artículos 9.3, 24 y 25.2, todos ellos de la Constitución Española, al constituir un medio efectivo de control dentro del principio de legalidad, y una garantía de interdicción de la arbitrariedad de los poderes públicos, recogida en el primero de los preceptos referidos[275].

2. COMPOSICIÓN Y ORGANIZACIÓN

En el actual panorama legislativo español asistimos a una serie de reformas y cambios que afectan profundamente a la estructura, organización y funcionamiento de los órganos de la Administración de Justicia, que por supuesto tienen su reflejo en los órganos de la jurisdicción de vigilancia penitenciaria.

---

[275] *Vid.* Auto del Juzgado de Vigilancia Penitenciaria de Ocaña, de fecha 22/04/2003; *Jurisprudencia Penitenciaria 2003-2004*; Dirección General de Instituciones Penitenciarias, Ministerio del Interior, Madrid, 2005, p. 263.

2.1. La Nueva Oficina Judicial

La Ley Orgánica 19/2003 de 23 de diciembre, ha dado una nueva redacción al Libro V de la Ley Orgánica del Poder Judicial[276] y ha diseñado un nuevo régimen de organización y funcionamiento de la administración al servicio de los jueces y tribunales, distinguiendo entre la Oficina Judicial, y las Unidades Administrativas.

Se define a la Oficina Judicial como la organización de carácter instrumental que sirve de soporte y apoyo a la actividad jurisdiccional de jueces y tribunales. La Oficina Judicial está estructurada en dos tipos de unidades: Las Unidades Procesales de Apoyo Directo, y los Servicios Comunes Procesales.

Las Unidades Procesales de Apoyo Directo (UPAD) son aquellas que asisten directamente a jueces y magistrados en el ejercicio de las funciones que les son propias, de tal manera que existirán tantas unidades de este tipo como Juzgados o, en su caso, salas o secciones de tribunales estén creados y en funcionamiento, integrando junto a sus titulares el respectivo órgano judicial.

El Servicio Común Procesal es aquella unidad de la Oficina Judicial que, sin estar integrado en un órgano judicial concreto, asume labores centralizadas de gestión y apoyo en actuaciones derivadas de la aplicación de las leyes procesales. Se podrán crear servicios comunes con funciones de registro y reparto, actos de comunicación, auxilio judicial, ejecución de resoluciones judiciales, y de jurisdicción voluntaria; también podrán asumir la ordenación del procedimiento y otras funciones distintas de las anteriores. Estos servicios comunes podrán estructurarse en secciones, y éstas a su vez en equipos.

Por su parte, las Unidades Administrativas son aquellas que, sin estar integradas en la Oficina Judicial, se constituyen en el ámbito de la Administración de Justicia para la jefatura, ordenación y gestión de los recursos humanos de la Oficina Judicial, así como de los medios informáticos, nuevas tecnologías y demás medios materiales. Dentro de estas Unidades se podrán establecer oficinas comunes de apoyo a una o varias oficinas judiciales.

---

[276] Con esta reforma este Libro ha pasado a tener el título: "De los Secretarios Judiciales y de la Oficina Judicial", y comprende los artículos 435 a 469, ambos inclusive.

Como vemos desaparece la tradicional figura del juzgado, o sección de tribunal colegiado, como organización autónoma con sus servicios propios exclusivos. Ahora de lo que se trata es de que haya una serie de servicios comunes para distintos jueces y tribunales. Con ello lo que se pretende es una más eficiente y racional organización de medios personales y materiales, distribución de trabajo en equipo, la normalización de tareas y la especialización del personal.

De los distintos servicios comunes, el que se considera como más relevante es el Servicio Común Procesal para la Ordenación del Procedimiento, que se encargaría del trámite de todos los procedimientos judiciales de los distintos jueces y tribunales, con independencia de su orden jurisdiccional.

Después de la promulgación de la Ley Orgánica 19/2003 de 23 de diciembre, que es la que inicia todo este proceso de reformas con la nueva redacción dada al Libro V de la Ley Orgánica del Poder Judicial, han aparecido otras dos leyes que inciden en este proceso de modificación y redefinición de la Administración de Justicia. Son:

— La Ley 13/2009, de 3 de noviembre, de reforma de la legislación procesal para la implantación de la nueva Oficina Judicial. Publicada en el BOE nº 266, de 04/11/2009, con entrada en vigor el 04/05/2010.

— Y una ley complementaria de la anterior; concretamente la Ley Orgánica 1/2009, de 3 de noviembre, complementaria de la Ley de reforma de la legislación procesal para la implantación de la nueva Oficina Judicial, por la que se modifica la Ley Orgánica 6/1985, de 1 de julio, del Poder Judicial. Publicada en el mismo BOE que la anterior, y que entró en vigor el 05/11/2009.

Además de las anteriores normas con rango de ley, también se han dictado otra serie de disposiciones de carácter reglamentario, resoluciones e instrucciones, para la efectiva implantación de la Oficina Judicial. De estas disposiciones, unas son de aplicación a todo el territorio del Estado, y otras sólo en aquellas Comunidades Autónomas que no tienen transferidas las competencias en materia de gestión de medios de la Administración de Justicia, y que son por consiguiente territorio gestionado por el Ministerio de Justicia.

Entre toda esta normativa podemos mencionar como más relevante:

- La Orden JUS/3244/2005, de 18 de octubre, por la que se determina la dotación básica de las Unidades Procesales de Apoyo Directo a los órganos judiciales.
- La Orden JUS/76/2014, de 28 de enero, por la que se modifica la Orden anteriormente citada[277].
- Real Decreto 1451/2005, de 18 de octubre, por el que se aprueba el Reglamento de ingreso, provisión de puestos de trabajo y promoción profesional del personal funcionario al servicio de la Administración de Justicia.
- Real Decreto 1608/2005, de 30 de diciembre, por el que se aprueba el Reglamento Orgánico del Cuerpo de Secretarios Judiciales.
- Instrucción 1/2011, de 31 de marzo, del Pleno del Consejo General del Poder Judicial, sobre el funcionamiento de las unidades procesales de apoyo directo a jueces y magistrados y su actuación coordinada con los servicios comunes procesales.
- Instrucción 1/2011, de 31 de marzo, de la Secretaría General de la Administración de Justicia, con el mismo sentido y contenido que la anterior.
- Instrucción 2/2010, del Consejo General del Poder Judicial, sobre el ejercicio de las facultades de dirección e inspección por los jueces y magistrados.
- Reglamento 2/2010 del Consejo General del Poder Judicial sobre criterios generales de homogeneización de las actuaciones de los servicios comunes procesales.
- Convenio de colaboración entre el Ministerio de Justicia, el Consejo General del Poder Judicial y la Fiscalía General del Estado para el establecimiento del esquema judicial de interoperabilidad y seguridad en el ámbito de la administración de justicia.
- Protocolo de Actuación de Oficinas Judiciales en los Centros Penitenciarios, firmado el 26 de julio de 2011 entre el Secretario General de Modernización y Relaciones

[277] En lo que respecta a los Juzgados de Vigilancia Penitenciaria, esta Orden JUS/76/2014 establece que habrá un secretario judicial por cada 3 UPAD y dos tramitadores por cada UPAD, no previendo la existencia de gestores.

con la Administración de Justicia y la Secretaria General de Instituciones Penitenciarias[278].

El diseño y organización de la Nueva Oficina Judicial supone un desplazamiento de las facultades que tradicionalmente han tenido los jueces y magistrados en la oficina judicial. De una situación anterior, en la que los jueces y magistrados eran los titulares del órgano judicial y, por consiguiente directores de la secretaría y oficina, se pasa a otra en la que se les permite la dirección procesal (de forma parcial) y la inspección de los asuntos que lleven, pero desaparece de sus atribuciones la dirección y el control de todos los servicios de gestión de los procedimientos. Podrán dar directrices sobre el modo en el que se deben tramitar los procedimientos y corregir por vía de recurso o de nulidad de actuaciones los defectos de tramitación procesal pero no podrán corregir defectos organizativos.

Por otro lado, los secretarios judiciales ya no dependen de los jueces y presidentes de sección o sala, sino que son ellos los que dirigen al personal integrante de la oficina judicial, sin la superior dirección judicial, impartiendo las órdenes e instrucciones que estimen pertinentes, de tal modo que su relación con los jueces se reduce a velar por el cumplimiento de las decisiones que éstos adopten en el ejercicio de su competencia jurisdiccional.

En la nueva estructura jerárquica de los secretarios judiciales no tienen cabida los jueces y magistrados, pues aquéllos dependen exclusivamente del Ministerio de Justicia, estableciéndose una regulación de competencias de los secretarios de gobierno y de los secretarios coordinadores provinciales que confirma que en la gestión de la nueva oficina judicial no tienen intervención los jueces y magistrados.

---

[278] En este Protocolo se prevé la existencia de oficinas judiciales en los centros penitenciarios, manteniendo aquellas su dependencia funcional de los órganos judiciales, pero procurando una interrelación intensa con la institución penitenciaria de cara a la mejora de los servicios que les corresponden. Con la implantación de estas oficinas en los centros penitenciarios lo que se pretende es mejorar la interconexión entre los órganos judiciales y la administración penitenciaria. Tales oficinas serían las encargadas de practicar en los centros penitenciarios las comunicaciones derivadas de las resoluciones dictadas por los órganos judiciales.

El texto completo de este Protocolo puede consultarse en la siguiente dirección de internet: «*http://www.sisej.com/documentos/nueva-oficina-judicial/doc_view/1269-protocolo-de-actuacion-de-oficinas-judiciales-delegadas-en-centros-penitenciarios*».

Esta Nueva Oficina Judicial es un reto y una incógnita, y podemos preguntarnos hasta qué punto el nuevo diseño respeta el principio de independencia judicial, entendido no sólo como la potestad de resolver un conflicto, sino también la de ordenar el proceso para que pueda llegarse a la adecuada resolución del mismo; e igualmente podemos cuestionarnos hasta qué punto o en qué medida mejora el sistema tradicional de las anteriores secretarías y oficinas de los juzgados y tribunales[279].

Cuando aún se estaba tramitando el Proyecto que finalmente llegó a ser la Ley 13/2009, de 3 de noviembre, de reforma de la legislación procesal para la implantación de la Nueva Oficina Judicial, un importante número de profesores universitarios de Derecho Procesal firmó la "Declaración por la Unidad y la Independencia en la Administración de la Justicia y por las Garantías Procesales de los Ciudadanos"[280].

En este documento, los profesores universitarios pusieron de manifiesto que se trata de un grave error –idea que también nosotros compartimos– separar y diferenciar *lo jurisdiccional* de *lo procesal*, pues con ello se corre el riesgo de convertir al secretario judicial (que es un funcionario jerarquizado y dependiente del Ministerio de Justicia) en una especie de "Juez de lo procesal" cuando, sin embargo, éstos no pueden ejercer ningún tipo de potestad jurisdiccional. Esta potestad sólo corresponde a los jueces y magistrados independientes, integrantes del poder judicial conforme a lo dispuesto en el artículo 117.1 y 3 de la Constitución[281].

Para poder administrar recta justicia, y así otorgar correctamente el amparo judicial que demanden los ciudadanos, el juez debe controlar el proceso en todas sus etapas, pues éste constituye una garantía para el acierto de la sentencia o resolución definitiva que se dicte, de tal modo que el juez no puede ser situado al final del recorrido

---

279 *Vid.* DE PORRES ORTIZ DE URBINA, Eduardo; «La Nueva Oficina Judicial», en *Hacia un catálogo de buenas prácticas para optimizar la investigación judicial*, CGPJ, Madrid, 2009, pp. 80-82.

280 Esta Declaración puede consultarse en la siguiente dirección de internet: «*http://www.magistratura.es/component/contentarticle/165- eclaracion-de-profesores-universitarios-procesalistas*».

281 Así lo entiende el Tribunal Constitucional en Pleno que, en la Sentencia nº 108/1986, de 26 de julio, afirmó que: «sólo los jueces, individualmente o agrupados en órganos colegiados, pueden ejercer jurisdicción "juzgando y haciendo ejecutar lo juzgado".»

procesal o verse ajeno a buena parte de sus incidencias. Esto es lo que ha ocurrido en cierta medida con las reformas procesales introducidas en nuestro ordenamiento con motivo de la regulación de la Nueva Oficina Judicial. Ahora el Secretario es quien controla primordialmente la ejecución procesal, y quien tiene atribuidas competencias que le facultan para dictar resoluciones que trascienden de lo estrictamente procesal; lo que dio pié a que algunos entendieran que el Secretario era también "órgano jurisdiccional". Afortunadamente, el Tribunal de Conflictos de Jurisdicción en su Sentencia nº 6/2011, de 28 de septiembre, ha venido a clarificar la situación.

Entre otras muchas, una de las competencias que ahora tienen atribuidas los Secretarios es la resolución mediante Decreto, de las reclamaciones formuladas por Procuradores y Abogados sobre provisión de fondos o remuneración final de sus derechos y honorarios, de tal modo que ese Decreto constituye título ejecutivo para acudir a la correspondiente vía de apremio; pero ello no impide que el cliente pueda acudir al correspondiente proceso declarativo. Esto es lo que ocurrió en el asunto contemplado en citada Sentencia del Tribunal de Conflictos de Jurisdicción. Contra el Decreto del Secretario de una Audiencia Provincial, que establecía la cantidad que debía pagar un cliente a su abogado, dicho cliente, que era un Ayuntamiento –entendiendo que el Decreto del Secretario es un acto gubernativo– lo impugnó ante la jurisdicción contencioso-administrativa, y requirió de inhibición a la Audiencia solicitando la suspensión de la ejecución del Decreto. Con la negativa de la Audiencia, quedó planteado el "conflicto de jurisdicción."

La mencionada Sentencia resuelve la cuestión declarando que no procede el conflicto entre el Tribunal y la Administración, porque el Decreto del Secretario no es una resolución jurisdiccional. En este sentido argumenta que: «El ejercicio de la potestad jurisdiccional, reservado exclusivamente a los Juzgados y Tribunales conforme dispone el artículo 117.3 de la Constitución, no se reparte entre todos sus componentes, sino que se residencia en los jueces y magistrados que ostentan su titularidad y, lo que es más importante, ejercen la jurisdicción. Los secretarios judiciales no forman parte del Cuerpo único de jueces y magistrados previsto en el artículo 122.1 de nuestra Carta Magna, ni su estatuto responde a las exigencias ineludibles en relación con los titulares de la jurisdicción. Baste recordar que, como se lee en el artículo 440 de la Ley Orgánica del Poder Judicial, el Cuerpo Superior Jurídico de los Secretario Judiciales depende del Ministerio de Justicia. Luego, su artículo 463 subraya la ordenación jerárquica y la dependencia funcional de estos cualificados funcionarios de una Administración de Justicia que, en sentido amplio, incluye también actividades complementarias y auxiliares para el ejercicio de la potestad jurisdiccional.»

Como dice el Profesor De la Oliva, en buena lógica, la nítida e indiscutible argumentación del Tribunal de Conflictos de Jurisdicción conduciría a considerar no jurisdiccionales todas las resoluciones de los Secretarios judiciales; pero, a fuerza de voluntad, dejémoslo, por ahora, en los procedimientos en los que el Secretario decide sobre el fondo[282].

La Nueva Oficina Judicial aún no está implantada en toda la geografía nacional; de hecho, sólo se ha implantado en algunas capitales con resultado irregular y dispar. En este sentido, han surgido problemas relacionados con la infraestructura arquitectónica de los edificios judiciales para albergar y facilitar el funcionamiento de las distintas unidades de esta nueva oficina; falta de coordinación y eficacia entre el funcionamiento de estas unidades y el trabajo desarrollado por cada juez o tribunal colegiado; necesidad de reordenar la planta judicial; protocolizar el funcionamiento de los servicios comunes; peligro de continuo trasiego de expedientes entre las unidades de apoyo directo y los servicios comunes; problemas a la hora de señalar y coordinar las distintas vistas y actos que deban celebrarse en audiencia pública, en que tengan que intervenir los jueces y tribunales; la información a los profesionales y al público sobre el estado de tramitación de los distintos expedientes y su localización; discrepancias entre Jueces y Magistrados (en el ejercicio de la actividad jurisdiccional) y los Secretarios Judiciales (responsables de la oficina judicial).

Hoy por hoy, los únicos instrumentos previstos en la Ley Orgánica del Poder Judicial para resolver los conflictos de este tipo son los contemplados en los artículos 152.1-7° y 168.2-b), que son a todas luces insuficientes, resultando necesario delimitar las facultades de inspección que tanto los órganos de gobierno del Poder Judicial como los Secretarios de Gobierno, dependientes del Ministerio de Justicia, tienen sobre la oficina judicial[283].

---

[282] *Vid.*: «*http://andresdelaoliva.blogspot.com.es/2011/12/las-resoluciones-de-los-secretarios.html*».

[283] El art. 152.1-7° de la LOPJ establece que: «1. Las Salas de Gobierno, también constituidas en régimen de Comisión, desempeñarán la función de gobierno de sus

Precisamente, como consecuencia de determinados roces surgidos con ocasión de una visita de inspección, en la que por parte de algún letrado de la Administración de Justicia se puso trabas a la actividad inspectora, la Comisión Permanente del Consejo General del Poder Judicial, en su reunión del día 27 de octubre de 2016, adoptó el Acuerdo previsto como punto del orden del día nº 19-6, consistente en: "*Aprobar el informe del Servicio de Inspección relativo a la inspección de juzgados y tribunales, y dar traslado del mismo a los/as presidentes y salas de gobierno de los Tribunales Superiores de Justicia y de la Audiencia Nacional, indicando a los referidos presidentes que deberán trasladar el presente informe a todos los/as jueces y magistrados que sirven órganos judiciales unipersonales de su territorio*".

El referido Informe del Servicio de Inspección, que es de fecha 24 de octubre de 2016, concluye diciendo que:

«La inspección de juzgados y tribunales es competencia del Consejo General del Poder Judicial por expreso mandato constitucional (artículo 122.2 de la CE).

La inspección de los Juzgados y Tribunales, cualquiera que sea su forma de organización, corresponde al Servicio de Inspección y a los Presidentes de los Tribunales Superiores de Justicia en sus respectivos ámbitos territoriales (artículos 171, 560.1.8ª, 615 y 172 de la Ley Orgánica del Poder Judicial), siendo su finalidad el examen de cuanto resulte necesario para conocer el funcionamiento del juzgado o tribunal y el cumplimiento de los deberes del personal judicial, atendiendo especialmente a las exigencias de una pronta y eficaz tramitación de todos los asuntos (artículo 176). Esta actividad inspectora comprende también a las Oficinas judiciales que sirven de apoyo y soporte a la actividad jurisdiccional de jueces y tribunales (artículo 435.1) incluyendo tanto a las unidades procesales de apoyo directo (artículo 437.1) como a los servicios comunes procesales (artículo 438), por estar al servicio de los juzgados y tribunales, todo ello sin perjuicio de la adecuada coordinación con las distintas administraciones concurrentes.»

---

respectivos tribunales, y en particular les compete: ... 7º. Proponer al Presidente la realización de las visitas de inspección e información que considere procedentes.»

El art. 168.2-b) de la citada Ley dispone que: «2. En todo caso, corresponde a los Jueces Decanos: ... b) Poner en conocimiento de la Sala de Gobierno toda posible anomalía en el funcionamiento de servicios comunes procesales de su territorio.

2.1.1. *Distribución de competencias entre los Jueces y los Secretarios de los Juzgados de Vigilancia Penitenciaria*

La creación de la Nueva Oficina Judicial, por la Ley Orgánica 19/2003 de 23 de diciembre, que dio una nueva regulación al Libro V de la Ley Orgánica del Poder Judicial, y estableció una nueva distribución de competencias entre Jueces y Secretarios, trajo consigo la aprobación de la Ley 13/2009 de 3 de noviembre, que modificó nuestra legislación procesal en todos los órdenes jurisdiccionales. Según el Preámbulo de esta Ley, lo que en síntesis se pretende es que los Jueces y Magistrados dediquen todos sus esfuerzos a las funciones que les vienen encomendadas por la Constitución, y descargarles de todas las tareas no vinculadas estrictamente a las funciones constitucionales de juzgar y hacer ejecutar lo juzgado. Así, el objetivo primordial compartido en la reforma de todas las leyes procesales es regular la distribución de competencias entre Jueces y Tribunales por un lado, y Secretarios judiciales, por otro.

De este modo, en cado órgano jurisdiccional nos encontramos con dos centros de decisión: Los Jueces y Tribunales que dictan providencias, autos y sentencias; y los Secretarios judiciales cuyas resoluciones se denominan diligencias y decretos[284].

---

[284] Sobre las resoluciones de los Secretarios, la LOPJ establece lo siguiente:
Artículo 456

1. El Secretario Judicial impulsará el proceso en los términos que establecen las leyes procesales.

2. A tal efecto, dictará las resoluciones necesarias para la tramitación del proceso, salvo aquéllas que las leyes procesales reserven a Jueces o Tribunales. Estas resoluciones se denominarán diligencias, que podrán ser de ordenación, de constancia, de comunicación o de ejecución. Las diligencias de ordenación serán recurribles ante el Juez o el ponente, en los casos y formas previstos en las leyes procesales.

3. Los Secretarios Judiciales cuando así lo prevean las leyes procesales tendrán competencias en las siguientes materias:

a) La ejecución salvo aquellas competencias que exceptúen las leyes procesales por estar reservadas a Jueces y Magistrados.

b) Jurisdicción voluntaria, asumiendo su tramitación y resolución, sin perjuicio de los recursos que quepa interponer.

c) Conciliaciones, llevando a cabo la labor mediadora que les sea propia.

d) Cualesquiera otras que expresamente se prevean.

4. Se llamará decreto a la resolución que dicte el Secretario Judicial con el fin de poner término al procedimiento del que tenga atribuida exclusiva competencia, o cuando sea preciso o conveniente razonar su decisión. Será siempre motivado y contendrá, en párrafos separados y numerados, los antecedentes de hecho y los fundamentos de derecho en que se basa.

En las distintas leyes procesales se especifican las materias sobre las que deben resolver jueces y secretarios dictando el tipo de resolución procedente. Sin embargo, como hemos denunciado en múltiples ocasiones, no existe una normativa procesal que regule el procedimiento ante los Juzgados de Vigilancia Penitenciaria; por lo que, salvo lo previsto con carácter general para el proceso penal en los artículos 141 y 144 bis de la Ley de Enjuiciamiento Criminal al regular los tipos de resoluciones, tampoco aparecen definidas legalmente cuales deben ser aquellas cuestiones que tras la implantación de la nueva Oficina Judicial deben ser resueltas por los jueces y los secretarios de estos Juzgados.

Esta situación de ausencia de previsiones legales aplicables a los procedimientos que se tramitan ante los Juzgados de Vigilancia Penitenciaria fue tratada por los Jueces de Vigilancia en la XIX Reunión, que tuvo lugar durante los días 24, 25 y 26 de mayo de 2010 en Gran Canaria. Tras los oportunos debates, llegamos a la conclusión de que:

A) Es competencia del Juez de Vigilancia resolver aquellas cuestiones que por su naturaleza y contenido jurisdiccional a continuación se relacionan:

   — Autos resolviendo recursos por denegación de permisos de salida.
   — Autos autorizando o denegando permisos propuestos por las Juntas de Tratamiento. También los autos acordando la suspensión de permisos.
   — Autos resolviendo sobre permisos extraordinarios.
   — Autos resolviendo sobre recursos sobre clasificación.
   — Autos aprobando o no la aplicación de programas individualizados de tratamiento (art. 100.2 del Reglamento Penitenciario).
   — Autos resolviendo recursos sobre expedientes disciplinarios.
   — Autos aprobando o no el cumplimiento de la sanción de aislamiento de más de 14 días.
   — Autos concediendo o denegando la libertad condicional.
   — Autos revocando o ampliando la libertad condicional.
   — Autos resolviendo la aprobación o no del plan de ejecución de la pena de trabajos en beneficio de la comunidad, así como acordando su modificación.

— Autos resolviendo incidencias o declarando incumplida la pena de trabajos en beneficio de la comunidad.
— Autos resolviendo quejas que afecten a derechos fundamentales.
— Autos decidiendo sobre el régimen general de cumplimiento (arts. 36.2 y 78.3 CP).
— Autos sobre el abono o no de la prisión provisional sufrida en otra causa, distinta de la que cumple condena (art. 58 CP).
— Autos proponiendo el mantenimiento, modificación, sustitución o eliminación de medida de seguridad (art. 97 CP).
— Autos sobre suspensión de la ejecución de la pena conforme a lo previsto en el artículo 60 CP.
— Autos proponiendo o no indultos.
— Autos aprobado redención de penas por el trabajo.
— Autos resolviendo cuando la Administración Penitenciaria comunica la aplicación de determinadas medidas.

B) Corresponde al Secretario judicial el impulso procesal en los procedimientos tramitados ante el Juzgado de Vigilancia, quien dictará los correspondientes decretos en relación con las siguientes materias:
— Decreto acordando el archivo del procedimiento por cumplimiento íntegro de la condena.
— Decreto aprobando el archivo del procedimiento de trabajos en beneficio de la comunidad al haberse cumplido la pena.
— Decreto aprobando la refundición de condenas, cuando coincide con la que propuso la Administración Penitenciaria.
— Decreto dándose el Tribunal por notificado de determinadas actuaciones acordadas por la Administración Penitenciaria, cuando no es necesario que el Juez realice ningún acto jurisdiccional[285].

---

[285] Las Conclusiones adoptadas por los Jueces de Vigilancia en su XIX Reunión, celebrada durante los días 24 a 26 de mayo de 2010 en Gran Canaria, pueden consul-

2.2. El Anteproyecto de Ley Orgánica del Poder Judicial, y los futuros Tribunales de Instancia

El día 4 de abril de 2014 el Consejo de Ministros, a propuesta del Ministro de Justicia, aprobó el Anteproyecto de Ley Orgánica del Poder Judicial[286] *quem* en su caso, vendría a sustituir a la vigente Ley Orgánica 6/1985, de 1 de julio, del Poder Judicial.

Según se desprende de la Exposición de Motivos que acompaña a este Anteproyecto, y de la nota de prensa difundida por el Gabinete de Comunicación del Ministerio de Justicia[287], el objetivo que se persigue con esta nueva Ley Orgánica del Poder Judicial es la definitiva agilización de la Justicia adaptándola a las estructuras existentes a la realidad económica, social y jurídica del siglo XXI. Y para conseguir este objetivo, de una mayor eficiencia y rapidez en la resolución de los procedimientos, este Anteproyecto de Ley establece como una de sus principales medidas la reorganización de los tribunales y el aumento de la profesionalización y especialización judicial. En esta medida se enmarca la creación de los Tribunales de Instancia, que supone la desaparición de los partidos judiciales y de los Juzgados, tal y como hoy los conocemos, así como de las Audiencias Provinciales[288].

Igualmente se establece una nueva estructura orgánica de la Audiencia Nacional[289], que estará formada por dos Salas de Instancia: Una de lo Penal y otra de lo Contencioso-Administrativo, y por tres Salas Superiores: Una Penal, otra para lo Contencioso-Administrativo, y otra de lo Social. La Sala Penal de instancia se integrará, a su vez, por una o varias Secciones colegiadas, y por Unidades Judiciales. Estas Unidades se denominarán Juez de Enjuiciamiento

---

tarse en la siguiente dirección de internet:

«*https://www3.poderjudicial.es/cgpj/es/Temas/Formacion-Judicial/Formacion-continua-/Encuentros-de-jueces/Conclusiones-de-la-XIX-Reunion-de-Magistrados-as-de-Vigilancia-Penitenciaria–Gran-Canaria–del-24-al-26-de-mayo-de-2010*».

[286] El texto de este Anteproyecto está disponible on line, en la siguiente dirección de internet: «*http://www.mjusticia.gob.es/cs/Satellite/es/1215198252237/ALegislativa_P/1288774452773/Detalle.html#id_1288788482721*».

[287] El texto de la nota de prensa se puede consultar on line en las siguientes direcciones de internet: «*http://www.mjusticia.gob.es*» y «*http://twitter.com/justiciagob*».

[288] Arts. 79 a 84 del Anteproyecto.

[289] Arts. 100 y ss. del Anteproyecto.

Penal, Juez de Menores, y Juez de Ejecución de Penas y Medidas de Seguridad.

En el Tribunal de Instancia, que existirá uno por cada provincia (50, mas Ceuta y Melilla que también tendrán el suyo propio), se integrarán todos los juzgados hasta ahora existentes en los distintos partidos judiciales de la provincia respectiva, que dejarán de llamarse Juzgados y pasarán a denominarse Unidades Judiciales. La tradicional estructura de Juzgado, como órgano integrado por un Juez y todo el conjunto de medios personales y materiales puestos a su disposición para auxiliarle en su función jurisdiccional desaparece, pues ahora, a partir de esta Ley, esa estructura o conjunto de medios personales y materiales integrados en la nueva Oficina Judicial será común para todas las Unidades Judiciales aglutinadas en el mismo Tribunal de Instancia.

En cada Tribunal de Instancia habrá cuatro Salas que se corresponderán con los cuatro órdenes jurisdiccionales existentes: civil, penal, contencioso-administrativo y social. En cada Sala habrá las correspondientes Unidades Judiciales (órganos formados por jueces unipersonales) que deberán ser al menos una por cada orden jurisdiccional, y que su número dependerá de la población y volumen de asuntos litigiosos de la provincia, de tal modo que se seguirá un criterio similar al de ahora para la creación de nuevos juzgados o plazas de magistrados en la Audiencias, y también habrá Secciones que serán órganos colegiados para el conocimiento de aquellos asuntos que les atribuya la ley, y que estarán formados al menos por tres jueces. Al mismo tiempo, y de forma similar a lo previsto para la Audiencia Nacional, contempla el Anteproyecto que dentro de cada Sala se puedan establecer Unidades o Secciones especializadas, de tal modo que en la Sala Penal esta especialización se traducirá en la existencia de Unidades Judiciales que se denominarán: Juez de Enjuiciamiento de lo Penal, Juez de Garantías de la Instrucción, Juez de Menores, Juez de Violencia sobre la Mujer, y Juez de Ejecución de Penas y Medidas de Seguridad.

2.2.1. Desaparición de la actual figura del Juez de Vigilancia Penitenciaria

Con esta reforma legislativa que se inicia con la aprobación de este Anteproyecto, la nueva Ley Orgánica del Poder Judicial abolirá la figura del JVP. Desaparecerán los Juzgados de Vigilancia Penitenciaria, que pasarán a ser sustituidos por las Unidades Judiciales de Ejecución de Penas y Medidas de Seguridad, cuyo titular ya no se llamará Juez de Vigilancia Penitenciaria. De hecho, la Disposición Adicional decimoprimera del Anteproyecto establece que: «*Las referencias a los juzgados o Jueces de Vigilancia Penitenciaria que se contengan en otras disposiciones legales o reglamentarias se entenderán hechas a los Jueces de Ejecución de Penas que se regulan en esta Ley.*»

A la vista del contenido de los artículos 106, 126 y 132 del Anteproyecto, podemos decir que con esta nueva Ley se concentran en un solo órgano –las Unidades Judiciales de Ejecución de Penas y Medidas de Seguridad– las competencias que en ejecución de penas y medidas de seguridad tienen los Juzgados de lo Penal, especialmente los conocidos como Juzgados de Ejecutorias Penales, creados en las grandes ciudades a finales de los años noventa de la pasada centuria al amparo de lo dispuesto en el artículo 98 LOPJ, y las competencias que actualmente tienen atribuidas los Juzgados de Vigilancia Penitenciaria.

No obstante, el Anteproyecto sigue residenciando competencias de ejecución en algunos tribunales sentenciadores, pero no establece una clara distribución entre las de éstos y las de las Unidades Judiciales de Ejecución. Paradójicamente, se atribuyen competencias en materia de ejecución de penas a la Sección colegiada de enjuiciamiento de la Sala Penal de instancia de la Audiencia Nacional (art. 102.2 y 5) que vendría a ser el equivalente a la actual Sala de lo Penal, y a la Sección colegiada de la Sala Penal del Tribunal Provincial de Instancia, que sería el equivalente de las actuales secciones penales de las Audiencias Provinciales (art. 127.1-b y 2-b), y no se atribuyen a la Unidad Judicial de Enjuiciamiento Penal (arts. 104 y 108), que viene a sustituir a los actuales Juzgados de lo Penal que sí tienen estas competencias.

El artículo 106 del Anteproyecto regula las competencias del Juez de Ejecución de Penas y Medidas de Seguridad de la Audiencia Nacional, y el art. 132 las de este mismo Juez en el ámbito del Tribunal Provincial de Instancia. Ambos preceptos tienen idéntica redacción, con la salvedad de que el art. 106 especifica que las competencias de este Juez están referidas a las condenas impuestas por la Sala Penal de Instancia de la Audiencia Nacional[290].

---

[290] Artículo 106. *Competencias del Juez de Ejecución de penas y medidas de seguridad.* Corresponderá al Juez de Ejecución de penas y medidas de seguridad:

A la vista del contenido de estos preceptos podemos concluir que el Juez de Ejecución de Penas y Medidas de Seguridad, tanto si es de la Audiencia Nacional como de los Tribunales Provinciales de Instancia, tiene tres bloques de competencias:

1. La ejecución de todo tipo de penas y medidas de seguridad, a excepción de las actuaciones que la ley reserve a otros Jueces o Tribunales; que por ahora no sabemos cuáles serán. Cabe presumir que podrán ser las mismas que ahora están residenciadas en los tribunales sentenciadores.

Este Juez será por tanto el encargado de tomar las decisiones necesarias para ejecutar todo tipo de penas, tanto si son privativas de libertad, privativas de derechos, como multa (art. 32 CP). Así como adoptar las decisiones necesarias para ejecutar todas las medidas de seguridad, privativas o no privativas de libertad (art. 96 CP).

2. La ejecución de los pronunciamientos civiles, incluidas las resoluciones de comiso, dictadas por los Jueces y Tribunales Penales; al permitir nuestro sistema procesal que en el proceso penal puedan ejercitarse también las acciones civiles correspondientes derivadas del delito (arts. 100 y 108 LECr).

---

1. Adoptar las decisiones necesarias para ejecutar las penas y medidas de seguridad impuestas por la Sala Penal de Instancia de la Audiencia Nacional, sin perjuicio de las actuaciones que la ley reserve a otros Jueces o Tribunales.

2. Ejecutar los pronunciamientos civiles realizados por la Sala Penal de Instancia de la Audiencia Nacional, incluidas las resoluciones de comiso.

3. Ejercer las funciones jurisdiccionales previstas en la Ley General Penitenciaria en materia de ejecución de penas privativas de libertad y medidas de seguridad, control jurisdiccional de la potestad disciplinaria de las autoridades penitenciarias, amparo de los derechos y beneficios de los internos en los establecimientos penitenciarios y demás que señale la ley, con relación a las condenas impuestas por la Sala Penal de Instancia de la Audiencia Nacional.

Artículo 132. *Competencias del Juez de Ejecución de penas y medidas de seguridad.*

Corresponderá al Juez de Ejecución de penas y medidas de seguridad:

1. Adoptar las decisiones necesarias para ejecutar las penas y medidas de seguridad, sin perjuicio de las actuaciones que la ley reserve a otros Jueces o Tribunales.

2. Ejecutar los pronunciamientos civiles realizados por los Jueces y Tribunales Penales, incluidas las resoluciones de comiso.

3. Ejercer las funciones jurisdiccionales previstas en la Ley General Penitenciaria en materia de ejecución de penas privativas de libertad y medidas de seguridad, control jurisdiccional de la potestad disciplinaria de las autoridades penitenciarias, amparo de los derechos y beneficios de los internos en los establecimientos penitenciarios y demás que señale la ley.

3. Un tercer bloque que sería el conjunto de competencias que ejercen los actuales Jueces de Vigilancia Penitenciaria conforme a lo previsto en los artículos 76 y 77 de la Ley Orgánica General Penitenciara, y otros preceptos del Código Penal.

Este Juez de Ejecución de Penas y Medidas de Seguridad aparecerá así como un órgano de nuevo cuño, que aglutinará las competencias que en esta materia de ejecución tienen los Juzgados de lo Penal en general, los Juzgados de este tipo denominados Juzgados de Ejecutorias que ahora tienen atribuida la competencia exclusiva en materia de ejecución a tenor de lo dispuesto en el artículo 98 de LOPJ, y los Juzgados de Vigilancia.

Esto significa concentrar en un solo órgano, la Unidad Judicial de Ejecución, dos campos jurídicos de actuación distintos: el Derecho de Ejecución de Penas, y el Derecho Penitenciario.

Resulta un contrasentido "vender" esta reforma legislativa diciendo que con ella uno de los objetivos que se persiguen es una mayor especialización judicial, cuando lo que en este aspecto se produce es precisamente lo contrario, pues desaparece esa especialización de la función que viene desarrollando el Juez de Vigilancia, como Juez de lo Penitenciario[291].

El Derecho Penitenciario ha alcanzado hoy día una autonomía científica propia innegable, y no puede confundirse con el Derecho de Ejecución de Penas de marcado carácter procesal. Este Derecho de Ejecución está integrado por la ejecución procesal de la pena, como una fase más del proceso penal regida por el derecho procesal, al que pertenecen todos los actos de los tribunales sentenciadores y órganos judiciales competentes destinados a promover el cumplimiento de la condena conforme a la regulación de la Ley de Enjuiciamiento Criminal (Libro VII), así como a la resolución de los incidentes de ejecución que la ley atribuya a los órganos sentenciadores o de ejecución (recuérdese el caso de los juzgados penales de ejecutorias). Todos estos actos son de naturaleza procesal; más concretamente, procesal penal.

Por el contrario, el Derecho Penitenciario es una disciplina jurídica con autonomía científica propia; autónomo e independiente del

---

291 BENITEZ YEBENES, Juan Rafael; «La malograda figura del Juez de Vigilancia Penitenciaria», en *Revista La Ley Penal*, nº 114, Sección Derecho Penitenciario, Mayo-Junio 2015, Editorial LA LEY, (*http://revistas.laley.es/*).

Derecho Penal[292], con el que desde luego tiene bastantes conexiones, como también con el Derecho Administrativo, y con el Derecho Procesal Penal (pensemos en la actividad procesal de ejecución). La figura del Juez de Vigilancia Penitenciaria surge como jurisdicción especializada (distinta del tribunal sentenciador) en la ejecución de las penas privativas de libertad; ejecución ésta y las normas que la regulan, que es lo que constituye la esencia y el elemento definidor del Derecho Penitenciario.

Son múltiples las definiciones que se pueden encontrar en la doctrina acerca del Derecho Penitenciario[293], unas de sentido amplio y

---

[292] Algunos autores muestran ciertas reticencias a la hora de reconocer al Derecho Penitenciario como una disciplina jurídica autónoma e independiente. En este sentido podemos citar a Morillas Cueva, quien considera que (para él) "por el momento se configura como un ámbito del Derecho Penal, al menos en su vertiente más normativa, dentro del componente generalista del Derecho de ejecución de penas." Para añadir, sin embargo, y a continuación, que semejante afirmación no deja de tener sus quiebras, pues, a veces, en demasiadas ocasiones, "los penalistas ocupados en valoraciones conceptuales, con frecuencia excesivamente formales y teóricas, sobre justificación, fundamento y fines de la pena, clases, aplicación y ejecución de las mismas, sustitutivos penales, propuestas y contrapropuestas, obviamos, cuando no ignoramos, ese otro campo, inmenso de posibilidades, atractivo de contenidos, que es el estricto del Derecho Penitenciario". MORILLAS CUEVA, Lorenzo. Prólogo a la Primera Edición de Lecciones de Derecho Penitenciario de Antonio Rodríguez Alonso. Comares. Granada, 1997. EL MISMO. *Derecho Penal. Parte General. Fundamentos conceptuales y metodológicos del Derecho Penal. La ley Penal.* 2ª ed., Dykinson S.L., Madrid, 2010, pp. 50-51.

[293] Sobre el concepto de Derecho Penitenciario véase el Capítulo I, apartado I.1.2 de este Trabajo, y las citas que allí se contienen de autores como: GARCIA VALDES Carlos, «Derecho Penitenciario Español. Notas sistemáticas», en *Comentarios a la Legislación Penal*, dir. por Manuel Cobo del Rosal, coord. por Miguel Bajo Fernández, Edersa, Madrid 1986, pp 1-15. BUENO ARUS Francisco, «Garantías y límites de la actividad penitenciaria» en *Comentarios a la Legislación Penal*, dir. por Manuel Cobo del Rosal, coord. por Miguel Bajo Fernández, Edersa, Madrid 1986, p 50. TAMARIT SUMALLA Josep Mª y otros, *Curso de Derecho Penitenciario. Adaptado al Nuevo Reglamento Penitenciario de 1996*, Cedecs Editorial, Barcelona, 1996, p 19. FERNANDEZ AREVALO Luis y NISTAL BURON Javier, *Manual de Derecho Penitenciario*, 2ª edic., Aranzadi, Cizur Menor (Navarra) 2012, pp 225-226. RODRIGUEZ ALONSO Antonio y RODRIGUEZ AVILES Juan Antonio, *Lecciones de Derecho Penitenciario (Adaptadas a la normativa vigente)*, 4ª edic., Comares, Granada 2011, p 3. CERVELLO DONDERIS Vicenta, *Derecho Penitenciario*, 3ª edic., Tirant lo Blanch, Valencia, 2012, pp 21-22. CALDERON CEREZO Angel y CHOCLAN MONTALVO José Antonio, *Derecho Penal, Parte General*, t. I, 2ª edic., Bosch, Barcelona, 2001, p. 569. LUZON CUESTA José María, *Compendio de Derecho Penal. Parte General*, 9ª edic., Dykinson, Madrid, 1997. FERNANDEZ GARCIA Julio y otros, «El Derecho Penitenciario. Concepto», en *Manual de Derecho Penitenciario*, coord. por Ignacio Berdugo Gómez de la Torre y Laura Zúñiga Rodríguez, Universidad de Salamanca-Colex, Madrid-Salamanca 2001, pp 107 y ss.

descriptivo, otras de carácter más estricto, pero todas están referidas a la existencia de privación de libertad y de esa relación de sujeción especial que surge entre el penado o sentenciado y la Administración Penitenciaria encargada de la ejecución material de la pena o medida de seguridad impuesta[294].

Además de su faceta de Juez de garantías de los derechos de los internos (art. 76.1 in fine LOGP), el JVP tiene otra de Juez de Ejecución, pero no de todos los pronunciamientos de la sentencia penal sino sólo –como dice el art. 76.2-a LOGP– "*en orden a las penas privativas de libertad*"; que es el elemento configurador del Derecho Penitenciario.

Con la creación de este nuevo Juez de Ejecución de Penas, se desperdicia toda la especialización conseguida con el JVP a lo largo de sus más de treinta años de existencia, y se va en contra de la especialización pretendida. Especialización del JVP que ha sido reivindicada reiteradamente por el Consejo General del Poder Judicial y por los propios Jueces de Vigilancia, quienes en algunas de sus Reuniones pusieron de manifiesto no sólo la necesidad de creación de Juzgados de Vigilancia en número suficiente para poder ejercer con plenitud todas las competencias que les atribuye la Ley Orgánica General Penitenciaria, sino que también estos Jueces han entendido que deben constituir una especialización similar a la actualmente existente en el campo de la Justicia de Menores.

El máximo Órgano de Gobierno del Poder Judicial se hizo eco de estas consideraciones de los Jueces de Vigilancia, de tal modo que, en su Reunión del día 22 de marzo de 1995, el Pleno del Consejo

---

[294] Según tiene declarado el Tribunal Constitucional, el internamiento en un centro penitenciario origina una relación especial de sujeción, toda vez que el interno se integra en una institución preexistente que proyecta su autoridad sobre quienes, al margen de su condición común de ciudadanos y como consecuencia de la modificación de su status libertatis, adquieren el status específico de individuos sujetos a un poder público que no es el que, con carácter general, existe sobre los ciudadanos libres. Dicha relación de sujeción especial debe ser entendida en un sentido reductivo compatible con el valor preferente de los derechos fundamentales.

Son numerosas las Sentencias dictadas por el Tribunal Constitucional tratando sobre esta materia en el sentido expuesto. Entre otras podemos citar las nº 66/2007 de 27-3; nº 2/2006 de 16-1; nº 218/2002 de 25-6; nº 116/2002 de 20-5; nº 175/2000 de 26-6; nº 141/1999 de 22-7; nº 60/1997 de 18-3; nº 120/1996 de 8-7; nº 129/1995 de 11-9; nº 57/1994 de 28-2; nº 54/1992 de 8-4; nº 137/1990 de 19-7; nº 120/1990 de 27-6; nº 2/1987 de 21-1; nº 74/1985 de 18-6.

General del Poder Judicial adoptó el Acuerdo vigésimo sexto[295] en el que entre otros extremos, decidió encomendar al Gabinete Técnico del Consejo el estudio de la procedencia de elaborar normas reglamentarias sobre el procedimiento de selección de los Jueces de Vigilancia considerados como una nueva especialización jurisdiccional; encomendar a la Vocalía de Formación del Consejo la organización de un Curso de Formación destinado a los Jueces de Vigilancia en el que se atienda preferentemente a las materias criminológicas y penitenciarias necesarias para esta especialización, y hacer presente al Ministerio de Justicia e Interior –además de la necesidad de promulgar una Ley reguladora del procedimiento de vigilancia–, la necesidad de preparar las reformas normativas necesarias para que en un futuro próximo existan Secciones de Vigilancia Penitenciaria en los Tribunales Superiores de Justicia con carácter único en cada una de las Comunidades Autónomas a fin de asegurar la unificación de la doctrina, al menos en este ámbito territorial, así como la necesidad de dotar a los Juzgados de Vigilancia de los equipos técnicos, de la infraestructura y de los medios necesarios para el desempeño en buenas condiciones de una función que tan directamente afecta a la garantía de los derechos fundamentales.

A nuestro entender, lo mismo que existen determinados sectores de la población que, por sus circunstancias especiales, exigen o gozan de un tratamiento jurisdiccional especializado como es el caso de los menores y de las mujeres víctimas de la violencia de género, los reclusos, por mor de esa situación de sujeción especial a que se hallan sometidos, principalmente regulada por una parcela específica del ordenamiento jurídico como es el Derecho Penitenciario, también deben ser merecedores de un tratamiento especializado en el ámbito jurisdiccional.

Por eso, en aras a esa pretendida especialización perseguida con esta nueva Ley Orgánica del Poder Judicial, se debería mantener la figura del Juez de Vigilancia, como Juez de lo Penitenciario, que sería el competente para las materias propias de esta rama autónoma del ordenamiento jurídico (el Derecho Penitenciario) que se corresponderían con el contenido del aparatado nº 3 de los artículos 106 y 132 del Anteproyecto. Y por otro lado existiría la figura del Juez de

---

[295] *Vid.* PAZ RUBIO José María, y otros; Legislación Penitenciaria. Concordancias, Comentarios y Jurisprudencia, Colex, Madrid, 1996, p. 825.

Ejecución de Penas, cuyas competencias serían las de los apartados nº 1 y nº 2 de los citados artículos, pasando a asumir las actuales competencias de ejecución de los Juzgados de lo Penal (incluidos los de Ejecutorias), y de las secciones penales de las Audiencias Provinciales.

La consolidación de la figura del Juez de Vigilancia Penitenciaria exige así mismo la aprobación de una Ley Procesal específica, o de una futura Ley Procesal Penal, que regulara el procedimiento de actuación de estos órganos, pues si el referido Anteproyecto se convierte en Ley ello vendría a empeorar la deficiente situación actual que en este aspecto se padece en el ámbito de la jurisdicción de vigilancia penitenciaria, pues hoy por hoy, la única norma procesal existente que regula la actuación de los Juzgados de Vigilancia es la Disposición Adicional 5ª de la vigente LOPJ, en materia de recursos, que también desaparecerá al derogar la nueva Ley a la actual.

3. NATURALEZA JURÍDICA DEL JUEZ DE VIGILANCIA PENITENCIARIA ESPAÑOL

Al hablar de la naturaleza jurídica del Juez de Vigilancia Penitenciaria de lo que tratamos es de ver cuál es su esencia en lo que atañe al Derecho o se refiere a él.

Nos referimos a la categoría jurídica general a la que pertenece, y se trata de determinar si forma parte de alguna de las figuras conocidas del Derecho o si por el contrario constituye por sí mismo una categoría especial. En definitiva, si se trata de un órgano jurisdiccional, y en tal caso a cuál de los cuatro órdenes jurisdiccionales existentes (civil, penal, contencioso-administrativo, social) pertenece, o si se trata de un *órgano sui generis.*

La Ley Orgánica del Poder Judicial, en su artículo 94.1, lo califica como órgano jurisdiccional enmarcado en el orden jurisdiccional penal. Sin embargo, la cuestión no resulta tan simple como aparentemente parece desprenderse de la mera lectura de este precepto legal[296]. Ni lo era antes de la promulgación de esta Ley, ni lo es tras la entrada en vigor de la misma.

---

[296] Según el art. 94.1 de la LOPJ: «En cada provincia, y dentro del orden jurisdiccional penal, habrá uno o varios Juzgados de Vigilancia Penitenciaria, que tendrán las funciones jurisdiccionales previstas en la Ley General Penitenciaria en materia de

Pese al contenido de los artículos que regulan la figura de Juez de Vigilancia en la Ley Orgánica General Penitenciaria, y a lo normado en el expresado artículo 94 de la Ley Orgánica del Poder Judicial, la cuestión de la naturaleza jurídica del Juez de Vigilancia Penitenciaria no está plenamente resuelta. Esta materia presenta complejidades que conviene despejar pues, si bien son órganos, desde el punto de vista organizativo, incardinados en la jurisdicción penal, con atribuciones para hacer cumplir la pena asumiendo funciones que corresponderían a los jueces y tribunales sentenciadores, desde otra perspectiva, no sólo asumen funciones de ejecución de penas, sino que extienden su jurisdicción sobre toda la población reclusa, en tanto en cuanto son garantes de los derechos de los internos, siendo indiferente que sean penados, preventivos o simples detenidos, y en el ejercicio de esta función tienen competencia para revisar y controlar la legalidad de actos administrativos, como son los emanados de la Administración penitenciaria. Por lo que en este aspecto, el Juez de Vigilancia Penitenciaria se asemeja a los órganos de la jurisdicción contencioso-administrativa.

A la luz de los preceptos de la Ley Orgánica General Penitenciaria y de la Ley Orgánica del Poder Judicial podemos decir, en principio, que nos encontramos ante un *órgano jurisdiccional complejo*, que ejecuta penas, vigila su cumplimiento, y salvaguarda los derechos de los internos, para lo cual controla la legalidad de los actos de la Administración Penitenciaria. En efecto: en el ámbito de su función de ejecución de las sentencias dictadas por los tribunales de la jurisdicción penal, el Juez de Vigilancia constituye sin duda un órgano de esta jurisdicción, encargado de dar cumplimiento a la última fase del proceso penal. Si dividimos al proceso penal, en tres fases: instrucción, enjuiciamiento, y ejecución, el Juez de Vigilancia sería el encargado de esta última fase. Pero por otro lado, en su función de garante o protector de los derechos de los internos, el Juez de Vigilancia ha venido a sustituir a los órganos de la jurisdicción contencioso-administrativa de tal manera que, en este ámbito de protección, el control de la legalidad de la actuación administrativa, a que

ejecución de penas privativas de libertad y medidas de seguridad, emisión y ejecución de los instrumentos de reconocimiento mutuo de resoluciones penales en la Unión Europea que les atribuya la ley, control jurisdiccional de la potestad disciplinaria de las autoridades penitenciarias, amparo de los derechos y beneficios de los internos en los establecimientos penitenciarios y demás que señale la ley.»

se refiere el artículo 106.1 de la Constitución, corresponde a dicho Juez; salvo alguna excepción como la relativa a los traslados de los reclusos de un establecimiento a otro.

Pero, sin embargo, ese protagonismo que le otorga la Ley Orgánica General Penitenciaria como jueces de ejecución penal, asumiendo las funciones que corresponderían a los tribunales sentenciadores, aparece contrarrestado por disposiciones normativas posteriores que, en cierto modo, supeditan al Juez de Vigilancia al tribunal sentenciador, y atribuyen a aquél unas funciones que pueden calificarse de consultivas y no estrictamente jurisdiccionales. Pensemos en este caso en la regulación del sistema de recursos contra resoluciones del Juez de Vigilancia Penitenciaria atribuyendo competencias al tribunal sentenciador, en lugar de atribuirlas exclusivamente al órgano que podría considerarse superior jerárquico natural en materia de recursos, que sería la Audiencia Provincial o, como también se ha postulado en muchas ocasiones por la doctrina o en las distintas reuniones de los Jueces de Vigilancia Penitenciaria, ante el Tribunal Superior de Justicia respectivo de la Comunidad Autónoma. Otro caso que puede citarse sobre lo que acabamos de exponer es lo relativo a la emisión de informes y propuestas en materia de ejecución de medidas de seguridad[297]. Por lo que también debemos plantearnos si actúa con jurisdicción propia o es una especie de delegado de los jueces y tribunales sentenciadores a quienes compete, conforme al artículo 117.3 de la Constitución, juzgar y hacer ejecutar lo juzgado.

Cuál sea la naturaleza jurídica del Juez de Vigilancia Penitenciaria no es algo sin importancia o baladí, sino que determinar la naturaleza de este órgano, llamado a desempeñar un papel capital en el sistema penitenciario español, en todo lo relativo a la fase de ejecución de las penas, es de enorme trascendencia, pues según sea la naturaleza que atribuyamos a este órgano así será de perfeccionado el tratamiento o respuesta de la sociedad a esta materia. Piénsese que la ejecución de la sentencia penal no es algo estático y quieto, sino un principio de actividad que dinámicamente se agrava o atenúa.

A diferencia de lo que ocurre en la ejecución de las sentencias dictadas en otros órdenes jurisdiccionales, en donde la condena de dar, hacer o no hacer no permite variación, salvo en los casos de im-

[297] Este es el caso contemplado en los artículos 98, 105 y 106 del Código Penal.

posibilidad de ejecución, en el caso de la sentencia penal la condena a tantos años de prisión no significa que necesariamente el reo haya de estar todos esos años recluido en un centro penitenciario, sino que conforme a la finalidad de reeducación y reinserción social que contempla el artículo 25.2 de la Constitución, y al sistema progresivo y de individualización científica que consagra el artículo 72 de la Ley Orgánica General Penitenciaria, el penado puede progresar o regresar de grado, lo que determina la posibilidad de disfrutar de un régimen penitenciario más o menos rígido o flexible, disfrutar de beneficios penitenciarios, y poder salir del establecimiento penitenciario en libertad condicional antes de que haya extinguido por completo su condena.

Nosotros creemos que, aún después de más de tres décadas de la creación de esta institución en nuestro país, el legislador español todavía no tiene una idea clara, o no ha clarificado su postura respecto a qué es lo que quiere que sea el Juez de Vigilancia Penitenciaria.

Como hemos apuntado más arriba, esta institución novedosa en nuestro Derecho apareció con amplias perspectivas, con la pretensión de sustituir realmente a los tribunales sentenciadores[298], pero desde la creación de los Juzgados de Vigilancia Penitenciaria y de las amplias y anchas miras de los primeros años, se han experimentado una serie de vaivenes o altibajos en el sentido de ampliar sus funciones o reducirlas, dándose lugar a veces a situaciones de indefinición. Pensamos que todo ello tal vez sea porque el legislador español tampoco tiene claro qué reforma va a adoptar, o cómo va a enfocar todo lo relativo a la jurisdicción penal. Así, se debate sobre la instrucción (si se atribuye a los fiscales o se deja residenciada en los jueces de instrucción), sobre el enjuiciamiento (creación de la doble instancia penal con carácter general o restrictiva, creación de nuevos jueces que se encarguen de las faltas, planteándose la creación de los llamados jueces de proximidad, o de los jueces de paz de barrio), y tampoco tiene claro cómo va a enfocar todo lo relativo a la ejecución penal. De ahí que actualmente en materia de ejecución penal nos

[298] Obsérvese lo que dice el artículo 76.2 a) de la LOGP: «Corresponde especialmente al Juez de Vigilancia: ... a) Adoptar todas las decisiones necesarias para que los pronunciamientos de las resoluciones en orden a las penas privativas de libertad se lleven a cabo asumiendo las funciones que corresponderían a los Jueces y Tribunales sentenciadores.»

encontremos con tribunales sentenciadores que ejecutan sus propias sentencias, Juzgados de lo Penal que ejecutan las sentencias dictadas por otros Juzgados de lo Penal, los cuales se limitan a juzgar y fallar los asuntos, y una vez firmes sus sentencias, las remiten a los Juzgados de lo Penal antes citados, que reciben el nombre de Juzgados de Ejecutorias. Pero es que en materia de ejecución, nos encontramos con que los Juzgados de lo Penal no sólo ejecutan sus fallos, sino también los de las sentencias dictadas de conformidad por los Juzgados de Instrucción en los supuestos contemplados en el artículo 801 de la Ley de Enjuiciamiento Criminal dentro del procedimiento para el enjuiciamiento rápido de determinados delitos[299]. Es en materia de ejecución de sentencias de juicios de faltas –hoy delitos leves tras la reforma operada en el Código Penal por LO 1/2105 de 30 de marzo– en donde únicamente se ha venido siguiendo el sistema tradicional u originario previsto en la Ley de Enjuiciamiento Criminal (con la excepción de las sentencias dictadas en casación por el Tribunal Supremo) de que ejecuta la sentencia el órgano que la dicta[300]. Este mismo sistema se va a seguir manteniendo en la ejecución de las sentencias recaídas en el *Proceso por Aceptación de Decreto*, cuando el delito sea leve; de tal modo que será al Juez de Instrucción que dicte la sentencia condenatoria de conversión del Decreto del Ministerio Fiscal, sobre propuesta de pena, a quien competa la ejecución de dicha sentencia[301].

---

[299] Dice el apartado nº 4 del art. 801 de L.E.Cr. que: «Dictada sentencia de conformidad y practicadas las actuaciones a que se refiere el apartado 2, el Juez de guardia acordará lo procedente sobre la puesta en libertad o el reingreso en prisión del condenado y realizará los requerimientos que de ella se deriven, remitiendo el Secretario judicial seguidamente las actuaciones junto con la sentencia redactada al Juzgado de lo Penal que corresponda, que continuará su ejecución.»

[300] *Vid.* los siguientes artículos de la L.E.Cr.: el 984 de para la ejecución de las sentencias dictadas en los juicios de faltas; el 985 referente a las sentencias dictadas en causas por delito; y el 986 para la sentencias dictadas por el Tribunal Supremo a continuación de la de casación.

[301] La Ley 41/2015, de 5 de octubre (BOE nº 239, de 6-10-2015), de "Modificación de la Ley de Enjuiciamiento Criminal para la agilización de la justicia penal y el fortalecimiento de las garantías procesales" introduce en nuestro ordenamiento jurídico un novedoso "*Proceso por Aceptación de Decreto*", regulado en los arts. 803 bis a) a 803 bis j) de la LECr., en el que en determinados supuestos la persona encausada puede aceptar la pena propuesta en el Decreto dictado al efecto por el Ministerio Fiscal. Producida la aceptación, el Juzgado de Instrucción le atribuirá el carácter de resolución judicial firme, documentándola con todos los efectos de sentencia condenatoria, la cual no será susceptible de recurso alguno.

3.1. Notas jurisprudenciales sobre la naturaleza del JVP

Como hemos expuesto con anterioridad, la figura del Juez de Vigilancia Penitenciaria nació carente de normas orgánicas y procesales[302], únicamente regulada en el Titulo V de la Ley Orgánica General Penitenciaria que comprende los artículos 76, 77 y 78. Este articulado presenta a un juez que por un lado tiene unas funciones, contempladas en el artículo 76, que se superponen o están por encima de la actuación administrativa, pero sin embargo, por otro lado, el artículo 77 presenta al Juez de Vigilancia en cierto modo subordinado a la Administración, a la que únicamente transmite o formula propuestas. Incluso la propia división y clasificación de las funciones que le atribuye el artículo 76 de la Ley Orgánica General Penitenciaria resulta confusa ya que habla de recursos, propuestas, autorizaciones, acordar lo que proceda sobre las peticiones y quejas, etc.

Lo novedoso de este nuevo órgano se prestó a que por algunos se viera como una especie de figura híbrida entre juez y agente penitenciario, o como superior jerárquico de los Directores de los Centros Penitenciarios, confundiendo al juez o asimilándolo de este modo a un órgano dentro de la estructura de la Administración Penitenciaria, llegándose, por otro lado, incluso por parte de algunos jueces de vigilancia, en los primeros años de su andadura, a dictar órdenes de carácter general y reglamentos para el funcionamiento de los centros penitenciarios, e incluso hasta conceder indultos, cuando evidentemente aunque los tribunales controlan la potestad reglamentaria[303],

---

En consonancia con lo anterior, esta Ley 41/2015 (con entrada en vigor a los dos meses de su publicación en el BOE) también ha dado una nueva redacción al art. 985 de la LECr., en los siguientes términos: «La ejecución de las sentencias en causas por delito corresponde al Tribunal que haya dictado la que sea firme. La ejecución de las sentencias recaídas en el proceso por aceptación de decreto, cuando el delito sea leve, corresponde al juzgado que la hubiera dictado.»

[302] Según el art. 78.1 de la LOGP: «En lo que respecta a las cuestiones orgánicas referentes a los Jueces de Vigilancia y a los procedimientos de su actuación, se estará a lo dispuesto en las Leyes correspondientes.» Las normas orgánicas aparecieron con posterioridad en la Ley Orgánica del Poder Judicial; sin embargo, salvo en materia de recursos, aún están por establecerse las normas relativas a los procedimientos de su actuación.

[303] Art. 106.1 de la Constitución: «Los Tribunales controlan la potestad reglamentaria y la legalidad de la actuación administrativa, así como el sometimiento de ésta a los fines que la justifican.»

dicha potestad reside en el Gobierno[304], y el derecho de gracia corresponde al Jefe del Estado[305].

Del mismo modo, como dice Bueno Arús, el hecho de compartir con la Administración algunas competencias (aprobación de sanciones, autorización de permisos) llevó a algunos autores a apuntar una doble naturaleza, jurisdiccional y administrativa, de los Jueces de Vigilancia[306],

En toda esta confusión, especialmente vivida durante los primeros años de su funcionamiento, fue sumamente determinante y clarificadora de la función y naturaleza jurídica del Juez de Vigilancia Penitenciaria, la doctrina del Tribunal Constitucional.

Escasamente dos años después de la entrada en funcionamiento de los Juzgados de Vigilancia, la Sala 1ª del citado Tribunal dictó la Sentencia nº 73/1983 de 30 de julio (BOE 197/1983 de 18-8). Esta Sentencia, en el aspecto que ahora interesa a nuestro estudio, hace referencia a la Sentencia del Tribunal Europeo de Derechos Humanos de 18 de junio de 1971 –caso "De Wilde, Ooms et Versyp"– que, interpretando el artículo 5-4 del Convenio Europeo de Derechos Humanos, señala que cualquier persona privada de su libertad, regularmente o no, tiene derecho a un control de legalidad ejercido por un tribunal, entendiendo por tal "los órganos que presenten las líneas fundamentales comunes y en primer lugar la independencia respecto del ejecutivo y de las partes en litigio, al tiempo que poseen las garantías adaptadas a la naturaleza de la privación de libertad de que se trate"[307].

Además de esta normativa europea, indica el Tribunal Constitucional que no podemos olvidar que entre los postulados del Estado

---

304 Art. 97 de la Constitución: «El Gobierno dirige la política interior y exterior, la Administración civil y militar y la defensa del Estado. Ejerce la función ejecutiva y la potestad reglamentaria de acuerdo con la Constitución y las leyes.»

305 Artículo 62-i) de la Constitución: «Corresponde al Rey: ...i) Ejercer el derecho de gracia con arreglo a la ley, que no podrá autorizar indultos generales.»

306 BUENO ARÚS, Francisco; «La jurisprudencia del Tribunal Constitucional en materia penitenciaria», en *Vigilancia Penitenciaria, Revista Poder Judicial*, núm. especial III (1988), p. 167.

307 Recuérdese lo que ya dijimos con anterioridad en el apartado I.2.2 del Capítulo I de este trabajo, que las Reglas Mínimas penitenciarias no preveían la figura específica de un juez, sino de un órgano externo de control de la Administración Penitenciaria.

de Derecho establecidos por la Constitución[308], se encuentran la legalidad estricta de la acción administrativa y el control jurisdiccional de la misma. De ahí que la Administración penitenciaria no está exenta de un control judicial, habida cuenta de las garantías establecidas en el artículo 9.3 de la Constitución y las fijadas en el artículo 106.1 de la misma[309].

En este orden de cosas, señala el Tribunal Constitucional, en su mencionada Sentencia nº 73/1983 que es el Juez de Vigilancia Penitenciaria, por imperativo especialmente del artículo 76.1 y 2.g) de la Ley Orgánica 1/1979 de 26 de septiembre, General Penitenciaria, quien ha de velar por las situaciones que afecten a los derechos y libertades fundamentales de los presos y condenados, en los términos previstos en los artículos 25.2, 24 y 9.3 de la Constitución, al constituir un medio efectivo de control dentro del principio de legalidad y una garantía de interdicción de la arbitrariedad de los poderes públicos.

De este modo, el Tribunal Constitucional configura el Juez de Vigilancia como "*la vía normal para salvaguardar los derechos de los internos,* sin perjuicio de poder acudir en amparo al Tribunal Constitucional contra los actos de la Administración penitenciaria que se estimen contrarios a los derechos fundamentales, si no fuesen corregidos en la vía judicial."

Posteriormente, en otra de sus sentencias, este Alto Tribunal considera a los Juzgados de Vigilancia como "*órganos judiciales especializados*" que "constituyen una *pieza clave del sistema penitenciario*", dada la importancia que en el mismo corresponde al Juez de Vigilancia "cuya función supone una *potenciación del momento jurisdiccional en la ejecución de las penas,* que en nuestro ordenamiento se realiza confiando a un Juez, esto es a un órgano independiente del poder administrativo,

---

[308] Según el art. 1-1 de la Constitución: «España se constituye en un Estado social y democrático de Derecho, que propugna como valores superiores de su ordenamiento jurídico la libertad, la justicia, la igualdad y el pluralismo político.»

[309] Dice el apartado nº 3 del artículo 9 de la Constitución que: «La Constitución garantiza el principio de legalidad, la jerarquía normativa, la publicidad de las normas, la irretroactividad de las disposiciones sancionadoras no favorables o restrictivas de derechos individuales, la seguridad jurídica, la responsabilidad y la interdicción de la arbitrariedad de los poderes públicos.»

Por su parte, el artículo 106.1 establece que: «Los Tribunales controlan la potestad reglamentaria y la legalidad de la actuación administrativa, así como el sometimiento de ésta a los fines que la justifican.»

el control sobre las diversas fases de ejecución y en particular sobre la protección de los derechos de los detenidos"[310].

En este mismo orden de cosas, son numerosas las Sentencias del Tribunal Constitucional que se refieren al "relevante papel que en nuestro sistema penitenciario tienen dichos órganos judiciales [los Juzgados de Vigilancia], a los que corresponde no sólo resolver por vía de recurso las reclamaciones que formulen los internos frente a sanciones disciplinarias sino, en general, preservar y salvaguardar los derechos fundamentales de los reclusos y corregir los abusos y desviaciones que en el cumplimiento de los preceptos del régimen penitenciario puedan producirse"[311].

Por su parte, el Tribunal Supremo se refiere a estos órganos diciendo que "los Jueces de Vigilancia Penitenciaria, incardinados en el orden penal, desarrollan una función de ejecución de las penas privativas de libertad, así como el control jurisdiccional respecto de los actos de la Administración que afectan a los derechos y beneficios penitenciarios de los internos"[312].

3.2. Consideraciones de los propios Jueces de Vigilancia sobre su naturaleza jurídica

Sin perjuicio de las distintas consideraciones jurisprudenciales sobre esta cuestión, los propios Jueces de Vigilancia Penitenciaria, en algunas de sus Reuniones, también se han planteado lo relativo a cuál sea su naturaleza jurídica.

Tras un encuentro inicial celebrado en el mes de septiembre de 1981 en la Escuela Judicial (en Madrid, en donde entonces tenía su sede) como consecuencia de su inminente entrada en funcionamiento en el mes de octubre siguiente, la Primera Reunión de Jueces de Vigilancia Penitenciaria tuvo lugar en Madrid durante los días 26 y 27 de abril de 1982. Los Jueces asistentes a esta Primera Reunión no se

---

[310] STC nº 2/1987, de 21-1-1987.

[311] Esta idea se reproduce literalmente en las SSTC nº 9/2003 de 20-1; nº 268/2006 de 11-9; nº 215/2007 de 8-10. Sobre este mismo aspecto, del papel relevante del Juez de Vigilancia en nuestro sistema penitenciario, podemos citar, por todas, las SSTC nº 143/1997 de 15-9; nº 69/1998 de 30-3; nº 181/1999 de 11-10; nº 236/2002 de 9-11; y nº 52/2004 de 13-4.

[312] STS (Sala de lo Penal) nº 176/2001 de 5-2-2001.

plantearon la cuestión de la naturaleza jurídica del Juez de Vigilancia, sino que intentaron solventar los problemas presentados más acuciantes en la práctica. Pero, tal vez sin ser conscientes de ello, realizaron la primera afirmación sobre su naturaleza jurídica, que serviría de base para el análisis de esta cuestión en sucesivas Reuniones.

Así el primer apartado de los Criterios adoptados en la citada Reunión tenía por título el de: «A) El Juez de Vigilancia como Juez de ejecución de sentencias. Relaciones con el Tribunal sentenciador. Relaciones con las Autoridades judiciales y militares.» Y dentro de este apartado A), se exponían los distintos criterios adoptados sobre las materias que servían de título a dicho apartado.

De este modo, en el título de tal apartado A), quedó fijada esa afirmación de "*El Juez de Vigilancia como juez de ejecución de sentencias*", que venía a ser una primera toma de posición sobre la naturaleza de este novedoso órgano introducido en nuestra organización judicial.

Fue en la III Reunión, celebrada en Madrid durante los días 9 a 11 de octubre de 1985, cuando en las "Conclusiones y Criterios comunes de actuación" aprobados en esta Reunión aparece un apartado en el que se habla de esta cuestión que ahora nos ocupa, con la siguiente dicción literal: «I.- Naturaleza.- 1.- *Los Jueces de Vigilancia desarrollan una función netamente jurisdiccional, incardinada en la fase de ejecución penal.*»

Como puede apreciarse, comparando esta redacción con la afirmación contenida en el título del apartado A) de los Criterios aprobados en la Primera Reunión, se produce una evolución y una concreción en orden a la naturaleza jurídica del Juez de Vigilancia, tal vez porque se quiere dejar bien claro, frente a algunas opiniones que circulaban por aquella época[313], de que se trata de un órgano jurisdiccional, no administrativo; de ahí que se introduce la expresión "función netamente jurisdiccional", incidiendo en que esta función se realiza "en la fase de ejecución penal".

Efectivamente aquella primitiva y originaria afirmación de la Primera Reunión, que rezaba: "El Juez de Vigilancia como juez de ejecución de sentencias", estaba incompleta, porque en dicha eje-

---

[313] Nótese que aún no se había promulgado la Ley Orgánica del Poder Judicial, en cuyo artículo 94 se refiere a los Juzgados de Vigilancia Penitenciaria como órganos dentro del orden jurisdiccional penal.

cución, aunque se sobreentienda que se trata de sentencias penales, también participan órganos de la Administración; por eso, nos parece muy acertada esa introducción de la locución: "función netamente jurisdiccional", que marca perfectamente la distinción entre la naturaleza jurisdiccional del Juez de Vigilancia y la de carácter administrativo de los otros órganos que intervienen también en la ejecución de las sentencias penales.

En la V Reunión, celebrada en Madrid durante los días 4 a 6 de octubre de 1990, se produjo una nueva redacción de los "Criterios" en lo referente a la naturaleza. Así en el apartado I.1, se dijo que: «Los Jueces de Vigilancia Penitenciaria desarrollan una función de control jurisdiccional, incardinada en la fase de ejecución penal.»

Esto supone una evolución y una mayor concreción respecto de lo que se había afirmado con anterioridad. Adviértase que antes se hablaba de "función netamente jurisdiccional", pero ahora se concreta y se dice "*función de control jurisdiccional*", con lo que se especifica que la naturaleza del Juez de Vigilancia Penitenciaria es la de ser un órgano jurisdiccional de control.

Ese mismo criterio acerca de la naturaleza de los Jueces de Vigilancia Penitenciaria se mantuvo en la VI Reunión celebrada en Madrid en mayo de 1992.

Sin embargo, en la VII Reunión celebrada en la citada Capital los días 27 a 29 de septiembre de 1993, como consecuencia de una ponencia presentada por el magistrado Doñate Martín[314] (Juez de Vigilancia de Barcelona) y de los debates suscitados con ocasión de la misma, se llega a la conclusión de que parece claro que el Juez de Vigilancia Penitenciaria tiene *dos grandes bloque de funciones* a tenor de lo previsto en el artículo 76 de la Ley Orgánica General Penitenciaria: Uno que se corresponde con lo que podemos llamar vertiente de *ejecución penal* en sentido estricto, *y* otro de *control judicial.*

Desde el punto de vista de la ejecución penal le corresponde hacer cumplir la pena impuesta, asumiendo las funciones que corresponderían a los jueces y tribunales sentenciadores. Por eso se afirma que el Juez de Vigilancia actúa por sí y no por delegación de los ór-

---

314 DOÑATE MARTIN Antonio; «Problemas Generales de la Jurisdicción de Vigilancia», en *Vigilancia Penitenciaria (VII Reunión de Jueces de Vigilancia Penitenciaria)*, CGPJ, Madrid 1994, pp. 19 y ss.

ganos sentenciadores, y se discrepa de la Memoria de la Fiscalía del Tribunal Supremo de 1982 que habla de que el Juez de Vigilancia ostenta una "competencia delegada"[315].

Desde el punto de vista de la función de control, esta función se pone de manifiesto en la salvaguarda de los derechos de los internos y en la corrección de los abusos y desviaciones que en el cumplimiento de los preceptos del régimen penitenciario puedan producirse.

De esta doble vertiente o función de ejecución y control cabe deducir, como expuso el citado magistrado, y así se debatió y puso de manifiesto en aquella VII Reunión de Jueces de Vigilancia, que el Juez de Vigilancia Penitenciaria tiene una naturaleza netamente jurisdiccional incardinada en la fase de ejecución penal, y que actúa por sí y no por delegación de los órganos sentenciadores.

Atendiendo a las competencias que le atribuye la Ley Orgánica General Penitenciaria también hay que desechar que se trate de un órgano con una naturaleza híbrida judicial-administrativa, como puede serlo el Judge d'Application des peines francés.

Igualmente hay que desechar la idea de que la posibilidad de formular propuestas a la Administración Penitenciaria –según el artículo 77 LOGP– ello le convierta en un órgano consultivo de la Administración, pues una cosa es formular propuestas y otra evacuar consultas; lo cual chocaría con lo que es el ejercicio de la potestad jurisdiccional (art. 117.4 CE), además de que es la Administración, y por tanto en este caso la Penitenciaria, la que está sometida al control de la jurisdicción (arts. 97 y 106 CE). En definitiva, el Juez de Vigilancia Penitenciaria desarrolla una función de control jurisdiccional de la Administración Penitenciaria.

De todo lo anterior, concluyó el mencionado magistrado que nos encontramos ante un órgano jurisdiccional, encuadrado orgánicamente en el orden penal con dos clases de jurisdicción: penal y contencioso-administrativa[316].

---

315 *Memoria elevada al Gobierno de S. M. en la Solemne Apertura de los Tribunales, el día 15 de septiembre de 1982 por el Fiscal General del Estado, Excmo. Sr. D. José María Gil-Albert y Velarde.* Instituto Editorial Reus. Madrid; pp. 76-83.

316 La LOGP ha atribuido al JVP competencias que antes estaban residenciadas en las salas de lo contencioso-administrativo (arts. 76.2 e, f, y g), en todos aquellos casos que está en juego los derechos fundamentales de los internos o los derechos y beneficios penitenciarios.

Esta conclusión le llevó a proponer en la citada VII Reunión de Jueces de Vigilancia, una reformulación del Criterio Primero, referente a la naturaleza jurídica de los Jueces de Vigilancia, de los adoptados en la VI Reunión celebrada en Madrid en mayo de 1992.

La propuesta consistía en reformular el Criterio Primero con el siguiente texto: «Los Jueces de Vigilancia, incardinados en el orden penal, desarrollan funciones de ejecución de las penas privativas y medidas de seguridad postdelictuales, así como funciones de control Jurisdiccional Contencioso-Administrativo en relación a los actos de la Administración Penitenciaria que afecten a los derechos fundamentales o a los derechos y beneficios penitenciarios de los internos»[317].

Desconocemos el contenido del debate que presumiblemente existió sobre la propuesta, pero no debió recibir la aprobación de la mayoría de los asistentes a la Reunión, pues lo cierto es que no prosperó ya que el texto acordado en el Criterio Primero, apartado nº 1, de esa VII Reunión fue el siguiente: «Los Jueces de Vigilancia Penitenciaria, incardinados en el orden penal, desarrollan una función de ejecución de las penas privativas de libertad y medidas de seguridad postdelictuales, así como una función de control jurisdiccional en relación a los actos de la Administración Penitenciaria que afecten a los derechos fundamentales o a los derechos y beneficios penitenciarios de los internos»[318].

Como puede observarse en la propuesta se hablaba de "funciones de control Jurisdiccional Contencioso-Administrativo". En apoyo de esta tesis está el hecho de que los Juzgados de Vigilancia Penitenciaria han pasado a asumir funciones que antes correspondían a las Salas de lo Contencioso-Administrativo.

Sin embargo, en el texto aprobado de lo que se habla es de "*una función de control jurisdiccional*", y se suprime la expresión "Contencioso-Administrativo".

Este Criterio es el que se ha mantenido en lo sucesivo.

Así, en la VIII Reunión se mantuvo el mismo texto de la VII Reunión en lo relativo al Criterio sobre la naturaleza de los Jueces de

---

317 DOÑATE MARTIN Antonio; «Problemas Generales de la Jurisdicción de Vigilancia», cit., p. 26.

318 Boletín de información del Consejo General del Poder Judicial, de marzo de 1994.

Vigilancia, siendo aprobado por unanimidad este Criterio Primero de los Criterios Refundidos de Actuación de los Jueces de Vigilancia Penitenciaria, aprobados en esa VIII Reunión celebrada en Madrid en noviembre de 1994.

En la IX Reunión de Jueces de Vigilancia Penitenciaria celebrada en Madrid los días 11 y 12 de abril de 1996, no se volvió a tratar sobre el tema referido a la naturaleza jurídica del Juez de Vigilancia, tratándose en aquella Reunión cuestiones prácticas derivadas de la entrada en vigor del nuevo Código Penal de 1995, y problemas de derecho transitorio respecto del derogado Código de 1973. En el apartado nº 5 titulado "Acuerdos finales", de las Conclusiones aprobadas en esta IX Reunión, se acordó "Reiterar los Acuerdos de la VII Reunión de Jueces de Vigilancia Penitenciaria, celebrada en septiembre de 1993."

A partir de esta IX Reunión se produjo un cambio respecto de la forma en que se habían venido concibiendo estas Reuniones, de tal modo que a partir de entonces se comenzó a darles un enfoque distinto comenzando a llamarse Jornadas, siendo así que comenzaron a adquirir un sesgo de jornadas formativas, cursos o seminarios, con la participación de profesionales de la Administración Penitenciaria, fiscales, abogados, profesores de universidad, jueces de lo penal con funciones exclusivas de ejecución de penas, y magistrados de Audiencias Provinciales de las secciones que conocen de los recursos contra las resolución de los Jueces de Vigilancia. Por eso, a partir de esta IX Reunión, lo que comienzan a adoptarse son "Conclusiones" que vienen a sustituir a los antiguos "Criterios Refundidos de Actuación", versando tales Conclusiones sobre las diversas materias sometidas a debate, ya no sólo entre los Jueces de Vigilancia, sino entre los demás intervinientes, de tal modo que nunca más volvió a tratarse sobre la cuestión de la naturaleza del Juez de Vigilancia Penitenciaria, de tal manera que lo último aprobado sobre esta cuestión, de la naturaleza jurídica, es lo que se recoge en el Criterio Primero (aprobado por unanimidad) de la VIII Reunión, que es fiel reproducción de lo que sobre esta misma cuestión se aprobó en la VII Reunión.

En definitiva, conforme a lo que los Jueces de Vigilancia Penitenciaria entienden sobre sí mismos, la naturaleza jurídica de estos órganos se caracteriza por las tres siguientes notas: a) Ser jueces incardinados en el orden penal; b) Desarrollar una función de ejecución de penas privativas de libertad y medidas de seguridad postdelictuales; y c) Desarrollar una función de control de los actos de la Administración Penitenciaria que afecten a los derechos fundamentales o a los derechos y beneficios penitenciarios de los internos. Y, por supuesto, que ejercen jurisdicción propia y no delegada de los tribunales sentenciadores[319].

3.3. Naturaleza del JVP según la doctrina científica

En la doctrina científica, los distintos autores que tratan sobre esta cuestión relativa a la naturaleza jurídica del Juez de Vigilancia, la abordan basándose en el análisis de las funciones que le atribuye la Ley Orgánica General Penitenciaria, e incluso atendiendo a la redacción del artículo 94.1 de la Ley Orgánica del Poder Judicial.

En este orden de cosas suele ser común hablar de que la naturaleza del Juez de Vigilancia Penitenciaria viene definida por la doble función que realiza; esto es, una función de ejecución de la pena y otra de velar por los derechos de los internos. En este sentido se expresa García Albero[320], quien así mismo sostiene que como consecuencia del artículo 94 de la Ley Orgánica del Poder Judicial puede decirse que el Juez de Vigilancia viene a suceder tras la sentencia firme al tribunal sentenciador, ejerciendo jurisdicción propia y no una jurisdicción delegada o prorrogada de dicho tribunal. Del mismo modo, defiende este autor que aunque algunas de sus funciones sean de dudosa naturaleza jurisdiccional como es el caso de la realización de visitas a los establecimien-

---

[319] Me parece razonable lo de la supresión de la propuesta de Doñate sobre el control jurisdiccional contencioso-administrativo, pues el control que ejercen los Jueces de Vigilancia no es contencioso-administrativo sino penitenciario.

Discrepo de Doñate, y de Pérez Cepeda que le sigue, que dicen que el Juez de Vigilancia Penitenciaria ejerce dos clases de jurisdicción: penal y contencioso-administrativa. A mi entender, no ejerce dos jurisdicciones sino una: la Penitenciaria.

El Derecho Penitenciario es una mezcla de Derecho Administrativo y Penal. El control no es contencioso-administrativo, sino control penitenciario, y con esto me reafirmo en la idea de la existencia de un Derecho Procesal Penitenciario como herramienta o derecho adjetivo a través del cual el Juez de Vigilancia ejerce ese control y aplica el derecho material o sustantivo Penitenciario.

[320] GARCIA ALBERO Ramón; «El Juez de Vigilancia Penitenciaria» en *Curso de Derecho Penitenciario. Adaptado al Nuevo Reglamento Penitenciario de 1996.* Cedecs Editorial S.L., Barcelona 1996, pp. 235-236.

tos penitenciarios o la formulación de propuestas a la Administración Penitenciaria[321], ello no significa que nuestro ordenamiento jurídico haya configurado una institución de naturaleza híbrida, administrativo-judicial, al estilo francés, sino que la naturaleza jurisdiccional de dicho órgano, integrado en el orden penal, resulta indiscutida a tenor de la redacción del artículo 94 de la Ley Orgánica del Poder Judicial.

En términos similares se expresan Fernández Arévalo y Mapelli Caffarena[322]. Para estos autores resulta indiscutible que el Juez de Vigilancia Penitenciaria no es un órgano híbrido entre órgano judicial y órgano administrativo, sino un auténtico órgano jurisdiccional incardinado en el orden jurisdiccional penal, tal y como resulta de los artículos 26 y 94 de la Ley Orgánica del Poder Judicial. También estos autores definen la naturaleza del Juez de Vigilancia señalando que tiene dos funciones: una de ejecución y otra de control judicial de los derechos de los internos. De esto se desprende que el Juez de Vigilancia Penitenciaria tiene dos facetas: una como Juez de Ejecución, que responde al propósito de judicializar la ejecución y reforzar la garantía de la ejecución convirtiéndola de administrativa en judicial; y otra faceta como Juez de Vigilancia propiamente dicho, que excede del marco estricto de la ejecución, que se deriva de la necesidad de garantizar los derechos individuales no afectados por la condena, y de la existencia de cuestiones administrativas, propias del régimen penitenciario, que al incidir sobre los derechos de los reclusos, pudieran ser controvertidas originariamente ante la jurisdicción contencioso-administrativa. También coinciden estos autores, citando a Bueno Arús, en señalar que el Juez de Vigilancia no es un delegado del tribunal sentenciador, sino que le sucede una vez que adquiere firmeza la sentencia. En este sentido, discrepan de la Memoria de la Fiscalía General del Estado de

---

[321] Según el artículo 76.2 h) de la LOGP, corresponde al Juez de Vigilancia realizar las visitas a los establecimientos penitenciarios que prevé la Ley de Enjuiciamiento Criminal.

Por su parte, el artículo 77 de la citada Ley dispone: «Los Jueces de Vigilancia podrán dirigirse a la Dirección General de Instituciones Penitenciarias, formulando propuestas referentes a la organización y desarrollo de los servicios de vigilancia, a la ordenación de la convivencia interior en los establecimientos, a la organización y actividades de los talleres, escuela, asistencia médica y religiosa, y en general a las actividades regimentales, económico-administrativas y de tratamiento penitenciario en sentido estricto.»

[322] FERNANDEZ AREVALO Luis. y MAPELLI CAFFARENA Borja; *Práctica forense penitenciaria*, Civitas, Madrid 1995, pp. 23-24.

1982 que distinguía entre funciones jurisdiccionales prorrogadas o delegadas, que por naturaleza corresponden al tribunal sentenciador, y funciones de jurisdicción propia, en lo concerniente al control de las resoluciones de la Administración Penitenciaria[323].

En el sentido anteriormente expuesto también se expresa otra autora, la profesora Pérez Cepeda, al tratar sobre la naturaleza jurídica del Juez de Vigilancia[324], la cual configura la naturaleza de este órgano acudiendo a los artículos 76 y 77 de la Ley Orgánica General Penitenciaria y artículo 94 de la Ley Orgánica del Poder Judicial que establecen sus competencias y atribuciones.

Señala esta autora que conforme al artículo 76 de la Ley Orgánica General Penitenciaria se deduce la existencia de dos grandes bloques de competencias de los Jueces de Vigilancia. En primer lugar las funciones jurisdiccionales, sustituyendo a los órganos sentenciadores, en todo lo relativo a la ejecución penal; y en segundo lugar el control jurisdiccional de la Administración Penitenciaria. De ahí que llega a la conclusión de que el Juez de Vigilancia ejerce una doble jurisdicción:

A) Jurisdicción en la ejecución penal, esto es en la vertiente de ejecución de penas, pues a la vista de las atribuciones que le otorga la ley resulta claro que han pasado a estos Jueces las competencias de los tribunales sentenciadores en el periodo de ejecución de las penas privativas de libertad, salvo la excepción del licenciamiento definitivo y la excarcelación[325]. Como se apuntó, afirma esta autora que el

---

323 *Memoria elevada el Gobierno de S.M. en la solemne apertura de los tribunales, el día 15 de septiembre de 1982, por el Fiscal General del Estado Excmo. Sr. D. José María Gil-Albert y Velarde.* Instituto Editorial Reus. Madrid.

324 PEREZ CEPEDA Ana; «El Control de la Actividad Penitenciaria. El Juez de Vigilancia Penitenciaria» en *Manual de Derecho Penitenciario,* coord. por Ignacio Berdugo Gómez de la Torre y Laura Zúñiga Rodríguez; Universidad de Salamanca y Colex, Madrid, Salamanca, 2001, pp. 414-416.

325 Se está refiriendo esta autora, aunque sin citarlo, a lo dispuesto en el artículo 17.3 de la Ley Orgánica General Penitenciaria conforme al cual: «Para proceder a la excarcelación de los condenados será precisa la aprobación de la libertad definitiva por el Tribunal sentenciador o de la propuesta de libertad condicional por el Juez de Vigilancia.»

Pero también son competencias residenciadas en el tribunal sentenciador, que esta autora no cita, las relativas a la liquidación de condena y a la acumulación jurídica de penas, que debe realizar el último tribunal sentenciador, determinando el límite máximo de cumplimiento conforme a los artículos 76 del Código Penal y 988 de la Ley de Enjuiciamiento Criminal.

Juez de Vigilancia, en este ámbito de competencias de jurisdicción penal, actúa por sí y no por delegación de los órganos sentenciadores, de tal modo que lo que el legislador ha hecho es un trasvase de competencias, y así parte de la potestad jurisdiccional relativa a hacer ejecutar lo juzgado, que venía atribuida a los jueces y tribunales sentenciadores, ha pasado a un órgano creado ex novo cual es el Juez de Vigilancia Penitenciaria.

B) Jurisdicción de control contencioso-administrativa, pues los Jueces de Vigilancia no solo han asumido competencias de los tribunales sentenciadores, sino también de las correspondientes a la jurisdicción contencioso-administrativa en todos aquellos casos en que están en juego los derechos fundamentales de los internos o los derechos y beneficios penitenciarios, pues en esta vertiente de control tiene dos atribuciones esenciales: salvaguardar los derechos de los internos –con independencia de si son penados o preventivos–, y corregir los abusos y desviaciones que en el cumplimiento de los preceptos del régimen penitenciario puedan producirse. Es por todo ello por lo que concluye que estamos ante un órgano judicial, encuadrado orgánicamente en el orden penal, con dos clases de jurisdicción: penal y contencioso-administrativa.

Desde los años más tempranos de su existencia, la doctrina científica ya aludía a la doble función de los Jueces de Vigilancia. Así, ya en el año 1986, Martín Canivell[326] decía: De un lado, encargarse de la ejecución de las penas, y de otro, la vigilancia del funcionamiento de las instituciones penitenciarias en garantía de que se respeten los derechos de todos los que se encuentren en ellas internados, aunque no estén condenados penalmente. Por eso se dice que con arreglo a esta segunda función resulta correcto su nombre de Jueces de Vigilancia, pero si nos atenemos a sus otras funciones sería más adecuado llamarles jueces de ejecución penal.

Enlazando con lo anterior, hemos de traer a colación lo que pone de manifiesto Téllez Aguilera[327] en el sentido de que el legislador de

---

[326] MARTIN CANIVELL Joaquin; «Título V: Del Juez de Vigilancia. Introducción», en *Comentarios a la legislación penal*, dir. por Manuel Cobo del Rosal, coord. por Miguel Bajo Fernández, EDERSA, Madrid, 1986, p. 1089.

[327] TELLEZ AGUILERA Abel; «La necesaria reforma de la Ley Penitenciaria», en *Derecho Penitenciario: incidencias de las nuevas modificaciones*. CGPJ, Madrid, 2007, pp. 390-391.

1979 apostó por la creación del Juez de Vigilancia, pero para dar forma a este órgano se enfrentó a dos modelos que el Derecho comparado del momento le brindaba: el de crear un juez con funciones eminentemente penológicas al estilo del Juez de ejecución de penas francés, o potenciar la función tuitiva como ofrecía el modelo italiano. Y ante esta dualidad de referentes optó por una configuración híbrida, al menos en el texto legal, creando un "juez de vigilancia de ejecución de penas".

3.4. Ultimas consideraciones sobre esta cuestión: Clase de jurisdicción que ejerce el Juez de Vigilancia

Atendiendo a todo cuando se ha dejado expuesto, se hace necesario despejar dos cuestiones esenciales:

a) La de si los Jueces de Vigilancia Penitenciaria ejercen jurisdicción propia, o si por el contrario actúan por delegación de los jueces y tribunales sentenciadores.

b) La de si los Jueces de Vigilancia ejercen una jurisdicción única, o una doble jurisdicción: penal y contencioso-administrativa.

A la hora de afrontar esta tarea hemos de partir de esa dualidad de funciones que antes mencionábamos.

La expresión (juez de vigilancia de ejecución de penas) que resume la simbiosis aludida –penológica o de ejecución por un lado, y de garantía por otra– es la que aparece en el párrafo segundo de la Exposición de Motivos del Proyecto de Ley que luego se convertiría en Ley Orgánica General Penitenciaria, que es la única vez que se habla de la "competencia del Juez de Vigilancia de ejecución de las penas".

3.4.1. Jurisdicción propia

Atendiendo al contenido del apartado nº 1 del artículo 76 de la Ley Orgánica General Penitenciaria podemos encontrar esa dualidad de funciones: De Ejecución, por un lado, al decir: "El Juez de Vigilancia tendrá atribuciones para hacer cumplir la pena impuesta, resolver los recursos referentes a las modificaciones que pueda experimentar con arreglo lo prescrito en Las leyes y reglamentos"; y por otro lado, la Función Tuitiva o de Garante, al seguir diciendo el artículo: "salvaguardar los derechos de los internos y corregir los abusos y desviaciones que en el cumplimiento de los preceptos del régimen penitenciario puedan producirse."

La función de Ejecución, esto es, lo recogido en el primer inciso del artículo 76-1 LOGP aparece complementado con lo que se dice en el párrafo a) del apartado nº 2 de este mismo artículo: "Corresponde al Juez de Vigilancia especialmente: a) Adoptar todas las decisiones necesarias para que los pronunciamientos de las resoluciones en orden a las penas privativas de libertad se lleven a cabo asumiendo las funciones que corresponderían a los jueces y tribunales sentenciadores."

Esta expresión de: "asumiendo las funciones que corresponderían a los jueces y tribunales sentenciadores" es lo que ha fundamentado la creencia y opinión de que no actúan como delegados de los tribunales sentenciadores. Y efectivamente no son ni tienen por qué serlo, pero, además, esto puede reinterpretarse en el sentido de que la jurisdicción que ejercen no es penal ni contencioso-administrativa, sino penitenciaria.

Obsérvese que como la Ley Orgánica General Penitenciaria no utiliza la expresión Juez de Vigilancia Penitenciaria, sino Juez de Vigilancia, la doctrina y los prácticos del derecho han tenido que ir perfilando cuál es, o de qué tipo es esa vigilancia. Y nosotros concluimos con lo que puede ser una obviedad –aunque como muchas veces ocurre, lo más claro es lo que más cuesta observar–, diciendo que estos preceptos deben ser interpretados en el sentido de que se trata de vigilancia "penitenciaria"; lo que posibilitaría cohonestar, compaginar, y deslindar la función de estos juzgados y la de los sentenciadores.

Conforme a lo que venimos sosteniendo en este trabajo, el Juez de Vigilancia es el Juez de lo Penitenciario, y el Derecho Penitenciario y su autonomía es ya algo indiscutible.

No obstante todo lo anterior, cuando ya estaba superado el debate de que el Juez de Vigilancia Penitenciaria no es un órgano consultivo, pese a la redacción del artículo 77 de la LOGP del que podría deducirse que era una especie de órgano consultivo de la Administración[328], apareció el nuevo Código Penal de 1995 el cual parece convertirlo

[328] Una cosa es tener la facultad de formular propuestas, y otra la obligación de evacuarlas atendiendo a requerimientos de la Administración.

ahora en órgano consultivo de los tribunales sentenciadores, con la regulación que hace de los informes o propuestas que han de emitirse con ocasión de la ejecución de las medidas de seguridad.

En este sentido el artículo 97 del Código Penal, tanto en su redacción originaria (vigente hasta el 30-9-2004) como la posterior tras la reforma de la Ley Orgánica 15/2003 de 23 de noviembre[329], establecía que el Juez o Tribunal sentenciador podrá mantener la ejecución de la medida de seguridad impuesta, decretar el cese, sustituirla por otra, o dejarla en suspenso, mediante un procedimiento contradictorio, "previa propuesta del Juez de Vigilancia Penitenciaria"; y en su último párrafo establecía que: «A estos efectos, el Juez de Vigilancia Penitenciaria estará obligado a "elevar" al menos anualmente, una propuesta de mantenimiento, cese, sustitución o suspensión de la medida de seguridad privativa de libertad impuesta.»

El anterior artículo 98 del Código Penal disponía que, para formular dicha propuesta, el Juez de Vigilancia "deberá valorar los informes emitidos por los facultativos y profesionales que asistan al sometido a medida de seguridad, y, en su caso, el resultado de las demás actuaciones que a este fin ordene."

Tras la reforma llevada a cabo en el Código Penal por la Ley Orgánica 5/2010 de 22 de junio[330] se mantiene esa misma función de elaboración de propuestas, contemplada en los anteriores artículos 97 y 98, pero ahora pasan a contemplarse en el artículo 98-1, de tal modo que a esos mismos efectos de que el juez o tribunal sentenciador pueda decidir si mantiene, cesa, sustituye o deja en suspenso, «cuando se trate de una medida de seguridad privativa de libertad o de una medida de libertad vigilada que deba ejecutarse después del cumplimiento de una pena privativa de libertad, el Juez de Vigilancia Penitenciaria estará obligado a elevar al menos anualmente, una propuesta de mantenimiento, cese, sustitución o suspensión de la misma. Para formular dicha propuesta el Juez de Vigilancia Penitenciaria deberá valorar los informes emitidos por los facultativos y profesionales que asistan al sometido a medida de seguridad o por las Administraciones Públicas competentes y, en su caso, el resultado de las demás actuaciones que a este fin ordene.»

---

[329] Publicada en el BOE nº 283 de 26 de noviembre (con sus correcciones de errores, BOE de 16-3-2004 y BOE 2-4-2004) entró en vigor el día 1-10-2004).

[330] Publicada en el BOE nº 152 de 23-6-2010, entró en vigor el día 23-12-2010.

Del mismo modo, tratándose de medidas de seguridad no privativas de libertad, el artículo 105 del Código Penal, tanto en su redacción originaria como en las posteriores tras la reformas anteriormente expuestas, que también han afectado a esta materia, contempla que a la hora de decretar alguna medida de seguridad, o para concretar la obligación de su observancia, el Juez de Vigilancia Penitenciaria, o los servicios de la Administración correspondiente, informarán al Juez o Tribunal sentenciador.

Con la atribución de estas funciones, el legislador convierte al Juez de Vigilancia Penitenciaria en una especie de juez adjunto, o ni siquiera eso, sino asesor cualificado, o perito de peritos, que "eleva" propuestas e informes al tribunal sentenciador; lo que no casa muy bien con su naturaleza jurisdiccional, ya que, en esta materia no tiene facultad de resolver o decidir, sino meramente "elevar" informes o propuestas, en ambos casos a otros órganos, como los Juzgados de lo Penal, que son órganos unipersonales, y que dentro del organigrama judicial tienen la misma jerarquía que los Juzgados de Vigilancia.

Evidentemente esto supone un torpedo en toda regla a la línea de flotación de lo que hasta entonces se había venido considerando como notas características de la naturaleza jurídica del Juez de Vigilancia.

Tanto los Jueces de Vigilancia Penitenciaria en sus diferentes reuniones, como la doctrina científica, se habían venido esforzando en sostener que los Jueces de Vigilancia ejercen una función netamente jurisdiccional[331], que no son delegados de los tribunales sentenciadores, que ejercen jurisdicción propia, y que la creación de los Juzgados de Vigilancia supuso un trasvase de las competencias que hasta entonces tenían los tribunales sentenciadores (incluso las salas de lo contencioso-administrativo) a estos nuevos juzgados introducidos ex novo en nuestra organización judicial.

Esta idea propugnada por la doctrina y los propios Jueces de vigilancia, a lo que contribuyó la jurisprudencia constitucional de los primeros años de andadura de estos nuevos órganos, pareció merecer el respaldo del legislador tras la promulgación de la Ley Orgánica del Poder Judicial, cuyos artículos 26 y 94 no dejan lugar a dudas de que

---

331 Recuérdese lo que expusimos más arriba sobre el Criterio Primero, de la Primera Reunión, y su evolución.

los Juzgados de Vigilancia Penitenciaria son órganos jurisdiccionales, esto es que ejercen potestad jurisdiccional.

Sin embargo, parece obvio que emitir o "elevar" informes y propuestas a los tribunales sentenciadores no supone ejercer potestad jurisdiccional, ya que el ejercicio de esta potestad implica tomar decisiones, resolver y decidir cuál es el derecho (iuris-dictio), y en este caso esa facultad resolutoria no se atribuye al Juzgado de Vigilancia Penitenciaria sino al órgano sentenciador.

Es por ello, que con esta regulación sobre las medidas de seguridad, contenida en el Código Penal, parece como si el legislador entrase en franca contradicción tanto con lo elaborado con anterioridad por la doctrina científica como por los prácticos del derecho, incluso con lo previamente normado por él mismo –caso de los citados artículos de la LOPJ– por eso a la hora de encontrar alguna solución o salida a esta antinomia o contradicción, entiendo que no nos queda otra salida que la de considerar que al no ser función jurisdiccional la de emitir[332] tales informes y propuestas, la vía de escape hemos de encontrarla en lo previsto en el apartado nº 4 del artículo 117 de la Constitución. Dice este apartado nº 4 que los Juzgados y Tribunales no ejercerán más funciones que las señaladas en el apartado anterior (que se refiere al ejercicio de la potestad jurisdiccional) "y las que expresamente les sean atribuidas por ley en garantía de cualquier derecho". De tal modo que en este caso de los tan repetidos informes y propuestas nos encontramos ante una función no jurisdiccional atribuida, según el segundo inciso de ese apartado nº 4, expresamente por ley a los Juzgados de Vigilancia Penitenciaria en garantía de los derechos de las personas sometidas a medidas de seguridad.

Esta es la interpretación que propugnamos, con la que se mantiene incólume el carácter o naturaleza jurisdiccional de los Juzgados de Vigilancia Penitenciaria, que actúan por sí ejerciendo jurisdicción propia, independientes no subordinados a los tribunales sentenciadores, y que además de funciones jurisdiccionales, ejercen otras que no lo son, como en este caso (al amparo de lo previsto en el artículo 117-4 de la Constitución), en garantía de los derechos de tales personas.

---

[332] El texto legal utiliza la expresión "elevar", término éste sumamente desafortunado y que debería desaparecer en una futura reforma legislativa.

3.4.2. Jurisdicción única

Lo del ejercicio de dos clases de jurisdicción: penal y contencioso-administrativa –según se ha venido manteniendo por un importante sector de la doctrina–, es otra de las cuestiones que ha de merecer nuestra atención.

Nosotros entendemos que el Juez de Vigilancia no ejerce dos jurisdicciones, sino sólo una: la penitenciaria. Lo que ocurre es que como no hay un orden jurisdiccional penitenciario autónomo, distinto de los cuatro existentes (civil, penal, contencioso-administrativo, y social), es por lo que debe incardinarse en el penal; orden jurisdiccional propio del Derecho Penal, que es la rama del ordenamiento jurídico, y de la doctrina científica, en la que tradicionalmente ha estado ubicado el Derecho Penitenciario.

Entre otras atribuciones; dice el artículo 76-1 de la Ley Orgánica General Penitenciaria, que el Juez de Vigilancia tendrá atribuciones para ... «corregir los abusos y desviaciones que en el cumplimiento de los preceptos del régimen penitenciario[333] puedan producirse.» Del mismo modo, relacionado con lo anterior, el apartado nº 2 del citado artículo 76 establece que: «Corresponde especialmente al Juez de Vigilancia: ... e) Resolver por vía de recurso las reclamaciones que formulen los internos sobre sanciones disciplinarias.» En este mismo orden de cosas, el artículo 94-1 de la Ley Orgánica del Poder Judicial establece que los Juzgados de Vigilancia Penitenciaria tendrán, entre otras funciones, las de «control jurisdiccional de la potestad disciplinaria de las autoridades penitenciarias, ...» Todo lo que ha llevado a pensar, según lo expuesto antes, que además de jurisdicción penal también ejercen jurisdicción contencioso-administrativa.

Parece fuera de toda duda que la Administración Penitenciaria forma parte de la Administración pública. De ahí que, si el control de los actos de la Administración corresponde al orden jurisdiccional

[333] Conforme a lo previsto en los artículos 71 de la Ley Orgánica General Penitenciaria y 73 del Reglamento Penitenciario, el régimen penitenciario es el conjunto de normas o medidas que persiguen la consecución de una convivencia ordenada y pacífica dentro de los establecimientos penitenciarios, que permita alcanzar el ambiente adecuado para el éxito del tratamiento y la retención y custodia de los reclusos; siendo las funciones regimentales de seguridad, orden y disciplina medios para alcanzar los fines indicados.

contencioso-administrativo[334], entonces pueda concluirse que junto a la jurisdicción penal, los Juzgados de Vigilancia Penitenciaria también desempeñan una función jurisdiccional contencioso-administrativa.

Pero esto es una mera ilusión, un razonamiento erróneo hábilmente desmontado por el profesor Martín Diz[335], con cuya postura nos alineamos, al argumentar que el Derecho Administrativo que aplica la Administración Penitenciaria, al estar integrado en la Ley Orgánica General Penitenciaria y Reglamento Penitenciario, pasa a ser Derecho Penitenciario.

Como hemos expuesto con anterioridad, nosotros defendemos que el Derecho Penitenciario es el que aplica el Juez de Vigilancia, el cual está incardinado según la Ley Orgánica del Poder Judicial en el orden jurisdiccional penal.

Retomando el hábil discurso del profesor Martín Diz, los Juzgados de Vigilancia Penitenciaria no están contemplados en la Ley 29/1998 de 13 de julio, Reguladora de la jurisdicción contencioso-administrativa, como integrantes del orden jurisdiccional contencioso-administrativo[336] y, por otro lado, conforme a su artículo 3-a) no corresponden al orden jurisdiccional contencioso-administrativo "las cuestiones expresamente atribuidas a los órdenes jurisdiccionales civil, penal y social, aunque estén relacionadas con la actividad de la Administración Pública."

Y a este argumento, nosotros añadimos otro: Si los Jueces de Vigilancia desempeñaran una función jurisdiccional contencioso-administrativa habría que admitir la posibilidad de que a la hora de aplicar los preceptos del Reglamento Penitenciario o cualquier otra disposición general de la Administración, de carácter penitenciario, pudieran plantear la cuestión de ilegalidad de los preceptos regla-

---

334 *Víd.* artículo 106 de la Constitución, y artículos 9-4 y 24 de la Ley Orgánica del Poder Judicial.

335 MARTIN DIZ, Fernando; *El Juez de Vigilancia penitenciaria: garante de los derechos de los reclusos*; Comares, Granada 2002, p. 73.

336 Según el artículo 6 de dicha Ley: «El orden jurisdiccional contencioso-administrativo se halla integrado por los siguientes órganos: a) Juzgados de lo Contencioso-administrativo. b) Juzgados Centrales de lo Contencioso-administrativo. c) Salas de lo Contencioso-administrativo de los Tribunales Superiores de Justicia. d) Sala de lo Contencioso-administrativo de la Audiencia Nacional. e) Sala de lo Contencioso-administrativo del Tribunal Supremo.» (Véanse también los arts. 58, 66, 74, 90 y 91 de la LOPJ, y los arts. 8 a 12 de la LJCA.)

mentarios aplicados, para que se declarase la nulidad de los mismos, conforme a lo previsto en el artículo 27 en relación con los 123 a 126 de la citada Ley Reguladora de la Jurisdicción Contencioso-administrativa. Lo cual no resulta posible conforme a lo previsto en esta Ley, ni en ninguna otra.

En el ámbito de sus competencias, los órganos directivos de la Administración Penitenciaria pueden dictar circulares señalando o recordando la aplicación de disposiciones legales, indicando una interpretación o exégesis adecuada al espíritu y principios de tales disposiciones, o instrucciones de carácter general estableciendo bases, procedimientos y pautas generales de actuación.

En estos casos el control sobre la legalidad de tales disposiciones generales la ejerce el Juez de Vigilancia conforme al amplio abanico de atribuciones que le confiere el artículo 76 de la Ley Orgánica General Penitenciaria, decidiendo sobre su aplicabilidad, a tenor de lo previsto en el artículo 6 de la Ley Orgánica del Poder Judicial[337], a la hora de resolver sobre las peticiones, quejas o recursos que formulen los internos.

A mayor abundamiento podemos decir que, aunque resulta obvio que la Administración Penitenciaria es Administración Pública y, por consiguiente, los actos que dicta son actos administrativos, sin embargo, esto no empece a que su control –el de los actos administrativos penitenciarios– se ejerza por una jurisdicción distinta de la contencioso-administrativa, porque no hay una absoluta equivalencia entre Administración Pública y Jurisdicción Contencioso-Administrativa. Así, por ejemplo, hay ordenamientos como el francés en el que, con carácter general, no hay un control jurisdiccional de los actos administrativos, ya que éstos se controlan por el Consejo de Estado.

En este mismo sentido, hemos de poner de manifiesto que en el ordenamiento jurídico español hay casos, como los actos administrativos que se dictan en materia laboral y de Seguridad Social, que se recurren ante la jurisdicción social y no ante la jurisdicción contencioso-administrativa[338].

---

[337] Conforme a este art. 6 LOPJ: «Los Jueces y Tribunales no aplicarán los reglamentos o cualquier otra disposición contrarios a la Constitución, a la Ley o al principio de jerarquía normativa.»

[338] La Ley 36/2011, de 10 de octubre, Reguladora de la Jurisdicción Social, establece en su artículo 1 que: «Los órganos jurisdiccionales del orden social conocerán de las pretensiones que se promuevan dentro de la rama social del Derecho, tanto en su ver-

El artículo 106 de la Constitución lo que exige, en todo caso, es un control judicial de los actos de la Administración, pero no predetermina que este control tenga que ser precisamente por los órganos de la jurisdicción contencioso-administrativa[339].

3.5. Conclusión final sobre la naturaleza jurídica del JVP

Como conclusión final de todo cuanto hemos expuesto sobre esta materia, podemos decir que, a nuestro entender, la naturaleza jurídica del Juez de Vigilancia Penitenciaria Español, viene determinada o caracterizada por las siguientes notas:

a) Es un órgano jurisdiccional. (Arts. 26 y 94 de la LOPJ).
b) No es un órgano administrativo, aunque realice alguna actividad no jurisdiccional.
c) No es un órgano consultivo, aunque tenga la facultad de formular propuestas.
d) Desarrolla una doble función: De ejecución de penas privativas de libertad y medidas de seguridad postdelictuales; y una función de control de los actos de la Administración Penitenciaria que afecten a los derechos fundamentales o a los derechos y beneficios penitenciarios de los internos.
e) Ejerce jurisdicción propia, por sí mismo y no por delegación del tribunal sentenciador.
f) Aunque orgánicamente incardinado en el orden jurisdiccional penal, y pese a la dualidad de funciones que desempeña, ejerce una jurisdicción única: la penitenciaria.

A la vista de estas notas, que conforman su naturaleza jurídica, podemos complementar las definiciones expuestas en el apartado anterior, y dar otra más acorde con la tesis que sustentamos en este trabajo, de tal modo que a nuestro entender, lo más acertado es definir al Juez de Vigilancia Penitenciaria como: "*Organo especializado*

---

tiente individual como colectiva, incluyendo aquéllas que versen sobre materias laborales y de Seguridad Social, *así como de las impugnaciones de las actuaciones de las Administraciones públicas realizadas en el ejercicio de sus potestades y funciones sobre las anteriores materias.*»

339 El art. 106.1 CE dispone: «Los Tribunales controlan la potestad reglamentaria y la legalidad de la actuación administrativa, así como el sometimiento de ésta a los fines que la justifican.»

del orden jurisdiccional penal, autónomo e independiente de cualquier otro, que controla la ejecución de las penas y medidas de seguridad postdelictuales, aplicando el derecho penitenciario."

De lo anteriormente expuesto se deriva una consecuencia muy importante, cual es que al aplicar este derecho material o sustantivo –el Derecho Penitenciario, no el Penal ni el Administrativo, aunque aquél guarde estrechas conexiones con éstos–, necesita o emplea una herramienta que es el Derecho Procesal; no el Derecho Procesal Penal, sino el Procesal Penitenciario.

4. LA FISCALÍA DE VIGILANCIA PENITENCIARIA

Desde la entrada en funcionamiento de los Juzgados de Vigilancia Penitenciaria, siempre ha existido adscrito a estos órganos jurisdiccionales un miembro del Ministerio Fiscal; pero esta adscripción podemos considerarla como fruto de la inercia, al ser tradicional y considerarse normal, que junto a un órgano del orden jurisdiccional penal exista un representante del Ministerio Fiscal, al estimarse que ello es una lógica consecuencia derivada de la misión que con carácter general atribuye el artículo 124 de la Constitución a dicho Ministerio Público[340].

Si parca resulta, en numerosos aspectos, la normativa específica reguladora de la figura del Juez de Vigilancia Penitenciaria, la que regula la actuación del Ministerio Fiscal en este ámbito jurisdiccional puede calificarse prácticamente de inexistente.

La Ley Orgánica General Penitenciaria dedica su Titulo V "Del Juez de Vigilancia" (arts. 76, 77 y 78) a establecer una regulación

---

[340] Art. 124 CE:

1. El Ministerio Fiscal, sin perjuicio de las funciones encomendadas a otros órganos, tiene por misión promover la acción de la justicia en defensa de la legalidad, de los derechos de los ciudadanos y del interés público tutelado por la ley, de oficio o a petición de los interesados, así como velar por la independencia de los Tribunales y procurar ante éstos la satisfacción del interés social.

2. El Ministerio Fiscal ejerce sus funciones por medio de órganos propios conforme a los principios de unidad de actuación y dependencia jerárquica y con sujeción, en todo caso, a los de legalidad e imparcialidad.

3. La ley regulará el estatuto orgánico del Ministerio Fiscal.

4. El Fiscal General del Estado será nombrado por el Rey, a propuesta del Gobierno, oído el Consejo General del Poder Judicial.

sustantiva de este órgano jurisdiccional, remitiendo, a lo que se disponga en otras leyes, la regulación de las normas adjetivas por las que debe regirse su actuación. Pero en lo referente a la actuación del Ministerio Fiscal en el ámbito penitenciario, la Ley Orgánica General Penitenciaria no contiene la más mínima referencia. Esta Ley Orgánica no menciona para nada al Ministerio Fiscal.

Ante esta situación, resulta necesario determinar el marco jurídico que da soporte y justifica la intervención del Ministerio Fiscal en la jurisdicción de vigilancia penitenciaria, y cuáles son las funciones que tiene encomendadas en este ámbito, sin perjuicio de hacer también alguna referencia a la nueva oficina fiscal, en la medida que ello supone una nueva concepción organizativa del ejercicio de su función, que puede afectar a su actuación procesal.

4.1. Marco normativo

Como acabamos de exponer, la Ley Orgánica General Penitenciaria, de 1979, no menciona en absoluto al Ministerio Fiscal; pero cuando entraron en funcionamiento los Juzgados de Vigilancia, a principios de octubre de 1981, nadie negó la participación del Ministerio Fiscal en el ámbito penitenciario, y tanto la doctrina como la práctica forense consideraron necesaria su intervención.

El principal pilar normativo del Ministerio Fiscal lo constituye el artículo 124 de la Constitución, y la Ley 50/1981, de 30 de diciembre, por la que se aprueba su Estatuto Orgánico, en cuyo artículo 1°, haciéndose eco de lo que establece el citado precepto constitucional, dispone que "El Ministerio Fiscal tiene por misión promover la acción de la justicia en defensa de la legalidad, de los derechos de los ciudadanos y del interés público tutelado por la ley, de oficio o a petición de los interesados, así como velar por la independencia de los Tribunales, y procurar ante éstos la satisfacción del interés social." Este mismo texto se repite en el actual artículo 541 de la Ley Orgánica del Poder Judicial, y se recogía con la misma redacción en el anterior artículo 435 de esta Ley Orgánica, antes de que fuera reformada por Ley Orgánica 19/2003, de 23 de diciembre.

Pero esta Ley 50/1981, EOMF, que entró en vigor unos meses después de que comenzaran a funcionar los Juzgados de Vigilancia, tampoco aludía (ni alude) expresamente a la intervención del Ministerio

Fiscal en el ámbito de la jurisdicción de vigilancia penitenciaria; tan solo señala en su artículo 4.2 que el Ministerio Fiscal, para el ejercicio de las funciones encomendadas, podrá visitar en cualquier momento los centros o establecimientos de detención, penitenciarios o de internamiento de cualquier clase de su respectivo territorio, examinar los expedientes de los internos y recabar cuanta información estime conveniente.

Posteriormente entró en vigor el Real Decreto 1201/1981, de 8 de mayo, que aprobó el Reglamento Penitenciario (hoy derogado por el vigente de 1996). Este primer Reglamento de 1981 tampoco hacía referencia a la intervención del Ministerio Fiscal en el ámbito penitenciario. Se refería a este Ministerio Público únicamente en tres artículos, pero que no guardaban relación con intervención alguna en materia penitenciaria. El artículo 102 que contenía una referencia genérica a las comunicaciones de las autoridades judiciales y el Ministerio Fiscal con los internos, y los artículos 267.4ª y 270.8ª, relativos a los Equipos de Observación y de Tratamiento, respectivamente, a los que imponía la obligación de atender los requerimientos de los Tribunales, Jueces y miembros del Ministerio Fiscal, en orden a los exámenes de personalidad de los acusados, previos a la sentencia.

Hasta la aparición de la Ley Orgánica del Poder Judicial, la única alusión expresa que se hacía a los fiscales de vigilancia penitenciaria era en el Real Decreto 3.233/1983, de 21 de diciembre[341], por el que se establecía el régimen de complementos retributivos de los miembros de las Carreras Judicial y Fiscal y de los funcionarios al servicio de la Administración de Justicia, en cuyo artículo 10-a) se establecía que se acreditarán cinco puntos a los fiscales adscritos a los Juzgados de Vigilancia Penitenciaria. Como puede comprobarse, se daba por sentado que el Ministerio Fiscal debía intervenir en los asuntos de la jurisdicción de vigilancia penitenciaria, pero no se especificaba en qué consistía ni cómo debía desarrollarse esta intervención.

No fue hasta el año 1985, con la promulgación de la Ley Orgánica del Poder Judicial, en cuya Disposición Adicional Quinta regula los recursos que pueden interponerse contra las resoluciones del Juez de Vigilancia Penitenciaria, cuando se contempla por primera vez la intervención del Ministerio Fiscal en este ámbito jurisdiccional, al

---

[341] Publicado en el BOE nº 313, de 31-12-1983.

disponer que: "En todo caso, el Fiscal será parte en cuantos recursos se prevén en la presente Disposición."

Fruto de esta sequía normativa, la Fiscalía General del Estado ha tenido que ir marcando las pautas para la intervención de los funcionarios del Ministerio Fiscal en los asuntos propios de vigilancia penitenciaria.

En este orden de cosas surgió en primer lugar la Consulta 2/1981, de 22 de octubre, sobre el ejercicio de las funciones del Ministerio Fiscal en los Juzgados de Vigilancia Penitenciaria. En esta Consulta se establecen normas acerca de qué funcionarios son los que deben atender las funciones del Ministerio Fiscal en los respectivos Juzgados de Vigilancia. Se establece que los Fiscales adscritos a estos Juzgados dependerán del Fiscal de la Audiencia donde radique al Juzgado respectivo, y sus consultas y propuestas se elevarán a la Fiscalía General del Estado por aquél o a través del Fiscal de la Audiencia Territorial cuando su jurisdicción exceda del ámbito provincial. Los Fiscales a quienes se confíen los asuntos de los Juzgados de Vigilancia cuidarán de que todas las incidencias de cada expediente y sus respectivos trámites se reflejen en una carpetilla a custodiar en la Fiscalía a la que pertenezca, así como en una ficha por cada interno, con las vicisitudes y cambios que experimente. Por lo que respecta a las visitas a los establecimientos penitenciarios, aunque se mantiene la posibilidad de realizar visitas de forma independiente conforme a la Circular 3/1978 de 25 de abril, sobre visitas a prisiones, en esta Consulta 2/1981 se dispone que por el Fiscal adscrito al Juzgado de Vigilancia, se realizarán las visitas a los establecimientos penitenciarios con el Titular del Juzgado (art. 526 LECr., y Disposición Transitoria Primera de la LOGP). Esta Consulta es en realidad la única directriz emanada de la Fiscalía General del Estado, referida expresamente a la actuación de los miembros del Ministerio Fiscal en materia de vigilancia penitenciaria. Hay otras posteriores, pero no tienen este carácter expreso.

Pasados unos años, la Fiscalía General del Estado dictó la Instrucción nº 4/1986, de 16 de diciembre, sobre la vigilancia de centros penitenciarios. Pero esta Instrucción solo vino a ser una especie de actualización y complemento de la Circular 3/1978; pues se imparten directrices generales sobre visitas a establecimientos en el ámbito de las competencias que con carácter general tienen encomendadas el Ministerio Fiscal, con especial atención a los presos preventivos para que no se prolongue su situación. Pero no se trata de una instrucción dirigida a los fiscales de vigilancia penitenciaria, pues termina diciendo que: "Lo anteriormente expuesto es independiente de la labor que vienen realizando los Fiscales adscritos a los Juzgados de Vigilancia Penitenciaria."

Con posterioridad apareció la Instrucción 6/1990, de 5 de diciembre, sobre menores ingresados en los centros penitenciarios con sus madres presas. Esta Instrucción tampoco afecta directamente al ámbito de la jurisdicción de vigilancia penitenciaria, pues con ella lo que se pretende es impartir directrices en materia de protección de menores a tenor de lo dispuesto en el artículo 39 CE y la Ley 21/1987 del1 de noviembre, que modificó el Código Civil, entre otras cuestiones, en lo relativo a la tutela legal de los menores desamparados[342].

Sin estar tampoco destinada a los Fiscales de Vigilancia Penitenciaria podemos, no obstante, citar también a la Instrucción 7/2005, de 23 de junio, sobre el Fiscal contra la Violencia sobre la Mujer y las Secciones contra la Violencia sobre la Mujer de las Fiscalías, en la medida en que en su apartado IV hace referencia a la necesaria coordinación de estas Secciones con las de Vigilancia Penitenciaria, por la importancia que el control de la ejecución y el cumplimiento de la pena representa para las víctimas, que tienen derecho a ser informadas en todo momento de la situación penitenciaria del agresor, a tenor del art. 544 ter.9 LECr.

Siguiendo un orden cronológico, la Fiscalía General del Estado dictó posteriormente la Instrucción 11/2005, de 10 de noviembre, sobre instrumentalización del principio de unidad de actuación establecido en el art. 124 CE.

Esta Instrucción se orienta a completar la organización interna de la Fiscalía General del Estado con una estructura de Fiscales de Sala Delgados del Fiscal General, abarcando los diversos ámbitos de actuación del Ministerio Fiscal, especialmente aquellos en que están en juego intereses especialmente comprometidos, y con capacidad

[342] Se señala en esta Instrucción que la estancia de los niños en las cárceles con sus madres presas, conforme a lo previsto en el artículo 38.2 LOGP, no se ha de interpretar como un derecho de aquéllas sino como un derecho del niño a estar con su madre, considerado en términos de beneficio o de mal menor para el niño, en orden a su desarrollo y educación integral.

para evolucionar en función de necesidades concretas que se vayan planteando. Se revitaliza la figura de los Fiscales de Sala para encabezar y dirigir a los Fiscales especialistas, y se establecen los Fiscales Delegados para cada orden jurisdiccional, en materias especiales, y para especialidades[343]. Dentro de estas especialidades se contempla la figura del Fiscal Delegado para Vigilancia Penitenciaria, y se justifica su creación argumentando que la defensa de los derechos fundamentales y libertades públicas, estatutariamente encomendadas al Ministerio Fiscal exige por su parte una dedicación más especial en los supuestos en que estos derechos pueden ser más fácilmente vulnerables, por la privación de libertad en que se encuentran las personas titulares de los mismos, bien como consecuencia de la adopción de una medida cautelar de prisión o por la imposición de una pena o medida de seguridad, impuestas por la Autoridad Judicial. A este Fiscal Delegado le corresponde la coordinación de quienes en la Carrera Fiscal asumen la competencia en materia de vigilancia penitenciaria, a fin de asegurar un tratamiento unitario y la uniformidad de los criterios de actuación, así como supervisar los recursos de casación para unificación de doctrina que sean interpuestos en esta especialidad[344].

---

[343] *Vid.* DE OÑA NAVARRO, Juan Manuel; «La especialización del Ministerio Fiscal», en *Revista Derecho y Fiscales El Derecho* 1/2009, pp. 1-3.

[344] Según la Instrucción 11/2005, al Fiscal Delegado para Vigilancia Penitenciaria le corresponden la siguientes funciones:

a) Coordinará la actuación de las secciones y Fiscales de Vigilancia Penitenciara, con el fin de articular sistemas de unificación de criterios.

b) Mantendrá contacto con las autoridades administrativas penitenciarias para resolver las cuestiones generales que, relacionadas con su función, puedan ir planteándose, apoyando la comunicación directa que los Fiscales territoriales necesiten mantener con las mismas y sin perjuicio de las relaciones que se establezcan por los Fiscales del territorio en las comunidades autónomas cuando las competencias penitenciarias estén transferidas.

c) Establecerá las bases para la coordinación con las reuniones periódicas de Jueces de Vigilancia Penitenciaria, sin perjuicio de la participación que en ellas puedan tener Fiscales especialistas, articulando en su caso esta relación y participación a través del Consejo General del Poder Judicial.

d) Conocerá de los apartados que en las Memorias anuales de las Fiscalías recogen la actividad de los Fiscales de vigilancia y elaborará un documento común que permita un análisis de los problemas encontrados en esta materia, para de esta forma obtener una visión global de la evolución de la actividad de las Fiscalías en todo el territorio nacional y elementos para asegurar la unidad de criterios. Este documento se integrará en el capítulo correspondiente de la Memoria de la Fiscalía General del Estado.

En esta misión de contribuir a la unificación de criterios, se enmarcan los encuentros y seminarios de Fiscales especialistas en vigilancia penitenciaria, que éstos también celebran de forma similar a los Jueces de Vigilancia Penitenciaria[345].

Finalmente podemos mencionar dos Instrucciones que, aunque tampoco se refieren de formar específica a las materias propias de vigilancia penitenciaria, en cierto modo guardan relación con ellas. Son:

La Instrucción 1/2009, de 27 de marzo, sobre la organización de los servicios de protección de las Secciones de Menores, que en su apartado 13 se refiere a la "Supervisión de la situación de los niños en Centros y Unidades Penitenciarias", y establece que los Fiscales de Menores se coordinen con los de Vigilancia Penitenciaria.

Y la Instrucción 1/2010, de 29 de julio, sobre las funciones del Ministerio Fiscal en la fase de ejecución de los procesos penales.

La idea que preside esta Instrucción es la de que el reconocimiento íntegro del derecho a la tutela judicial efectiva, exige que las resoluciones judiciales firmes se ejecuten en sus propios términos, tal

---

e) Coadyuvará en la organización de los seminarios que periódicamente reúnan a los Fiscales especialistas y participará en la determinación de los criterios para su formación.

f) Propondrá, en su caso, las reformas de los servicios para mejorar las funciones del Ministerio Fiscal.

g) Promoverá la realización de jornadas para la unificación de criterios, y transmitirá a las Fiscalías las conclusiones en ellas alcanzadas.

h) Propondrá al Fiscal General del Estado las Circulares e Instrucciones que considere necesarias y elaborará propuestas de resolución de las Consultas que se planteen sobre las materias de su competencia, cuando así lo interese el Fiscal General.

i) Supervisará los recursos de casación para unificación de doctrina establecidos legalmente en esta materia.

j) Comunicará a las respectivas Fiscalías las resoluciones dictadas por el Tribunal Supremo en los recursos por ellas preparados, o en su caso, los motivos de la no interposición, y a todas las Fiscalías aquellas resoluciones que por su interés deban ser objeto de conocimiento general, preferiblemente en resúmenes remitidos con la periodicidad que sea aconsejable atendiendo a las circunstancias en cada caso concurrentes.

[345] A fecha en que se redactan estas líneas, las últimas Jornadas de Fiscales especialistas en vigilancia penitenciaria se celebraron en Madrid los días 10 y 11 de octubre de 2013. Las anteriores fueron en la misma capital, los días 7 y 8 de febrero de 2011. Las conclusiones adoptadas en ambas Jornadas pueden consultarse en la siguiente dirección de internet: «*https://www.fiscal.es/fiscal/publico/ciudadano/fiscal_especialista/vigilancia_penitenciaria/documentos_normativa/*».

como dispone el art.18.2 LOPJ, por lo que los fiscales, de acuerdo con las funciones que el art. 124 CE confiere al Ministerio Fiscal, especialmente en lo que se refiere a la misión de promover la acción de la justicia en defensa de la legalidad y de los derechos de los ciudadanos, deben contribuir a garantizar un nivel de eficacia y coordinación en esta fase procesal que erradique definitivamente incidentes que se originan en la ejecución de las sentencias condenatorias, generadores de una indeseable sensación de impunidad en los condenados, de desprotección de las víctimas y de desconcierto en la sociedad. El objeto de la Instrucción es, por tanto, el de potenciar la intervención del Ministerio Fiscal en la fase de ejecución penal, dinamizando sus trámites procesales y promoviendo el cumplimiento íntegro de los pronunciamientos judiciales de la sentencia de la que trae causa, potenciando para ello el uso de las herramientas y aplicaciones informáticas de las que disponen los distintos órganos del Ministerio Fiscal.

Como puede comprobarse, a tenor de lo que se ha dejado expuesto, sin perjuicio de las referencias más o menos genéricas que puedan hacerse en las citadas Instrucciones y Consultas de la Fiscalía General del Estado, la disposición normativa en la que aparece mencionada por primera vez la intervención del Ministerio Fiscal en el ámbito de la jurisdicción de vigilancia penitenciaria, es en la Disposición Adicional Quinta de la Ley Orgánica del Poder Judicial, que se limita a indicar que el Ministerio Fiscal será parte en todos los recursos que se interpongan contra las resoluciones del Juez de Vigilancia. La otra norma, ésta de carácter reglamentario, en la que se contempla la intervención del Ministerio Fiscal en el ámbito penitenciario es en el vigente Reglamento Penitenciario aprobado por Real Decreto 190/1996 de 9 de febrero. Y son estas dos normas, una de carácter legal y otra reglamentario, las únicas que contemplan de forma específica y disponen expresamente la intervención del Ministerio en materia penitenciaria.

En el apartado II del Preámbulo del citado Reglamento, en donde se mencionan las principales novedades del mismo, se hace referencia a que "en cuanto al control de la actividad penitenciaria destaca la intervención del Ministerio Fiscal en numerosas materias y una mayor comunicación con la Jurisdicción de Vigilancia." En este orden de cosas, el Reglamento Penitenciario contempla la intervención del Ministerio Fiscal al reconocer el derecho de los internos a formular peticiones y quejas ante él, entre otras autoridades, (art. 4.2-j). Se establece la posibilidad de cederle datos de carácter personal de los internos, sin consentimiento de éstos, (art. 7.3). Se regulan los datos que debe tener la orden de detención en los casos de ingresos en centros penitenciarios, como consecuencia de detenciones acordadas por dicho Ministerio Público, (art. 15.3). El ingreso de mujeres acompañadas de hijos menores de tres años, y la solicitud de las internas de tener consigo a sus hijos menores de dicha edad, debe comunicarse al Ministerio Fiscal, (art. 17.1,2). La Administración también debe notificar a este Ministerio la fecha previsible de extinción de la condena en los supuestos legales de sustitución de la pena por la medida de expulsión del territorio nacional y, en todo caso, cuando se trate de penados extranjeros que extingan condenas inferiores a seis años de privación de libertad, (art. 27)[346]. Contempla también el Reglamento las comunicaciones de los internos con distintas autoridades, entre ellas el Ministerio Fiscal, (art. 49.1,2). De trascendental importancia resulta la obligación que impone al artículo 107 a la Administración Penitenciaria de notificar al Ministerio Fiscal todas las resoluciones de clasificación o progresión a tercer grado, por ser prácticamente la única posibilidad de su control jurisdiccional, toda vez que el interno indebidamente clasificado en tercer grado obviamente no va a recurrir contra dicha resolución administrativa. El art. 109 también establece la obligación, por parte de la Central Penitenciaria de Observación, de emitir los correspondientes informes técnicos sobre los internos que pudiera solicitar el Ministerios Fiscal. Así mismo, se remitirán informes al Ministerio Fiscal sobre los internos enajenados, (art. 187.2), y sobre las propuestas de libertad condicional de penados extranjeros (art. 197.2)[347], también se le debe comunicar la liberación definitiva de los enfermos mentales (art.219.4), e igualmente la Administración Penitenciaria debe poner en conocimiento del Ministerio Fiscal aquellos hechos que, con independencia de su naturaleza disciplinaria en el régimen penitenciario, pudiesen ser constitutivos de delito (art. 232.4).

---

[346] Esto guarda relación con lo previsto en el artículo 89 del Código Penal, a fin de que por el Ministerio Fiscal se pueda solicitar al tribunal sentenciador la sustitución de la ejecución de la pena privativa de libertad por la expulsión del territorio nacional.

[347] Lo dispuesto en este art. 197.2 RP guarda relación con lo previsto en el art. 27 de este mimo Reglamento, en orden a poder dar cumplimiento a la medida de expulsión prevista en el art. 89 CP.

4.2. Principios de actuación

Estando aceptado y reconocido que el Ministerio Fiscal debe actuar en el ámbito de la jurisdicción de vigilancia penitenciaria, lo que entonces cabe preguntarse es bajo qué principios debe actuar. Estos principios no pueden ser otros sino los que indican el art. 124 CE y art. 2 EOMF; a saber: legalidad, imparcialidad, unidad de actuación y dependencia jerárquica[348]. Pero estos principios en el ámbito jurisdiccional penitenciario deben tener una particular significación.

Conforme al ***principio de legalidad***, el Ministerio Fiscal debe actuar con sujeción a la Constitución y al resto del ordenamiento jurídico, ejercitando las acciones procedentes u oponiéndose a las indebidamente ejercitadas por otras personas. Consecuencia derivada de este principio de actuación de acuerdo a la ley, es que el Ministerio Fiscal no puede actuar como defensor de la Administración Penitenciaria sosteniendo siempre la legalidad de sus propuestas y resoluciones, y ello pese a que la Administración no intervenga en el procedimiento ante el Juez de Vigilancia y el interno sí lo haga, incluso dirigido por abogado.

Llegados a este punto hemos de preguntarnos si la legalidad y el interés social que defiende el Ministerio Fiscal es el mismo o es distinto del interés de la Administración Penitenciaria. Si tenemos en cuenta que, conforme el art. 103.1 CE, la Administración sirve con objetividad los intereses generales con sometimiento pleno a la ley y al derecho, no cabe pensar que la Administración tenga un interés distinto al del Ministerio Fiscal. Por tanto, la conclusión es que la Administración Penitenciaria ve protegidos sus intereses legítimos mediante la actuación del Ministerio Fiscal, pese a que la Administración no goce de legitimación para ser parte en el procedimiento ante la jurisdicción de vigilancia penitenciaria. Pero como dice Beltrán Catalá[349], esto es así en tanto el control ejercido por la jurisdicción de vigilancia se limite a determinar si la actuación de la Administración es o no ajustada a Derecho, es decir, en tanto se limi-

---

348 *Vid.* PEREZ-CRUZ MARIN, Agustin-Jesús, y Otros; *Derecho Procesal Penal*, 2ª edic., Civitas, Thomson Reuters, Navarra, 2010, pp. 120-121.

349 BELTRAN CATALA, David; «Ministerio Fiscal y Administración Penitenciaria como partes en el proceso ante la Jurisdicción de Vigilancia Penitenciaria», en *Derecho Penitenciario*, Cuadernos de Derecho Judicial, CGPJ, Madrid, 1995, pp. 127-128.

te al control estricto de la legalidad. Sin embargo, si se introducen criterios de "oportunidad política", esto es, si del mero análisis de legalidad se pasa a determinar la "procedencia u oportunidad" de la medida o acto administrativo, entonces los términos del debate procesal son distintos así como los intereses en juego.

El Ministerio Fiscal debe velar por que la actividad en los centros penitenciarios no se aparte de los principios que inspiran el régimen y el tratamiento penitenciario. Por eso estrechamente unido al principio de legalidad se encuentra el de ***imparcialidad***, que exige al Fiscal actuar con plena objetividad e independencia, no defendiendo los intereses particulares de nadie sino el interés público tutelado por la ley. Puesto que el Ministerio Fiscal no es el defensor de la Administración, ni del interno, este principio de imparcialidad impide a dicho Ministerio tomar una postura predeterminada a favor de una u otra posición.

Conforme a este principio de imparcialidad, entonces, la actuación del Ministerio Fiscal debe abarcar tantos aquellos supuestos en los que el Juzgado de Vigilancia actúa de oficio, como aquellos otros en los que hay recurso de parte; es decir, cuando existe queja o recurso del interno contra actos o decisiones de la Administración Penitenciaria. Esto debe ser así porque, como hemos apuntado, el Ministerio Fiscal no defiende el interés del interno ni de la Administración, sino que defiende el interés social, y éste puede verse afectado tanto cuando indebidamente se concede o deniega un permiso a un interno, o cuando de la misma forma se le progresa o deniega la progresión de grado, se le sanciona o se archiva un expediente disciplinario, etc., o cuando, en definitiva, se concede o deniega indebidamente un beneficio penitenciario a cualquier interno. Por eso resulta tan importante lo dispuesto en el artículo 107 del actual Reglamento Penitenciario, al disponer que todas las resoluciones de clasificación o progresión a tercer grado se le deben notificar el Ministerio Fiscal.

Bajo la vigencia del anterior Reglamento de 1981, estas resoluciones administrativas de clasificación en tercer grado únicamente quedaban sometidas al control jurisdiccional en el supuesto de que el interno se sintiera perjudicado; lo cual parece harto difícil, pues la progresión a tercer grado supone otorgar a éste un régimen de vida en semilibertad con más beneficios y menos controles que los propios del segundo grado. El vigente Reglamento Penitenciario de 1996 vino a corregir esta situación, pues a tenor de lo normado en su citado artículo 107 se posibilita que estas resoluciones puedan ser recurridas por el Ministerio Fiscal, si así lo estima oportuno, en defensa del interés social.

Pero aún así, con el sistema actual, este control por parte del Ministerio Fiscal tampoco queda plenamente garantizado pues, mientras que al interno se le notifica la resolución administrativa y se le hace firmar la correspondiente diligencia, lo que permite acreditar la correspondiente notificación, en el caso del Ministerio Fiscal lo que hace la Administración es enviarle un sobre por correo ordinario conteniendo diversas resoluciones de distinto tipo, referentes también a distintos internos, y de distintas fechas; por lo que no existe garantía jurídica en esta comunicación. No queda garantizado que todas las resoluciones de esta naturaleza lleguen a conocimiento del Fiscal competente[350].

Además de los principios de legalidad e imparcialidad, también rigen la actuación del Ministerio Fiscal los de ***unidad y dependencia jerárquica***, que son complementarios y están orientados a conseguir una continuidad y uniformidad en el ejercicio de su función.

Puesto que el Ministerio Fiscal es único, por consiguiente, su actuación debe ser homogénea en todo el territorio nacional. Así, una vez entendida que la legalidad opera en un sentido determinado, este criterio se impone sobre todos los miembros del Ministerio Fiscal quienes, en virtud del principio de dependencia jerárquica, están obligados a seguir las directrices u órdenes emanadas de los superiores.

Con la observancia de estos principios se contribuye a la seguridad jurídica y a la uniformidad del ordenamiento jurídico. Así, en primer lugar, con las distintas instrucciones, consultas o circulares se consigue una uniformidad de actuación en las distintas Fiscalías, y a la postre, como consecuencia de los recursos interpuestos contra las resoluciones judiciales que se aparten de los criterios seguidos por el

---

[350] SAEZ MALCEÑIDO, Emilio; «La intervención del Ministerio Fiscal en materia de clasificación penitenciaria», Encuentro de jueces de vigilancia penitenciaria, fiscales e instituciones penitenciarias 2013, en *Cuadernos Digitales de Formación nº 15 de 2013*, CGPJ, 2013.

Ministerio Fiscal, se consigue que por el órgano jurisdiccional superior se unifique jurisprudencia y se marquen los criterios que deben seguirse por los distintos operadores jurídicos.

4.3. Funciones

Es importante la función que desempeña el Ministerio Fiscal en la fase de ejecución penal[351], al tener que velar por el recto cumplimiento de las sentencias penales (art. 3.9 EOMF), debiendo controlar todas y cada una de las actuaciones practicadas hasta que se llegue al archivo definitivo de la ejecutoria. Para desempeñar este cometido, puede incluso visitar en cualquier momento los centros o establecimientos de detención, penitenciarios o de internamiento, examinar los expedientes de los internos y recabar la información que estime conveniente (art. 4.2 EOMF). En este ámbito de actuación se enmarcan, igualmente, los dos únicos preceptos en los que la Ley de Enjuiciamiento Criminal contempla expresamente la intervención del Ministerio Fiscal en la fase de ejecución penal, cuales son: el artículo 988, en los supuestos en que se haya de determinar el tiempo máximo de cumplimiento de penas impuestas en diferentes procesos; y el artículo 993, cuando se observen indicios de demencia en un penado.

Teniendo en cuenta el marco normativo anteriormente expuesto, debemos preguntarnos seguidamente cuáles son las funciones que tiene encomendadas el Ministerio Fiscal en el ámbito de la jurisdicción de vigilancia penitenciaria, en donde no existe una normativa específica para este Ministerio, como sí ocurre por el contrario con el artículo 76 LOGP del que se desprende que el Juez de Vigilancia tiene dos funciones esenciales: Una de ejecución penal, y otra de control de la actividad penitenciaria en orden a la salvaguarda de los derechos de los internos.

Por ello, cabe preguntarse si la actuación del Fiscal de Vigilancia Penitenciaria es más genérica, o si tiene también esta misma doble función de ejecución y de control similar a la del Juez de Vigilancia.

---

351 Vid. GOMEZ VILLOSA, Concepción; «Ejecución de sentencias y el Ministerio Fiscal» en *La Ejecución de la Sentencia Penal*, Cuadernos de Derecho Judicial, CGPJ, Madrid, 1994, pp. 607 y ss.

Al no existir unas normas concretas y específicas referidas a la actuación del Ministerio Fiscal en materia de vigilancia penitenciaria, podemos deducir, del contenido del art. 124 CE y de su Estatuto Orgánico, que a este Ministerio le incumbe con carácter general una función de vigilancia procesal, pues a tenor del art. 3.1 EOMF, en el cumplimiento de sus misiones, corresponde al Ministerio Fiscal "*velar para que la función jurisdiccional se ejerza eficazmente conforme a las leyes y en los plazos y términos en ellas señalados, ejercitando en su caso las acciones, recursos y actuaciones pertinentes.*" Resulta lógico pensar que, al no existir normas procedimentales, esta función puede resultar harto difícil y compleja, por lo que en este aspecto se dirigirá a velar por el cumplimiento de las normas y principios generales que resulten de aplicación.

Al tener que procurar que los Jueces de Vigilancia cumplan con su función jurisdiccional de manera eficaz y conforme a las leyes, podemos entender que, desde esta perspectiva, el Ministerio Fiscal realiza también, aunque sea de forma indirecta, funciones de ejecución penal y de tutela de los derechos de los internos de forma similar a lo que prevé el art. 76 LOGP, al poder controlar la actuación administrativa penitenciaria mediante el ejercicio de las acciones y recursos que correspondan ante el Juzgado de Vigilancia. Y para el ejercicio de esta función no tiene que esperar a que se formule la correspondiente queja por parte del interno afectado, sino que puede y debe actuar de oficio tanto cuando la Administración no respeta un derecho que asiste a un interno, como cuando le concede indebidamente un beneficio.

Es justo reconocer el esfuerzo del Ministerio Fiscal en la mejora de la escasa normativa penitenciaria, de su utilización e interpretación y, en esa medida, en la salvaguarda y tutela de los derechos de los reclusos, por lo que la presencia del Fiscal en las actuaciones penitenciarias ha de ir paralela a los dos grandes bloque competenciales del Juez de Vigilancia (ejecución y control); de ahí que desde esta perspectiva también se pueda considerar al Ministerio Fiscal como garante de la legalidad y de los derechos de los internos[352].

Seguidamente hemos de preguntarnos si, además de estas funciones similares a las del artículo 76 LOGP que al menos indirectamente ejerce, el Ministerio Fiscal también tiene la misma facultad que el

---

352 *Vid.* MARTIN DIZ, Fernando; *El juez de vigilancia penitenciaria. Garante de los derechos de los reclusos*, cit., pp. 240 y ss.

artículo 77 LOGP establece para el Juez de Vigilancia; esto es, la de dirigirse a la Dirección General de Instituciones Penitenciarias (hoy día Secretaría General) formulando propuestas referentes a la organización y desarrollo de los servicios de vigilancia, a la ordenación de la convivencia interior en los establecimientos, a la organización y actividades de los talleres, escuela, asistencia médica y religiosa, y en general a las actividades regimentales, económico-administrativas y de tratamiento penitenciario en sentido estricto.

No existe ninguna norma que expresamente contemple esta posibilidad.

Entre las funciones del Ministerio Fiscal, previstas en el artículo 3 de su Estatuto Orgánico, y las actividades mencionadas en el artículo 4 de dicho Estatuto para el ejercicio de tales funciones, no se encuentra dirigirse a la Administración formulando propuestas o proponiendo alternativas a la actuación administrativa.

Sin embargo, por otro lado, tampoco existe norma alguna que lo prohíba, siempre que se respeten y no se invadan las competencias del órgano administrativo destinatario.

Lo que no pueden hacer los miembros del Ministerio Fiscal, a tenor de lo normado en el art. 59 EOMF, es "dirigir a los poderes y funcionarios públicos o corporaciones oficiales, felicitaciones o censuras por sus actos."

No obstante la Instrucción 4/1986, que ya vimos antes, sobre vigilancia de centros penitenciarios, establece que los Fiscales en sus visitas a los centros penitenciarios deberán conocer el estado material del edificio y sus instalaciones, reseñar si en lo necesario o aconsejable hay obras emprendidas, proyectadas o solicitadas, etc., con los comentarios que los datos que obtengan les sugieran, e incluso deberá cuidarse de conocer además las cuestiones humanas de los presos; y de todo esto deben dar traslado al Jefe de la Fiscalía para que busque el medio de orientarlo o lo traslade, en su caso, al Fiscal General. Este traslado y la "orientación" que deba darse, permiten pensar que ello posibilita su traslado a la Administración Penitenciaria. Pero en todo caso, ese traslado, según los términos de la citada Instrucción, está muy limitado tanto en las materias como en el alcance y finalidad que de dicho traslado quepa extraerse.

Lo mismo que en el caso del art. 76 LOGP, lo que sí estimamos posible es que el Ministerio Fiscal realice esa función del art. 77 LOGP de forma indirecta también, solicitando del Juez de Vigilancia correspondiente que éste se dirija a la Administración Penitenciaria formulando la correspondiente propuesta sobre las materias contenidas en el mencionado art. 77 LOGP.

4.4. La Nueva Oficina Fiscal

La Nueva Oficina Fiscal no plantea la problemática que suscita la Nueva Oficina Judicial. No obstante estimamos oportuno realizar un breve estudio de esta nueva estructura organizativa de apoyo al Ministerio Fiscal, como complemento de lo hasta ahora expuesto sobre la actuación de este Organo del Estado, y para dejar constancia así mismo de los motivos por los que el funcionamiento de la Nueva Oficial Fiscal se presenta más pacífico y no da lugar a los problemas y conflictos que según vimos con anterioridad se plantean en la Nueva Oficina Judicial.

La reforma operada por la Ley 24/2007, de 9 de octubre, en el EOMF ha significado una profunda modificación en su regulación, siendo uno de los principales objetivos de dicha reforma la modernización de la estructura organizativa y funcional del Ministerio Fiscal, mediante el despliegue de una nueva organización territorial y la decidida apuesta por el principio de especialización[353].

Consciente de la necesidad de una nueva oficina acorde con la nueva estructura, el Fiscal General del Estado remitió al Ministerio de Justicia en mayo de 2010 las líneas generales inspiradoras del modelo de la Nueva Oficina Fiscal. A partir de esas líneas el Ministerio de Justicia ha liderado el proyecto de Nueva Oficina Fiscal diseñando

[353] El EOMF, en su Titulo V "Del personal y medios materiales", art. 71, establece que habrá en los órganos fiscales el personal técnico y auxiliar necesario para atender el servicio; y en su art. 72 que "Las Fiscalías tendrán en todo caso una instalación adecuada en la sede de los Tribunales y Juzgados correspondientes, y además podrán contar con sus propias instalaciones fuera de dichas sedes cuando ello convenga a la mejor prestación del servicio", y que las instalaciones del Ministerio Fiscal se hallarán dotadas de los medios precisos que consignen en las leyes de presupuestos.

un nuevo modelo organizativo, y preparando las herramientas para su desarrollo[354].

El antecedente de todo esto hemos de hallarlo en el Pacto de Estado para la Reforma de la Justicia del año 2001. Consecuencia de este Pacto fue la Ley Orgánica 19/2003 de 23 de diciembre, de reforma de la Ley Orgánica del Poder Judicial, completada por las leyes de reforma para la implantación de la Nueva Oficina Judicial, a saber: La Ley 13/2009 de 3 de noviembre, y la Ley Orgánica 1/2009 de 3 de noviembre, a las que nos hemos referido ya con anterioridad en otro apartado de este capítulo. En este contexto y complemento de ello aparece el "Plan de Modernización de la Justicia del Consejo General del Poder Judicial (2008)" y el "Plan Estratégico de Modernización de la Justicia de 2009-2012" aprobado por el Ministerio de Justicia, uno de cuyos objetivos es el despliegue de la Nueva Oficina Judicial y la Nueva Oficina Fiscal en el contexto de una justicia tecnológicamente avanzada[355].

La Orden JUS/1357/2014, de 16 de julio, *por la que se aprueban las relaciones de puestos de trabajo de las oficinas fiscales incluidas en la primera fase del plan del Ministerio de Justicia para la implantación de la Nueva Oficina Fiscal*[356], señala que los criterios promovidos por la L.O. 19/2003, de 23 de diciembre, de modificación de la LOPJ en orden a implantar la Nueva Oficina Judicial son también aplicables al ámbito de actuación del Ministerio Fiscal, de ahí que en el art. 3 de esta Orden Ministerial se define a la nueva oficina fiscal como "la organización de carácter instrumental que sirve de soporte y apoyo a la actividad del Ministerio Fiscal.

Esta nueva oficina constituye un centro de destino único, y su estructura organizativa básica está constituida por tres áreas de trabajo: Area de Apoyo a Jefatura, Area de Soporte General, y Area de Apoyo Procesal y a la Investigación. Estas distintas áreas se subdividen a su

---

[354] *Vid.* Memoria de la FGE 2012, «Cambios organizativos en el Ministerio Fiscal: La Nueva Oficina Fiscal», en:
«*https://www.fiscal.es/fiscal/PA_WebApp_SGNTJ_NFIS/descarga/memoria2012_vol1_fge_11.pdf?idFile=943aaf28-bc0e-4fb4-9e12-b5509e06813a*».

[355] *Vid.* MENA CERDA, Santiago; «Organización de la Fiscalía con la Nueva Oficina Judicial», en:
«*http://www.cej-mjusticia.es/cej_dode/doc_users/pdf/nueva_oficina_judicial/NOJ/ORGANIZACION_DE_LA_FISCALIA_CON_LA_NUEVA_OFICINA_JUDICIAL.pdf*».

[356] BOE nº 182, de 28-7-2014.

vez en distintos equipos funcionales, integrados por puestos de trabajo reservados a los funcionarios al servicio de la Administración de Justicia[357].

Sin perjuicio de las funciones del Fiscal Jefe, existirá un Coordinador de la Oficina Fiscal –al que se refiere el art. 7 de la anteriormente citada Orden Ministerial– que, al no haber Secretarios en la Fiscalía[358], su nombramiento recaerá en un funcionario del Cuerpo de Gestión Procesal y Administrativa, o de Tramitación. Tiene como misión controlar y dirigir, de acuerdo con las directrices definidas por la Jefatura, la organización y gestión de la oficina y del personal destinado en la misma.

Como este Coordinador no tiene autoridad propia, no surgirán conflictos con el Fiscal respectivo, y no es necesario determinar cuales sean sus competencias diferenciadas con el Fiscal pues, además, como señala la mencionada Orden Ministerial: "La dirección de la oficina fiscal corresponde al Fiscal Superior o Fiscal Jefe". Esto es totalmente diferente a lo que ocurre con la Oficina Judicial –que pese a llamarse "Judicial"– su dirección no corresponde al Juez sino al Secretario, ahora llamado Letrado de la Administración de la Justicia, según la nueva denominación a raíz de la reforma operada en la LOPJ por la L.O. 7/2015 de 21 de julio[359].

La existencia de dos autoridades, Juez y Secretario, entre las que no existe relación de subordinación; éste último con competencias para tomar decisiones sobre la organización y funcionamiento de la oficina judicial, y aquél (el Juez) que con sus resoluciones procesales puede provocar también cambios en esa organización y funcionamiento, es un campo abonado para la producción de tensiones y conflictos que en nada contribuyen al mejor funcionamiento de la Administración de Justicia. Nada de esto cabe presagiar que ocurra en la oficina fiscal, en donde existe una relación de subordinación

---

357 *Vid.* «Llega la Nueva Oficina Fiscal», en *Oficina Judicial*, publicación del Ministerio de Justicia, número especial, noviembre 2011; en: «*https://www.administraciondejusticia.gob.es/paj/PA_WebApp_SGNTJ_NPAJ/descarga/NL%20ESPECIAL%20OFICINA%20FISCAL.pdf?idFile=f8ce47e6-f22f-4961-9549-9d93229ed67a*».

358 La presencia de Secretarios Judiciales en las Fiscalías fue suprimida tras la entrada en vigor de la LOPJ en 1985.

359 Publicada en el BOE nº 174 de 22-7-2015, con entrada en vigor en este aspecto el día 1-10-2015.

entre el Fiscal y el Coordinador de la misma, y además se señala expresamente que la dirección de ésta corresponde al primero.

Por lo que se refiere a la actuación en materia de vigilancia penitenciaria, salvo en las oficinas fiscales de mayor envergadura, no está previsto que la gestión de los asuntos de vigilancia cuente con un equipo funcional propio, sino que todo se llevará en el Area de Apoyo Procesal y a la Investigación. Corresponde a este Area colaborar con los Fiscales de las distintas especialidades, en las tareas de carácter procesal y de investigación para el correcto desempeño de sus funciones, de acuerdo a los criterios de calidad establecidos, y realizar el control y seguimiento de los plazos establecidos y cumplidos de los distintos asuntos, para facilitar su gestión.

CAPÍTULO IV
JURISDICCIÓN Y COMPETENCIA

1. EXTENSIÓN Y LÍMITES DE LA JURISDICCIÓN DE VIGILANCIA PENITENCIARIA

En el Capítulo anterior, al tratar sobre su naturaleza jurídica, nos hemos referido a las funciones y a la clase de jurisdicción que ejerce el Juez de Vigilancia.

Ahora, antes de adentrarnos en el estudio del ámbito competencial de este Juez, se ha de recordar que para que cualquier órgano judicial pueda actuar válidamente sus competencias es preciso que tenga conferida la correspondiente jurisdicción. Este es el primer presupuesto básico para la validez de cualquier proceso: que el órgano que conozca del mismo esté investido de jurisdicción, y después que tenga competencia.

Es comúnmente aceptada en la doctrina[360] la idea de que la jurisdicción o función de decir el derecho (iuris dictio), juzgando y haciendo ejecutar lo juzgado, es una manifestación de la soberanía del Estado, por medio de la cual se tutela y se realiza el derecho objetivo, desempeñándose esta función por órganos independientes. Estos órganos son los Juzgados y Tribunales establecidos en las leyes (art. 2 LOPJ), quienes ejercen la potestad jurisdiccional de forma ex-

---

[360] *Vid.* GOMEZ ORBANEJA, Emilio; *Derecho Procesal Civil, Parte General*, vol. I, 8ª edic., Madrid 1979, pp. 49-53.

Vid. DE LA OLIVA, Andrés, y FERNANDEZ, Miguel Angel; *Derecho Procesal Civil*, t. I, Promociones y Publicaciones Universitarias S.A., Barcelona 1988, pp. 1-9.

Vid. FERNANDEZ MARTINEZ, Juan Manuel; y otros; *Diccionario Jurídico*, 3ª edic., Thomson-Aranzadi, Cizur Menor (Navarra) 2004, p. 465.

clusiva a través de un instrumento que denominamos proceso, por medio del que determinan cuál es la voluntad de la ley en cada caso concreto[361].

Según lo dispuesto en el artículo 4 de la Ley Orgánica del Poder Judicial, la jurisdicción se extiende a todas las personas, a todas las materias y a todo el territorio español, pero como este mismo artículo señala: "en la forma establecida en la Constitución y en las leyes." De lo que se desprende que pese a esa extensión, el ejercicio de esta potestad tiene unos de límites.

Conforme a la regulación contenida en esta Ley Orgánica (art. 9), la jurisdicción aparece dividida en cuatro órdenes: civil, penal, contencioso-administrativo, y social.

Los órganos de la jurisdicción penal ejercen su potestad jurisdiccional actuando el *ius puniendi* del Estado, mediante el conocimiento de las causas y juicios criminales, con excepción de los que correspondan a la jurisdicción militar. (Art. 9.3 LOPJ). Por lo que esta excepción supone también una limitación a la extensión de la jurisdicción penal ordinaria.

Pero si, con carácter general, los órganos de la jurisdicción penal actúan el *ius puniendi* juzgando y haciendo ejecutar lo juzgado, esta potestad jurisdiccional, en lo que se refiere a su ejercicio por los órganos de la jurisdicción de vigilancia penitenciaria, se limita a "ejecutar lo juzgado". Eso sí, como dice el art. 4 LOPJ, "en la forma establecida en la Constitución y en las leyes", y estas leyes son fundamentalmente la Ley Orgánica General Penitenciaria (especialmente su art. 76), y la Ley Orgánica del Poder Judicial (especialmente su art. 94). De esto se desprende que la jurisdicción del Juez de Vigilancia Penitenciaria se extiende a la ejecución y control de las penas y medidas de seguridad impuestas por tribunales españoles, y a la ejecución y control de las penas y medidas de seguridad impuestas por tribunales extranjeros que deban ejecutarse en España; todo ello, en los términos establecido por las leyes respectivas[362].

---

[361] Según el art. 117.3 de la CE: «El ejercicio de la potestad jurisdiccional en todo tipo de procesos, juzgando y haciendo ejecutar lo juzgado, corresponde exclusivamente a los Juzgados y Tribunales determinados por las leyes, según las normas de competencia y procedimiento que las mismas establezcan.»

[362] La L.O. 6/2014, de 29 de octubre, complementaria de la Ley de reconocimiento mutuo de resoluciones penales de la Unión Europea, modificó varios artículos

A tenor de lo dispuesto en el mencionado artículo 94 LOPJ, los Jueces de Vigilancia Penitenciaria están incardinados en el orden jurisdiccional penal pero, sin embargo, han de ser considerados como *jurisdicción especializada dentro del orden penal*, ya que conocen de asuntos determinados, no en función de las reglas comunes de atribución de competencias, sino de reglas especiales. Sobre esta cuestión ya hemos tratado en el apartado primero del Capítulo anterior, por lo que no vamos a incidir más sobre el tema.

En el ejercicio de la potestad jurisdiccional del Juez de Vigilancia Penitenciaria podemos encontrar unos límites internos y otros externos.

Los límites internos se refieren al ámbito de su jurisdicción dentro del ordenamiento jurídico interno español. En este aspecto, hay que destacar que uno de los límites a la jurisdicción del Juez de Vigilancia viene marcado fundamentalmente por las competencias que la ley atribuye a la Administración Penitenciaria. Por otro lado, al ser un órgano de la jurisdicción ordinaria, los límites de su jurisdicción vienen marcados también por las competencias legalmente atribuidas al Juez de Vigilancia Penitenciaria de la jurisdicción militar.

Los límites externos se refieren al ámbito de su jurisdicción con referencia a la ejecución y control de penas, en donde ya no concurre solamente la nota de la territorialidad, que caracteriza a la jurisdicción toda vez que ésta es manifestación de la soberanía estatal sobre un determinado territorio[363], sino que intervienen también elementos extranjeros, como puede ser la nacionalidad del penado,

---

de la LOPJ, entre ellos el art. 94, atribuyendo competencia a los JVP para la "emisión y ejecución de los instrumentos de reconocimiento mutuo de resoluciones penales de la Unión Europea que les atribuya la ley."

[363] Cada estado es soberano para decidir el ámbito del ejercicio del ius puniendi, lo que no obsta para que dicho ejercicio esté sujeto a determinados límites. Este poder punitivo del Estado, ya desde la implantación del Estado liberal, se desarrolló dentro de sus límites. Así se desprende del artículo 8 del Código Civil, y arts. 21 y 23 LOPJ, en donde se señala que las leyes penales, las procesales criminales, e incluso las determinantes de la jurisdicción son eminentemente territoriales. Por ello, puede afirmarse que la extensión del poder punitivo y de la jurisdicción en el orden penal son coincidentes, ya que en principio todo estado se esforzará en que sean sus órganos jurisdiccionales quienes apliquen su poder punitivo dentro del su ámbito territorial en el que extiende su soberanía. SANZ HERMIDA Agata Mª; «Extraterritorialidad de la ley penal y jurisdicción», en *Derecho Penal: implicaciones internacionales*, coord. por R. Diego Díaz-Santos y V. Sánchez López; Colex, Madrid, 1999, p. 125.

del tribunal que haya dictado la condena, o del encargado de su ejecución. Pueden surgir de este modo problemas a la hora de delimitar la competencia del juez español y del juez extranjero.

En el ámbito de la Unión Europea, el reconocimiento mutuo de la eficacia de sentencias extranjeras ha significado un considerable avance que viene a ofrecer soluciones jurídicas –no políticas como la extradición– para estos posibles conflictos.

Uno de estos límites lo constituyen también los supuestos de inmunidad de jurisdicción[364] y de ejecución establecidos por las normas de Derecho Internacional Público, a que se refiere el art. 21.2 LOPJ[365]. Un ejemplo paradigmático de esto lo constituye el Convenio entre el Reino de España y los Estados Unidos de América sobre cooperación para la Defensa de 1 de diciembre de 1988[366], texto revisado por Protocolo de Enmienda de 10 de abril de 2002[367], en cuyo artículo 39 –ante la posibilidad de delitos cometidos por los militares y personal civil destinados en España–, se establece que "las Autoridades españolas competentes darán rápida y benévola consideración a las peticiones sobre renuncia de jurisdicción criminal formuladas por las Autoridades de los Estados Unidos de América." En los supuestos excepcionales, en que por tener el caso una especial significación para España, las Autoridades españolas no renuncien a su jurisdicción, el proceso será objeto de tramitación preferente para obtener una decisión en el plazo más breve posible. En caso de recaer sentencia condenatoria, dispone el artículo 42 del Convenio que las penas de priva-

---

364 Según Montero Aroca, la inmunidad de jurisdicción constituye un límite que, en principio, era considerado como la plasmación de una costumbre internacional consolidada, pero que hoy tiene su plasmación en algunos convenios internacionales, principalmente en la Convención de Viena sobre Relaciones Diplomáticas de 18 de abril de 1961. En ella se reconoce inmunidad de jurisdicción penal y también se exime de testificar a los agentes diplomáticos, y a los miembros de su familia que formen parte de su casa. MONTERO AROCA Juan, y otros; *Derecho jurisdiccional, t. III, Proceso Penal*, Tirant lo Blanch, Valencia, 2016.

365 Sobre este particular, véase también la LO 16/2015, de 27 de octubre, sobre privilegios e inmunidades de los Estados extranjeros, las Organizaciones Internacionales con sede u oficina en España y las Conferencias y Reuniones internacionales celebradas en España. (BOE nº 258, de 28-10-2015).

366 Publicado en el BOE nº 108, de 6 de mayo de 1989.

367 Este Protocolo de Enmienda fue publicado en el BOE nº 45 de 21 de febrero de 2003. Existe un Segundo Protocolo de Enmienda de este Convenio con los Estados Unidos, de 10 de octubre de 2012 (BOE nº 138 de 10-6-2013), pero que no afecta a las materias que ahora nos ocupan.

ción de libertad impuestas por un Tribunal español a miembros de la fuerza, del elemento civil o personas dependientes, serán cumplidas en instalaciones penitenciarias españolas convenidas a este fin con la Dirección General de Instituciones Penitenciarias. Asimismo, las Autoridades españolas garantizarán plenamente a las Autoridades de los Estados Unidos el derecho a visitar a dichas personas en cualquier momento y facilitarles la ayuda material que consideren adecuada; y estas penas privativas de libertad podrán ser cumplidas en las instituciones penitenciarias de los Estados Unidos de América de acuerdo con el Convenio europeo sobre Traslado de Personas Condenadas hecho en Estrasburgo el 21 de Marzo de 1983.

2. RELACIONES DEL JUEZ DE VIGILANCIA CON LA ADMINISTRACIÓN PENITENCIARIA

La deficiente regulación normativa de la figura del Juez de Vigilancia es propicia para que surjan algunos roces y conflictos con la Administración Penitenciaria, superados generalmente por la profesionalidad y buen hacer de jueces y funcionarios, pero que en todo caso ponen de manifiesto la necesidad de deslindar las funciones que legalmente corresponden a la Jurisdicción y a la Administración.

El art. 76 de la LOGP, indica en su apartado nº 1 cuales son las atribuciones del Juez de Vigilancia, que después desarrolla sin ánimo exhaustivo en el apartado siguiente. En este orden de cosas, conforme al apartado nº 2-g), corresponde especialmente al Juez de Vigilancia: «*Acordar lo que proceda* sobre las peticiones o quejas que los internos formulen en relación con el régimen y el tratamiento penitenciario en cuanto afecte a los derechos fundamentales o a los derechos y beneficios penitenciarios de aquéllos.» Pero lo que no se especifica en la Ley es el significado de "*acordar lo que proceda*", de tal modo que si el Juez estima la queja ¿qué es lo que procede?, ¿cuál debe ser el alcance de su resolución? ¿hasta dónde puede extenderse o llegar su decisión?

Parece claro que si bien el Juez de Vigilancia constituye la base o piedra angular sobre la que gira y se sustenta esta parcela especializada de la jurisdicción que denominamos Jurisdicción de Vigilancia Penitenciaria, sin embargo, este Juez no puede ser considerado como la autoridad superior dentro de la jerarquía de los establecimientos penitenciarios, por encima de sus órganos de dirección. Este Juez, es una Autoridad de control ajena, que no pertenece a la Administración, por lo que deben quedar meridianamente claras las atribuciones de la Administración Penitenciaria y de los Jueces de Vigilancia[368].

De la lectura de los artículos 76, 77 y 79 de la LOGP podemos extraer las claves para aclarar esta cuestión. De este modo, podemos decir que el artículo 79 establece las competencias de la Administración al señalar que corresponde a la Dirección General de Instituciones Penitenciarias del Ministerio de Justicia (hoy Secretaría General incardinada en la estructura orgánica del Ministerio del Interior)[369] la dirección, organización e inspección de las Instituciones reguladas en la citada Ley, sin perjuicio de las competencias que hayan asumido las Comunidades Autónomas. El artículo 76 recoge las competencias jurisdiccionales del Juez de Vigilancia. Y el artículo 77 indica aquellas materias, que no teniendo cabida entre las competencias que atribuye al Juez el artículo 76, y que por tanto han de entenderse competencia de la Administración, sin embargo podrá aquél dirigirse a ésta formulando propuestas sobre su organización y desarrollo. Todo esto conecta, y ha de ser puesto en relación con lo previsto en el artículo 97 de la Constitución, según el cual, el Gobierno dirige la Administración civil, y ejerce la función ejecutiva y la potestad reglamentaria. Por consiguiente, en el ámbito penitenciario existe un marco claramente administrativo ajeno a las competencias de los

---

[368] Esta necesidad de clarificar las atribuciones correspondientes a los Jueces y a la Administración, fue puesta de manifiesto por la doctrina desde los primeros años de vigencia de la LOGP. En este sentido señala García Valdés: «En cualquier caso, ha de quedar diáfana la necesaria separación entre las atribuciones de la Administración penitenciaria y las de los Jueces de Vigilancia, y no puede producirse una invasión de aquéllas por las de éste, pues como ya he dicho, sería como venir a reconocer facultades de dirección del establecimiento a toda autoridad judicial; ni debe extenderse sin limitación temporal alguna, o muy reducida, en materia de aislamiento celular o permisos temporales de salida, su competencia, pues de admitir tal posibilidad es fácil deducir entonces una restricción grave a la operatividad regimental de la Autoridad penitenciaria, cuando no una dedicación judicial exclusivamente centrada en aquellos cometidos sin posibilidad real sin posibilidad real de atender a otras funciones que legalmente tiene atribuidas.» GARCIA VALDES, Carlos; *Comentarios a la Legislación Penitenciaria*, Civitas, Madrid, 1982, pp. 243-244.

[369] *Vid.* R.D. 400/2012, de 17 de febrero, por el que se desarrolla la estructura orgánica básica del Ministerio del Interior, modificado por el R.D. 873/2014 de 10 de octubre.

Jueces de Vigilancia, de tal modo que todo aquello referido a la organización y dirección de los establecimientos penitenciarios constituye materia ajena a dichos Jueces quienes, sobre tales materias, solo pueden trasladar propuestas y sugerencias a la Administración.

Pero sucede que no siempre es fácil establecer la diferencia entre lo que son asuntos de organización y dirección, sobre los que los Jueces de Vigilancia únicamente pueden formular propuestas y sugerencias, de lo que constituye materia propia de salvaguarda de los derechos y beneficios penitenciarios de los internos, cuya competencia corresponde a estos Jueces. De ahí que ello ha dado lugar a una serie de pronunciamientos por parte del Tribunal Constitucional y del Tribunal de Conflictos de Jurisdicción previsto en el artículo 38 de la LOPJ, a fin de clarificar estas cuestiones.

El examen de las distintas resoluciones dictadas al efecto pone de manifiesto que las materias en las que principalmente se ha suscitado conflicto entre la Jurisdicción de Vigilancia y la Administración Penitenciaria han sido las siguientes:

A) Cierre temporal de un departamento

Esta cuestión fue tratada en la Sentencia del Tribunal de Conflictos de Jurisdicción de fecha 9 de julio de 1986 (conflicto nº 10/1986)[370], que resolvió el conflicto entre la Generalidad de Cataluña, Departamento de Justicia, y el Juzgado de Vigilancia Penitenciaria nº 1 de Barcelona.

En el conflicto planteado se discutía si el Juez de Vigilancia podía o no acordar el cierre temporal de una determinada dependencia del Centro Penitenciario de Tarragona, en tanto no reuniera las mínimas condiciones higiénicas y de salubridad que permitiesen su habitabilidad sin grave riesgo para la salud de los internos. La Generalidad de Cataluña negaba tal posibilidad al entender que, caso de admitirla, resultarían invadidas y desconocidas sus competencias administrativas. Por el contrario, el Juez de Vigilancia Penitenciaria la afirmaba, considerando que corresponde a su función y responsabilidad adoptar medidas, como la cuestionada, en garantía de los términos de ejecución de las penas y en tutela de los derechos fundamentales de

[370] Publicada en BOE nº 205 de 27-8-1986.

los internos, sin que ello suponga interferir las competencias de la Administración.

El Tribunal argumentó que en el supuesto ahora considerado, lo administrativo y lo judicial se insertan directamente en una concepción legal unitaria del régimen penitenciario, lo que conduce a la necesaria articulación de las respectivas funciones. Esta singularidad es, desde luego, potencialmente generadora de conflictos de jurisdicción, como consecuencia lógica de la propia realidad del sistema penitenciario en el que, bajo la dirección, organización e inspección cooperativas de la Administración, se lleva a efecto la ejecución de decisiones jurisdiccionales, respecto de las que no cabe el desentendimiento o la inhibición de los órganos judiciales, siendo procedente recordar, como norma fundamental, el artículo 117.3 de la Constitución.

Entiende el Tribunal que corresponde a la Administración la dirección, organización e inspección de las instituciones penitenciarias y es de su competencia y responsabilidad velar por la vida, integridad y salud de los Internos. Pero si toda actividad administrativa se halla sujeta a control jurisdiccional, lo está de un modo especial y directo la que, según su misma configuración legal, tiene un carácter subordinado e instrumental respecto de las decisiones jurisdiccionales afectantes a la libertad personal, sea por condena penal o por prevención judicial, de tal suerte que se residencian en un Juez ad hoc la vigilancia inmediata de la medida y forma en que las resoluciones judiciales son ejecutadas.

Se indica en esta Sentencia que el art. 77 LOGP dispone, efectivamente, que los Jueces de Vigilancia podrán dirigirse a la Administración formulando propuestas referentes a la organización de la convivencia, servicios y actividades en los establecimientos penitenciarios. Pero, sin embargo, considerar que tal precepto expresa y acuña cerradamente la configuración del Juzgado de Vigilancia supone tanto como desconocer el propio aliento con el que la Institución es concebida por el legislador, así como desdeñar, sumiéndolas en la inoperancia, las previsiones del artículo 76 de la propia Ley. De tal modo que, no parece difícil interpretar y aplicar armónicamente los arts. 77 y 76, sin más que considerar que aquél (art. 77) opera prima facie en el ámbito más administrativo de la organización y actividad penitenciarias, mientras que éste (el 76) define con trazos vigorosos y con notoria intensidad las atribuciones judiciales en lo atinente nuclearmente a la privación de libertad, al cumplimiento de la pena y a la tutela de los derechos fundamentales de los internos.

Por consiguiente –concluye esta Sentencia–, la actuación del Juzgado de Vigilancia Penitenciaria nº 1 de Barcelona, no supone sino el ejercicio de atribuciones que legalmente le están conferidas, lo mismo si se entiende que unas mínimas condiciones de salubridad son exigencias insertas en el núcleo del derecho a la vida con la calidad que exige la dignidad humana (art. 15 CE, en relación con el art. 10.1 y con la cláusula de promoción de los derechos incluida en el art. 9.2), que si se substantiva y localiza en el art. 76.2, g), de la LOGP el derecho a la salud proclamado por el artículo 43 de la CE, a efectos de su cobertura y garantía respecto a los internos en establecimientos penitenciarios. En ambos supuestos es clara la competencia del Juez de Vigilancia para realizar las actuaciones y adoptar las medidas que han sido cuestionadas, máxime por cuando el citado Juez, con su proceder, no sólo no niega las competencias de la Administración, sino que actúa la suya propia para asegurar el eficaz ejercicio de aquéllas, subordinando incluso la dimensión temporal de su decisión a que el órgano competente de la Generalidad de Cataluña (la Inspección de Sanidad correspondiente) certifique la habitabilidad de la dependencia cuyo cierre ordena.

B) Desinstalación de micrófonos, e inutilización de mecanismos de escucha y grabación instalados en locutorios

Sobre estas materias se pronunció la Sentencia del Tribunal de Conflictos de Jurisdicción de 28 de junio de 1995 (conflicto nº 3/95-T)[371] que conoció sobre el conflicto planteado entre la Delegación del Gobierno en Castilla-León y el Juzgado de Vigilancia Penitenciaria nº 1 de Castilla-León, con sede en Valladolid, sobre existencia de micrófonos ocultos en los locutorios del centro penitenciario de Brieva (Avila).

La cuestión se centraba en si el requerimiento dirigido por el Juez de Vigilancia Penitenciaria para que el centro penitenciario de

---

[371] Sentencia publicada en el BOE nº 183 de 2-8-1995.

Brieva levantara, inutilizara o clausurase el sistema permanente de grabación existente en los locutorios de dicho establecimiento, estaba o no dentro de las atribuciones que la Ley Penitenciaria define en favor de los Jueces de Vigilancia. Es importante precisar que el Juez de Vigilancia había actuado en virtud de queja de la Asociación Libre de Abogados, no a instancia de reclusos que se hubieran visto inquietados o perturbados en sus derechos fundamentales. Teniendo en cuenta el contenido de los arts. 76 y 77 LOGP, y del art. 51 de esta misma Ley que permite la intervención de las comunicaciones de los reclusos, y que la iniciativa del Juez de Vigilancia surge a iniciativa de una asociación de abogados y no por queja de reclusos que se considerasen inquietados en el ámbito de protección de sus derechos, considera el Tribunal que la actuación del JVP no se refiere a la imputación de la violación de un derecho fundamental, sino, propiamente, a una cuestión de organización penitenciaria, en la que aquella Asociación y el Juez requirente, quieren encontrar una potencial situación que pudiera poner en riesgo derechos de los reclusos. La defensa y protección de los derechos fundamentales no debe llevar a que se inutilicen los sistemas de grabación existentes en el establecimiento, pues lo que importa es que estos sistemas, y los locutorios con tales medios, no tendrán una utilización generalizada pues, en determinados supuestos la grabación, con las garantías legalmente establecidas, puede ser utilizada, bien por decisión de la autoridad penitenciaria dando cuenta a la autoridad judicial, o bien en virtud de orden jurisdiccional. Por consiguiente, concluye el Tribunal que la cuestión debe situarse en el plano de calificar la orden del Juez de Vigilancia como propuesta del art. 77 LOGP, para que la Administración Penitenciaria adopte las medidas precisas, a fin de que la intimidad de los reclusos, en las relaciones cuyo desarrollo es permitido en los locutorios, queden preservadas.

En términos idénticos a los anteriores se pronunció también el Tribunal de Conflictos de Jurisdicción en su Sentencia de 7 de julio de 1995 (conflicto 4/95-T)[372] planteado entre los mismos órganos que la antes citada, y que tenía por objeto determinar igualmente si el requerimiento dirigido por el Juez de Vigilancia, para que el centro penitenciario de Salamanca levantara, inutilizara o clausurara el sistema permanente de grabación existente en los locutorios de

---

372 Publicada en BOE nº 192 de 12-8-1995.

dicho establecimiento, estaba o no dentro de las atribuciones que la Ley penitenciaria define en favor de los Jueces de Vigilancia.

De forma similar, empleando los mismos razonamientos que las anteriores, se pronunció la Sentencia del Tribunal de Conflictos de Jurisdicción de igual fecha que la anterior, 7 de julio de 1995 (conflicto nº 7/94-T)[373], que resolvió el conflicto planteado entre la Delegación del Gobierno en Madrid y el Juzgado de Vigilancia Penitenciaria nº 3 de Madrid. La cuestión se centraba en determinar si el requerimiento dirigido por el Juez de Vigilancia, para que el centro penitenciario de Madrid-II levantara, inutilizara o clausurara el sistema permanente de grabación existente en los locutorios de dicho establecimiento, estaba o no dentro de las atribuciones que la Ley penitenciaria define en favor de los Jueces de Vigilancia.

C) Clasificación penitenciaria

Lo relativo a la competencia sobre clasificación fue tratado en la Sentencia del Tribunal de Conflictos de Jurisdicción de 25 de junio de 1998 (conflicto nº 18/1998), planteado entre la Generalidad de Cataluña y el Juzgado de Vigilancia Penitenciaria número 1 de Cataluña.

La Dirección General de Servicios Penitenciarios y de Rehabilitación del Departamento de Justicia de la Generalidad de Cataluña dictó una resolución por la que progresaba a segundo grado de tratamiento penitenciario a un penado del Centro Quatre Camins de Barcelona. Meses después, el Juzgado de Vigilancia Penitenciaria nº 1 de Cataluña dictó auto en el que decretaba de oficio aplicar a dicho interno el primer grado de tratamiento, por cuanto estimaba que se trataba de persona cuyos antecedentes revelaban falta de idoneidad para serle aplicado el segundo grado y la necesidad de seguirle haciendo objeto del tratamiento individualizado contenido en el primer grado con intervención administrativa intensa más individualizada y cerrada. Así las cosas, versaba el conflicto de jurisdicción que enfrentaba al Juez de Vigilancia y a la Administración Penitenciaria de la Generalidad de Cataluña, sobre sus distintos puntos de vista respecto a la competencia para acordar lo procedente en cuanto a la progresión de grado de un penado.

---

[373] Publicada igualmente en BOE nº 192 de 12-8-1995.

La cuestión propiamente competencial se sitúa normativamente en el artículo 76 LOGP que define las atribuciones del Juez de Vigilancia Penitenciaria. Como señala el Tribunal de Conflictos, entre estas atribuciones se contiene una sobre la intervención del Juez de Vigilancia en materia de progresión de grado (art. 76.2.f); previsión que podrá actualizar el Ministerio Fiscal, mediante el recurso que autoriza este precepto, pero no el Juez de oficio. Así pues, dice el Tribunal, que en materia de clasificación, y en este ámbito, la de acordar las resoluciones procedentes de clasificación inicial y de progresión y regresión de grado de los penados, la competencia es inequívocamente de la Administración Penitenciaria y sólo podrá conocer de ellas el Juez de Vigilancia Penitenciaria, en los casos y términos que prescribe el artículo 76 LOGP. En consecuencia podrá el Juez ejercer su competencia una vez que se recurriera la resolución administrativa, en los términos que prescribe el artículo 76.2.f) de la LOGP.

D) Centro de destino de los penados

Esta es la cuestión que más controversia ha suscitado entre los Juzgados de Vigilancia y la Administración Penitenciaria, pues suelen ser frecuentes las quejas formuladas por los internos con motivo de ser destinados a un centro de cumplimiento alejado del domicilio familiar, o trasladados a otro que por cualquier motivo resulta contrario a sus intereses; de tal modo que suelen fundamentarse esas quejas en la existencia de desarraigo, desvinculación familiar, dificultades para la reinserción y reeducación, y en definitiva en la afectación de derechos fundamentales, lo que obligaría al control judicial por parte del Juez de Vigilancia. Por eso, el Tribunal de Conflictos ha tenido que pronunciarse en numerosas ocasiones cuando el Juez ha estimado alguna queja y ha resuelto que se proceda al traslado de un interno, o que se deje sin efecto el acordado por la Administración.

La línea interpretativa sentada por el Tribunal de Conflictos de Jurisdicción es complementaria a lo señalado en la Sentencia del Tribunal Constitucional 138/1986, de 7 de noviembre[374]. El Tribunal

---

[374] Esta sentencia resuelve un recurso de amparo interpuesto por un recluso objeto de traslado desde Cartagena a Zamora, para ser ingresado en el departamento especial de régimen cerrado de este último centro. Recurrida ante el Juez de

Constitucional entiende que "la Ley General Penitenciaria no atribuye al Juez de Vigilancia la competencia para conocer de los recursos contra las resoluciones de la Dirección General que afectan al traslado de los penados", y, en consecuencia, declara que "el penado debió instar la vía contenciosa para que, en el ámbito judicial propio y competente, se depuraran y se sanaran, en su caso, las presuntas ilegalidades que ahora, intempestivamente, se aducen." Así el Tribunal de Conflictos de Jurisdicción, en una de sus primeras Sentencias dictadas sobre la materia, (STCJ de 5-12-1986, conflicto nº 16/1986), dejó establecido que "la competencia para acordar el destino de los penados en los establecimientos penitenciarios está residenciada en los órganos administrativos, los cuales son los que tienen cabal conocimiento de la verdadera situación de los Centros, y de la posibilidad de internamientos que estos ofrecen con arreglo a los medios materiales y personales disponibles advirtiendo finalmente que el fomento de la vinculación familiar, programado dentro del tratamiento no puede alterar la distribución de competencias establecida"[375].

Sin perjuicio de lo anterior, los Jueces de Vigilancia han venido entendiendo que en la medida en que el traslado puede afectar a los derechos fundamentales, y a los derechos y beneficios penitenciarios de los internos, la competencia de su control les corresponde, pues en el ámbito de protección de tales derechos no hay más competencia de control que la que atribuye a tales Jueces la LOGP. Así, en los Criterios Refundidos de Actuación aprobados por los Jueces de Vigilancia Penitenciaria en su V Reunión, celebrada en Madrid en octubre de 1990[376], estos Jueces acordaron incluir el Criterio nº 13, en el que se indica que: «*En materia de traslados, el Juez de Vigilancia debe tener una cierta intervención (y no limitarse a ser receptor de una noticia), porque, en el ámbito de la protección de los derechos fundamentales (entre los*

Vigilancia tanto la clasificación como el traslado, que responden, a juicio del interno, a motivaciones políticas dirigidas a concentrar en un sólo centro penitenciario a todos los reclusos de extrema derecha, el Juzgado estima parcialmente el recurso por entender que no existen fundamentos para clasificar en primer grado al recurrente, ordenando su clasificación en régimen ordinario, y no se pronuncia sobre la petición de regreso al centro penitenciario de Cartagena. Ante un nuevo recurso del interno, el Juzgado declara carecer de competencia para ordenar el traslado solicitado por el recurrente. Sentencia del Tribunal Constitucional 138/1986, de 7 de noviembre.

375 En similares términos se pronunciaron las Sentencias del Tribunal de Conflictos de Jurisdicción de fecha 14-12-1990, y 20-12-1993.

376 Publicados en el Boletín de Información del CGPJ nº 103 (diciembre 1991).

cuales se encuentra el derecho a evitar el desarraigo familiar, como medio de potenciar una adecuada resocialización), el control jurisdiccional corresponde al Juez de Vigilancia. Las Administraciones penitenciarias, al dar conocimiento al Juez de un traslado, deben especificar los motivos, y aquél podría revocar la resolución administrativa por razones procesales.»

Abundando en lo anterior, en la VII Reunión, celebrada en Madrid en septiembre de 1993, los Jueces de Vigilancia Penitenciaria acordaron revisar sus Criterios Refundidos de Actuación, dándole al Criterio nº 13 la siguiente redacción: «*En materia de traslados de internos, la gestión corresponde a la Administración, pero al Juez de Vigilancia Penitenciaria le compete el control de la forma de realizarlos, pudiendo dejar sin efecto el traslado cuando haya habido abuso o desviación de poder por parte de la Administración penitenciaria, por ejemplo, cuando con el traslado se intente sustraer al interno de la competencia de un determinado Juez de Vigilancia, que haya de resolver una queja o recurso formulado por aquél; cuando el traslado constituya una sanción encubierta, o cuando con el mismo se produzca un empeoramiento de la situación del interno respecto de beneficios penitenciarios, de la aplicación de un tratamiento o de la posibilidad de desempeñar un trabajo en régimen abierto*»[377].

Desde la perspectiva que se deja expuesta, y tomando como referencia que el art. 76 LOGP atribuye a la Jurisdicción de Vigilancia Penitenciaria la relevante función de salvaguardar los derechos de los internos y corregir los abusos y desviaciones que en el cumplimiento de los preceptos del régimen penitenciario puedan producirse, así como la de acordar lo que proceda sobre peticiones o quejas en cuanto afecten a los derechos fundamentales o a los derechos y beneficios penitenciarios de los internos, los Jueces de Vigilancia han venido estimando las quejas de los internos relativas a traslado de centro, cuando han entendido que han sido vulnerados los derechos de los internos, o que la resolución administrativa es arbitraria por falta o insuficiencia de motivación.

Y estos han sido los dos motivos (vulneración de derechos fundamentales y falta de motivación) por los que los Jueces de Vigilancia han seguido manteniendo su jurisdicción frente a lo resuelto por la Administración penitenciaria. Sin embargo, ha sido constante la jurisprudencia del Tribunal de Conflictos de Jurisdicción al negar

---

377 *Vid.* Boletín de Información del CGPJ de marzo de 1994, pp. 57 y ss.

competencia a los Jueces de Vigilancia en materia de traslados. En este sentido, señala la STCJ nº 7/2007 de 27-6-2007 (conflicto nº 1/2007)[378] que: «Existe ya una consolidada línea jurisprudencial de este Tribunal de Conflictos en la que sin vacilación alguna se viene sosteniendo que la decisión para el inicial destino de un penado así como para decidir el traslado de un centro penitenciario a otro es competencia de la Administración del Ramo, y el Juez de Vigilancia carece de jurisdicción para enjuiciar dicha decisión que, en todo caso, podría residenciarse en cuanto a su impugnación ante la Jurisdicción Contencioso-Administrativa.» En similares términos, reproduciendo los mismos razonamientos que la anterior, se pronuncia la STCJ nº 11/2007 de 7-11-2007 (conflicto nº 6/2007)[379].

Tanto estas Sentencias, como otras anteriores sobre la misma cuestión, parecen dar por sentado que la resolución administrativa por la que se acuerda el traslado del interno no afecta a sus derechos fundamentales o que, en cualquier caso, el Juez de Vigilancia no es competente para entrar a conocer si el traslado produce esa afectación, de tal modo que se centran en razonar que, pese a lo escueta que pueda ser la resolución administrativa ésta no puede considerarse carente de fundamentación pues se apoya en la propuesta previa de la junta de tratamiento del centro respectivo[380]. Pero en la STCJ nº 10/2012 de 29-5-2012 (conflicto nº 7/2012)[381] podemos encontrar un punto de inflexión, o al menos lo que podemos considerar como una clarificación de la doctrina del Tribunal de Conflictos sobre esta cuestión, pues hasta entonces de la lectura de sus sentencias no se desprendía con claridad si la competencia se atribuía a la Administración por considerar que el acuerdo de traslado del interno no vulneraba sus derechos fundamentales en el caso concreto sometido a examen, o porque el Juez de Vigilancia no era competente para entrar a conocer sobre esta posible vulneración en los casos de traslado. Ahora, en esta Sentencia se dice con meridiana claridad: «*En síntesis pues: a) La Administración penitenciaria es la competente para resolver sobre el destino –inicial o por traslado– de los internos, sin perjuicio del control jurisdiccio-*

[378] Publicada en BOE nº 190 de 9-8-2007.

[379] Publicada en BOE nº 8 de 9-1-2008.

[380] Véanse también, en este sentido, las STCJ de 15-10-2002, conflicto nº 3/2002-T (BOE nº 280 de 22-11-2002); y STCJ de 13-10-2004, conflicto nº 4/2004-T (BOE nº 311 de 27-12-2004).

[381] Publicada en BOE nº 156 de 30-6-2012.

nal ordinario a que están sometidos los actos administrativos; b) el Juez de Vigilancia Penitenciaria no puede interferir el ejercicio de aquella competencia, pero sí puede anteponer a ella su jurisdicción para salvaguardar los derechos fundamentales y beneficios penitenciarios del interno afectado.»

E) Control de la pena de trabajos en beneficio de la comunidad

Sobre esta materia el Tribunal de Conflictos de Jurisdicción ha dictado nueve sentencias, numeradas del 1/2012 al 9/2012, todas ellas de igual fecha: 7 de marzo de 2012, (publicadas en el BOE de los días 2 y 3 de mayo de ese año) y por conflictos suscitados entre los mismos órganos: el Juzgado de Vigilancia Penitenciaria nº 2 de Castilla-La Mancha, y la Delegación del Gobierno en dicha Comunidad Autónoma[382]. El idéntico conflicto planteado, que dio origen a todas estas Sentencias era el siguiente:

Comunicada por el correspondiente Juez o Tribunal Sentenciador la ejecutoria al Servicio de Gestión de Penas y Medidas Alternativas, de la Secretaría General de Instituciones Penitenciarias, a efectos de cumplimiento de la pena de trabajo en beneficio de la comunidad impuesta al penado, dicho Servicio de Gestión de Penas elaboraba el oportuno Plan de Ejecución de la pena. Este Plan era comunicado al Juzgado de Vigilancia Penitenciaria, y terminado el cumplimiento de pena el mencionado Servicio remitía al Juzgado el Informe Final de Cumplimiento de la Pena, en el que únicamente se hacía constar que el penado de referencia había finalizado satisfactoriamente el cumplimiento de las jornadas de trabajos en beneficio de la comunidad a que había sido condenado.

El Juzgado de Vigilancia Penitenciaria, entendiendo que no se unía a dicho Informe Final copia del informe de incidencias o de fi-

[382] Estas Sentencias son las siguientes: STCJ nº 1/2012 de 7-3-2012, conflicto nº 11/2011 (BOE nº 106 de 3-5-2012); STCJ nº 2/2012 de 7-3-2012, conflicto nº 12/2011 (BOE nº 106 de 3-5-2012); STCJ nº 3/2012 de 7-3-2012, conflicto nº 13/2011 (BOE nº 106 de 3-5-2012); STCJ nº 4/2012 de 7-3-2012, conflicto nº 16/2011 (BOE nº 106 de 3-5-2012); STCJ nº 5/2012 de 7-3-2012, conflicto nº 1/2012 (BOE nº 105 de 2-5-2012); STCJ nº 6/2012 de 7-3-2012, conflicto nº 10/2011 (BOE nº 106 de 3-5-2012); STCJ nº 7/2012 de 7-3-2012, conflicto nº 15/2011 (BOE nº 106 de 3-5-2012); STCJ nº 8/2012 de 7-3-2012, conflicto nº 9/2011 (BOE nº 105 de 2-5-2012); y STCJ nº 9/2012 de 7-3-2012, conflicto nº 14/2011 (BOE nº 106 de 3-5-2012).

nalización de la entidad colaboradora y, en su caso, el control de comparecencias o número de jornadas cumplidas, solicitaba que se enviaran estos documentos adicionales. La Administración Penitenciaria se negaba a ello alegando que el Real Decreto 840/2011 de 17 de junio, por el que se establecen las circunstancias de ejecución de las penas de trabajo en beneficio de la comunidad, atribuye a la Administración las verificaciones necesarias sobre la ejecución del Plan, por lo que, al pretender el Juzgado verificar él mismo el cumplimiento del Plan y no hacerlo a través del informe emitido, el Juzgado está "usurpando" la competencia administrativa y sometiendo la misma a un control de legalidad que no corresponde a su jurisdicción.

En definitiva, los conflictos de jurisdicción se suscitaron por la pretensión de la Administración Penitenciaria de considerar que el control de la ejecución y el cumplimiento de la pena de trabajos en beneficio de la comunidad y de todas las incidencias a que los mismos pudieran dar lugar, es competencia de su Servicio de Gestión de Penas y Medidas Alternativas, a quien corresponde efectuar las verificaciones necesarias, por lo que los Juzgados de Vigilancia Penitenciaria sólo deben examinar el informe final por aquellos remitido; de tal manera que tras el Real Decreto 840/2011, que derogó el anterior Real Decreto 515/2005, que también regulaba esta materia, la determinación sobre si los penados han cumplido debidamente las penas de trabajos en beneficio de la comunidad que les hayan sido impuestas es algo que entra dentro de la competencia de la Administración Penitenciaria, y no de los Juzgados de Vigilancia.

Todas las mencionadas Sentencias del Tribunal de Conflictos de Jurisdicción son unánimes al considerar que, a tenor de los artículos 3 y 49 del Código Penal, ningún fundamento se halla para entender que el control de ejecución y cumplimiento de la pena se sustraiga al órgano judicial y se traslade al servicio administrativo de gestión; éste hace el seguimiento de la ejecución del Plan, pero no elimina el control del Juez de Vigilancia Penitenciaria ni en términos generales ni en los términos concretos que han dado lugar a la colisión de criterios planteados en estos conflictos de jurisdicción. Es cierto que el Real Decreto 840/2011, para imprimir agilidad al sistema, ha establecido algunas variaciones respecto de la regulación anterior bajo la vigencia del Real Decreto 515/2005, y en este sentido se ha dotado a la Administración Penitenciaria de mayores potestades, atribuyéndosele la competencia para aprobar el Plan de Ejecución que tendrá inmediata ejecutividad.

Ahora bien, de ello no se deduce en modo alguno que los Juzgados hayan perdido sus funciones de control, e incluso aceptación final, tanto de los planes mismos, como en especial del correcto y efectivo cumplimiento de las penas conforme a dicho Plan. Y es que, desde el punto de vista formal, aunque sí hay variaciones en la fase inicial, en el momento de elaborarse el Plan de Ejecución, al afirmarse la ejecutividad del mismo sin necesidad de esperar a la aprobación del Juez de Vigilancia Penitenciaria, sin embargo para nada varía en el citado Real Decreto 840/2011 la sustancia del control que pueden ejercer los Juzgados respecto del Plan y, desde luego, esos cambios formales no se han producido en lo que al control del cumplimiento de la pena, una vez finalizado éste, se refiere. Por consiguiente, estos cambios no significan que los Juzgados de Vigilancia hayan pasado a convertirse en meros observadores o, más allá que eso, en meros receptores formales de las comunicaciones que les mande la Administración Penitenciaria una vez que considera se ha cumplido el plan y, por ende, la pena, ni mucho menos que el informe final sea un acto administrativo cuya legalidad sólo pueda revisarse por la Jurisdicción Contencioso-Administrativa. La interpretación propugnada por la Administración no sólo contraviene el Código Penal y el propio Real Decreto 840/2011, sino que dejaría sin contenido el control judicial de la pena que tales normas atribuyen a los Juzgados de Vigilancia Penitenciaria; por lo que el Juez de Vigilancia es competente para solicitar los informes que en el control de ejecución de la pena estime oportunos.

3. EL JUEZ DE VIGILANCIA PENITENCIARIA DE LA JURISDICCIÓN MILITAR

Los límites de la jurisdicción del Juez de Vigilancia Penitenciaria de la jurisdicción ordinaria, también vienen marcados por las competencias legalmente atribuidas al Juez de Vigilancia Penitenciaria de la Jurisdicción Militar.

Actualmente se discute en determinados sectores de la doctrina si tiene razón de ser la existencia de la jurisdicción militar y, por ende, el mantenimiento de un sistema penitenciario castrense propio. De tal manera que podemos encontrar quienes piensan que el mantenimiento de la jurisdicción militar es una reminiscencia histórica[383], por lo que abogan por su supresión, pasando a ser los tribunales civiles de la jurisdicción ordinaria quienes deberían asumir las competencias para conocer de los delitos tipificados en el Código Penal Militar en periodos de plena normalidad, debiendo quedar reducida la actuación de la jurisdicción militar sólo para situaciones excepcionales como las derivadas de tiempo de guerra o estado de sitio. Pero no obstante, mientras no se reforme la Constitución, no puede obviarse la jurisdicción militar, y solo los tribunales militares serán quienes habrán de juzgar los delitos militares y ejecutar sus resoluciones, lo que justifica la existencia de un sistema penitenciario militar propio[384].

Dispone el artículo 117.5 de la Ley Constitución que:

> «1. El principio de unidad jurisdiccional es la base de la organización y funcionamiento de los Tribunales. La Ley regulará el ejercicio de la jurisdicción militar en el ámbito estrictamente castrense y en los supuestos de estado de sitio, de acuerdo con los principios de la Constitución.»

La unidad jurisdiccional significa la existencia de una organización judicial que monopoliza la potestad jurisdiccional del Estado, de acuerdo con el principio de exclusividad –juzgando y haciendo ejecutar lo juzgado– y de conformidad con unas normas de competencia y procedimiento previamente establecidas por las leyes con carácter general, conectándose todo ello con el principio de independencia judicial. De este modo el principio de unidad jurisdiccional no es sino un reflejo del derecho al juez ordinario predeterminado por la ley, que consagra el art. 24.2 de la Constitución[385].

---

[383] "... al respecto, se destaca cómo el que la legislación penal militar no excepcional, que se basa en idénticos principios que el Derecho común punitivo, se encuentre marginada del Código Penal es algo excepcional y que responde simplemente a una tradición histórica concreta, cuando no a una razón de oportunidad legislativa." RODRIGUEZ DEVESA, José María; *Derecho Penal Español. Parte General*, 12ª edic., Dykinson, Madrid, 1989, p. 34.

[384] SERRANO PATIÑO Juan Victorio; *Sistema Penitenciario Militar Español*, Premio Nacional Victoria Kent 2012 Segundo Accesit, Ministerio del Interior-Secretaría General Técnica, Madrid, 2013, pp. 38 y 165.

[385] *Vid.* FERNANDEZ SEGADO Francisco; «El marco constitucional. La jurisdicción militar: su organización y competencia», en *La Jurisdicción Militar*, CGPJ, Madrid, 1992, pp. 24-34.

El Tribunal Constitucional ha establecido una doctrina que vincula el principio de unidad jurisdiccional y el derecho al juez natural, ordinario predeterminado por la ley; por lo que, desde la conceptuación de la jurisdicción militar como jurisdicción especial que, por este carácter frente a la regla general de la jurisdicción ordinaria, no permite interpretaciones que lleven más allá del ámbito castrense, el conocimiento por la jurisdicción militar de una causa no ajustada a este ámbito, sin respetar la regla constitucional delimitadora de su ámbito jurisdiccional, supondrá tanto una vulneración del art. 117.5 como del art. 24.2 de la Norma Constitucional[386].

El desarrollo legislativo del art. 117.5 CE, a la hora de determinar qué debe entenderse por "ámbito estrictamente castrense" ha establecido que ello significa que la jurisdicción militar debe limitarse a conocer de los delitos castrenses, esto es, de los contemplados en el Código Penal Militar[387]. Por lo que en el ejercicio de su potestad jurisdiccional le corresponde no solo juzgar los delitos militares, sino también hacer que se ejecute lo juzgado (art. 117.3 CE). Esto justifica, como se apuntó más arriba, la existencia de un sistema penitenciario militar.

Con la promulgación de la LOGP en el año 1979 y la introducción en nuestro ordenamiento jurídico de la figura del Juez de Vigilancia Penitenciaria, se produjo la judicialización de la ejecución de las penas, que antes se encontraba exclusivamente en manos de la administración.

Esta innovación no se introdujo en la Jurisdicción Militar hasta la Ley Orgánica 4/1987, de 15 de julio, de Competencia y Organización de la Jurisdicción Militar, en cuyo art. 61.4 establece que entre las funciones de los Juzgados Togados Militares Territoriales está "La vigilancia judicial penitenciaria en relación con los establecimientos penitenciarios militares y sus internos." Pero no se contemplaba la figura del Juez de Vigilancia especializado. Esta Ley Orgánica dio lugar a una serie de modificaciones, como la producida por la Orden

---

386 SSTC nº 75/1982 de 13-12; nº 111/1984 de 28-11; nº 105/1985 de 7-10; nº 66/1986 de 23-5; y nº 60/1991 de 14-3.

387 L.O. 14/2015, de 14 de octubre, del Código Penal Militar (BOE nº 247 de 15-10-2015), con entrada en vigor a los tres meses de su publicación en el BOE, que deroga al anterior Código Penal Militar aprobado por L. O. 13/1985, de 9 de diciembre, de Código Penal Militar.

Ministerial 29/1989 de 28 de marzo, por la que se atribuyó al Juez Togado Territorial de la demarcación donde se ubique el establecimiento penitenciario militar o, cuando hubiesen varios Jueces al que siguiere en antigüedad al que ostente el Decanato.

Pero el Juez de Vigilancia Penitenciaria propiamente dicho, esto es, con esta denominación no apareció hasta la Ley Orgánica 2/1989 de 13 de abril, Procesal Militar, en cuyo art. 356 se establece que para cada establecimiento penitenciario militar existirá un Juez de Vigilancia Penitenciaria, cargo que será ejercido por el Juez Togado que designe la Sala de Gobierno del Tribunal Militar Central, y que podrá ser compatible con otro órgano jurisdiccional[388].

En la actualidad sólo existe un Juez de Vigilancia Penitenciaria Militar cuyo cargo es desempeñado por el Juez del Juzgado Togado Militar Territorial nº 11 con sede en Madrid, que extiende su competencia sobre el Establecimiento Penitenciario Militar de Alcalá de Henares, que es el único que actualmente existe en el ámbito de las Fuerzas Armadas.

Con una redacción similar al artículo 76.1 LOGP, el art. 357 de la Ley Procesal Militar dispone que: «El Juez de Vigilancia respecto a todos los internos que cumplan pena en establecimiento penitenciario militar tendrá atribuciones para hacer cumplir la pena impuesta, resolver los recursos referentes a las modificaciones que pueda experimentar con arreglo a lo prescrito en las Leyes y Reglamentos, salvaguardar los derechos de los internos y corregir los abusos y desviaciones que en el cumplimiento de los preceptos del régimen penitenciario puedan producirse.» Detallando seguidamente cuales son especialmente algunas de sus competencias, de forma similar a lo previsto en el apartado nº 2 del citado art. 76 LOGP.

Esta Ley Orgánica y su Reglamento aprobado por RD 190/1996, son de aplicación supletoria en el ámbito penitenciario militar, de tal manera que el artículo 36 del Reglamento de Establecimientos Penitenciarios Militares, aprobado por Real Decreto 1396/1992 de 20 de noviembre, indica que "el Juez de Vigilancia tendrá la competencia y funciones que le atribuyen la Ley Orgánica General Penitenciaria y la Ley Procesal Militar."

---

[388] *Vid.* PEREZ ESTEBAN Fernando; «El Derecho Penitenciario Militar», en *Derecho Penal y Procesal Militar*, CGPJ, Madrid, 1993, pp. 345-369.

A los efectos que ahora nos interesan, de definir los límites de la jurisdicción del Juez de Vigilancia de la jurisdicción ordinaria respecto del Juez de Vigilancia de la jurisdicción militar, hemos de tener en cuenta la competencia territorial de este Juez de la jurisdicción militar, la competencia objetiva en materia de beneficios penitenciarios, y la competencia funcional para el conocimiento de los recursos contra sus resoluciones. Desde esta perspectiva, las principales cuestiones que se han suscitado han sido las siguientes:

A) Organo competente para ejercer las funciones de vigilancia penitenciaria respecto de militares no recluidos en un establecimiento penitenciario militar

Como hemos puesto de manifiesto anteriormente, el artículo 356 de la L.O. 2/1989, Procesal Militar, dispone que habrá un Juzgado de Vigilancia Penitenciaria para cada establecimiento penitenciario militar; actualmente sólo uno, el de Alcalá de Henares. Pero puede ocurrir que, a tenor de lo dispuesto en los arts. 219 y 350 de la Ley Procesal Militar, y art. 14 del Reglamento de Establecimientos Penales Militares, existan militares en situación de prisión preventiva, o incluso penados, que no se hallen recluidos en dicho establecimiento penitenciario, sino en acuartelamientos, bases o buques. En coherencia con la posibilidad de que se produzcan situaciones de este tipo, el art. 221 de la mencionada Ley Procesal establece que el Jefe Militar que se encuentre al mando del acuartelamiento, base o buque cuidará que el preso observe, en lo posible, un régimen equiparable al que se sigue en establecimientos penitenciarios militares.

Se ha de admitir –pues lo contrario sería colocarlas en una situación de desigualdad ante la ley, y de indefensión injustificables– que las personas recluidas en alguna de estas dependencias militares no penitenciarias, tienen derecho a formular peticiones y quejas, a recurrir contra aquellos actos o decisiones del Jefe de tales dependencias que les afecten, y en definitiva a que la pena o medida de privación de libertad que se hallen cumpliendo sean objeto del adecuado control judicial, en orden a la salvaguarda de sus derechos y corrección de los abusos y desviaciones que pudieran producirse. Surge así la pregunta de cuál será el órgano competente para ejercer las funciones de vigilancia penitenciaria sobre tales dependencias militares no penitenciarias.

La respuesta a esta cuestión podemos encontrarla en la Sentencia del Tribunal Supremo, Sala de Conflictos del Jurisdicción prevista en el art. 39 LOPJ para la resolución de conflictos entre la jurisdicción ordinaria y la militar, de fecha 15-12-1994, recurso 6/1994[389], que resuelve un conflicto negativo de competencia entre el Juez de Vigilancia Penitenciaria, de la jurisdicción ordinaria, de Zaragoza, y el Juez Togado Militar Territorial con sede en esta Ciudad.

El presupuesto de hecho que sirvió de base a la citada Sentencia era el siguiente: Un miembro de la Guardia Civil, condenado por un delito de lesiones por la Audiencia Provincial de la Coruña, que se encontraba recluido en un Acuartelamiento de la Guardia Civil de Zaragoza, solicitó el adelantamiento de la libertad condicional. Tanto el JVP de Zaragoza como el Juez Togado con jurisdicción en dicha demarcación negaron su competencia para conocer sobre dicha petición.

La Sala de Conflictos indicó en la referida Sentencia que cualquier persona privada de libertad debe conservar todos los beneficios y derechos que le reconocen las leyes, con independencia de las circunstancias en que se desarrolle esa privación del derecho reconocido en el art. 17 CE, por lo que es indudable que algún órgano del poder judicial debe encargarse de garantizar y salvaguardar esos derechos y libertades. El hecho de que el guardia solicitante no fuese ingresado en ninguno de los dos establecimientos penitenciarios militares entonces existentes, el de Alcalá de Henares y el de la Isleta en Canarias, no le priva de los derechos que con arreglo a la ley pueda ejercitar, en relación con su libertad condicional. En este caso, al llevarse a cabo la privación de libertad en un acuartelamiento carecería de facultades el Juez de vigilancia penitenciaria al que se refieren los arts. 356 y 357 de la Ley Procesal Militar, pues su competencia es puramente territorial y por razón del establecimiento. Esto es, los Jueces de Vigilancia correspondientes a los mencionados establecimientos de Alcalá de Henares y la Isleta.

Entiende esta Sala de Conflictos que es acertado el argumento del Juez de vigilancia penitenciaria de Zaragoza, sobre su falta de competencia, en atención al hecho de que el penado no se halla en un centro común sino en el acuartelamiento de la Guardia civil, por lo que

---

[389] Base de datos El Derecho, EDJ 1994/6919.

la competencia para conocer de la petición deducida por el penado corresponde al Juzgado Togado Militar Territorial de Zaragoza.

Esto es así porque la Ley Orgánica 4/1987, de 15 de julio, de la Competencia y Organización de la Jurisdicción Militar, enumera en su art. 61.4, entre las funciones de los Jueces Togados Militares Territoriales, la vigilancia judicial penitenciaria, en relación con los establecimientos penitenciarios y sus internos. Fue posteriormente la Ley Orgánica 2/1989, de 13 de abril, Procesal Militar, la que reguló la figura del Juez de Vigilancia específico para cada uno de los establecimientos penitenciarios militares existentes, pero como la competencia de este Juez es territorial y por razón del establecimiento, se ha de concluir que son los Jueces togados militares territoriales los órganos adecuados para conocer de las cuestiones que planteen los internos en otros centros, ya que son tales Jueces quienes ejercen las funciones de vigilancia penitenciaria, tal como previene el apartado nº 4 art. 61 de la citada Ley Orgánica de Competencia y Organización de la Jurisdicción Militar.

B) Organo competente para resolver sobre la concesión de beneficios penitenciarios a un militar, condenado por un tribunal de la jurisdicción ordinaria, durante el tiempo de reclusión en establecimiento penitenciario militar

La respuesta a esta cuestión la encontramos en la Sentencia del Tribunal Supremo, Sala de Conflictos de Jurisdicción del art. 39 LOPJ, de fecha 30-3-2004, conflicto nº 1/2004, que resolvió el conflicto negativo de jurisdicción, suscitado entre el Juzgado Togado Militar Territorial número 11 y de Vigilancia Penitenciaria de Madrid y el Juzgado Central de Vigilancia Penitenciaria de la Audiencia Nacional, al declararse incompetentes para conocer sobre propuestas de redención de penas por el trabajo realizado por un interno en el establecimiento penitenciario militar de Alcalá de Henares.

El presupuesto de hecho de este conflicto era el siguiente:

La Audiencia Nacional condenó a un miembro de la Guardia Civil por dos delitos de asesinato y posteriormente el Tribunal Supremo, revisando la sentencia en casación, le condenó también por dos delitos de detención ilegal. Ingresado originariamente en el establecimiento penitenciario militar de Alcalá de Henares, unos años después, tras los trámites correspondientes, una vez perdida su condición militar como consecuencia de estas condenas, fue trasladado a un centro penitenciario común, concretamente al Centro Penitenciario Ocaña II.

El Director del Establecimiento Penitenciario Militar de Alcalá de Henares elevó al Juez Togado Militar Territorial número 11 y de Vigilancia Penitenciaria sendas propuestas de redención de penas en favor del penado, correspondientes al periodo en que estuvo recluido en dicho establecimiento penitenciario militar, pero durante el cual ya carecía de la condición de militar. El Juzgado Togado acordó la inhibición del expediente en favor del Juzgado Central de Vigilancia Penitenciaria. Recibida la inhibición en el Juzgado Central de Vigilancia Penitenciaria, resolvió declararse incompetente para el conocimiento del asunto en atención a las fechas de las propuestas.

La Sala de Conflictos resuelve en esta Sentencia que el conflicto debe ser dirimido atribuyendo la competencia al Juzgado Central de Vigilancia, pero sólo para el conocimiento de la última de las propuestas, pues las anteriores correspondían a periodos en los que aún no se había creado dicho Juzgado Central.

Se dice en la Sentencia que, teniendo en cuenta los términos del conflicto, no corresponde en este momento a la Sala decidir sobre la atribución jurisdiccional de las demás propuestas, pero da a entender que sobre tales propuestas debe conocer el correspondiente Juez de Vigilancia Penitenciaria de la jurisdicción ordinaria, pues señala que: "*No obstante, en línea de principio no parece posible sostener que la sola conexión en relación con el lugar de cumplimiento, cuando se trate de condenas impuestas por la Jurisdicción Ordinaria a militares, sea suficiente para atribuir a los Juzgados Togados de Vigilancia Penitenciaria las facultades propias de los mismos en materia de ejecución de penas, pues ello equivaldría a subordinar el ejercicio de la jurisdicción a una decisión meramente administrativa-penitenciaria y no debe olvidarse que los Juzgados de Vigilancia Penitenciaria sustituyen al órgano sentenciador en materia de ejecución de penas [artículo 76.1.a) L.O.G.P.], no dejando de ser una disfunción la atribución a jurisdicciones diferentes del enjuiciamiento y la ejecución de las sentencias.*"

C) Organo competente funcionalmente, para conocer de los recursos contra las resoluciones dictadas por el Juez de Vigilancia Penitenciaria Militar, respecto de internos en establecimiento penitenciario militar condenados por la jurisdicción ordinaria

Para dar respuesta a esta cuestión hemos de tener presente lo resuelto por la Sección 3ª de la Sala de lo Penal de la Audiencia Nacional en tres Autos de igual fecha, 20-9-1999, resolutorios de los recursos de apelación nº 111/1999[390], nº 112/1999[391], y nº 113/1999[392], de contenido similar al tener el mismo presupuesto de hecho aunque referido a penados distintos. El sustrato fáctico de los recursos era el siguiente:

En cada recurso se contemplaba la situación de un miembro de la Guardia Civil condenado por la Sala de lo Penal de la Audiencia Nacional, interno en el Centro penitenciario militar de Alcalá de Henares al que la Dirección de este Centro le había denegado la clasificación en tercer grado de tratamiento. Recurrida esta denegación ante el Juzgado Togado de Vigilancia Penitenciaria, este Juzgado dictó resolución estimando el recurso y reconoció el derecho de los penados al tercer grado, mandando notificar la resolución a la Fiscalía de la Audiencia Nacional y al Fiscal del Tribunal Militar Territorial nº 1.

La Fiscalía de la Audiencia Nacional interpuso recurso de apelación interesando que se declarase la nulidad de lo actuado por falta de jurisdicción del Juzgado Togado Militar de Vigilancia Penitenciaria, alegando además que, sin perjuicio de lo anterior, era improcedente la clasificación en tercer grado de los penados.

Por su parte, el Letrado defensor de los penados presentó escrito en el Juzgado Togado de Vigilancia Penitenciaria solicitando que este Juzgado declarase la competencia del Tribunal Militar Territorial nº 1 para el conocimiento del recurso de apelación, solicitando y requiriendo a la Secc. 3ª de la Sala de lo Penal de la Audiencia Nacional que se inhibiera de conocer de dicho recurso y si no accediera a ello

390 Base de datos El Derecho, EDJ 1999/29632.

391 Base de datos Aranzadi, ARP 1999\3810.

392 Base de datos El Derecho, EDJ 1999/32935.

que planteara conflicto ante la Sala de Conflictos de Jurisdicción del Tribunal Supremo.

El conflicto de jurisdicción no fue planteado, y la Secc. 3ª de Sala de lo Penal de la Audiencia Nacional se consideró competente para resolver los recursos de apelación contra las resoluciones del Juzgado Togado Militar de Vigilancia Penitenciaria, desestimando la pretensión de nulidad deducida por la Fiscalía por falta de jurisdicción del citado Juzgado.

Se razona en estos Autos que la competencia para conocer de los recursos de apelación corresponde a la Audiencia Nacional porque fue este tribunal quien condenó a los internos. Partiendo de esta premisa, se ha de tener en cuenta que a tenor de lo establecido en el artículo 358 de la Ley Orgánica Procesal Militar "las resoluciones que dictan los jueces de vigilancia penitenciaria en materias de su competencia, como tales, serán notificadas a los reclusos interesados y al Fiscal Jurídico-Militar del Tribunal Sentenciador. Contra dichas resoluciones podrá interponerse por el Fiscal o los reclusos recurso de apelación, que se presentará ante el propio Juez de Vigilancia penitenciaria, que lo declarará admisible o inadmisible mediante auto. En el primer caso lo elevará al Tribunal Militar Territorial encargado del cumplimiento de la sentencia para su conocimiento y fallo...". En definitiva al Tribunal sentenciador.

Se especifica en estos Autos que es cierto que el artículo transcrito habla del Tribunal Militar Territorial, como no podía ser de otro modo, toda vez que se está refiriendo a delitos militares, perpetrados por militares y juzgados por órganos judiciales pertenecientes a la jurisdicción militar; pero lo importante a tener aquí bien presente, es que la competencia para el conocimiento y fallo de los recursos de apelación interpuestos contra las resoluciones de los Jueces de Vigilancia penitenciaria la atribuye dicho artículo al Tribunal Sentenciador, que aquí no es otro que el que conforma la Sección 3ª de la Sala de lo Penal de la Audiencia Nacional.

Corrobora esta postura la disposición contenida en el 4º párrafo del artículo 36 del Reglamento de Establecimientos Penitenciarios, que literalmente expresa que: "las resoluciones que dicten los Jueces de Vigilancia en materia de su competencia como tales, serán notificadas a los interesados y a los Fiscales de los Tribunales sentenciadores y comunicadas al Director del establecimiento para cumplimiento, cuando así proceda."

Se señala en estos Autos que este mismo criterio es compartido por el propio Fiscal Jurídico Militar del Tribunal Militar Territorial Primero, al evacuar el traslado que le fue conferido para el oportuno informe, en el advierte que: "la aplicación en nuestro ámbito de los criterios de actuación de los Jueces de Vigilancia Penitenciaria, que supondría convertir al Tribunal Militar Territorial Primero en el único órgano judicial con competencia para conocer de los recursos que los internos condenados por la Jurisdicción Ordinaria interpongan contra las resoluciones del Juez de Vigilancia Penitenciaria (dándose, por cierto, la paradoja de que tan amplia competencia no la tendría el Tribunal Militar con los condenados por la Jurisdicción Militar, dado el tenor del art. 358 de la ley Rituaria Castrense), vendría a constituir una inaceptable, por inconstitucional, ampliación de la competencia de la Jurisdicción Militar, pues como establece el art. 2 de la Ley Orgánica 4/87, de 15 de Julio, de Competencia y Organización de la Jurisdicción Militar, en desarrollo de lo recogido en el art. 117.5 de la Constitución Española, los órganos judiciales militares ejercen la potestad jurisdiccional militar, juzgando y haciendo ejecutar lo juzgado, exclusivamente en los asuntos de su competencia, no de la competencia de la Jurisdicción Ordinaria."

4. LÍMITES DERIVADOS DEL RECONOCIMIENTO MUTUO DE RESOLUCIONES PENALES EN LA UNIÓN EUROPEA

4.1. Notas generales

La Unión Europea, que es algo más y distinto del mercado común europeo, se ha venido sustentando en tres pilares: 1. Las Comunidades Europeas; 2. La política exterior y de seguridad común; y 3. La cooperación en los ámbitos de justicia y asuntos de interior (JAI) en orden a la consecución de un espacio común de libertad, seguridad y justicia.

El Consejo Europeo celebrado en Tampere, en octubre de 1999, consideró que el principio de reconocimiento mutuo de resoluciones judiciales debía convertirse en la piedra angular de la cooperación judicial en la Unión Europea. Posteriormente en el Consejo

Europeo de La Haya, de noviembre de 2004, se incidió en el acceso a la justicia y en la implantación de la confianza mutua entre los Estados a través de unas reglas procesales mínimas que garantizaran una serie de derechos, entre ellos los de defensa. Finalmente tras el Tratado de Lisboa de 2007, desaparece el Tratado Constitutivo de la Comunidad Europea, quedando como textos fundamentales el Tratado de la Unión Europea y el Tratado de Funcionamiento de la Unión Europea. Con la entrada en vigor de estos Tratados se ha puesto fin al denominado "tercer pilar", pero ello no significa la desaparición de la cooperación penal, sino que ha pasado a ser materia comunitaria, integrándose en las "Políticas y acciones internas de la Comunidad"; materia que está regulada en la Tercera Parte del Tratado de Funcionamiento de la Unión Europea, cuyo Título V lleva por rúbrica "Espacio de libertad, seguridad y justicia" (arts. 67-89) [393], contemplándose en su Capítulo IV la cooperación judicial penal (arts. 82-86) [394].

---

[393] El art. 67 del TFUE establece lo siguiente:

«1. La Unión constituye un espacio de libertad, seguridad y justicia dentro del respeto de los derechos fundamentales y de los distintos sistemas y tradiciones jurídicos de los Estados miembros.

2. Garantizará la ausencia de controles de las personas en las fronteras interiores y desarrollará una política común de asilo, inmigración y control de las fronteras exteriores que esté basada en la solidaridad entre Estados miembros y sea equitativa respecto de los nacionales de terceros países. A efectos del presente título, los apátridas se asimilarán a los nacionales de terceros países.

3. La Unión se esforzará por garantizar un nivel elevado de seguridad mediante medidas de prevención de la delincuencia, el racismo y la xenofobia y de lucha en contra de ellos, medidas de coordinación y cooperación entre autoridades policiales y judiciales y otras autoridades competentes, así como mediante el reconocimiento mutuo de las resoluciones judiciales en materia penal y, si es necesario, mediante la aproximación de las legislaciones penales.

4. La Unión facilitará la tutela judicial, garantizando en especial el principio de reconocimiento mutuo de las resoluciones judiciales y extrajudiciales en materia civil.»

[394] El art. 82 del TFUE dispone que:

1. La cooperación judicial en materia penal en la Unión se basará en el principio de reconocimiento mutuo de las sentencias y resoluciones judiciales e incluye la aproximación de las disposiciones legales y reglamentarias de los Estados miembros en los ámbitos mencionados en el apartado 2 y en el art. 83.

El Parlamento Europeo y el Consejo adoptarán, con arreglo al procedimiento legislativo ordinario, medidas tendentes a:

a) establecer normas y procedimientos para garantizar el reconocimiento en toda la Unión de las sentencias y resoluciones judiciales en todas sus formas;

b) prevenir y resolver los conflictos de jurisdicción entre los Estados miembros;

El objetivo de alcanzar en la Unión Europea un espacio de libertad, seguridad y justicia pasa por lograr la eficacia en todo el territorio europeo de las resoluciones judiciales dictadas en cualquiera de los Estados, tomándose como si se trataran de una decisión interna. Desde esta perspectiva, el juez nacional de un Estado será juez de toda la Unión Europea, sus resoluciones deberán ser asumidas y obedecidas como si hubieran sido dictadas por un juez del Estado en que se pretenden hacer valer. Esto se consigue a través de la armonización de las instituciones y normas penales, y a través del reconocimiento

---

c) apoyar la formación de magistrados y del personal al servicio de la administración de justicia;

d) facilitar la cooperación entre las autoridades judiciales o equivalentes de los Estados miembros en el marco del procedimiento penal y de la ejecución de resoluciones.

2. En la medida en que sea necesario para facilitar el reconocimiento mutuo de las sentencias y resoluciones judiciales y la cooperación policial y judicial en asuntos penales con dimensión transfronteriza, el Parlamento Europeo y el Consejo podrán establecer normas mínimas mediante directivas adoptadas con arreglo al procedimiento legislativo ordinario. Estas normas mínimas tendrán en cuenta las diferencias entre las tradiciones y los sistemas jurídicos de los Estados miembros.

Estas normas se referirán a:

a) la admisibilidad mutua de pruebas entre los Estados miembros;

b) los derechos de las personas durante el procedimiento penal;

c) los derechos de las víctimas de los delitos;

d) otros elementos específicos del procedimiento penal, que el Consejo habrá determinado previamente mediante una decisión. Para la adopción de esta decisión, el Consejo se pronunciará por unanimidad, previa aprobación del Parlamento Europeo.

La adopción de las normas mínimas contempladas en el presente apartado no impedirá que los Estados miembros mantengan o instauren un nivel más elevado de protección de las personas.

3. Cuando un miembro del Consejo considere que un proyecto de directiva contemplada en el apartado 2 afecta a aspectos fundamentales de su sistema de justicia penal, podrá solicitar que el asunto se remita al Consejo Europeo, en cuyo caso quedará suspendido el procedimiento legislativo ordinario.

Previa deliberación, y en caso de que se alcance un consenso, el Consejo Europeo, en el plazo de cuatro meses a partir de dicha suspensión, devolverá el proyecto al Consejo, poniendo fin con ello a la suspensión del procedimiento legislativo ordinario.

Si no hay acuerdo dentro de ese mismo plazo, y al menos nueve Estados miembros quieren establecer una cooperación reforzada con arreglo al proyecto de directiva de que se trate, lo comunicarán al Parlamento Europeo, al Consejo y a la Comisión. En tal caso, la autorización para iniciar la cooperación reforzada a que se refieren el apartado 2 del art. 20 del Tratado de la Unión Europea y el apartado 1 del art. 329 del presente Tratado se considerará concedida, y se aplicarán las disposiciones relativas a la cooperación reforzada.

mutuo, es decir, aceptando como propia una actuación o resolución de otro Estado, por el mero hecho de provenir de la Unión Europea, y haciéndola cumplir[395].

En un espacio donde los ciudadanos circulan libremente es importante que las decisiones judiciales puedan ser ejecutadas rápida y fácilmente en todo el territorio de la Unión, lo que exige el reconocimiento mutuo de los distintos sistemas judiciales. Este reconocimiento debe sustentarse en la mutua confianza entre los diversos Estados, que solo puede apoyarse en la certidumbre de que todos los ciudadanos europeos tienen acceso a un sistema judicial que responda a las exigencias de calidad más elevadas; por lo que en este horizonte la calidad de la Justicia aparece como el centro de gravedad sobre el que debe reposar la construcción del espacio judicial europeo[396].

Teniendo en cuenta el dato indiscutible de que el incremento de la cooperación judicial y del reconocimiento mutuo de las resoluciones judiciales se basa fundamentalmente en el alto grado de confianza recíproca en los ordenamientos de los Estados miembros de la Unión, se ha de señalar que ello no sólo deriva de las medidas dirigidas a la armonización legislativa de los Estados, sino también de la confianza en la eficiencia, la legalidad, el carácter democrático, y actividad desarrollada por los distintos organismos y agencias destinados a coordinar las instituciones de cada uno de los Estados en sectores concretos de la justicia y asuntos internos, conformando lo que se ha denominado como "cooperación integrada"[397]. Así podemos citar a organismos como Eurojust, Europol, y la Red Judicial Europea[398].

Conforme a lo anteriormente expuesto, la arquitectura del espacio de libertad, seguridad y justicia se apoya en un pilar básico, el

---

395 *Vid.* MORENO CATENA Víctor; «El cambio de paradigma y el principio de reconocimiento mutuo y sus implicaciones. Perspectivas del Tratado de Lisboa», en *Cooperación Judicial Penal en Europa*, dir. M. Carmano Ruano y otros, CGPJ, Dykinson, Madrid, 2013, pp. 41-78.

396 MARTINEZ LAZARO Javier; «Poder Judicial y construcción europea» en *Derecho y Jueces*, año 5, nº 35, Junio-Julio 2006, p. 2.

397 LICATA Fabio; «El Principio de Reconocimiento Mutuo y su Desarrollo» en *Cooperación Judicial Penal en Europa*, dir. M. Carmano Ruano y otros, CGPJ, Dykinson, Madrid, 2013, p. 710.

398 *Vid.* CARMONA BERMEJO Julieta; «Instituciones de Apoyo a la Cooperación: Red Judicial Europea, Eurojust, Europol, Interpol, Magistrados de Enlace, IberRed» en *Cooperación Judicial Penal en Europa*, dir. M. Carmano Ruano y otros, CGPJ, Dykinson, Madrid, 2013, pp. 943 y ss.

principio de confianza recíproca: hay cooperación ejecutiva y judicial en este ámbito porque los Estados confían en que todos ellos aplican un nivel mínimo de protección de los derechos fundamentales. De lo que se sigue que las autoridades nacionales deben dar a una resolución de otro país de la Unión el mismo tratamiento que a las resoluciones nacionales. Pero como han dicho las instituciones europeas hasta la saciedad, para que el reconocimiento mutuo opere efectivamente debe existir una base común de confianza entre las autoridades nacionales. La Comisión subraya que sin confianza recíproca en este campo, los instrumentos de reconocimiento mutuo no pueden funcionar correctamente, porque un Estado puede mostrarse reticente a ejecutar decisiones de otro Estado, dificultando el desarrollo de una cooperación judicial fluida. En este sentido, ha supuesto una fisura en los cimientos de la cooperación judicial europea la Sentencia del Tribunal de Justicia de la Unión Europea de 21 de diciembre de 2011, en los asuntos acumulados C411/10N.S. / Secretary of State for the Home Department y C493/10 M.E. y otros / Refugee Applications Commissioner Minister for Justice, Equality and Law Reform[399].

En esta Sentencia se resuelven dos cuestiones prejudiciales: la Court of Appeal of England and Wales y la High Court of Ireland quieren saber si deben comprobar el respeto de los derechos fundamentales de los solicitantes de asilo por el Estado al que le corresponde decidir sobre la solicitud, y al que deben trasladar las personas que tienen bajo su custodia. El Tribunal de Justicia contestó diciendo que: "el Derecho de la Unión se opone a una presunción irrefutable según la cual el Estado miembro designado como responsable por el Reglamento respeta los derechos fundamentales de la Unión Europea". Lo que significa que el Tribunal, de forma sorprendente, vino a declarar que para el Derecho Europeo no está claro que todos los Estados miembros respeten los derechos fundamentales.

Pero pese a esa genérica afirmación de la Sentencia, sin embargo, no pueden pasarse por alto las circunstancias que rodeaban al caso, pues se trataba de poner en cuestión la capacidad de un país (Grecia), desbordado por la afluencia de inmigración ilegal (el 90% de la que entró en la UE en 2010) y por las consecuentes solicitudes de asilo, sin medios para hacer frente al examen detallado del

---

399 «*http://curia.europa.eu/juris/liste.jsf?language=es&num=C-411/10*».

aluvión de solicitudes. Por lo que, interpretada la Sentencia en este contexto, es difícil justificar que sin sólidos y acreditados motivos los tribunales nacionales puedan negarse a ejecutar una resolución judicial adoptada en el espacio de libertad, seguridad y justicia, o proceder a un examen previo generalizado del respeto a los derechos humanos en el ámbito de la Unión.

4.2. Aspectos concretos

Estamos asistiendo a un proceso irreversible –al menos eso parece– de "europeización" del ordenamiento jurídico, bien como consecuencia de la aplicación directa de aquellas normas comunitarias cuya fuerza vinculante lo permite, como es el caso de los Reglamentos, bien mediante la transposición de otras, como las Directivas y las Decisiones Marco, o incluso por la influencia que en el legislador nacional ejercen otra serie de disposiciones, recomendaciones o dictámenes emanados en el seno de la Unión Europea[400].

En este contexto, de lo que podemos llamar europeización normativa, surge la Ley 23/2014, de 20 de noviembre, de Reconocimiento mutuo de resoluciones penales de la Unión Europea, que viene a ser un instrumento codificador único de todas las normas europeas aprobadas hasta la fecha, en materia de reconocimiento mutuo de resoluciones judiciales penales, salvo las relativas a los antecedentes penales y consideración de las sentencias condenatorias penales[401].

Mediante esta Ley se incorporan al Derecho Español una Directiva y varias Decisiones Marco. A los efectos que a nosotros nos interesan, hemos de destacar la Decisión Marco 2008/909/JAI del Consejo, de

---

[400] *Vid.* ROCA MELCHOR Manuel; «La Europeización de la Ejecución Penal: Importancia de la Decisión Marco 909 de 2008 del Consejo de la UE», en *Boletín de la Asociación de Técnicos de Instituciones Penitenciarias*, nº 28, 2013; pp. 6-9.

[401] Para la transposición de estas dos últimas materias se promulgó la L.O. 7/2014, de 12 de noviembre, sobre intercambio de información de antecedentes penales y consideración de resoluciones judiciales penales en la Unión Europea. Mediante esta Ley se incorporaron al Derecho Español:

a) La Decisión Marco 2008/675/JAI, de 24 de julio de 2008, relativa a la consideración de las resoluciones condenatorias entre los Estados miembros de la Unión Europea con motivo de un nuevo proceso penal; y

b) La Decisión Marco 2008/315/JAI, de 26 de febrero de 2009, relativa a la organización y al contenido del intercambio de información de los registros de antecedentes penales entre los Estados miembros.

27 de noviembre de 2008, relativa a la aplicación del principio de reconocimiento mutuo de sentencias en materia penal por las que se imponen penas u otras medidas privativas de libertad a efectos de su ejecución en la Unión Europea.

Esta Ley va acompañada de la Ley Orgánica 6/2014, de 29 de octubre, complementaria de la Ley de reconocimiento mutuo de resoluciones penales en la Unión Europea, por la que se modifica la Ley Orgánica 6/1985, de 1 de julio, del Poder Judicial. Como la citada Ley 23/2014 transpone al Derecho Español varias disposiciones normativas comunitarias, son varias las competencias que se crean a su amparo, de ahí la necesidad de reformar la LOPJ para prever nuevas competencias de los Juzgados y Tribunales en materia penal. Así, esta L.O. 6/2014 modificó determinados artículos de la LOPJ, entre ellos el art. 94 por el que se atribuye competencia a los Juzgados de Vigilancia Penitenciaria para la "*emisión y ejecución de los instrumentos de reconocimiento mutuo de resoluciones penales en la Unión Europea que les atribuya la ley.*"

Del principio de reconocimiento mutuo, basado en la confianza mutua entre los Estados, se deriva –como señala el Preámbulo de la Ley 23/2014– un nuevo modelo de cooperación judicial que conlleva un cambio radical en las relaciones entre los Estados miembros de la Unión Europea, al sustituir las antiguas comunicaciones entre las autoridades centrales o gubernativas por la comunicación directa entre las autoridades judiciales, suprimir el principio de doble incriminación en relación con un listado predeterminado de delitos y regular como excepcional el rechazo al reconocimiento y ejecución de una resolución, a partir de un listado tasado de motivos de denegación. Además, se ha logrado simplificar y agilizar los procedimientos de transmisión de las resoluciones judiciales, mediante el empleo de un formulario o certificado que deben completar las autoridades judiciales competentes para la transmisión de una resolución a otro Estado miembro.

El Título III de la Ley 23/2014 tiene por objeto las resoluciones para el cumplimiento de penas o medidas privativas de libertad (arts. 63-92); y es a través de estos preceptos como se incorpora la mencionada Decisión Marco 2008/909/JAI de 27 de noviembre de 2008, que permite que una resolución condenatoria dictada en un Estado miembro sea ejecutada en otro Estado miembro, con el fin de facilitar así la reinserción social del condenado. Por consiguiente, las autoridades judiciales españolas podrán transmitir sentencias condenatorias a otros Estados, cuando en ellas se impongan penas o medidas privativas de libertad, debiendo asimismo ejecutar aquéllas que del mismo modo les hayan sido transmitidas. Esto significa que cualquier Estado puede actuar como Estado de "emisión/transmisión" o de "ejecución" de sentencias condenatorias.

Conforme a la normativa que se deja expuesta, los Jueces de Vigilancia Penitenciaria son autoridades judiciales competentes para transmitir a otros Estados miembros de la Unión Europea una resolución dictada por jueces o tribunales españoles, por la que se imponga una pena o medida privativa de libertad. De otro lado, es autoridad competente para reconocer y acordar la ejecución en España de una resolución dictada por tribunales de esos Estados, en la que se impone una pena o medida privativa de libertad, el Juez Central de lo Penal; siendo competente para llevar a cabo la ejecución de esa pena o medida el Juez Central de Vigilancia Penitenciaria.

En el desenvolvimiento práctico de estos mecanismos de cooperación pueden darse situaciones que supongan una limitación a lo resuelto por los distintos tribunales, y por consiguiente a su jurisdicción. Así en el artículo 8 de la citada Decisión Marco 2008/909/JAI, se contempla la posibilidad de que el Estado de ejecución tome la decisión de adaptar la duración de la condena cuando ésta supere la pena máxima contemplada en su legislación nacional para delitos del mismo tipo. Del mismo modo, cuando la condena, por su naturaleza, sea incompatible con la legislación del Estado de ejecución, la autoridad competente de éste podrá adaptarla a la pena o medida contemplada en su legislación para delitos similares. En este mismo orden cosas, el artículo 10 de la Decisión Marco contempla la posibilidad del reconocimiento y ejecución parciales.

Otra limitación a la jurisdicción de cada Estado se deriva de lo previsto en el artículo 17 de la Decisión Marco, que establece que la ejecución de una condena se regirá por la legislación del Estado de ejecución. Las autoridades del Estado de ejecución serán las únicas competentes para determinar el procedimiento de ejecución y todas las medidas conexas, incluidos los motivos de concesión de libertad anticipada o condicional. Aunque en el art. 19 se prevé que podrán conceder amnistía o indulto tanto el Estado de emisión como el Estado de ejecución.

De forma consecuente con lo anterior, cuando España sea Estado de ejecución, el art. 86 de la Ley 23/2014 establece que el Juez Central de Vigilancia Penitenciaria deberá ejecutar la resolución condenatoria de acuerdo con lo dispuesto en el ordenamiento jurídico español, siendo este Juez la única autoridad competente para determinar el procedimiento de ejecución y las medidas conexas a adoptar, incluida la eventual concesión de la libertad condicional. No obstante, si la autoridad de emisión informara de la fecha en virtud de la cual el condenado tendría derecho a disfrutar de la libertad condicional con arreglo a su ordenamiento jurídico, el Juez Central de Vigilancia Penitenciaria podrá tenerla en cuenta.

5. ÁMBITO COMPETENCIAL DEL JUEZ DE VIGILANCIA PENITENCIARIA

Entre los distintos tratadistas del Derecho Procesal, a la hora de estudiar la competencia de los órganos jurisdiccionales, suele ser clásica la distinción entre competencia territorial, objetiva, y funcional.

La competencia territorial está referida al territorio o ámbito geográfico en el que el órgano (en este caso el JVP) ejerce su jurisdicción.

La objetiva está referida al conjunto de materias o asuntos que le atribuye la ley, sobre los que ejerce su jurisdicción.

La competencia funcional establece el órgano llamado a conocer del asunto en las distintas o sucesivas fases del proceso, una vez que se ha determinado la competencia objetiva y la territorial.

5.1. Competencia territorial

En el año 1981, cuando comenzaron a funcionar los Juzgados de Vigilancia, fue el Consejo General del Poder Judicial quien, en principio, determinó la competencia territorial de estos Juzgados a través de una serie de acuerdos por los que se dispuso que los entonces Juzgados de Peligrosidad y Rehabilitación Social pasaran a asumir las funciones de vigilancia penitenciaria, y se atribuyeron también estas funciones a determinados miembros de la Carrera Judicial destinados en otros órganos de la jurisdicción penal.

Sin embargo, la atribución definitiva de la competencia territorial de los Juzgados de Vigilancia Penitenciaria se establece en la Ley

Orgánica del Poder Judicial, en cuyos artículos 94 y 95 se dispone que estos Juzgados extenderán su jurisdicción al ámbito de la provincia respectiva, aunque también pueden extenderla a dos o más provincias de una Comunidad Autónoma, estableciéndose su número atendiendo principalmente a los centros penitenciarios existentes y a la clase de éstos; excepción hecha de los Juzgados Centrales de Vigilancia, que podrán existir uno o varios con sede en Madrid y jurisdicción en toda España.

Estas disposiciones de la Ley Orgánica del Poder Judicial se completan con las de la Ley 38/1988, de 28 de diciembre, de Demarcación y Planta Judicial, en cuyos artículos 3, 18, y Anexo X se establece la planta, y territorio en el que extienden su jurisdicción los distintos Juzgados de Vigilancia Penitenciaria, desempeñados por los miembros de la Carrera Judicial en régimen de exclusividad de funciones, o compatibilizándolas con las del orden jurisdiccional penal.

Para determinar la competencia territorial; esto es, a qué órgano jurisdiccional de una concreta demarcación judicial corresponde un asunto, se emplean una serie de criterios de distribución de la competencia territorial que tradicionalmente vienen denominándose como fueros.

En el orden jurisdiccional civil se pueden distinguir unos fueros legales y otros convencionales, al caber la sumisión expresa y tácita, regulándose estos fueros en los artículos 50 a 60 de la Ley de Enjuiciamiento Civil, estableciéndose como fuero general el del domicilio del demandado, y otra serie de fueros especiales en relación con el lugar de la cosa, o el del cumplimiento de la obligación.

En el orden jurisdiccional contencioso-administrativo, la competencia territorial se regula en el artículo 14 de la Ley 29/1998, de 13 de julio, Reguladora de la Jurisdicción Contencioso-Administrativa, que establece como fuero general el de la sede del órgano administrativo que hubiera dictado la disposición o el acto originario impugnado.

En el orden social, la competencia territorial de los distintos órganos de esta jurisdicción se contempla en los artículos 10 y 11 de la Ley 36/2011, de 10 de 0ctubre, reguladora de la jurisdicción social, estableciéndose que con carácter general será juzgado competente el del lugar de prestación de los servicios o el domicilio del demandado, a elección del demandante.

En el orden jurisdiccional penal, los fueros reguladores de la competencia se contemplan en el artículo 14 de la Ley de Enjuiciamiento Criminal, que fija como fuero general el del lugar de la comisión de la infracción penal, estableciéndose unos fueros especiales en el artículo 15 de dicha Ley para el caso de que no conste el lugar de la comisión de la infracción.

5.1.1. Fuero general

En materia de vigilancia penitenciaria, pese a que la función que desarrollan estos Juzgados, y las materias sobre las que ejercen su competencia objetiva son en gran medida las relativas a la ejecución de las penas de los tribunales sentenciadores –y por tanto puede considerarse una prolongación de la actividad desarrollada por éstos– sin embargo, a la hora de establecer el fuero de su competencia territorial el legislador no ha establecido su competencia en función del territorio de estos tribunales sentenciadores.

Recordemos que según vimos al tratar sobre la naturaleza de los Jueces de Vigilancia, éstos desarrollan dos funciones: Una función de ejecución de la pena, y otra función de vigilancia de los derechos de los internos y control de la Administración Penitenciaria.

El legislador a la hora de establecer el criterio de distribución de la competencia territorial podía haber optado por otorgar prevalencia a la función de ejecución, de tal modo que en este caso lo lógico sería organizar la planta y demarcación de estos Juzgados atendiendo a la ubicación de los distintos tribunales sentenciadores. Sin embargo, este criterio solo puede apreciarse en la relación que existe entre el Juzgado Central de Vigilancia Penitenciaria y la Audiencia Nacional.

Por el contrario, creemos que el legislador ha elegido, para establecer la competencia territorial, la función de vigilancia y control, por eso esta competencia del Juez de Vigilancia está referida al lugar de los establecimientos penitenciarios.

Existe por consiguiente, un criterio o fuero general de competencia territorial en virtud del cual, es Juez de Vigilancia Penitenciaria territorialmente competente el del lugar del establecimiento penitenciario, con independencia de cuál sea el domicilio de los internos, o la sede del tribunal que los haya condenado.

No obstante, este criterio de determinación de la competencia territorial tiene –como hemos visto– una excepción, de tal manera que no se atiende a la ubicación territorial de los centros penitenciarios, sino al tribunal sentenciador, cual es el caso del Juzgado Central de Vigilancia creado con la finalidad de conseguir una homogeneidad en la ejecución de las penas impuestas por los órganos de la Audiencia Nacional.

El atender a la función de ejecución o a la de vigilancia, como criterio para establecer la competencia territorial, tiene sus pros y sus contras según sea la opción que elijamos.

Si nos centramos en la función de ejecución, entonces se tendría que atender a la sede o lugar de situación de los tribunales sentenciadores. De este modo, el Juez de Vigilancia conocería de la ejecución de todas las penas dictadas por los tribunales de una determinada provincia, o demarcación territorial superior (varias dos o más provincias de una misma Comunidad Autónoma), o inferior (uno o varios partidos judiciales de una misma provincia.)

En este caso, el Juez de Vigilancia extendería su competencia sobre todos los asuntos relativos a los presos y penados por los tribunales de su demarcación, con independencia del lugar de la sede de los distintos establecimientos penitenciarios en los que se encontraran internados. Esto daría seguridad y certeza en las relaciones jurídicas, en el sentido de que todos los órganos intervinientes serían los de una misma demarcación territorial.

Por el contrario, si atendemos a la función de vigilancia y control entonces la competencia vendría determinada por la sede del establecimiento penitenciario, de tal manera que el Juez de Vigilancia extenderá su jurisdicción sobre todos los internos que se hallen recluidos en los establecimientos penitenciarios existentes en su demarcación territorial, con independencia del juez o tribunal que haya ordenado su reclusión en ellos. Esto tiene el inconveniente de que la sujeción de los internos a la competencia territorial de un determinado Juez de Vigilancia puede ser alterada por la Administración Penitenciaria, al ordenar los traslados de aquéllos.

Lo mismo que la actividad del Juez de Vigilancia Penitenciaria se manifiesta en esas dos funciones que hemos venido exponiendo: ejecución y vigilancia, la labor que desarrolla la Administración

Penitenciaria, haciendo una simplificación conceptual, podemos reducirla a dos grupos de actividades: tratamiento y régimen.

La función de ejecución de penas que desarrolla el Juez de Vigilancia incide en la actividad penitenciaria de tratamiento, y la función jurisdiccional de vigilancia y control incide en la actividad penitenciaria de régimen.

Teniendo en cuenta este paralelismo, desde un punto de vista práctico, y respetuoso con los derechos de los internos, entendemos que ha sido un acierto y que resulta más eficaz para el funcionamiento de los distintos establecimientos penitenciarios, atribuir la competencia territorial de la forma prevista en la Ley Orgánica del Poder Judicial y en la Ley de Demarcación y Planta Judicial, pues la intervención de distintos Jueces sobre la actividad tratamental de la Administración Penitenciaria no causa distorsión en el funcionamiento del sistema, toda vez que cada recluso tiene su propia condena y tratamiento distintos de los demás[402].

Inversamente, sería catastrófico para el sistema si el criterio de atribución de la competencia territorial del Juez de Vigilancia tomara como referencia el del lugar de la sede de los tribunales sentenciadores cuyas penas ejecuta, pues al estar los internos de cualquier centro penitenciario condenados por distintos tribunales, no necesariamente de la provincia en que radique el centro, sino de cualquier parte del territorio nacional, eso daría lugar a que sobre un mismo centro incidieran en materias propias del régimen penitenciario diversos Jueces, de tal manera que se podrían producir resoluciones contradictorias en esta materia, dando lugar al colapso en el funcionamiento de los establecimientos penitenciarios, pues lo que pudiera entenderse como correcto o adecuado en el desarrollo del régimen de vida, organización y disciplina, para un Juez, podría entenderse inadecuado para otro, de tal modo que resultaría ingobernable un centro en el que no se pudiera aplicar a todos los internos un régimen uniforme de vida. El tratamiento es individual, pero el régimen debe ser igual para todos los internos clasificados en el mismo grado.

Otro dato a tener en cuenta, en este aspecto de la competencia territorial, es que este fuero del lugar de la ubicación del centro peni-

---

[402] Conforme a lo dispuesto en el art. 62.c) de la Ley Orgánica General Penitenciaria, el tratamiento será individualizado.

tenciario solo guarda relación con la competencia objetiva, pero no con la funcional.

En otras jurisdicciones, y así concretamente en la penal, en la que legalmente se enmarca la jurisdicción de vigilancia penitenciaria, existe una estrecha conexión entre la competencia territorial (lugar de comisión del delito), la competencia objetiva (según se trate de instruir o fallar, y de delito o falta –ahora delito leve–, Juez de Paz, de Instrucción, Audiencia Provincial, o tribunal del jurado del lugar de comisión), y la competencia funcional (superior jerárquico de la demarcación territorial en la que radiquen los jueces o tribunales antes citados).

Sin embargo, en la jurisdicción de vigilancia penitenciaria, y este es un motivo o argumento más para defender que nos encontramos ante una jurisdicción especializada, eso no ocurre así. La ligazón o conexión solo se produce entre la competencia objetiva y la territorial. La competencia funcional no guarda necesariamente relación con la sede territorial, ni del Juzgado de Vigilancia ni del establecimiento penitenciario en que se encuentre recluido el interno.

Esto es, como hemos expuesto, una consecuencia derivada del diverso juego, o mejor dicho de la coordinación y combinación de las dos funciones que realiza la jurisdicción de vigilancia penitenciaria –ejecución de las sentencias penales por un lado, y vigilancia de los derechos de los internos que implica el control sobre la Administración Penitenciaria– que, a su vez, guarda relación respectivamente con las actividades tratamentales y regimentales que se desarrollan en los establecimientos penitenciarios.

En definitiva, territorialmente es competente el Juez de Vigilancia de la demarcación en la que se ubique el establecimiento penitenciario. Este Juez despliega toda su competencia objetiva, esto es el conocimiento sobre todas las materias que le vienen atribuidas que pertenecen a esa doble función que desempeña (ejecución, y vigilancia) sobre todos los internos de los centros de su demarcación (salvo los ingresados por orden de los órganos centrales de la Audiencia Nacional, que corresponden al Juzgado Central de Vigilancia), ya se trate de actividades propias del tratamiento o del régimen penitenciario.

Pero a la hora de establecer la competencia funcional, para determinar a qué órgano le corresponde el conocimiento de la siguiente fase del proceso, esto es la segunda instancia en los supuestos de apelación, el criterio ya no lo marca únicamente el territorio, sino que se ha de distinguir si nos encontramos ante una materia propia de ejecución penal y consecuente tratamiento puesto al penado para su reinserción social[403], o si por el contrario la materia corresponde al régimen penitenciario[404] y, por consiguiente, más estrechamente ligada a la función de vigilancia y control.

En el primer caso, no rige ningún criterio territorial, sino que la competencia funcional se atribuye al tribunal sentenciador, con independencia de cuál sea el territorio de su sede[405]. En el segundo caso, rige el criterio de atribuir la competencia al órgano superior jerárquico de la demarcación territorial de la sede del establecimiento penitenciario[406].

Sobre esta cuestión volveremos más adelante al tratar sobre la competencia funcional.

5.1.2. Fueros especiales

Como hemos señalado, tanto la Ley Orgánica del Poder Judicial, como la Ley de Demarcación y Planta determinan la competencia territorial en atención al lugar donde radiquen los establecimientos penitenciarios, de tal modo que, como regla general, el Juez de Vigilancia Penitenciaria ejerce sus competencias –ya sean las relativas a su función de ejecución como a la vigilancia– sobre todos los internos que se hallen en los centros penitenciarios de su demarcación territorial y controla la legalidad de la actuación de tales centros, conociendo de los recursos y quejas contra los acuerdos y actos de los mismos.

Pero la aplicación con carácter general de este único criterio marcado por la ley, no resulta adecuado para resolver todas las cuestiones

---

403 Recuérdese que conforme al art. 25.2 CE, las penas privativas de libertad están orientadas hacia la reeducación y reinserción social de los penados.

404 Según el art. 73.1 del RP: «Por régimen penitenciario se entiende el conjunto de normas o medidas que persiguen la consecución de una convivencia ordenada y pacífica que permita alcanzar el ambiente adecuado para el éxito del tratamiento y la retención y custodia de los reclusos.»

405 *Vid.* apartado 2º de la Disposición Adicional 5ª de la LOPJ.

406 *Vid.* apartado 3º de la Disposición Adicional 5ª de la LOPJ.

que se presentan en la práctica. Por eso, ante la falta de una norma procesal sobre la materia, a través del usus fori y de las distintas Reuniones de los Jueces de Vigilancia se han ido estableciendo una serie de excepciones a la regla general, a modo de fueros especiales, para dar respuesta a los distintos problemas que le han ido surgiendo a estos Jueces en el ejercicio de su actividad.

Estos fueros especiales, son los siguientes:

A) Recursos en materia disciplinaria

Conforme al criterio general, la competencia corresponde al Juez de Vigilancia del establecimiento penitenciario en donde se encuentre el penado recurrente.

Pero puede ocurrir que, después de que se haya dictado el acuerdo sancionador, interno sea trasladado de centro y al presentar el correspondiente recurso de alzada, ya no se encuentre en aquél cuya Comisión Disciplinaria dictó el acuerdo recurrido. Es más, también puede suceder que desde que se le notifique al interno la resolución en el centro de origen, hasta llegar al centro de destino, pase durante su conducción a este centro por otros intermedios, coincidiendo parte del periodo de tiempo de la conducción con el plazo para recurrir la resolución.

En todos estos casos, para evitar que los internos puedan elegir Juez en función del lugar del centro en que se encuentren en el momento de formular el recurso, o provocar la competencia de todos los Jueces de los centros de paso interponiendo recurso ante todos ellos, en la práctica se ha impuesto el criterio de que es competente para conocer de los denominados recursos de alzada el Juez del establecimiento penitenciario cuya Comisión Disciplinaria adoptó el acuerdo sancionador, con independencia del lugar en donde se encuentre el interno en el momento de recurrir la sanción. (Excepción hecha de lo relativo al cumplimiento de la sanción de aislamiento por más de catorce días, como veremos más adelante.)

Este fuero especial, aplicable también a supuestos similares en los que se recurra el acuerdo adoptado por alguno de los órganos de los establecimientos penitenciarios, aparece reflejado en el apartado nº 1 del Criterio nº 16 bis, conforme a la última redacción vigente, que establece que: «La competencia para conocer de los recursos contra los acuerdos dictados por un centro penitenciario corresponde el JVP que ejerce su jurisdicción sobre dicho centro.»

B) Recursos en materia de clasificación penitenciaria

Del mismo modo, y por los mismos motivos anteriormente expuestos, se reputa competente para conocer de los recursos contra los acuerdos sobre clasificación penitenciaria dictados por el Centro Directivo[407], al Juez del establecimiento penitenciario cuya Junta de Tratamiento formuló la correspondiente propuesta de clasificación que sirvió de base al acuerdo recurrido.

Sin embargo, esta no ha sido una cuestión pacífica entre los Jueces de Vigilancia, habiéndose planteado diversas cuestiones de competencia entre ellos, que han sido resueltas por Autos de la Sala de lo Penal del Tribunal Supremo de fecha 19 de julio de 2002, 27 de enero de 2006, y el más reciente de 16 de marzo de 2007, recaído en el recurso 20574/2006.

Un sector muy minoritario de los Jueces de Vigilancia, representado esencialmente por el Juez de Vigilancia Penitenciaria nº 2 de Castilla la Mancha con sede en Ocaña y por el de Ceuta, venía entendiendo que la competencia corresponde al Juez del Centro en donde se encuentre el interno recurrente. El Tribunal Supremo, por medio de los mencionados Autos dio la razón a tal sector minoritario de Jueces argumentando que ello es así "porque el interno recurre una decisión sobre su clasificación adoptada por la Dirección General de Instituciones Penitenciarias, que producirá sus efectos en el Centro Penitenciario donde se encuentre recluido, con independencia de cuál hubiese sido el Centro en el que se elaboró la propuesta de clasificación." Y sigue diciendo el Tribunal Supremo, en el último de los Autos mencionados que "Los Juzgados de Vigilancia ejercen su jurisdicción en las materias a que se refiere la Ley General Penitenciaria sobre los Centros Penitenciarios de su demarcación territorial (arts. 76 y 78) por ello lo que determina la competencia para conocer de las decisiones administrativas de éstos, es el territorio en el que radiquen los Centros en los que se encuentran los internos recurrentes, sin perjuicio de las facultades que corresponden a los órganos jurisdiccionales en relación con los traslados, en el caso de que se aprecie una indebida utilización de los mismos."

[407] Actualmente es Centro Directivo competente para resolver sobre la clasificación de los penados la Subdirección General de Tratamiento y Gestión Penitenciaria, de la Secretaría General de Instituciones Penitenciarias, conforme a lo dispuesto en el Real Decreto 400/2012, de 17 de febrero, por el que se desarrolla la estructura orgánica del Ministerio del Interior.

Estaríamos de acuerdo con esta solución si, tras su clasificación el interno no fuese cambiado de centro, si el recurso no se formulara durante el periodo de tránsito sino una vez llegado al centro de destino, o si los traslados de los internos dependieran del Juez de Vigilancia o éste pudiera realizar un control más eficaz sobre los mismos[408].

Por eso, como este criterio muy minoritario, respaldado por la jurisprudencia del Tribunal Supremo, que lo que hace es aplicar a esta materia el que hemos denominado como fuero común o general de la vigilancia penitenciaria, no resuelve los problemas que se pueden producir en la práctica, y crea inseguridad jurídica ya que al juez lo puede elegir el interno, en función de las prisiones por las que sea trasladado, es por lo que los Jueces de Vigilancia, aún en contra de lo resuelto por el mencionado Auto de 16 de marzo de 2007 del Tribunal Supremo, adoptaron por unanimidad en su Reunión de octubre de 2007 –sin que en esta ocasión existiera discrepancia entre ellos– el Acuerdo de introducir un apartado nº 2 en el Criterio nº 16 bis, con la siguiente redacción: «Conforme homogéneamente se ha venido considerando desde la creación de los JVP, corresponde conocer de los recursos formulados por los internos o por el Ministerio Fiscal contra los acuerdos de clasificación al JVP que ejerce sus funciones en relación al centro penitenciario cuya Junta de Tratamiento elevó la correspondiente propuesta o, en su caso, tomó el acuerdo, y ello para evitar convertir al JVP en un fuero electivo, en función del lugar donde se encuentre el interno en cada momento, vulnerándose así el derecho al Juez natural predeterminado por la ley»[409].

---

408 El Tribunal de Conflictos de Jurisdicción viene manteniendo como doctrina constante y reiterada que "existe ya una consolidada línea jurisprudencial de este Tribunal de Conflictos en la que sin vacilación alguna se viene sosteniendo que la decisión para el inicial destino de un penado así como para decidir el traslado de un centro penitenciario a otro es competencia de la Administración del Ramo, y el Juez de Vigilancia carece de jurisdicción para enjuiciar esa decisión que, en todo caso, podría residenciarse en cuanto a su impugnación ante la jurisdicción Contencioso Administrativa." Sentencia del Tribunal de Conflictos de Jurisdicción nº 7/2007 de 27-6 recaída en el conflicto nº 1/2007; y Sentencia del mismo Tribunal nº 11/2007 de 7-11 recaída en el conflicto nº 6/2007.

409 Pese a los inconvenientes puestos de manifiesto por los Jueces de Vigilancia, el Tribunal Supremo, por medio de su ATS nº 6759/2011, de 16-6, ha reiterado el principio ya sentado por otras resoluciones (AATS de 19.07.2002, 27.01.2006, 01.03. 2007, 16.03.2007, 03.10.2008, 27.02.2009 y 08.07. 2010) de que en los supuestos de recurso contra la clasificación de un penado, aun cuando el acuerdo tome por base

Evidentemente este Criterio tiene la ventaja de evitar que la resolución sobre tales materias se convierta en un fuero electivo según la conveniencia de los internos, o provocado por la Administración cuando ésta decida el traslado de aquéllos.

Pero también tiene el inconveniente de que, como cuando se produce el traslado de un interno también se trasladan sus expedientes personales[410], suele ocurrir que al pedirse por el Juzgado la correspondiente información al centro penitenciario, solicitando copia del expediente y de la documentación pertinente, el centro responde diciendo que no puede suministrar la información solicitada toda vez que la documentación relativa al interno recurrente se encuentra en el nuevo centro al que éste ha sido destinado. Lo que provoca dilaciones y entorpecimientos en la tramitación de estos recursos.

Para evitar estos problemas, es por lo que en la Reunión de Jueces de Vigilancia del año 2005, se aprobó por unanimidad el Criterio-Acuerdo nº 103 por el que: «Se requiere a la Administración penitenciaria para que, cuando el JVP haya solicitado informes a un Centro penitenciario de un interno que ha sido trasladado a otro Centro, el Centro que reciba la solicitud debe remitirla sin dilación al Centro de destino para que éste la cumplimente.»

Finalmente el Tribunal Supremo ha cambiado su anterior doctrina y en el Pleno no jurisdiccional de la Sala Segunda de 8 de julio de 2015 acordó que: "La competencia para conocer de los recursos interpuestos contra las resoluciones administrativas relativas a la clasificación de los penados que implican cambio de destino, corresponde al Juzgado de Vigilancia Penitenciaria del territorio en que radica el Centro Penitenciario que realizó la propuesta".

Este nuevo criterio que se ha plasmado en el Auto de la Sala Segunda del Tribunal Supremo de 9 de julio de 2015 (rec. 20289/2015), que resuelve una cuestión de competencia entre el Juzgado de Vigilancia

---

la propuesta de un Centro Penitenciario, se trata de una decisión adoptada por la Dirección General de Instituciones Penitenciaria que produciría consecuencias efectivas en el Centro Penitenciario donde se encuentre recluido y ello es lo que determina que la competencia para conocer de los recursos contra decisiones administrativas de éstos, es la el territorio en el que radiquen los Centros en los que se encuentren los internos recurrentes, sin perjuicio de las facultades que corresponden a los órganos jurisdiccionales en relación con el control de los traslados de los internos.

[410] *Vid.* art. 38.2 del RP.

Penitenciaria n.° 4 de Madrid y el Juzgado de Vigilancia Penitenciaria de Castellón.

C) Quejas relacionadas con el transporte de enseres y objetos personales, con ocasión del traslado de los internos

Dispone el artículo 318.1 del Reglamento Penitenciario que: «Todo interno que sea trasladado a otro Establecimiento penitenciario tendrá derecho a que la Administración penitenciaria realice el traslado de sus pertenencias personales por un peso que nunca podrá ser superior a los 25 kilogramos, siendo con cargo al interno el traslado de todo aquel material que exceda del peso indicado.»

Suelen ser relativamente frecuentes las quejas de los internos por pérdida o deterioro de sus pertenencias durante el traslado, o por no haberse recibido en el centro de destino algunos de los objetos que quedaron en el centro de procedencia, o para reclamar que, en lugar de que se cargue en su cuenta de peculio el importe del transporte, sea la Administración la corra con dicho gasto.

Conforme al fuero general, derivado del contenido de los artículos dedicados en la Ley Orgánica del Poder Judicial y en la Ley de Demarcación y Planta Judicial al Juez de Vigilancia, la competencia para conocer sobre este tipo de quejas correspondería al Juez del centro de destino, o al del centro en el que se encontrase el interno en el momento de formular la queja.

Sin embargo, por motivos similares a los que sirven de fundamento a los anteriores fueros especiales, ha terminado por imponerse el criterio de que debe reputarse Juez territorialmente competente para conocer de tales quejas el del lugar del centro de procedencia. Así fue aprobado por unanimidad en el Criterio n° 11, de los aprobados por los Jueces de Vigilancia en sus reuniones celebradas entre 1981 y 2007, y que se sigue observando actualmente en la práctica.

Teniendo en cuenta que el interno puede ser trasladado sucesivamente a diversos centros durante su conducción, antes de llegar al centro de destino, si se aplicara el fuero general antes expuesto de atribuir la competencia al Juez del centro en que el interno se encontrase en el momento de formular la queja, entonces quedaría a voluntad del interno elegir el Juez, y además se posibilitaría que el interno pudiera formular tantas quejas, ante tantos Jueces y por un mismo hecho, cuantos fueren los centros por los que sucesivamente fuese pasando.

Pero además de lo anterior, como quiera que en la práctica es el centro penitenciario de origen el que asume la obligación de trasladar las pertenencias del interno al centro de destino, es el que debe asumir las consecuencias derivadas de los fallos o incidencias de este servicio. Máxime si además es el que contrata con un tercero el trasporte de las pertenencias, pues en este caso como consecuencia de ese contrato es el que resulta legitimado para reclamar contra el transportista la indemnización que corresponda, que habrá de ser entregada al interno perjudicado.

Del mismo modo, como es el centro de procedencia el que ordena cargar en la cuenta de peculio del interno el coste del transporte de los enseres de éste, las quejas dirigidas a la devolución de dicho importe, y por ende en solicitud de que sea la Administración quien corra con ese gasto, deben dirigirse al Juez de Vigilancia del establecimiento de procedencia, para evitar el contrasentido de que un centro cobrara al interno los gastos del transporte, y fuera la Junta Económico-Administrativa de otro centro distinto la que se viera obligada a reintegrar el importe al interno en caso de que prosperase su reclamación.

D) Incidente de suspensión de ejecución de la pena, en el supuesto previsto en el artículo 60 del Código Penal

Según este artículo, cuando, después de pronunciada sentencia firme, se aprecie en el penado una situación duradera de trastorno mental grave que le impida conocer el sentido de la pena, el Juez de Vigilancia suspenderá su ejecución pudiendo adoptar una serie de medidas.

Para la tramitación y resolución de este incidente, se sigue el criterio general de que corresponde la competencia territorial al Juez del centro en que se encuentre cumpliendo condena el devenido enfermo.

Pero sin embargo, este criterio general no sirve para determinar la competencia en el caso de que el penado aún no hubiese ingresado en ningún centro para cumplir la pena.

Es por ello por lo que se ha adoptado el criterio, que constituye fuero especial para este caso, de que cuando se dé esta situación la competencia territorial debe ser atribuida al Juez de Vigilancia del territorio del tribunal sentenciador. Así se acordó en las Conclusiones de la XVIII Reunión de Magistrados de Vigilancia Penitenciaria celebrada durante los días 2, 3, y 4 de junio de 2009 en las Palmas de Gran

Canaria, que dio nueva redacción al Criterio nº 147 de los Criterios Refundidos de Actuación aprobados hasta la fecha.

No obstante lo anterior, en el citado Criterio sólo se contempla el supuesto de que el trastorno mental grave sobrevenga tras pronunciar una condena a una pena privativa de libertad, pero ni en dicho Criterio, ni en ningún otro, se contempla el caso, también previsto en el artículo 60 del Código Penal, de que la pena impuesta fuese de distinta naturaleza, y que por consiguiente no llevara aparejada el internamiento en ningún establecimiento penitenciario.

En este caso, entendemos, en consonancia con el anterior supuesto de pena privativa de libertad en la que no se haya producido el internamiento, que la competencia debe atribuirse también al Juez de Vigilancia del territorio del tribunal sentenciador.

Eso tiene sus ventajas y sus inconvenientes, pues quizás resulte mejor atribuir la competencia territorial al Juez de Vigilancia Penitenciaria del domicilio o residencia del penado, como sucede por ejemplo en la ejecución de la pena de Trabajos en Beneficio de la Comunidad. Aunque en realidad, bien examinada la cuestión, la competencia territorial no viene determinada por el lugar de la residencia del penado, sino por la sede de los Servicios Sociales Penitenciarios, aunque éstos sean, a fin de cuentas, los de la residencia del penado.

E) Control de la ejecución de la pena de trabajos en beneficio de la comunidad

Corresponde el control de la ejecución de esta pena al Juez de Vigilancia Penitenciaria de la demarcación territorial de la residencia del penado, puesto que es a este Juez al que los servicios de gestión de penas y medidas alternativas del lugar donde el penado tenga fijada su residencia, han de remitirle el correspondiente plan de ejecución e informarle de todas las incidencias hasta su completa ejecución; toda vez que son a tales servicios de residencia del penado a los que se atribuye la competencia para la elaboración de dicho plan y para realizar las actuaciones necesarias para hacer efectivo el cumplimiento de la pena, a tenor de lo previsto en el artículo 3 del Real Decreto 840/2011 de 17 de junio[411].

---

[411] Dispone este art. 3 del R.D. 840/2011 que: «Recibida la resolución o mandamiento judicial que determine las condiciones de cumplimiento de la pena de traba-

Esto nos lleva a reflexionar sobre cómo la competencia territorial de los Jueces de Vigilancia en lugar de tener una sólida regulación legal, es decir que sea una disposición con rango de ley quien la determine e imprima seguridad jurídica dado el nivel de la norma que la establece, depende en muchos casos de normas de rango inferior, y está expuesta a sufrir modificaciones por distintos actos o disposiciones de la Administración. Así por ejemplo, basta con que la Administración Penitenciaria decida trasladar a un interno de un centro a otro para que cambie la competencia territorial del Juez de Vigilancia que conozca de sus asuntos. Del mismo modo, al dictar las disposiciones reglamentarias sobre la ejecución de algunas penas y medidas de seguridad, es el Poder Ejecutivo, en lugar del Legislativo, quien determina la competencia territorial de estos Jueces, al señalar que son los servicios de gestión de penas y medidas alternativas del lugar de residencia del penado o del sujeto a la medida de seguridad los competentes para elaborar los planes de ejecución correspondientes, cuando también se podía haber dispuesto que fueren los del territorio de la sede del tribunal sentenciador.

En cualquier caso, entendemos que en estos asuntos, en los que se ha de elaborar previamente un plan de ejecución de la pena o medida, que implica entrevistas anteriores con el interesado, con su familia, y un conocimiento de su entorno, lo más acertado, por razones de proximidad, es atribuir la competencia territorial en atención a la residencia del penado o sujeto a la medida de seguridad respectiva que no implique el internamiento en ningún centro.

F) Control de la medida de seguridad consistente en la libertad vigilada subsiguiente al cumplimiento de una pena privativa de libertad[412]

Ante la orfandad normativa en que tiene el Legislador a esta jurisdicción de vigilancia, al no haber aprobado aún una ley procesal que regule los cauces procedimentales para el adecuado ejercicio de sus

---

jos en beneficio de la comunidad, así como los particulares necesarios, los servicios de gestión de penas y medidas alternativas del lugar donde el penado tenga fijada su residencia realizarán las actuaciones necesarias para hacer efectivo el cumplimiento de la pena.»

[412] Este tipo de medida de seguridad fue introducido en el Código Penal por la Ley Orgánica 5/2010, de 22 de junio, que modificó a tal efecto los artículos 96.3, 98, 105, y 106 de dicho Código.

competencias, los Magistrados de Vigilancia Penitenciaria en su XX Reunión celebrada durante los días 30, 31 de mayo, y 1 de junio de 2011, en el Puerto de la Cruz (Tenerife) establecieron la conclusión de que para el control y seguimiento de la ejecución de esta medida de seguridad debe considerarse territorialmente competente al Juez de Vigilancia del lugar de residencia del individuo sujeto a la misma.

Este criterio es el que nos resulta más acertado, por razones de proximidad, para el adecuado control de la medida, teniendo en cuenta que esta libertad vigilada consistirá en el sometimiento del condenado a control judicial, a través del cumplimiento de las medidas señaladas en el artículo 106.1 del Código Penal.

G) Modificación o ampliación de refundición de condenas, tras la revocación de la libertad condicional

Tanto para la refundición como para su posterior modificación o ampliación, se sigue el criterio o fuero general de que la competencia territorial corresponde al Juez de Vigilancia que ejerza su jurisdicción sobre el centro en el que se encuentre el penado interesado.

Sin embargo, –y esta es la excepción que justifica un fuero especial– como se ha venido considerando que el Juez de Vigilancia competente para acordar la suspensión, modificación, ampliación o revocación de la libertad condicional es el mismo que dictó la resolución aprobando dicho beneficio, los Jueces de Vigilancia han asumido el criterio generalizado de que, con independencia del centro en que se encuentre el interno, el nuevo proyecto de ampliación de la inicial refundición de condenas, en el que se incluyan nuevas causas por hechos anteriores a la libertad condicional concedida, se debe remitir para su aprobación, y así extender a tales causas refundidas el beneficio de la libertad condicional, al mismo Juez de Vigilancia que concedió ésta libertad en su día.

H) Redenciones ordinarias y extraordinarias

La redención de penas por el trabajo ha desaparecido de la regulación del vigente Código Penal de 1995.

Este beneficio penitenciario se contemplaba en el artículo 100 del anterior Código Penal de 1973, y en los artículos 65 a 73 del Reglamento de los Servicios de Prisiones, aprobado por Decreto de 2 de febrero de 1956.

Pese haber desaparecido de su regulación, el nuevo Código Penal prevé en sus Disposiciones Transitorias que los penados conforme al Código anterior, y respecto de los que no proceda la revisión de sus sentencias, puedan seguir redimiendo pena[413].

En estos casos –de los que actualmente quedan todavía algunos– es criterio generalizado entre los Jueces de Vigilancia, que será Juez competente, para aprobar el alta en redención y las correspondientes redenciones ordinarias y/o extraordinarias, el del lugar del centro en el que se realizaron los trabajos, estudios, o actividades que den lugar a dicho beneficio, con independencia del cual sea el centro en que se encuentre el interno en el momento de formular su queja reclamando el abono de redención.

Por el contrario, para resolver las propuestas de bajas en redención se entiende competente al Juez de Vigilancia que ejerza jurisdicción sobre el centro en que tuvo lugar el hecho que motivó la baja, con independencia de que sea o no el Juez que aprobó el alta en redención.

Se fundamenta lo anterior en el entendimiento de que, por razones de inmediación, objetividad y mejor conocimiento de los criterios de reconocimiento de redenciones extraordinarias aplicados por el centro en el que permaneció el interno durante el periodo en que reclama las redenciones, el Juez más adecuado es el que ejerza jurisdicción en dicho centro.

Por otro lado, tratándose de redenciones ordinarias, como el dictado de la correspondiente resolución implica decidir sobre los efectos o consecuencias jurídicas de determinados hechos, actos u omisiones del interno o de la Administración Penitenciaria, parece igualmente lógico que debe decidir el Juez de Vigilancia que ejerza su jurisdicción sobre el centro en que ocurrieron tales hechos, siguiendo de este modo el criterio general de la jurisdicción penal del fórum delicti commissi.

---

413 Sobre esta materia, aunque no referida a la competencia territorial, la Sala Segunda del Tribunal Supremo ha dictado la STS nº 839/2016 de 7-11, por la que fija doctrina sobre la pérdida del beneficio a redimir penas por el trabajo en caso de quebrantamiento de condena. En este sentido, establece que la regla general ha de ser la exigencia de sentencia firme de condena, pero puede dispensarse en supuestos de prescripción del delito u otra causa similar, si por los datos fácticos obrantes en la causa puede razonablemente constatarse la existencia del quebrantamiento.

Con este criterio también se evitan tratos jurídicos desiguales entre internos ante supuestos de hecho idénticos ocurridos en un periodo de tiempo en el que tales internos estuvieran en el mismo centro.

Así mismo, se evita que la competencia territorial del Juez de Vigilancia quede al arbitrio del interno según le interese a éste formular la queja ante el Juez del centro anterior o ante el de su nuevo destino, o que pueda formular tantas quejas, ante tantos Jueces, cuantos sean los centros a los que sucesivamente sea destinado.

I) Aprobación de las sanciones de aislamiento en celda, por tiempo superior a catorce días

El artículo 42 de la Ley Orgánica General Penitenciaria permite que a un interno, autor de diversas infracciones disciplinarias, se le puedan imponer sanciones de aislamiento en celda cuya duración acumulada exceda de catorce días, sin rebasar los cuarenta y dos consecutivos.

Por otro lado, a tenor de lo establecido el artículo 44.3 de la citada Ley Orgánica, la interposición de recurso contra resoluciones sancionadoras suspenderán la efectividad de la sanción, salvo cuando por tratarse de un acto de indisciplina grave la corrección no pueda demorarse.

Aún dándose este último supuesto, establece el artículo 253.1 del Reglamento Penitenciario que "las sanciones de aislamiento en celda de duración superior a catorce días no serán en ningún caso ejecutivas hasta su aprobación por el Juez de Vigilancia Penitenciaria."

Pero como en tantas ocasiones suele ocurrir, pueda darse el caso de que el interno haya cometido las infracciones en un centro y posteriormente sea trasladado a otro.

Ante esta situación cabe preguntarse cuál debe ser el Juez de Vigilancia competente para aprobar ese enlace de sanciones cuya ejecución supera los catorce días de aislamiento en celda: ¿El Juez que ejerce jurisdicción sobre el centro en el que se cometieron las infracciones y cuya Comisión Disciplinaria impuso las sanciones cuya ejecución acumulada se pretende, o el Juez del centro penitenciario en el que se encuentre el interno en el momento de su ejecución?

Siguiendo el criterio general del derecho procesal penal, del fórum delicti commissi, debe entenderse que el Juez de Vigilancia competente debe ser el del lugar en donde se cometieron las infracciones que motivaron a su vez la imposición de las correspondientes sanciones por la Comisión Disciplinaria del centro penitenciario en el que estando el interno cometió tales infracciones. Fundamentalmente si tenemos en cuenta que los recursos contra tales acuerdos sancionadores corresponden también a ese Juez, y que es posible que el interno haya recurrido ante dicho Juez de Vigilancia esas sanciones cuya ejecución acumulada supera los catorce días. Aboga este mismo criterio lo dispuesto en el artículo 255 del Reglamento Penitenciario.

Conforme a este precepto, la Comisión Disciplinaria, de oficio o a propuesta de la Junta de Tratamiento, podrá acordar motivadamente la suspensión de la efectividad de las sanciones de aislamiento impuestas. Pero el apartado nº 3 de este artículo 255 R.P., dispone que "La suspensión de la efectividad de las sanciones de aislamiento que hayan sido confirmadas total o parcialmente, directamente o en vía de recurso, por el Juez de Vigilancia requerirá la autorización de éste." Se entiende del Juez que haya dictado la oportuna resolución confirmando la sanción, que puede ser distinto del Juez del centro penitenciario en que actualmente se encuentre el interno en el momento en que haya de ejecutarse la misma.

Este criterio del fórum delicti commissi, esto es, el de atribuir la competencia al Juez de Vigilancia del lugar del centro en que se cometen las infracciones, y por ende de la Comisión Disciplinaria que las sanciona, podría ser aceptable si nos hallásemos ante diversas infracciones cometidas todas ellas en un mismo centro. El problema surge cuando el aislamiento en celda superior a catorce días sea como consecuencia de la suma de varias sanciones impuestas por distintas Comisiones Disciplinarias por las faltas cometidas por el interno en otros tantos diferentes centros.

En estos casos nos encontramos con otra duda más: ¿Quién debe ser el Juez competente para aprobar el enlace de sanciones, el del centro cuya Comisión Disciplinaria dictó la primera resolución, el de la que impuso la de mayor duración, o el de la dictada en último lugar de modo similar a lo previsto en el párrafo tercero del artículo 988 de la Ley de Enjuiciamiento Criminal, que a la hora de fijar el límite de cumplimiento de las penas atribuye la competencia al juez o tribunal de la última sentencia?

Atribuir la competencia a este último Juez de Vigilancia, es decir al que ejerce su jurisdicción en el Centro penitenciario cuya Comisión

Disciplinaria haya impuesto la última sanción, que es también al que corresponde confirmar la sanción directamente o en vía de recurso, puede fundamentarse jurídicamente en lo dispuesto en el citado artículo 988 de la Ley de Enjuiciamiento Criminal[414], precepto este que, a su vez, guarda relación con lo previsto en el artículo 42.5 de la Ley Orgánica General Penitenciaria[415].

Sin embargo, este criterio, que resulta jurídicamente aceptable, no es el aprobado mayoritariamente por los Jueces de Vigilancia Penitenciaria.

La mayoría de estos Jueces, entre los que se encuentra el autor de estas líneas, entiende que, por razones prácticas, debe ser Juez de Vigilancia competente el del lugar del centro en que haya de cumplirse la sanción.

En el artículo 43 de la Ley Orgánica General Penitenciaria y artículo 254 de su Reglamento, se regula la forma en que deben cumplirse las sanciones de aislamiento. Con carácter general se establece que se cumplirán con informe previo y reconocimiento del médico del establecimiento, quien vigilará diariamente al interno mientras permanezca en esa situación, informando al Director sobre su estado de salud física y mental y, en su caso, sobre la necesidad de suspender o modificar la sanción impuesta.

Teniendo en cuenta la forma especial de ejecución de las sanciones de aislamiento, razones prácticas aconsejan atribuir la competencia al Juez de Vigilancia Penitenciaria del lugar de su cumplimiento, quien por inmediación y proximidad es el que mejor puede controlar la legalidad de su ejecución, y valorar si concurren en el interno las circunstancias que posibilitan o impiden su cumplimiento.

---

414 Este art. 988 de la LECr., establece en su párrafo tercero que: «Cuando el culpable de varias infracciones penales haya sido condenado en distintos procesos por hechos que pudieron ser objeto de uno solo, conforme a lo previsto en el artículo 17 de esta Ley, el Juez o Tribunal que hubiera dictado la última sentencia, de oficio, a instancia del Ministerio Fiscal o del condenado, procederá a fijar el límite del cumplimiento de las penas impuestas conforme a lo dispuesto en el artículo 76 del Código Penal.»

415 Dispone este art. 42.5 de la LOGP que: «Al culpable de dos o más faltas se le impondrán las sanciones correspondientes a todas ellas para su cumplimiento simultáneo si fuera posible, y, no siéndolo, se cumplirán por orden de su respectiva gravedad, pero el máximo de su cumplimiento no podrá exceder nunca del triplo del tiempo correspondiente a la más grave, ni de cuarenta y dos días consecutivos en caso de asilamiento en celda.»

5.2. Competencia objetiva

Como ya dijimos con anterioridad al comienzo de este apartado sobre el "Ambito Competencial", la competencia objetiva está referida al conjunto de materias o asuntos que la ley atribuye a un órgano judicial, sobre los que puede ejercer su jurisdicción.

Puede decirse que la competencia objetiva es el conjunto de todas las atribuciones jurídicas que se otorgan a un juez, en este caso al Juez de Vigilancia Penitenciaria; o mejor dicho aún, la facultad de tiene dicho Juez para conocer de los asuntos que la ley le ha otorgado.

La regulación de la competencia objetiva se refiere al juez o tribunal que debe conocer de un asunto en concreto, estando referido dicho conocimiento al dictado de la resolución del fondo del asunto en primera instancia.

Según el artículo 76.1 de la Ley Orgánica General Penitenciaria: «El Juez de Vigilancia tendrá atribuciones para hacer cumplir la pena impuesta, resolver los recursos referentes a las modificaciones que pueda experimentar con arreglo a lo prescrito en las Leyes y reglamentos, salvaguardar los derechos de los internos y corregir los abusos y desviaciones que en el cumplimiento de los preceptos del régimen penitenciario puedan producirse.»

Por su parte, el artículo 94.1 de la Ley Orgánica del Poder Judicial establece que los Juzgados de Vigilancia Penitenciaria «tendrán las funciones jurisdiccionales previstas en la Ley General Penitenciaria en materia de ejecución de penas privativas de libertad y medidas de seguridad, emisión y ejecución de los instrumentos de reconocimiento mutuo de resoluciones penales en la Unión Europea que les atribuya la ley, control jurisdiccional de la potestad disciplinaria de las autoridades penitenciarias, amparo de los derechos y beneficios de los internos en los establecimientos penitenciarios y demás que señale la ley.» De forma similar se regulan las competencias de los Juzgados Centrales de Vigilancia Penitenciaria, en el apartado nº 4 de este art. 94, en relación con los delitos competencia de la Audiencia Nacional[416].

---

[416] Estos apartados nº 1 y nº 4 del art. 94 LOPJ, fueron modificados por la Ley Orgánica 6/2014, de 29 de octubre, complementaria de la Ley de reconocimiento mutuo de resoluciones penales en la Unión Europea, que establece nuevas compe-

De la lectura combinada de estos dos preceptos legales (arts. 76 LOGP y 94 LOPJ), podemos decir grosso modo, en una primera toma de contacto sobre esta cuestión, que la principal atribución que tienen conferida los Jueces de Vigilancia es la de "ejecutar" las penas y medidas de seguridad. Las demás atribuciones están enfocadas a asegurar la legalidad en la ejecución, es decir, que las condenas impuestas sean ejecutadas conforme a la ley.

Antes de la aparición de la figura del Juez de Vigilancia, todo tipo de actos de ejecución de las penas estaban residenciados en el tribunal sentenciador. Por otro lado, correspondía a la jurisdicción contencioso-administrativa –a la que con carácter general se atribuye el control de la legalidad de los actos de la Administración Pública– ejercer el control, al menos teórico –porque en la práctica era casi inexistente o ineficaz–, de la ejecución administrativa de las penas para que en el ámbito penitenciario se respetaran los derechos de los internos.

Con la aparición del Juez de Vigilancia Penitenciaria, esa función de control de los actos de ejecución administrativa pasó a residenciarse en esta nueva figura jurisdiccional que vino a sustituir en esta función a los órganos de la jurisdicción contencioso-administrativa, pues como dice el artículo 76.1 de la LOGP: "El Juez de Vigilancia tendrá atribuciones para ... *salvaguardar los derechos de los internos y corregir los abusos y desviaciones que en el cumplimiento de los preceptos del régimen penitenciario puedan producirse.*"

Lo mismo que el Juez de Vigilancia Penitenciaria vino a sustituir a los órganos correspondientes de la jurisdicción contencioso-administrativa (en aquél entonces las Salas de lo Contencioso de las extintas Audiencias Territoriales), también desde un principio se pensó que los Jueces de Vigilancia vinieron a sustituir a los tribunales sentenciadores en su función de ejecución de la pena. A esta conclusión se llegaba atendiendo al tenor de lo dispuesto en el primer inciso del artículo 76.1 de la LOGP: «El Juez de Vigilancia tendrá atribuciones para *hacer cumplir la pena impuesta...*», y de lo que a continuación dice este art. 76, apartado 2, letra a), que: «Corresponde especialmente al Juez de Vigilancia adoptar todas las decisiones necesarias para que los pronunciamientos de las resoluciones en orden a la penas privati-

---

tencias de los Juzgados de Vigilancia Penitenciaria para la "*emisión y ejecución de los instrumentos de reconocimiento mutuo de resoluciones penales en la Unión Europea que les atribuya la ley.*"

vas de libertad se lleven a cabo *asumiendo las funciones que corresponderían a los Jueces y Tribunales sentenciadores.*»

Estos preceptos dieron lugar a que se interpretara que la ejecución y todo el control jurisdiccional de la misma pasaba a atribuirse a los Jueces de Vigilancia Penitenciaria, salvo algunas competencias que se entendían residuales, que aún se residenciaban en los tribunales sentenciadores, como el licenciamiento definitivo o la acumulación de penas regulada en el artículo 988 de la Ley de Enjuiciamiento Criminal, los cuales, no obstante, habían perdido el dominio sobre la ejecución de sus sentencias en materia de ejecución de penas[417]. Así lo entendieron los propios Jueces de Vigilancia, y lo dejaron plasmado en los Criterios Refundidos de Actuación aprobados durante sus primeros años de funcionamiento; y así lo entendió también la doctrina, e incluso el Tribunal Supremo[418].

Desde esta perspectiva, se podía decir que el tribunal sentenciador ejecutaba la "sentencia", que es algo mucho más amplio (piénsese que la sentencia condenatoria puede contener otros pronunciamientos además de la pena, como los relativos a la responsabilidad civil, y que incluso las sentencias absolutorias pueden llevar aparejada alguna actividad de ejecución, como puede ser la de dejar sin efecto las medidas cautelares, personales o reales, que previamente hubieran podido adoptarse[419]) y que el Juez de Vigilancia ejecutaba la "pena", en la medida en que esta ejecución, atendiendo a la finalidad constitucional de la pena (reeducación y reinserción del penado) es algo dinámico, en el sentido de que no es dar cumplimiento a una sentencia irrevocable de condena, sino abrir una nueva fase del proceso de tiende a la búsqueda de medidas alternativas a la prisión, más idóneas para la reinserción social del penado.

Como ejemplo de esta interpretación, que imperaba con carácter general sobre esta materia, podemos traer a colación lo que decía el

---

[417] *Vid.* CEZON GONZALEZ, Carlos; «Normativa procesal de los Juzgados de Vigilancia. Recursos contra las resoluciones de los Jueces de Vigilancia Penitenciaria», en *Vigilancia Penitenciaria (VIII Reunión de Jueces de Vigilancia Penitenciaria)*, CGPJ, Madrid 1996, pp. 63-102.

[418] *Víd.* STS nº 176/2001 de 5 de febrero de 2001.

[419] *Vid.* BENITEZ YEBENES, Juan Rafael; «Algunos Problemas de la Ejecución Penal desde la perspectiva de la Jurisdicción de Vigilancia Penitenciaria», en *Personalidad y capacidad jurídicas (74 contribuciones con motivo del XXV aniversario de la Facultad de Derecho de Córdoba)*; coord. por R. Casado Raigón e I. Gallego Domínguez; Servicio de Publicaciones de la Universidad de Córdoba, 2005, pp. 175-177.

magistrado D. Antonio Doñate Martín con ocasión de la VII Reunión de Jueces de Vigilancia Penitenciaria.

Para este magistrado, la naturaleza jurisdiccional del Juez de Vigilancia presenta una vertiente de ejecución penal, pues dice que el artículo 76 LOGP con carácter general, sin ambigüedad alguna, no sólo atribuye al Juez de Vigilancia el hacer cumplir la pena impuesta, sino que además determina que debe hacerlo asumiendo las funciones que corresponderían a los jueces y tribunales sentenciadores, y además le atribuye otra serie de funciones específicas en este sentido de ejecución penal en el citado artículo 76; por lo que del examen de tales atribuciones "resulta claro que han pasado a los Jueces de Vigilancia todas las competencias que tenían los Jueces y Tribunales sentenciadores en el periodo de ejecución de las penas privativas de libertad", con la única excepción del licenciamiento definitivo[420].

Esta interpretación del artículo 76 de la LOGP, considerando al Juez de Vigilancia como Juez de Ejecución de penas, asumiendo las funciones del tribunal sentenciador es la que posibilitaba salvar la antinomia existente entre el artículo 82 de la Ley Orgánica del Poder Judicial y la Disposición Adicional Quinta de esta misma Ley, sobre las competencias en materia de recursos.

Tras la promulgación de la Ley Orgánica General Penitenciaria, con el consiguiente catálogo de competencias que esta Ley atribuye al Juez de Vigilancia, apareció la Ley Orgánica del Poder Judicial en la que además de contener una referencia a las competencias o funciones atribuidas a los Jueces de Vigilancia Penitenciaria, también alude a las competencias atribuidas a los demás órganos jurisdiccionales.

En su redacción originaria, la LOPJ al referirse a la competencia de las Audiencias Provinciales, que es el aspecto que ahora nos interesa, en su artículo 82-6° decía que: «Las Audiencias Provinciales conocerán ... 6°. De los recursos que establezca la Ley contra las resoluciones de los Juzgados de Vigilancia penitenciaria en materia de ejecución de penas.»

La Ley Orgánica 7/1988, de 28 de diciembre, de los Juzgados de lo Penal, modificó algunos preceptos de la LOPJ, entre ellos el citado artículo 82, a cuyo anterior apartado 6° añadió la expresión "y

420 *Vid.* DOÑATE MARTIN Antonio; «Problemas Generales de la Jurisdicción de Vigilancia» cit., pp. 19 y ss.

del régimen de su cumplimiento". De esta manera, el contenido del art. 82-6° pasó a ser el art. 82.1-3° con la siguiente redacción: «1. Las Audiencias Provinciales conocerán en el orden penal: ...3°. De los recursos que establezca la Ley contra las resoluciones de los Juzgados de Vigilancia penitenciaria en materia de ejecución de penas y del régimen de su cumplimiento»[421].

Tanto en su redacción originaria (art. 82-6°) como tras la reforma (art. 82.1-3°) este artículo presentaba una importante antinomia con lo dispuesto en la Disposición Adicional Quinta de esta misma LOPJ. Así, según el artículo 82 la Audiencia Provincial es competente para conocer de todos los recursos contra las resoluciones de los Juzgados de Vigilancia dictadas sobre cualquier materia, tanto en ejecución de penas, como en materia de régimen de su cumplimiento, esto es, tanto en las cuestiones relativas al tratamiento como al régimen penitenciario. Sin embargo, a tenor de lo establecido en el apartado n° 2 de la Disposición Adicional Quinta, las resoluciones del Juez de Vigilancia en materia de ejecución de penas serán recurribles ante el tribunal sentenciador. Este tribunal puede ser tanto una Audiencia Provincial como un Juzgado de lo Penal, de una demarcación territorial distinta a la del centro penitenciario y del Juez de Vigilancia que haya dictado la resolución.

Como según la interpretación que se venía haciendo del art. 76 LOGP, era que todo lo relativo a la ejecución de la pena correspondía al Juez de Vigilancia, y que éste en esta materia había venido a sustituir al tribunal sentenciador, salvo en algunas materias que se entendían residuales como el licenciamiento definitivo, ello permitía salvar la antinomia legal expuesta en el sentido de que al ser el JVP quien ejecutaba la pena "sustituyendo al tribunal sentenciador", a este tribunal no se le daba ninguna intervención en esta materia, de tal manera que ninguna apelación se remitía al tribunal sentenciador, inaplicándose el apartado n° 2 de la Disposición Adicional Quinta y dando prevalencia a lo dispuesto en el artículo 82, por lo que todas las apelaciones fueran de la materia que fuesen, iban siempre a la

[421] La Ley Orgánica 5/2003, de 27 de mayo, que creó los Juzgados Centrales de Vigilancia Penitenciaria, modificó el artículo 82.1-3° de la LOPJ, dándole la siguiente redacción, que es la actualmente vigente: «1. Las Audiencias Provinciales conocerán en el orden penal: ...3°. De los recursos que establezca la Ley contra las resoluciones de los Juzgados de Vigilancia Penitenciaria, cuando la competencia no corresponda a la Sala de lo Penal de la Audiencia Nacional.»

Audiencia Provincial de la demarcación del Juez de Vigilancia autor de la resolución recurrida.

Sin embargo, leyes posteriores y nuevos criterios jurisprudenciales hacen que nos replanteemos la interpretación que se ha venido haciendo del artículo 76 de la LOGP, y ponen de manifiesto que la configuración o diseño que del Juez de Vigilancia hizo el legislador del año 1979, que aprobó esta Ley, ha cambiado posteriormente. Nos referimos concretamente al Código Penal de 1995, con sus posteriores modificaciones, en lo relativo a la regulación de las medidas de seguridad, en donde sin lugar a dudas se establece que la ejecución corresponde al tribunal sentenciador que resolverá previa propuesta del Juez de Vigilancia. Y especialmente a la Sentencia del Tribunal Supremo nº 671/2002 de 9-7-2002, que recoge lo acordado en el Pleno no jurisdiccional de la Sala Segunda de dicho Alto Tribunal de fecha 28 de junio de 2002. Según el criterio del Tribunal Supremo, conforme a dicho Pleno y Sentencia, la función de ejecución de la pena reside en el tribunal sentenciador, al que el legislador no ha desposeído de la misma. En este orden de cosas, de forma consecuente con este criterio el Tribunal Supremo, modificando radicalmente el criterio que hasta entonces había venido aplicándose en la práctica, de no remitir apelaciones al tribunal sentenciador, resolvió en la citada Sentencia que "los recursos contra las decisiones del Juez de Vigilancia Penitenciaria en cuestiones de clasificación del penado, en la medida que interesan directamente al régimen de ejecución de la pena, es decir, a la ejecución de lo juzgado (art. 117.3 CE y art. 3.1 y 2 CP) son competencia del tribunal sentenciador."

Por consiguiente, a tenor de lo que se deja expuesto, lo primero que hemos de cuestionarnos es ¿quién es competente para ejecutar la pena, el tribunal sentenciador o el JVP? Parece claro, según el criterio del Tribunal Supremo, que en esto corrige lo que se venía entendiendo con anterioridad, que la competencia para la ejecución de la pena reside en el tribunal sentenciador.

A nuestro entender, una interpretación sistemática de los distintos preceptos actualmente en vigor que inciden sobre esta materia, armonizándola con el expuesto criterio del Tribunal Supremo, nos lleva a distinguir entre las competencias del tribunal sentenciador y del JVP de la siguiente manera que exponemos a continuación.

5.2.1. Competencias del Tribunal Sentenciador

La línea divisoria entre la competencia propia del tribunal sentenciador y la del Juez de Vigilancia ha sido objeto de discusión, por lo que resulta preciso delimitar mejor los perfiles del ámbito competencial entre cado uno de éstos dos órganos jurisdiccionales que intervienen en la ejecución penal.

Es criterio pacífico en la doctrina que la fase de ejecución se inicia procesalmente con la firmeza del fallo, y a partir de este momento el Juez de Vigilancia y el tribunal sentenciador, en su caso, asumen sus funciones de ejecución.

A la hora de delimitar los contornos competenciales de uno y otro, resulta útil acudir a la idea que postulamos y que venimos manteniendo acerca de la naturaleza del Juez de Vigilancia, de tal modo que podemos decir que el tribunal sentenciador actúa el Derecho Penal y sus actos de ejecución están sujetos al Derecho Procesal Penal, y el Juez de Vigilancia actúa el Derecho Penitenciario; por lo que sus actos de ejecución se rigen por las normas de esta disciplina jurídica, cuya autonomía científica resulta ya innegable, instrumentándose procedimentalmente por esa parcela especial del Derecho Procesal que –pese a su orfandad de una ley procesal específica– venimos postulando como Derecho Procesal Penitenciario.

Teniendo como norte esta idea, y analizando las distintas normas existentes sobre la materia, podemos decir que el legislador mantiene el control sustancial de la ejecución en el ámbito competencial de los tribunales sentenciadores.

Juzgar y hacer ejecutar lo juzgado (art. 117.3 CE) corresponde al tribunal sentenciador, a quien compete el control de la ejecución propiamente dicha. En este sentido debe tenerse presente lo dispuesto en el artículo 3 del Código Penal, según el cual "no podrá ejecutarse pena ni medida de seguridad sino en virtud de sentencia firme dictada por el Juez o Tribunal competente" y que "la ejecución ... se realizará bajo el control de los Jueces y Tribunales competentes."

Esta concepción de que la ejecución corresponde al tribunal sentenciador, aparece reafirmada en el artículo 9 de la Ley de Enjuiciamiento Criminal, que fue modificado por la Ley 38/2002, de 24 de octubre, con la siguiente redacción: «Los jueces y tribunales que tengan competencia para conocer de una causa determinada, la tendrán también para todas sus incidencias, para llevar a efecto las providencias de tramitación y para la ejecución de las sentencias, sin perjuicio de lo dispuesto en el artículo 801.»

Este artículo 801 de la Ley de Enjuiciamiento Criminal, autoriza al juzgado de guardia a dictar sentencia en supuestos de conformidad, y a acordar lo procedente sobre la puesta en libertad o el ingreso en prisión del condenado, y a realizar los requerimientos que de ella se deriven, remitiendo seguidamente las actuaciones junto con la sentencia redactada al Juzgado de lo Penal que corresponda, que continuará su ejecución.

De forma coherente con lo establecido en el artículo 9 LECr., el artículo 984 LECr. (cuya redacción actual le fue dada por Ley 13/2009 de 3 de noviembre) dispone que «La ejecución de la sentencia en los juicios sobre faltas corresponde al órgano que haya conocido del juicio.»[422] Esto mismo se establece en las sentencias por delito. Así el artículo 794 LECr. (modificado por Ley 38/2002 de 24 de octubre, y después por Ley 13/2009 de 3 de noviembre), relativo a la ejecución de sentencias dictadas en el procedimiento abreviado dispone que «tan pronto como sea firme la sentencia, se procederá a su ejecución por el Juez o por la Audiencia que la hubiere dictado.» Del mismo modo, el artículo 985 LECr. establece con carácter general que «la ejecución de las sentencias en causas por delito corresponde al tribunal que haya dictado la que sea firme»[423], salvo, como dispone el artículo 986, que se trate de una sentencia dictada en recurso de casa-

[422] La reforma operada en el CP por LO 1/2015 de 30 marzo, con entrada en vigor el 1/7/2015 ha suprimo las faltas, de tal manera que las conductas hasta entonces tipificadas como tales, se derivan a la vía administrativa, al ámbito civil, o bien pasan a ser consideradas como delitos leves.

Pese a que las faltas ya han desaparecido, y la Ley de Enjuiciamiento Criminal ha sido modificada con posterioridad por la LO 13/2015 de 5 de octubre, para el fortalecimientos de las garantías procesales y la regulación de las medidas de investigación tecnológica, y por la Ley 41/2015 de 5 de octubre, para la agilización de la justicia penal y el fortalecimiento de las garantías procesales, sin embargo, este art. 984 LECr. mantiene su redacción relativa a las faltas.

[423] Este art. 985 LECr., ha sido modificado por la Ley Ley 41/2015 de 5 de octubre, para la agilización de la justicia penal y el fortalecimiento de las garantías procesales, que le ha adicionado un nuevo párrafo con la siguiente redacción: «*La ejecución de las sentencias recaídas en el proceso por aceptación de decreto, cuando el delito sea leve, corresponde al juzgado que la hubiera dictado.*»

ción por el Tribunal Supremo, en cuyo caso corresponde al tribunal que haya dictado la sentencia casada.

Como puede comprobarse, leyes posteriores a la Ley Orgánica General Penitenciaria, relativamente recientes, refuerzan la idea de que la ejecución corresponde al tribunal sentenciador.

Puesto que no sólo juzgar, sino también hacer ejecutar lo juzgado; esto es, la esencia de la ejecución propiamente dicha corresponde al tribunal sentenciador, es por ello por lo que el legislador mantiene el control sustancial de la ejecución en el ámbito competencial del tribunal sentenciador, que es quien debe tomar las decisiones que afecten de modo decisivo al contenido básico de la ejecución. Lo que está en consonancia con el contenido de la Disposición Adicional Quinta de la Ley Orgánica del Poder Judicial, de tal manera que las resoluciones del Juez de Vigilancia en materia de ejecución de penas son recurribles ante el tribunal sentenciador, y las demás materias relativas al régimen penitenciario ante la Audiencia Provincial del lugar del establecimiento penitenciario.

Con independencia de esta competencia funcional en materia de recursos, podemos decir que son actos de ejecución, propios del tribunal sentenciador los siguientes:

a) *Declarar la firmeza de la sentencia, dando inicio a su ejecución,* conforme a lo dispuesto en el artículo 988 LECr.

b) *Dar las órdenes oportunas para el ingreso en el centro donde se haya de cumplir la pena o medida de seguridad, y para la elaboración del correspondiente plan de ejecución* de aquellas penas o medidas que requieran de dicho plan. Todo ello conforme a lo previsto en el artículo 15 LOGP, artículo 990 LECr., y R. D. 840/2011 de 17 de junio, por el que se establecen las circunstancias de ejecución de las penas de trabajo en beneficio de la comunidad y de localización permanente en centro penitenciario, de determinadas medidas de seguridad, así como de la suspensión de la ejecución de las penas privativas de libertad y sustitución de penas.

c) *Aprobar la liquidación de condena y fijar el máximo de cumplimiento* conforme al artículo 76 del Código Penal[424].

[424] "La liquidación de condena de acuerdo con el art. 70.2 CP (hoy, art. 76) es un ejemplo paradigmático de la confusión y el desorden que ha presidido todos estos

d) *Resolver sobre la acumulación jurídica de condenas dictadas en procesos distintos, en el caso de haber dictado la última sentencia,* en los términos previstos en el párrafo tercero del artículo 988 LECr.

e) *Resolver sobre la suspensión (y revocación) de la ejecución de la pena,* a tenor de lo regulado en los artículos 80 y ss. del Código Penal.

f) *Resolver sobre la sustitución de las penas privativas de libertad,* conforme a lo previsto en el artículo 89 del Código Penal.

g) *Aprobar el licenciamiento definitivo de la condena.* Art. 17.3 LOGP.

h) *Declarar la extinción de la responsabilidad criminal* en los supuestos contemplados en el artículo 130 CP, por muerte del reo, cumplimiento, remisión definitiva de la pena, indulto, perdón del ofendido en los supuestos previstos en la ley, y prescripción.

i) *Acordar que los beneficios penitenciarios, los permisos de salida, la clasificación en tercer grado y el cómputo de tiempo para la libertad condicional se refieran a la totalidad de las penas impuestas* en las sentencias. Art. 78.1 y 2 del Código Penal.

j) *Informar en materia de indultos,* según lo dispuesto en el artículo 23 y concordantes de la Ley de 18 de junio de 1870, reguladora del ejercicio de la Gracia de Indulto.

---

años la labor de esta jurisdicción. Aceptada por unos, rechazada por otros, pareció por un momento –cuando las Audiencias de Madrid y Barcelona sentaron criterio a favor– que serían finalmente los Jueces de Vigilancia, aunque sólo fuera por facilitar la operación, quienes asumirían esa labor de liquidación de condenas, pero no fue así y el Consejo General del Poder Judicial (1987) y la Fiscalía General del Estado (Consulta 3/89), primero, y el TS (Auto de 29 de marzo de 1990) al resolver un conflicto jurisdiccional, después, terminaron residenciando dicha actividad de acuerdo con el art. 988 LEC, en el último tribunal sentenciador. Sin embargo, el tiempo terminará dando la razón a quienes reclaman para la jurisdicción penitenciaria –o quizás para el juez de ejecución de penas– dicha competencia. Si en nuestro país no se ve con claridad es porque, al contrario de lo que sucede en los sistemas penales anglosajones, procesalmente no se ha introducido la fructífera diferencia entre declaración de la culpabilidad e imposición de la pena (sentencia). Pero la evolución hacia ese modelo se aprecia ya en el nuevo Código Penal, en el que tras la firmeza del fallo la actividad jurisdiccional se prolonga no sólo con la liquidación de la condena, sino también con la suspensión de la pena privativa de libertad (art. 82 CP) y la sustitución («los jueces podrán sustituir, previa audiencia de las partes, en la misma sentencia o posteriormente en auto motivado...», art. 88)." MAPELLI CAFFARENA, Borja; «La judicialización penitenciaria, un proceso inconcluso» en *Cuadernos de Derecho Judicial, Derecho Penitenciario,* Consejo General del Poder Judicial, Madrid 1995, pp. 282-283.

k) *Dictar las correspondientes órdenes de busca y captura de los no reingresados, o evadidos de los centros de cumplimiento.* Así lo decidió el Tribunal Supremo por Auto de 05/03/2009, recaído en el Recurso nº 20495/2008, al resolver cuestión negativa de competencia sobre esta materia, entre el Juzgado de Vigilancia Penitenciaria nº Uno de la Comunidad de Madrid y el Juzgado de lo Penal nº Trece de Valencia.

Dice el Tribunal Supremo en este Auto que el art. 4 LOGP establece que "los internos deberán permanecer en el establecimiento a disposición de la autoridad que hubiere decretado su internamiento o para cumplir las condenas que se les impongan, hasta el momento de su liberación", por lo que en aquellos supuestos en que se hubiese producido la evasión, fuga o quebrantamiento de condena, corresponde al Tribunal sentenciador a cuya disposición se encuentran los internos cursar las órdenes necesarias para su reingreso en la cárcel, en cuyo caso el Juez de Vigilancia recuperará su competencia especializada y ello es así porque el penado lo es por resolución del Tribunal sentenciador, que es el que aprueba la liquidación de condena, el inicio del cumplimiento, el que ordena el ingreso en prisión para el cumplimiento de la pena, el que declara el licenciamiento definitivo, el que ordena la excarcelación por cumplimiento, el que acuerda la extinción por muerte, indulto, cumplimiento de la pena, o prescripción de la misma, y por ello es coherente sostener que ante un quebrantamiento de la pena sea el que ordene y acuerde la vuelta a la prisión cursando las órdenes de busca y captura, porque "a su disposición se encuentra el penado hasta el momento de la liberación", lo que tiene también una traducción funcional. Criterio que permite distinguir con suficiente nitidez las competencias del Juzgado de Vigilancia, que se proyectarán sobre la forma de ejecución de la pena, y las del Tribunal sentenciador, en relación con las incidencias que se produzcan en la ejecución de las penas privativas de libertad que sean ajenas a lo anterior.

l) *El seguimiento de los TBCs impuestos como condición de la suspensión de la ejecución de la pena*

Así se desprende de lo resuelto por el Tribunal Supremo en su Auto de fecha 03/06/2016, dictado en el Recurso nº

20251/2016, que decidió la cuestión de competencia negativa planteada entre el Juzgado de Vigilancia Penitenciaria nº 2 de Zaragoza y el Juzgado de lo Penal nº 5 de Valencia.

Este Juzgado Penal acordó la suspensión de la ejecución de una pena privativa de libertad, condicionada, entre otros requisitos, a que el penado realizara determinados días de trabajos en beneficio de la comunidad, de conformidad con los artículos 80, 84.1-3ª y 86 del Código Penal, lo que determinó la elaboración del plan de ejecución de las jornadas de TBC. De este modo, surge la cuestión de competencia acerca de quién –JVP o Juez sentenciador– debe controlar el cumplimiento de esos trabajos en beneficio de la comunidad.

El Juzgado de Vigilancia consideraba que era competente para controlar la ejecución de los trabajos en los supuestos en que éstos hayan sido impuestos como pena principal privativa de derechos. Por el contrario, sostenía que cuando los trabajos se acuerdan –como aquí sucede– al amparo de los arts. 80 y 84.1-3ª CP, no se trata por ello de una verdadera pena sino de una condición o requisito para la suspensión condicional de la pena de prisión, en cuyo caso el control acerca del cumplimiento corresponde al Tribunal sentenciador. Por el contrario, el Juzgado de lo Penal entendía que el control de los trabajos en beneficio de la comunidad correspondía al Juzgado de Vigilancia, a tenor de lo dispuesto en el art. 49 CP.

Pone de manifiesto el Tribunal Supremo que, tras la reforma del Código Penal llevada a cabo por la LO 1/2015, de 30 de marzo, los TBC, sin dejar de estar contemplados como pena principal (única o alternativa), han dejado de estar previstos como pena sustitutiva, al desaparecer el art. 88 CP, y han pasado a regularse como un efecto, medida o regla de conducta ligada a la permanencia en el disfrute de la suspensión de la pena de prisión. Por lo que existen supuestos, como el ahora contemplado, en los que los TBC dejan de ser una pena en sentido estricto.

La nueva naturaleza del TBC como "prestación o medida" (art. 84 CP) que condiciona la suspensión la sitúa fuera del ámbito de aplicación del art. 49 CP, al no ser ya pena, por lo que el control de su cumplimiento debe volver al tribunal sentenciador, al que alude expresamente el nuevo art. 85 CP para atribuirle la posible modificación, por cambio de circunstancias, de la decisión adoptada conforme a los arts. 83 y 84 CP o de las prohibiciones, deberes o prestaciones acordadas, así como la revocación de la suspensión (art. 87 CP). Por lo expuesto, en el caso ahora contemplado en esta cuestión de competencia, no nos encontramos ante una pena en sí misma, sino ante una medida o prestación que constituye una condición de la suspensión de la ejecución de la pena privativa de libertad, por lo que es competencia del Juez o Tribunal sentenciador el control del cumplimiento de dicha prestación impuesta como condición.

m) *Autorizar la clasificación en tercer grado, y acordar la libertad condicional de los condenados a pena de prisión permanente revisable*, según lo dispuesto en los arts. 36 y 92 CP, conforme a la reforma introducida por L.O. 1/2015 de 30 de marzo.

5.2.2. Competencias del Juez de Vigilancia

Si atendiendo a lo que acabamos de exponer, quien "ejecuta la pena" es el tribunal sentenciador, entonces ¿qué es lo que ejecuta el Juez de Vigilancia Penitenciaria?, ¿cuáles son sus competencias en esta materia?, ¿cuál es, o en qué consiste, la función de ejecución que éste tiene atribuida según el artículo 76 LOGP que le confiere "atribuciones para hacer cumplir la pena impuesta, asumiendo las funciones que corresponderían a los Jueces y Tribunales sentenciadores".

Una reinterpretación de este art. 76, acorde con las competencias del tribunal sentenciador, nos llevan a concluir que lo que ejecuta el Juez de Vigilancia no es la pena sino "el control" de la ejecución a fin de que la actividad penitenciaria se lleve a cabo conforme a lo ordenado por el tribunal sentenciador en su sentencia (título ejecutivo) y a lo prescrito en las disposiciones legales y reglamentarias que rigen la ejecución.

En el ejercicio de su potestad jurisdiccional, el tribunal sentenciador siempre mantiene el dominio de la ejecución de lo que ha juzgado (juzgar y hacer ejecutar lo juzgado, conforme al art. 117.3 CE.) Esto se ve claramente en aquellos supuestos en que tras el inicio de la ejecución, el tribunal sentenciador dicta resolución posterior teniendo por cumplida la pena, o bien la sustituye por otra o suspende su ejecución, dando lugar con ello a que cese la actuación del Juez de Vigilancia Penitenciaria.

La sustitución del tribunal sentenciador por el Juez de Vigilancia "asumiendo las funciones que le corresponderían" no es por tanto en la "ejecución" sino en el "control de la legalidad de la actuación administrativa en la ejecución".

Se puede decir que la competencia objetiva del Juez de Vigilancia Penitenciaria se reduce a sustituir al tribunal sentenciador en el control de la ejecución de las penas y medidas de seguridad, procurando que la ejecución directa y material de la Administración Penitenciaria se lleve a cabo conforme a derecho, salvaguardando los derechos de los internos y corriendo los abusos y desviaciones que se puedan producir. Para tal fin, desempeña el conjunto de atribuciones y funciones que dice la Ley Orgánica General Penitenciaria. Pero no sólo ésta, pues como veremos también la Ley Orgánica del Poder Judicial, el Código Penal, e incluso el propio Reglamento Penitenciario, le atribuyen otras no expresamente previstas en aquélla, aunque puede entenderse que son consecuencia o desarrollo de las allí previstas, y al amparo de la cláusula abierta del último párrafo del artículo 94.1 de la Ley Orgánica del Poder Judicial, que indica: "... y demás que señale la ley."

Este control no es una función que el Juez de Vigilancia Penitenciaria ejerza por delegación del tribunal sentenciador, sino por jurisdicción propia. El tribunal sentenciador no imparte instrucciones al Juez de Vigilancia, la única vinculación de éste es a la ley y a lo que resulte del título de condena (sentencia). Es el Juez de Vigilancia quien en el pleno ejercicio de su jurisdicción y competencia decide si la pena se está ejecutando conforme a derecho. Cuestión distinta es que después en vía de recurso el tribunal sentenciador pueda entender otra cosa. Pero obsérvese que tampoco todos los recursos contra las decisiones del Juez de Vigilancia van al tribunal sentenciador.

Atendiendo a lo expuesto, esa doble función –función de ejecución penal, función de control– inherente a la naturaleza jurídica del Juez de Vigilancia, a la que nos hemos referido más arriba, ha de redefinirse o concretarse del siguiente modo:

La función de "*ejecución penal*," que se recoge en el primer inciso del art. 76.1 LOGP, y apartado 2.a) de este mismo artículo[425], consiste por consiguiente, según todo lo que hemos expuesto, en controlar que la ejecución de la pena o medida de seguridad se lleve a cabo conforme a lo acordado en el título ejecutivo de condena –sentencia firme dictada por el Juez o Tribunal competente, de acuerdo con las leyes procesales (art. 3.1 CP)–, y en la forma prescrita por la Ley y reglamentos que la desarrollan, sin otras circunstancias o accidentes que los expresados en su texto. (Art. 3.2 CP).

La función de "*control*", recogida en el segundo inciso del art. 76.1 LOGP, mantiene el mismo contenido y alcance como siempre se ha venido interpretando, y se traduce como dice este artículo en "salvaguardar los derechos de los internos y corregir los abusos y desviaciones que en el cumplimiento de los preceptos del régimen penitenciario puedan producirse.

A) Atribuciones y funciones previstas en la Ley Orgánica General Penitenciaria, y en la Ley Orgánica del Poder Judicial

A la hora de tratar sobre las competencias del Juez de Vigilancia Penitenciaria, suele ser habitual utilizar las expresiones "atribuciones" y/o "funciones". Tal vez sea ello debido a que tales términos son los que se utilizan en los textos positivos. La Ley Orgánica General Penitenciaria emplea el de "*atribuciones*" y la Ley Orgánica del Poder Judicial el de "*funciones*".

Un determinado sector doctrinal[426], empleando indistintamente los términos atribuciones y funciones, establece una clasificación de las materias atribuidas a la competencia del Juez de Vigilancia Penitenciaria distinguiendo, por un lado, entre funciones o atribuciones en primera instancia y, por otro lado, funciones de segun-

---

[425] Como ya hemos visto, según estos apartados del art. 76 LOGP: "El Juez de Vigilancia tendrán atribuciones para hacer cumplir la pena impuesta,"... y "Adoptar todas las decisiones necesarias para que los pronunciamientos de las resoluciones en orden a las penas privativas de libertad se lleven a cabo asumiendo las funciones que corresponderían a los Jueces y Tribunales sentenciadores."

[426] *Vid.* GARCIA ALBERO Ramón; «El Juez de Vigilancia Penitenciaria», cit., pp. 238-248. CHIANG REBOLLEDO Marco E.; *Procedimiento ante el Juzgado de Vigilancia Penitenciaria*, Bosch, Barcelona, 2003, pp. 182-183.

da instancia, incluyendo en este segundo grupo el conocimiento y resolución de recursos contra resoluciones de la Administración Penitenciaria.

Nosotros no compartimos esta clasificación porque entendemos que las denominadas funciones de segunda instancia son también materias atribuidas en primera instancia al Juez de Vigilancia, pues este Juez es el primero que jurisdiccionalmente conoce de las mismas. La distinción entre primera y segunda instancia debe establecerse en el ámbito jurisdiccional entre el Juez de Vigilancia, y el órgano jurisdiccional que conozca de los recursos contra las resoluciones dictadas por aquél. Por consiguiente, afirmamos que todas las competencias del Juez de Vigilancia Penitenciaria son de primera instancia.

Dispone el artículo 76 de la Ley Orgánica General Penitenciaria que:

> «1. El Juez de Vigilancia tendrá atribuciones para hacer cumplir la pena impuesta, resolver los recursos referentes a las modificaciones que pueda experimentar con arreglo a lo prescrito en las leyes y reglamentos, salvaguardar los derechos de los internos y corregir los abusos y desviaciones que en el cumplimiento de los preceptos del régimen penitenciario puedan producirse.
>
> 2. Corresponde especialmente al Juez de Vigilancia:
>
> a) Adoptar todas las decisiones necesarias para que los pronunciamientos de las resoluciones en orden a las penas privativas de libertad se lleven a cabo, asumiendo las funciones que corresponderían a los Jueces y Tribunales sentenciadores.
>
> b) Resolver sobre las propuestas de libertad condicional de los penados y acordar las revocaciones que procedan.
>
> c) Aprobar las propuestas que formulen los establecimientos sobre beneficios penitenciarios que puedan suponer acortamiento de la condena.
>
> d) Aprobar las sanciones de aislamiento en celda de duración superior a catorce días.
>
> e) Resolver por vía de recurso las reclamaciones que formulen los internos sobre sanciones disciplinarias.
>
> f) Resolver en base a los estudios de los Equipos de Observación y de Tratamiento, y en su caso de la Central de Observación,

los recursos referentes a clasificación inicial y a progresiones y regresiones de grado.

g) Acordar lo que proceda sobre las peticiones o quejas que los internos formulen en relación con el régimen y el tratamiento penitenciario en cuanto afecte a los derechos fundamentales o a los derechos y beneficios penitenciarios de aquéllos.

h) Realizar las visitas a los establecimientos penitenciarios que prevé la Ley de Enjuiciamiento Criminal, pudiendo el Juez Central de Vigilancia Penitenciaria recabar para el ejercicio de dicha función el auxilio judicial de los Jueces de Vigilancia Penitenciaria del lugar en el que radique el establecimiento que ha de ser visitado.

i) Autorizar los permisos de salida cuya duración sea superior a dos días, excepto de los clasificados en tercer grado.

j) Conocer del paso a los establecimientos de régimen cerrado de los reclusos a propuesta del Director del establecimiento.»

De otro lado, el artículo 77 de la citada Ley Orgánica establece que:

«Los Jueces de Vigilancia podrán dirigirse a la Dirección General de Instituciones Penitenciarias formulando propuestas referentes a la organización y desarrollo de los servicios de vigilancia, a la ordenación de la convivencia interior en los establecimientos, a la organización y actividades de los talleres, escuela, asistencia médica y religiosa y en general a las actividades regimentales, económico-administrativas y de tratamiento penitenciario en sentido estricto.»

Y en los apartados 1 y 4 del artículo 94 de la Ley Orgánica del Poder Judicial se dispone que:

«1. En cada provincia, y dentro del orden jurisdiccional penal, habrá uno o varios Juzgados de Vigilancia penitenciaria, que tendrán las funciones jurisdiccionales previstas en la Ley General Penitenciaria en materia de ejecución de penas privativas de libertad y medidas de seguridad, emisión y ejecución de los instrumentos de reconocimiento mutuo de resoluciones penales en la Unión Europea que les atribuya la ley, control jurisdiccional de la potestad disciplinaria de las autoridades penitenciarias, amparo de los derechos y beneficios de los internos en los establecimientos penitenciarios y demás que señale la Ley.»

«4. En la villa de Madrid, con jurisdicción en toda España, habrá uno o varios Juzgados Centrales de Vigilancia Penitenciaria que tendrán las funciones jurisdiccionales previstas en la Ley General Penitenciaria, descritas en el apartado 1 de este artículo, la competencia para la emisión y ejecución de los instrumentos de reconocimiento mutuo de resoluciones penales en la Unión Europea que les atribuya la ley y demás funciones que señale la ley, en relación con los delitos competencia de la Audiencia Nacional. En todo caso, la competencia de estos Juzgados Centrales será preferente y excluyente cuando el penado cumpla también otras condenas que no hubieren sido impuestas por la Audiencia Nacional.»

Como puede observarse, conforme a la Ley Orgánica General Penitenciaria, el Juez de Vigilancia tiene **cuatro "*atribuciones*" básicas** o esenciales:

— Hacer cumplir la pena impuesta
— Resolver los recursos referentes a las modificaciones que pueda experimentar con arreglo a lo prescrito en las Leyes y reglamentos
— Salvaguardar los derechos de los internos, y
— Corregir los abusos y desviaciones que en el cumplimiento de los preceptos del régimen penitenciario puedan producirse.

Además de estas atribuciones o competencias básicas que conforman su potestad jurisdiccional, el Juez de Vigilancia también tiene la facultad, por iniciativa propia, de dirigirse a la Administración Penitenciaria formulando propuestas sobre la organización y funcionamiento de los distintos servicios e instituciones dependientes de dicha Administración.

Por su parte, la Ley Orgánica del Poder Judicial, habla de **tres "*funciones*" jurisdiccionales**:

— Una función de ejecución en materia de penas privativas de libertad y medidas de seguridad.
— Otra –complementaria o conexa a la anterior–, de emisión y ejecución de los instrumentos de reconocimiento mutuo de resoluciones penales en la Unión Europea que les atribuya la ley.

— Y otra, de control de la potestad disciplinaria de las autoridades penitenciarias, y amparo de los derechos y beneficios de los internos en los establecimientos penitenciarios.

Junto a estas tres funciones –que en realidad son dos: una de ejecución y otra de control–, se indica en el inciso final apartado 1 y del primer párrafo del apartado 4, ambos del citado art. 94: «... y demás que señale la ley.» Esto constituye una cláusula abierta que permite atribuirle funciones no jurisdiccionales como la emisión de informes al tribunal sentenciador, según hemos visto con anterioridad, en los casos de ejecución de medidas de seguridad.

Estas "*atribuciones*" y "*funciones*" están estrechamente relacionadas, de tal manera que las dos primeras "atribuciones" expuestas (Hacer cumplir la pena.../Resolver los recursos...) se refieren a la función de ejecución, como Juez de "Ejecución" de penas, a cuya finalidad le corresponde esencialmente lo previsto en el apartado nº 2.a) del artículo 76.

Por otro lado, las otras dos atribuciones expuestas en último lugar (Salvaguardar los derechos.../Corregir los abusos...) hacen referencia a su función de Juez de "Vigilancia"; es decir, a la función de velar por los derechos de los internos y de control jurisdiccional de los actos de la Administración Penitenciaria. A esta función corresponden, excepto la prevista en la letra a), todas las "atribuciones" especiales que le otorga el apartado nº 2 del artículo 76.

La función jurisdiccional de "*emisión y ejecución de los instrumentos de reconocimiento mutuo de resoluciones penales en la Unión Europea que les atribuya la ley*" ha sido introducida en el art. 94 LOPJ como consecuencia de la reforma llevada a cabo por la Ley Orgánica 6/2014, de 29 de octubre, complementaria de la Ley de reconocimiento mutuo de resoluciones penales en la Unión Europea. Como se dice en el Preámbulo de esta Ley Orgánica, esta reforma tiene en cuenta el carácter dinámico de la cooperación judicial penal en la Unión Europea, lo que lleva a no atribuir competencias cerradas a los distintos órganos judiciales con competencia en materia penal, sino a reconocerles competencia para la ejecución de las órdenes europeas que se les encomienden en las normas específicas en materia de reconocimiento mutuo de resoluciones judiciales en materia penal en la Unión Europea; de tal forma que la evolución normativa en esta materia no obligue a reformas puntuales de la LOPJ. Esta es la explicación del por qué, según la redacción del párrafo introducido por esta reforma, la función de emisión y ejecución de los instrumentos de reconocimiento es la "*que les atribuya la ley.*"

Esto supone una remisión normativa que nos lleva a la Ley 23/2014, de 20 de noviembre, de reconocimiento mutuo de resoluciones penales en la Unión Europea, y más concretamente a lo dispuesto en el art. 64 de esta Ley. De la redacción de este precepto se desprende que todos los Jueces de Vigilancia Penitenciaria son competentes para la "*emisión*" de los instrumentos de reconocimiento mutuo de resoluciones penales, pues a todos ellos los reconoce el citado art. 64 como Autoridades judiciales competentes para la transmisión a otro Estado miembro de la Unión Europea de una resolución dictada en España, por la que se imponga una pena o medida privativa de libertad. Sin embargo, para la "*ejecución*" en España de los emitidos por otros Estados miembros, sólo resulta competente el Juez Central de Vigilancia Penitenciaria.

B) Las daciones de cuenta, y puestas en conocimiento

Precisamente, como una lógica consecuencia de esa atribución de salvaguarda de los derechos de los internos, que se manifiesta en su función de "vigilancia y control", es por lo que, además de la dación de cuenta, o conocimiento que deben tener los Jueces de Vigilancia del paso de los reclusos a los establecimientos de régimen cerrado, conforme a lo previsto en el artículo 76.2-j) de la LOGP, en el Reglamento Penitenciario también se recoge la obligación que tiene la Administración Penitenciaria de dar cuenta expresamente al Juez de Vigilancia de determinados hechos o circunstancias.

En primer lugar podemos mencionar lo regulado en el apartado nº 2 de la Disposición Transitoria Primera del Real Decreto 190/1996, de 9 de febrero, por el que se aprueba el Reglamento Penitenciario. Conforme a esta norma, en los supuestos en los que un penado deba cumplir dos o más penas conforme al Código Penal derogado y al nuevo, una vez que se haya fijado el orden cumplimiento de las penas, el Director del centro lo pondrá en conocimiento del Juez de Vigilancia a los efectos oportunos.

Conforme a lo previsto en el artículo 20.3 del RP, la estancia de preventivos o penados en el departamento de ingresos será como máximo de cinco días y sólo podrá prolongarse por motivos de orden sanitario o para preservar su seguridad. En dicho caso, de la prolongación se dará cuenta al Juez de Vigilancia.

El artículo 31.3 del RP, impone la obligación notificar al Juez de Vigilancia los traslados de los penados que decida la Administración.

El artículo 34 RP, obliga a la Dirección del establecimiento a poner en conocimiento del Juez de Vigilancia, el traslado que interese una autoridad judicial, de un penado que no esté a su disposición, para la práctica de diligencias.

En materia de comunicaciones de los internos penados, cuando el Director acuerde su restricción o intervención, de dicha medida se debe dar cuenta al Juez de Vigilancia, según dispone el artículo 43.1 del RP. Del mismo modo, en los supuestos en que el Director ratifique la suspensión de las comunicaciones orales ordenada por el Jefe de Servicios, de esa ratificación de la medida se debe dar cuenta al Juez de Vigilancia tal y como indica el artículo 44.2 RP.

Así mismo, en los supuestos en que el Director del establecimiento acuerde la intervención de las comunicaciones escritas de los penados con el exterior, o la intervención de la correspondencia entre internos de distintos centros penitenciarios, dicha medida debe ser puesta en conocimiento del Juez de Vigilancia a tenor de lo previsto en el artículo 46.5 y 7 del RP.

Por otro lado, el artículo 48.4 RP requiere autorización del Juez de Vigilancia para la comunicación de los penados con otros abogados que no sean sus abogados defensores.

También se exige autorización judicial, para la aplicación de otros medios de control adecuados (entiéndase rayos X), cuando el resultado del cacheo con desnudo integral hubiese resultado infructuoso y aún persistiera la sospecha de que el interno oculta en su cuerpo algún objeto peligroso o sustancia prohibida. Art. 68.4 RP.

El artículo 72.3 del RP, recoge la misma obligación contenida en el artículo 45.2 de la LOGP, de dar cuenta al Juez de Vigilancia del empleo de medios coercitivos.

El artículo 75.2 y 4 del RP, también impone la obligación de dar cuenta al Juez de Vigilancia en los supuestos en que el Director acuerde limitaciones regimentales o medidas de protección personal de algún recluso.

El traslado de penados a un establecimiento de régimen cerrado o a un departamento de régimen especial, debe ser también puesto en conocimiento del Juez de Vigilancia conforme a lo dispuesto en el artículo 95 del RP, que desarrolla lo previsto en el artículo 76.2-j) de la LOGP. También se debe poner en conocimiento de este Juez el traslado de preventivos a establecimientos de régimen cerrado, conforme dispone el artículo 97.3 del RP.

Según el artículo 99.4 RP, los jóvenes menores de veintiún años sólo podrán ser trasladados a los departamentos de adultos cuando así lo autorice la Junta de Tratamiento, poniéndolo en conocimiento del Juez de Vigilancia.

El artículo 100.2 del RP contempla la posibilidad de que se adopte, respecto de cada penado, un modelo de ejecución en el que puedan combinarse aspectos característicos de los distintos grados de clasificación. Pero esta medida excepcional necesita de la ulterior aprobación del Juez de Vigilancia.

En el caso de las salidas programadas, también se necesita la posterior aprobación del Juez de Vigilancia, conforme a lo previsto en el artículo 114.4 del RP.

En los supuestos de medidas regimentales para la ejecución de programas especializados para penados clasificados en segundo grado, que requieran la salida del interno para acudir regularmente a una institución exterior, también es necesaria la autorización del Juez de Vigilancia. Art. 117.3 del RP.

El artículo 128.2 RP, establece que cuando le sea retirado a un interno un libro, revista, o publicación no autorizada, ello se comunicará el Juez de Vigilancia.

Para la concesión de permisos extraordinarios a internos clasificados en primer grado será necesaria la autorización expresa del Juez de Vigilancia. Este Juez también deberá autorizar los permisos para ingreso en hospital extrapenitenciario, de más de dos días de duración, de los penados clasificados en segundo grado. Art. 155.3 y 4 RP. Los permisos ordinarios de los clasificados en segundo grado, también deben ser autorizados por el Juez de Vigilancia. Art. 161.1 RP.

El destino de internos a Unidades Dependientes debe ser comunicado al Juez de Vigilancia por el Director del establecimiento, así como los posibles cambios que se produzcan. Art. 167.3 RP. También se debe dar cuenta a este Juez del internamiento en centro de deshabituación o en centro educativo especial, conforme a lo dispuesto en el artículo182.1 RP.

Si en el tiempo que medie entre la elevación del expediente de libertad condicional y la fecha de cumplimiento, el penado observare mala conducta, se modificase su pronóstico, o se descubriere algún error o inexactitud en los informes aportados al expediente, el Director debe dar cuenta inmediata al Juez de Vigilancia a fin de que este adopte la resolución que proceda. Art. 199.4 RP.

El artículo 210 del RP contempla la asistencia médica obligatoria en los casos de urgencia vital, y establece que de todas estas actuaciones se dará cuenta a la Autoridad Judicial, o se solicitará previamente su autorización, según los casos. En este mismo orden de cosas, relativas a la asistencia sanitaria, el artículo 218.2 del indicado Reglamento establece que se deberá dar cuenta al Juez de Vigilancia tanto del ingreso en centros hospitalarios, como del traslado de los penados a otro establecimiento penitenciario por razones sanitarias.

En materia disciplinaria, establece el artículo 243.2 del Reglamento, que las medidas cautelares que adopte el Director del centro deben ser puestas en conocimiento del Juez de Vigilancia. En este ámbito relativo al régimen disciplinario está prevista una especial intervención y control por parte del Juez de Vigilancia, pues las sanciones de aislamiento superior a catorce días necesitan su aprobación (art. 76.2-d, LOGP, y art. 236.3 RP), no siendo ejecutivas hasta dicha aprobación judicial (art. 253.1 RP), requiriendo la autorización del Juez de Vigilancia la suspensión de la efectividad de las sanciones de aislamiento que hayan sido confirmadas por él (art. 255.3 RP), exigiéndose así mismo esa autorización para la revocación o reducción de las sanciones en cuya imposición haya intervenido dicha Autoridad (art. 256.3 RP).

Si atendemos a cuanto hemos expuesto hasta ahora, podemos llegar a la conclusión de que el Juez de Vigilancia Penitenciaria español, es más un Juez de "Vigilancia" que un Juez de "Ejecución".

Sobre estas daciones de cuenta o tomas de conocimiento a las que hemos hecho mención, los Jueces de Vigilancia Penitenciaria en su VIII Reunión, celebrada en Madrid en noviembre de 1994, acordaron como Criterio Refundido de Actuación nº 67 que: «En todos los supuestos en los que la Ley y el Reglamento Penitenciarios disponen que se ponga en conocimiento o se comunique al Juez de Vigilancia Penitenciaria una decisión administrativa o una determinada situación del interno, el Juez tiene competencia para resolver sobre el fondo del asunto y dejar en su caso sin efecto la indicada decisión administrativa.»

Este criterio ha sido respaldado por el Tribunal Constitucional.

En un principio este Alto Tribunal trató el tema de las comunicaciones o daciones de cuenta al Juez de Vigilancia en materia disciplinaria. Así, en su STC 129/1995, de 11 de noviembre, declaró que «...en definitiva,... la actividad de la Administración Penitenciaria está "subordinada en su ejercicio a la autoridad judicial", como hemos declarado reiteradamente (SSTC 73/83, 190/87 y 191/93, entre otras). Por consiguiente, es el conocimiento por el Juez de Vigilancia Penitenciaria de la utilización de una medida coercitiva y de los motivos de su adopción, en virtud de una comunicación del Director del centro ... lo que permitirá el control de esta actuación de la Administración por parte del órgano jurisdiccional.» Y sigue diciendo esta Sentencia que «el ejercicio de la actividad de la Administración en materia disciplinaria se halla subordinada al control a posteriori por parte de los Juzgados de Vigilancia Penitenciaria (STC 161/93, f. j. 4º). De suerte que, una vez recibida la comunicación del centro sobre la medida adoptada, el órgano jurisdiccional, tras oír al Ministro Fiscal y acordar, en su caso, la práctica de otras pruebas que estime pertinentes, lleva a cabo su enjuiciamiento declarando ajustada o no a Derecho la medida adoptada por la Administración Penitenciaria.»

Posteriormente el Tribunal Constitucional también se refirió a estas puestas en conocimiento o daciones de cuenta al Juez de Vigilancia, en materia de restricciones de las comunicaciones de los internos, en su STC 175/ 1997 de 27 de octubre, en la que se indica que la Ley Orgánica General Penitenciaria «permite que la interferencia en las comunicaciones genéricas sea acordada motivadamente por un órgano administrativo –la Dirección del Centro–, pero dando cuenta de ella a la autoridad judicial competente. *Rectamente entendida, esta dación de cuentas implica no sólo la mera comunicación del órgano administrativo al órgano judicial para conocimiento de éste, sino un verda-*

dero control jurisdiccional de la medida efectuado a posteriori, mediante una resolución motivada.»

En el mismo sentido anteriormente expresado incide la STC 200/1997 de 24 de noviembre, que señala que «respecto a la exigencia de comunicar la intervención a la autoridad judicial competente, hemos declarado en la reciente STC 175/1997 que "rectamente entendida, esta dación de cuentas implica no sólo la mera comunicación del órgano administrativo al órgano judicial para conocimiento de éste, sino un verdadero control jurisdiccional de la media efectuado a posteriori, mediante una resolución motivada. Ello se deduce de una necesaria consideración sistemática de este precepto con los arts. 76,1 y 2 g) y 94,1 LOGP, conforme a los cuales corresponde al Juez de Vigilancia Penitenciaria salvaguardar los derechos fundamentales de los internos que cumplen condena, competencia ésta que, en la materia que estamos analizando, implica un papel activo en protección de tales derechos, pues es el Juez de vigilancia Penitenciaria –quien ha de velar por las situaciones que afecten a los derechos y libertades fundamentales de los presos y condenados– (STC 73/1983; en sentido similar SSTC 74/1985, 2/1987, 143/1993, 161/1993). A la misma conclusión conduce el art. 106,1 CE, por el que la Administración, también la penitenciaria, está sujeta al control judicial de la legalidad de su actuación (STC 73/1983). A ello hay que añadir, para valorar en toda su dimensión la importancia de esta medida, que el recluso puede ponerse en comunicación con ciudadanos libres, a los que también les afecta el acuerdo administrativo de intervención. *Por todo ello resulta claro que si el Juzgado de Vigilancia Penitenciaria se limitase a una mera recepción de la comunicación del acto administrativo en el que se acuerda intervenir las comunicaciones y adoptase una actitud meramente pasiva ante la restricción por dicho acto del derecho fundamental del recluso, no estaría dispensando la protección del derecho en la forma exigida por las mencionadas normas*".

Como puede fácilmente comprobarse, los criterios anteriormente expuestos, recogidos en las expresadas Sentencias del Tribunal Constitucional, aunque referidos sólo al tema disciplinario y de las comunicaciones, son trasladables, con carácter general, a todos aquellos supuestos en los que la Administración tenga que poner en conocimiento del Juez de Vigilancia una decisión administrativa o una determinada situación de un interno.

C) Competencias recogidas en el Código Penal

Además de las competencias que le atribuye al Juez de Vigilancia la legislación penitenciaria, el Código Penal también le atribuye a lo largo de su articulado otras competencias específicas cuales son:

— La aplicación del régimen general de cumplimiento, conforme a lo previsto en el artículo 36.2, aunque el tribunal sentenciador haya ordenado que la clasificación del condenado en tercer grado de tratamiento penitenciario no se efectúe hasta el cumplimiento de la mitad de la condena impuesta.

— Acordar, –conforme a lo previsto en el artículo 36.3, (tras la entrada en vigor de la reforma llevada a cabo por la Ley Orgánica 1/2015 de 30 de marzo)– previo informe del Ministerio Fiscal, Instituciones Penitenciarias y las demás partes, la progresión a tercer grado por motivos humanitarios y de dignidad personal de penados enfermos muy graves con padecimientos incurables, y de los septuagenarios, valorando especialmente su escasa peligrosidad.

— El control de la ejecución de la pena de trabajos en beneficio de la comunidad, según lo dispuesto en el artículo 49. Salvo que estos trabajos se hayan impuesto como condición de la suspensión de la ejecución de una pena principal; en cuyo caso, el control y seguimiento de tales trabajos, corresponde al Tribunal Sentenciador. Así lo ha declarado el TS por Auto de 3 de junio de 2016, recurso nº 20251/2016.

— El abono de prisión provisional en causa distinta de la en que se decretó, en los términos previstos en el artículo 58.

— Suspender la ejecución de las penas, conforme a lo previsto en el artículo 60, cuando se aprecie en el penado una situación duradera de trastorno mental grave que le impida conocer el sentido de las mismas.

— Acordar el regreso a la normalidad de la ejecución, aplicando el régimen general de cumplimiento conforme a lo previsto en el artículo 78.2, a los sentenciados a quienes el tribunal sentenciador les haya aplicado las limitaciones previstas en el apartado nº 1 de dicho artículo.

— Acordar la libertad condicional de los penados en sus distintas modalidades, y revocarla en su caso, conforme a lo previsto en los artículos 90 y 91. Estos artículos han sido modificados por la Ley Orgánica 1/2015 de 30 de marzo, con entrada en vigor el 1 de julio de 2015, de tal manera que a partir de esta fecha la libertad condicional ha pasado a ser una modalidad de suspensión de la ejecución de la pena.

— Acordar la revocación de la suspensión de la ejecución de la pena de prisión permanente revisable, conforme a lo previsto en el artículo 92.3, tras la entrada en vigor de la reforma llevada a cabo por la Ley Orgánica 1/2015 de 30 de marzo. Aunque se trata de una situación que, como pronto, se podrá dar a partir del año 2040, resulta chocante que se atribuya al Juez de Vigilancia la revocación de la suspensión, toda vez que este Juez no interviene en su concesión, al ser dicha suspensión competencia del tribunal sentenciador[427].

— Ejercer la vigilancia de la medida de seguridad no privativa de libertad consistente en la Custodia Familiar, conforme a lo previsto en el artículo 96.3-4ª) y artículo 105.1-b).

— "Elevar" al tribunal sentenciador propuestas de mantenimiento, cese, sustitución o suspensión de las medidas de seguridad privativas de libertad, o de libertad vigilada, según lo dispuesto en el artículo 98.

— Informar al tribunal sentenciador en los supuestos de medidas no privativas de libertad, en los términos previstos en el artículo 105.2.

— "Elevar" al tribunal sentenciador, conforme a lo previsto en el artículo 106.2, dos meses antes de la extinción de la pena privativa de libertad, la oportuna propuesta de libertad vigilada para su cumplimiento posterior en los casos en que esta medida de seguridad se haya impuesto para cumplimiento posterior a la pena.

Como puede observarse, la competencia objetiva del Juez de Vigilancia Penitenciaria abarca un ámbito material que comprende a las penas y medidas de seguridad, y un ámbito personal que se extiende so-

[427] Posiblemente esta sea también una consecuencia más de la ligereza, imprevisión, o falta de rigor atribuible a la L.O. 1/2015, de 30 de marzo, de modificación del CP, que haya que sumar a las advertidas por el Prof. González Rus. *Vid.* GONZALEZ RUS, Juan José; «Secuelas colaterales no pretendidas en la LO 1/2015, de 30 de marzo, de reforma del Código Penal», en *Diario Le Ley nº 8553*, Sección Tribuna, 3 de junio de 2015, Ref. D-222, Editorial La Ley.

bre todas las personas sometidas a una relación especial de sujeción con la Administración Penitenciaria, como consecuencia de habérsele impuesto una medida cautelar personal privativa de libertad durante la instrucción penal, o estar cumplimiento una pena o medida de seguridad cuya ejecución administrativa (distinta de la procesal que corresponde al tribunal sentenciador) corresponda a dicha Administración. Pero ha de repararse en que en este ámbito personal, la competencia del Juez de Vigilancia es distinta según se trate de detenidos, presos, o penados.

Sobre los penados, el Juez de Vigilancia desarrolla su doble función de ejecución y de vigilancia. Sin embargo, sobre los detenidos y presos preventivos, al estar únicamente sujetos a una medida cautelar privativa de libertad, y no existir una pena que ejecutar, este Juez solo ejerce una función de vigilancia, salvaguardando sus derechos y corrigiendo los abusos y desviaciones que en el cumplimiento de los preceptos del régimen penitenciario pudieran producirse. Esta regla general tiene una excepción a raíz de la reforma introducida en el Código Penal por la Ley Orgánica 5/2010, de 22 de junio que, entre otros, modificó el artículo 37 del citado Código y estableció la posibilidad de que el Juez o Tribunal sentenciador pueda acordar que la pena de localización permanente se cumpla los sábados, domingos y días festivos en el centro penitenciario más próximo al domicilio del penado. Sólo en este caso de internamiento, el Juez de Vigilancia ejercería sobre el penado exclusivamente la que venimos denominando función de vigilancia, pero no la de ejecución pues, de lo dispuesto en este artículo se desprende que el Juez de Vigilancia no tiene ningún tipo de intervención en el control de la ejecución de esta pena, la cual se encomienda exclusivamente al Órgano sentenciador el cual, en el caso de que no acuerde el mencionado internamiento, podrá acordar, no obstante, la utilización de medios mecánicos o electrónicos que permitan la localización del reo para garantizar el cumplimiento efectivo de la pena.

Desde otra perspectiva, atendiendo a las penas y medidas cuya ejecución está llamado a controlar, la competencia del Juez de Vigilancia Penitenciaria se extiende, en materia de penas, a las penas privativas de libertad, pero no a todas sino sólo a la de prisión, y entre las penas privativas de otros derechos únicamente a la de trabajos en beneficio de la comunidad[428].

---

[428] Según el art. 32 CP, las penas que pueden imponerse con arreglo a dicho Código, son privativas de libertad, privativas de otros derechos, y multa.

Por lo que se refiere a las medidas de seguridad, la competencia de este Juez se extiende a todas las privativas de libertad; y respecto de las no privativas de libertad, a la custodia familiar y a la libertad vigilada[429].

5.3. Competencia funcional

Como ya apuntamos con anterioridad, la competencia funcional establece el órgano llamado a conocer del asunto en las distintas o sucesivas fases del proceso, una vez que se ha determinado la competencia objetiva y la territorial.

El criterio de la competencia funcional indica que en un mismo proceso pueden concurrir diversos órganos jurisdiccionales, desarrollando funciones relacionadas con aspectos parciales del proceso. De todos los criterios, el único necesario es el de competencia objetiva y los de competencia territorial y funcional son eventuales.

La competencia funcional no depende de la objetiva ni de la territorial, sino que se establece en atención a quién sea el órgano que,

---

Conforme al art. 35 CP, son penas privativas de libertad: la prisión permanente revisable, la prisión, la localización permanente y la responsabilidad personal subsidiaria por impago de multa. Se introduce la prisión permanente revisable tras la entrada en vigor de la reforma llevada a cabo por la L.O. 1/2015 de 30 de marzo.

A tenor del art. 39 CP, son penas privativas de derechos: a) La inhabilitación absoluta. b) Las de inhabilitación especial para empleo o cargo público, profesión, oficio, industria o comercio, u otras actividades determinadas en este Código, o de los derechos de patria potestad, tutela, guarda o curatela, tenencia de animales, derecho de sufragio pasivo o de cualquier otro derecho. c) La suspensión de empleo o cargo público. d) La privación del derecho a conducir vehículos a motor y ciclomotores. e) La privación del derecho a la tenencia y porte de armas. f) La privación del derecho a residir en determinados lugares o acudir a ellos. g) La prohibición de aproximarse a la víctima o a aquellos de sus familiares u otras personas que determine el juez o tribunal. h) La prohibición de comunicarse con la víctima o con aquellos de sus familiares y otras personas que determine el juez o tribunal. i) Los trabajos en beneficio de la comunidad. j) La privación de la patria potestad. Tras la entrada en vigor de la reforma llevada a cabo por la L.O. 1/2015 de 30 de marzo, se ha introducido la inhabilitación especial para la tenencia de animales.

429 El art. 96.2 CP establece que son medidas de seguridad privativas de libertad: 1ª- El internamiento en centro psiquiátrico. 2ª.- El internamiento en centro de deshabituación. 3ª.- El internamiento en centro educativo especial.

Conforme al art. 96.3 CP, son medidas no privativas de libertad: 1ª) La inhabilitación profesional. 2ª) La expulsión de territorio nacional de extranjeros no residentes legalmente en España. 3ª) La libertad vigilada. 4ª) La custodia familiar. 5ª) La privación del derecho a conducir vehículos a motor y ciclomotores. 6ª) La privación del derecho a la tenencia y porte de armas.

aun sin ser el realmente competente objetiva y territorialmente, haya conocido o esté conociendo del asunto, atribuyéndose automáticamente al órgano que relacionado con el anterior (normalmente el superior jerárquico) establezca la ley como competente para conocer de la siguiente fase del proceso[430]. En este sentido, la competencia funcional de ese órgano superior integra también lo que sería su propia competencia objetiva, con la única diferencia de que sería un asunto del que no conocería en primera instancia, siendo ésta nota lo único que permitiría diferenciar entre competencia objetiva (asuntos de los que se conoce en primera instancia) y competencia funcional (asuntos de los que se conoce en instancias sucesivas)[431]. Por eso, para algún sector doctrinal las normas de competencia objetiva necesitan ser completadas con normas de competencia funcional, de tal modo que los criterios de competencia objetiva y funcional no son independientes entre sí.

La aplicación (automática) de las normas de la competencia funcional determina que a la hora de fijar esta competencia, es decir determinar el órgano al que le corresponde conocer de los aspectos parciales, o de la fase sucesiva del proceso (*v. gr.* apelación), es innecesario aplicar de nuevo una norma de competencia territorial, puesto que el órgano jurisdiccional designado por las normas de competencia funcional se individualiza por completo partiendo de la determinación previa de otro órgano jurisdiccional con competencia objetiva y territorial que conoce sobre el fondo del asunto.

Con carácter general, en todos los órdenes jurisdiccionales la determinación de la competencia funcional es automática, pues conocido el órgano competente objetiva y territorialmente, automáticamente, la competencia para conocer de la siguiente fase del proceso, se atribuye al superior jerárquico en dicho territorio. En este aspecto, la competencia funcional está relacionada con territorialidad.

---

430 *Vid.* GOMEZ ORBANEJA, Emilio; *Derecho Procesal Civil*, vol. I, 8ª edic. Madrid, 1979, p. 100.

Vid. VALENCIA MIRON, Antonio José; *Introducción al Derecho Procesal*, 9ª edic., Comares, Granada, 2005, p. 287.

431 *Vid.* DE LA OLIVA, Andrés, y FERNANDEZ, Miguel Angel; *Derecho Procesal Civil*, t. I, Promociones y Publicaciones Universitarias S.A., Barcelona 1988, pp. 282 y ss.

A) Sistema dual de competencia funcional

Sin embargo, no obstante lo anteriormente expuesto, en la jurisdicción de vigilancia penitenciaria, la competencia funcional puede estar desligada de este criterio de la territorialidad, pues para unas materias (las relativas al régimen penitenciario) esta competencia se atribuye al superior jerárquico de la circunscripción territorial, no de la sede del Juez de Vigilancia, sino del centro penitenciario en el que se encuentre interno el interesado, y para otras materias (las relativas a la ejecución de la pena y al tratamiento penitenciario), la competencia funcional se atribuye al tribunal sentenciador, el cual puede ejercer su jurisdicción en otro territorio distinto al del Juzgado de Vigilancia que dictó la resolución en primera instancia, y del centro penitenciario en donde se encuentre interno el penado.

Como hemos mencionado, en otras jurisdicciones la competencia funcional se determina automáticamente tomando como referencia la sede y la competencia territorial del Juez a quo, que debe estar incluida en la circunscripción territorial del Juez ad quem. Sin embargo, en esta jurisdicción de vigilancia lo que se toma por referencia para determinar la competencia funcional no es el territorio del Juez a quo sino, por un lado, quien sea el tribunal sentenciador con independencia de su competencia territorial y, por otro lado, el lugar de situación del centro penitenciario en el que se encuentre el interno que formule la apelación o la queja. Así, un mismo Juez de Vigilancia, que puede extender su jurisdicción a varios establecimientos penitenciarios situados en provincias distintas, puede tener como superior ad quem, con competencia funcional para conocer de los recursos contra sus resoluciones, a distintas Audiencias Provinciales.

De este modo puede ocurrir que un Juzgado de Vigilancia, en vez de mandar el recurso de apelación a la Audiencia Provincial del territorio de su sede, lo tenga que enviar a la Audiencia Provincial del territorio donde tenga su ubicación el centro penitenciario en el que esté destinado el interno recurrente, o al tribunal sentenciador situado en territorio distinto de los antes mencionados[432].

---

[432] Ya hemos visto más arriba, al tratar de la competencia objetiva, las distintas materias que se atribuyen al tribunal sentenciador en cuanto órgano de "ejecución", y al Juez de Vigilancia Penitenciaria en cuanto órgano de "vigilancia de la ejecución", de tal manera que la competencia funcional, en esta jurisdicción de vigilancia, es

Pero este sistema dual en materia de competencia funcional no siempre fue así, y ello deriva de la posterior interpretación que ha hecho el Tribunal Supremo de la antinomia existente entre el artículo 82 de la LOPJ y la Disposición Adicional Quinta de esta misma Ley.

En su redacción originaria, el artículo 82 de la Ley Orgánica 6/1985, de 1 de julio, del Poder Judicial, establecía en su apartado 6º que: «*Las Audiencias Provinciales conocerán...6º.- De los recursos que establezca la Ley contra las resoluciones de los Juzgados de Vigilancia penitenciaria en materia de ejecución de penas.*» Con la reforma introducida por la Ley Orgáncia 7/1988, de 28 de diciembre, el mencionado apartado 6º de este artículo 82 pasó a ser apartado 3º, al que se le añadió la expresión "y del régimen de su cumplimiento", quedando con la siguiente redacción: «De los recursos que establezca la Ley contra las resoluciones de los Juzgados de Vigilancia penitenciaria en materia de ejecución de penas *y del régimen de su cumplimiento*»[433].

Por su parte, la Disposición Adicional Quinta, aunque también ha sido objeto de reformas por la Ley Orgánica 5/2003 de 27 de mayo, y por la Ley Orgánica 7/2003 de 30 de junio; en el aspecto que ahora nos interesa, mantiene su redacción original. Así en el primer párrafo de su apartado nº 2 establece que: «Las resoluciones del Juez de Vigilancia Penitenciaria en *materia de ejecución de penas*, serán recurribles en apelación y queja ante el Tribunal sentenciador, excepto cuando se hayan dictado resolviendo un recurso de apelación contra resolución administrativa que no se refiera a la clasificación del penado.» Y en su apartado nº 3 dispone que: «Las resoluciones del Juez de Vigilancia Penitenciaria *en lo referente al régimen penitenciario y demás materias no comprendidas en el apartado anterior* serán recurribles en apelación o queja siempre que no se hayan dictado resolviendo un recurso

---

parte de la competencia objetiva que le corresponde al tribunal sentenciador como órgano de ejecución.

[433] Este artículo 82 LOPJ volvió a ser modificado por la L. O. 5/2003 de 27 de mayo, que creó la figura del Juez Central de Vigilancia Penitenciaria, y dio al apartado 3º del citado artículo 82 la siguiente redacción: «De los recursos que establezca la Ley contra las resoluciones de los Juzgados de Vigilancia Penitenciaria, cuando la competencia no corresponda a la Sala de lo Penal de la Audiencia Nacional.»

Posteriormente, la L. O. 1/2009 de 3 de noviembre, volvió a modificar el referido artículo 82, y el apartado 3º pasó a ser apartado 5º, pero manteniendo el mismo texto anterior.

de apelación contra resolución administrativa. Conocerá de la apelación o de la queja la Audiencia Provincial que corresponda, por estar situado dentro de su demarcación el establecimiento penitenciario.»

Como puede apreciarse, el artículo 82 atribuye la competencia funcional a la Audiencia Provincial sin hacer la más mínima alusión al Tribunal sentenciador. Sin embargo, la Disposición Adicional Quinta atribuye a este Tribunal la competencia funcional para conocer de los recursos *en materia de ejecución de penas*[434].

Desde los comienzos de la vigencia de la Ley Orgánica del Poder Judicial, los Jueces de Vigilancia Penitenciaria intentando hallar una solución práctica y salvar esa contradicción o disfunción entre los preceptos citados, trataron esta cuestión en su III Reunión celebrada en Madrid los días 9 a 11 de octubre de 1985, y acordaron, plasmándolo en la conclusión y Criterio nº 24 de los acordados en dicha Reunión que: "Ante las contradicciones existentes entre la Disposición Adicional 5ª y el artículo 82.6 de la LOPJ, en orden al órgano competente para conocer de los recursos de apelación y queja contra las resoluciones del Juez de Vigilancia en materia de ejecución de penas, procede estimar competente a la Audiencia Provincial del lugar donde se encuentre ubicado el establecimiento penitenciario."

Este Criterio fue ratificado por los Jueces de Vigilancia en Reuniones posteriores[435], y se vino manteniendo de forma generalizada por todos los órganos jurisdiccionales, de tal manera que todos los recursos de apelación y queja contra las resoluciones del Juez de

---

[434] Según puede comprobarse, esta Disposición Adicional distingue entre: A) *Materia de ejecución de penas*, por un lado, en donde la jurisprudencia incluye lo relativo a la clasificación penitenciaria, libertad condicional, y lo relativo al tratamiento, pese a lo difícil que es establecer una línea divisoria entre régimen y tratamiento como conjunto de actividades relativas a la reeducación y reinserción, si tenemos en cuenta la interconexión entre ambas materias de tal manera que no pueden concebirse una aislada de la otra, sino de forma conjunta pues así es como se consigue el fin constitucional de la pena. Y por otro lado, B) *Lo referente al régimen penitenciario*, y demás materias no comprendidas en el párrafo anterior. Aquí hay que entender comprendidas las materias propias del régimen en cuanto conjunto de actividades y medidas tendentes a mantener el orden y la convivencia pacífica en el establecimiento.

[435] Así aparece como Criterio nº 84 de los aprobados en la V Reunión celebrada en Madrid durante los días 4 a 6 de octubre de 1990; en la VII Reunión celebrada en Madrid en septiembre de 1993, y en la VIII Reunión celebrada en Madrid del 3 al 5 de noviembre de 1994.

Vigilancia iban a la Audiencia Provincial, aunque ésta no fuera el tribunal sentenciador.

Pero a raíz de la Sentencia del Tribunal Supremo nº 671/2002 de 9 de julio, que recoge lo acordado en el Pleno no jurisdiccional de fecha 28 de junio de 2002, de la Sala II de dicho Tribunal, la cosa cambió pues lo que vino a establecer es que "*los recursos contra decisiones del Juez de Vigilancia Penitenciaria en cuestiones de clasificación del penado, en la medida que interesan directamente al régimen de ejecución de la pena, es decir a la ejecución de lo juzgado, son competencia del tribunal sentenciador.*"

Los hechos que dieron lugar a esta Sentencia del Tribunal Supremo fueron los siguientes:

Un interno del Centro penitenciario de Nanclares de la Oca (Alava), penado por la Audiencia Nacional, fue promovido a tercer grado, con criterio favorable a libertad condicional, por el Juzgado de Vigilancia Penitenciaria de Bilbao, que extiende su competencia territorial a la provincia de Alava. El Ministerio Fiscal recurrió la resolución del Juzgado, y se planteó el problema de si es competente para conocer del recurso la Audiencia Provincial de Vitoria en cuya circunscripción territorial se halla el Centro Penitenciario, o si por el contrario debe conocer la Audiencia Nacional como tribunal sentenciador.

Conforme al criterio que hasta entonces se había venido siguiendo, la competencia correspondería a la Audiencia Provincial de Vitoria. Además la defensa del interno, que sostenía la competencia de esta Audiencia Provincial, alegaba que debía imperar lo dispuesto en el artículo 82.1-3° de la LOPJ que, como norma posterior según la redacción dada por la reforma de la LO 7/1988 de 28 de diciembre, derogaba tácitamente la Disposición Adicional Quinta, párrafo 2°, que es donde se alude a la competencia del Tribunal sentenciador. El Tribunal Supremo no acogió esta tesis, y resolvió en el sentido anteriormente indicado, declarando que la competencia correspondía a la Audiencia Nacional por ser el Tribunal sentenciador.

B) Problemas que plantea el sistema dual

Esta decisión del Tribunal Supremo sirvió para resolver un caso concreto, pero trajo consigo que, a partir de entonces, los Jueces de

Vigilancia comenzaran a remitir los recursos de apelación sobre estas materias, no a la Audiencia Provincial de la demarcación territorial del respectivo establecimiento penitenciario, sino a los tribunales sentenciadores, con independencia del territorio en donde se encontraran éstos, y que lo mismo podían ser una Audiencia o un Juzgado de lo Penal; existiendo incluso la posibilidad, de si se trataba de la ejecución de una pena impuesta como consecuencia de la comisión de una falta, que el órgano ad quem pudiera ser un Juzgado de Instrucción o incluso un Juzgado de Paz.

Además, esta Sentencia del Tribunal Supremo abrió otros interrogantes pues cuando, como en el caso que contempló la citada Sentencia, sea uno sólo el tribunal sentenciador no hay problemas, pero ¿qué ocurre cuando el penado cumple distintas penas impuestas por otros tantos tribunales sentenciadores?, ¿quién es el órgano ad quem competente para conocer un recurso en el que se discute si procede o no la progresión o regresión de grado, la libertad condicional, u otra materia relativa al tratamiento penitenciario?

Ante la existencia de varias condenas impuestas a un interno por distintos tribunales, pueden seguirse varios criterios como pusieron de manifiesto los Autos de la Sección Quinta de la Audiencia Provincial de Madrid de fecha 17 de octubre de 2002 dictado en el Rollo nº 2100/2002, y el de fecha 6 de noviembre de 2002 recaído en el Rollo nº 2351/2002.

Estos posibles criterios son:

1. Pronunciamiento por separado de los distintos tribunales.
2. Mantener la competencia de la Audiencia Provincial donde radica el Centro penitenciario en el que está ingresado el penado en el momento de dictarse el acuerdo de clasificación.
3. Entender que es competente el tribunal que dictó la última sentencia; y
4. Atribuir la competencia al tribunal que impuso la pena más grave pendiente de cumplimiento.

Como indica la Sección Quinta de la Audiencia Provincial de Madrid en los Autos mencionados, el primer criterio debe ser descartado de plano, puesto que daría lugar a resoluciones contradictorias y crearía conflictos de imposible solución, aparte de carecer de apoyo normativo.

Respecto del segundo criterio, entendió la Audiencia de Madrid que, pese a su indudable eficacia práctica, ello significaría la inaplicación del criterio señalado por la Sala Segunda del Tribunal Supremo e introduciría factores distorsionantes en la resolución de estos recursos. Así, por un lado evitaría la atribución de la competencia a uno de los tribunales sentenciadores, a pesar de estar perfectamente identificado al menos un órgano con competencia para resolver recursos de apelación y no haberse agotado todas las posibilidades que el ordenamiento jurídico ofrece para elegir uno de los tribunales que impuso una condena al penado. Y por otro lado, permitiría que el propio penado pudiera variar por su exclusiva voluntad la competencia para el conocimiento del recurso, pues bastaría que cometiera un nuevo delito (incluso dentro de la prisión), para que ante la existencia de más de una condena se trasladara la competencia para decidir en última instancia sobre su clasificación del tribunal sentenciador a la Audiencia Provincial del lugar de reclusión. Piénsese en penados a condenas muy graves de 20 o más años de prisión, en los que el tribunal sentenciador se hubiera pronunciado contra la progresión de grado; la comisión de otra infracción penal, aunque fuera leve, castigada con privación de libertad, obligaría a cambiar la competencia para el conocimiento de estos recursos.

Sin embargo, este segundo criterio fue el sostenido por el Ministerio Fiscal y por la Sección Primera de la Audiencia Provincial de Sevilla, en su Auto de fecha 30 de octubre de 2002 recaído en el Rollo 5412/2002. En este Auto, la Audiencia sevillana conocía del recurso de apelación contra un Auto del Juez de Vigilancia de Sevilla, que revocaba la libertad condicional de un penado que había sido condenado por varios Juzgados de lo Penal de Sevilla y Madrid.

Entendió la Audiencia de Sevilla que la mencionada Sentencia del Tribunal Supremo nº 671/2002 era una resolución aislada, que no existe jurisprudencia sobre esta materia, tal y como la define el artículo 1.6 del Código Civil, ya que no hay doctrina reiterada y sentada del Tribunal Supremo en aplicación del ordenamiento jurídico, esto es, como fundamento de las decisiones jurisdiccionales adoptadas. Además, señala este Auto de la Audiencia Provincial de Sevilla que los Acuerdos no jurisdiccionales carecen de tal naturaleza, y que la expresada STS nº 671/2002 resolvió sobre un Auto que no era susceptible de casación, por lo que no tendría que haberse admitido, pese a lo cual el Tribunal Supremo entró en el fondo del asunto por estimar que se trataba de una cuestión de interés general.

Por todo ello, es por lo que Audiencia Provincial de Sevilla estimó que debía seguir aplicándose el hasta entonces criterio general, según el cual, la necesidad de una interpretación conjunta del artículo 82 y la Disposición Adicional Quinta de la LOPJ, llevó tanto a los Juzgados de Vigilancia Penitenciaria como a las Audiencias Provinciales a entender que existía una atribución general de la competencia a las Audiencias Provinciales.

Esta interpretación se fundaba en la existencia de una antinomia real ante la que había que optar por la norma general del artículo 82, que la materia de ejecución de penas comprendía la totalidad de las resoluciones de tales Juzgados susceptibles de recurso, que difícilmente eran separables dentro de ella la clasificación de los penados, e incluso que al modificarse el artículo 82 por la LO 7/1988 de 28 de diciembre, el texto de dicho artículo era norma posterior respecto de la Disposición Adicional Quinta. A esto se añadía la incongruencia que ocasionaría otra interpretación respecto de la estructura orgánica de los órganos sentenciadores en materia penal (que pueden ser desde los Juzgados de Paz y de Instrucción hasta la Sala Segunda del Tribunal Supremo), que difícilmente consentiría la atribución a todos ellos de competencia para la resolución de recursos de apelación y queja en materia de ejecución de la pena impuesta.

Es por ello por lo que la Audiencia de Sevilla entiende que, pese a lo respetable y atendible que sea la opinión de los magistrados de la Sala Segunda del Tribunal Supremo, y sin pretender establecer un criterio general contrario a ella, el criterio recogido en la Sentencia del Tribunal Supremo no puede ser aplicable al caso concreto que ahora tenía planteado en el recurso, sobre una decisión relativa a la libertad condicional y que afectaba al cumplimiento refundido de ocho penas de varios Juzgados de lo Penal de Sevilla y de Madrid.

Consideró la Audiencia Provincial de Sevilla que este planteamiento hacía imposible la atribución a cualquiera de tales Juzgados sentenciadores de la competencia para resolver el recurso de apelación, y llevaría también a que la atribución a uno o a otro atendiendo a razones tales como ser el primero de los órganos sentenciadores, o el último, o el que impuso una pena superior, sería arbitraria y tendría que llevarse a cabo sobre la base de criterios no contemplados en precepto legal alguno. A ello habría que añadir que, incluso si nos atuviéramos al texto literal del párrafo segundo de la Disposición Adicional Quinta, en el sentido preconizado por la Sala Segunda del Tribunal Supremo, ninguno de los Juzgados sentenciadores tendría, en este caso, la consideración de "tribunal"; término que en nuestro país se aplica a órganos colegiados y que son además los que en la normalidad de nuestro sistema de organización judicial, son los llamados a conocer sobre los recursos contra las decisiones de órganos unipersonales; por lo que en este sistema no cabe duda de las anomalías que supondría que un órgano unipersonal pudiera entender del recurso contra la decisión adoptada por otro órgano unipersonal del mismo grado. Todo esto le lleva a la Audiencia de Sevilla a concluir que es ella, y no ninguno de los distintos Juzgados de lo Penal sentenciadores quien debía conocer del recurso contra el Juzgado de Vigilancia de Sevilla que revocaba la libertad condicional y ordenaba el ingreso en prisión.

El tercer criterio (entender competente al tribunal que dictó la última sentencia) es análogo al establecido en el artículo 988, párrafo tercero, de la Ley de Enjuiciamiento Criminal, pero no resuelve totalmente el problema puesto que este artículo restringe la competencia del último Juez o Tribunal sentenciador a la determinación del límite máximo de cumplimiento de varias condenas, pero no extiende la competencia para la ejecución de penas que no considera acumulables a las impuestas por el propio Juez o Tribunal. Y por otro lado, abriría la posibilidad de trasladar la ejecución de penas graves a Jueces o Tribunales que hubieran impuesto penas de ínfima gravedad, permitiendo al propio tiempo (como en el caso anterior) que la sola voluntad del penado pudiera variar el tribunal competente.

Por todo ello, entendió la Audiencia Provincial de Madrid, en sus mencionados Autos, que el criterio más acertado es el último; esto es, entender competente al Tribunal que impuso la pena más grave pendiente de cumplimiento, dejando a salvo la posibilidad de que los distintos tribunales encargados de la ejecución de la pena planteen, en su caso, entre sí las cuestiones de competencia que estimen oportunas.

Dice la Audiencia Provincial de Madrid que la aplicación de este criterio de atribución de la competencia, para el conocimiento de los recursos, al tribunal que hubiera impuesto la pena más grave que estuviera cumpliendo el penado, es un criterio absolutamente respetuoso con el artículo 75 del Código Penal, cuando establece que se seguirá el orden de la gravedad de las condenas para el cumplimiento de las varias impuestas a una misma persona; y que de esta forma se permitirá mantener la competencia del mismo tribunal cuando a la pena más grave se hayan agregado otras en la refundición efectuada a los efectos de la libertad condicional.

A este criterio de la Audiencia de Madrid le podemos objetar que resultaría plenamente válido, y no generaría ningún problema, cuando todos los tribunales sentenciadores tuvieran el mismo nivel en la estructura orgánica del Poder Judicial o, en el caso de ser diferente, la pena mayor la hubiera impuesto el tribunal de mayor jerarquía, pero ¿qué ocurre si los tribunales sentenciadores son tanto Audiencias como Juzgados de lo Penal, siendo, en su caso, un Juzgado de lo Penal el que hubiera impuesto la pena de mayor gravedad?, ¿es entonces el Juzgado de lo Penal –órgano subordinado a la Audiencia– el competente para decidir cuestiones que afectan a la ejecución de la pena impuesta por la Audiencia –superior jerárquico de aquél–?

C) Soluciones propuestas por el Tribunal Supremo

Estos interrogantes vinieron a ser paliados por el Auto de la Sala Segunda del Tribunal Supremo de fecha 5 de abril de 2003, recaído en el recurso n° 103/2002 que, siguiendo en lo esencial el mismo criterio de la Audiencia Provincial de Madrid, introdujo nuevos criterios complementarios del anterior.

Señala este Auto del Tribunal Supremo que, en la cuestión relativa a cuál debe ser el tribunal competente para conocer de un recurso contra las resoluciones de un Juzgado de Vigilancia Penitenciaria sobre la clasificación de un penado, debe tenerse presente el Acuerdo del Pleno no jurisdiccional de la Sala Segunda del Tribunal Supremo de 28 de junio de 2002. Este Acuerdo que fue el tenido en cuenta y sirvió de base para la STS n° 671/2002, establece que las resoluciones de un Juez de Vigilancia relativas a la clasificación de los penados son recurribles en apelación y queja ante el Tribunal sentenciador encargado de la ejecución de la condena. Aclara ahora este Auto TS de 5-4-2003 que dicho Acuerdo del Pleno ha de entenderse referido a la "ejecución de la pena" o "ejecución penal y régimen de su cumplimiento". Que es cierto que el Acuerdo se limitó al problema que de forma puntual se trataba de resolver en el Pleno, contraído a la progresión clasificatoria al tercer grado de tratamiento, pero que las intervenciones de los magistrados, los argumentos y preceptos interpretados, permiten atribuir al Acuerdo un carácter general extensivo a cualquier resolución atinente al cumplimiento o ejecución de la pena, y desde luego alcanza a la competencia para conocer las resoluciones sobre libertad condicional.

Este Auto ratifica el anterior criterio del Tribunal Supremo en los términos expuestos, pero también pone de manifiesto que lo que el Acuerdo del Pleno no resuelve son los supuestos de colisión o concurrencia de órganos sentenciadores, y por lo tanto con facultades ejecutivas de las penas.

Por medio del referido Auto de 5-4-2003, el Tribunal Supremo resolvió un conflicto negativo de competencia para conocer sobre un recurso de apelación contra un Auto de un Juzgado de Vigilancia Penitenciaria de Madrid, entre la Audiencia Provincial de Madrid y la Audiencia Provincial de Burgos, y acogiendo el criterio que ya hemos visto de la Audiencia de Madrid, atribuyó la competencia a la Audiencia de Burgos por ser el tribunal sentenciador que impuso mayor pena.

Pero además de acoger este criterio de la Audiencia madrileña, la Sala Segunda del Tribunal Supremo también dice expresamente en este Auto que es consciente del vacío legal y de la ausencia de una línea interpretativa de esta Sala sobre la materia, por lo que estima oportuno sentar unos criterios resolutivos que sirvan de orientación en lo sucesivo. Estos criterios son los siguientes:

1. Siempre se debe partir de que la competencia para ejecutar la sentencia, atribuida por la ley al tribunal sentenciador, cuando concurran varios de los que dictaron las sentencias que se ejecutan, debe ostentarla un solo órgano judicial. El cambio de tribunal ejecutor será siempre excepcional.
2. En la colisión competencial entre Juzgados de lo Penal y Audiencias, deben prevalecer en la asunción de competencias éstas últimas, no sólo por ofrecer, como tribunal colegiado, mayores garantías de acierto, sino porque en el organigrama estructural de la Administración de Justicia,

las Audiencias Provinciales constituyen funcionalmente los órganos superiores o de apelación de los Juzgados de Vigilancia Penitenciaria (art. 82.1-3º LOPJ)[436].

3. Cuando sólo concurran como órganos ejecutivos Juzgados de lo Penal, o sólo Secciones diversas, bien de la misma Audiencia o de Audiencias diferentes, la competencia deberá ostentarla quien dictó la sentencia con pena mayor o de mayor duración.

Dice el Tribunal Supremo que este criterio tiene cierto apoyo en el orden de prelación de las distintas condenas a efectos de su ejecución, pues si se establece un orden de gravedad (art. 75 CP), ese orden debe dar la pauta para resolver el conflicto. Dice también, que con este criterio se da seguridad y fijeza a la resolución del problema, evitando variaciones competenciales provocadas por el penado o por la Administración Penitenciaria, según se asigne al penado a uno u otro Centro de cumplimiento.

D) Solución parcial señalada por el Legislador

Poco después de este Auto TS de 5-4-2003 se promulgó la Ley Orgánica 5/2003 de 27 de mayo, que modificó la Ley Orgánica del Poder Judicial, la Ley Orgánica General Penitenciaria, y la Ley de Demarcación y Planta Judicial.

Esta Ley Orgánica 5/2003 (que entró en vigor el día 29-5-2003) creó la figura del Juez Central de Vigilancia Penitenciaria y, entre otras reformas, introdujo un segundo párrafo en el apartado nº 2 de la Disposición Adicional Quinta de la Ley Orgánica del Poder Judicial, estableciendo que: «En el caso de que el penado se halle cumpliendo varias penas, la competencia para resolver el recurso corresponderá al Juzgado o Tribunal que haya impuesto la pena privativa de libertad más grave, y en el supuesto de que coincida que varios Juzgados o Tribunales hubieran impuesto pena de igual gravedad, la competencia corresponderá al que de ellos la hubiera impuesto en último lugar»[437].

---

[436] Como consecuencia de la reforma efectuada en la LOPJ por la LO 1/2009 de 3 de noviembre, el apartado 3º del nº 1 del art. 82 ha pasado a ser el 5º. Por lo que el equivalente al art. citado es 82.1-5º LOPJ.

[437] El apartado nº 2 de esta Disposición Adicional utiliza la expresión "*Tribunal sentenciador*", por lo que, a nuestro entender el Legislador podría haber aprovechado

Como puede observarse esta reforma legal vino a desbaratar y dejar en parte sin efecto los, a nuestro entender, acertados criterios del Tribunal Supremo, pues a la hora de determinar qué tribunal es el competente para conocer de los recursos que se planteen contra las resoluciones de los Jueces de Vigilancia en materias relativas a la ejecución de penas, el nuevo precepto legal establece en primer lugar el criterio de la mayor gravedad –criterio inicialmente señalado por la Audiencia de Madrid, y después seguido por el Tribunal Supremo–, pero introduce el criterio subsidiario de que para el caso que los distintos tribunales sentenciadores hubieran impuesto pena de igual gravedad, entonces la competencia vendría atribuida al que hubiera dictado la última sentencia condenatoria.

Así pues, conforme a la redacción dada a este apartado nº 2 de la Disposición Adicional Quinta de la Ley Orgánica del Poder Judicial, cabe interpretar que los Juzgados de lo Penal, como tribunales sentenciadores, son funcionalmente competentes para conocer de los recursos contra las resoluciones de los Juzgados de Vigilancia dictadas en materia de ejecución de penas.

Ante este estado de cosas, a la vista de los criterios expuestos en el Auto del Tribunal Supremo de 5 de abril de 2003 (rec. 103/2002), y de la reforma introducida en la mencionada Disposición Adicional Quinta, nos podemos encontrar ante varias situaciones, que pueden encontrar también varias respuestas, como son:

1. Una o varias penas impuestas por un mismo tribunal colegiado (una misma sección de una Audiencia Provincial), en cuyo caso la competencia funcional para conocer de los recursos contra las resoluciones del Juez de Vigilancia en materia de ejecución de penas,

---

esta reforma para sustituir dicha expresión por la de "*Juez o Tribunal encargado de la ejecución*", pues en nuestro sistema existen cuatro supuestos de tribunales sentenciadores que no ejecutan sus sentencias, como son: A) Los Juzgados de Instrucción de Guardia cuando dictan sentencias de conformidad en las denominadas Diligencias Urgentes, cuya sentencia se remite para su ejecución al Juzgado de lo Penal correspondiente, conforme a lo dispuesto en el art. 801 LECr. B) Los Juzgados de lo Penal de aquellas ciudades en las que existen Juzgados específicos de ejecución penal, según lo previsto en el artículo 98 LOPJ. C) Las sentencias condenatorias dictadas en grado de apelación por las Audiencia Provinciales, cuya ejecución corresponde al Juzgado que dictó la sentencia de primera instancia, según dispone el artículo 792.3 de la LECr. D) Las sentencias condenatorias dictadas por Tribunal Supremo tras estimar un recurso de casación por infracción de ley, cuya ejecución corresponde a la Audiencia que dictó la sentencia casada, según lo previsto en el artículo 986 LECr.

corresponde a ese mismo tribunal sentenciador. Esto es así en virtud de lo establecido en el párrafo primero del apartado nº 2 de la meritada Disposición Adicional, que coincide con los criterios expuestos por el Tribunal Supremo en su Auto 5-4-2003.

2. Varias penas impuestas por distintos tribunales colegiados (distintas secciones de la misma Audiencia o de Audiencias diferentes).

En este caso la competencia corresponderá al tribunal que hubiera impuesto la pena privativa de libertad más grave y, subsidiariamente, en el caso de que hubiera coincidencia en la gravedad de las penas, entonces la competencia vendría atribuida al que hubiera impuesto la pena en último lugar.

Este es el criterio recogido en el párrafo segundo del apartado nº 2 de la Disposición Adicional Quinta, que también coincide y completa los criterios expuestos por el Tribunal Supremo en el Auto de 5-4-2003.

3. Varias penas impuestas, concurriendo como órganos sentenciadores Juzgados de lo Penal y Audiencias.

Según vimos, en este caso de colisión competencial, el mencionado Auto del Tribunal Supremo establecía como criterio el de atribuir la competencia a las Audiencias, sin tener en cuenta el criterio de la gravedad de la pena.

Para el Tribunal Supremo debería atribuirse la competencia a las Audiencias en estos casos, por tratarse de tribunales colegiados y ofrecer por ello mayores garantías de acierto, y especialmente porque en el organigrama de la Administración de Justicia, las Audiencias Provinciales son los órganos superiores o de apelación de los Juzgados de Vigilancia Penitenciaria.

Sin embargo, la Disposición Adicional Quinta no tiene en cuenta estos criterios del Tribunal Supremo (tribunal colegiado y órgano superior) sino que atiende exclusivamente al de la pena privativa de libertad más grave; de tal modo que conforme a la dicción literal de esta Disposición Adicional, en caso de concurrencia de Juzgados y Audiencias, la competencia vendría atribuida al órgano sentenciador que hubiera impuesto la pena más grave, que podría ser un Juzgado.

4. Una o varias penas impuestas por un solo Juzgado de lo Penal.

En este caso resulta de aplicación el mismo criterio expuesto anteriormente en primer lugar, para el caso de la existencia de un solo tribunal colegiado, de tal modo que sería competente funcionalmente dicho Juzgado como órgano sentenciador, cuya sentencia o sentencias se ejecutan. (Párrafo primero del apartado nº 2 de la Disposición Adicional Quinta, y ATS de 5-4-2003).

5. Varias penas impuestas por distintos Juzgados.

Aquí se seguiría el mismo criterio expuesto anteriormente en segundo lugar, para el caso de varias penas impuestas por distintos tribunales colegiados, de tal manera que la competencia funcional correspondería al Juzgado que hubiera impuesto la pena privativa de libertad más grave, y en el caso de igual gravedad el que la hubiera impuesto en último lugar. (Párrafo segundo del apartado nº 2 de la Disposición Adicional Quinta.)

6. Una o varias penas impuestas por el Juzgado Central de lo Penal, o la Sala de lo Penal de Audiencia Nacional, solos o en concurrencia, con penas impuestas por otros Juzgados o Tribunales sentenciadores.

Aquí la competencia funcional siempre corresponderá a la Sala de lo Penal de la Audiencia Nacional por mor de lo dispuesto en el apartado nº 6 de la meritada Disposición Adicional, en relación con lo dispuesto en el artículo 94.4 de la LOPJ.

Como hemos visto, con carácter general, la Disposición Adicional Quinta establece un régimen dual de competencia funcional distinguiendo, por un lado, entre resoluciones del Juez de Vigilancia en materia de ejecución de penas, cuya apelación atribuye al órgano sentenciador, y por otro lado resoluciones dictadas por el Juez de Vigilancia en lo referente al régimen penitenciario y demás materias, que atribuye a la Audiencia Provincial en cuya demarcación territorial se encuentre en el establecimiento penitenciario en el que se halle el interno interesado.

Sin embargo, resulta curioso que tratándose de los Organos centrales de la Audiencia Nacional, la Disposición Adicional Quinta no establece ese régimen dual de apelación que regula para el caso de los demás Juzgados y Tribunales. Así, en su apartado nº 6 dispone que: «Cuando quien haya dictado la resolución recurrida sea un Juzgado Central de Vigilancia Penitenciaria, tanto en materia de ejecución de penas como de régimen penitenciario y demás materias, la competencia para conocer del recurso de apelación y queja,..., corresponderá a la Sala de lo Penal de la Audiencia Nacional.»

Teniendo en cuenta lo anterior, y el contenido del último párrafo del apartado nº 4 del artículo 94 de la LOPJ que establece que, en todo caso, la competencia de los Juzgados Centrales de Vigilancia será preferente y excluyente cuando el penado cumpla también otras condenas que no hubiesen sido impuestas por la Audiencia Nacional, la conclusión no puede ser otra sino que en estos casos la competencia funcional siempre corresponde a la Sala de lo Penal de la Audiencia Nacional.

Haciendo exclusión de lo relativo a la competencia de los Organos centrales de la Audiencia Nacional, que tienen una regulación específica distinta de los demás, cuando en aplicación las normas generales que antes hemos visto, pueda atribuirse la competencia funcional a un Juzgado como tribunal sentenciador, ello no resulta una respuesta o solución legal satisfactoria como ya apuntaban tanto la Audiencia Provincial de Sevilla, la Audiencia Provincial de Madrid, y el propio Tribunal Supremo.

En este caso, estas Audiencias entendían que la competencia para conocer de todos los recursos debía atribuirse a la Audiencia Provincial del territorio en donde radique el establecimiento penitenciario, conforme al criterio tradicional que siempre se había venido manteniendo antes de la STS nº 671/2002 de 9 de julio, pues resulta discutible que pueda atribuirse al Juez de lo Penal el conocimiento del recurso de apelación ya que la Ley Orgánica del Poder Judicial limita la competencia para el conocimiento de los recursos de apelación a tribunales colegiados, y en el ámbito provincial a las Audiencias provinciales (art. 82 LOPJ), al propio tiempo que restringe la competencia de los Juzgados de lo Penal al enjuiciamiento de las causas por delito que la ley determine (art. 89 bis-2 LOPJ). Por lo que en estos casos, la interpretación sistemática de estos preceptos, unida a razones de eficacia, obliga a atribuir la competencia a la Audiencia Provincial, con independencia de la gravedad de la pena impuesta. Este criterio es el que recogió el Tribunal Supremo en su Auto de fecha 5-4-2003, dictado en el recurso nº 103/2002.

E) Ultima solución, deducida de lo resuelto por el Tribunal Supremo

Como la consecuencia práctica derivada del tenor literal de la Disposición Adicional Quinta, de tener que remitir las apelaciones a un Juzgado en lugar de a una Audiencia no resulta acorde con el sistema de organización de la Administración de Justicia, apareció finalmente otra línea de interpretación derivada del contenido del Auto de la Sala Segunda del Tribunal Supremo de fecha 14 de junio de 2005 (recurso nº 17/2005), que poco a poco ha ido imponiéndose como mayoritario en este aspecto de la competencia funcional en la jurisdicción de vigilancia penitenciaria aunque, sin embargo, como mas adelante veremos, no viene observándose con carácter general.

Mediante este Auto el Tribunal Supremo resuelve una cuestión de competencia mal planteada, pero recoge en su fundamentación jurídica una última interpretación de lo establecido en la Disposición Adicional Quinta de la LOPJ, y el artículo 82 de la misma Ley, que es la que finalmente se está siguiendo en la práctica, cuando el tribunal sentenciador es un Juzgado de lo Penal, y que en realidad lo que viene es a hacerse eco de lo ya apuntado por las Audiencias Provinciales de Sevilla y Madrid, y por el propio Tribunal Supremo en su Auto de 5 de abril de 2003.

Dice este Auto del Tribunal Supremo de fecha 14 de junio de 2005 que: «En la actual redacción de la Ley Orgánica del Poder Judicial (LOPJ), los recursos de apelación contra las resoluciones de los JVP en materia de ejecución de penas son competencia, según la Disposición Quinta, en su norma 2, de los órganos jurisdiccionales sentenciadores; y el criterio de este Tribunal es el de que, a este efecto, la clasificación de grado está incluida en la ejecución. Mas aquella norma no debe ser aislada de las 3, 5 y 6 de la misma Disposición[438] que recogen otro criterio: la función de apelación

[438] En la fecha en que se dictó este Auto del T.S. de 14-6-2005, estaba vigente la redacción dada a la Disposición Adicional 5ª de la LOPJ por la LO 5/2003 de 27 de mayo. Posteriormente la LO 7/2003, de 30 de junio, modificó esta Disposición Adicional en el sentido de introducir un nuevo apartado nº 5, de tal manera que los

contra resoluciones de los JVP corresponde a órganos colegiados; a lo que debe añadirse cómo, en consonancia con ese criterio, mientras que el art. 82.1.3º[439] establece, entre las atribuciones de las Audiencias Provinciales, los recursos contra las resoluciones de los JVP, el art. 89 bis no prevé, entre las competencias de los Juzgados de lo Penal, atribución alguna para los recursos de apelación. De la conjunción de esos criterios, y mutatis mutandi, debe colegirse que, en el aspecto piramidal del subsistema jurisdiccional español, el órgano que resuelva los recursos de apelación no ha de ser uno situado en el mismo nivel del que dictó la resolución recurrida sino otro superior.»

Conforme a lo razonado en este Auto, cuando el órgano sentenciador sea un Juzgado de lo Penal, la competencia funcional para conocer de los recursos de apelación contra las resoluciones dictadas por un Juzgado de Vigilancia en materia de ejecución de penas, no corresponde al Juzgado de lo Penal sino a la Audiencia Provincial que sea el superior jerárquico de dicho Juzgado sentenciador.

En definitiva, con arreglo a ésta última interpretación, el órgano competente para conocer de los recursos de apelación y queja contra todas las resoluciones de los Jueces de Vigilancia siempre será una Audiencia Provincial.

F) Enésima confusión y controversia sobre esta cuestión

Cuando, gracias al contenido del Auto de la Sala Segunda del Tribunal Supremo de fecha 14 de junio de 2005 (recurso nº 17/2005), ya teníamos una pauta marcada a seguir y, a nuestro entender, una razonable y acertada solución a los problemas que, según hemos visto, plantea el sistema dual de competencia funcional en la jurisdicción de vigilancia penitenciaria, sin embargo, ese mismo Tribunal dictó el Auto de 2 de febrero de 2011 (recurso 20652/2010) que ha venido a introducir confusión en esta materia y a avivar la polémica y la disparidad de criterios sobre esta cuestión.

---

anteriores apartados 5 y 6 pasaron a ser respectivamente el 6 y 7, pero manteniendo su misma redacción.

[439] Tras la reforma efectuada en la LOPJ por la LO 1/2009 de 3 de noviembre, este apartado 3º ha pasado a ser el 5º. Por lo que el equivalente al art. citado es 82.1-5º LOPJ.

Mediante ese Auto, el Tribunal Supremo resolvió una cuestión de competencia a favor del Juzgado de Ejecutorias de San Sebastián, que tenía los siguientes presupuestos de hecho:

El JVP nº 4 de Castilla-León, con sede en Palencia, dictó Auto por el que desestimó el recurso de un interno contra la Resolución de la Secretaría General de Instituciones Penitenciarias que acordó su mantenimiento en segundo grado de tratamiento. Planteado el correspondiente recurso de apelación, el JVP lo remitió a la Audiencia Provincial de Palencia. Esta Audiencia, amparada en la aplicación del Pleno no jurisdiccional de la Sala Segunda del Tribunal Supremo de fecha 28-6-2002, rechazó la competencia para conocer del recurso, argumentando que las resoluciones del Juez de Vigilancia en cuestiones de clasificación del penado son competencia del tribunal sentenciador, y se inhibió a favor del Juzgado de Ejecutorias Penales de San Sebastián.

Recibida la inhibición de la Audiencia de Palencia en el citado Juzgado de Ejecutorias, éste rechazó la competencia para conocer del recurso de apelación, sustentando su decisión en lo dispuesto en el art. 82.1-5ª LOPJ, planteándose así la cuestión de competencia negativa.

El Tribunal Supremo dedica el Fundamento Jurídico Primero de este Auto de 2 de febrero de 2011 (recurso 20652/2010) a dejar constancia de los presupuestos de hecho, y en el Fundamento Segundo decide la cuestión de competencia con un razonamiento muy breve y simple, en el que no se plantea ni tiene en cuenta la problemática que esta materia suscita, limitándose a decir que «*El pleno no jurisdiccional de esta Sala por acuerdo de 28.6.02 declaró "Las resoluciones del Juez de Vigilancia Penitenciaria relativas a la clasificación de los penados son recurribles en apelación (y queja) ante el Tribunal sentenciador encargado de la ejecución de la condena". De igual modo la disposición Adicional Quinta de la LOPJ, modificada por la L.O. 5/2003, de 27 de mayo en su párrafo 2, dice: "Las resoluciones del Juez de Vigilancia Penitenciaria en materia de ejecución de penas serán recurribles en apelación y queja ante el tribunal sentenciador, excepto cuando se hayan dictado resolviendo un recurso de apelación contra resolución administrativa que no se refiera a clasificación del penado". Por lo expuesto siendo Tribunal Sentenciador el Penal núm. 4 de San Sebastián la competencia corresponde al Juzgado de Ejecutorias penales de San Sebastián. (Disposición Adicional Quinta 2 LOPJ).*»

Nosotros entendemos que este razonamiento, tan breve y simple, no desdice el criterio plasmado por ese mismo Alto Tribunal en su anterior ATS de fecha 14 de junio de 2005 (recurso nº 17/2005), o al menos no impide su aplicación, pues además de esa brevedad y simpleza en la que el Tribunal Supremo no se plantea ni analiza la problemática que suscita esta cuestión, este Tribunal se ha limitado simplemente a resolver el caso concreto y dar la única solución posible en función de cómo se había planteado la cuestión de competencia, sin entrar en mayores profundidades jurídicas. Lo único que el Tribunal Supremo podía decidir era atribuir la competencia a uno de los dos órganos jurisdiccionales contendientes, la Audiencia Provincial de Palencia y el Juzgado de Ejecutorias Penales de San Sebastián, entre los que se había planteado la cuestión. El Tribunal Supremo no podía resolver esa cuestión de competencia, ordenando la remisión de los autos y declarando competente a otro órgano no contendiente, distinto de esos dos[440].

Creemos, por consiguiente, que este breve y simple ATS de 2 de febrero de 2011 (recurso 20652/2010) no puede servir para dejar inaplicada la doctrina de este mismo Tribunal recogida en su anterior ATS de fecha 14 de junio de 2005 (recurso nº 17/2005); de tal manera que, recibidas las actuaciones en el Juzgado de Ejecutorias de San Sebastián, este Juzgado –en aplicación de la doctrina de ese Auto de 2005– debió remitirlas, a su vez, a la Audiencia Provincial de Guipúzcoa que es su superior jerárquico en materia de recursos de apelación.

Consideramos que el Tribunal Supremo, al resolver con tanta simpleza –y por qué no decirlo también, con tanta ligereza– esta cuestión de competencia, con visión miope, centrado en resolver únicamente el caso concreto, pero sin plantearse los problemas que esta materia suscita, y sin sopesar la confusión y controversia doctrinal que –más allá de la estricta resolución del caso concreto– este ATS de 2 de febrero de 2011 (recurso 20652/2010) podía generar, perdió una oportunidad de oro para consolidar su doctrina plasmada en el ATS de fecha 14 de junio de 2005 (recurso nº 17/2005), que tan satisfactoriamente resuelve los problemas del sistema dual de competencia funcional establecido en la desafortunada Disposición Adicional Quinta de la LOPJ.

---

[440] *Vid.* arts. 19 a 46 y 759 de la LECr. que regulan la tramitación de las cuestiones de competencia.

Así, lejos de propiciar que todas las Audiencias Provinciales siguieran la sabia senda de la doctrina señalada por el ATS de 2005, este otro ATS de 2011 ha dado pié a que algunas Audiencias Provinciales, como la de Barcelona, consideren competentes funcionalmente a los Juzgados de lo Penal.

G) Pronunciamiento del Tribunal Constitucional sobre esta cuestión

Esta confusa y controvertida situación fue llevada al Tribunal Constitucional mediante sendas cuestiones de inconstitucionalidad planteadas por el Juzgado de lo Penal nº 15 de Barcelona. Pero el Pleno del Tribunal Constitucional inadmitió a trámite ambas cuestiones mediante ATC nº 59/2013 de 26 de febrero (rec. 5354/2012), y ATC nº 255/2013 de 5 de noviembre (rec. 2800/2013).

I. En la primera ocasión, esto es, la relativa al ATC nº 59/2013, los hechos que sirvieron de base para el planteamiento de la cuestión de inconstitucionalidad fueron los siguientes:

El JVP núm. 5 de Cataluña dictó Auto revocando el beneficio de libertad condicional del que venía disfrutando un penado, como consecuencia del incumplimiento de las reglas de conducta establecidas en el programa de libertad condicional. La Letrada del penado interpuso recurso de apelación y, admitido a trámite, el JVP remitió las actuaciones a la Sección Vigesimoprimera de la Audiencia Provincial de Barcelona que, sin embargo, rechazó ser competente para resolverlo, afirmando la competencia del órgano sentenciador de la causa penal, en este caso el Juzgado de lo Penal núm. 15 de Barcelona.

Tras los oportunos trámites, este Juzgado de lo Penal dictó Auto de 18-9-2012 promoviendo la cuestión de inconstitucionalidad, en el que aprecia que la Disposición Adicional Quinta, norma segunda, de la LOPJ atribuye a los órganos judiciales sentenciadores la competencia para resolver recursos de apelación contra resoluciones de los Jueces de Vigilancia Penitenciaria en materia de ejecución de penas; añadiendo que ningún problema existe cuando el órgano sentenciador ha sido una Audiencia Provincial, pero sí cuando lo es un órgano unipersonal que no tenga la consideración de superior procesal del Juez de Vigilancia Penitenciaria, como ocurre con los Jueces de lo Penal, de Instrucción, o de Paz. El Juez promotor de la cuestión entiende que sólo las Audiencias Provinciales pueden resolver este tipo de recursos, pero sin que exista una práctica uniforme al respecto, pues mientras que unas Audiencias Provinciales consideran que la competencia corresponde en todo caso a las propias Audiencias, otras entienden que también los Jueces de lo Penal pueden resolver tales recursos de apelación. A juicio del Juez proponente, esta disparidad de criterios vulnera los arts. 14 y 24.1 CE, en relación con el art. 2.1 del protocolo núm. 7 del Convenio europeo para la protección de los derechos humanos y de las libertades fundamentales.

Dice el TC que no cabe apreciar vulneración de los citados artículos, y en este sentido razona que:

> «Precisamente, en el propio Auto de planteamiento de la cuestión de inconstitucionalidad se reproduce literalmente un Auto de la Sala de lo Penal del Tribunal Supremo, de 14 de junio de 2005, dictado en otro caso, pero en el que viene, justamente, a resolverse igual controversia mediante una interpretación conjunta de la normativa aplicable, con el resultado de considerar competente para resolver estos recursos de apelación a la Audiencia de la provincia correspondiente al órgano sentenciador de la causa penal. El órgano proponente comparte este criterio del Tribunal Supremo, pero al no haber sido el acogido en este caso por la Audiencia Provincial de Barcelona, plantea la cuestión de inconstitucionalidad. Sin embargo, *la cuestión de inconstitucionalidad "no puede ser instrumentada al modo de un cauce consultivo mediante el cual la jurisdicción constitucional vendría a despejar las dudas que abrigara el órgano judicial no ya sobre la constitucionalidad de un precepto legal, sino sobre cuál fuera, de entre las varias posibles, su interpretación y aplicación más acomodada a la Constitución" [STC 222/1992, de 11 de diciembre, FJ 2 b)]. En particular, hemos afirmado reiteradamente que la interpretación de las normas sobre competencia de los órganos judiciales corresponde en exclusiva a la jurisdicción ordinaria, sin que deba trasladarse al Tribunal Constitucional el problema de la determinación del Juez del caso, cuyo discernimiento no le compete* (SSTC 23/1986, de 14 de febrero, FJ 3; 93/1988, de 24 de mayo, FJ 2; 224/1993, de 1 de julio, FJ 3; 126/2000, de 16 de mayo, FJ 4; y 191/2011, de 12 de diciembre, FJ 5).»

Y sigue exponiendo que: «es también reiterada nuestra jurisprudencia afirmando que la disparidad de criterios interpretativos de los órganos judiciales carece por sí misma de relevancia constitucional, pues es fruto de la independencia judicial en la interpretación y aplicación de las leyes; sólo es apreciable la vulneración del derecho a la igualdad en la aplicación de la ley (art. 14 CE) cuando un mismo órgano judicial resuelve de manera contradictoria casos sustancialmente iguales, sin ofrecer justificación para apartarse de sus propios precedentes (por todas, STC 13/2011, de 28 de febrero, FJ 3), situación ajena al presente caso.»

Por todo lo expuesto, el Pleno del TC acordó inadmitir la cuestión de inconstitucionalidad.

II. En la segunda ocasión, la referente al ATC nº 255/2013 de 5 de noviembre, el presupuesto fáctico y razonamientos fueron los siguientes:

El JVP núm. 5 de Cataluña estimó un recurso de alzada interpuesto por el Ministerio Fiscal contra la resolución del Director General de Recursos y Régimen Penitenciario, que había clasificado en tercer grado de tratamiento a un penado, acordando clasificarlo en segundo grado. El Abogado del interno interpuso recurso de apelación contra dicha resolución, que sería remitido inicialmente al Juzgado de lo Penal núm. 15 Barcelona y, a través de éste, a la Sección Vigesimoprimera de la Audiencia Provincial de Barcelona. Ésta resolvió devolver el asunto al Juzgado de lo Penal núm. 15 de Barcelona, por entender que, en aplicación de la Disposición Adicional Quinta LOPJ, correspondería a este último resolver el recurso, por ser el órgano judicial sentenciador.

Según la fundamentación de la cuestión, contenida en el Auto de fecha 8-4-2013 del expresado Juzgado de lo Penal de Barcelona, hay fundadas razones para interponer una posible cuestión de inconstitucionalidad de la Disposición Adicional Quinta, norma segunda de la LOPJ, por vulneración de los arts. 14 y 24 CE, así como del artículo 2.1 del protocolo núm. 7 del Convenio europeo para la protección de los derechos humanos y de las libertades fundamentales (CEDH). En el fundamento jurídico 6, bajo la rúbrica "Doctrina contradictoria del Tribunal Supremo", se reproduce el Auto de la Sala Segunda del Tribunal Supremo de 14 junio 2005, y asimismo se da cuenta de otro Auto más reciente de la misma Sala Segunda del Tribunal Supremo, de 2 de febrero de 2011, en el que en un supuesto análogo se acordó reconocer la competencia a favor del Juzgado de ejecutorias penales de San Sebastián. A juicio del órgano promotor de la presente cuestión de inconstitucionalidad, según la doctrina que emana del ATC 59/2013 nos encontraríamos ante una supuesta disparidad de criterio en la aplicación de la misma norma por el mismo órgano jurisdiccional, un cambio de criterio sin justificación.

En este ATC nº 255/2013 de 5 de noviembre, el Tribunal Constitucional reitera lo que ya dijera en el anterior ATC 59/2013, en el sentido de que «*la cuestión de inconstitucionalidad "no puede ser instrumentada al modo de un cauce consultivo mediante el cual la jurisdicción constitucional vendría a despejar las dudas que abrigara el órgano judicial no ya sobre la constitucionalidad de un precepto legal, sino sobre cuál fuera, de entre las varias posibles, su interpretación y aplicación más acomodada a la Constitución" [STC 222/1992, de 11 de diciembre, FJ 2 b)]*.»

Vuelve a insistir el TC en que la interpretación de las normas sobre competencia de los órganos judiciales corresponde en exclusiva a la jurisdicción ordinaria, sin que deba trasladarse al Supremo Intérprete de la Constitución el problema de la determinación del Juez del caso, cuyo discernimiento no le compete; y que la disparidad de criterios interpretativos de los órganos judiciales carece por sí misma de relevancia constitucional, pues es fruto de la independencia judicial en la interpretación y aplicación de las leyes; de tal modo que, sólo es apreciable la vulneración del derecho a la igualdad en la aplicación de la ley (art. 14 CE), cuando un mismo órgano judicial resuelve de manera contradictoria casos sustancialmente iguales, sin ofrecer justificación para apartarse de sus propios precedentes.

Es por ello, por lo que el Pleno del TC acordó inadmitir esta otra cuestión de inconstitucionalidad núm. 2800/2013.

H) Necesidad de un pronunciamiento claro y expreso del Tribunal Supremo sobre esta cuestión

A nuestro entender, según los motivos que expusimos más arriba, creemos que no existe contradicción entre los dos Autos del Tribunal Supremo mencionados: el ATS de fecha 14 de junio de 2005 (recurso nº 17/2005), y el ATS de 2 de febrero de 2011 (recurso nº 20652/2010), pues, aunque en ámbitos próximos, resuelven situaciones diferentes, y además, este último Auto de 2011 no supuso impedimento alguno para que el Juzgado de Ejecutorias de San Sebastián enviara las actuaciones a su Audiencia Provincial para que ésta resolviera el recurso de apelación.

Sin embargo, como también expusimos con anterioridad, este ATS de 2011 lejos de contribuir a cerrar definitivamente la polémica sobre la competencia funcional de los Juzgados de lo Penal en materia de recursos contra las resoluciones de los Juzgados de Vigilancia, lo que ha venido ha sido a crear confusión y a reavivar esta polémica, como así lo revela la existencia de criterios dispares al respecto entre las distintas Audiencias Provinciales.

Es por ello, por lo que estimamos necesario que el Ministerio Fiscal o alguna de las partes afectadas, llegado el caso, planteen ante la Sala Segunda del Tribunal Supremo el correspondiente recurso de casación para unificación de doctrina en esta materia.

Llegados a este punto, como colofón de este apartado relativo a la competencia funcional, hemos de decir que nos parece un acierto que la criticable, en muchos aspectos, Disposición Adicional Quinta de la LOPJ, establezca en su apartado nº 10 que: «En aquellas Audiencias donde haya más de una sección, mediante las normas de reparto, se atribuirá el conocimiento de los recursos que les correspondan según esta disposición, con carácter exclusivo, a una o dos secciones.» Con ello se consigue una mayor especialización y operatividad.

Finalmente hemos de decir que la Ley Orgánica 5/2003 de 27 de mayo, además de crear la figura del Juez Central de Vigilancia Penitenciaria cuyas resoluciones, como hemos visto, son todas recurribles ante la Sala de lo Penal de la Audiencia Nacional, también introdujo en esta jurisdicción de vigilancia penitenciaria el recurso de casación para la unificación de doctrina ante la Sala de lo Penal del Tribunal Supremo.

Por lo que podemos concluir diciendo que, órganos con competencia funcional en materia de vigilancia penitenciaria son las Audiencias Provinciales, la Sala de lo Penal de la Audiencia Nacional, y la Sala Segunda del Tribunal Supremo.

CAPÍTULO V
PROCEDIMIENTOS DE ACTUACIÓN

1. LA AUSENCIA DE UNA LEY PROCESAL DE VIGILANCIA PENITENCIARIA

A lo largo de este trabajo, en diferentes partes del mismo –véase en este sentido la Introducción, el Capítulo II relativo al Marco Normativo, y especialmente el apartado 4.2.2 sobre "Normas procedimentales" y el apartado 5 "Fuentes del Derecho Procesal Penitenciario"–, hemos puesto de manifiesto esta ausencia de una ley procesal específica que regule el procedimiento de actuación de los órganos que integran la denominada jurisdicción de vigilancia penitenciaria, como especialización dentro de la jurisdicción penal. Sólo contamos con la existencia de una normativa parcial que regula de forma defectuosa algunos aspectos concretos, como es el caso de los recursos.

1.1. Los frustrados intentos de una regulación procesal

La necesidad de una Ley procesal de Vigilancia Penitenciaria ha sido reiterada en múltiples ocasiones por los Jueces de Vigilancia, como así se deja constancia de ello en el punto nº 150.1 de la última edición de sus Criterios, Conclusiones y Acuerdos, en donde se expone que nadie puede comprender que el legislador siga impertérrito desoyendo una obligación tan palmaria desde la perspectiva del principio de legalidad; y termina diciéndose "¿Podría el legendario Dr. Freud explicar este sin sentido?, ante la testarudez en no regular expresamente el procedimiento ante los JVP, nosotros no podemos más que pedir que se haga algo, como el que pide que llueva"[441].

1.1.1. El Proyecto de Ley Orgánica Reguladora del Procedimiento de 1997

Sobre la elaboración de este Proyecto de Ley y su tramitación ya hemos tratado en el apartado 4.2.2.5 del Capítulo II de este trabajo, relativo al marco normativo del Juez de Vigilancia.

Baste por ahora recordar que, a propuesta del Ministerio de Justicia, el Consejo de Ministros aprobó un "Proyecto de Ley Orgánica Reguladora del Procedimiento ante los Juzgados de Vigilancia Penitenciaria" que inició su andadura parlamentaria siendo publicado en el Boletín Oficial de las Cortes del día 29 de abril de 1997, Serie A 041[442].

Fracasado el intento que supuso este Proyecto de Ley Orgánica Reguladora del Procedimiento ante los Juzgados de Vigilancia Penitenciaria del año 1997 –cuya tramitación parlamentaria caducó en el año 2000 al disolverse las Cortes y concluir la Legislatura–, ninguna otra iniciativa legislativa similar ha vuelto a reproducirse[443].

A partir de esta fecha comenzó a hablarse de desechar esa idea de aprobar una ley procesal específica de vigilancia penitencia, y empezó a tomar cuerpo la de regular los procedimientos de actuación ante los órganos de esta jurisdicción introduciéndolos dentro de los preceptos de la ley procesal penal general o común, concretamente la Ley de Enjuiciamiento Criminal, o incluso en la Ley Orgánica

---

441 *Conclusiones de Vigilancia Penitenciaria: Criterios de Actuación, Conclusiones y Acuerdos aprobados por los Jueces de Vigilancia Penitenciaria en sus 16 Reuniones celebradas entre 1981 y 2007*, CGPJ, Madrid, 2008, pp. 83-84.

442 También fue publicado en el Boletín de Información del Ministerio de Justicia, año LI, Suplemento al núm. 1797, de 15 de mayo de 1997.

443 La precariedad normativa con la que los JVP iniciaron su actuación les generaba dos graves problemas a los que tenían que enfrentarse cada día: Uno, la necesidad de precisar los ámbitos resolutivos en los que pasaban a sustituir al juez o tribunal sentenciador; y otro, la necesidad de promulgar las normas procesales adecuadas para esta jurisdicción. Por eso, este Proyecto de Ley Orgánica fue muy bien acogido por los JVP, por los profesionales del foro, y por la doctrina, pues venía a significar una garantía del funcionamiento de los Juzgados de Vigilancia. Véase en este sentido MAGRO SERVET Vicente, «Ante la Reforma de los Juzgados de Vigilancia Penitenciaria», en Revista *Actualidad Penal*, nº 41/10-16 noviembre 1997, pp. 929-940.

General Penitenciaria. Pero desde entonces, ninguna de las reformas que ha experimentado la Ley de Enjuiciamiento Criminal han contemplado los trámites procesales de los Juzgados de Vigilancia Penitenciaria, ni tampoco se ha introducido modificación al respecto en la mencionada Ley Penitenciaria.

1.1.2. Los Anteproyectos de nuevas normas procesales del año 2011

En el año 2011 el Ministerio de Justicia elaboró unos "Anteproyectos de ley para un nuevo proceso penal", concretamente: un "Anteproyecto de Ley Orgánica de desarrollo de los derechos fundamentales vinculados al proceso penal", y un "Anteproyecto de Ley de Enjuiciamiento Criminal", que sustituyera a la aún vigente y centenaria Ley de Enjuiciamiento Criminal de 1882[444].

El citado Anteproyecto de Ley de Enjuiciamiento Criminal toma como referencia una nueva organización judicial distinta de la actual, en la que desaparezcan los partidos judiciales y las audiencias provinciales tal como hoy se conocen, y en su lugar existan los denominados tribunales de instancia divididos en secciones. Así en su art. 13 dispone que: «Para la ejecución de las sentencias recaídas en los procesos penales será competente el tribunal que la haya dictado en primera instancia, *sin perjuicio de las funciones legalmente atribuidas* a las Secciones de Vigilancia Penitenciaria. Para el ejercicio de sus funciones, la Sección de Vigilancia Penitenciaria se constituirá siempre con un solo magistrado, que se denominará Juez de Vigilancia Penitenciaria.»

El Libro IX de este Anteproyecto (arts. 726 a 789) se intitula "De la Ejecución Penal" en cuyo art. 727 se establece que: «1. El órgano judicial competente para la ejecución de las sentencias firmes de condena dictadas en todo tipo de procesos penales será aquél que hubiera dictado sentencia en primera instancia. 2. La Sección de Vigilancia Penitenciaria del Tribunal de Instancia *ejercerá las funciones que le atribuyen la legislación penitenciaria y esta ley en orden a la ejecución de las penas y medidas de seguridad.*»

---

[444] Estos Anteproyectos aparecen publicados en un volumen titulado; *Anteproyectos de ley para un nuevo proceso penal*, edita Ministerio de Justicia, Secretaría General Técnica, Madrid, 2011. El Anteproyecto de Ley de Enjuiciamiento Criminal figura a partir de la página 21.

Del examen de este Anteproyecto de Ley se desprende que, por lo que se refiere a lo que serían las Secciones (actualmente Juzgados) de Vigilancia Penitenciaria, prácticamente mantiene la misma situación actual. En su art. 13 habla de que ejercerán las "*funciones legalmente atribuidas*", en el art. 727 se expresa de forma similar al decir "*las funciones que le atribuyen la legislación penitenciaria y esta ley,*" y en artículos posteriores contempla una serie de competencias de forma análoga a las actualmente recogidas en el Código Penal, que pasarían a regularse en esta nueva Ley Procesal como son: el abono de prisión preventiva sufrida en causa distinta (art. 736), la libertad condicional (art. 739), trastorno psíquico sobrevenido del penado (art. 749), trabajos en beneficio de la comunidad (art. 761), propuestas sobre mantenimiento o cese de medidas de seguridad (art. 765), y propuestas sobre libertad vigilada posterior a la pena privativa de libertad (art. 767). Sin embargo, no se detallan cuáles sean las funciones del Juez de Vigilancia Penitenciaria al no delimitarse con exactitud sus competencias respecto de las del tribunal sentenciador; pero, incluso aunque estuvieran perfectamente delimitadas esas "*funciones legalmente atribuidas*", lo que tampoco se regula en este Anteproyecto de Ley de Enjuiciamiento Criminal es el cauce procesal adecuado para materializar y llevar a cabo todas esas funciones. Este Anteproyecto sólo contiene, como hasta ahora, aspectos parciales del trámite referido a las competencias mencionadas, y además sólo contempla al Juez de Vigilancia en su vertiente de "Juez de ejecución", olvidándose por completo de su otra faceta de "Juez de garantías", al no hacer la más mínima alusión a su función de control de los actos de la Administración Penitenciaria en orden a garantizar los derechos fundamentales y beneficios penitenciarios de los reclusos, corrigiendo los abusos y desviaciones que en el cumplimiento de los preceptos del régimen penitenciario puedan producirse.

Tras la elaboración de este Anteproyecto de Ley de Enjuiciamiento Criminal se produjo un cambio en la cúpula del Ministerio de Justicia, y por Acuerdo del Consejo de Ministros de 2 de marzo de 2012 se crearon unas Comisiones institucionales para la elaboración de propuestas de textos articulados de Ley Orgánica del Poder Judicial y de Ley de Enjuiciamiento Criminal. Por lo que quedó desechado el Anteproyecto de 2011.

1.1.3. El Anteproyecto de Código Procesal Penal del año 2013

Como consecuencia de los trabajos realizados por la Comisión correspondiente, en febrero de 2013 el Ministro de Justicia presentó el borrador del Anteproyecto de Ley del futuro "Código Procesal Penal", llamado a sustituir a la vigente Ley de Enjuiciamiento Criminal de 1882, que supone un importante cambio en el sistema procesal penal[445].

Este nuevo Anteproyecto de Código Procesal Penal dedica su Libro VII a "La Ejecución" (arts. 634 a 707). De esta regulación lo que nos interesa destacar es que se establece que todas las ejecuciones que afecten a una persona serán conocidas por el mismo tribunal de instancia de ejecución, con independencia de la ubicación territorial del que dictó la sentencia condenatoria. Por otro lado también se pretende reforzar las garantías del condenado y de la víctima del delito. De esta forma, el condenado desde que ingrese en prisión podrá designar un letrado para la defensa de sus derechos, y caso de no hacerlo se le designará de oficio, para que en todo momento tenga asesoramiento jurídico-técnico.

La posibilidad de designar letrado de su elección, no es algo que resulte novedoso, pues esa posibilidad la tiene cualquier persona, incluso con independencia de que se halle penada o no. La novedad viene dada por el carácter que hay que atribuir a este asesoramiento letrado, que ha de entenderse obligatorio, igual que en las fases de instrucción y de enjuiciamiento, de tal modo que si en esta fase de ejecución el recluso no designara abogado de su elección se le nombraría uno de oficio. En todo caso, hemos de hacer constar que actualmente los internos no se hallan faltos de asistencia o asesoramiento jurídico durante su estancia en prisión, pues con independencia de poder acudir a un letrado de su elección, también tienen la posibilidad de acudir (aunque con efectos más limitados) al jurista del centro penitenciario, tal y como previene el artículo 281.1-5ª del Reglamento Penitenciario de 1981, que se mantiene vigente en este y otros aspectos conforme a lo previsto en la Disposición Transitoria Tercera del R.D. 190/1996, de 9 de febrero, por el que se aprueba el vigente Reglamento Penitenciario[446].

---

[445] Todo lo anterior puede consultarse en la página web del Ministerio de Justicia, dirección: «*http://www.mjusticia.gob.es/cs/Satellite/es/1215197775106/Medios/1288778173060/Detalle.html*».

[446] *Vid.* BENITEZ YEBENES Juan Rafael; «Funcionarios de Centros Penitenciarios. El Jurista», *en Carreras Jurídicas y Judiciales: Un análisis desde la perspectiva profesional*, dir. y ed. por M. Peláez del Rosal, Universidad de Córdoba, 2004; pp. 97-129.

Por su parte, según este Anteproyecto, la víctima del delito tiene también la posibilidad de personarse en la ejecución y estar informada de cuantas actuaciones y situaciones afecten a la persona que resultó condenada, de tal modo que las decisiones trascendentes que vayan a producirse a lo largo de la ejecución de la pena privativa de libertad se adopten previa audiencia de la víctima[447].

Al igual que el anterior Anteproyecto de Ley de Enjuiciamiento Criminal del año 2011, este nuevo Anteproyecto de Código Procesal Penal también tiene como presupuesto la existencia de una nueva organización distinta de la actual, en la que constituyen su pieza clave los llamados Tribunales de instancia, de los que existirá uno por provincia, divididos en salas y secciones. De la lectura de este Anteproyecto de Código Procesal se desprende que a la hora de regular la ejecución de las penas distingue entre la existencia, dentro del Tribunal de instancia, de un Tribunal de Ejecución y un Tribunal de Vigilancia Penitenciaria. En este sentido, las competencias que en materia de ejecución de penas actualmente tienen atribuidas los tribunales sentenciadores y los Jueces de Vigilancia Penitenciaria en su faceta de "Jueces de ejecución" pasarían a ser competencia del Tribunal de Ejecución, y al Tribunal de Vigilancia Penitenciaria solo corresponderían las funciones de control de los actos de la Administración Penitenciaria; pero ni siquiera todas, pues las decisiones de la Administración relacionadas con el tratamiento de los reclusos, que puedan significar un beneficio penitenciario o un acortamiento de condena, serían objeto de control por el Tribunal de Ejecución, mientras que el Tribunal de Vigilancia Penitenciaria solo controlaría los actos relativos al régimen penitenciario[448]. A este respecto regula un trámite muy simple, pues recibida en el Tribunal de Vigilancia Penitenciaria la queja del interno, o la comunicación de la Administración, aquél podrá recabar informe del Centro penitenciario o practicar las diligencias que considere necesarias, y previa audiencia del Ministerio Fiscal por cinco días, resolverá por auto en igual término.

447 Esta posibilidad de conceder legitimación a la víctima del delito, para intervenir durante la fase de ejecución de la pena, sí está ya recogida en nuestro ordenamiento por medio de la Ley 4/2015, de 27 de abril, del Estatuto de la víctima; publicada en el BOE nº 101 de 28-4-2015, con entrada en vigor a los seis meses de su publicación.

448 Véanse los arts. 674 a 680 de este Anteproyecto de Código Procesal Penal.

1.1.4. *La Moción del Grupo Parlamentario Popular en el Senado de 2013*

Muy poco tiempo después de que se hiciera público el citado Anteproyecto de Código Procesal Penal, el Senado aprobó una Moción promovida por el Senador D. Manuel Altava Lavall[449], del Grupo Parlamentario Popular, por la que se instaba al Gobierno a presentar a las Cortes Generales un proyecto de ley que regule el procedimiento ante los Juzgados de Vigilancia Penitenciaria[450].

En el debate de esta Moción, el defensor de la misma puso de manifiesto la inseguridad y el desconcierto en el que muchas veces se actúa ante estos Juzgados, sin que los propios Jueces sepan en ocasiones cómo proceder. En este sentido citó como ejemplo la reunión de Jueces de Vigilancia celebrada en junio del 2012 en Gran Canaria, en la que estos Jueces acordaron dirigirse al Consejo General del Poder Judicial para que éste a su vez lo hiciera al Ministerio de Justicia, a fin de que se informara a quién corresponde la vigilancia del penado en libertad vigilada postpenitenciaria en relación con las medidas del art. 106 CP, o en qué supuestos, o con qué garantías, y qué juez es el competente para la autorización de pruebas radiológicas a los internos en situación de prisión preventiva; amén de la existencia otra serie de cuestiones dudosas y no reguladas relativas a trámites y plazos. Por eso este Senador, tras poner de manifiesto que los magistrados del orden contencioso administrativo y de lo social tienen su propia ley, se dirigía a la Cámara preguntando "¿Por qué sustraemos a los jueces de vigilancia penitenciaria, dentro del orden penal y con una especificidad muy importante, el que tengan su propia ley, cuando hay cantidad de cuestiones que no están reguladas? Salvo uno (Convergencia i Unió), el resto de los Grupos de la Oposición se manifestaron alegando que esa ley era innecesaria, y que bastaba seguir como hasta ahora, manteniendo esta misma situación en la que los Jueces de vigilancia vienen aplicando un procedimiento breve, flexible y garantizador[451].

---

[449] Este senador es miembro de la Carrera Judicial, y ha sido con anterioridad Juez de Vigilancia Penitenciaria, por lo que es perfecto conocedor de la problemática de estos Juzgados.

[450] El Anteproyecto fue presentado por el Ministro de Justicia en febrero de 2013, y esta Moción se aprobó en mayo de ese mismo año. *Vid.* Diario de Sesiones del Senado nº 64 de 8 y 9 de mayo de 2013, pp. 5302 y 5343 a 5357.

[451] El único grupo parlamentario de la oposición que votó a favor de la Moción fue el de Convergencia i Unió. El resultado de la votación fue el siguiente: votos emitidos 236, votos a favor 158, votos en contra 78.

1.2. Graves consecuencias de la falta de una normativa procesal

Sin entrar en ningún tipo de valoración política, ajena al objeto de este trabajo y por tanto nada más lejos de nuestra intención, defendemos –como así lo hemos puesto de manifiesto en numerosas ocasiones– la necesidad de una normativa procesal específica, que regule de forma completa el procedimiento, que colme las lagunas actualmente existentes en el ámbito de la jurisdicción de vigilancia penitenciaria, y que recoja y plasme en un texto positivo la forma en que hasta ahora se viene actuando en los Juzgados de Vigilancia, en todo aquello en lo que hay consenso entre todos los intervinientes, para que así resulten de obligado cumplimiento; eficacia de la que carecen los Criterios Refundidos de Actuación aprobados por estos Jueces en sus distintas reuniones, pues como se dice en la referida Moción, la función de los jueces es "*ius dicere*" no "*ius dare*".

Sin embargo, si echamos una mirada retrospectiva, y analizamos el devenir histórico legislativo y cómo han sido las distintas leyes que se han aprobado –e incluso han dejado de aprobarse– que afectan a los Jueces de Vigilancia Penitenciaria, podemos concluir que nuestros gobernantes y legisladores no tienen una idea clara de qué es lo que quieren que sea este Juez que, según palabras del Tribunal Constitucional[452], es pieza clave de nuestro sistema penitenciario; que fue diseñado por el legislador de 1979 que aprobó la Ley Orgánica General Penitenciaria, como un Juez de garantías, pero también como un Juez de ejecución "*asumiendo las funciones que corresponderían a los Jueces y Tribunales sentenciadores*"[453] pero que finalmente ha quedado en una especie de Juez "descafeinado" que, en lugar de asumir esas funciones de ejecución, "eleva" informes y propuestas a los sentenciadores[454].

Esta laguna legal, derivada de la falta de una normativa procesal específica de vigilancia penitenciaria, crea inseguridad jurídica, atenta contra el principio de legalidad procesal, y provoca graves proble-

---

Vid. Diario de Sesiones del Senado nº 64 de 8 y 9 de mayo de 2013, pp. 5351, 5352 y 5357.

452 *Vid.* STC nº 2/1987, de 21-1-1987.

453 *Vid.* art. 76.2-a) de LOGP.

454 *Vid.* arts. 96, 98 y 106 del CP sobre ejecución de medidas de seguridad.

mas a la hora de que los órganos de esta jurisdicción puedan otorgar la adecuada tutela judicial efectiva, dando respuesta a las cuestiones que les plantean los interesados que a ellos acuden demandando el amparo judicial y la tutela de sus derechos. Lo que ya hemos denunciado con anterioridad, tanto en este como en otros trabajos[455].

1.2.1. Inseguridad jurídica

La seguridad jurídica constituye un principio jurídico-político esencial de todo Estado de Derecho, que implica la existencia de un derecho cierto; que todo ciudadano sepa a qué atenerse, qué es o no lícito y cuáles son sus consecuencias jurídicas[456]. Por lo que puede afirmarse que tal principio responde a una exigencia subjetiva de conocer de antemano cuáles pueden ser las consecuencias jurídicas de un concreto actuar. Así, si se inicia una actuación cabe prever, a la vista de la misma, cuál será la respuesta del Ordenamiento jurídico. Al decir de Elías Mondéjar, que cita a su vez a Garrido Falla, este principio exige una certeza del Derecho, que intrínsecamente debe ser claro y preciso, formalmente publicado, y una jerarquía normativa que impide una alteración arbitraria, que vincula especialmente a la actuación administrativa, pero también a la actuación de los jueces, sometidos al imperio de la Ley, existiendo en tal punto una exigencia de seguridad jurídica en materia de interpretación judicial que impide, como regla, la creación judicial del Derecho al modo como fue propuesta por la escuela del Derecho libre[457].

Este principio está recogido en el artículo 9.3 CE y se concreta en el resto de los principios allí contenidos: publicidad, jerarquía normativa, legalidad, responsabilidad de los poderes públicos, e interdicción de la arbitrariedad.

---

[455] *Vid.* BENITEZ YEBENES, Juan Rafael; «Algunos problemas de la ejecución penal desde la perspectiva de la jurisdicción de vigilancia penitenciaria», en *Personalidad y capacidad Jurídicas, 74 contribuciones con motivo del XXV aniversario de la Facultad de Derecho de Córdoba*, coord. por Rafael Casado Raigón e Ignacio Gallego Domínguez, t. I, Servicio de Publicaciones de la Universidad de Córdoba, Córdoba, 2005, pp. 175-190.

[456] *Vid.* FERNANDEZ MARTINEZ Juan Manuel, y otros; *Diccionario Jurídico*, 3ª edic., Thomson Aranzadi, Cizur Menor (Navarra), 2004, p. 742.

[457] ELIAS MONDEJAR Alfredo; «Resoluciones firmes por su propia naturaleza. Audiencias Provinciales y seguridad jurídica», en Revista *El Derecho Editores/Diario de las Audiencias y TSJ El Derecho*, nº 26, de 20-12-1996, p. 1.

Como dice el Tribunal Constitucional, estos principios constitucionales no son compartimentos estancos sino que, al contrario, cada uno de ellos cobra valor en función de los demás y en tanto sirva a promover los valores superiores del ordenamiento jurídico que propugna el Estado social y democrático de Derecho[458]. Y añade este Alto Tribunal, como complemento de lo anterior, en otra de sus sentencias que "*la finalidad del proceso está al servicio de la seguridad jurídica*"[459].

Teniendo en cuenta la doctrina que se deja expuesta, se ha de concluir que la falta de una norma reguladora del procedimiento ante los Juzgados de Vigilancia Penitenciaria genera inseguridad jurídica pues, como hemos puesto de manifiesto con anterioridad, al no estar bien delimitadas las competencias entre los tribunales sentenciadores y los Jueces de Vigilancia hay actuaciones en las que se plantea el problema de determinar a quién corresponde su competencia. En otras ocasiones surgen dudas acerca del trámite a seguir; a qué personas se le debe reconocer legitimación procesal para intervenir como parte; cuáles deben ser los requisitos de postulación para actuar válidamente en el proceso; cuál debe ser el régimen de las notificaciones y demás actos de comunicación; a qué recursos se les debe reconocer sólo efecto devolutivo y cuáles deben tener también el suspensivo; cuestiones relativas a los días y horas hábiles, y un sinfín de interrogantes que se plantean en el quehacer diario a los que, evidentemente, no se les puede hallar respuesta en una regulación inexistente, pues incluso hay autos y expedientes, que pese a surgir como consecuencia de la necesidad de dar respuesta judicial a una situación que la requiere, no sólo carecen de regulación legal, sino que ni siquiera tienen su reflejo en la estadística judicial, encontrándose en una especie de limbo jurídico, como son:

— Autos de ampliación de la libertad condicional.
— Autos dejando sin efecto la libertad condicional que aún no disfrutaba el interno.
— Autos tomando conocimiento de la renuncia a la libertad condicional.
— Autos tomando conocimiento del primer y posterior o posteriores planes de cumplimiento de las penas de trabajos en beneficio de la comunidad.

---

458 STC nº 27/1981, de 20-7.
459 STC nº 61/1992 de 23-4, FJ 3.

— Autos aprobando nuevos proyectos de refundición de condena.
— Autos autorizando salidas programadas en expedientes judiciales de medidas de seguridad de internamiento.
— Expedientes como consecuencia de la declaración en huelga de hambre de los internos.
— Expedientes como consecuencia del fallecimiento de algún interno en el Centro penitenciario.
— Expedientes por cacheos con desnudo integral de internos.
— Expedientes por cacheos con desnudo integral de familiares de los internos.
— Reubicación de un interno del módulo de menores en un módulo de adultos.
— Restricción de las comunicaciones de los internos.

1.2.2. Quebrantamiento del principio de legalidad procesal

El principio de legalidad, en su acepción general, expresamente consagrado en el art. 9.3 CE, –donde se dice literalmente que "la Constitución garantiza el principio de legalidad"–, es inherente al Estado de Derecho como una emanación del imperio de la ley que significa la supremacía de ésta, y forma parte del principio más amplio de juridicidad acogido en aquellos preceptos donde se invocan la Ley y el Derecho[460]. La obediencia a la ley presupone sumisión a la Constitución, lo que constituye requisito que dota de legitimidad democrática a los diferentes órganos del Estado y a sus titulares, en los que se encuentran los jueces y tribunales integrantes del Poder Judicial[461].

---

460 *Vid.* STC 34/1996 de 11-3, FJ 5.

461 Sobre este principio, dice la Sala II del TS su ATS nº 382/2007 de 1-3, que: «El principio de legalidad supone, como señala la STC 111/1993, una concreción de aspectos propios del Estado de Derecho en el ámbito sancionador. Como señala, en este sentido se vincula ante todo con el imperio de la Ley como presupuesto de la actuación del Estado sobre los bienes jurídicos de los ciudadanos, pero también con el derecho de los ciudadanos a la seguridad (STC 62/1982, fundamento jurídico 7º), previsto en la Constitución como derecho fundamental de mayor alcance, así como la prohibición de la arbitrariedad y el derecho a la objetividad e imparcialidad del juicio de los Tribunales que garantizan los artículos 24.2 y 117.1 de la CE., especialmente cuando éste declara que los Jueces y Magistrados están "sometidos únicamente al imperio de la Ley".»

El principio de legalidad en su consideración estrictamente procesal entronca con el art. 24 CE, de tal modo que estableciendo el derecho objetivo los términos y plazos en que deben realizarse los actos procesales, corresponde a los jueces y tribunales aplicar la ley e impartir justicia con las limitaciones que establece el principio de legalidad, realizando los actos propios de su competencia ajustándose a la ley[462]. Pero no sólo obliga a jueces y tribunales, sino que significa la sumisión de todos a las leyes que regulan el proceso en sentido amplio.

Este principio tiene como complemento inescindible de él, el principio de reserva de ley en materia procesal, el cual atribuye al legislador (estatal: art. 149.1.6ª CE) la función y, por ende, la potestad para regular en exclusiva la institución del proceso y la organización del poder judicial.

Cuando la Constitución encomienda a los jueces y magistrados integrantes del poder judicial la función estatal de administrar justicia (art. 117.1 CE), lo hace para que lo lleven a cabo por medio de una concreta institución jurídica, que es el proceso, cuya regulación en sus diferentes manifestaciones encomienda precisamente al legislador a través de una reserva material o constitucional de ley. Aunque en el proceso rige un generoso antiformalismo, la flexibilidad con la que deben aplicarse las normas procesales no llega hasta el extremo de suprimir toda norma de procedimiento, ni conduce a la ausencia de reglas, ni a que sean impartidas por las propias partes contendientes, ni tampoco a que dependan exclusivamente de la decisión graciable del juzgador. El proceso es también una garantía en sí mismo, y por eso el juzgador no es libre para crear novedosos trámites o pautas que conviertan el proceso en una tarea de adivinación. Las innovaciones en esta materia no le corresponden precisamente a los jueces y magistrados sino al legislador: el principio de legalidad conduce aquí al de reserva de ley en materia procesal hasta llegar a coincidir con él. El principio de legalidad procesal en el Estado democrático de Derecho obliga a mucho y desde luego no consiente que los asuntos litigiosos sean resueltos de cualquier manera[463].

Por todo ello, podemos concluir que el principio de legalidad procesal significa que los jueces y tribunales y quienes ante ellos in-

---

462 *Vid.* FERNANDEZ MARTINEZ Juan Manuel, y otros; cit., p. 617.

463 *Vid.* JIMENEZ APARICIO Emilio; «Sobre el principio de legalidad procesal» en Revista Actualidad Jurídica Aranzadi, año VIII, nº 362, 22-10-1998; pp. 1-11.

tervengan están obligados a actuar con arreglo a lo dispuesto en las leyes procesales, según los requisitos, formas y plazos que las mismas establezcan para la realización de los actos procesales, de tal modo que su incumplimiento determinará la nulidad de dichos actos en los casos y en los términos legalmente establecidos, como es el caso de la vulneración de derechos fundamentales.

Todas estas exigencias del principio de legalidad procesal difícilmente se pueden respetar cuando ni siguiera hay unas normas procesales que marquen la pauta a seguir, es decir el procedimiento para la tramitación y resolución del asunto planteado ante el órgano jurisdiccional. Esto es lo que ocurre con la mayoría de los asuntos de los que actualmente conocen los Juzgados de Vigilancia Penitenciaria en donde, salvo en aspectos concretos y puntuales como por ejemplo en materia de recursos, ante la ausencia de una norma procesal específica que regule el procedimiento a seguir, se aplican los principios generales del derecho procesal penal. Esto significa que, –en lugar de existir una senda más o menos amplia por la que discurrir, que vaya marcando el trámite procesal a seguir hasta llegar a la meta que pueda suponer la resolución judicial definitiva–, ante lo que nos encontramos es ante un vasto campo que cada Juzgado puede recorrerlo siguiendo el camino que mejor le parezca, en lugar de discurrir todos por uno sólo, que sea el marcado por legislador.

Buena prueba de lo que acabamos de decir son los asuntos anteriormente citados al hacer referencia a la inseguridad jurídica, a los que podemos añadir otros muchos en los que se duda o se desconoce el trámite que se debe seguir. A veces se pueden encontrar, en la regulación positiva de una institución, algunas pautas o indicios a los que poder acogerse para seguir un determinado tramite, pero que no dejan de suscitar múltiples dudas al respecto, como por ejemplo la regulación de la libertad condicional, o de la pena de trabajos en beneficio de la comunidad. Sin embargo, otras veces esta posibilidad no existe, como ocurre, por poner un ejemplo, con la medida de custodia familiar.

Los arts. 96.3-4ª y 105.1-b) del Código Penal contemplan esta medida de seguridad no privativa de libertad, estableciendo que «El sometido a esta medida quedará sujeto al cuidado y vigilancia del familiar que se designe y que acepte la custodia, quien la ejercerá en relación con el Juez de Vigilancia Penitenciaria y sin menoscabo de las actividades escolares o laborales del custodiado.» Pero en ningún sitio se indica cómo se hace la elección y designación de ese familiar, qué ocurre si no existe familiar o si durante el cumplimiento de la medida el designado ya no puede continuar ejerciendo dicho cargo. Tampoco se indica qué actuación es la que debe llevar a cabo el Juez en el control de esta medida, a qué personas se debe oír, qué traslados hay que efectuar, qué documentación se debe aportar al expediente, o que actividad probatoria se ha de desarrollar, etc., de tal modo que en cada Juzgado lo que se sigue es un procedimiento "inventado" a tenor del mejor o peor criterio del Juez respectivo. Así, en unos Juzgados se solicitan informes a los servicios sociales penitenciarios, en otros a los servicios sociales municipales, en otros se recaba información de la policía, de ONGs,, o bien de todos estos organismos, de algunos de ellos o de ninguno, limitándose a citar periódicamente a los familiares para que informen, etc.

Estas situaciones de quebranto del principio de legalidad procesal suponen también un obstáculo para que los Juzgados de Vigilancia Penitenciaria puedan otorgar adecuadamente la tutela judicial efectiva a las personas que a ellos acuden.

1.2.3. Dificultades para la tutela judicial efectiva

La afirmación que acabamos de hacer nos conduce al contenido del artículo 24.1 CE que prescribe que: «Todas las personas tienen derecho a obtener la tutela efectiva de los jueces y tribunales en el ejercicio de sus derechos e intereses legítimos, sin que, en ningún caso, pueda producirse indefensión.»

El derecho a la tutela judicial efectiva aparece vinculado a la interdicción de la indefensión. Ello significa que la tutela efectiva debe obtenerse dentro de un proceso en el que se respeten todas las garantías que, con carácter abierto, aparecen reconocidas en el mismo art. 24. CE. Parece, pues, que la violación de cualquiera de los demás derechos de este artículo lesiona un aspecto de la tutela judicial efectiva, dado el marcado carácter expansivo de este derecho que penetra a todos los demás reconocidos en el art. 24 CE[464].

---

[464] CORDON MORENO Faustino; «El derecho a obtener la tutela judicial efectiva», en *Derechos procesales fundamentales, Manuales de Formación Continuada,* coord. por F. Gutierrez-Alvi Conradi y E. López López, CGPJ, Madrid, 2005, pp. 216-217.

Como pone de manifiesto Gui Mori, la tutela judicial efectiva no es sino el principio según el cual cualquier persona puede y debe ser protegida y amparada en el ejercicio pacífico de sus pretensiones ante la Justicia para que esas pretensiones le sean satisfechas. Lo que no quiere decir aceptadas, sino resueltas razonadamente con arreglo a Derecho, a lo largo de un proceso en el que todas las personas titulares de derechos e intereses afectados por esas pretensiones puedan alegar y probar lo pertinente a la defensa de sus respectivas posiciones. Y ese no es sólo un principio sino también un derecho fundamental de toda persona porque es fundamento, junto con otros, del orden público y de la paz social[465].

Según la doctrina del Tribunal Constitucional para el desarrollo de este derecho fundamental, las leyes procesales han de prever un cauce procedimental para que todas las personas puedan obtener una resolución de fondo, fundada en derecho, en el ejercicio de sus derechos e intereses legítimos. La Constitución no impone un tipo de procedimiento determinado, pudiendo valorar el legislador cuál sea el más adecuado, siempre que no se produzca indefensión[466]. Pues la naturaleza de este derecho fundamental a obtener la tutela judicial efectiva no es la de un derecho de libertad ejercitable sin más, directamente a partir de la Constitución, sino la de un derecho de prestación, que sólo puede ejercerse por los cauces que el legislador establece o, dicho de otro modo, es un derecho de configuración legal[467]. Esto implica que el legislador cuenta con un ámbito de libertad amplio en la definición o determinación de las condiciones y consecuencias del acceso a la justicia, pues le incumbe crear la configuración de la actividad judicial y, más concretamente, del proceso en cuyo seno se ejercita el derecho fundamental ordenado a la satisfacción de pretensiones[468].

De lo expuesto se desprende, a su vez, que las normas procesales son de orden público, y que no son disponibles ni por las partes ni por el propio órgano jurisdiccional[469]. De ahí que la tutela judicial efectiva, a la que todos tienen derecho, entraña, como presupuesto

[465] GUI MORI Tomás; *Vademécum de Jurisprudencia Procesal*, Bosch, Madrid, 2014, p. 57.

[466] STC nº 93/1983 de 8-11.

[467] SSTC nº 99/1985 de 30-9, y nº 231/1991 de 10-12.

[468] STC nº 206/1987 de 21-12.

[469] STC nº 16/1989 de 30-1.

implícito e inexcusable, la necesidad de que los Juzgadores resuelvan "secundum legem" y ateniéndose al sistema de fuentes establecido[470].

Por consiguiente, difícilmente se puede otorgar este derecho fundamental cuando no existe un cauce procedimental regulado por el legislador, sino que el procedimiento a seguir es el que con mayor o menor acierto, mejor o peor criterio, se establezca o invente por el Juez.

Esto es lo que sucede en numerosas ocasiones en los Juzgados de Vigilancia Penitenciaria, de tal modo que la actuación de estos Juzgados, que muchas veces discurre por terrenos movedizos o zonas de inseguridad, puede propiciar la comisión de errores o la realización de trámites poco respetuosos con el derecho a la tutela judicial efectiva. Pero por otro lado, también hay que reconocer que en múltiples ocasiones son precisamente esas actuaciones o trámites "inventados" –que vienen a suplir la ausencia de una norma legal reguladora del procedimiento– los que igualmente posibilitan resolver el conflicto planteado y dar satisfacción al interesado, al estar admitida por el Tribunal Constitucional la posibilidad de que los órganos judiciales habiliten trámites no previstos procesalmente, cuando resulte una exigencia derivada de la eficacia directa de los derechos fundamentales reconocidos en el art. 24 CE[471].

Pero en todo caso, podemos afirmar que la falta de una norma específica que regule el procedimiento propio ante estos órganos jurisdiccionales no es respetuosa con el derecho a la tutela judicial efectiva consagrado en el art. 24.1 CE, y supone un serio obstáculo para que estos órganos puedan dispensar adecuadamente ese derecho a quienes ante ellos acudan.

2. SOBRE CÓMO ES Y DEBE SER EL PROCEDIMIENTO ANTE LOS JUZGADOS DE VIGILANCIA

El cómo es el procedimiento seguido ante los Juzgados de Vigilancia Penitenciaria ha venido marcado por el cómo han entendido que debía ser dicho procedimiento los propios Jueces, protagonistas en esta materia, encargados de aplicarlo.

---

470 SSTC nº 23/1988 de 22-2, y nº 12/1991 de 28-1.

471 SSTC nº 11/2004 de 9-2, y nº 128/1989 de 17-7.

2.1. Las Prevenciones de la Presidencia del Tribunal Supremo con ocasión de la entrada en funcionamiento de los JVP

Los Jueces de Vigilancia Penitenciaria iniciaron su actividad el día primero de octubre de 1981, cuando todavía no habían sido dictadas las normas de carácter procesal a las que se refiere el art. 78.1 LOGP, lo que aconsejó que, para facilitar el ejercicio de su función, por la Presidencia del Tribunal Supremo se dictaran unas "Prevenciones" dirigidas a aquéllos Jueces, conforme a lo dispuesto en el art. 4 de la entonces vigente Ley Provisional sobre organización del Poder Judicial de 15 de septiembre de 1870, marcando una serie de orientaciones e ideas, sin perjuicio del libre criterio jurisdiccional de cada juez respectivo[472].

Partiendo de la base de que la actuación de los Jueces de Vigilancia Penitenciaria es netamente procesal, en las mencionadas "Prevenciones" se indicaba que la actuación de tales Jueces debe caracterizarse por "la *sumariedad* y conforme a ella la *proporcionalidad de trámites*, y en cualquier caso con respeto a las garantías inherentes a toda actividad jurisdiccional."

2.2. Las diferentes Reuniones de los Jueces de Vigilancia y acuerdos en orden a perfilar un procedimiento

La precariedad normativa con la que debieron afrontar su tarea motivó que estos Jueces celebraran reuniones con cierta periodicidad, en las que se trataban y analizaban las distintas materias de su jurisdicción y los problemas que se les planteaban, a fin de unificar criterios y líneas de actuación comunes a todos ellos.

En la V Reunión, celebrada en Madrid durante los días 4 a 6 de octubre de 1990, se trató el tema del procedimiento y se aprobó el Criterio nº 78, en el que se decía que "El procedimiento para la sustanciación de los recursos ante los Juzgados de Vigilancia debe ser *breve* y *garantizador*"; y en el Criterio nº 79 que "Por razones de se-

---

472 PRESIDENCIA DEL TRIBUNAL SUPREMO, «Jueces de Vigilancia. Comunicación de la Presidencia del Tribunal Supremo a los Jueces de Vigilancia Penitenciaria», en *Revista Poder Judicial (Primera época)* nº 1, 1981; pp. 70-74.

guridad jurídica, se considera urgente la promulgación de una Ley Orgánica que regule adecuadamente y sin lagunas el procedimiento judicial de ejecución de las penas privativas de libertad inspirado en los principios de *inmediación, concentración* y *audiencia oral*"[473].

En los Criterios Refundidos de Actuación aprobados en la VII Reunión, celebrada en Madrid los días 27 a 29 de septiembre de 1993, se volvió a tratar sobre esta cuestión dándosele al Criterio nº 78 la siguiente redacción: "El procedimiento para la tramitación de las peticiones, quejas y recursos ante el Juez de Vigilancia, y para la sustanciación de los recursos contra sus decisiones debe ser *breve, garantizador, específico* y *autónomo,* teniendo en cuenta tanto la vertiente de ejecución penal, como la de control jurisdiccional de los actos de la Administración Penitenciaria, a la que deberá darse entrada como parte cuando se trate de actos comprendidos en el artículo 79 de la Ley Orgánica General Penitenciaria. También podrán ser parte en estos procedimientos las víctimas y los perjudicados por el delito"[474].

Como puede apreciarse, se le dio a este Criterio una redacción más completa al contemplar las dos funciones del Juez de Vigilancia (ejecución penal y control de la Administración Penitenciaria), y a las notas de breve y garantizador, que deben caracterizar el procedimiento, se le añaden las de "específico y autónomo". También se consideró que debían se parte en el procedimiento la Administración "cuando se trate de actos comprendidos en el art. 79 LOGP", así como admitirse la personación de las víctimas y perjudicados por el delito.

Sin perjuicio de lo que más adelante diremos sobre esta cuestión al tratar sobre la legitimación procesal, hemos de poner de manifiesto ahora que la referencia al artículo 79 de la Ley Orgánica General Penitenciaria, como justificación para la intervención de la Administración Penitenciaria en el procedimiento a seguir ante los Juzgados de Vigilancia nos parece absurda, incoherente y sin sentido, pues el citado artículo se refiere a las competencias propiamente administrativas de dirección, organización e inspección de las Instituciones reguladas en la citada Ley Orgánica que, como ya vimos en el Capítulo anterior, caen fuera del ámbito de la jurisdicción del

---

473 Los Criterios aprobados en esta Reunión fueron publicados en el Boletín de Información del CGPJ nº 103, de diciembre de 1991.

474 Vid. Boletín de Información del CGPJ de marzo de 1994, p. 69.

Juez de Vigilancia; de tal modo que el control jurisdiccional de los actos comprendidos en el artículo 79 LOGP se realizará, en su caso, por los órganos de la Jurisdicción Contencioso-Administrativa.

En la VIII Reunión, celebrada en Madrid los días 3 a 5 de noviembre de 1994, se introdujo la nota de la "flexibilidad". Se mantuvo la misma redacción anterior del Criterio nº 78, con la salvedad de que ahora se dijo que el procedimiento debe ser "breve, *flexible*, garantizador, específico y autónomo"[475].

Tras esta Reunión, los Jueces de Vigilancia celebraron otras bajo distintas denominaciones, en abril y noviembre de 1996 y enero de 1997, celebrándose la XII Reunión en Madrid los días de 20 a 23 de 2003. Con carácter previo a esta Reunión, el Letrado del Consejo General de Poder Judicial adscrito a la Vocalía encargada de los temas de Vigilancia Penitenciaria, tomando como base las Conclusiones alcanzadas en los distintos encuentros anteriores, realizó una refundición y compendio de éstas, en cuyo apartado XVI.1 relativo a las "Características del procedimiento ante los Jueces de Vigilancia" ya desaparece toda referencia al art. 79 LOGP, y ahora se dice que: «El procedimiento para la tramitación de peticiones, quejas y recursos ante el Juez de Vigilancia y para la sustanciación de los recursos contra sus decisiones debe ser *breve, flexible, garantizador, específico* y *autónomo,* teniendo en cuenta tanto la vertiente de ejecución penal como la de control jurisdiccional de los actos de la Administración penitenciaria. Fuera de los casos en que preceptivamente obligue el legislador a oír a las partes, podrá el Juez de Vigilancia acordar motivadamente oír a la víctima o perjudicado»[476].

En esta nueva versión se mantienen las mismas cinco notas que venían considerándose características del procedimiento (breve, flexible, garantizador, específico y autónomo), pero se modifica lo relativo a la legitimación para ser parte en el mismo, pues al suprimirse la referencia al art. 79 de la LOGP se elimina la posibilidad de que la Administración pueda intervenir, y por lo que respecta a la víctima o perjudicado sólo se contempla la posibilidad de ser oídos, bien en aquellos casos en que la ley obligue a ello, o bien cuando

---

[475] *Vigilancia Penitenciaria (VIII Reunión de Jueces de Vigilancia Penitenciaria)*, CGPJ, Madrid, 1996, pp. 211 y ss.

[476] BUENO ARUS Francisco; «Conclusiones encuentro de Vigilancia Penitenciaria», en *Revista Poder Judicial*, nº 68, cuarto trimestre 2002, p. 462.

el Juez lo acuerde motivadamente. De lo que se desprende que estas personas aunque sean oídas, ello no significa considerar al oído como parte procesal legitimada para recurrir o deducir pretensiones en el procedimiento.

La última versión sobre los Criterios de Actuación, Conclusiones y Acuerdos de los Jueces de Vigilancia, editada en el año 2008, mantiene el mismo texto que la anterior sobre las características del procedimiento ante los Jueces de Vigilancia, pero en su punto nº 150.2, tras reiterar la necesidad de una Ley procesal de Vigilancia Penitenciaria, señala que dicha Ley debe recoger los siguientes criterios:

a) Tendrán la condición de partes los internos y el Ministerio Fiscal exclusivamente.
b) El procedimiento será sencillo y garantizador, y responderá a los principios de celeridad, economía y flexibilidad.
c) El plazo para impugnar los actos de la Administración penitenciaria será de un mes.
d) Los autos de los JVP serán potestativamente recurribles en reforma. Contra la desestimación de este recurso podrá interponerse recurso de apelación, sin excepción, ante la Audiencia provincial de la demarcación en la que se encuentre el Centro Penitenciario, o ante la Sala de lo Penal de la Audiencia Nacional si se trata de recursos contra autos de los Juzgados Centrales de Vigilancia. El plazo para recurrir contra sanciones disciplinarias será de 5 días. Contra las resoluciones en las que se deniegue la admisión de una apelación podrá interponerse recurso de queja. El recurso de apelación se tramitará conforme a lo dispuesto en la Ley de Enjuiciamiento Criminal para el procedimiento abreviado relativo a autos.
e) Los recursos de reforma y apelación tendrán efecto suspensivo cuando la resolución impugnada determine la excarcelación del interno, se refiera a delitos graves y el recurrente sea el Ministerio Fiscal, salvo en su caso los supuestos en los que la Audiencia provincial o la Audiencia Nacional se hayan pronunciado sobre la suspensión.
f) Contra los autos de las Audiencias provinciales o de la Audiencia Nacional resolviendo recursos de apelación podrá interponerse recurso de casación para unificación de

doctrina ante la Sala 2ª del Tribunal Supremo, de acuerdo con las normas de la Ley de Enjuiciamiento Criminal relativas al recurso de casación[477].

El Texto del Proyecto de Ley Orgánica Reguladora del Procedimiento ante los Juzgados de Vigilancia Penitenciaria del año 1997, que finalmente caducó, se hacía eco de la mayoría de los criterios hasta entonces aprobados por los Jueces de Vigilancia. Así en el apartado V de su Exposición de Motivos recogía la idea de que cualquier normativa procesal que impidiese o dificultase resoluciones razonablemente rápidas, de especial urgencia en determinados casos, resultaría inservible. Por eso en esta Ley se había elegido un proceso con sus propios planteamientos, con específicas formas de materialización de los principios procesales constitucionales, siendo su propósito el de "establecer para la ordinaria actuación de los Juzgados de Vigilancia un procedimiento *breve, garantizador, flexible* y *autónomo*"[478].

2.3. Rasgos esenciales sobre cómo ha quedado el procedimiento que se sigue en la actualidad

Como se desprende de cuanto hemos dejado expuesto, desde el principio se entendió que la ausencia de una regulación formal, expresa del cauce procedimental por el que deba discurrir la actividad del Juez de Vigilancia, no ha de constituir un impedimento para el ejercicio de las competencias atribuidas a dicho Juez, pues aunque ello pone de manifiesto graves deficiencias en la coordinación legislativa y origina evidentes dificultades, esa falta debe ser superada a través de la adecuada integración del ordenamiento jurídico exigida por el artículo 1.7 del Código Civil, que obliga a los Jueces y Tribunales a resolver en todo caso ateniéndose al sistema de fuentes establecido.

Sin embargo, pese a que esa idea originaria sigue vigente en la actualidad, a medida que ha ido transcurriendo el tiempo y las dificultades se han visto acrecentadas, también es cierto que se ha ido

---

477 *Conclusiones de Vigilancia Penitenciaria: Criterios de Actuación, Conclusiones y Acuerdos aprobados por los Jueces de Vigilancia Penitenciaria en sus 16 Reuniones celebradas entre 1981 y 2007*, cit., pp. 84-85.

478 El texto de este Proyecto de Ley aparece publicado en el Boletín de Información del Ministerio de Justicia, año LI, suplemento al nº 1797, de 15-5-1997.

sintiendo cada vez más la necesidad de una ley adjetiva que posibilite o haga más fácil la aplicación de las normas positivas del derecho penitenciario; lo que –como ya hemos puesto de manifiesto con anterioridad– ha sido demandado reiterada e insistentemente por los Jueces de Vigilancia en sus distintas reuniones, así como por la doctrina científica.

Esta ausencia de un marco procedimental específico es lo que motivó que los Jueces de Vigilancia en sus distintas Reuniones se plantearan cómo debía ser el procedimiento que regulara su actuación y cuáles debían ser las notas que lo caracterizaran.

Como puede comprobarse, de las originarias "Prevenciones" se pasó a que los Jueces se reunieran para acordar por sí mismos los criterios que debían seguir, los cuales fueron evolucionando y depurándose y, aunque no tengan eficacia normativa y por consiguiente no sean obligatorios, sin embargo han servido para marcar una especie de líneas maestras por las que actualmente discurre la actuación procesal de la generalidad de los Jueces de Vigilancia.

Podemos afirmar que con arreglo a tales pautas, desde el inicio hasta el momento actual, los Juzgados de Vigilancia –aunque sin un procedimiento definido–, han venido encauzando su actividad tomando como referencia el bloque legal del régimen de la ejecución penal regulado en la Ley de Enjuiciamiento Criminal, pero dentro de una libertad de trámites impuesta por la propia carencia de una regulación legal del trámite propio o específico, atendiendo a los principios generales del derecho, y más concretamente del Derecho Procesal Penal, como son el principio de audiencia a las partes, la proscripción de la indefensión, el principio "pro actione", la intervención del Ministerio Fiscal como exigencia derivada de lo dispuesto en el art. 124 CE, y en general el respeto a los derechos consagrados en el art. 24 de la Norma Constitucional, derecho a la defensa y asistencia de letrado y a ser informados –en este caso no de la acusación, sino del gravamen que supone para el recluso la medida fiscalizada adoptada por la Administración–, prohibición de dilaciones indebidas, y adopción de todas las garantías precisas, entre las que destacan la posibilidad de utilizar los medios de prueba pertinentes para justificar la pretensión del recluso. Y por otro lado, con observancia también de lo dispuesto en el art. 9.3 CE, que garantiza la interdicción de la arbitrariedad de los poderes públicos. Todo ello complementado con los preceptos procesales contenidos en la LOPJ, y aplicación supletoria de las normas y principios generales del Derecho Procesal contenidos en la Ley de Enjuiciamiento Civil[479].

Dentro de este amplio marco de libertad de trámites, los internos pueden dirigirse el Juez de Vigilancia directamente, por correo e incluso oralmente en las visitas giradas por éste al centro penitenciario. No se exige ninguna formalidad específica ni solemne para la formalización de la correspondiente pretensión ante el Juez. No se requiere representación por procurador ni intervención de abogado, sin perjuicio de que los interesados voluntariamente designen uno de su elección; únicamente se exige asistencia letrada, como garantía para el interno, en los casos de recurso de apelación. Además, en cualquier caso, todo defecto que se observe en la formulación de la pretensión, tanto en los hechos alegados como en la resolución que se demande, podrá ser subsanado tanto a iniciativa del interesado como de oficio por el Juez.

El interesado puede aportar prueba, pero el Juez tiene las potestades habituales de rechazar las impertinentes e inútiles, de dirigir su práctica e introducir las aclaraciones que estime necesarias. En este sentido, se respetan los principios de contradicción e inmediación, conforme al sistema normal de enjuiciamiento penal, debiéndose aportar, cuando exista, el correspondiente expediente administrativo de forma similar a lo que sucede en la jurisdicción contencioso-administrativa[480].

En todo caso, la audiencia del penado y el informe de la Administración Penitenciaria resultan trámites ineludibles.

En materia de plazos, salvo en las contadas ocasiones que en la LOGP o en su Reglamento se impone la observancia de alguno en concreto, rige un criterio flexible, de tal modo que la pretensión puede ser planteada ante el Juez tan pronto como el interesado desee, y siempre que bajo cualquier forma o incidencia la tutela judicial pueda resultar eficaz. En cualquier caso, cuando esa pretensión trate

---

479 En el art. 4 de la Ley de Enjuiciamiento Civil se consagra el carácter supletorio de esta Ley, y así dice expresamente: «En defecto de disposiciones en las leyes que regulan los procesos penales, contencioso-administrativos, laborales y militares, serán de aplicación, a todos ellos, los preceptos de la presente Ley.»

480 Vid. art. 48 de la Ley 29/1998, de 13 de julio, Reguladora de la Jurisdicción Contencioso-Administrativa.

de reaccionar frente a una resolución administrativa, el solicitante puede y debe atenerse a los plazos que se le indiquen, en su caso, en la notificación, sin que jamás pueda resultar perjudicado por una notificación defectuosa o incompleta, o por ausencia de notificación, y menos aún si se diera el supuesto del silencio administrativo.

En el tema de los recursos se observa lo prescrito en la Disposición Adicional Quinta de la Ley Orgánica del Poder Judicial, y supletoriamente el régimen de recursos previsto en el Ley de Enjuiciamiento Criminal para el procedimiento abreviado.

3. CONFIGURACIÓN DEL PROCEDIMIENTO

La configuración del procedimiento ante los JVP viene determinada por el conjunto de características y principios que le dan su peculiar figura o forma de ser[481].

Partiendo de las líneas generales anteriormente expuestas, acerca de los trámites procedimentales que se vienen observando en estos Juzgados, seguidamente vamos a analizar esta materia desde la perspectiva de cómo entiende el autor de estas líneas ese ser y deber ser de este procedimiento judicial.

3.1. Naturaleza jurídica

Como primer paso, a la hora de determinar la configuración del procedimiento, lo primero que debemos hacer es analizar cuál sea su naturaleza jurídica.

Como hemos repetido, y no creemos que exista duda al respecto, la naturaleza de la actividad de los JVP es netamente jurisdiccional, encardinada dentro del orden jurisdiccional penal, por lo que al ser

[481] Como punto de partida en esta materia, consideramos que en las distintas reclamaciones que puedan formularse por los internos, el Juez habrá de examinar si por parte de la Administración se han cumplido o no las garantías legales mínimas, establecidas no sólo por la Legislación Penitenciaria, sino por la propia Constitución, toda vez que habremos de convenir que los principios inspiradores del orden penal son de aplicación al procedimiento penitenciario, pues como señala la STC nº 2/1987 de 21-1 "Si bien los principios del artículo 24 CE no son del todo aplicables al ámbito penitenciario, sí lo son los principios esenciales en materia de procedimientos, aunque el proceso no tiene por qué ser público."

jurisdiccional, y siendo el proceso el medio por el que se manifiesta la jurisdicción, no cabe duda tampoco de que los actos o modos de proceder en justicia de tales Juzgados, constituidos por el conjunto de formas y trámites solemnes con que se proponen, discuten y resuelven las pretensiones que ante ellos plantean las partes legitimadas para hacerlo, son actos de naturaleza procesal.

Pero llegados a este punto, y pudiendo establecerse distintos tipos de procesos en atención también a sus distintos fines, como son la declaración, la ejecución, o el aseguramiento, debemos plantearnos si los actos procesales, y el procedimiento seguido ante los JVP es de naturaleza declarativa, ejecutiva, o cautelar.

A la hora de abordar esta cuestión no debemos perder de vista la doble función que desarrolla el Juez de Vigilancia, pues por un lado es un juez de ejecución penal asumiendo funciones del tribunal sentenciador, y por otro es un juez de garantías llamado a controlar los actos de la Administración Penitenciaria, para la salvaguarda de los derechos de los reclusos.

Atendiendo a esta doble función podríamos decir de forma simplista que, cuando actúa como juez de ejecución penal, sus actos son los propios del proceso de ejecución, actos ejecutivos del proceso de ejecución, y en su función de juez de garantías su actividad se desarrolla en un proceso declarativo, esto es de declaración o conocimiento.

Pero si tenemos en cuenta el conjunto de las materias atribuidas a su competencia, al resolver sobre éstas, el contenido de la resolución judicial se traduce en la resolución –estimatoria o desestimatoria– de la pretensión de un interno que demanda el amparo de sus derechos, o en la aprobación o autorización –o desaprobación o desautorización, en su caso– de una actuación administrativa en aquellos supuestos en que la actuación judicial no tiene lugar a iniciativa del interno, sino consecuencia de las comunicaciones, daciones de cuenta, o puestas en conocimiento que la Administración debe realizar al Juez de Vigilancia conforme a lo previsto en la legislación penitenciaria.

Tanto en uno como en otro caso, la relación de sujeción especial del recluso con la Administración y el hecho que motiva esa relación, como es el internamiento en un centro penitenciario, derivan de la existencia de una sentencia penal de condena, que constituye un título de ejecución procesal que se debe respetar y cumplir. En este sentido, aunque la ejecución de la condena penal recogida en la ejecutoria, no es una actividad estática o inamovible, constreñida a la duración exacta de la pena impuesta, sino que es una actividad dinámica y cambiante en función del tratamiento penitenciario y de la finalidad de la pena en orden a la reeducación y reinserción social del penado, sin embargo, tampoco se puede olvidar, que la ejecutoria es ley de la ejecución y dependiendo de cómo y cuáles sean los pronunciamientos de la condena así deberá ser la ejecución de la pena impuesta y el alcance de los derechos reconocidos en el art. 25.2 CE, en la medida en que no se vean afectados por el contenido del fallo condenatorio.

Por consiguiente, los derechos del interno, la ejecución de su pena, y el desarrollo de la relación jurídico-penitenciaria, van a estar marcados y condicionados por el contenido del fallo condenatorio, esto es por el título ejecutivo, la ejecutoria o sentencia firme de condena. Esto quiere decir que el procedimiento de actuación de los JVP podemos enmarcarlo como actividad procesal de ejecución; pero como el derecho sustantivo que aplican estos Jueces es el Derecho Penitenciario, hemos de considerar que se trata de un procedimiento autónomo, que participa de la naturaleza de las cuestiones incidentales, toda vez que puede considerarse como un incidente –esto es, un proceso declarativo especial– dentro del proceso de ejecución de la sentencia condenatoria[482]. En este orden de cosas, si el JVP controla la actuación de la Administración Penitenciaria es porque ésta ejecuta lo ordenado en la sentencia condenatoria. Aquellos actos de la Administración que no están referidos a la ejecución del título de condena escapan del control del JVP, y se residencian en la Jurisdicción Contencioso-Administrativa.

Esta es la naturaleza que creemos que debe atribuírsele a este procedimiento. Es lo que mejor se acomoda –pues de lo contrario no tendría sentido– al hecho de que las resoluciones del JVP sean recurribles ante el tribunal sentenciador[483], y por otro lado que tales resoluciones nunca se pronuncien en forma de sentencia, sino mediante auto[484].

---

[482] Esta idea de la "incidentalidad" se apunta en las anteriormente citadas Prevenciones de la Presidencia del Tribunal Supremo.

[483] *Vid.* Disposición Adicional Quinta LOPJ.

[484] El art. 141 LECr. establece que "Las resoluciones de carácter judicial que dicten los Juzgados y Tribunales se denominarán: Autos, cuando decidan incidentes."

Abundando en esta idea, hemos de poner de manifiesto que según el art. 387 LEC, de aplicación supletoria en el proceso penal, "Son cuestiones incidentales las que, siendo distintas de las que constituyan el objeto principal del pleito, guarden con éste relación inmediata, así como las que se susciten respecto de presupuestos y requisitos procesales de influencia en el proceso."

La doctrina define a las cuestiones incidentales como "las cuestiones que surgen en la tramitación del proceso, distintas de las que constituyen el objeto principal del pleito. Tales cuestiones dan lugar a un procedimiento propio, debiendo ser resueltas por el Tribunal que conozca del proceso principal"[485].

Los conceptos que se dejan expuestos están en consonancia con lo que decía Herce Quemada al señalar que el "*incidente*" es un juicio declarativo especial, y la "*cuestión incidental*" su objeto. Son cuestiones incidentales, en sentido estricto, las que surgen en el curso de un proceso principal, estando en conexión con el asunto objeto del mismo o con la validez de los actos procesales, y que dan lugar a un nuevo proceso y a una resolución especial. Conforme a este autor, "el proceso incidental es un juicio declarativo especial en el que se ventilan cuestiones incidentales. Se trata además de un proceso autónomo, distinto, aunque no independiente del juicio principal en que aparece la cuestión incidental, con el que está en conexión o vinculación. La competencia funcional para conocer de la cuestión incidental se atribuye al tribunal que conoce la cuestión principal. Están legitimados activa y pasivamente los que tengan la calidad de partes en el proceso principal, sin que tengan que ocupar la misma posición en uno y otro proceso"[486].

Todos estos conceptos se acomodan a las actuaciones procesales que se desarrollan en los JVP, de tal modo que esas actuaciones podemos calificarlas como *incidentes* derivados de la ejecución de la sentencia condenatoria dictada por el tribunal sentenciador, en

---

En similares términos, el art. 245.1 b) LOPJ establece que: "Las resoluciones de los Jueces y Tribunales que tengan carácter jurisdiccional se denominarán: Autos, cuando decidan..., cuestiones incidentales,..."

[485] *Vid.* FERNANDEZ MARTINEZ Juan Manuel, y otros; *Diccionario Jurídico*, cit., p. 247.

[486] HERCE QUEMADA Vicente; *Derecho Procesal Civil II, Juicios y procedimientos especiales, ejecución procesal, jurisdicción voluntaria*, 8ª edic., Madrid, 1979, pp. 345-350.

el que se ventilan las asuntos planteados por los internos o, en su caso, la Administración, sin perjuicio también de los planteados por el Ministerio Fiscal o suscitados de oficio por el Juez, que serían las *cuestiones incidentales* que constituyen su objeto.

La actividad desarrollada en el procedimiento seguido ante el Juez de Vigilancia es una actividad jurisdiccional declarativa de derechos, que puede calificarse como procedimiento especial de declaración o conocimiento, aunque, como consecuencia de esta declaración, también pueda adoptar decisiones de ejecución o de aseguramiento.

Evidentemente, se trata de un procedimiento autónomo, distinto del procedimiento principal de ejecución que tramita el tribunal sentenciador, aunque no independiente de éste, sino con el que guarda una estrecha conexión, pues lo que resuelva en su ejecutoria el tribunal sentenciador va a condicionar la resolución de la cuestión incidental ventilada ante el JVP. Además la competencia funcional para conocer de tales cuestiones corresponde al tribunal sentenciador pues, sin perjuicio de las competencias atribuidas al JVP en el art. 76.2-a) "asumiendo las funciones que corresponderían a los Jueces y Tribunales sentenciadores", son estos tribunales los que, conforme a lo previsto en la Disposición Adicional Quinta LOPJ, resuelven los recursos contra las resoluciones de los JVP. Asimismo la legitimación para intervenir en este procedimiento incidental la tienen quienes son parte en el proceso principal de ejecución: el Ministerio Fiscal y el penado, y eventualmente la víctima o el perjudicado, aunque no ocupen la misma posición que en aquel proceso principal, pues el penado, que ocupa una posición pasiva en el procedimiento tramitado ante el tribunal sentenciador, en el incidental seguido ante el JVP puede y suele ocupar una posición activa.

3.2. Principios informadores

A la hora de construir legalmente un proceso y el procedimiento por el que deban discurrir sus trámites, se han de tener en cuenta la naturaleza y características peculiares de la parcela de la realidad jurídica a la que dicho proceso y procedimiento pretenden servir, como instrumento para la aplicación del derecho sustantivo que regula esa parcela.

Por eso, como dice De la Oliva Santos, la construcción procesal será distinta según que los bienes jurídicos –satisfacción de derechos, cumplimiento de deberes, etc.– tengan una fisionomía netamente individual, o revistan, por el contrario, una predominante dimensión de interés general o común[487].

Según sea una u otra fisonomía podemos distinguir dos principios básicos o troncales, sobre la forma técnico-jurídica del proceso: el dispositivo, y el de oficialidad.

3.2.1. Principio de oficialidad

En el proceso de ejecución penal, y consecuentemente en las actuaciones procesales llevadas a cabo ante los JVP, lo que se materializa es el "ius puniendi" del Estado, que no puede depender de la voluntad o de los intereses privados de las partes o sujetos afectados.

En este proceso lo que se persigue es un interés general, por lo que aquí no tienen operatividad los principios que inspiran un proceso en el que se ventilen exclusivamente intereses privados. Por eso, frente al principio dispositivo y sus conexos, de rogación y de aportación de parte, –que hacen depender el proceso de la voluntad de las partes– el que aquí debe imperar es el de oficialidad, derivado del interés público predominante del derecho del Estado, por el cual los distintos actos procesales no están subordinados al poder de disposición de los sujetos jurídicos particulares. De tal modo, el inicio del procedimiento no se hace depender de la necesaria instancia de un sujeto particular, sino que puede iniciarse "de oficio" por decisión del órgano jurisdiccional, o en virtud de un órgano público legalmente encargado de hacer valer el derecho o interés general; que en nuestro caso es el Ministerio Fiscal.

Dicho lo anterior, los principios que deben merecer ahora nuestra atención son los que tengan encaje dentro de este principio base o troncal de oficialidad. Igualmente, llegados a este punto, también debemos plantearnos, cuál es la forma que mejor sirve a los intereses que se dilucidan en el procedimiento ante los JVP; la forma escrita o la forma oral. Lo que, a su vez, también afecta a los principios de concentración, contradicción, e inmediación, y finalmente la publicidad e impulso del trámite.

---

[487] DE LA OLIVA Andrés; FERNANDEZ Miguel Angel; *Derecho Procesal Civi I*, PPU, Barcelona,1988, p. 76.

3.2.2. Oralidad o escritura

En nuestro ordenamiento jurídico la oralidad viene impuesta por el art. 120.2 CE que establece que "El procedimiento será predominantemente oral, sobre todo en materia criminal," así como por el art. 229.1 LOPJ que dispone que "Las actuaciones judiciales serán predominantemente orales, sobre todo en materia criminal, sin perjuicio de su documentación."

Como pone de manifiesto De la Oliva Santos, es discutible la conveniencia de que la Ley Fundamental contenga un pronunciamiento sobre este tema, pues vendría a hacer materialmente inconstitucionales a la mayoría de los procesos españoles; y al citado artículo de la LOPJ lo califica de bienintencionado, más que otra cosa, porque inmediatamente revela la estrechez de sus ambiciones, pues en el apartado 2 se limita a citar los medios probatorios que por sí mismos pueden ser orales y la celebración de vistas; todo ello "salvo lo dispuesto en la ley"[488].

A la hora optar por la oralidad o por la escritura, es difícil arbitrar un sistema tan absolutamente oral que no reserve alguna parte a la forma escrita, ni un sistema de escritura tan radical que, en mayor o menor medida, no admita y regule actos de viva voz. Por eso, lo que determina que un proceso sea oral o escrito es que predomine una u otra forma. En este sentido, puede afirmarse que el proceso es oral cuando las alegaciones, la prueba, y las conclusiones se presentan al Juez por regla general de viva voz; y es escrito, cuando la escritura es el medio normal de comunicación entre las partes y el Juez[489].

El art. 50 LOGP al regular el derecho de los internos a formular peticiones y quejas relativas a su tratamiento o al régimen del establecimiento, establece que "si fueren hechas por escrito, podrán presentarse en pliego cerrado, que se entregará bajo recibo." De lo que, a sensu contrario, se deduce que también pueden presentarse verbalmente. Sobre esta materia el art. 53.1 RP dispone que "todo interno tiene derecho a formular, *verbalmente* o por escrito, peticiones y quejas sobre materias que sean competencia de la Administración

---

488 DE LA OLIVA Andrés; FERNANDEZ Miguel Angel; *Derecho Procesal Civi I*, cit., p. 92.

489 GOMEZ ORBANEJA Emilio; *Derecho Procesal Civil I, Parte General*, 8ª edic., Madrid, 1979, p. 218.

Penitenciaria,...", y el art. 54.1 RP que "con independencia de lo dispuesto en el artículo anterior, los internos podrán formular directamente las peticiones o quejas o interponer recursos ante el Juez de Vigilancia Penitenciaria...". En este mismo orden de cosas, el art. 248 RP, que recoge los requisitos que debe contener la notificación del acuerdo sancionador que recaiga en el procedimiento disciplinario, señala que, entre otros extremos, ha de indicar que "contra el mismo puede interponerse recurso ante el Juez de Vigilancia, *verbalmente* en el mismo acto de la notificación o por escrito...".

Como puede apreciarse, la Ley Orgánica General Penitenciaria y su Reglamento también propician la oralidad.

En los Criterios Refundidos de Actuación de los Jueces de Vigilancia igualmente se propugna la oralidad. Así en el Criterio nº 79, según la redacción dada en la VII Reunión, se reclama un procedimiento judicial inspirado en los principios de inmediación, concentración y audiencia oral[490].

A fin de respetar al máximo el principio de oralidad se podría articular un procedimiento inspirado, a su vez, en el **principio de concentración** que posibilitara que, si no todos, la mayoría de los trámites tuvieran lugar en una especie de juicio verbal, similar al procedimiento para el juicio sobre delitos leves (arts. 962 y ss LECr., anterior juicio de faltas). Lo que potenciaría al mismo tiempo la **inmediación**. Este juicio, comparecencia, o vista oral podría tener lugar en la sede del JVP, o durante las visitas que el Juez de Vigilancia realiza con regularidad a los centros penitenciarios de su jurisdicción. Pero esto no deja de ser una posibilidad teórica difícilmente materializable. Una cosa son los deseos y otra las realidades.

Para poder celebrar la vista oral en la sede del Juzgado, tendría que concurrir allí el interno; lo que resulta harto difícil, pues al estar privado de libertad tendría que ser conducido por las Fuerzas y Cuerpos de Seguridad; y es un hecho notorio que esta disponibilidad de medios resulta escasa, máxime cuando ello además supondría un trasiego frecuente de un importante número de internos desde los centros penitenciarios a los Juzgados, que distraería a las fuerzas policiales de otros cometidos, posiblemente más urgentes o

---

[490] Estos Criterios aparecen publicados en el Boletín de Información del CGPJ de marzo de 1994, pp. 57-70.

perentorios. Esta posibilidad de celebración en la sede del Juzgado, ni siquiera sería solución en aquellos supuestos en que los internos se encontraran transitoriamente en libertad, como es el caso de estar disfrutando de un permiso de salida, pues la celebración de la vista exige un señalamiento y una citación previos, de tal manera que estos no podrían efectuarse pues no puede saberse con seguridad si al interno concernido se le va a conceder un permiso y, de ser así, cuando lo disfrutará. Por lo que la coincidencia del disfrute del permiso con la fecha señalada para la vista ante el Juzgado, resulta bastante remota.

De otro lado, para poder celebrar la vista en el centro penitenciario, tendría que concurrir allí también, junto con el Juez –además del personal auxiliar del Juzgado–, el representante del Ministerio Fiscal; lo cual también resulta bastante improbable, pues habrá veces en que ello sea posible, pero otras muchas en las que, según estén ordenados los servicios de la Fiscalía respectiva, no lo sea.

La limitación de medios con que cuenta la Administración de Justicia, y las propias circunstancias derivadas del cumplimiento de la pena privativa de libertad, constituyen serios impedimentos para poder llevar a su plenitud el principio de oralidad en el procedimiento ante el JVP. Los propios Jueces de Vigilancia son conscientes de ello, y así lo han reconocido.

El Titular del Juzgado de Vigilancia Penitenciaria nº Uno de Castilla La Mancha, en una ponencia presentada con motivo de VIII Reunión de Jueces de Vigilancia, tras alabar las bondades de la oralidad frente a la escritura, poniendo como modelo a seguir en los JVP un procedimiento similar al laboral de los Juzgados de Social, terminó concluyendo que razones de imposibilidad material le impedían pronunciarse a favor de este sistema oral. Tomando como modelos más representativos los Juzgados de Sevilla, Castilla-La Mancha, La Coruña, Barcelona, Madrid y Valencia, considerando el numero y clase de asuntos ingresados, (de los que se excluirían por no considerarse necesaria la celebración de vista para su aprobación, las libertades condicionales, conocimientos, redenciones y autorizaciones de permisos ya concedidos), y que en cada sesión podrían celebrarse 16 juicios, llegó a la conclusión de que se tendrían que señalar alrededor de dos a cuatro días de juicios cada semana. Ante ello, concluyó que valorando en su insoslayable precisión la posibilidad de respuestas judiciales rápidas, se inclinaba a favor de un procedimiento escrito, con brevedad, simplicidad y flexibilidad de trámites[491].

Por su parte, el Tribunal Constitucional ya puso de manifiesto las limitaciones que tiene el principio de oralidad en los supuestos de recurso verbal ante el Juez de Vigilancia, interpuesto por los internos frente a los acuerdos sancionadores de la Administración, al señalar que: "*Es claro, por tanto, que el Reglamento Penitenciario permite, para simplificar y facilitar el acceso al recurso, que el interno pueda recurrir las sanciones tanto por escrito como verbalmente, pero del mismo no se deduce la tesis del hoy recurrente de un derecho a recurrir verbalmente y personalmente ante el Juez de Vigilancia, con presencia física de éste para formularle verbalmente las alegaciones una vez manifestada su voluntad de recurrir ni, desde luego, el derecho constitucional a la tutela judicial efectiva (art. 24.1 CE) impone dicha interpretación del precepto reglamentario antes citado*"[492].

En términos similares se ha pronunciado el Juzgado de Vigilancia Penitenciaria nº Uno de Madrid, acotando el principio de oralidad en los supuestos de recurso verbal contra sanciones disciplinarias previsto en el art. 248 b) del RP. Así, por Providencia de 30/03/05, acordó que se informara al interno de que la facultad de interponer recurso verbal, conforme al citado artículo del Reglamento, está referida a la posibilidad de realizar alegaciones verbales que serán recogidas por el funcionario que practique la notificación del acuerdo sancionador, pero ello no implica la presencia física del Juez de Vigilancia[493].

En el sentido expuesto también se pronunció el Juzgado Central de Vigilancia Penitenciaria, mediante Auto de 13/05/2013, declarando que la interposición de recurso verbal no exige la presencia física del Juez de Vigilancia[494].

De lo anterior se desprende, que salvo en aquellos supuestos en los que el interno pueda efectuar alegaciones verbales, y comparecer per-

---

[491] CEZON GONZALEZ Carlos; «Normativa procesal de los Juzgados de Vigilancia. Recursos contra las resoluciones de los Jueces de Vigilancia Penitenciaria» en *Vigilancia Penitenciaria (VIII Reunión de Jueces de Vigilancia Penitenciaria)*, CGPJ, Madrid, 1996, p. 76.

[492] STC nº 199/1992 de 19-11 (BOE nº 307/1992 de 23-12).

[493] Vid. *Jurisprudencia Penitenciaria 2005*, Ministerio del Interior, Dirección General de Instituciones Penitenciarias, Madrid, 2006, pp. 298-299.

[494] Vid. *Jurisprudencia Penitenciaria 2013*, Ministerio del Interior, Secretaría General de Instituciones Penitenciarias, Madrid, 2014, p. 676.

sonalmente ante el Juez, que será ordinariamente en las visitas que éste gire al centro penitenciario, (teniendo en cuenta que durante éstas el Juez normalmente no puede ver a todos los internos), todos los demás trámites tendrán que ser escritos. La realidad es muy tozuda.

La solución para todos estos inconvenientes, y que potenciaría los principios de **oralidad**, **inmediación** y **concentración**, vendría dada por la aprobación de una disposición legal que obligara el Juez de Vigilancia a constituirse en el respectivo centro penitenciario, acompañado del Ministerio Fiscal, junto con todos medios personales y materiales necesarios, para celebrar allí las vistas correspondientes; a cuyo lugar serían citados todos los que debieran intervenir en la vista, estuvieran o no privados de libertad. Esto provocaría la necesidad de habilitar un local en cada centro penitenciario como sala de audiencia, pues al tener derecho los internos a la asistencia de letrado, también debe tenerse en cuenta la concurrencia de estos profesionales; pero no sólo de éstos, sino, en su caso, de peritos y testigos, e incluso de público, si se considera que en este procedimiento debe regir el principio de publicidad.

Sin embargo, a nuestro entender, la consecuencia de todo esto sería que el Juez de Vigilancia tuviera que ejercer su función realizando un trabajo de forma similar al que se desarrolla en los Juzgados de lo Penal; lo que podría dar lugar a un retraso y acumulación en los señalamientos, y a la dilación en la resolución de los asuntos.

Tal vez por ello, para evitar esas perniciosas consecuencias, –cosa que nos parece acertada– es por lo que en el único intento serio que hasta ahora ha habido de regular el procedimiento ante los Juzgados de Vigilancia, que fue el representado por el Proyecto de Ley de 1997, se optó por el predominio de la forma escrita frente a la oral. Como se recoge en el apartado V de su Exposición de Motivos, se entendió que cualquier normativa que impidiese o dificultase resoluciones razonablemente rápidas resultaría inservible. De ahí que el propósito fuera el de establecer un procedimiento *breve*, *garantizador*, *flexible* y *autónomo*; y en razón a tales principios se instituía un procedimiento *escrito* –sin perjuicio de las manifestaciones verbales que pudieran ser recibidas del interno– atribuyendo el Juez amplias facultades de dirección e impulso[495].

---

[495] *Proyecto de Ley Orgánica reguladora del procedimiento ante los Juzgados de Vigilancia Penitenciaria.* Boletín de Información del Ministerio de Justicia, año LI, suplemento al núm. 1797, de 15-5-1997; p. 14.

3.2.3. Inmediación

Según se desprende de la doctrina del Tribunal Constitucional, el derecho a un proceso con todas las garantías comporta la necesidad de respetar las garantías de publicidad, inmediación, oralidad y contradicción[496].

Este requisito de la inmediación era uno –según vimos más arriba– de los que reclamaban los Jueces de Vigilancia en su Criterio nº 79, para el procedimiento ante ellos[497].

La inmediación es una consecuencia derivada de la oralidad, toda vez que, siendo oral el proceso y estando concentradas sus actuaciones, la inmediación es algo que se produce ineludiblemente. La inmediación significa que el juez que dicta la sentencia o resolución definitiva que dirime el asunto, está presente o interviene personalmente en la práctica de las pruebas y escucha las alegaciones de las partes y de sus representantes y defensores. La inmediación implica el contacto directo con la actividad probatoria, de tal modo que el juez perciba por sí mismo la prueba y base su convencimiento en esa percepción directa, y no en las referencias o percepciones ajenas plasmadas en un escrito[498].

Pero la inmediación es algo más que el contacto directo entre juez y prueba, pues realmente significa la presencia simultánea de los varios sujetos de un proceso en el mismo lugar, y, por consiguiente, posibilidad entre ellos de cambiarse oralmente sus comunicaciones[499].

La inmediación aparece consagrada, con carácter general, en nuestro ordenamiento jurídico procesal en el art 229.2 LOPJ, y en el proceso penal a tenor del contenido de la regulación del juicio oral en el procedimiento ordinario (art. 688 y ss. LECr.), en el abreviado (art. 785 y ss, LECr,) y en el juicio sobre delitos leves (art. 969 LECr.)[500].

---

[496] Entre las más significativas sobre esta cuestión, pueden citarse la STC nº 128/2004 de 19 de julio; y la STC nº 167/2002 de 18 de septiembre.

[497] Nota 47, ut supra.

[498] *Vid.* DE LA OLIVA Andrés; FERNANDEZ Miguel Angel; *Derecho Procesal Civi I*, cit., pp. 93-95; y GOMEZ ORBANEJA Emilio; *Derecho Procesal Civil I, Parte General*, cit., pp. 220-221.

[499] DE URBANO CASTRILLO Eduardo, «Las nuevas exigencias de los principios de contradicción, oralidad, inmediación y publicidad» en *Revista Poder Judicial*, número especial XIX-2006, p.168.

[500] Dice el art. 229.2 LOPJ que: «Las declaraciones, interrogatorios, testimonios, careos, exploraciones, informes, ratificación de los periciales y vistas, se llevarán a

Como hemos puesto de manifiesto con anterioridad, en el procedimiento ante los JVP la oralidad se ve obligada a sufrir un fuerte detrimento a favor de la escritura. Las importantes limitaciones que se sufren en esta parcela dificultan la celebración de vistas orales y, por ende, la concentración de actuaciones y la inmediación judicial como consecuencia inherente a la oralidad.

El principio de inmediación no puede ser observado en toda su plenitud pues, por la fuerza de las cosas, no siempre resulta posible la presencia ante el Juez del interno y demás personas que hayan de deponer en un procedimiento, ni tampoco que esta presencia sea simultánea durante la celebración de un mismo acto en el que tengan la posibilidad de interactuar. De tal manera, se ha de optar por el principio de escritura frente al de oralidad, por lo que las alegaciones de los internos y demás intervinientes serán en la mayoría de los casos por escrito.

La única manera de mitigar todo esto sería a través de las visitas que el Juez de Vigilancia debe realizar a los centros penitenciarios, así como acudir a las posibilidades que hoy ofrece la tecnología recurriendo a la videoconferencia, a fin de poder practicar una "inmediación virtual", que bajo determinadas circunstancias y requisitos resulta legalmente admitida.

Las visitas de los JVP a los centros penitenciarios tienen su cobertura legal en la Disposición Transitoria Primera de la LOGP que remite, entre otros, al artículo 526 la LECr. hasta tanto se dicten las normas que regulen los procedimientos de actuación de tales Jueces[501].

Esta normativa asegura la presencia del JVP en los centros y posibilita el acceso directo de los reclusos a dicho Juez; lo que sirve para

efecto ante juez o tribunal con presencia o intervención, en su caso, de las partes y en audiencia pública, salvo lo previsto en la ley.»

[501] Conforme a este art. 526 LECr. «El Juez instructor visitará una vez por semana, sin previo aviso ni día determinado, las prisiones de la localidad, acompañado de un individuo del Ministerio Fiscal, que podrá ser el Fiscal municipal delegado al efecto por el Fiscal de la respectiva Audiencia; y donde exista este Tribunal, harán la visita el Presidente del mismo o el de la Sala de lo criminal y un Magistrado, con un individuo del Ministerio Fiscal y con asistencia del Juez instructor.

En la visita se enterarán de todo lo concerniente a la situación de los presos o detenidos, y adoptarán las medidas que quepan dentro de sus atribuciones para corregir los abusos que notaren.»

eliminar trabas u obstáculos procesales a fin de posibilitar el control de la legalidad y la tutela de los derechos de los internos.

Estas visitas sirven para que el JVP oiga a los internos que hayan solicitado ser recibidos y aquellos otros cuya audiencia haya sido acordada por el Juez. También sirven para que el JVP pueda practicar diligencias acordadas en los procedimientos en trámite, recabe verbalmente del Director, órganos colegiados, autoridades o funcionarios del establecimiento, cuanta información estime necesaria sobre la ejecución de las penas, y los derechos y beneficios de los internos.

El Proyecto de Ley Orgánica Reguladora del Procedimiento ante los JVP del año 1997 contemplaba en su art. 16 estas visitas a los centros penitenciarios, y la posibilidad de que el JVP delegara la realización de algunas de ellas en el Secretario u otro funcionario de la Administración de Justicia destinado en el Juzgado.

No nos parece acertada esa posibilidad de delegación, pues entendemos que las actividades de visita a los centros penitenciarios constituyen manifestaciones del ejercicio de la potestad jurisdiccional, que viene atribuida en exclusiva a los Jueces y Tribunales[502], y que son características de la función del Juez de Vigilancia, y consustanciales a la misma de acuerdo con la doctrina del Tribunal Constitucional[503].

---

502 Art. 117.3 CE, y art. 2 LOPJ.

503 Como señala la STC nº 129/1995 de 11-9, ese Alto Tribunal, desde la STC 73/1983, tiene declarado que la Administración Penitenciaria "no está exenta de un control judicial, habida cuenta de las garantías establecidas en el art. 9,3 CE y las fijadas en el art. 106,1 de la misma CE" (STC 73/83, f. j. 6°).

Este control corresponde a los Juzgados de Vigilancia Penitenciaria –introducidos con general aceptación en nuestro ordenamiento por el art. 76 LOGP de 1979 y constituidos como órganos jurisdiccionales dentro del orden penal por los arts. 26 y 94 LOPJ– que son los que han de velar "por las situaciones que afecten a los derechos y libertades fundamentales de los presos y condenados, en los términos previstos en los arts. 25,2, 24 y 9,3 CE, al constituir un medio efectivo de control dentro del principio de legalidad y una garantía de interdicción de la arbitrariedad de los poderes públicos" (STC 73/83, f. j. 3°). Se trata, pues, de un control que se lleva a cabo por "órganos judiciales especializados" y que constituyen "una pieza clave del sistema penitenciario para garantizar el respeto de los derechos de los internos" (STC 2/87, f. j. 5°).

De este modo, si bien la legislación penitenciaria reserva a la Administración ciertas funciones, al mismo tiempo, "ha asegurado la judicialización de la ejecución de las penas a través del sistema de control judicial (previo o posterior, según los casos) y cuyo adecuado funcionamiento es no sólo la garantía de conformidad a la ley de la actividad penitenciaria, sino también de la protección de los derechos fundamentales de los detenidos" (STC 2/87, f. j. 5°). Lo que claramente se deriva de las funciones atribuidas al Juez de Vigilancia Penitenciaria en los arts. 76 LOGP y 94 LOPJ. Y de

Asimismo, de acuerdo con la doctrina de este Alto Tribunal, se ha de tener en cuenta la importancia que ha adquirido el principio de inmediación, dirigido a propiciar una relación directa entre el tribunal y las partes, y en particular sobre la realización de las pruebas, dadas las consecuencias jurídicas que de ello se derivan. De ahí que, como consecuencia del principio de inmediación, no resulte admisible la "prueba subrogada", como la testifical de referencia o aquélla que no puede ser valorada directamente por el juez[504]. No obstante, como dejamos apuntado más arriba, en nuestro ordenamiento jurídico procesal ya está admitida, con carácter general, la que podemos calificar de "inmediación virtual", al poderse practicar las actuaciones judiciales a través de videoconferencia u otro sistema similar que permita la comunicación bidireccional y simultánea de la imagen y el sonido, conforme a lo previsto en el artículo 229.3 LOPJ, y de forma concreta en el proceso penal a tenor de lo dispuesto en los arts. 325 y 731 bis LECr. que contemplan la posibilidad de que el órgano jurisdiccional pueda acordar, de oficio o a instancia de parte, el uso de la videoconferencia, por razones de utilidad, seguridad o de orden público, así como en aquellos supuestos en que la comparecencia de quienes hayan de intervenir en cualquier tipo de procedimiento penal resulte gravosa o perjudicial.

Tanto la doctrina como la jurisprudencia consideran plausible la utilización de la videoconferencia en la Administración de Justicia[505].

---

ello resulta, en definitiva, que la actividad de la Administración Penitenciaria está "subordinada en su ejercicio a la autoridad judicial", (SSTC 73/83, 190/87 y 191/93, entre otras).

504 Como dice De Urbano Castrillo, "este principio, aplicable en todas las jurisdicciones, alcanza un valor fundamental en el proceso penal, en el que con sus conocidas excepciones –así: prueba preconstituida, prueba en caso de ausencia de testigos imposibilitados de acudir al juicio o pruebas de imposible reproducción en el plenario–, la inmediación se traduce en la necesidad que la prueba se practique en el juicio oral, siendo la misma, la única que realmente merece el calificativo de verdadera prueba en el proceso penal." DE URBANO CASTRILLO Eduardo, «Las nuevas exigencias de los principios de contradicción, oralidad, inmediación y publicidad», cit., p. 169.

505 "La utilización de la videoconferencia, en el ámbito de la Administración de Justicia, constituye un medio técnico de captación de la imagen y del sonido, y no un medio de prueba, que contribuirá positivamente a la efectividad del proceso debido y al logro de una justicia más próxima al justiciable, no constituyendo por se ninguna afectación de derecho fundamentales y resultando plenamente respetuoso con los principios procesales." PEREZ-CRUZ MARTIN Agustín Jesús; «Videoconferencia y

En este orden de cosas, como advierte la STS nº 161/2015 de 17-3, el proceso penal no ha podido sustraerse al avance de las nuevas tecnologías, y la utilización del sistema de videoconferencia para la práctica de actos procesales de indudable relevancia probatoria, forma parte ya de la práctica habitual de los Tribunales de justicia[506]. Pero la progresiva familiarización del proceso penal con las posibilidades que ofrecen las nuevas tecnologías, no se ha despojado de cierto aroma de subsidiaria excepcionalidad. Así, el Tribunal Constitucional, en sus Sentencias nº 120/2009 de 18-5, y nº 2/2010 de 11-1, ha proclamado que "*cualquier modo de practicarse las pruebas personales que no consista en la coincidencia material, en el tiempo y en el espacio, de quien declara y quien juzga, no es una forma alternativa de realización de las mismas sobre cuya elección pueda decidir libremente el órgano judicial sino un modo subsidiario de practicar la prueba, cuya procedencia viene supeditada a la concurrencia de causa justificada, legalmente prevista.*"

En esta línea, el Tribunal Supremo no apoya una interpretación amplia de las posibilidades del juicio mediante videoconferencia en el caso de la declaración del acusado, sino que esta posibilidad debe contemplarse para los casos de absoluta imposibilidad de asistencia personal de éste. Y argumenta que esto debe ser así porque, mientras

---

proceso penal», en *Revista El Derecho Editores/Diario de Jurisprudencia El Derecho nº 2182*, de 10 de octubre de 2005.

"La administración de justicia no puede quedar al margen del progreso en la introducción de nuevas técnicas que ahorran a largo plazo costes y optimizan los resultados a obtener, si bien es cierto que se está empezando a ver cómo cambian los modos de trabajar en los juzgados. La videoconferencia es un proceso rápido y preciso que permitirá la realización de actuaciones procesales sin necesidad de que los intervinientes estén físicamente presentes en el mismo lugar. Con ello se consigue un mejor aprovechamiento de los recursos económicos de la Justicia, agilidad en el desarrollo de los procesos y mayores garantías de seguridad en los supuestos de traslados de internos de centros penitenciarios a las sedes judiciales." FLORES PARAREDA Natalia, «Envío de escritos y documentos judiciales por vía electrónica y celebración de juicios a través de videoconferencia», en *Boletín de Legislación El Derecho nº 373*, de 4 de abril de 2005.

[506] Son numerosas las resoluciones del Tribunal Supremo en las que se ha reconocido que la videoconferencia garantiza la oralidad, la inmediación y la contradicción (cfr. SSTS 641/2009, de 16 de junio; AATS 961/2005, de 16 de junio de 2005; 1301/2006, de 4 de mayo de 2006; 1462/2006, de 21 de junio de 2006; SSTS 957/2006, de 5 de octubre de 2006; 1351/2007, de 5 de enero de 2007). El ATS 2314/2006, de 23 de noviembre de 2006, subraya que el interrogatorio de testigos mediante videoconferencia no vulnera los derechos de contradicción e inmediación de la prueba, «sino lo contrario».

que otros elementos probatorios, como los testimonios y las pericias, tan sólo ofrecen una posición pasiva, que permite la posibilidad de su correcta percepción a pesar de la distancia, el acusado no sólo puede ser "objeto" de prueba, a través del contenido de sus manifestaciones, sino que también representa un papel de "sujeto" activo en la práctica de las actuaciones que se desarrollan en el acto de su propio Juicio; y, para ello, adquiere gran relevancia tanto su presencia física en él, como también la posibilidad constante de comunicación directa con su Letrado que, de otro modo, podría ver seriamente limitadas sus funciones de asesoramiento y asistencia[507].

Los criterios jurisprudenciales anteriormente expuestos, referidos a la figura del "acusado", son plenamente trasladables al ámbito jurisdiccional de vigilancia penitenciaria que ahora nos ocupa, sustituyendo ese término de "acusado" por la de "interno" o "recluso", que hubiera promovido un procedimiento ante el Juez de Vigilancia como consecuencia de una petición, queja, o recurso contra cualquier acto de la Administración Penitenciaria.

Pero, en todo caso, el uso de la videoconferencia lo único que posibilita es que el Juez oiga al interno desde el Juzgado sin desplazarse hasta el centro penitenciario, de tal modo que, por los mismos motivos que ya expusimos anteriormente al hablar de la oralidad, lo que tampoco posibilita la videoconferencia es la celebración de un juicio o vista oral con la participación simultánea de todos los intervinientes en un mismo espacio virtual.

Uno de los argumentos esenciales utilizados por la jurisprudencia, para restringir el uso de la videoconferencia, es el de que la falta de presencia física del acusado ante el tribunal imposibilita su comunicación con su abogado. Sin embargo, debemos advertir que cuando no es preceptiva la intervención de letrado, como ocurre en el juicio sobre delitos leves, nuestra legislación ya no es tan exigente con el principio de inmediación. En este orden de cosas, el artículo 970 LECr. establece que si el denunciado reside fuera de la demarcación del Juzgado no tiene obligación de concurrir al acto del juicio, y puede dirigir al Juez escrito alegando lo que estime conveniente en su defensa, así como apoderar a abogado o procurador que presente en aquel acto las alegaciones y las pruebas de descargo que tuviere.

---

507 *Cfr.* STS nº 678/2005 de 16-5, y STS nº 161/2015 de 17-3.

Es unánime el criterio de que en el procedimiento ante el JVP no es preceptiva la intervención de letrado, salvo en el caso de que se interponga recurso de apelación[508]. Por lo que podemos considerar trasladable a este procedimiento ese mismo principio recogido en el citado art. 970 LECr., y considerar suficiente, desde la perspectiva del principio de inmediación, el escrito del interno dirigido al Juez de Vigilancia; que es lo que en realidad viene ocurriendo en la mayoría de los casos.

El uso de la videoconferencia en el medio penitenciario está regulado en el ámbito interno de la Administración Penitenciaria por la Instrucción nº 2/2007 de 30 de enero de 2007, de la Dirección General de Instituciones Penitenciarias, que contempla la instalación del sistema de videoconferencia en todos los Establecimientos, tanto a efectos de facilitar a los órganos judiciales la práctica de diligencias, como de potenciar las comunicaciones de internos con sus familiares y allegados íntimos, y de facilitar el establecimiento de consultas médicas entre distintos establecimientos sanitarios[509].

Pero con independencia de todo lo expuesto, lo que entendemos que en ningún caso resulta admisible, es que el JVP pueda sustituir las visitas a los centros penitenciarios por el uso de la videoconferencia. En este sentido, debe hacer un uso restrictivo de ese medio técnico para que su utilización no imposibilite el contacto con los internos;

---

[508] Criterio nº 152, *Conclusiones de Vigilancia Penitenciaria: Criterios de Actuación, Conclusiones y Acuerdos aprobados por los Jueces de Vigilancia Penitenciaria en sus 16 Reuniones celebradas entre 1981 y 2007*, cit., pp. 85-86.

[509] Esta Instrucción aparece publicada, y puede consultarse en la siguiente dirección de internet:
«*http://www.institucionpenitenciaria.es/web/portal/documentos/instrucciones/*».

Como se desprende de su Introducción, se dictó a raíz del acuerdo interdepartamental de fecha 17 de mayo de 2006, suscrito entre los Ministerios de Justicia e Interior para la implantación de un sistema de comunicaciones, mediante videoconferencia, entre los centros penitenciarios y las sedes de los Juzgados, Tribunales y Ministerio Fiscal.

Esta Instrucción tiene como presupuesto base la idea de que la reeducación y reinserción de los internos recluidos en los centros penitenciarios, así como la retención y custodia, son los fines fundamentales que dan naturaleza y razón de ser a la actividad penitenciaria, necesitando de todos los medios que hagan posible su desarrollo con las mayores garantías. Por lo que, a tal fin, se considera necesario aprovechar todos los recursos que ofrece la incorporación de las nuevas tecnologías en el campo de las telecomunicaciones, que, sin duda, permitirá una adecuada actualización y modernización del sistema penitenciario.

de tal modo que, como apunta la jurisprudencia, se debe acudir al uso de la videoconferencia cuando de forma razonada resulte necesario, y no por motivos de mera comodidad o conveniencia.

3.2.4. Contradicción

Este principio se halla íntimamente ligado a los de igualdad y de audiencia, con los que puede llegar a confundirse, derivándose del mismo el derecho que tiene la parte a intervenir en aquellas diligencias de las que se les pueda deparar algún perjuicio[510]. Así, dice el art. 302 LECr. que "Las partes personadas podrán tomar conocimiento de las actuaciones e intervenir en todas las diligencias del procedimiento."

Aunque no reconocido expresamente en la Constitución, ha de considerarse incluido dentro del derecho de defensa consagrado en el art. 24 CE, y supone que todo litigante ha de disponer de la posibilidad de oponerse y defenderse en juicio en la forma que considere más conveniente para sus intereses. En este sentido, dice Valencia Mirón que el principio de contradicción o audiencia se recoge en los aforismos romanos *audiatur et altera pars* y *nemo inauditus damnari potest*, y que se formula en los siguientes términos: «*nadie puede ser condenado sin ser oído y vencido en juicio*»[511].

En términos similares se expresa Gutierréz-Alvi Conradi, para quien, efectivamente, el ser oído y vencido en juicio implica la auténtica interrelación del principio de contradicción o audiencia con el derecho de defensa. El principio de contradicción se encuentra directamente vinculado a la estructura del proceso y viene a ser un requisito de ineludible observancia para la efectiva realización de todo el conjunto de las garantías del mismo, como ya quedó apuntado desde sus orígenes medievales en tres momentos o fases cruciales del proceso: *citatio*, *defensio* y en el *ordo probationum*, o lo que es lo mismo, en materia de emplazamiento u actos de comunicación, de alegaciones y de prueba. De otro lado, la observancia del principio

---

510 *Cfr.* FERNANDEZ MARTINEZ Juan Manuel, y otros; *Diccionario Jurídico*, cit., Principio de Audiencia p. 614, Principio de Contradicción p. 615, Principio de Igualdad de las partes procesales p. 616.

511 VALENCIA MIRON Antonio José; *Introducción al Derecho Procesal*, 9ª edic., Comares, Granada, 2005, p. 404.

de contradicción implica para el órgano jurisdiccional, la obligación de evitar desequilibrios en cuanto a la respectiva posición de las partes, o cuanto a las posibles limitaciones en el derecho de defensa, alegaciones y prueba[512].

La contradicción no es un "latiguillo" vacío y formal con que se adornan las resoluciones judiciales sino una exigencia efectiva del derecho al "juicio o proceso justo" –según pone de manifiesto Urbano Castrillo–, su cumplimiento ha de producirse en todas las fases del proceso, y su inobservancia implica una vulneración con trascendencia constitucional que conlleva la nulidad del trámite o resolución correspondiente[513].

Con carácter general, el Tribunal Constitucional ha tenido ocasión de pronunciarse sobre este principio en numerosas ocasiones[514], y desde la ya lejana sentencia STC 4/1982 de 8 de febrero, viene considerando que el principio de contradicción "*supone que en todo proceso debe respetarse el derecho de defensa contradictorio de las partes contendientes, o que debieran serlo legalmente, mediante la oportunidad dialéctica de alegar y justificar procesalmente el reconocimiento de sus derechos e intereses. El proceso penal sólo se concibe como una oposición entre pretensiones que un órgano imparcial resuelve y las partes han de tener igualdad de armas con posibilidades homogéneas de alegar y probar cada una de ellas lo que sea pertinente al objeto discutido.*"

De una manera más específica, refiriéndose a la aplicación del principio de contradicción en el ámbito penitenciario, el Tribunal Constitucional tiene declarado que "*Es claro que la situación de sujeción especial del interno en establecimiento penitenciario, no puede implicar la eli-*

---

512 GUTIERREZ-ALVI CONRADI Faustino; «El Derecho a la defensa y a la asistencia de letrado», en *Derechos Procesales Fundamentales, Manuales de Formación Continuada 22/2004*, CGPJ, Madrid, 2005, pp. 279-287.

513 DE URBANO CASTRILLO Eduardo, «Las nuevas exigencias de los principios de contradicción, oralidad, inmediación y publicidad», cit., pp. 156-165.

514 Entre las numerosas sentencias del Tribunal Constitucional sobre el principio de contradicción, podemos citar como más representativas las siguientes: STC nº 18/1981 de 8-6; STC nº 89/1986 de 1-7; STC nº 112/1987 de 2-7; STC nº 151/1987 de 2-10; STC nº 14/1988 de 10-6; STC nº 237/1988 de 13-12; STC nº 22/1989 de 1-2; STC nº 6/1990 de 18-1; STC nº 145/1990 de 11-10; STC nº 155/1995 de 24-10; STC nº 72/1996 de 24-4; STC nº 80/1996 de 20-5; STC nº 32/1997 de 24-2; STC nº 41/1997 de 10-3; STC nº 138/1999 de 22-7; STC nº 91/2000 de 30-3; STC nº 154/2000 de 12-6; STC nº 178/2001 de 17-9; STC nº 155/2002 de de 22-7; STC nº 206/2003 de de 1-12; STC nº 307/2005 de 12-12; STC nº 1/2006 de 16-1.

minación de sus derechos fundamentales (STC 120/1990), e impedir que la justicia se detenga en la puerta de las prisiones (SSTC 2/1987, 297/1993, 97/1995, y STEDH de 28 junio 1984 –Caso Campbell y Fell–). …, es evidente que la Administración Penitenciaria al no dar ocasión al Abogado defensor a dejar oír sus argumentos en favor del ahora recurrente primero, y después el Juzgado de Vigilancia Penitenciaria, al no corregir la decisión administrativa, incumplieron el art. 130,1 c) Rgto. Penitenciario, y vulneraron el art. 24,2 CE." (STC nº 192/1996 de 26 de noviembre.)

El Tribunal Constitucional se ha pronunciado también en múltiples ocasiones sobre la aplicación del principio de contradicción en el medio penitenciario, desde la perspectiva del derecho del interno a utilizar los medios de prueba pertinentes en defensa de su pretensión[515]. La importancia de este principio fue resaltada por la STC nº 77/2008, de 7 de julio, diciendo que "*Ciertamente, este Tribunal ya ha reiterado que, desde la perspectiva del derecho de defensa, debe posibilitarse contradecir no sólo los hechos imputados, sino también la virtualidad probatoria de los medios de prueba utilizados por la Administración penitenciaria, por lo que cuando se pretende utilizar la denuncia como material probatorio de cargo, el conocimiento de la misma por el interno constituye una exigencia ineludible derivada de la prohibición general de la indefensión (SSTC 297/1993, de 18 de octubre, FJ 4; y 55/2006, de 27 de febrero, FJ 4).*"

En la IV Reunión de los Jueces de Vigilancia, celebrada en marzo de 1988, Pérez-Templado Jordán presentó una ponencia sobre los recursos ante los Jueces de Vigilancia Penitenciaria en la que, además de poner de manifiesto que no existe un procedimiento unitario para la tramitación de los distintos asuntos de los que conocen los JVP, señalaba que el único cauce orientador sobre esta materia es principalmente la praxis de estos Juzgados en sus años de andadura; que nos hemos inventado un procedimiento o varios; que estas disparidades, si no escándalo, cuando menos producen inseguridad y hasta perplejidad muchas veces; y proponía –para lo que podemos considerar como aplicación del principio de contradicción–, que las pruebas de que pretendan valerse las partes debían practicarse en el expediente administrativo, mientras que las solicitadas por el Ministerio Fiscal se

[515] Entre las sentencias más significativas de este Alto Tribunal sobre esta materia podemos citar las siguientes: STC nº 97/1995 de 20-6; STC nº 192/1996 de 26-11; STC nº 233/1998 de1-12; STC nº 55/2006 de 27-2; STC nº 316/2006 de 15-11; STC nº 14/2011 de 28-2; y los Autos nº 334/2008 y nº 335/2008, ambos de 27-10.

practicarían en el recurso seguido ante el Juzgado. Que asimismo el interno podía solicitar al Juez la práctica de las pruebas que le hubieran sido denegadas por la Administración; que de practicarse pruebas en el recurso ante el JVP debería darse traslado de las mismas a la Administración, al interesado y al Fiscal; y que en todo caso la audiencia del preso y el informe de la Administración son trámites insoslayables[516].

Sin embargo, las propuestas anteriores no fueron plenamente acogidas, y podemos decir por experiencia propia, como así mismo lo pone de manifiesto Racionero Carmona[517], que en el procedimiento tipo (inventado) que actualmente se sigue en la generalidad de los JVP españoles se observan los siguientes trámites: 1° Escrito del interno o formulación oral ante el JVP en las visitas al Centro. 2° Registro e incoación en el Juzgado. 3° Práctica de prueba, esencialmente informe del órgano competente del Centro penitenciario. 4° Traslado al Ministerio Fiscal que puede pedir nuevas pruebas o emitir informe. 5° Auto definitivo del JVP, recurrible en reforma y apelación.

Como puede comprobarse, no se da traslado al interno del resultado de la prueba ni del informe o alegaciones del Ministerio Fiscal; de lo que cabe apreciar un déficit del principio de contradicción.

En el procedimiento regulado en el Proyecto de Ley Orgánica del procedimiento ante los JVP de 1997 (arts. 22 a 37), se contempla la posibilidad de dar traslado al Ministerio Fiscal del escrito presentado por el interno (art. 30), pero no se contempla la de dar al interno de lo interesado por dicho Ministerio. De la redacción de estos artículos, se desprende que se parte de la idea de que las pruebas se deben pedir por el interno en el escrito iniciador del procedimiento, y una vez practicada la prueba se pasan los autos al Ministerio Fiscal (art.33). Pero no está previsto un trámite de conclusiones de forma similar para el interno.

Estos trámites que a priori pueden parecer déficits del principio de contradicción, sin embargo, desde otra perspectiva, también pue-

[516] PEREZ-TEMPLADO JORDAN Julián; «Los recursos ante los Jueces de Vigilancia Penitenciaria», en *Vigilancia Penitenciaria, Poder Judicial nº Especial III*, CGPJ, Madrid, 1988, pp. 133-145.

[517] RACIONERO CARMONA Francisco; «La norma reguladora del procedimiento ante los Juzgados de Vigilancia Penitenciaria», en *Derecho Penitenciario II, Cuadernos de Derecho Judicial*, CGPJ, Madrid, 2004, p. 121.

den considerarse como un sacrificio inicial a favor de la *brevedad* que –según los Jueces de Vigilancia y el mencionado Proyecto de Ley– debe inspirar este procedimiento, de tal modo que la contradicción queda salvada en el caso de que interno recurra la resolución desestimatoria de sus pretensiones, pudiendo rebatir en el recurso los argumentos y alegaciones de la parte contraria.

Esto es en realidad lo que ocurre con el recurso de reforma, el cual cabe contra todas las resoluciones definitivas del Juez de Vigilancia.

En el referido Proyecto de Ley Orgánica parece ser que se entendió así también, a tenor del contenido de sus arts. 69 y 70 que regulan la práctica de pruebas en el recurso de reforma y el traslado de autos al recurrido[518].

Y en esta misma línea parece ser que apunta la STC nº 233/1998 de 1-12, al decir que: "...la regularidad procesal del trámite elegido carece de trascendencia constitucional si es respetuoso con las expresadas garantías de igualdad, contradicción y defensa que conforman el proceso justo. Para rechazar la pretensión de amparo basta con constatar que, frente a la decisión judicial contraria a sus pretensiones, ha podido el recurrente formular libremente sus alegaciones al ejercitar el recurso de reforma y subsidiaria apelación,..."

3.2.5. Publicidad o secreto

Las actuaciones procesales pueden desarrollarse con publicidad o en secreto. Esta cuestión ha sido abordada por la doctrina desde diversos enfoques.

Para un determinado sector doctrinal la publicidad tiene su origen en el principio de oficialidad, distinguiendo así entre procesos

[518] Art. 69. *Práctica de pruebas en el recurso de reforma.*

1. El recurrente, en el escrito de interposición del recurso, podrá interesar la práctica de pruebas que hubieren sido denegadas por el Juzgado o que estuvieren destinadas a desvirtuar el resultado de las que se hubieren practicado.

2. Si el Juez admitiese la práctica de pruebas, una vez llevada a efecto ésta y puesta de manifiesto al recurrente el resultado de la misma, se le concederá un plazo de cinco días para ampliación de los fundamentos del recurso, si le interesare.

Art. 70. *Traslado de autos al recurrido.*

Antes de resolver el recurso, el Juez mandará dar traslado de los autos originales o por fotocopias de los mismos al recurrido para impugnación del recurso, si le conviniere, por plazo de cinco días.

de iniciativa pública u oficial, frente a los procesos de iniciativa privada, según el titular que ejerza la acción penal. En este contexto lo público se convierte en oficial, en donde el objeto del proceso es indisponible y el ejercicio de la acción penal es obligatoria para el Estado, verdadero titular del ius puniendi[519]. Pero este enfoque, más que distinguir entre "publicidad o secreto" la contraposición que ofrece es entre "público y privado", y desde esta perspectiva el procedimiento seguido ante los JVP reviste indudablemente la nota de "publico".

Pero partiendo de esa "publicidad" u "oficialidad" del procedimiento, también puede ocurrir que los actos del mismo sean públicos o secretos para las partes o para los terceros ajenos al procedimiento; esto es, para el público. De esta manera se puede distinguir entre una publicidad interna cuando sólo las partes tienen acceso al procedimiento[520], el cual permanece secreto para quienes no ostentan esa calidad de parte, y una publicidad externa cuando se admite a terceros ajenos, es decir al público, a presenciar las actuaciones procesales[521].

Pero modernamente la doctrina tiende a considerar lo que hemos aludido como "publicidad interna" como una manifestación del derecho de audiencia y defensa más que como una consecuencia del principio de publicidad, y a considerar que la nota de la publicidad sólo está referida a la que hemos mencionado como "publicidad externa". De este modo, se podrá hablar de publicidad del procedimiento cuando éste se desarrolla en circunstancias que permiten al público su presencia y, con ella, la observación y audiencia de los actos procesales o, al menos, cuando se facilite su conocimiento posterior; pudiendo distinguirse, a su vez, entre publicidad inmediata cuando la percepción auditiva y visual son directas, y publicidad mediata cuando los actos procesales se reciben por retransmisión de imagen, sonidos, o por la escritura[522].

---

[519] DE URBANO CASTRILLO Eduardo, «Las nuevas exigencias de los principios de contradicción, oralidad, inmediación y publicidad»cit., p. 171.

[520] Téngase en cuenta que la instrucción penal es secreta para quienes no sean parte, pero que el Juez de instrucción puede decretar el secreto total o parcial de las actuaciones, incluso para las partes personadas. *Vid.* arts. 301 y 302 LECr. Por otro lado, como manifestación de esa publicidad interna, los arts. 234 y 235 LOPJ recogen el derecho de los interesados a obtener información sobre el estado de las actuaciones judiciales, obtención de copias, y acceso a libros, archivos y registros.

[521] GOMEZ ORBANEJA Emilio; *Derecho Procesal Civil I, Parte General*, cit., p. 222.

[522] VERGER GRAU Joan; «Derecho a un Proceso Público», en *Derechos Procesales Fundamentales, Manuales de Formación Continuada 22/2004*, CGPJ, Madrid, 2005, p. 385.

La publicidad aparece consagrada al más alto rango constitucional en el art. 24.2 CE que reconoce el derecho a un "proceso público". Por su parte el art. 120.1 CE establece que "las actuaciones judiciales será públicas, con las excepciones que prevean las leyes de procedimiento." Los arts. 229.2 y 232 LOPJ y los arts. 649 y 680 LECr. establecen también como nota o requisito general el de la publicidad de las actuaciones judiciales, con las excepciones que prevean las leyes de procedimiento. Estas excepciones se fundamentan en "*razones de orden público y de protección de los derechos y libertades*", como señala el art. 232.2 LOPJ, entre las que podemos considerar incluidas las que señala el art. 680 LECr. que alude a "razones de moralidad o de orden público, o el respeto debido a la persona ofendida por el delito o a su familia"[523].

La Ley 4/2015, de 27 de abril, del Estatuto de la Víctima del delito, da nueva redacción a los artículos 680, 681 y 682 LECr., sobre publicidad de las sesiones del juicio oral y presencia de los medios de comunicación audiovisuales en tales sesiones, los cuales justifican las restricciones a la publicidad "*cuando así lo exijan razones de seguridad u orden público, o la adecuada protección de los derechos fundamentales de los intervinientes, en particular, el derecho a la intimidad de la víctima, el respeto debido a la misma o a su familia, o resulte necesario para evitar a las víctimas perjuicios relevantes que, de otro modo, podrían derivar del desarrollo ordinario del proceso*"[524].

Como señala la doctrina constitucional, la decisión de celebrar el juicio a puerta cerrada supone una excepción del derecho a un juicio

---

DE LA OLIVA Andrés; FERNANDEZ Miguel Angel; *Derecho Procesal Civi I*, cit., p. 96.
HERNANDEZ GARCIA Javier; «El juicio oral. La prueba», en *Hacia un nuevo proceso penal, Manuales de Formación Continuada 32/2005*, CGPJ, Madrid, 2006, p. 365.

523 El art. 138.2 de la LEC, tal vez por ser de elaboración posterior, tiene una redacción más completa y detallada sobre esta materia, al establecer que: «Las actuaciones a que se refiere el apartado anterior podrán, no obstante, celebrarse a puerta cerrada cuando ello sea necesario para la protección del orden público o de la seguridad nacional en una sociedad democrática, o cuando los intereses de los menores o la protección de la vida privada de las partes y de otros derechos y libertades lo exijan o, en fin, en la medida en la que el tribunal lo considere estrictamente necesario, cuando por la concurrencia de circunstancias especiales la publicidad pudiera perjudicar a los intereses de la justicia.»

524 La citada Ley 4/2015, de 27 de abril, del Estatuto de la Víctima del delito, ha sido publicada en el BOE nº 101 de 28-4-2015, y conforme a su Disposición Final Sexta tiene prevista su entrada en vigor a los seis meses de su publicación en dicho Diario Oficial.

público que reconoce y ampara el art. 24 CE, derecho que tiene por finalidad, según tiene declarado el Tribunal Constitucional, proteger a las partes frente a una justicia sustraída al conocimiento público y mantener la confianza de la comunidad en los tribunales. Sin embargo, no se trata de un derecho absoluto, y así resulta de lo dispuesto en la Declaración Universal de los Derecho Humanos y tratados internacionales sobre esta materia suscritos por España. En efecto, del art. 29, en relación con el 10, ambos de la Declaración Universal; del art. 14.1 del Pacto Internacional de Derechos Civiles y Políticos, y del art. 6.1 del Convenio Europeo para la Protección de los Derechos Humanos y de las Libertades Públicas, se deduce que el derecho a un juicio público y, en concreto, el acceso del público y de la prensa a la Sala de Audiencia durante la celebración del juicio puede ser limitado o excluido, entre otras, por razones de orden público justificadas en un sociedad democrática, que estén previstas por las leyes[525].

En la praxis diaria de los JVP la única publicidad que se observa es la que anteriormente hemos calificado de "interna", pues teniendo en cuenta que predomina la escritura sobre la oralidad, tampoco se celebran vistas públicas a las que puedan concurrir personas extrañas o ajenas al procedimiento. No obstante, el hecho de que en el procedimiento rija el principio de escritura, en detrimento del de oralidad, no debería suponer un obstáculo para la publicidad pues, a tenor de lo dispuesto en el art. 120.3 CE y 186 LOPJ, el proceso publico también abarca a la publicación de la sentencia en la instancia y en los recursos. Aunque dichos preceptos utilizan el término "sentencias", entendemos que ello admite una interpretación extensiva que comprenda a las resoluciones que resuelvan definitivamente el asunto. Como en los JVP nunca se dictan sentencias, al menos como posibilidad teórica, habría que admitir que, pese a no ser oral sino escrito el procedimiento, los autos definitivos dictados por estos Juzgados podrían pronunciarse en audiencia pública. Sin embargo, en la prác-

[525] La citada doctrina aparece recogida en múltiples Sentencias del Tribunal Constitucional, entre las que podemos citar como más representativas las siguientes: STC nº 62/1982 de 15-10; STC nº 96/1987 de 10-6; STC nº 176/1988 de 4-10; STC nº 65/1992 de 29-4; y STC nº 17/2006 de 30-1.

El Tribunal Supremo también se ha pronunciado sobre esta cuestión de la publicidad en numerosas ocasiones, pudiéndose citar como sentencias más significativas las siguientes: STS nº 168/1995 de14-2; STS nº 364/1998 de 11-3; STS nº 2123/2000 de 14-5; STS nº 2024/2002 de 5-12; y STS nº 429/2007 de 25-5.

tica esto no ocurre así, y ninguna de las actuaciones seguidas ante los JVP son públicas para las personas ajenas al procedimiento.

El art. 18 –relativo a "*Publicidad de las actuaciones*"– del Proyecto de Ley Orgánica del Procedimiento ante los JVP, establecía sobre esta cuestión lo siguiente:

> 1. *Las actuaciones ante los Juzgados de Vigilancia Penitenciaria no serán públicas salvo para las partes, sus Defensores o Procuradores, o personas o Instituciones que acrediten un interés legitimo, cuando así lo hubiere expresamente declarado el Juez, previa audiencia del interno y del Ministerio Fiscal.*
>
> 2. *En todo caso, el Juez de Vigilancia Penitenciaria podrá declarar secretas total o parcialmente las actuaciones cuando de su publicidad pudiera devenir riesgo cierto para la vida o integridad de las personas o redundar en perjuicio grave para las actividades del tratamiento o la seguridad del Establecimiento penitenciario, así como los informes de los especialistas cuando su divulgación pudiera contravenir en el caso concreto los principios de la deontología profesional.*

Este Proyecto de Ley no llegó a aprobarse, pero las previsiones sobre publicidad contenidas en el citado art. 18 son compatibles con la cotidiana actuación de los JVP, y entendemos que la excepción a la publicidad que rige en las actuaciones seguidas en estos órganos jurisdiccionales encuentra su justificación en las dos razones contempladas –según expusimos más arriba– en el art. 232. LOPJ. A saber: en "*razones de orden público y de protección de los derechos y libertades*".

Por razones de *orden público,* para mantener el orden y la seguridad de los establecimientos penitenciarios, pues a lo largo del procedimiento pueden salir a relucir datos cuya publicidad pudiera perjudicar dicha seguridad, e incluso para proteger la seguridad de otros internos, o de los funcionarios penitenciarios.

También para *proteger los derechos y libertades,* tanto de los internos interesados como de otras personas, toda vez que la publicidad de algunos datos que pudieran revelarse en la tramitación del procedimiento podría suponer un riesgo para la vida o integridad de las personas[526]. Y aquí hay que incluir también la *protección de la vida privada*

---

[526] Como dice Racionero Carmona, «la justificación de esta limitación viene impuesta por la propia naturaleza del "mundo carcelario". En no pocas ocasiones se reciben informaciones de presos, que afectan a otros, bajo la garantía de confidencia-

de las partes (en este caso fundamentalmente los internos), que está reconocida como excepción general a la publicidad en el art. 6 del CEDH y en el art. 14 del PIDCP, y a la que igualmente se refiere de forma expresa el art. 138.2 de la LEC.

A) Publicidad de las actuaciones para las víctimas

Estas excepciones a la publicidad de las actuaciones ante los JVP encuentran, a su vez, una excepción que sí obliga a su publicidad en los términos previstos en la mencionada Ley 4/2015, de 27 de abril, del Estatuto de la Víctima del delito[527].

El art. 5 de esta Ley reconoce el derecho de las víctimas a recibir información desde el primer contacto con las autoridades competentes, y a tal fin, el apartado nº 1-m) de este artículo les reconoce su derecho a efectuar una solicitud para ser notificadas de una serie de resoluciones dictadas en la causa penal, para lo cual deberán facilitar una dirección de correo electrónico o, en su defecto, una dirección postal o domicilio al que les serán remitidas las comunicaciones y notificaciones.

---

lidad, y es notorio que "el chivato" es persona de alto riesgo en prisión. Pero no sólo los internos, también las familias, e incluso Asociaciones, solicitan confidencialidad para evitar las represalias de sus propios hijos o de las personas que amparan.

Deberá rechazarse en todo caso la pretensión de los profesionales penitenciarios de que los informes de los especialistas sean secretos. Es una vieja reivindicación de los miembros de las Juntas de Tratamiento y Equipos Técnicos reiteradamente puesta de manifiesto. No pocas veces han solicitado del JVP que, en sus resoluciones no haga constar el origen del informe en que se fundamenta. Y ello confesadamente por temor a represalias unas veces y otras para evitar que el interno "se cierre" al conocer que lo que exponga puede llegar a conocimiento del JVP. Y si esto puede ser razonable, pero no tiene solución jurídica posible, lo primero es directamente inadmisible: se encuentran, a estos efectos, en el mismo plano que el Juez que, cuando no da un permiso, o confirma una sanción, o deniega la libertad condicional, sus resoluciones van firmadas, con nombre y apellidos. Y a fin de cuentas, es el responsable último de la decisión.»

RACIONERO CARMONA Francisco; «La norma reguladora del procedimiento ante los Juzgados de Vigilancia Penitenciaria»,cit., pp. 136-137.

527 Todo esto es consecuencia derivada de lo previsto sobre esta materia en la Directiva 2012/29/UE del Parlamento Europeo y del Consejo, de 25 de octubre de 2012, por la que se establecen normas mínimas sobre los derechos, el apoyo y la protección de las víctimas de delitos, y por la que se sustituye la Decisión Marco 2001/220/JAI del Consejo.

Esta Directiva fue publicada en el DOUE L315/57 de 14-11-2012.

A tenor de lo previsto en el citado art. 5, en relación los arts. 7 y 13 de la misma Ley, a la víctima se le notificarán las resoluciones o decisiones de cualquier autoridad judicial o penitenciaria que afecten a sujetos condenados por delitos cometidos con violencia o intimidación y que supongan un riesgo para su seguridad.

B) Acceso al expediente administrativo y protocolo de personalidad del interno

Todo lo dicho hasta ahora se refiere a las actuaciones seguidas ante los JVP. Pero además de estas actuaciones de naturaleza procesal, también pueden existir, y de hecho existen, actuaciones llevadas a cabo por la Administración Penitenciaria que afectan directamente a los derechos e intereses de los internos.

En principio, desde el punto de vista del proceso jurisdiccional sólo tendríamos que ocuparnos de la publicidad en lo que se refiere al procedimiento seguido ante los JVP, pero en la medida en que la publicidad del expediente administrativo penitenciario del interno, y la posibilidad de éste de acceder a dicho expediente se convierte en instrumento o medio para el ejercicio de otros derechos, como puede ser el de su derecho de defensa y de utilizar los medios de prueba pertinentes en apoyo de sus pretensiones en el procedimiento ante el JVP, debemos entrar a conocer sobre la publicidad del expediente administrativo del interno, y el derecho que éste pueda tener para acceder al mismo.

La Administración Penitenciaria siempre ha mantenido un criterio muy restrictivo sobre esta cuestión, y los Jueces de Vigilancia también vienen manteniendo un criterio restrictivo similar.

En este orden de cosas, se argumenta que existen poderosas razones objetivas para restringir el acceso de los internos al expediente administrativo penitenciario, pues para lograr los objetivos propios del tratamiento penitenciario en los términos del Título III de la LOGP, con las características que se recogen en el art. 62 de la misma, que implica el empleo de técnicas y métodos psicosociales, no sería factible, toda vez que el interno, de tener pleno acceso a su expediente, bien podría adoptar una conducta de manipulación y adaptación a aquellos programas y diseños con finalidades espurias. En definitiva, que es la esencia de la labor penitenciaria la que justifica ciertas restricciones, que son las que partiendo de la LOGP se desarrollan luego en el RP. Si el tratamiento penitenciario es la piedra angular del sistema y este consiste en el conjunto de actividades directamente dirigidas a la consecución de la reeducación y reinserción social de los penados –art. 59 LOGP–, encomendándose a los servicios que han de llevar a cabo el mismo la labor de conocer y tratar todas las peculiaridades de la personalidad y ambiente del penado, que puedan ser un obstáculo para la finalidad resocializadora y reinsertadora –art. 60.2 LOGP–, difícilmente podría lograrse tal objetivo si el interno, sobre el cual recae ese trabajo, puede acceder a la documentación técnica e informes de los profesionales integrantes de tales servicios en la persecución de ese objetivo.

En esta línea se pronuncian los Autos de los JVP Coruña de 3 de octubre de 2005[528], JVP Valladolid de 4 de octubre de 2005[529], JVP Asturias de 15 de noviembre de 2006[530], y el Auto de Audiencia Provincial de Huelva de fecha 2 de octubre de 2008[531].

Estos mismos argumentos han encontrado acogida en los "*Criterios de Actuación, Conclusiones y Acuerdos aprobados por los Jueces de Vigilancia en sus 16 Reuniones celebradas entre 1981 y 2007*" (Texto refundido y depurado, actualizado al 1 de enero de 2008), que recoge el Criterio nº 97 bis –aprobado por mayoría cualificada en la Reunión de octubre de 2007– cuya redacción es del siguiente tenor:

> «*Conforme dispone el artículo 15.2 de la LOGP, los internos tienen derecho a ser informados de su situación penal y penitenciaria, pero no un derecho de acceso directo al contenido del expediente penitenciario, sin perjuicio del acceso a los informes que obren en el procedimiento ante al JVP en los términos de la LOPJ*»[532].

Frente a este Criterio nº 97 bis formularon voto particular los Magistrados Titulares de los JVP nº 1 y nº 2 de Madrid, mostrando su disconformidad con la frase «*... pero no un derecho de acceso directo al contenido del expediente penitenciario,...*» por considerar que no existe

---

528 Vid. *Jurisprudencia Penitenciaria 2005*, cit., p. 247.

529 Vid. *Jurisprudencia Penitenciaria 2005*, cit., p. 248.

530 Vid. *Jurisprudencia Penitenciaria 2006*, Ministerio del Interior, Dirección General de Instituciones Penitenciarias, Madrid, 2007, pp. 145-146.

531 Vid. *Jurisprudencia Penitenciaria 2008*, Ministerio del Interior, Secretaría General de Instituciones Penitenciarias, Madrid, 2009, pp. 263-264.

532 *Conclusiones de Vigilancia Penitenciaria: Criterios de Actuación, Conclusiones y Acuerdos aprobados por los Jueces de Vigilancia Penitenciaria en sus 16 Reuniones celebradas entre 1981 y 2007*, cit., p. 60.

en nuestro ordenamiento ninguna disposición que impida el acceso directo del interno al contenido de su expediente penitenciario, sino todo lo contrario. Así, el derecho a ser informado, que recoge el art. 15.2 LOGP debe ponerse en relación con lo que dispone el art. 35 a) de la Ley 30/1992 de Régimen Jurídico de las Administraciones Públicas y del Procedimiento Administrativo Común (art. 53.1-a de la nueva Ley 39/2015 de 2 de octubre, del Procedimiento Administrativo Común de las Administraciones Públicas), que contempla que los ciudadanos tienen derecho a conocer y obtener copias de los documentos contenidos en los procedimientos administrativos en los que sean interesados. Además, señalan estos Magistrados en su voto particular, que la Constitución en su art. 105 b) establece los criterios de restricción del acceso a los archivos y registros administrativos, y el art. 37.5 de la citada Ley de Régimen Jurídico de las Administraciones Públicas y del Procedimiento Administrativo Común ha desarrollado tales criterios de restricción, sin que en ningún caso las limitaciones previstas legalmente puedan ser aplicadas a los internos respecto de la Administración Penitenciaria.

Conforme a lo anterior, se expresa en este voto particular que el derecho del interno de acceder a los informes que obren en el proceso judicial ante el JVP, en modo alguno limita o dificulta el derecho a ser informado con anterioridad en la fase administrativa, ya que, para un correcto ejercicio del derecho de defensa ante el JVP, es preciso con carácter previo el tener un acceso pleno a cuantos informes afecten al interesado, que se hayan generado e incorporado al procedimiento administrativo, pues sólo así, conociendo esos datos, podrá el interno ejercitar la defensa de sus derechos e intereses, con pleno respeto a los principios de contradicción y de igualdad en el procedimiento.

Como excepción a lo anterior, se indica en este voto particular, que esta posibilidad o derecho de acceso sólo podrá restringirse cuando consten causas suficientemente acreditadas de peligrosidad o que afecten a la seguridad de los técnicos que hayan emitido los informes a los que se pide el acceso, o cuando los internos pretendan acceder a información de una forma reiterada o abusiva.

En la línea de este voto particular se encuentra el Auto de la Audiencia Provincial de Zaragoza de fecha 26 de enero de 2006[533].

---

[533] Vid. *Jurisprudencia Penitenciaria 2006*, cit., pp. 141-142.

A nuestro entender, a la hora de decidir sobre el derecho del interno a obtener información y a acceder plenamente a cuantos informes que le afecten se hayan elaborado en el ámbito administrativo penitenciario, exige distinguir, de un lado, el expediente personal relativo a la situación procesal y penitenciaria, y de otro, el protocolo de personalidad. Esta distinción no se hace en el mencionado Criterio nº 97 bis, y ello puede ser la causa de la controversia suscitada, que hemos dejado expuesta.

Dice el art. 15.2 LOGP que: «*A cada interno se le abrirá un expediente personal relativo a su situación procesal y penitenciaria del que tendrá derecho a ser informado, y para cada penado se formará un protocolo de personalidad.*»

Como puede apreciarse, este artículo establece esa distinción a la que antes nos hemos referido, pues mientras que a todos los internos (preventivos o penados) se les abre un expediente administrativo sobre su situación procesal y penitenciaria al ingresar en un establecimiento penitenciario –art. 18 RP–, sólo a los penados se les forma un protocolo de personalidad. Este mismo artículo señala expresamente que los internos tienen derecho a ser informados sobre su expediente personal relativo su situación procesal y penitenciaria, pero guarda silencio acerca de ese derecho de información respecto del protocolo de personalidad de los penados.

El art. 4 del Reglamento Penitenciario, que contiene una especie de catálogo de derechos de los internos, recoge en su apartado nº 2-k) el "*Derecho a recibir información personal y actualizada de su situación procesal y penitenciaria.*" Pero no menciona el derecho de los penados a recibir información sobre su protocolo de personalidad.

El protocolo de personalidad es un instrumento básico del diseño y evolución del tratamiento de cada penado.

En este protocolo es donde se recogen –conforme a los principios que inspiran el tratamiento según el art. 62 LOGP– cuantos datos, entrevistas e informes se realizan para determinar el estudio del temperamento, carácter, aptitudes, evolución de su personalidad, sistema dinámico-motivacional, datos ambientales, individuales, sociales, familiares, y demás relevantes para la clasificación del interno y su tratamiento penitenciario. Toda esta información es elaborada y obtenida por los profesionales que integran los Equipos Técnicos y las Juntas de Tratamiento.

Teniendo en cuenta esta distinción entre expediente personal –que se abre a todos los internos– y protocolo de personalidad –que se forma solo a los penados–, entendemos que todo interno tiene derecho a ser informado de su situación procesal y penitenciaria, sanciones que figuren en su expediente, cancelaciones, méritos, permisos, recompensas, beneficios penitenciarios, etc., y en general de cuantos datos consten en su expediente personal. Este es un derecho expresamente reconocido en el art. 15.2 LOGP, y en los arts. 4.2-k y 18 del RP, que puede considerarse como una manifestación específica en el ámbito penitenciario del derecho que con carácter general tienen todos los ciudadanos a recibir información sobre los expedientes administrativos que les afecten y a acceder a los archivos y registros públicos conforme a lo previsto en los arts. 35 y 37 de la Ley 30/1992, de 26 de noviembre, de Régimen Jurídico de las Administraciones Públicas y del Procedimiento Administrativo Común. (Art. 53 de la nueva Ley 39/2015 de 2 de octubre, del Procedimiento Administrativo Común de las Administraciones Públicas, con entrada en vigor el día 2/10/2016, que deroga a la anteriormente citada.)

Por el contrario, entendemos que el acceso al protocolo de personalidad no es un derecho de los penados. La formación del protocolo debe tener un carácter reservado pues se hace para uso y conocimiento de los funcionarios y órganos colegiados que intervienen en el tratamiento. El conocimiento, por parte del interno, de la información contenida en el protocolo puede resultar contraproducente a los fines del tratamiento, e incluso podría afectar a la propia seguridad de los profesionales que intervienen en su elaboración.

En todo caso, los penados sí que tienen un conocimiento indirecto de su protocolo de personalidad, a través de la motivación de las resoluciones de los órganos colegiados basadas en los datos del protocolo, que se les deben notificar.

En los términos expuestos se enmarca el Auto de la Audiencia Provincial de Cádiz de fecha 24 de noviembre de 2008[534] que declara que no existe un derecho del interno a obtener copia del protocolo de personalidad, ni un deber de informar sobre concretos y puntuales aspectos, datos, entrevistas o informes recogidos en dicho protocolo. Y añade dos matizaciones:

---

[534] Vid. *Jurisprudencia Penitenciaria 2008*, cit., pp. 265-271.

1. No existe un derecho de acceso directo al protocolo o de información sobre aspectos puntuales del protocolo a favor del interno pero, claro está, sin perjuicio del acceso a los informes que obren en los procedimientos sustanciados ante el Juzgado de Vigilancia Penitenciaria pues así lo impone el derecho fundamental a la tutela judicial efectiva y el derecho de defensa (art. 24 CE).
2. Sí existe un derecho del interno a recibir información en relación con el tratamiento, esto es, los objetivos a alcanzar, los medios más eficaces de obtenerlos, en definitiva todo lo necesario para permitir al interno la colaboración y participación en el tratamiento y su buen éxito (art. 112.2 RP). Pero esto no significa acceso directo ni obtención de copia del expediente, ni derecho de información completa sobre datos, entrevistas, informes, etc., contenidos en el protocolo.

Este criterio de la Audiencia Provincial de Cádiz es el que nos parece más razonable y con el que nos alineamos.

No obstante, tenemos de decir que del contenido del art. 8 RP, relativo a datos penitenciarios especialmente protegidos, hemos de concluir que los reclusos sí tienen derecho a recibir información sobre "*los datos de carácter personal relativos a opiniones políticas, a convicciones religiosas o filosóficas, al origen racial y étnico, a la salud o a la vida sexual, que hayan sido recabados para formular los modelos individualizados de ejecución o los programas de tratamiento penitenciarios*" que les afecten, pues según este artículo tales datos sólo pueden ser cedidos o difundidos a otras personas con el consentimiento expreso y por escrito del recluso afectado; y cuando se soliciten a la Administración Penitenciaria este tipo de datos especialmente protegidos, por medio de representante del recluso, se deberá exigir en todo caso poder especial y bastante otorgado por el mismo en el que conste expresamente su consentimiento para que su representante pueda tener acceso a dichos datos personales. De todo lo que se deduce que si otras personas pueden tener acceso a estos datos con el consentimiento del recluso, con más razón tendrá acceso también a ellos el propio recluso al que se refieran tales datos.

3.2.6. Impulsión procesal

El procedimiento está constituido por una serie o sucesión de actos y trámites, y para que éste avance y se realicen esos actos o trámites que lo integran necesita de impulso.

Este impulso o empuje que hace que el procedimiento se mueva y siga su curso puede ser de oficio, cuando la función de prosecución y tramitación se atribuye al órgano judicial, o a instancia de parte cuando esa función se deja a la iniciativa de las partes[535].

En nuestro ordenamiento jurídico el impulso procesal es de oficio en todos los órdenes jurisdiccionales, como así se desprende del art. 237 LOPJ, siendo los secretarios judiciales (ahora denominados letrados de la Administración de Justicia) los encargados, según lo dispuesto en el art. 456 de esta Ley Orgánica, de impulsar el proceso en los términos establecidos en las leyes procesales, dictando al efecto las resoluciones necesarias, que podrán ser diligencias de ordenación, de constancia, de comunicación o de ejecución; salvo aquellas resoluciones que las leyes reserven a los jueces o tribunales.

Conviene recordar a este respecto que, conforme a lo previsto en el art. 165 LOPJ, los Presidentes de las Salas de Justicia y los jueces tienen en sus respectivos órganos jurisdiccionales la dirección e inspección de todos los asuntos, y deben adoptar en su ámbito competencial las resoluciones que la buena marcha de la Administración de Justicia aconseje. En este orden de cosas, un mecanismo adecuado para que el juez pudiera ejercer de forma efectiva el poder de dirección del proceso que le corresponde, podría ser a través de la revisión facultativa de oficio de las resoluciones que dicte el Secretario judicial, arbitrando si fuera necesario un trámite previo de audiencia a las partes y exigiendo un grado de motivación equivalente al de la resolución revisada. De esta revisión quedaría excluido lo relativo al ejercicio de la fe pública, única función que corresponde al secretario judicial con exclusividad y plenitud. Sin embargo, esta posibilidad de revisión de oficio no está contemplada en la regulación de los recursos contra las resoluciones de los secretarios judiciales, recogida en los arts. 238 bis y 238 ter LECr.

---

[535] *Cfr.* DE LA OLIVA Andrés; FERNANDEZ Miguel Angel; *Derecho Procesal Civi I*, cit., pp. 81-81; y GOMEZ ORBANEJA Emilio; *Derecho Procesal Civil I, Parte General*, cit., p. 217.

No obstante lo anterior, conviene tener presente –como así lo ha declarado el Tribunal Supremo– que la tramitación procesal no es en modo alguno ajena a la función jurisdiccional. Por eso, aun cuando la Ley atribuye a los Secretarios Judiciales numerosas e importantes funciones de ordenación e impulso de los procedimientos, siempre queda en manos del Juez o Tribunal reconsiderar o reconducir esa tramitación si considera que es necesario para conformar debidamente el debate procesal que culminará en la sentencia; y es el Juez quien tiene la última y definitiva palabra tanto sobre el contenido e integración del expediente como sobre su ordenación y confección[536].

De forma más específica, en el ámbito de la jurisdicción penal, este impulso de oficio aparece recogido en los arts. 206 y 214 LECr., imperando singularmente en la fase de ejecución, a tenor del contenido de los arts. 988 y 990 de la citada Ley procesal de los que se desprende el deber de proceder a la ejecución inmediata de la sentencia una vez sea firme; correspondiendo al Juez o Tribunal adoptar sin dilación las medidas necesarias para que el condenado ingrese en el establecimiento penal que corresponda, y al Secretario judicial impulsar el proceso de ejecución de la sentencia dictando al efecto las diligencias necesarias, sin perjuicio de la competencia del Juez o Tribunal para hacer cumplir la pena.

En la medida en que la actividad desarrollada en los JVP es actividad de ejecución penal, todo lo anterior es trasladable a los trámites procesales que se siguen en estos Juzgados.

---

[536] Esta es la idea que aparece recogida en la STS, Sala 3ª, secc. 1ª, de fecha 8/5/2015 (rec. 422/2014) que, aunque dictada en el ámbito de la Jurisdicción Contencioso-Administrativa, es perfectamente trasladable a cualquier ámbito jurisdiccional. Se viene a decir en esta resolución que: "La tramitación procesal no es en modo alguno ajena a la función jurisdiccional. Por eso, aun cuando la Ley Jurisdiccional 29/1998 atribuye a los Secretarios Judiciales numerosas e importantes funciones de ordenación e impulso de los procedimientos, siempre queda en manos del Juez o Tribunal reconsiderar o reconducir esa tramitación si considera que es necesario para conformar debidamente el debate procesal que culminará en la sentencia. Y si esto es así por principio, más aún lo ha de ser en cuanto concierne a la formación del expediente administrativo, que en el contexto de la naturaleza revisora inherente a esta Jurisdicción Contencioso-Administrativa, se erige como una esencial fuente de conocimiento de los datos y elementos de juicio necesarios para resolver el litigio. Resulta, en definitiva, equivocado sostener que la plasmación del expediente en soporte papel o en soporte informático es algo que sólo corresponde decidir al Secretario y en lo que el Juez no tiene nada que decir. Más bien al contrario, es el Juez quien tiene la última y definitiva palabra tanto sobre el contenido e integración del expediente como sobre su ordenación y confección."

Parece obvio que el impulso de oficio es el que debe regir en el procedimiento de vigilancia penitenciaria, pero esta impulsión debe ponerse en relación con otra de las notas que deben caracterizar a este procedimiento, cual es la de la celeridad, según han puesto de manifiesto reiteradamente los Jueces de Vigilancia, y de lo que se hizo eco igualmente el Proyecto de Ley Orgánica del Procedimiento ante los JVP del año 1997, en cuya Exposición de Motivos explicaba que cualquier normativa procesal que impidiese o dificultase resoluciones razonablemente rápidas, de especial urgencia en determinados casos, resultaría inservible en este ámbito[537].

3.3. Legitimación

El concepto de parte resulta muy controvertido en el derecho procesal penal, toda vez que no se puede decir que exista en éste una contienda entre partes, propiamente dicha, como ocurre en el proceso civil.

De hecho la opinión mayoritaria tradicional[538] considera a los sujetos del proceso –excluido el juez– como partes en sentido formal, pero no materialmente. En sentido material, el penal es un proceso con parte única: el imputado. El Ministerio Fiscal, es tan solo parte en sentido formal, es decir en cuanto se opone al imputado en la actividad procesal, ya que en todo lo demás es un órgano del Estado, institucionalmente imparcial, cuya actuación va dirigida a la satisfacción de un interés público y objetivo, y no un interés privado, de parte; por lo que incluso a veces también puede coincidir con el interés del imputado[539].

---

[537] *Vid.* Criterio nº 150, apartado 2 b) en *Conclusiones de Vigilancia Penitenciaria: Criterios de Actuación, Conclusiones y Acuerdos aprobados por los Jueces de Vigilancia Penitenciaria en sus 16 Reuniones celebradas entre 1981 y 2007*, cit., p. 84; y apartado V de la Exposición de Motivos del *Proyecto de Ley Orgánica Reguladora del Procedimiento ante los Juzgados de Vigilancia Penitenciaria*, en Boletín de Información del Ministerio de Justicia, año LI, suplemento al núm. 1797 de 15-5-1997, p. 14.

[538] En este sentido Gomez Orbaneja y Herce Quemada, que citan a su vez a Mayer y a Manzini como defensores de esta tesis, mientras que Wach aparece como uno de los autores que niegan la existencia de partes en el proceso penal. *Vid.* GOMEZ ORBANEJA Emilio, y HERCE QUEMADA Vicente; *Derecho Procesal Penal*, 8ª edic., Madrid, 1975, pp. 47-52.

[539] Según Lorca Navarrete, en la LECr. no existen partes procesales en su proyección sustantiva, y ello es así por su esquema formal o mixto (inquisitivo-acu-

En todo caso, desde esta consideración de partes en sentido formal y no material, sí podemos afirmar que del contenido del articulado de la LECr. se desprende que ésta llama partes a los sujetos de la relación procesal que no son el juez; de tal modo que en el concepto de parte incluye al Ministerio Fiscal y demás partes acusadoras (acusación particular, privada, popular, actor civil), al imputado y al responsable civil.

En la fase de ejecución, y especialmente en el procedimiento ante los JVP ya no rige el principio inquisitivo propio de la fase de instrucción y, aunque tiene amplias potestades de actuación de oficio, sin embargo, la figura del Juez de Vigilancia está totalmente alejada de la de un juez inquisidor; pero obviamente no podemos hablar de la existencia de partes procesales desde un punto de vista sustantivo como en el proceso civil, pues la condena impuesta y el sometimiento del reo al cumplimiento de la pena, la propia posición del Ministerio Fiscal, y la existencia de una relación de sujeción especial entre el interno y la Administración Penitenciaria lo impiden.

Pero, pese a todo lo anterior, podemos decir genéricamente que las partes son los sujetos de la relación jurídico-procesal[540]. Concretando esta idea, parte es quien interpone la pretensión en nombre propio o en cuyo nombre se interpone, y correlativamente aquél contra quien se interpone[541]. Esto es, partes son aquel o aquellos sujetos que pretenden una tutela jurisdiccional y aquel o aquellos respecto de los cuales o frente a los cuales se pide esta tutela. Dicho de otro modo, son partes únicamente los sujetos a quienes afectará de forma directa el pronunciamiento del tribunal, ya conceda o deniegue la tutela pedida[542]. En definitiva, la parte es quien asume los derechos, cargas y obligaciones que se derivan de un proceso y, como dice el Prof. González Montes[543], la legitimación para actuar

---

satorio), en el que las partes son tributarias de una concepción formal, propia de la imputación inquisitiva y de los poderes del instructor. Vid. LORCA NAVARRETE Antonio María; «Algunas cuestiones que plantea el concepto de parte», en Diario de Jurisprudencia El Derecho nº 1773, de 15-4-2003, pp. 1 y ss.

540 GOMEZ ORBANEJA Emilio; *Derecho Procesal Civil I, Parte General*, cit., p. 124.

541 VALENCIA MIRON Antonio José; *Introducción al Derecho Procesal*, cit., p. 316.

542 DE LA OLIVA Andrés; FERNANDEZ Miguel Angel; *Derecho Procesal Civi I*, cit. P. 337.

543 *Vid.* GONZALEZ MONTES José Luis; «La legitimación en el proceso civil: aspectos generales» en *Intereses colectivos y legitimación activa* (dir. E. Carbonell, coord.

como parte ha de entenderse relacionada con lo que sea objeto de un determinado proceso, de tal manera que –con independencia de la concepción sobre su naturaleza, procesal o de fondo– por legitimación puede entenderse la posición subjetiva que respecto del objeto litigioso ha de concurrir en aquel que pide (legitimación activa) y respecto de aquel a quien se pide (legitimación pasiva).

Todo lo dicho anteriormente es perfectamente trasladable al procedimiento ante los Juzgados de Vigilancia Penitenciaria.

3.3.1. Del interno, o liberado condicional, y del Ministerio Fiscal

La calidad de parte y su legitimación, tanto del interno o liberado condicional, como del Ministerio Fiscal, para intervenir en tal concepto en el procedimiento ante los JVP, formulando pretensiones concretas –estimatorias o desestimatorias– al órgano jurisdiccional, se desprende de lo establecido en la Disposición Adicional Quinta de la LOPJ que les reconoce expresamente legitimación para recurrir las resoluciones del JVP[544].

Esta legitimación parece obvia. Uno es el sujeto pasivo sobre el que recae la condena o medida penal impuesta (pena, prisión provisional, o medida de seguridad) en la correspondiente resolución judicial (auto o sentencia, título ejecutivo que abre, en su caso, la fase de ejecución penal), que debe someterse al cumplimiento de la pena

---

R. Cabrera Mercado), Thomson-Reuters, Universidad de Jaén, Cizur Menor, 2014, pp. 105-117.

[544] En su redacción original, esta Disposición Adicional Quinta, en su apartado nº 5, establecía que: «Se aplicará a los recursos lo dispuesto en la Ley de Enjuiciamiento Criminal, si bien *sólo podrán recurrir el Ministerio Fiscal y el interno o liberado condicional*, sin que estos últimos precisen de asistencia letrada o representación por Procurador en cuanto al recurso de reforma. En todo caso, el Fiscal será parte en cuantos recursos se prevén en la presente disposición.»

Esta Disposición Adicional fue modificada por la L.O. 5/2003 de 27 de mayo, y por la L.O. 7/2003 de 30 de junio, de tal manera que el mencionado apartado nº 5 ha pasado a ser el nº 9, con la siguiente redacción: «El recurso de apelación a que se refiere esta disposición se tramitará conforme a lo dispuesto en la Ley de Enjuiciamiento Criminal para el procedimiento abreviado. *Estarán legitimados para interponerlo el Ministerio Fiscal y el interno o liberado condicional.* En el recurso de apelación será necesaria la defensa de Letrado y, si no se designa Procurador, el Abogado tendrá también habilitación legal para la representación de su defendido. En todo caso, debe quedar garantizado siempre el derecho a la defensa de los internos en sus reclamaciones judiciales.»

o medida impuesta en los términos fijados en la resolución judicial, y en la forma prescrita por la ley y reglamentos que la desarrollan[545], y que además está vinculado en una relación de sujeción especial con la Administración Penitenciaria, cuya actuación controla el JVP. El otro, el Ministerio Público tiene, entre otras, la misión de promover la acción de la justicia en defensa de la legalidad, de los derechos de los ciudadanos y del interés público tutelado por la Ley[546]. Por lo que en el ejercicio de tales misiones, su intervención como parte en el procedimiento ante el JVP parece incuestionable.

En donde las dudas se plantean, o se ha suscitado controversia es en la intervención del perjudicado o víctima del delito, y de la Administración Penitenciaria.

3.3.2. De la víctima o perjudicado

Por lo que respecta a la víctima o perjudicado por el delito; un determinado sector doctrinal, sin entrar en mayores distinciones o reservas, entiende que la víctima debe estar legitimada para intervenir porque no le es indiferente el modo en que cumpla la condena quien le agravió[547].

Sin embargo, otro sector de la doctrina se muestra abiertamente contrario a conceder legitimación a la víctima en los procedimientos ante el JVP, tanto si se hubiera o no personado ejerciendo la acusación particular en el proceso penal anterior seguido ante el tribunal sentenciador[548]. En este orden de cosas, se argumenta que no se alcanza a ver cuál es el interés legítimo que le asiste a la víctima del delito para oponerse a la salida de permiso de un interno o a su clasificación o progresión de grado o a la concesión de libertad condicional, o a solicitar una sanción disciplinaria más grave, si no es por un sentimiento de justicia retributiva que casa mal con la finalidad reinsertadora que informa nuestro sistema de penas privativas de liber-

---

545 Garantía de ejecución penal consagrada en los arts. 3 CP y 990 LECr.

546 *Vid.* art. 124.1 CE, y arts, 1 y 3 EOMF.

547 RACIONERO CARMONA Francisco; «La norma reguladora del procedimiento ante los Juzgados de Vigilancia Penitenciaria», cit., p. 121.

548 TELLEZ AGUILERA Abel; «El procedimiento ante los Juzgados de Vigilancia Penitenciaria», en *Estudios acerca de la reforma de la Justicia en España*, t. II, Real Academia de Jurisprudencia y Legislación y Ministerio de Justicia, Madrid, 2004, pp. 26-27.

tad. Y se añade que existen importantes dificultades prácticas para hacer efectiva esta legitimación, como por ejemplo la notificación a la víctima del procedimiento seguido ante el JVP, especialmente si declaró simplemente como testigo ante el tribunal sentenciador, o incluso aunque se personara como acusación particular si han transcurrido muchos años en el caso de condenas muy largas, o en los supuestos de multirreincidentes que están cumpliendo varias condenas refundidas.

Otros autores, sin exponer su opinión a favor o en contra de la legitimación de la víctima, se limitan a decir que la intervención de la víctima no es inherente al proceso de ejecución de penas privativas de libertad[549]. Sin embargo, partiendo de esta consideración, hay quien se muestra partidario de la intervención de la víctima, pero no de forma plena, sino sólo en algunos casos[550]. Se sostiene en este sentido que puede resultar admisible que la víctima intervenga en el caso de un permiso de salida, de una progresión de grado, o de cualquier beneficio penitenciario que afecte a la condena, y pueda suponer una libertad anticipada; pero lo que no tiene sentido es que intervenga ante una queja del interno por una cuestión estrictamente regimental, por cuestiones relativas a la convivencia, al orden y a la disciplina en el interior del centro penitenciario. En cualquier caso, la intervención de la víctima obstaculizando la tarea de reinserción o educación, o simplemente poniendo trabas al disfrute de beneficios legítimos, no puede tener una favorable acogida, por lo que habría que rechazar todo intento de la víctima de impedir el tratamiento penitenciario, exclusivamente fundado en un ánimo vindicativo, debiéndose aplicar en estos casos el art. 11 LOPJ para fundamentar el rechazo de peticiones que se formulen con manifiesto abuso de derecho.

Los Jueces de Vigilancia Penitenciaria han seguido un criterio cambiante sobre esta materia relativa a la legitimación de la víctima.

Así, la primera vez que se trató sobre esta cuestión, en el Criterio nº 78 de los Criterios Refundidos de Actuación de los Jueces de

---

549 ESTEVEZ JIMENO Angel Dionisio; «Notas acerca del procedimiento ante los Juzgados de Vigilancia Penitenciaria», en *Derecho Penitenciario II, Cuadernos de Derecho Judicial*, CGPJ, Madrid, 2004, p. 166.

550 CEZON GONZALEZ Carlos; «Normativa procesal de los Juzgados de Vigilancia. Recursos contra las resoluciones de los Jueces de Vigilancia Penitenciaria», cit., p. 82.

Vigilancia Penitenciaria aprobados en la VII Reunión, se dice en su último párrafo que: «*También podrán ser parte en estos procedimientos* (los seguidos ante los JVP) *las víctimas y los perjudicados por el delito*»[551].

Sin embargo, a partir del año dos mil comenzó a cuestionarse la intervención de la víctima, y en el Criterio n° 150.2, que recoge las notas que deben caracterizar la eventual ley reguladora del procedimiento ante la Jurisdicción de Vigilancia, se dice expresamente en el apartado a) que: «*Tendrán la condición de partes los internos y el Ministerio Fiscal exclusivamente*»[552].

En el Proyecto de Ley Procesal del año 1997[553] se contemplaba como especial novedad la audiencia de la víctima o perjudicado, pero del tenor literal de su articulado no se desprendía que se le reconociera la condición de parte. Según el art. 12, "En los procedimientos ante los Juzgados de Vigilancia Penitenciaria serán siempre parte el Ministerio Fiscal y el interno afectado. También lo será la Administración penitenciaria, cuando estime oportuno personarse a tal efecto." Y en el art. 13 se contemplaba la posibilidad de que el Juez de Vigilancia acordara mediante auto, que sea "oída la acusación particular, con carácter previo a la adopción de la correspondiente resolución, en aquellas materias que por su trascendencia puedan afectar a la seguridad personal de la víctima o a una más completa reparación del daño causado por el delito."

De los términos de este art. 13 no se desprende esa condición de parte de la víctima, pues la mera "audiencia" no convierte a la víctima oída en parte; además para que pudiera ser oída tendría que haberse constituido en acusador particular en el antecedente juicio penal ante el tribunal sentenciador.

Nuestra legislación procesal penal no contempla la intervención de la víctima en la fase de ejecución, salvo en la obsoleta regulación

---

551 VII Reunión celebrada en Madrid, en septiembre de 1993. Criterios publicados como Anexo VIII en el Boletín de Información del CGPJ de marzo de 1994, pp. 57-70.

552 *Conclusiones Vigilancia Penitenciaria. Criterios de Actuación, Conclusiones y Acuerdos aprobados por los Jueces de Vigilancia Penitenciaria en sus 16 Reuniones celebradas entre 1981 y 2007.* CGPJ, Madrid, 2008, p. 84.

553 *Proyecto de Ley Orgánica Reguladora del Procedimiento ante los Juzgados de Vigilancia Penitenciaria*; Boletín de Información del Ministerio de Justicia, año LI, suplemento al núm. 1797, de 15-5-1997, pp. 7-40.

que contiene sobre el incidente de enajenación sobrevenida del penado en el curso del cumplimiento de la condena, estableciendo el art. 993 LECr. que el tribunal sentenciador "oirá al Fiscal y al acusador particular de la causa, si lo hubiere,..."

Sin perjuicio de lo anterior, el Tribunal Constitucional tiene declarado que al conceder el art. 24.1 CE el derecho a la tutela judicial efectiva a todas las personas que son titulares de derechos e intereses legítimos, está imponiendo a los Jueces y Tribunales la obligación de interpretar con amplitud las fórmulas que las leyes procesales utilicen en orden a la atribución de legitimación para acceder a los procesos judiciales; y que el citado art. 24.1 CE impone que cualquier derecho o interés legítimo obtenga tutela efectiva de los Jueces y Tribunales[554].

Desde esta perspectiva podemos decir que, aunque no parezca conveniente que la satisfacción de los legítimos intereses de quienes hayan sido víctimas de una acción criminal lleve a prolongar la actividad de la acusación particular durante toda la fase de cumplimiento de la pena, y a una fiscalización detallada y singularizada de todo el tratamiento penitenciario del reo, no obstante, desde nuestro punto de vista, resulta admisible la intervención de la víctima con la finalidad de proteger ciertos intereses dignos de amparo como su propia seguridad personal y familiar frente a una eventual repetición de la conducta delictiva, cuando las relaciones previas entre el agresor y la víctima y la naturaleza del delito hagan prever un nuevo ataque, así como en aquellos casos en los que puedan existir intereses relacionados con la reparación del daño causado y el resarcimiento económico de la responsabilidad civil nacida del delito.

Fuera de estos supuestos, nos parece que la intervención generalizada de la víctima en los procedimientos ante los JVP podría resultar negativa pues, por un lado, desde un punto de vista general, socialmente podría entenderse que la intervención de la víctima supondría una especie de venganza sobre el reo, que obstaculizara el fin constitucional de la pena y su función resocializadora y educativa del delincuente y, por otro lado, en el aspecto particular, en la mayoría de los casos, resulta conveniente distanciar psicológicamente en esta fase a la víctima y a su agresor para hacer posible la superación de

---

554 En este sentido, las STC nº 24/1987 de 25-2; STC nº 93/1990 de 23-5; STC nº 195/1992 de 16-11; STC nº 171/1994 de 7-6; y STC nº 311/2000 de 18-12; entre otras.

secuelas. En todo caso, la intervención de la víctima en este procedimiento no debe estar inspirada en móviles vindicativos o puramente mercantiles.

Pero pese a las razones que se han dejado expuestas, favorables a una intervención limitada de la víctima en este procedimiento, que pueden encontrar fundamento incluso en esa doctrina anteriormente citada del Tribunal Constitucional, favorable a una interpretación amplia de la legitimación en el acceso al proceso, sin embargo, el citado Alto interprete de la Constitución, en este aspecto concreto de la legitimación de la víctima para intervenir como parte en el procedimiento ante el JVP, se ha pronunciado en sentido negativo.

Así lo expuso en su Auto nº 373/1989 de 3 de julio.

El presupuesto fáctico de esta resolución fue el siguiente: Un interno, penado como autor de un delito de asesinato, obtuvo un permiso de salida que le fue concedido por la Audiencia de Valladolid, la cual negó la posibilidad de intervenir como partes en el procedimiento en el que fue concedido el permiso, a los padres de la victima que habían intervenido como acusación particular en el proceso penal del que el cumplimiento de la pena traía causa.

Frente a esta negativa de la Audiencia, los citados acusadores particulares formularon demanda de amparo ante el Tribunal Constitucional, alegando que se había vulnerado su derecho a obtener la tutela judicial efectiva (art. 24.1 CE) y el de igualdad ante la ley (art. 14 CE).

Argumentaban que habiendo sido parte en el proceso penal, ha de reconocérseles su legitimación activa para intervenir con pleno derecho en una fase como es la de ejecución de la condena, que es pura consecuencia de las actuaciones anteriores. Y que el cumplimiento de la pena es la manifestación de la ejecución de una sentencia penal, por lo que carece de sentido privar de su derecho, siquiera a emitir su parecer a quienes de forma dinámica intervinieron para obtener aquella sentencia; que tal intervención en la ejecución de la sentencia se reconoce a quienes fueron parte en el proceso en otros órdenes jurisdiccionales, y que al negárseles esta posibilidad ello supone una vulneración del derecho a obtener la tutela judicial efectiva.

Por otro lado, el art. 14 CE habría resultado infringido porque, según los demandantes de amparo, la circunstancia de no permitírseles intervenir en la fase de ejecución de sentencia supone discriminarles frente a quien también fue acusador en la causa, esto es, frente al Ministerio Fiscal.

El Tribunal Constitucional desestimó la pretensión de los demandantes de amparo, con arreglo a los siguientes razonamientos:

No cabe hablar de infracción del art. 14 CE, pues no puede equipararse la finalidad perseguida con la intervención del Ministerio Fiscal en los procedimientos penales y en la ejecución de sus sentencias (defensa de la legalidad, de los derechos de los ciudadanos y del interés público tutelado por la ley), con la que se persigue mediante la intervención en los mismos de quien resultó perjudicado u ofendido por el delito enjuiciado a través del ejercicio de la acusación particular (defensa de los propios derechos y del interés de parte).

Por otro lado, el derecho a obtener la tutela judicial efectiva no es un derecho incondicional, sino un derecho de prestación, que ha de producirse en los términos y dentro de los cauces que el legislador haya querido articular. Y en el supuesto debatido, el legislador, a través de la Disposición Adicional Quinta de la LOPJ, ha establecido que las resoluciones de los JVP solo podrán ser impugnadas por el Ministerio Fiscal y el interno o liberado condicional. Por lo que desde esta perspectiva, el Auto de la Audiencia Provincial de Valladolid no vulnera el derecho a obtener la tutela judicial efectiva en cuanto ha inadmitido, de forma razonada y con fundamento en causa legal, la acción ejercitada por los demandantes de amparo.

Profundizando aún más en la cuestión debatida, razona el citado Alto Tribunal que la ejecución penal es la actividad ordenada y fiscalizada por los órganos judiciales al cumplimiento del título de la ejecución (sentencia firme condenatoria). Pero que no es lo mismo "ejecutar" la sentencia y, por ende, la pena, que "cumplir" la pena. Una cosa es la ejecución de la sentencia condenatoria que corresponde al propio órgano sentenciador (art. 117.3 CE), y otra muy distinta el cumplimiento de la pena privativa de libertad que dicha ejecución comporta y que corresponde a la autoridad administrativa bajo el poder fiscalizador de los JVP. Este segundo aspecto, el del cumplimiento, sus modalidades, incidencias y modificaciones escapa al interés de quien fue acusador particular en la causa de la cual deriva la pena, en la medida en que el derecho a castigar lo ostenta en exclusiva el Estado y, por lo tanto, es a éste, a través de los órganos competentes, a quien corresponde determinar cómo dicho castigo ha de cumplirse; por lo que las decisiones que a tal fin se adopten no afectan en modo alguno a los derechos e intereses de quien en su día ejercitó la acusación particular. En consecuencia, no se ha vulnerado el derecho a obtener la tutela judicial efectiva, por la sencilla razón de que los recurrentes no ostentan ningún derecho ni interés legítimo en el cumplimiento de la pena impuesta en su día al interno, limitándose su intervención a "excitar" al órgano judicial competente a fin de que reconozca el derecho estatal de castigar y a que, una vez declarado el mismo, tal declaración tenga efectividad, esto es, se ejecute, se ordene por el juzgador el ingreso en prisión del condenado y, en su momento, su liberación por extinción de la condena.

Actualmente la Ley 4/2015, de 27 de abril, del Estatuto de la Víctima del delito, ha venido a modificar la situación anterior en la que se negaba a la víctima legitimación para intervenir en la fase de ejecución, y más exactamente en lo relativo al cumplimiento de la pena, de tal modo que además de reconocerle el derecho de información, –como ya vimos anteriormente en el apartado 3.2.5 al hablar sobre la publicidad o secreto de las actuaciones– también reconoce a la víctima el derecho de participación en la ejecución penal con ciertas limitaciones, en los términos previstos en el art. 13.

Conforme a este artículo, aparte de su derecho a que se les notifique, también podrán recurrir, aunque no se hubieren mostrado parte en la causa, las siguientes resoluciones:

— El Auto por el que, conforme a lo previsto en el art. 36.2 CP, el Juez de Vigilancia autorice la posible clasificación del penado en tercer grado antes de que extinga la mitad de la condena.
— El Auto del Juez del Vigilancia por el que, a tenor del art. 78.3 CP, autorice que los beneficios penitenciarios, los permisos de salida, la clasificación penitenciaria en tercer grado, y el cómputo de tiempo para la libertad condicional se refieran al límite de cumplimiento de la condena, y no a la suma de las penas impuestas.
— El Auto por el que el Juez de Vigilancia conceda al penado la libertad condicional, cuando se trate de delitos de homicidio, de aborto del artículo 144 CP, de lesiones, contra la libertad, de tortura y contra la integridad moral, contra la

libertad e indemnidad sexual, de robo cometidos con violencia o intimidación, de terrorismo, de trata de seres humanos, cuando se imponga pena superior a cinco años de prisión, y de los delitos previstos en el art. 36.2 CP[555].

En el art. 13.2 de la citada Ley 4/2015, también se establece que las víctimas estarán también legitimadas para: a) Interesar que se impongan al liberado condicional las medidas o reglas de conducta previstas por la ley que consideren necesarias para garantizar su seguridad, cuando aquél hubiera sido condenado por hechos de los que pueda derivarse razonablemente una situación de peligro para la víctima; y b) Facilitar al Juez o Tribunal cualquier información que resulte relevante para resolver sobre la ejecución de la pena impuesta, las responsabilidades civiles derivadas del delito o el comiso que hubiera sido acordado.

3.3.3. De la Administración Penitenciaria

Sobre la legitimación de la Administración Penitenciaria para intervenir como parte en el procedimiento ante los JVP, ya hemos dejado apuntadas algunas notas con anterioridad.

Algunos autores, como Racionero Carmona y Téllez Aguilera, se muestran abiertamente favorables a esta intervención. El primero de los citados considera un defecto grave de la regulación actual que la Administración Penitenciaria no esté legitimada para intervenir, y se limita a afirmar que debería estarlo porque, sin duda, tiene un interés tan directo como legítimo en la resolución de los asuntos y, por tanto, no debería estar condenada a ser mera emisora de informes sin posibilidad de formular alegaciones[556]. El segundo, entiende que la Administración debería tener legitimación en el procedimiento ante el JVP siempre que en él se ventilen cuestiones distintas a las estrictamente penológicas, debiendo tratarse de una legitimación plena, en igualdad de armas con las demás partes del proceso, que le permita intervenir en el mismo exponiendo y defendiendo las razo-

---

555 Estos delitos son los referentes a organizaciones y grupos terroristas y delitos de terrorismo del Capítulo VII del Título XXII del Libro II del CP; delitos cometidos en el seno de una organización o grupo criminal; delitos del art. 183 CP; y delitos del Capítulo V del Titulo VIII del Libro II del CP cuando la víctima sea menor de trece años.

556 RACIONERO CARMONA Francisco; «La norma reguladora del procedimiento ante los Juzgados de Vigilancia Penitenciaria», cit., p. 121.

nes que sustentan su actuación, con lo que se superaría la situación actual en la que el papel de la Administración se circunscribe a la emisión de los oportunos informes que, en su caso, se le solicitan; y que la defensa y representación de la Administración deberían asumirla los juristas de los centros penitenciarios[557].

Opinión parecida sostiene Beltrán Catalá[558]. Para este autor resulta admisible que se deniegue la legitimación de la Administración en tanto que la actividad de control jurisdiccional que efectúa la jurisdicción de vigilancia penitenciaria se ciña única y exclusivamente al control de la "legalidad" del acto, y no de la "procedencia u oportunidad" del mismo. En el caso de control de la "legalidad", con la presencia del Ministerio Fiscal será suficiente para sostener la legalidad de la actuación de la Administración Penitenciaria. Sin embargo, si se entra a valorar la "procedencia u oportunidad", la Administración puede sostener un criterio distinto del Ministerio Fiscal, por lo que habrá de reconocérsele un interés legítimo en mantener la procedencia u oportunidad de su actuación, y su consecuente legitimación para defender ese interés ante el JVP.

También consideran conveniente la presencia de la Administración en el procedimiento Doñate Martín[559], e Hinojosa Segovia[560] para quien la exclusión de la Administración, como legitimada para recurrir, es más que dudoso que no atente al derecho a la tutela judicial efectiva. De la opinión contraria es Herrero Ortega, para quien la Administración Penitenciaria no puede convertirse en parte en los recursos previstos contra sus decisiones[561].

Otros autores, sin mostrarse a favor o en contra, se limitan a poner de manifiesto que la Disposición Adicional Quinta de la LOPJ priva a

---

[557] TELLEZ AGUILERA Abel; «El procedimiento ante los Juzgados de Vigilancia Penitenciaria», cit., p. 26.

[558] BELTRAN CATALA David; «Ministerio Fiscal y la Administración como partes en el proceso ante la Jurisdicción de Vigilancia Penitenciaria», en Derecho Penitenciario, Cuadernos de Derecho Judicial, CGPJ. Madrid, 1995, pp. 119-131.

[559] DOÑATE MARTIN Antonio; «Problemas generales de la Jurisdicción de Vigilancia», en *Vigilancia Penitenciaria (VII Reunión de Jueces de Vigilancia Penitenciaria)*, CGPJ, Madrid, 1994, p. 43.

[560] HINOJOSA SEGOVIA Rafael; «Regulación general de la ejecución penal», en *La Ejecución de la Sentencia Penal, Cuadernos de Derecho Judicial*, CGPJ, Madrid, 1994, p. 77.

[561] HERRERO ORTEGA; «Ejecución Penal y procedimiento penitenciario», en *Ministerio Fiscal y sistema penitenciario, Centro de Estudios Jurídicos*, Madrid, 1992, p. 348.

la Administración del acceso a los recursos, al limitar la legitimación al Ministerio Fiscal y al interno o al liberado condicional[562], y que resulta admisible la intervención de la Administración en los procesos de control jurisdiccional de actos sujetos al Derecho Administrativo en materia penitenciaria, pero nunca podría admitirse en procesos sobre ejecución de penas privativas de libertad, pues es inadmisible una injerencia de la Administración en materia propiamente jurisdiccional o que el delegado del Juez constituya una parte autónoma de la relación jurídico procesal[563].

Por su parte, los Jueces de Vigilancia Penitencia, al igual que con el tema de la legitimación de la víctima, también cambiaron de criterio sobre esta cuestión.

Así, en un primer momento manifestaron su opinión favorable a la intervención de la Administración en los procedimientos ante el JVP, considerando que deberá dársele entrada como parte cuando se trae de actos comprendidos en el artículo 79 de la Ley Orgánica General Penitenciaria[564]. Sin embargo, en nuestra opinión, reconocer legitimación a la Administración para intervenir en el procedimiento ante los JVP en los casos en que se trate de actos comprendidos en el art. 79 LOGP, resulta absurdo o carente de sentido, pues los actos comprendidos en el citado art. 79 son los relativos a la dirección, organización e inspección de las Instituciones Penitenciarias que, como vimos en el apartado relativo los límites de la Jurisdicción de Vigilancia Penitenciaria, son competencia de la Administración, sin que sobre ellos puedan ejercer su jurisdicción los JVP, y cuyo control se ejercerá, en su caso, por la jurisdicción contencioso-administrativa.

Posteriormente los Jueces de Vigilancia cambiaron de criterio, considerando que sólo deberían ser parte los internos y el Ministerio Fiscal exclusivamente[565].

---

562 CEZON GONZALEZ Carlos; «Normativa procesal de los Juzgados de Vigilancia. Recursos contra las resoluciones de los Jueces de Vigilancia Penitenciaria», cit., p. 85.

563 ESTEVEZ JIMENO Angel Dionisio; «Notas acerca del procedimiento ante los Juzgados de Vigilancia Penitenciaria», cit., p. 165.

564 Así se refleja en el Criterio nº 78 de los Criterios Refundidos de Actuación de los Jueces de Vigilancia Penitenciaria aprobados en la VII Reunión celebrada en Madrid, en septiembre de 1993, publicados en el Boletín de Información del CGPJ de marzo de 1994.

565 En tales términos se expresa el Criterio nº 150.2 a), recogido en las *Conclusiones Vigilancia Penitenciaria. Criterios de Actuación, Conclusiones y Acuerdos apro-*

El art. 12 del Proyecto de Ley Procesal ante los JVP[566] tras decir serán siempre parte el Ministerio Fiscal y el interno afectado, señala que: "También lo será la Administración penitenciaria, *cuando estime oportuno personarse a tal efecto.*"

Este Proyecto de Ley no llegó a aprobarse, y como dijo el Tribunal Constitucional en la STC 129/1995 –que más adelante analizaremos– no es exigible constitucionalmente la intervención de la Administración Penitenciaria en los procedimientos seguidos ante los JVP, teniendo en cuenta el carácter de tutela de legalidad objetiva predominante en los procedimientos tramitados ante estos órganos jurisdiccionales. Pero no obstante, de dicha doctrina constitucional se deriva la posibilidad, abierta al legislador, de que cuando razones de conveniencia práctica lo aconsejen pueda acordar una modificación legislativa que permita la personación de la Administración como parte en estos procedimientos.

De ser así, a nuestro entender, si se permite la intervención de la Administración Penitenciaria más allá de la mera emisión de informes, y se le concede legitimación para intervenir como parte, entonces habrá de admitirse también que la Administración pueda ser condenada, en su caso, por el JVP en aquellos supuestos en los que se estimara una queja del interno como consecuencia de una actuación administrativa que le hubiese causado un daño o perjuicio. Un ejemplo de esto podemos encontrarlo cuando la Administración extravía las pertenencias del interno con ocasión del traslado del mismo de un centro penitenciario a otro[567]. Actualmente si el interno formula queja ante el JVP por la pérdida o extravío de sus pertenencias, este Juez lo único que puede hacer es declarar la anomalía o irregularidad cometida, en su caso, por la Administración, pero no puede condenar a ésta a satisfacer ningún tipo de indemnización al interno, de tal manera que si aquélla no indemniza o compensa a éste de algún

---

bados por los Jueces de Vigilancia Penitenciaria en sus 16 Reuniones celebradas entre 1981 y 2007. Cit., p. 84.

566 *Proyecto de Ley Orgánica Reguladora del Procedimiento ante los Juzgados de Vigilancia Penitenciaria*; cit., pp. 7-40.

567 *Vid.* arts. 18 y 22 de la LOGP, y art. 318 RP, que establecen la obligación para la Administración Penitenciaria de efectuar los traslados de los internos de forma que se respeten sus derechos; de guardar en lugar seguro su dinero, ropas, objetos de valor y otros que le pertenezcan; y de realizar a su cargo el traslado de las pertenencias del interno que no superen los 25 kilogramos de peso.

modo, al interno perjudicado no le queda más alternativa que acudir a la vía jurisdiccional contencioso-administrativa demandando la justa reparación que le corresponda.

Por otro lado, si una futura reforma legislativa hiciera posible esa intervención de la Administración en concepto de parte procesal en el procedimiento ante los JVP, opinamos que la personación en el procedimiento no debería depender de la libre voluntad o criterio de la Administración, como se dice en el anteriormente citado art. 12 del Proyecto: "*cuando estime oportuno personarse a tal efecto.*" Esto supondría dejar en manos de la Administración la posibilidad de decidir cuando quiere ser o no condenada. Por eso, entendemos que la Administración debe ser llamada al procedimiento, y ser tenida como parte, en todos aquellos supuestos en los que lo solicite el interno, aunque ella no *estime oportuno personarse a tal efecto.*

La anteriormente citada STC nº 129/1995 de 11 de septiembre, desestimó el recurso de amparo interpuesto por el Abogado del Estado en representación de la Administración, contra el Auto dictado por el JVP de Sevilla que inadmitió a trámite el recurso de reforma y subsidiario de apelación contra otro Auto previo de dicho Juzgado, y contra el Auto de la Audiencia Provincial de Sevilla que inadmitió el recurso de queja interpuesto por dicho Abogado y confirmó el Auto del JVP. A juicio del Abogado del Estado tales resoluciones habían vulnerado el derecho a la tutela judicial efectiva de la Administración en el ramo penitenciario, por cuanto le negaron la legitimación para recurrir.

El Tribunal Constitucional denegó el amparo solicitado, argumentando esencialmente que las citadas resoluciones judiciales han dado una respuesta razonada, con fundamento en la Disposición Adicional Quinta de LOPJ, cuya redacción literal no reconoce a la Administración legitimación para recurrir las resoluciones de los JVP. Y que ha de rechazarse la tesis mantenida por el Abogado del Estado según la cual, por emanar su derecho de acceso a los Juzgados y Tribunales directamente del art. 24.1 CE, el desarrollo legislativo que se contiene en la referida Disposición Adicional puede calificarse de incompleto. Esto es así porque no estamos ante el desarrollo legislativo incompleto de un derecho fundamental, pues basta la lectura del precepto para llegar a la conclusión de que el legislador, mediante el empleo de un adverbio excluyente ("solo podrán recurrir...”), no ha querido deliberadamente extender la legitimación a la Administración Penitenciaria.

Se expresa igualmente en esta Sentencia que, si bien el Tribunal Constitucional ha reconocido que el derecho a la tutela judicial efectiva se encuentra reconocido a “todas las personas”, tanto privadas como públicas, incluido el propio Estado, también tiene declarado que no cabe trasladar íntegramente a las personas jurídicas de Derecho público la doctrina construida en relación con la tutela judicial de las personas privadas. Tal doctrina parte de la concepción de los derechos fundamentales como garantías de los particulares frente al poder público, y desnaturalizaría esta concepción la tesis simplificadora que sostuviera que los Entes públicos gozan, en paridad de posición con los particulares, de un derecho constitucional subjetivo en cuya virtud el legislador venga obligado a establecer recursos judiciales para que dichos poderes públicos defiendan sus propios actos frente a los que hayan sido adoptados por otros órganos o personas públicas. Por tanto, la falta de recurso jurisdiccional no menoscaba el derecho a la tutela judicial del poder político cuya actuación es revisada por el órgano de garantía, pues del art. 24.1 CE no cabe extraer un genérico mandato al legislador que le obligue a atribuir a los poderes públicos derecho a acceder a la jurisdicción para defender su actuación frente a lo resuelto por el órgano llamado a cumplir la exclusiva función de garantizar la legalidad.

En este orden de cosas, explica la mencionada Sentencia que lo anteriormente expuesto es aplicable en relación con los recursos frente a las resoluciones de los JVP, en cuanto estos órganos judiciales llevan a cabo no la resolución de un conflicto de intereses sino el control de la legalidad respecto de las medidas adoptadas por la Administración. El legislador ha elegido una determinada técnica de control de la actividad de la Administración: la que confía, en este caso a órganos judiciales, la tutela de la legalidad objetiva y no la resolución de intereses confrontados entre los particulares y la Administración. Esto es, se trata de un control en el que el órgano jurisdiccional se limita a apreciar si un determinado acto jurídico es o no conforme con las normas legales y, por tanto, la resolución judicial que le pone término sólo tiene un alcance declarativo, ceñido a determinar si la actuación de la Administración es o no ajustada a Derecho. Tal caracterización permite explicar, asimismo, una doble particularidad respecto a los intervinientes en las actuaciones. De un lado, que la resolución del órgano jurisdiccional se adopte sin previa audiencia de la Administración, pues esta no comparece ante el JVP a defender la legalidad del acto. De otro, que sí esté facultado legalmente para hacerlo el Ministerio Fiscal, en defensa de la legalidad.

Pese a esta falta de legitimación de la Administración Penitenciaria, el legislador sí que le ha otorgado la facultad de ser oída en determinados casos, aunque esa audiencia no la convierta en parte ni la legitime, por ende, para recurrir la resolución que se adopte.

Así la reforma introducida en el Código Penal por la Ley Orgánica 7/2003, de 30 de junio, de medidas de reforma para el cumplimiento íntegro y efectivo de las penas, modificó, entre otros, los arts. 36 y 78 CP, disponiendo que, en los supuestos previstos en tales artículos, el JVP "oídos el Ministerio Fiscal, *Instituciones Penitenciarias* y las demás partes" podrá acordar la aplicación del régimen general de cumplimiento.

3.3.4. De terceras personas

De todo lo anteriormente expuesto se revela que, conforme a la legislación actual, sólo tienen la condición de parte, y por consiguiente solo están legitimados para cualquier actuación ante los JVP, ya sea petición, recurso o queja, el Ministerio Fiscal, el interno, el liberado condicional y, de forma limitada, la víctima del delito.

No obstante en la praxis, como pone de manifiesto Racionero Carmona, se suele conceder una especie de legitimación a las asociaciones u organizaciones de apoyo a presos, e incluso a personas individuales –familiares o amigos– para poner en marcha el procedimiento; de tal modo que si el interno ratifica posteriormente las manifestaciones de tales personas, se tramita como una petición o queja ordinaria[568].

El infortunado Proyecto de Ley Orgánica del Procedimiento ante los JVP quiso legalizar esta práctica. Así, en su art. 9 contemplaba la posibilidad de formular recursos, peticiones o quejas por medio de mandatario, pudiendo los internos conferir mandado a otras personas para que realizaran en su nombre tales actuaciones, aunque fue-

---

[568] RACIONERO CARMONA Francisco; «La norma reguladora del procedimiento ante los Juzgados de Vigilancia Penitenciaria», cit., p. 121.

se mandato verbal, pero en este caso se exigiría la posterior ratificación del interno, sin perjuicio de evacuar de inmediato las diligencias urgentes. Y en el art. 10, preveía la formulación de denuncias por terceras personas, de tal manera que cualquiera que tuviera conocimiento de una posible vulneración de derechos fundamentales de personas recluidas en Centros Penitenciarios, podría, sin necesidad de constituirse en parte, instar la actuación del Ministerio Fiscal ante el Juez de Vigilancia, en defensa de tales derechos[569].

Este art. 10 venía a regular una especie de novedosa fórmula de ejercicio de la acción popular en el ámbito de la jurisdicción de Vigilancia Penitenciaria, con una limitadísima legitimación, circunscrita exclusivamente a instar la actuación del Ministerio Fiscal ante el JVP, pero sin constituirse en parte, pues, según la doctrina del Tribunal Constitucional, la legitimación para postular la tutela de los derechos y libertades fundamentales no puede extenderse a quienes no son titulares de los mismos.

Sin duda, este art. 10 estaba en consonancia con lo resuelto por el citado Alto Tribunal en su ATC nº 335/1995 de 11 de diciembre.

Mediante esta Resolución, el Supremo Intérprete de la Constitución inadmitió a trámite un recurso de amparo presentado por el Colegio de Abogados de Madrid en el que se invocaban como lesionados derechos que no le eran propios, sino de los reclusos del Centro Penitenciario Madrid II, como consecuencia de la instalación de un sistema de grabación permanente en los locutorios de dicho Centro.

Se expresa en este Auto que todos los argumentos esgrimidos en la demanda de amparo pretenden evidenciar que con el sistema de grabación instalado en el Centro Penitenciario se lesionan derechos

---

[569] El art. 9 del mencionado Proyecto de Ley Orgánica Reguladora del Procedimiento ante los Juzgados de Vigilancia Penitenciaria, tenía la siguiente redacción: «Podrán formular recursos, peticiones o quejas ante el Juez de Vigilancia Penitenciaria en nombre de los internos las personas que actúen en virtud de mandato conferido por aquéllos, aunque fuese verbal, requiriéndose en tal caso la posterior ratificación del interno, sin perjuicio de evacuar de inmediato la diligencias urgentes.»

Y el art. 10: «Cualquier persona que tenga conocimiento de una supuesta vulneración de derechos fundamentales de personas recluidas en Centros penitenciarios, podrá, sin necesidad de constituirse en parte en el procedimiento, instar la actuación del Ministerio Fiscal ante el Juzgado de Vigilancia Penitenciaria competente, en defensa de tales derechos.» *Proyecto de Ley Orgánica Reguladora del Procedimiento ante los Juzgados de Vigilancia Penitenciaria*; cit., pp. 7-40.

y libertades de los reclusos. Y que se lesionan, además, genéricamente, en ningún caso por relación a un individuo determinado cuyas conversaciones hayan sido grabadas en el Centro sin las debidas garantías. Se trata, por tanto, de una demanda en la que se denuncian infracciones abstractas de derechos ajenos al recurrente.

En definitiva –dice la mencionada Resolución–, para que fuera posible un pronunciamiento de fondo sería preciso que quien demandara fuese verdadero titular de los derechos fundamentales que con el sistema de grabación pueden conculcarse (esto es, un recluso o, en su defecto, el Mº Fiscal); y que lo hiciera, además, como consecuencia de una infracción concreta y determinada de tales derechos. Por lo que, en el presente caso, el Colegio de Abogados no puede arrogarse otra legitimidad que la derivada de su condición de entidad que tiene encomendada la defensa de los derechos de sus colegiados, pero en ningún caso el interés general o el ajeno de los reclusos del Centro Penitenciario; lo que sí puede hacer el Ministerio Fiscal.

En cualquier caso, desde nuestro punto de vista, aunque el contenido de los citados arts. 9 y 10 no aparezca recogido en ningún texto positivo, no existe inconveniente legal alguno en seguir admitiendo, a prevención, los recursos, peticiones o quejas formuladas por terceras personas como mandatarias verbales de los reclusos, sin perjuicio de la posterior ratificación de éstos. Y del mismo modo, tampoco existe obstáculo legal para que –como el denunciante[570] que sin constituirse en parte pone en conocimiento de la autoridad competente la notitia criminis–, cualquier persona ajena que tenga conocimiento de la existencia de una posible vulneración de derechos fundamentales de personas recluidas en Centros Penitenciarios, pueda denunciar estos hechos ante el Ministerio Fiscal, para que éste –sin perjuicio de las demás acciones que procedan, en su caso– pueda instar también ante el JVP la defensa de tales derechos.

3.4. Postulación

En algunos procesos se exige que las partes actúen representadas por Procurador y defendidas por Abogado[571], cuyo fundamento se

---

[570] Vid. arts. 259 y 264 de la LECr.

[571] Como dice la STC nº 233/1998 de 1-12, "La intervención de Letrado en los procesos judiciales es, en ocasiones. una exigencia estructural de su propio desarrollo

encuentra en la necesidad de garantizar la igualdad de las partes, haciendo así efectivo el derecho fundamental reconocido en el art. 24.2 CE, de modo que aquellos realizan una labor de colaboración con la Administración de Justicia[572].

Como ya hemos puesto de manifiesto con anterioridad, dada la precariedad normativa procesal con la que los JVP iniciaron su actividad en octubre de 1981, la Presidencia del Tribunal Supremo dictó unas "Prevenciones" que les sirvieran a modo de orientación para facilitarles el ejercicio de la función encomendada, en cuyo apartado nº 2 se decía que: «Con carácter general, puede establecerse que aquéllas medidas que, por su naturaleza hayan de ser instadas por el recluso, *no requieren representación por Procurador, ni intervención de Abogado.* Sin perjuicio de que voluntariamente, los interesados puedan solicitar el concurso de estos profesionales o en turno de oficio solicitar Abogado, ni de lo que en definitiva, pueda establecerse sobre la asistencia letrada, en este orden»[573].

Posteriormente la LOPJ de julio de 1985 vino a regular esta materia relativa a la intervención de estos profesionales del Derecho ante los JVP, pero sólo en lo referente a los recursos. Su Disposición Adicional Quinta, en la redacción original de su apartado nº 5 establecía que: «Se aplicará a los recursos lo dispuesto en la Ley de Enjuiciamiento Criminal, si bien sólo podrán recurrir el Ministerio Fiscal y el interno o liberado condicional, *sin que éstos últimos precisen de asistencia letrada o representación por Procurador en cuanto al recurso de reforma.*» De lo que cabe interpretar, a sensu contrario, que para los demás recursos que no sean el de reforma, entonces sí será necesaria la asistencia de Abogado y Procurador. Pero este precepto guarda absoluto silencio sobre la intervención de estos profesionales en todos los demás asuntos que no sean recursos.

(STC 42/1982, fundamento jurídico 2°), que se convierte en requisito procesal en garantía de los intereses de la justicia, a fin de satisfacer el fin común a toda asistencia letrada: Lograr el correcto desenvolvimiento del proceso como mecanismo instrumental introducido por el legislador con miras a una dialéctica procesal efectiva que facilite al órgano judicial la búsqueda de una Sentencia ajustada a Derecho" (STC 47/1987, fundamento jurídico 3°)."

572 *Vid.* FERNANDEZ MARTINEZ Juan Manuel, y otros; cit., p. 597.

573 PRESIDENCIA DEL TRIBUNAL SUPREMO, «Jueces de Vigilancia. Comunicación de la Presidencia del Tribunal Supremo a los Jueces de Vigilancia Penitenciaria», cit., pp. 70-74.

Esta Disposición Adicional fue modificada por la L.O. 5/2003 de 27 de mayo, y por la L.O. 7/2003 de 30 de junio, de tal manera que actualmente el referido apartado nº 5 tiene una nueva redacción, y su equivalente ha pasado a ser el nº 9, en el que no se hace alusión alguna al recurso de reforma, mencionándose sólo el de apelación respecto del que se indica que: «En el recurso de apelación *será necesaria la defensa de Letrado y, si no se designa Procurador, el Abogado tendrá también habilitación legal para la representación de su defendido. En todo caso, debe quedar garantizado siempre el derecho a la defensa de los internos en sus reclamaciones judiciales.*»

El Tribunal Constitucional ha sido quien ha creado un cuerpo de doctrina sobre la asistencia letrada en el ámbito penitenciario, de tal manera que podemos distinguir entre esta asistencia en los trámites administrativos del expediente disciplinario de la Administración Penitenciaria, y la asistencia letrada ante el JVP.

Sobre el asesoramiento y asistencia en el expediente administrativo disciplinario, tiene declarado el citado Alto Tribunal que "la asistencia de Letrado debe ser permitida en forma y grado estimables como proporcionados a la falta, a la sanción y al procedimiento. No se trata de un derecho a la asistencia letrada, entendida como un derecho pleno a la asistencia de Letrado, incluyendo el derecho a la asistencia jurídica gratuita en caso de necesidad si se carece de los medios suficientes para ello, pues tal derecho, como resulta del art. 6.3 de la Convención Europea de Derechos Humanos sólo existe claramente en los procesos judiciales, y además no en todos los casos, sino cuando los intereses de la justicia lo requieran." (SSTC nº 74/1985 de 18-6, y nº 2/1987 de 21-1)[574].

Por lo que respecta a la asistencia letrada en el procedimiento judicial ante los JVP, el Supremo Intérprete de la Constitución tiene declarado que "para la interposición del recurso de reforma frente a los Autos del Juzgado de Vigilancia Penitenciaria no es necesario

---

574 Sobre este mismo tema relativo al asesoramiento y asistencia letrada al interno en ámbito del procedimiento administrativo disciplinario, podemos citar también a las STC nº 190/1987 de 1-12, STC nº 192/1987 de 2-12, STC nº 229/1993 de 12-7, STC nº 143/1995 de 3-10, y STC nº 192/1996 de 26-11, que se expresan en términos similares a los que se dejan expuestos; de modo que puede concluirse que el derecho de los internos a la defensa en el ámbito del procedimiento administrativo sancionador se encuentra constitucionalmente protegido.

asistencia letrada", y además que "como ya declaró este Tribunal en su Sentencia 47/1987, el que se trate de un proceso en el que, como ocurre en el que se verifica en la jurisdicción de vigilancia penitenciaria, se permite la comparecencia personal, no implica que en ningún caso se tenga derecho a la asistencia letrada gratuita, constituyendo su denegación una vulneración constitucional si la autodefensa ejercitada por aquel a quien se le niega el derecho se manifiesta incapaz de compensar la ausencia de Abogado que lo defienda y, por lo tanto, de contribuir satisfactoriamente al examen de las cuestiones jurídicas suscitadas en el proceso, lo cual será determinable, en cada caso concreto, atendiendo a la mayor o menor complejidad del debate procesal y a la cultura y conocimientos jurídicos del comparecido personalmente deducidos de la forma y nivel técnico con que haya realizado su defensa." (STC nº 39/1997 de 27-2)[575].

En lo referente a la representación por Procurador en el procedimiento ante los JVP, el Tribunal Constitucional reconoce el derecho del interno a nombramiento de Procurador de su libre elección, bien, en su defecto, por el turno de oficio; y que una vez hecha la designación, y personado el Procurador en nombre del interno, la notificación realizada al Procurador es una notificación hecha a la representación procesal de la parte, de tal manera que la así realizada surte plena eficacia respecto del plazo establecido y ello con independencia de la existencia o no de notificación personal al interesado y del momento en que ésta se produzca" (STC nº 182/1998 de 17-9)[576].

Como se puede observar, salvo la incompleta regulación referida exclusivamente a los recursos, contenida en la Disposición Adicional 5ª LOPJ, no existe ningún texto positivo que regule la intervención de Abogado y Procurador ante los JVP.

El caducado PLORPJVP de 1997 contemplaba lo relativo a la defensa por Letrado en su art. 7[577], pero no contenía ningún tipo de re-

---

[575] En similares términos las STC nº 233/ 1998 de 1-12, y la STC nº 9/1987 de 14-1.

[576] La misma doctrina se recoge en las STC nº 147/1990 de 1-10, y STC nº 24/1995 de 30-1).

[577] El art. 7 del PLORPJVP, disponía lo siguiente:

1. Los internos podrán valerse de Letrado ante los Juzgados de Vigilancia Penitenciaria.

2. Si el interno demandare de acuerdo con las leyes el nombramiento de un Abogado de oficio, el Juez solicitará, a fin de asegurar inmediatamente el derecho de defensa, el nombramiento provisional de Letrado, conforme a la Ley 1/1996, de 10

gulación sobre la intervención de Procurador. Del conjunto de su articulado, complementado con las líneas directrices de su Exposición de Motivos, cabe interpretar que este Proyecto de Ley venía a legalizar la práctica seguida ante los Juzgados de Vigilancia, en el sentido de que el interno –o liberado condicional en su caso– puede comparecer personalmente ante el JVP e iniciar directamente cualquier actuación judicial sin necesidad de valerse de Procurador que le represente ni de Abogado que le defienda, sin perjuicio de que –pese a no ser preceptivo– pueda designar voluntariamente a tales profesionales del derecho; pero que en el caso del recurso de apelación sí que debe estar debidamente representado y defendido, asumiendo el Abogado la representación de su defendido en el supuesto de que éste no haya designado Procurador que le represente[578]. De todo esto, a su vez, se deduce que salvo en el recurso de apelación, el Abogado no puede asumir la representación del interno en todos los demás trámites ante el JVP, por lo que será aquél quien directamente actúe por sí mismo o, en su caso, representado por Procurador libremente designado por él[579].

La doctrina científica también ha tratado esta cuestión relativa a la postulación procesal, si bien los distintos autores[580] que han escrito

---

de enero, de Asistencia Jurídica Gratuita, si estimare que la ausencia de defensa técnica podría causar indefensión al interno por razón de la materia o de la complejidad del asunto.

3. En el recurso de apelación es necesaria la defensa por Letrado, pero no la intervención de Procurador. Si éste no fuera expresamente designado, el Abogado tendrá también la habilitación legal para la representación de su defendido, debiendo cumplir el deber de señalamiento de domicilio a efectos de notificaciones y traslado de documentos.

[578] Esto es similar a lo que ocurre en el Procedimiento Abreviado, para el que el art. 768 LECr. establece que «El abogado designado para la defensa tendrá también habilitación legal para la representación de su defendido, no siendo necesaria la intervención de procurador hasta el trámite de apertura del juicio oral. Hasta entonces cumplirá el abogado el deber de señalamiento de domicilio a efectos de notificaciones y traslados de documentos.»

[579] El art. 22.2 b) del Estatuto General de la Abogacía, aprobado por R.D. 658/2001, de 22 de junio, establece que: «El ejercicio de la abogacía es incompatible con el ejercicio de la profesión de procurador.»

De otro lado, el art. 24.1 b) del Estatuto General de los Procuradores de los Tribunales de España, aprobado por R.D. 1281/2002, de 5 de diciembre, dispone que: «La profesión de procurador es incompatible con el ejercicio de la abogacía.»

[580] CASTRO ANTONIO Jose Luis; FENANDEZ AREVALO Luis; RIOS MARTIN Julián Carlos; *Ley General Penitenciaria. Comentarios, Jurisprudencia, Concordancias, Doctrina*, 2ª edic., coord. por F. BUENO ARUS, Colex, Madrid, 2010, pp. 707-708.

sobre la materia se han limitado a poner de manifiesto su importancia desde la perspectiva del derecho de defensa y de la tutela judicial efectiva, y a dejar constancia de su regulación legal y práctica ante los tribunales. Merecen no obstante destacarse las reflexiones de Sánchez Yllera[581], para quien, con respecto al art. 24 CE y para facilitar el acceso a la jurisdicción, no debe exigirse la representación por procurador ni la obligatoria asistencia de letrado, pero ello no quiere decir que la misma no sea útil y precisa en la mayoría de los casos. Como señala este autor, la posibilidad de comparecer personalmente no supone la desaparición del derecho de asistencia letrada gratuita, ya que éste debe regir con toda su fuerza en la fase de ejecución penal. De la posibilidad de comparecer ente la jurisdicción de vigilancia penitenciaria sin Letrado no cabe deducir la imposibilidad de comparecer con Letrado de oficio, pues de una facultad del penado no puede derivarse una prohibición de dirección letrada gratuita. La falta de recursos económicos no debe suponer un obstáculo para acceder a la jurisdicción en situación de equilibrio. En orden de cosas se ha de tener presente que la complejidad de muchas de las materias sometidas a los JVP es técnicamente indiscutible, y que el perfil socio-cultural medio de la población reclusa en España permite afirmar que la mayoría de los penados carece de una formación idónea para defenderse por sí mismos interpretando y pidiendo la aplicación de la normativa penitenciaria.

Los Jueces de Vigilancia han examinado asimismo lo relativo a la postulación en su diversas Reuniones, plasmando sus conclusio-

---

CEZON GONZALEZ Carlos; «Normativa procesal de los Juzgados de Vigilancia. Recursos contra las resoluciones de los Jueces de Vigilancia Penitenciaria» en *Vigilancia Penitenciaria (VIII Reunión de Jueces de Vigilancia Penitenciaria)*, cit., p. 77.

RACIONERO CARMONA Francisco; «La norma reguladora del procedimiento ante los Juzgados de Vigilancia Penitenciaria», cit., p. 131.

ESTEVEZ JIMENO Angel Dionisio; «Notas acerca del procedimiento ante los Juzgados de Vigilancia Penitenciaria», cit., p. 166.

MAPELLI CAFFARENA Borja; «La Judicialización Penitenciaria. Un proceso inconcluso» en *Derecho Penitenciario, Cuadernos de Derecho Judicial*, CGPJ, Madrid, 1995, p.291.

HINOJOSA SEGOVIA Rafael; «Regulación general de la ejecución penal», cit., p. 51.

FERNANDEZ AREVALO Luis. y MAPELLI CAFFARENA Borja; *Práctica forense penitenciaria*, Civitas, Madrid 1995, p. 29.

581 SANCHEZ YLLERA Ignacio; «Tutela judicial efectiva en prisión. Especial referencia a la asistencia letrada en la jurisdicción de vigilancia penitenciaria» en *Vigilancia Penitenciaria (VI Reunión de Jueces de Vigilancia Penitenciaria y bibliografía)*, CGPJ, Madrid, 1993, pp. 89 y ss.

nes sobre esta materia en sus Criterios Refundidos de Actuación, y en la última versión de los mismos, en el Criterio 109 se recoge la recomendación de la presencia de Letrados en defensa de los derechos de internos ante la Comisión Disciplinaria de los Centros Penitenciarios. Por lo que respecta al asesoramiento de Letrado ante el JVP, el Criterio nº 152 tiene una redacción similar a la del art. 7 del PLORPJVP, de tal modo que se recoge la posibilidad de que los internos puedan valerse de Letrado; que el Juez, si el interno lo solicitare, procurará que a éste se le designe Abogado de oficio; y se añade que sería conveniente que dichos Letrados fueran del Turno de Asistencia Penitenciaria del respectivo Colegio[582].

En resumidas cuentas, no resulta preceptiva la intervención de Abogado ante los JVP, sin embargo el Juez, a solicitud del interno, y constatada la complejidad del asunto, si considera que la falta de asistencia técnica puede causarle indefensión, deberá acordar que se le provea de abogado de oficio conforme a lo previsto en el art. 21 de la Ley de Asistencia Jurídica Gratuita[583].

---

[582] Criterio 109. Intervención de Letrados ante la Comisión Disciplinaria:

«Procede recomendar la presencia de Letrados en defensa de los derechos de los internos ante la Comisión Disciplinaria en los Establecimientos Penitenciarios.

Criterio 152. Asesoramiento de Letrado:

«Los internos podrán valerse de Letrado ante el Juzgado de Vigilancia Penitenciaria.

Si el interno demandare, de acuerdo con las leyes, el nombramiento de un Abogado de oficio, el Juez solicitará, a fin de estructurar inmediatamente el derecho de defensa, el nombramiento de Letrado conforme a la Ley de Asistencia Jurídica Gratuita, si estimare que la ausencia de defensa técnica podría causar indefensión al interno por razón de la materia o de la complejidad del asunto. Sería conveniente que dichos Letrados fueran del Turno de Asistencia Penitenciaria del respectivo Colegio.

La notificación de las resoluciones judiciales se hará al Letrado designado y al interno.

El plazo para recurrir empezará a contar desde la última notificación.»

Conclusiones de Vigilancia Penitenciaria: Criterios de Actuación, Conclusiones y Acuerdos aprobados por los Jueces de Vigilancia Penitenciaria en sus 16 Reuniones celebradas entre 1981 y 2007, cit., pp. 65 y 85-86.

[583] Ley 1/1996, de 10 de enero, de Asistencia Jurídica Gratuita.

Artículo 21. Requerimiento judicial de designación de abogado y procurador.

«Si, conforme a la legislación procesal, el órgano judicial que esté conociendo del proceso estimara que, por las circunstancias o la urgencia del caso, fuera preciso asegurar de forma inmediata los derechos de defensa y representación de las partes, y alguna de ellas manifestara carecer de recursos económicos, dictará una resolución motivada requiriendo de los Colegios profesionales el nombramiento provisional de abogado y de procurador, cuando las designaciones no hubieran sido realizadas con anterioridad.

Finalmente hemos de hacer constar que en algunos Colegios de Abogados existen Turnos o Servicios de Orientación y Asistencia Jurídica Penitenciaria[584], que podemos clasificar en tres modelos diferentes: 1) Los Turnos de Atención Penitenciaria, que se ciñen al asesoramiento de los asuntos penitenciarios, con un sistema de guardias de abogados del turno de oficio, los cuales asumen desde el principio hasta el final las distintas actuaciones que procedan. Es el sistema utilizado en los Colegios de Abogados del País Vasco. 2) Servicios de Orientación Jurídica, que forman parte de los servicios de orientación jurídica general del Colegio de Abogados respectivo, en los que los abogados que prestan este servicio realizan escritos y gestiones, pero sin asumir la defensa del interno, nombrándose un abogado del turno de oficio cuando lo exijan las normas procesales. Este es el servicio que se presta en la mayoría de los Colegios. 3) Servicios de Orientación Jurídica que asumen la defensa de los internos a los que atienden, siendo los abogados designados directamente entre los miembros del servicio de orientación jurídica gratuita.

El Pleno del Consejo General de la Abogacía celebrado el 21-2-2003, acordó crear dentro de la Comisión del Turno de Oficio, una subcomisión de Derecho Penitenciario, entre cuyas funciones se encuentra alentar a todos los Colegios de Abogados a la creación de Servicios de Orientación Jurídica Penitenciaria[585]. Durante los días

---

El Secretario judicial comunicará dicha resolución por el medio más rápido posible a los Colegios de Abogados y de Procuradores, tramitándose a continuación la solicitud según lo previsto en los artículos precedentes.»

584 Por Resolución de 3/4/2008 de la Secretaría General Técnica del Ministerio del Interior (BOE nº 90 de 14/4/2008), se publicó el Convenio de colaboración, de fecha 12/3/2008, entre la Consejería de Justicia y Administración Pública de la Junta de Andalucía, la Dirección General de Instituciones Penitenciarias y el Consejo Andaluz de Colegios de Abogados, para la prestación del servicio de asesoramiento jurídico a las personas que se encuentran internadas en centros penitenciarios.

Conforme a este Convenio, en los Colegios de Abogados de Almería, Cádiz, Córdoba, Granada, Huelva, Jaén, Málaga y Sevilla, a través de los correspondientes Servicios de Orientación y Asistencia Jurídica Penitenciaria (SOAJP) se orientará, asesorará y asistirá en las consultas de índole jurídica que formulen los internos de los Centros Penitenciarios de cada una de la provincias citadas, respectivamente, en los términos que se recogen en el citado Convenio. Este Servicio fue suspendido en abril de 2012 y reanudado el cinco de marzo de 2015.

(*http://www.juntadeandalucia.es/organismos/justiciaeinterior/actualidad/noticias/detalle/103659.html*).

585 GARCIA CASTAÑO Carlos; «La Defensa Letrada en Fase Penitenciaria. SOJ Penitenciario y Ley de Asistencia Jurídica Gratuita», en *Derecho Penitenciario II, Cuadernos de Derecho Judicial*, CGPJ, Madrid, 2004, pp. 468-470.

13, 14 y 15 de noviembre de 2014 se celebró en Ourense el XVI Encuentro Estatal de Servicios de Atención y Orientación Jurídica Penitenciaria en el que se trataron aspectos relativos a la concesión de indulto por parte del Gobierno, la reforma del Código Penal y las políticas criminales realizadas por los gobiernos de los partidos Socialista y Popular, los derechos laborales de los presos, la sanidad penitenciaria, los malos tratos en prisión, y las condenas cortas[586].

3.5. Tiempo hábil, plazos, y comunicación de las resoluciones procesales

Para terminar este apartado referido a la configuración del procedimiento ante los JVP, conviene hacer algunas puntualizaciones sobre el tiempo hábil para la práctica de actuaciones, plazos y comunicación de los actos procesales, en la medida en que tales materias presentan algunas diferencias o especialidades respecto del procedimiento seguido ante otros órganos jurisdiccionales, singularmente de la jurisdicción penal.

3.5.1. Días y horas hábiles

Lo relativo al tiempo hábil para las actuaciones judiciales aparece regulado, con carácter general, en los arts. 182 a 185 LOPJ, en donde se establece que son inhábiles a efectos procesales los sábados y domingos, los días 24 y 31 de diciembre, los días del mes de agosto, los días de fiesta nacional y los festivos a efectos laborales en la respectiva Comunidad Autónoma o localidad; y que son horas hábiles desde las ocho de la mañana a las ocho de la tarde. Esta regla general tiene la excepción de que para la instrucción de las causas criminales, todos los días del año y todas las horas son hábiles.

Los JVP no son, obviamente, órganos de instrucción de causas penales, pero sin embargo las materias de su competencia afectan a un derecho que, después del derecho a la vida, se considera como el más relevante cual es el de la libertad personal consagrado en el art. 17 CE, con todas las consecuencias que la vida en situación de privación total de libertad, o en régimen de semilibertad –según los casos– produce también sobre los demás derechos de las personas que sufren una pri-

[586] Las Conclusiones de este Encuentro pueden consultarse en la siguiente dirección de internet: *http://www.derechopenitenciario.com/noticias/noticia.asp?id=5975*.

vación o restricción de su libertad. Por ello, tradicionalmente, aunque no exista ninguna norma escrita al respecto, se ha venido considerando que para las actuaciones de los JVP, que incidan directamente en ese derecho fundamental, son hábiles todos los días y horas del año, sin perjuicio de los demás trámites meramente procedimentales para los que se aplica el mismo régimen de días y horas hábiles que para el resto de actuaciones procesales penales que no son de instrucción. Por otro lado, los JVP no prestan servicio de guardia, por eso cuando surge la necesidad de practicar alguna actuación preventiva o urgente fuera de las horas de audiencia, es el Juzgado de Instrucción de guardia de la localidad de la sede del JVP quien la realiza[587].

A esta manera de actuar, que no está prevista en ningún texto positivo, se le pretendió dar cobertura legal mediante el artículo 17 del caducado PLORPJVP[588].

No obstante, ello resulta acorde, y puede considerarse como una consecuencia derivada de lo regulado en el Título III "Del Servicio de

---

587 Martín Diz propone que, en lugar de ser el Juzgado de Instrucción de guardia de la localidad donde el JVP tiene su sede, sea el Juzgado de Instrucción de guardia del partido judicial en donde se encuentre el Centro Penitenciario en cuestión quien supla al JVP. Dice que este modo se podrían evitar problemas en aquellos casos, como ocurre en la actualidad, en que un JVP atiende a numerosos Centros Penitenciarios distantes geográficamente del Juzgado de Instrucción que asume las funciones de guardia. MARTIN DIZ, Fernando; *El Juez de Vigilancia penitenciaria: garante de los derechos de los reclusos*; Comares, Granada 2002, p. 252.

A nosotros no nos parece que esta propuesta aporte mayores beneficios, o mejore la situación actual de sustitución del JVP por el de Guardia de su misma sede; es más, creemos que puede ser incluso perturbadora. Los mismos problemas derivados de la distancia geográfica de los centros penitenciarios pueden presentarse al Juez de Guardia que al JVP de la misma sede, y por otro lado, atribuir la sustitución al Juez de Instrucción de guardia del partido en donde radique el centro penitenciario puede ser perturbadora para el funcionamiento de ambos Juzgados, pues piénsese que el sistema de sustitución entre Jueces, previsto en la LOPJ (arts. 210 y 211), lo es entre Jueces del mismo partido, y aunque en este caso no cabría hablar propiamente de sustitución entre jueces, entendemos que, al menos desde un punto de vista organizativo y funcional, siempre resulta preferible que en la medida de lo posible, cuando un Juzgado deba suplir la función de otro, que eso se produzca entre Juzgados cuyos titulares pertenezcan a la misma Junta de Jueces.

588 Este art. 17 PLORPJVP establecía que: «Para las actuaciones de los Juzgados de Vigilancia Penitenciaria son hábiles todos los días y horas del año, excepto para los plazos expresamente establecidos en esta Ley, de los cuales se excluirán los días inhábiles, conforme a la Ley Orgánica 6/1985, de 1 de julio, del Poder Judicial. Fuera de las horas de audiencia, actuará preventivamente el Juzgado de Instrucción de guardia de la localidad donde el Juzgado de Vigilancia tenga su sede.»

Guardia" (especialmente del art. 42) del Reglamento 1/2005 "De los aspectos accesorios de las actuaciones judiciales" aprobado por Acuerdo de 15-9-2005 del Pleno del Consejo General del Poder Judicial.

3.5.2. Plazos

Como dice Téllez Aguilera, el procedimiento ante los JVP, si bien ha de inspirarse en la simplicidad y celeridad, ello no debe ser a costa de un mínimo formalismo, el cual se entiende necesario para asegurar la seguridad jurídica[589]. Dentro de estos mínimos requisitos formales, consideramos que debe incluirse la observancia de una serie de plazos.

En materia de plazos podemos distinguir tres aspectos: a) Plazo de la Administración Penitenciaria para resolver las peticiones y quejas de los internos; b) Plazo para recurrir un acuerdo o resolución de la Administración Penitenciaria; y c) Plazo para recurrir las resoluciones procesales.

Plazo de la Administración Penitenciaria para resolver las peticiones y quejas de los internos.

El anterior Reglamento Penitenciario, aprobado por RD 1201/1981 de 8 de mayo, establecía en su art. 134.2 in fine, que si transcurrieren quince días sin que el interno recibiere contestación por parte de la Administración a su solicitud, o sin que se hubieren adoptado las medidas reclamadas, podría acudir en queja ante el Juez de Vigilancia. Esto es, la Administración tenía un plazo de 15 días para resolver, transcurrido el cual, se producía el silencio negativo.

Por su parte, el art. 19.1 del PLORPJVP establecía que la Administración Penitenciaria debería resolver expresamente las peticiones o quejas formuladas por los internos en el plazo de un mes a partir de su formulación, y que si transcurrido dicho plazo no se hubiera producido resolución expresa, la petición debería entenderse desestimada, y el interno podría recurrir el correspondiente acto presunto ante el JVP, sin perjuicio de la obligación de la Administración de dictar resolución expresa.

Derogado el citado Reglamento, y no habiéndose aprobado por el Parlamento el mencionado PLORPJVP, actualmente ni la Ley Orgánica

---

589 TELLEZ AGUILERA Abel; «El procedimiento ante los Juzgados de Vigilancia Penitenciaria», cit., p. 25.

General Penitenciaria ni el vigente Reglamento Penitenciario mencionan esta cuestión. El art. 53 del vigente Reglamento, que regula las peticiones y quejas sobre materias que sean competencia de la Administración Penitenciaria, y que viene a ser el equivalente al citado art. 134 del anterior, guarda silencio sobre este asunto; y el art. 54 se limita a decir que cuando los escritos de queja o recurso, dirigidos al JVP, se presenten por los internos ante las oficinas de la Administración Penitenciaria, ésta deberá remitirlos sin dilación y en todo caso en el plazo máximo de tres días al Juez correspondiente. Pero nada dice, tampoco, sobre el plazo que tenga la Administración para resolver ese asunto o cuestión, que motiva el recurso del interno ante el JVP.

Algunos autores consideran que "al no existir plazo habrá que entender un plazo razonable de resolución de la Administración atendiendo al contenido, naturaleza y mayor o menor urgencia del objeto de la queja."[590] Nosotros no podemos compartir esta idea, pues entendemos que sí, que hay plazo para que la Administración resuelva de forma expresa; concretamente el de tres meses aunque éste sea más dilatado de lo deseable[591].

La Disposición Adicional Cuarta, "Procedimientos Penitenciarios", del RD 1879/1994, de 16 de septiembre, establece que las solicitudes, peticiones y quejas formuladas por los internos habrán de ser resueltas en el plazo de tres meses, y podrán estimarse desestimadas cuando no haya recaído resolución expresa en el indicado plazo. En realidad, este es el mismo plazo que con carácter general, y de aplicación supletoria a todos los procedimientos, se establece en el art. 42.3 de la Ley 30/1992, de 26 de noviembre, de Régimen Jurídico de las Administraciones Públicas y del Procedimiento Administrativo Común. (La regulación equivalente se encuentra en el art. 21.3 de la nueva Ley 39/2015 de 1 de octubre, del Procedimiento Administrativo Común de las Administraciones Públicas, con entrada en vigor el día 2/10/2016, que deroga a la anteriormente citada Ley 30/1992).

---

590 CASTRO ANTONIO Jose Luis; FENANDEZ AREVALO Luis; RIOS MARTIN Julián Carlos; *Ley General Penitenciaria. Comentarios, Jurisprudencia, Concordancias, Doctrina*, 2ª edic., coord. por F. BUENO ARUS, cit., p. 481.

591 Martín Diz, al referirse al art. 19 PLORPJVP, considera que el plazo de un mes parece excesivo por cuanto puede lesionar el derecho que el interno pretendía ejercer. MARTIN DIZ, Fernando; *El Juez de Vigilancia penitenciaria: garante de los derechos de los reclusos*; cit., p. 254.

Nosotros compartimos esta opinión, por lo que con más razón nos parece excesivo el plazo de tres meses.

Plazo para recurrir un acuerdo o resolución de la Administración Penitenciaria.

La Ley Orgánica General Penitenciaria y el Reglamento Penitenciario no establecen un plazo para recurrir contra los actos de la Administración Penitenciaria, salvo en el caso de los recursos contra las sanciones disciplinarias que, según el art. 248 del Reglamento, pueden interponerse "verbalmente en el mismo acto de la notificación o por escrito dentro de los cinco días hábiles siguientes a la misma."

Las impugnaciones referidas a prácticas funcionariales, normas de régimen interior, o situaciones que provoquen una supuesta conculcación permanente de los derechos de los internos, pueden formularse en cualquier momento mientras persista esa pretendida lesión de derechos.

Sin embargo para los recursos, peticiones o quejas contra actos concretos de la Administración que afecten individualmente a los derechos de un interno, como por ejemplo en materia de permisos, clasificación penitenciaria, comunicaciones y visitas, retención de objetos, beneficios penitenciarios, etc., no existe plazo legal o reglamentario establecido.

Ante este vacío normativo, son varias las alternativas que se presentan como posibles soluciones.

En un principio, puede pensarse que como se trata de la impugnación de un acto administrativo, y los JVP en este aspecto ejercen una función similar a los órganos de la jurisdicción contencioso-administrativa, que habría de aplicar el plazo de dos meses contemplado en el art. 46 de Ley 29/1998, de 13 de julio, reguladora de dicha jurisdicción. Pero este plazo parece excesivo; opinión que compartimos con Cezón González, quien propone que sea el de tres días, similar al previsto en el art. 211 LECr. para el recurso de reforma; cosa en lo que ya discrepamos[592].

Desde nuestro punto de vista, lo más razonable sería aplicar el plazo de cinco días previsto para el recurso de apelación en los arts. 212 y 766 LECr.

---

592 CEZON GONZALEZ Carlos; «Normativa procesal de los Juzgados de Vigilancia. Recursos contra las resoluciones de los Jueces de Vigilancia Penitenciaria» en *Vigilancia Penitenciaria (VIII Reunión de Jueces de Vigilancia Penitenciaria)*, cit. p. 88.

Este recurso contra resoluciones de la Administración Penitenciaria es lo que –con desafortunada terminología–[593] denomina la Disposición Adicional Quinta de la LOPJ "recurso de apelación contra resolución administrativa", por lo que si el legislador considera a estas impugnaciones de actos de la Administración como recursos de apelación ante el JVP, lo que resulta más coherente es aplicar el plazo previsto para este tipo de recurso.

Otros opinan que se debe aplicar el plazo de cinco días, pero no sobre la base del razonamiento anterior, sino porque entienden que debe aplicarse por analogía ese plazo que es el previsto en el art. 248 del RP para los recursos contra sanciones disciplinarias.

Los hay quienes valoran que el silencio legal, salvo en materia disciplinaria, implica que no puede establecerse plazo alguno más allá del que se deriva de la propia efectividad de la resolución que se recurre; y así, por ejemplo, en materia de recursos contra resoluciones del Centro Directivo manteniendo el segundo grado, el límite estaría en el plazo legal máximo de revisión de seis meses.

Finalmente están los que consideran que debe acudirse a la Ley 30/1992, de 26 de noviembre, de Régimen Jurídico de las Administraciones Públicas y del Procedimiento Administrativo Común, y que por consiguiente el plazo para recurrir debe ser el de un mes. Este es el criterio que se sigue por la Administración penitenciaria autonómica de Cataluña en lo referente a los recursos planteados ante los JVP sobre clasificación inicial, progresión y regresión de grado. Sin embargo, a nuestro entender, desde un punto de vista jurídico no nos parece acertado.

La aplicación del plazo de un mes previsto en los arts. 115 y 117 de la citada LRJAPPAC para los recursos de alzada y potestativo de reposición (arts. 122 y 124 para los mismos recursos en la nueva Ley 39/2015 de 1 de octubre, del Procedimiento Administrativo Común de las Administraciones Públicas, con entrada en vigor el día 2/10/2016, que deroga a la anterior), lo es para este tipo de recursos administrativos en los que el órgano resolutorio es un órgano de la propia Administración, superior jerárquico del que dictó la resolución recu-

[593] Decimos desafortunada, porque el JVP no es el superior jerárquico ni la segunda instancia de la Administración, sino precisamente la primera instancia ante la que se impugna el acto administrativo.

rrida, o bien el mismo en el caso de reposición. Sin embargo, el JVP no tiene esos caracteres, pues no es órgano de la Administración, por lo que cualquier recurso ante él planteado contra un acto administrativo no puede considerarse recurso de alzada, sino impugnación jurisdiccional en primera instancia de un acto administrativo, de naturaleza similar al recurso contencioso-administrativo.

Ante esta variedad de criterios y opiniones, a partir de las Jornadas de los Jueces de Vigilancia del año 2003 se impuso el Criterio de que el plazo debía ser de un mes, salvo en materia disciplinaria, pues en esta materia el Reglamento Penitenciario establece un plazo específico. Y este Criterio fue posteriormente ratificado en la XIII Reunión, celebrada en Valencia en 2004; criterio que –aprobado por mayoría– se mantiene en la actualidad. Se trata del Criterio nº 153, según la última versión actualizada de los Criterios de Actuación de los Jueces de Vigilancia, cuya redacción es del siguiente tenor: «*El plazo para impugnar ante el Juzgado de Vigilancia Penitenciaria cualquier acto o resolución de la Administración penitenciaria, será de un mes, salvo que la Ley o el Reglamento establezcan cualquier plazo diferente*»[594].

En cualquier caso, y sin perjuicio de cuanto se deja expuesto, entendemos que debe imperar el criterio de que si la Administración demora su resolución y, por el objeto de la petición o queja, esa demora puede suponer que se quede sin contenido el derecho que el interno pretendía ejercitar, entonces cabrá recurso ante el JVP a partir del momento en que la ausencia de resolución expresa de la Administración ponga en peligro la efectividad de tal derecho[595].

Llegados a este punto, también debemos traer a colación el criterio de la Secc. 5ª de la Audiencia Provincial de Madrid, en su Auto de 10/10/2008, al resolver un recurso contra un auto del JVP nº Dos de esa Comunidad que denegó la admisión a trámite, por extemporáneo, de un recurso interpuesto por un interno contra la resolución de la Dirección General de Instituciones Penitenciarias que acordaba

---

[594] *Conclusiones de Vigilancia Penitenciaria: Criterios de Actuación, Conclusiones y Acuerdos aprobados por los Jueces de Vigilancia Penitenciaria en sus 16 Reuniones celebradas entre 1981 y 2007*, cit., p. 87.

[595] Esta es la regla que aparecía contenida en el apartado nº 2 del art. 19 PLORPJVP, para el caso de que la Administración no resolviera en el plazo de un mes fijado en el apartado nº 1 de ese artículo; y que nosotros entendemos que debe aplicarse en cualquier caso, con independencia de cuál sea el plazo que tenga la Administración para resolver.

su regresión a segundo grado de clasificación. Considera la Audiencia que, el hecho de que la LOGP y el RP no prevean un plazo para interponer el recurso contra una resolución administrativa, no libera a la Administración de la obligación de fijar ese plazo en la notificación de la resolución. De no hacerlo así, la consecuencia debe ser que la notificación surtirá efecto a partir del momento en que el interesado realice actuaciones que supongan el conocimiento del contenido y alcance de la resolución, o interponga cualquier recurso que proceda[596].

Como colofón de todo lo anterior hemos de indicar que en el caso de que los internos hagan uso de la facultad que les otorga el art. 50.2 LOGP, y presenten el recurso dirigido al JVP ante el Director del establecimiento penitenciario, debe entenderse que el escrito se ha presentado –a los efectos legales– en el momento en que el interno lo entrega a la Administración penitenciaria. Esta conclusión es una lógica consecuencia del carácter unitario del Estado –como institución compleja– que se refleja además en la legislación penitenciaria misma. Es decir, que la Administración Penitenciaria no se limita simplemente a enviar el escrito a su destino a través del servicio de correos, sino que el Director lo recibe y se hace cargo del mismo como representante del Estado y lo remite a la Autoridad Judicial que estima competente por la vía de la comunicación entre órganos[597].

---

[596] Vid. *Jurisprudencia Penitenciaria 2008*, Ministerio del Interior, Secretaría General de Instituciones Penitenciarias, Madrid, 2009, pp. 477-478.

Auto de la AP Madrid, secc. 5, de fecha 10/10/08: «... Debe estimarse el recurso. La propia resolución recurrida hace referencia al artículo 58 de la Ley 30/92 de 26 de noviembre de Régimen Jurídico de las Administraciones Públicas y del Procedimiento Administrativo común. Ese artículo, como también el 89-3 de igual Ley establecen los requisitos de las notificaciones de toda resolución administrativa, en las que deben constar los recursos que procedan, órgano administrativo o judicial ante el que hubieran de presentarse y plazo para hacerlo. El hecho de que la Ley o el Reglamento Penitenciario no prevén dicho plazo (artículo 76 de la Ley Orgánica General Penitenciaria, artículo 105-2 del Reglamento Penitenciario) no libera a la Administración de la obligación de fijarlo, acudiendo a las normas generales, por ejemplo al artículo 46 de la Ley de la Jurisdicción Contencioso-Administrativa. De no hacerlo así, la consecuencia prevista en el citado artículo 58 es que la notificación surtirá efecto "a partir del momento en que el interesado realice actuaciones que supongan el conocimiento del contenido y alcance de la resolución... o interponga cualquier recurso que proceda." Este es el caso, en que el penado se da por notificado correctamente en el momento de interponer el recurso, es decir en el mismo momento en que se inicia el plazo, para recurrir. Debe pues admitirse el recurso a trámite, y resolverse por el Juez de Vigilancia con plena libertad de criterio sobre el fondo del asunto.»

[597] Esta es la doctrina que establecen las SSTC nº 29/1981 de 24-7; nº 146/1997 de 15-9; nº 159/1998 de 13-7; y nº 182/1998 de 17-9.

Plazo para recurrir las resoluciones procesales.

El nuevo diseño de la Oficina Judicial, desarrollado por la Ley 13/2009, de 3 de noviembre, ha supuesto la redefinición de las competencias de Juez y Secretario como dos centros de decisión. De ahí que en el Título X ("De los recursos contra las resoluciones procesales") del Libro I de la LECr, ahora se distingue entre recursos contra las resoluciones de los Jueces y Tribunales, y contra las resoluciones de los Secretarios Judiciales.

En materia de plazos habrá de estarse al tipo de recurso que se interponga.

Atendiendo al contenido de la Disposición Adicional Quinta de la LOPJ, contra los autos del JVP podrán interponerse los recursos de reforma, apelación y queja, debiéndose tramitar el de apelación conforme a lo previsto en la LECr para el procedimiento abreviado. De dicha Disposición Adicional, y de lo dispuesto con carácter general en la citada Ley procesal penal, se desprende que contra las resoluciones de las Audiencias Provinciales y de la Audiencia Nacional, en su caso, cabe interponer recurso de súplica, de queja y de casación. Según la misma Ley procesal, contra las resoluciones de los Secretarios Judiciales (ahora Letrados de la Administración de Justicia) podrán ejercitarse los recursos de reposición y de revisión.

Los recursos de reforma y súplica contra las resoluciones de los Jueces y Tribunales, y los de reposición y revisión contra las resoluciones de los Secretarios Judiciales, se interpondrán en el plazo de los tres días siguientes a su notificación (art. 211 LECr.)

El recurso de apelación se presentará dentro de los cinco días siguientes a la notificación del auto recurrido o del resolutorio del recurso de reforma (art. 766.3 LECr).

La preparación del recurso de casación se hará dentro de los cinco días siguientes al de la última notificación del auto contra el que se intente entablarlo (art.212 LECr).

El recurso de queja para cuya interposición no señale término la Ley, podrá interponerse en cualquier tiempo, mientras la causa estuviere pendiente (art. 213 LECr). Si se interpone la queja contra el auto de la Audiencia denegando la preparación del recurso de casación, el recurrente se lo hará saber a dicho Tribunal dentro de los dos días siguientes al de la notificación del citado auto (art. 862 LECr).

3.5.3. Comunicación de las resoluciones procesales

En todos los órdenes jurisdiccionales los actos de comunicación, tanto a las partes como a las demás personas que no lo sean, se realizan por funcionarios de la Administración de Justicia bajo la dirección del Secretario del órgano jurisdiccional respectivo.

Esto mismo es lo que ocurre en el proceso penal, en donde tales actos –notificaciones, citaciones y emplazamientos, a los que también hay que sumar requerimientos, mandamientos y oficios– se realizan en la forma prevista en los arts. 166 a 182 LECr, aplicando supletoriamente lo dispuesto en los arts. 149 a 168 LEC y 270 a 272 LOPJ. Sin embargo, tradicionalmente, en el ámbito de la jurisdicción de vigilancia penitenciaria, las notificaciones a los internos de las resoluciones de los JVP se han venido llevando a cabo por los funcionarios del Centro Penitenciario correspondiente.

El Protocolo de Actuación de Oficinas Judiciales en los Centros Penitenciarios[598], firmado el 26 de julio de 2011 entre el Secretario General de Modernización y Relaciones con la Administración de Justicia y la Secretaria General de Instituciones Penitenciarias, en su apartado III.2 (Gestión de procedimientos/Actos de comunicación procesal realizables), distingue, por un lado, entre resoluciones dictadas que tengan como destinatario a una persona privada de libertad emanadas de órganos judiciales distintos del Juez de Vigilancia y, por otro, las emanadas de los JVP, disponiendo que estas últimas se podrán practicar directamente por el personal funcionario de la Administración de Justicia destinado en las oficinas delegadas en los centros penitenciarios, o bien por los funcionarios de Instituciones Penitenciarias. Según el Protocolo, será el centro penitenciario el que atendiendo a su régimen organizativo valore este extremo, atendiendo al número de notificaciones, a la necesidad de evitar movimientos masivos de internos a los locutorios generales, así como a la conveniencia de favorecer las relaciones de los internos con el per-

---

[598] A este Protocolo ya nos referimos con anterioridad en el Capítulo III de este trabajo, al hablar sobre la Nueva Oficina Judicial, en el apartado III.2.1. En él se prevé la implantación de oficinas delegadas en los centros penitenciarios, con lo que se pretende mejorar la interconexión entre los órganos judiciales y la administración penitenciaria; siendo tales oficinas las encargadas de practicar en los centros penitenciarios las comunicaciones derivadas de las resoluciones dictadas por los órganos judiciales.

sonal de Instituciones Penitenciarias, lo que conlleva un resultado positivo para el tratamiento penitenciario.

Por medio del art. 15 del PLORPJVP se pretendió dar cobertura legal a esta práctica tradicional de que, normalmente, sean los funcionarios penitenciarios quienes notifiquen las resoluciones dictadas por los JVP. Así, preveía este artículo que fuera el personal que expresamente designase el Director del establecimiento para tal cometido, y que las notificaciones deberían realizarse en el plazo máximo de cinco días desde la recepción de la resolución del JVP, cualquiera que fuera el Centro en que se encontrase el interno en el momento de la notificación; requiriéndose en todo caso, la firma del interno notificado o la extensión de diligencia negativa de hacerlo.

Nos parece razonable que esta práctica de notificación por parte de los funcionarios de los centros penitenciarios continúe, pues no vemos en ello ningún tipo de perjuicio para el interno y sí, por el contrario, una importante ventaja en materia de agilización de trámites. De cualquier modo, lo que sí nos parece excesivo es el plazo de cinco días para la notificación, que establecía el citado art. 15 PLORPJVP, máxime si tenemos en cuenta la permanente disponibilidad del interno, por lo que, en todo caso, consideramos de aplicación, como máximo, el plazo de tres días previsto en el art. 151.1 LEC[599].

4. PROCEDIMIENTO ORDINARIO O COMÚN

Dice Pérez-Templado Jordán[600] que el Proyecto de Ley Orgánica del Poder Judicial contenía un boceto de proceso ante el JVP, ordenando el traslado por tres días al recurrente y al Fiscal, y concluido el mismo se dictaría la resolución, pero no llegó a ver la luz, contentándose con regular los recursos contra las resoluciones de los Jueces de Vigilancia; y que hubo, también, un intento anterior fallido de regular un proceso específico para la función de Vigilancia Penitenciaria con la reforma del RP de 26-3-1984, mas al pasarlo al informe pre-

---

599 El art 4 LEC establece su carácter supletorio en los demás procesos, disponiendo el art. 151.1 de esta misma Ley que: «Todas las resoluciones dictadas por los Tribunales o Secretarios Judiciales se notificarán en el plazo máximo de tres días desde su fecha o publicación.»

600 PEREZ-TEMPLADO JORDAN Julián; «Los recursos ante los Jueces de Vigilancia Penitenciaria», en *Vigilancia Penitenciaria, Poder Judicial nº Especial III*, cit., p. 135.

ceptivo del CGPJ éste se opuso a que tal materia se regulase por vía reglamentaria, de lo que no andaba huero de razón a tenor de la expresa reserva de Ley del art. 78.1 LOGP, que establece que: «*en lo que respecta a las cuestiones orgánicas referentes a los Jueces de Vigilancia y en los procedimientos de su actuación se estará a lo dispuesto en las Leyes correspondientes*»; por lo que viene a resultar más inconcebible que al año siguiente no se aprovechase la LOPJ para tan necesaria y grave cuestión.

En cualquier caso, hemos llegado a la fecha actual y seguimos sin la regulación de un procedimiento de actuación ante los JVP.

El caducado PLORPJVP contemplaba en su Capítulo III, arts. 22 a 37, el "Procedimiento ante los Juzgados de Vigilancia Penitenciaria"[601] que venía a ser una especie de *procedimiento tipo*, que tenía el siguiente esquema:

Presentado ante el JVP el correspondiente recurso, petición o queja, el Juez podría adoptar las siguientes decisiones:

A) Inadmisión a trámite:
   - Por formularse con manifiesto abuso de derecho, fraude de ley o procesal, carecer de fundamento, o cuando el Juzgado o el órgano de apelación hubieran desestimado otras pretensiones sustancialmente iguales. En este caso, una vez firme la resolución de inadmisión se produciría el archivo de lo actuado sin más trámite.
   - En caso de incompetencia por razón del territorio o del objeto. En estos supuestos, una vez firme la resolución de incompetencia, se procedería a la inhibición a favor del órgano correspondiente.

B) Admisión a trámite. En cuyo caso podría acordarse:
   - Estimación de inmediato de la reclamación, previa audiencia del Ministerio Fiscal, cuando de los términos del recurso, petición o queja, no quepa duda sobre el derecho del recurrente.

---

[601] *Proyecto de Ley Orgánica reguladora del procedimiento ante los Juzgados de Vigilancia Penitenciaria.* Boletín de Información del Ministerio de Justicia, año LI, suplemento al núm. 1797, de 15-5-1997; pp. 22-25.

— Suspensión cautelar de la actuación impugnada, cuando la ejecución del acto o el mantenimiento de la práctica pudiesen ocasionar daños y perjuicios de reparación imposible o difícil.
— Tramitación de la reclamación, con las siguientes fases:
  a) Informes y diligencias preliminares.
  b) Traslado del recurso, petición o queja, y de todo lo actuado al Ministerio Fiscal, para que éste pueda pedir, en su caso, en el plazo de cinco días, la práctica de pruebas, informe sobre las pedidas por el interno, o emita informe sobre el fondo del asunto.
  c) Práctica de prueba durante un plazo de veinte días.
  d) Informe definitivo del Ministerio Fiscal.
  e) Posibilidad de que el JVP pueda acordar diligencias complementarias para mejor proveer.
  f) Resolución definitiva. Emitido informe definitivo del MF, o practicadas, en su caso, las diligencias complementarias, el Juez resolvería mediante auto, que debería contener:
    ✓ Relación de las pruebas practicadas y de su resultado cuando hubieran sido relevantes para el pronunciamiento.
    ✓ Todas las declaraciones procedentes sobre el objeto de la reclamación, resolviéndose todos los puntos litigiosos de la misma.
    ✓ Pronunciamiento sobre el pago de los gastos producidos, susceptibles de incluirse en tasación de costas, conforme a lo dispuesto en la LECr.
    ✓ Imposición, en caso de mala fe, de multa de hasta cinco mil pesetas al interno promotor del procedimiento.

Actualmente, las peticiones y quejas formuladas por los internos ante el JVP, conforme a lo previsto en el art. 50 LOGP y art. 54 RP[602],

---

[602] Del contenido de tales artículos se desprende que los internos pueden acudir al JVP para formular peticiones y quejas relativas a su tratamiento, al régimen del establecimiento, o interponer recursos en los supuestos a que se refiere el art. 76

son las que dan lugar al mayor número de actuaciones procesales, por lo que podemos considerar al procedimiento seguido para la tramitación de tales peticiones y quejas como el procedimiento ordinario o común, por ser el más frecuente y también de tramitación más simple o sencilla.

Junto a este procedimiento ordinario o común, que vendría a ser el *procedimiento tipo*, podemos considerar la existencia de una serie de especialidades procedimentales que, partiendo de la estructura del procedimiento tipo, contemplen las especialidades o singularidades que la cuestión a debatir exija.

Pero como no existe ningún trámite procesal regulado –según venimos denunciando–, hoy por hoy este procedimiento es "inventado" siguiendo las originarias indicaciones de las Prevenciones de la Presidencia del Tribunal Supremo sobre esta materia, que después han ido perfilándose a través de las distintas Reuniones de los Jueces de Vigilancia, con los matices particulares que incluso cada Juez haya estimado procedente introducir en su Juzgado.

Este procedimiento es muy simple y podemos estructurarlo en los siguientes trámites o fases:

a) Fase inicial o de alegaciones: Se inicia con el escrito del interno dirigido al JVP, o bien mediante la comparecencia de aquél y formulación oral de su petición o queja ante el Juez, con ocasión de las visitas que éste haga al centro penitenciario, o bien aprovechando alguna salida del centro como por ejemplo durante un permiso.

b) Fase de práctica de pruebas: La prueba que suele practicarse es la de petición de informes a la Dirección del centro penitenciario, o al órgano del establecimiento que resulte concernido por la petición o queja, aunque no se descartan otras; pero no suele ser lo normal, toda vez que en los informes evacuados por tales órganos ya suele venir copia de las diligencias que, en su caso, se hayan practicado en sede administrativa.

LOGP que regula sus competencias en orden a hacer cumplir la pena impuesta, resolver sobre las modificaciones que pueda experimentar con arreglo a lo prescrito en las leyes y reglamentos, salvaguardar los derechos de los internos y corregir los abusos y desviaciones que en el cumplimiento de los preceptos del régimen penitenciario puedan producirse.

c) Fase de conclusiones: Consiste en dar traslado del expediente al MF para que emita informe definitivo, quien no obstante puede pedir la práctica de nuevas pruebas o diligencias.
d) Fase de resolución: Una vez emitido informe definitivo por el MF, el JVP dicta el correspondiente auto resolviendo el expediente, que puede ser recurrido en reforma y subsidiaria apelación, o apelado directamente.

Los arts. 50 LOGP y 54 RP no hacen distinción según sean los motivos de la petición o queja, pero el PLORPJVP distinguía si los derechos afectados eran derechos fundamentales enumerados en la Constitución, o si eran otros los derechos afectados por la petición o queja. En el primer caso el interno podría dirigirse directamente al JVP, y en el segundo debería recurrir previamente ante la Administración Penitenciaria y posteriormente recurrir el acto expreso o presunto de la Administración ante el JVP.

Nos parece una idea acertada ésta de exigir para el caso de que los derechos afectados no sean fundamentales, que previamente el interno deba recurrir ante la Administración, pues así se daría a ésta la oportunidad de corregir sus actos, prácticas u omisiones, antes de acudir a la vía jurisdiccional; y por otro lado se filtrarían y eliminarían un sinfín de peticiones o quejas absurdas o sin sentido que suelen llegar a los JVP.

En este orden de cosas, también resulta no sólo aconsejable, sino incluso necesaria, la existencia de una diligencia previa en la que el JVP pueda decidir sobre la admisión o inadmisión a trámite de la petición o queja formulada. Actualmente, como no existe limitación legal alguna, llegan a los JVP peticiones y quejas de lo más variopinto, algunas absurdas, que carecen de objeto o que se refieren a las mismas materias o cuestiones sobre las que ya se han dictado múltiples resoluciones con anterioridad y existe un criterio establecido.

El art. 25 PLORPJVP contemplaba este trámite en su art. 25, de tal manera que el Juez mediante auto, previa audiencia del MF, podría inadmitir la petición, queja o recurso, en el caso de incompetencia por razón del objeto –imaginemos asuntos competencia de la Administración Penitenciaria o del Tribunal sentenciador–, cuando se hubiesen formulado con manifiesto abuso de derecho o en fraude de ley, cuando carecieren manifiestamente de fundamento, o cuando el Juzgado o el órgano de apelación hubiesen ya desestimado otras pretensiones sustancialmente iguales. Al no existir actualmente un precepto similar sobre la inadmisión a límine litis, habrá que estar a lo que se dispone en el artículo 11.2 LOPJ[603].

Del mismo modo, también resulta necesaria la regulación de un procedimiento o trámite cautelar, siquiera mínimo o simple, que posibilitara que antes de que el JVP resuelva definitivamente si resulta o no ajustado a derecho el acto impugnado o práctica sobre los que verse la reclamación, los internos o el MF, en su caso, pudieran interesar la suspensión cautelar de aquéllos cuando la ejecución del acto o mantenimiento de la práctica pudieren causar daños o perjuicios de difícil o imposible reparación. Ante esa ausencia de regulación, entendemos que en aquellos supuestos en que se estimara necesaria la suspensión cautelar del acto o práctica impugnados, para evitar un perjuicio irreparable a un derecho fundamental o que la reclamación pierda su finalidad, el Juez puede acordar la suspensión acudiendo a las normas generales y principios del proceso penal, aplicando igualmente los principios que inspiran lo normado en el art. 56 de la LOTC y art. 130 LRJCA[604].

En este *procedimiento tipo*, ordinario o común, se pueden dilucidar las siguientes cuestiones:

— Todas las peticiones y quejas a las que se refiere el art. 50 LOGP y art. 54 RP.
— Las peticiones de abono de prisión preventiva sufrida en otras causas, conforme a lo previsto en el art. 58.2 CP[605].

---

[603] Conforme a este art.: Los Juzgados y Tribunales rechazarán fundamentalmente las peticiones, incidentes y excepciones que se formulen con manifiesto abuso de derecho o entrañen fraude de Ley o procesal. Lo que a su vez está en relación con lo previsto en los arts. 6.4 y 7.2 del CC y 247 LEC.

[604] Según el art. 56.2 LOTC, "cuando la ejecución del acto o sentencia impugnados produzca un perjuicio al recurrente que pudiera hacer perder al amparo su finalidad, la Sala podrá disponer la suspensión, total o parcial, de sus efectos, siempre y cuando la suspensión no ocasione perturbación grave a un interés constitucionalmente protegido, ni a los derechos fundamentales o libertades de otra persona."

Del mismo modo, el art. 130.1 LRJCA establece que «Previa valoración de todos los intereses en conflicto, la medida cautelar podrá acordarse únicamente cuando la ejecución del acto o la aplicación de la disposición pudieran hacer perder su finalidad legítima al recurso.»

[605] Art. 58 CP: «2. El abono de prisión provisional en causa distinta de la que se decretó será acordado de oficio o a petición del penado y previa comprobación de

— La aplicación del régimen general de cumplimiento y las modificaciones del régimen de beneficios penitenciarios conforme a los artículos 36.2 y 78 CP[606].

---

que no ha sido abonada en otra causa, por el Juez de Vigilancia Penitenciaria de la jurisdicción de la que dependa el centro penitenciario en que se encuentre el penado, previa audiencia del Ministerio Fiscal. 3. Sólo procederá el abono de prisión provisional sufrida en otra causa cuando dicha medida cautelar sea posterior a los hechos delictivos que motivaron la pena a la que se pretende abonar.»

La STS nº 768/2013 de 26-9, que interpreta y aplica dicho precepto, establece lo siguiente: "*El art. 58 CP bifurca el régimen competencial para resolver sobre el abono de la prisión preventiva. Aquella que haya sufrido el penado en la misma causa por la que ha resultado condenado, será abonable, en su caso, mediante resolución dictada por el juez o tribunal sentenciador. El abono de la prisión preventiva en causa distinta a aquella en la que fue acordada, corresponderá al juez de vigilancia penitenciaria de la jurisdicción de la que dependa el centro penitenciario en que se encuentre el penado.*

El actual sistema de impugnación de las decisiones referidas al abono de la prisión preventiva, se acomoda *al siguiente esquema:*

a) Cuando el tiempo de privación de libertad sufrido provisionalmente haya de abonarse en la misma causa para el cumplimiento de la pena o penas impuestas, la decisión del Juez de lo Penal (o Juez Central de lo Penal) será recurrible en apelación ante la Audiencia Provincial (o Audiencia Nacional), resolviendo así la impugnación sin ulterior recurso. Si la resolución cuestionada ha sido dictada por la Audiencia Provincial (o Audiencia Nacional), en su condición de órgano sentenciador, el auto será recurrible en casación con arreglo a las previsiones de la Ley de 17 de enero de 1901.

b) Cuando se trate de abonar la prisión provisional en causa distinta a aquella en la que se hubiere decretado, la decisión del Juez de Vigilancia Penitenciaria será susceptible de recurso de apelación ante la Audiencia Provincial (o Audiencia Nacional). Contra esta decisión cabrá interponer recurso de casación para la unificación de doctrina en materia de vigilancia penitenciaria ante la Sala Segunda del Tribunal Supremo (arts. 58 CP, D.A 5ª LOPJ, apartado 7º y acuerdo de pleno no jurisdiccional 22 julio 2004)."

606 Art. 36 CP: «2. Cuando la duración de la pena de prisión impuesta sea superior a cinco años, el Juez o Tribunal podrá ordenar que la clasificación del condenado en el tercer grado de tratamiento penitenciario no se efectúe hasta el cumplimiento de la mitad de la pena impuesta. En cualquier caso, cuando la duración de la pena de prisión impuesta sea superior a cinco años y se trate de los delitos enumerados a continuación, la clasificación del condenado en el tercer grado de tratamiento penitenciario no podrá efectuarse hasta el cumplimiento de la mitad de la misma: a) Delitos referentes a organizaciones y grupos terroristas y delitos de terrorismo del Capítulo VII del Título XXII del Libro II de este Código. b) Delitos cometidos en el seno de una organización o grupo criminal. c) Delitos del art. 183. d) Delitos del Capítulo V del Título VIII del Libro II de este Código, cuando la víctima sea menor de trece años. *El Juez de Vigilancia, previo pronóstico individualizado y favorable de reinserción social y valorando, en su caso, las circunstancias personales del reo y la evolución del tratamiento reeducador, podrá acordar razonadamente, oídos el Ministerio Fiscal, Instituciones Penitenciarias y las demás partes, la aplicación del régimen general de cumplimiento, salvo en los supuestos contenidos en el párrafo anterior.*»

Art. 78 CP:

«1. Si a consecuencia de las limitaciones establecidas en el apartado 1 del art. 76 la pena a cumplir resultase inferior a la mitad de la suma total de las impuestas, el Juez o

— Cualesquiera otros recursos y asuntos de todo tipo atribuidos a la competencia del JVP, que no tengan prevista una tramitación específica.

Los trámites de este procedimiento tipo han de entenderse de aplicación supletoria, a las demás especialidades procedimentales que se sigan ante el JVP.

5. ESPECIALIDADES PROCEDIMENTALES

Tomando por base, y teniendo como preferente el procedimiento ordinario o común que se deja expuesto, podemos considerar la existencia de una serie de trámites procedimentales que requieren alguna especialidad en atención a las características o peculiaridades de algunas materias que constituyen el objeto de la pretensión deducible ante el JVP.

A nuestro entender estas especialidades procedimentales son las siguientes:

5.1. Recursos en materia disciplinaria

El régimen disciplinario de los establecimientos penitenciarios[607] está dirigido a garantizar la seguridad y conseguir una convivencia ordenada, de manera que estimule el sentido de la responsabilidad y la capacidad de autocontrol de los internos, como

---

Tribunal sentenciador podrá acordar que los beneficios penitenciarios, los permisos de salida, la clasificación en tercer grado y el cómputo de tiempo para la libertad condicional se refieran a la totalidad de las penas impuestas en las sentencias.

2. *En estos casos, el Juez de Vigilancia, previo pronóstico individualizado y favorable de reinserción social y valorando, en su caso, las circunstancias personales del reo y la evolución del tratamiento reeducador, podrá acordar razonadamente, oídos el Ministerio Fiscal, Instituciones Penitenciarias y las demás partes, la aplicación del régimen general de cumplimiento.*

Si se tratase de delitos referentes a organizaciones y grupos terroristas y delitos de terrorismo del Capítulo VII del Título XXII del Libro II de este Código, o cometidos en el seno de organizaciones criminales, y atendiendo a la suma total de las penas impuestas, la anterior posibilidad sólo será aplicable:

a) Al tercer grado penitenciario, cuando quede por cumplir una quinta parte del límite máximo de cumplimiento de la condena.

b) A la libertad condicional, cuando quede por cumplir una octava parte del límite máximo de cumplimiento de la condena.»

[607] *Vid.* art. 41 LOGP y art. 231 RP.

presupuestos necesarios para la realización de los fines de la actividad penitenciaria[608].

Los internos sólo pueden ser corregidos disciplinariamente en los casos y con las sanciones previstos legal y reglamentariamente, debiendo ser informados previamente de la infracción que se les atribuye, permitiéndoseles presentar su defensa verbal o escrita, y respetando las garantías mínimas exigibles en cualquier procedimiento sancionador[609]. La potestad disciplinaria la ejerce la Comisión Disciplinaria, sin perjuicio de las competencias del Director del establecimiento para sancionar las faltas leves[610].

El acuerdo sancionador, que debe tener el contenido previsto en el art. 247 RP, se ha de notificar al interno en el mismo día o al siguiente de ser adoptado, informándole de que contra el mismo puede interponer recurso ante el JVP verbalmente en el mismo acto de la notificación o por escrito dentro de los cinco días hábiles siguientes a la misma, reproduciendo, en su caso, el recurrente la proposición de aquellas pruebas cuya práctica le hubiese sido denegada.

El interno puede interponer recurso a través del Centro penitenciario, en cuyo caso, en el mismo día de su interposición, o al día siguiente, el Director del establecimiento debe remitir el expedien-

---

608 "Las Instituciones penitenciarias reguladas en la presente Ley tienen como fin primordial la reeducación y la reinserción social de los sentenciados a penas y medidas penales privativas de libertad, así como la retención y custodia de detenidos, presos y penados. Igualmente tienen a su cargo una labor asistencial y de ayuda para internos y liberados." (Art. 1 LOGP.)

609 La STC nº 230/2012 de 20-12 estimó el recurso de amparo en un supuesto de sanción impuesta como consecuencia de las manifestaciones vertidas por el interno en un escrito de queja dirigido al Juez de Vigilancia, a cuyo contenido accedieron los funcionarios del Centro Penitenciario y en función del cual se incoó el expediente disciplinario. Señala el Tribunal que nos encontramos ante una comunicación entre el interno y la autoridad judicial cuya intervención administrativa se encuentra constitucionalmente vedada. De acuerdo con las garantías contenidas en el artículo 24.2 de la Constitución Española aplicables no sólo al proceso penal, sino también, con las matizaciones derivadas de su propia naturaleza, a los procedimientos administrativos sancionadores y, en concreto, al procedimiento disciplinario penitenciario; y que, entre las garantías aplicables ex artículo 24.2 de la Constitución Española a los procedimientos sancionadores en el ámbito penitenciario, se encuentra la prohibición de utilizar y valorar pruebas obtenidas con vulneración de un derecho fundamental, el Tribunal otorga el amparo, en la medida en que la prueba que sirvió de base al acuerdo sancionador fue obtenida violando el derecho fundamental al secreto de las comunicaciones del interno (art. 18.3 CE).

610 *Vid.* arts. 42 y 44 LOGP, y art. 232 RP.

te disciplinario al Juez de Vigilancia; pero si el interno interpusiera recurso directamente ante el JVP, entonces el Director debe remitir el expediente a la Autoridad Judicial en el mismo día en que sea requerido para ello. La interposición del recurso ante el JVP suspende la efectividad de la sanción, salvo cuando por tratarse de un acto de indisciplina grave, la corrección no pueda demorarse[611].

Aunque nada de esto se diga, ni en la LOGP ni en el RP, entendemos que el expediente disciplinario debe remitirse al Juez en su integridad, incluso con los informes, dictámenes médicos, o de otro tipo, que se hubiesen realizado al interno, con la finalidad de que el Juez pueda disponer de la totalidad de los antecedentes necesarios para la resolución del recurso.

Tampoco hay nada regulado al respecto, pero entendemos que el interno –con independencia del recurso contra la sanción– también debe poder recurrir el acuerdo sobre la ejecución inmediata de aquélla, en los casos en que la Administración penitenciaria decida no conceder efectos suspensivos a la interposición del recurso, y proceder a la inmediata ejecución de la sanción por considerar que se trata de un acto de indisciplina grave[612]. En estos casos, puesto que se trata de una decisión que supone una mayor restricción de la libertad del interno, la Administración debe comunicar del modo más rápido su decisión al JVP junto con el recurso del interno, y resolverse a la mayor celeridad, pues podemos considerar que se trata de un asunto de análoga significación al recurso de habeas corpus, de amparo judicial que se interpone frente a una medida restrictiva de libertad, y que debe resolverse de forma prioritaria[613].

El recurso ante el Juez de Vigilancia contra la resolución sancionadora de la Comisión Disciplinaria o del Director del establecimiento, en su caso, constituye un verdadero proceso judicial, cuyo desenvolvimiento probatorio y cognoscitivo es pleno. Así lo tienen declara-

---

611 *Vid.* art. 44.3 LOGP, y arts. 247, 248, y 249 RP.

612 El TC acepta la suspensión de la ejecución de la sanción por incidir sobre determinados beneficios penitenciarios del interno (redención de penas por el trabajo) o libertad condicional, siempre que su ejecución suponga un perjuicio irreparable causado por el acto del poder público. (Así, ATC nº 58/1996 de 11-3, y ATC nº199/1998 de 28-9.)

613 El art. 42 PLORPJVP contemplaba esta posibilidad mediante un trámite que debía sustanciarse a la mayor celeridad, en el que el Juez hechas las averiguaciones oportunas debía resolver en un plazo máximo de tres días, sin ulterior recurso.

do los Jueces de Vigilancia en sus Criterios Refundidos de actuación, Criterio nº 108, considerando además que la práctica de pruebas no debe quedar reducida a la reproducción de aquéllas que hubiesen sido denegadas por el instructor del expediente administrativo disciplinario por improcedentes o innecesarias; por lo que se posibilita la solicitud de nuevas pruebas ante el JVP vía recurso, así como que éste pueda acordarlas de oficio si lo considera procedente[614].

Una vez recibido por el JVP el recurso del interno y el expediente administrativo disciplinario, con los informes y documentación adjunta que proceda, se debe dar traslado de todo ello al MF para que emita informe o solicite la práctica de pruebas, siguiéndose a continuación el trámite conforme a lo previsto para el procedimiento ordinario o común.

5.2. Recursos en materia de clasificación

El art. 76.2-f) de la LOGP atribuye al Juez de Vigilancia la competencia para resolver, basándose en los estudios de los equipos de observación y tratamiento, y en su caso de la Central de Observación, los recursos referentes a la clasificación inicial, a progresiones y regresiones de grado.

La clasificación penitenciaria constituye el nervio central del sistema de individualización científica que inspira el cumplimiento de las penas privativas de libertad en nuestro ordenamiento jurídico, conforme a lo establecido en el art. 72 de la LOGP.

La propuesta de clasificación inicial se formula por la Junta de Tratamiento del establecimiento penitenciario en el plazo máximo de dos meses desde la recepción del testimonio de sentencia, y la resolución sobre la propuesta de clasificación penitenciaria se debe dictar de forma escrita y motivada por el Centro Directivo en el plazo máximo de dos meses desde su recepción. Esta resolución se debe notificar al interno indicándole que, de no estar conforme, puede acudir en vía de recurso ante el JVP. No obstante, el Centro Directivo puede ampliar el plazo para dictar esta resolución de clasificación

---

614 *Conclusiones Vigilancia Penitenciaria. Criterios de Actuación, Conclusiones y Acuerdos aprobados por los Jueces de Vigilancia Penitenciaria en sus 16 Reuniones celebradas entre 1981 y 2007*, cit. p. 65.

inicial hasta un máximo de dos meses más, para la mejor observación de la conducta y la consolidación de los factores positivos del interno[615]. La posibilidad de recurrir esta decisión de ampliación del plazo no está prevista, pero el art. 43 c) del PLORPJVP sí contemplaba como una novedad importante el derecho del interno de recurrir directamente ante el JVP esa decisión de ampliación del plazo.

La evolución en el tratamiento determinará una nueva clasificación del interno, que puede implicar la progresión o regresión de grado. A tal fin, cada seis meses como máximo, los internos deben ser estudiados individualmente para evaluar todos los aspectos establecidos en el modelo individualizado de tratamiento, y reconsiderar su clasificación anterior, tomándose por el Centro Directivo la decisión que corresponda, que deberá ser notificada al interesado[616].

Pero puede ocurrir que la Junta de Tratamiento no considere oportuno proponer al Centro Directivo cambio en el grado asignado, por entender que no procede la progresión sino que debe mantenerse la misma clasificación. En estos casos lo reglamentariamente previsto es que se notifique la decisión de la Junta al interno, quien podrá solicitar la remisión del correspondiente informe al Centro Directivo para que resuelva lo procedente sobre el mantenimiento o cambio de grado. Dice el art. 105.2 RP que "la resolución del Centro Directivo se notificará al interno con indicación del derecho de acudir en vía de recurso ante el JVP." De lo que cabe deducir que la decisión de la Junta de Tratamiento no es recurrible directamente ante el JVP, siendo recurrible únicamente la que finalmente dicte el Centro Directivo.

El Centro Directivo competente para resolver sobre esta materia relativa a la clasificación penitenciaria de los internos es la Subdirección General de Tratamiento y Gestión Penitenciaria. Actualmente, a tenor de lo dispuesto en la Orden del Ministerio del Interior INT/1127/2010, de 19 de abril, por la que se modifica la Orden INT/985/2005, de 7 de abril, por la que se delegan determinadas atribuciones y se aprueban las delegaciones efectuadas por otras autoridades, la competencia para resolver las revisiones de grado, interesadas por los internos al amparo del art. 150.2 RP, siempre

---

615 *Vid.* Art. 103 RP.

616 *Vid.* Art. 65 LOGP y art. 105 RP.

que el acuerdo de la Junta de Tratamiento de continuidad sea en segundo grado, se haya adoptado por unanimidad y el penado no haya cumplido la mitad de una condena superior a cinco años o tenga dos o más sanciones graves o muy graves sin cancelar, corresponde por delegación a los Gerentes y Directores de los Centros Penitenciarios y Centros de Inserción Social, cuando se trate de internos no vinculados a organizaciones terroristas o internos cuyos delitos no se hayan cometido en el seno de organizaciones criminales[617].

En el art. 45 del PLORPJVP sí se contemplaba como novedad la posibilidad de recurrir directamente ante el JVP el acuerdo de la Junta de Tratamiento resolviendo no elevar propuesta de progresión de grado al Centro Directivo y mantener la clasificación del interno, así como la omisión de clasificación inicial o de revisión en el plazo reglamentario.

Interpuesto el correspondiente recurso, el Juez debe reclamar del establecimiento penitenciario copia de la resolución recurrida y del expediente administrativo que le ha servido de base; señaladamente la propuesta de clasificación, el programa individualizado de tratamiento, la valoración de su evolución, y los correspondientes informes del Equipo Técnico.

Del escrito de recurso del interno, o del MF en su caso[618], junto con los documentos aportados por el recurrente, así como el expediente administrativo y documentación remitida por la Administración, el JVP debe dar traslado al MF –o al interno caso de ser el MF el recurrente–, y a partir de entonces se debe seguir el trámite previsto para el procedimiento ordinario o común.

Consideramos que en este procedimiento el JVP no sólo debe verificar si concurren las variables para la correcta clasificación del interno, sino que también debe controlar que el órgano administrativo correspondiente ejerza sus competencias sin excederse y conforme al procedimiento adecuado. Como ejemplo de esto podemos citar el Auto del JVP de Huelva de 11-12-2013 que declaró que la Subdirección General de Tratamiento y Gestión Penitenciaria en su

---

617 *Vid.* BOE nº 107 de 3 de mayo de 2010.

618 El interno suele recurrir cuando no se le progresa o se le regresa de grado y el MF en caso contrario; esto es, cuando se progresa de grado al interno o se le clasifica en tercer grado si considera que esa clasificación no es la que le corresponde, aunque también puede recurrir por los mismos supuestos que el interno.

resolución de mantenimiento en segundo grado, art. 100.2 del RP, se excedió de las competencias que se le atribuyen por el Reglamento Penitenciario, siendo la propuesta de la Junta de progresión a tercer grado, al no existir un programa específico de tratamiento que, propuesto por el Equipo Técnico y aprobado por la Junta de Tratamiento, combinase aspectos de ambos grados conforme a lo exigido por el citado artículo[619].

Otro buen ejemplo de esto lo constituye el Auto del JVP de Granada de 22-7-2013. Esta resolución contempló el supuesto en el que se clasificó a un interno en tercer grado de tratamiento, con arreglo al art. 103.7 RP con carácter ejecutivo al producirse por unanimidad de los miembros de la Junta de Tratamiento, pendiente únicamente, de la adjudicación de destino por los servicios centrales de la Secretaría General de Instituciones Penitenciarias. Posteriormente, pendiente de tal adjudicación de destino, se recibieron en el Centro Penitenciario dos nuevas ejecutorias que, a criterio de la Junta de Tratamiento, lógicamente, alteraban los parámetros y variables tenidos en cuenta a la hora de acordar la inicial clasificación. Así las cosas, la Junta procedió de manera totalmente errónea a realizar una nueva clasificación inicial, con total olvido de que el penado, y con carácter ejecutivo se encontraba ya en tercer grado de tratamiento. Por ello, el JVP acordó la nulidad de pleno derecho del acuerdo de la Junta de Tratamiento que propuso a la Secretaría General de Instituciones Penitenciarias la nueva clasificación inicial del penado en segundo grado de tratamiento, así como de la resolución posterior de los Servicios Centrales que acordó tal clasificación inicial en segundo grado; todo ello sin perjuicio del derecho de la junta de tratamiento de volver a estudiar la situación creada con ocasión de la nueva recepción de ejecutorias que afectaban al referido penado y, con libertad de criterio, mantener el tercer grado inicialmente concedido o proceder a su regresión, debidamente motivada[620].

5.3. Permisos de salida

Como pone de manifiesto la Instrucción nº 1/2012, de 2 de abril de 2012, de la Secretaría General de Instituciones Penitencias, sobre

---

[619] *Jurisprudencia Penitenciaria 2013*, cit., pp. 270-272.
[620] *Jurisprudencia Penitenciaria 2013*, cit., pp. 272-274.

Permisos de Salida y Salidas Programadas, los permisos de salida a los internos, regulados en los arts. 47 LOGP y arts. 154 y ss. del RP, poseen gran trascendencia dentro de las medidas resocializadoras previstas en nuestro sistema de ejecución de penas privativas de libertad, constituyendo un elemento clave de la actividad rehabilitadora de la Administración Penitenciaria e instrumento tratamental que confirma, refuerza e incentiva la evolución del interno en su proceso de reinserción.

El Tribunal Constitucional ha manifestado reiteradamente[621] la consideración de los permisos de salida a los internos, no como un derecho subjetivo ni como un derecho fundamental, estando conectados directamente con una de las finalidades esenciales de la pena privativa de libertad, la reeducación y la reinserción social, cooperando potencialmente a la preparación de la vida en libertad del interno, pudiendo fortalecer vínculos familiares, reduciendo las tensiones de la vida continuada en prisión y siendo un estímulo a la buena conducta.

Los permisos de salida los concede la Junta de Tratamiento, o bien el Centro Directivo o el Director del establecimiento, según el grado de clasificación del interno, y su carácter ordinario o extraordinario y urgente.

Haciendo un análisis sistemático de los distintos preceptos que regulan la concesión de los permisos en la LOGP y el RP, podemos decir que el JVP interviene en materia de permisos con tres posibles actuaciones: a) Autorización del permiso concedido por la Administración Penitenciaria; b) Recurso o queja contra el acuerdo de la Administración denegando o no autorizando el permiso; y c) Revocación de permisos ya autorizados o concedidos.

5.3.1. Autorización del permiso concedido por la Administración Penitenciaria

Si la Junta de Tratamiento acuerda conceder el permiso solicitado por un interno clasificado en segundo grado, elevará dicho acuerdo, junto con el informe del Equipo Técnico, al Juez de Vigilancia para que éste lo autorice[622].

---

[621] *Vid.* SSTC nº 112/1996 de 24-6; nº 2/1997 de 13-1; nº 81/1997 de 23-4; nº 311/1997 de 29-9; nº 75/1998 de 31-3; nº 88/1998 de 21-4; nº 76/1999 de 26-4; nº 204/1999 de 8-11; nº 109/2000 de 5-5; nº 137/2000 de 29-5, y ATC nº 5/1998 de 12-1.

[622] *Vid.* art. 76.2-i) LOGP, y art. 161 RP.

Nada está previsto, ni legal ni reglamentariamente, sobre el trámite que debe seguirse a fin de que el Juez se pronuncie sobre este asunto, pero la práctica seguida en los Juzgados es la de que, recibido el acuerdo de concesión del permiso y la documentación adjunta correspondiente, se da traslado al Ministerio Fiscal para informe, y una vez emitido dicho informe o hechas las averiguaciones que se estimen necesarias, el Juez resuelve por Auto lo que estime procedente, que normalmente es autorizar el permiso concedido por la Junta, pero también puede resolver denegar la autorización.

5.3.2. Recurso o queja contra el acuerdo de la Administración denegando o no autorizando el permiso

La denegación de la concesión de un permiso, sea éste ordinario o extraordinario, como la posible no autorización del mismo por la Administración Penitenciaria en los respectivos casos de su competencia (Junta de Tratamiento, Centro Directivo o Dirección del establecimiento) deben ser comunicadas con prontitud y de forma motivada al interno, con indicación de su derecho a acudir en vía de queja ante el JVP[623].

Entendemos que en estos casos el trámite a seguir debe ser el del procedimiento, que antes hemos denominado, ordinario o común.

5.3.3. Revocación de permisos ya autorizados o concedidos

Puede ocurrir que, antes de iniciarse el disfrute de un permiso, ya sea ordinario o extraordinario, se produzcan hechos que modifiquen las circunstancias que propiciaron su concesión. Dice el art. 157.1 RP que en estos casos, el Director del establecimiento penitenciario podrá suspender el permiso motivadamente con carácter provisional, dando cuenta a la autoridad administrativa o judicial que lo autorizó o concedió para que resuelva lo que proceda.

Nada se dice en este precepto, ni en ningún otro, sobre los trámites posteriores a la decisión de suspensión, pero consideramos que esta decisión de la Dirección, que tiene un carácter cautelar, se debe notificar al interno, quien podrá recurrirla ante el JVP para que resuelva de modo definitivo; esto es, ratificar la suspensión y dejar el

[623] *Vid.* art. 76.2-g) LOGP, y art. 162 RP.

permiso sin efecto, o bien alzar la suspensión cautelar y autorizar el disfrute del permiso concedido.

El permiso suspendido cautelarmente puede haber sido concedido por la Administración penitenciaria y autorizado por el JVP –caso del anterior apartado A)–, o bien concedido por el JVP en vía de recurso o queja contra el acuerdo denegatorio de la Administración, como es el caso del apartado B). En ambos supuestos entendemos que el Juez, oyendo previamente al Ministerio Fiscal, las razones expuestas por el recurrente en su caso, y valorando los antecedentes que le hayan sido remitidos por el Director del centro, deberá pronunciarse mediante Auto dictado en el mismo expediente tramitado para la autorización del permiso, o para el recurso o queja.

Cuando el permiso suspendido haya sido concedido y autorizado por la propia Administración[624], consideramos que el recurso que interponga el interno ante el JVP contra la decisión de suspensión, como no existe actuación judicial previa, debe sustanciarse mediante la incoación de un expediente específico, pero con trámite similar al anteriormente expuesto para los supuestos en que la suspensión se ha acordado cuando ha existido una intervención judicial previa autorizando o concediendo el permiso.

En esta materia de suspensión y revocación de permisos se han venido siguiendo en la praxis judicial dos criterios distintos: Por un lado, la de aquellos órganos que entendían que en cualquiera de los supuestos contemplados en el art. 157 RP, el JVP podía revocar y dejar sin efecto el permiso concedido cuando hubieran variado las circunstancias que propiciaron su concesión. Por otro lado, la de quienes sostenían que la revocación del permiso era únicamente posible en los supuestos del n° 2 del art. 157 RP, es decir fuga y comisión de delito durante el disfrute del permiso, pues en los demás casos el permiso podía ser provisionalmente suspendido, que no revocado, y sería disfrutado una vez se retornase a las circunstancias que motivaron su concesión.

El Tribunal Supremo ha solventado esta cuestión en un recurso de casación para unificación de doctrina (Recurso n° 20786/2015) en el que ha dictado la STS n° 541/2016 de 17-6, fijando la siguiente doctrina:

---

[624] Del contenido de los arts. 47 LOGP, y 154 y ss RP, se deprende que son los siguientes: Los ordinarios para los clasificados en tercer grado, los de duración no superior a dos días para los clasificados en segundo grado, y los extraordinarios para los clasificados en segundo y tercer grado.

«Cuando el art. 157.1 del Reglamento Penitenciario establece que, si antes del disfrute del permiso y ante la aparición de hechos que modifiquen las circunstancias que propiciaron la concesión del mismo, el Director podrá suspender el permiso y lo pondrá en conocimiento de la autoridad judicial "para que resuelva lo que proceda", debe entenderse que entre las facultades del Juzgado Vigilancia Penitenciaria no solo está ratificar o no la suspensión, sino también revocar el permiso concedido, cuando ello resulte necesario a tenor de las circunstancias sobrevenidas antes de su disfrute.»

5.4. Procedimiento en materia de libertad condicional

La Ley Orgánica 1/2015, de 30 de marzo, de modificación del Código Penal[625], ha introducido una modificación sustancial en el régimen de la libertad condicional, que deja de ser una figura autónoma y pasa a convertirse en una modalidad de la suspensión de la ejecución de la pena, perdiendo de este modo su naturaleza de último grado del sistema penitenciario que ha venido teniendo conforme a lo establecido en el art. 72.1 de la LOGP[626].

Esta nueva regulación –contenida en los arts. 90 a 92 CP– comporta que la libertad condicional deja de ser una forma específica de cumplimiento de la pena privativa de libertad, por lo que el tiempo en libertad condicional no se computa como tiempo de cumplimiento de condena, sino que la concesión de libertad condicional lo que determina es la suspensión de la ejecución del resto del pena durante un tiempo determinado entre dos y cinco años. Si durante este periodo el penado no vuelve a delinquir y cumple las condiciones que le fueren impuestas se declarará extinguida la pena pendiente de cumplimiento, pero si delinque o incumple las condiciones impuestas entonces la libertad será revocada y deberá cumplir la pena que le restaba sin abono del tiempo de suspensión.

Se trastoca, con esta nueva regulación, el engranaje de la libertad condicional en el sistema penitenciario, y entre las incongruencias que genera podemos citar el hecho de que esta nueva libertad con-

---

625 Publicada en el BOE nº 77 de 30-3-2015, entró en vigor el 1-7-2015 conforme a lo previsto en su Disposición Final Octava.

626 *Vid.* NISTAL BURÓN, Javier; «El nuevo régimen jurídico de la libertad condicional en la ley orgánica 1/2015, de reforma del código penal. De la teoría penal a la praxis penitenciaria» en *Revista Aranzadi Doctrinal num.5/2015.*

dicional puede ser más onerosa que el propio tercer grado que se exige como requisito para obtenerla, como sucede si el tiempo de pena pendiente por cumplir es notablemente inferior al plazo mínimo de suspensión de dos años previsto en la ley. De este modo, al recluso le puede resultar más favorable continuar en tercer grado que acceder a la libertad condicional; siendo frecuentes los casos en que muchos optan por permanecer en tercer grado renunciando a esta libertad[627].

A nuestro entender, desde un punto de vista procedimental que es el objeto de este trabajo, esta nueva regulación de la libertad condicional plantea tres importantes cuestiones: A) Iniciación del expediente; B) Plazo de suspensión; y C) Condenas y tiempo a partir del que se debe aplicar la reforma.

A) Iniciación del expediente

El apartado nº 7 del art. 90 CP establece que: «El Juez de Vigilancia Penitenciaria resolverá *de oficio* sobre la suspensión de la ejecución del resto de la pena y concesión de la libertad condicional *a petición* del penado.»

Como puede apreciarse la redacción del precepto no señala de forma alternativa, sino cumulativa, "de oficio" y "a petición del penado", lo que supone una contradicción pues ambas expresiones son antitéticas.

Entendemos que este precepto debe interpretarse en el sentido de que la nueva regulación lo que posibilita es que el interno también pueda instar la iniciación del expediente de libertad condicional, que antes sólo estaba en manos de la Administración.

Pero como el Reglamento Penitenciario no ha sido derogado, y debe considerarse vigente en todo aquello que no contradiga a lo establecido en esta reforma del Código Penal, hemos de admitir que la Administración podrá acordar la iniciación del expediente conforme a lo previsto en los arts. 192 y ss RP, pues el hecho de que la

---

[627] *Vid.* también sobre esta cuestión a SOLAR CALVO Puerto; «La Libertad Condicional antipenitenciaria. Comentario al Auto del JVP nº 5 de Madrid de 3 de noviembre de 2016» en *Diario La Ley* nº 8873, Sección Tribuna, 29-11-2016, Ref. D-417.

libertad condicional la pueda solicitar el penado no debe suponer un obstáculo para que la Administración pueda elevar la correspondiente propuesta al JVP, como lo había venido haciendo con anterioridad a la reforma; eso sí, con la conformidad del penado. Este es el criterio que se recoge en la Instrucción 4/2015 de 29 de junio, de la Secretaría General de Instituciones Penitenciarias, sobre Aspectos de la Ejecución Penal afectados por la reforma del Código Penal en la L.O. 1/2015 de 30 de Marzo[628], que contiene un Anexo II, denominado "Modelo de Consentimiento Informado" que debe incluirse en el expediente tramitado por la Administración, en donde se haga constar que el interno ha sido informado de las características, requisitos y condiciones para el disfrute de la libertad condicional, y que presta su consentimiento para que se tramite el expediente.

B) Plazo de suspensión

En el último párrafo del apartado nº 5 del art. 90 CP se establece que: «*El plazo de suspensión de la ejecución del resto de la pena será de dos a cinco años. En todo caso, el plazo de suspensión de la ejecución y de libertad condicional no podrá ser inferior a la duración de la parte de pena pendiente de cumplimiento.*»

Esto ha sido interpretado en la citada Instrucción 4/2015 de la Secretaría General de Instituciones Penitenciarias en el sentido de que, la libertad condicional se convierte en la suspensión de la ejecución del resto de la pena pendiente de cumplimiento por un determinado plazo, que puede ser el que resta de condena u otro superior entre 2 y 5 años.

Teniendo en cuenta que el tiempo de suspensión no es tiempo de cumplimiento, hemos podido comprobar que en el conjunto de los Jueces de Vigilancia se han suscitado las más variadas interpretaciones, estándose pendiente en la actualidad de conseguir un criterio común sobre esta cuestión. Así, hay quien opina que debe seguirse el criterio recogido en la citada Instrucción 4/2015. Otros interpretan que al tiempo que reste de condena se le deben sumar de 2 a 5 años; otros que debe fijarse el plazo mínimo de 2 años y de 5 como

---

[628] Esta Instrucción puede consultarse en la dirección de internet: *http://www.institucionpenitenciaria.es/web/export/sites/default/Noticias/Carpeta/Circular_I-4-2015.pdf.*

máximo, con independencia del tiempo que reste de condena, y que el tiempo excedente no lo cumpliría; y otros, que para penas superiores a cinco años no se puede aplicar la libertad condicional, porque no se puede suspender por tiempo superior a esos cinco años, y si se suspendiera se le estarían regalando años de libertad al penado. (Criterio este último seguido por la Secc. 3ª de la AP Valencia en Auto de 13-5-2016).

Entendemos que se debe distinguir entre plazo de suspensión y periodo de cumplimiento, de tal manera que el plazo de suspensión será de 2 a 5 años pudiendo ser superior, pues como dice el precepto "*no podrá ser inferior a la duración de la parte de pena pendiente de cumplimiento.*" Esto significa que el plazo de suspensión es el espacio de tiempo fijado por el Juez durante el cual se podrá revocar la suspensión de la ejecución, y transcurrido ese plazo sin que se haya revocado, entonces se producirá la remisión de la pena; pero si se revocara cumpliría toda la pendiente sin que le fuera de abono el tiempo en que estuvo suspendida durante su libertad condicional.

Sea cual fuere la interpretación que se adopte sobre el plazo de suspensión de la ejecución, lo que sí parece claro es que con la nueva regulación se establece un régimen de libertad condicional más perjudicial para los penados que el contemplado en la regulación anterior, especialmente para los condenados a penas cortas de prisión, pues en estos casos puede ocurrir que el plazo de suspensión exceda de la duración de la pena restante. Lo que, desde nuestro punto de vista, puede provocar que haya internos que prefieran que no se les conceda la libertad condicional, sino permanecer clasificados en tercer grado con o sin control telemático, según proceda, conforme a lo previsto en el art. 86.4 RP, pues el régimen de vida contemplado en este artículo supone disfrutar de una situación similar a la libertad condicional, pero con la ventaja añadida, de que dicho periodo es tiempo de cumplimiento de la pena[629].

---

[629] Conforme al art. 86.4 RP: «En general, el tiempo mínimo de permanencia en el Centro será de ocho horas diarias, debiendo pernoctarse en el Establecimiento, salvo cuando, de modo voluntario, el interno acepte el control de su presencia fuera del Centro mediante dispositivos telemáticos adecuados proporcionados por la Administración Penitenciaria u otros mecanismos de control suficiente, en cuyo caso sólo tendrán que permanecer en el Establecimiento durante el tiempo fijado en su programa de tratamiento para la realización de actividades de tratamiento, entrevistas y controles presenciales.»

C) *Condenas y tiempo a partir del que se debe aplicar la nueva libertad condicional*

Esta nueva regulación de la libertad condicional resulta, en general, más perjudicial para el penado que la anterior, y ha dado lugar también a que se cuestione cuándo debe comenzar su aplicación. En el conjunto de los Jueces de Vigilancia, y en la doctrina, se han suscitado dos criterios:

a) Por un lado están quienes opinan que se debe aplicar sólo a las condenas impuestas por delitos cometidos tras la entrada en vigor de la reforma del Código Penal.

b) Otros entienden, sin embargo, que se ha de aplicar a todos los expedientes de libertad condicional que se incoen tras la entrada en vigor de la citada Ley Orgánica 1/2015; esto es el 1 de julio de 2015, con independencia de cuál sea la fecha de comisión del hecho delictivo. De tal manera que sólo los expedientes en trámite y pendientes de resolver a la entrada en vigor de la reforma, así como las libertades ya concedidas, son los que se deben regir por la normativa anterior.

Quienes entienden que resulta de aplicación la opción a), (penas impuestas por delitos cometidos tras la reforma) siguen el criterio recogido en el Dictamen 1/2015 del Fiscal Delegado de Vigilancia Penitenciaria, de la Fiscalía del Tribunal Supremo, sobre Aplicación Retroactiva del Régimen de Libertad Condicional. Este criterio se apoya esencialmente en dos puntos fundamentales:

1. Que la STS de 12-6-2006, en relación al periodo de seguridad contemplado en el art. 36.2 CP para la concesión del tercer grado, establecido ex novo en la LO 7/2003, señaló como doctrina que dicho periodo no es aplicable a hechos cometidos antes de la entrada en vigor de la cita Ley.

2. Que la regla contenida en el nuevo art. 90.6 CP, en virtud de la cual en caso de revocación se cumplirá el resto de la pena pendiente y el tiempo transcurrido en libertad condicional no será computado como tiempo de cumplimiento de la condena, supone un modo de computar la duración de la pena distinto, y desfavorable, respecto del que existía antes de la reforma. Que esta regla se asemeja a la cuestión de fondo suscitada con la llamada Doctrina Parot

> que fue resuelta en el asunto Del Pino Prada contra España por STEDH de julio de 2012, confirmada por la Gran Sala en Sentencia de 21 de octubre de 2013. Que el Tribunal Europeo de Derecho Humanos estimó que la Doctrina Parot (relativa a la aplicación de la redención de penas por el trabajo), incidía en el modo de computar la duración de la pena (art. 7 CEDH), y no constituye por ello una mera modalidad en la ejecución de uno u otro modo de la pena (cuestión no recogida en el art. 7 del Convenio).

A la hora de dirimir esta cuestión, se ha intentado dilucidar si las normas que regulan la libertad condicional son normas sustantivas de derecho penal, o son normas adjetivas propias del derecho procesal de ejecución.

Si se entiende que estamos ante una norma de derecho penal sustantivo, y que la nueva libertad condicional supone algún tipo de “castigo”, entonces resulta evidente que conforme al art. 2 CP no se podría aplicar a condenas por hechos cometidos con anterioridad a su entrada en vigor. Pero por esta misma regla de tres, entonces tendríamos que aplicar retroactivamente, conforme al art. 2.2 CP, la nueva libertad condicional prevista en el art. 90.3 CP a la mitad de la condena para internos primarios, que resulta más beneficiosa que la regulación anterior para estos casos y, por consiguiente, revisar las libertades condicionales concedidas para determinar, en su caso, si procede aplicar esta nueva modalidad que antes no existía. Cosa que a nadie, ni siquiera a los que defienden la opción a), se le ha ocurrido plantear.

Pero es que además, la aplicación de la nueva libertad condicional sólo a las condenas por hechos cometidos con posterioridad a la reforma, traerá consigo problemas de aplicación en el futuro cuando un mismo interno tenga varias condenas por hechos cometidos con anterioridad y con posterioridad a la entrada en vigor de la LO 1/15 de reforma del CP. ¿Qué régimen de libertad condicional se aplica entonces y cómo se refunden esas condenas a los efectos previstos en el art. 193.2ª RP.?

Una posible solución podría ser la de oír al interno en estos casos para que diga por qué régimen de libertad condicional opta, pero aún así se plantearían problemas a la hora de resolver sobre la revocación, ampliación a sentencias posteriores a la concesión por hechos anteriores a la concesión pero posteriores a la reforma, etc., por lo que, en cualquier caso, la casuística que de ello puede derivarse será enorme y compleja por la mezcolanza de ambas regulaciones.

Nosotros, por el contrario, nos inclinamos por sostener que, aunque en la regulación de la libertad condicional se mezclan preceptos sustantivos y adjetivos, al menos en este aspecto que ahora nos ocupa, ante lo que nos encontramos es ante una norma procesal de ejecución, por lo que defendemos la opción b); esto es, aplicar la nueva regulación de la libertad condicional a todos los expedientes iniciados a partir del día 1 de julio de 2015, fecha en que entró en vigor la reforma. Además, con esta opción se evitan problemas y situaciones de inseguridad jurídica en el futuro, cuando un interno tenga varias condenas por hechos ocurridos antes y después de la reforma.

A mayor abundamiento, hemos de decir que la propia regulación de la libertad condicional contenida en el Capítulo III (del Título III, Libro I del CP) relativo a las formas sustitutivas de la ejecución de las penas privativas de libertad, refuerza la idea de que los artículos que regulan la libertad condicional son normas procesales de ejecución penal contenidas en el Código Penal, que mejor pudieran estar en la Ley de Enjuiciamiento Criminal, en un futuro Código Procesal Penal, o en una Ley que regule el procedimiento ante los JVP. Por consiguiente, al no ser normas sustantivas penales no se les puede aplicar el régimen propio de tales normas contemplado en el art. 2 CP, sino el propio de su naturaleza adjetiva o procesal. Llegados a este punto, y ante la ausencia de una norma transitoria que regule el paso de la aplicación del anterior régimen de la libertad condicional al nuevo, hemos de buscar la solución en las Disposiciones Transitorias de las Ley de Enjuiciamiento Civil, que como reza en su art. 4 es de aplicación supletoria en todos los procesos penales, contencioso-administrativos, laborales y militares. Del contenido de las Disposiciones Transitorias Quinta, Sexta y Séptima de referida Ley Procesal Civil se extrae la idea –acorde con la expresada opción b)– de que se debe aplicar la nueva ley procesal, incluso a los procesos de ejecución ya iniciados, para todas las actuaciones procesales pendientes de realización a la entra en vigor de aquélla. Lo que nos lleva a la conclusión, ya adelantada al principio, de que a las penas de prisión que se estén ejecutando se les debe aplicar la nueva normativa reguladora de la libertad condicional, a partir de su entrada en vigor.

Este mismo criterio es el que aparece recogido en la Instrucción 4/2015 de la Secretaría General de Instituciones Penitenciarias anteriormente mencionada, y que sigue, al menos, parte de la doctrina científica.

En este orden de cosas, podemos citar a Salat Paisal[630], quien considera que la cuestión es determinar si la reforma produce una verdadera modificación material de las penas o únicamente consiste en una modificación procesal de la ejecución de las mismas. Para este autor, si se analiza la reforma operada por el legislador en materia de libertad condicional se puede comprobar cómo materialmente no se produce ninguna modificación de la duración total ni de la forma de ejecución de las penas de prisión. De hecho la nueva configuración de la libertad condicional como modalidad de suspensión, no altera la duración de la pena de prisión que en el momento de la comisión del delito el autor puede previsiblemente esperar que dure, pues solo se produce una modificación del quantum de la pena en aquellos supuestos en que, por propia voluntad, el penado incumple las reglas de conducta. Así pues al considerarse la reforma de la libertad condicional una modificación procesal que afecta a la forma de ejecución de la pena de prisión, la cual no altera la duración ni la gravedad de la pena impuesta –concluye este autor– sería posible su aplicación a los sujetos condenados con anterioridad a la entrada en vigor de la reforma.

Como expusimos más arriba, no existe una postura unánime sobre este asunto en la actuación de los JVP, ni siquiera un claro posicionamiento mayoritario por parte de los tribunales que marque una línea a seguir, no existiendo tampoco, al menos por ahora, un pronunciamiento del Tribunal Supremo en unificación de doctrina que zanje la cuestión.

No obstante, sí que existen algunas resoluciones dictadas al respecto, y en este orden de cosas podemos citar el Auto de la Sección 2ª AP Valencia, nº 701/15 de fecha 5 de octubre de 2015, recaído en el Rollo Recurso de Vigilancia Penitenciaria nº 12/15, dictado en un supuesto concreto de suspensión de condena y concesión de libertad condicional (existe otro anterior de fecha 30-7-2015, de la Secc. 1ª de la misma Audiencia, referido a la suspensión de condena), en el que

630 *Vid.* SALAT PAISAL Marc; «Libertad Condicional», en *Comentario a la Reforma Penal de 2015*, dir. por G. Quintero Olivares, Aranzadi, Pamplona, 2015, pp. 200-201.

con cita de los AATS de 17-05-2012, 13-03-2013, y 29-05-2013, expone claramente que no toda estructura penal se construye sobre el principio "lex certa, anterior y scripta" al no ser ello posible en aquellos institutos propiamente atinentes a la ejecución procesal, en donde la norma aplicable ha de ser la vigente en el momento de verificarse las operaciones correspondientes a su ejecución; y que, en definitiva, encontrándonos en fase de ejecución las normas que se deben aplicar son aquellas vigentes al tiempo de decidir.

Sigue diciendo este AAP Valencia de 5-10-2015, con cita de la STEDH de 21-10-2013 (relativa a la doctrina Parot, redención de pena por trabajo) que esta doctrina es cuestionable en aquellos supuestos en los que las decisiones sobre el modo de ejecución deben adoptarse antes del inicio de la ejecución y puedan configurar el alcance de la respuesta punitiva, o que después de la imposición de la pena puedan redundar en una redefinición o modificación del alcance de la pena impuesta. Supuesto en el que el TEDH entiende que dichas medidas deben quedar comprendidas en el ámbito de prohibición retroactiva de las penas que consagra el art. 7.1 in fine del Convenio Europeo de Derecho Humanos; señalando también el Tribunal que dichos cambios deben distinguirse de aquellos realizados en la forma de ejecución de la condena, que no están comprendidos en el ámbito de aplicación del citado art. 7.1 del Convenio. Más adelante dice este AAP Valencia, y sienta como doctrina que: "en todo caso, la libertad condicional es una modalidad de cumplimiento de la pena de prisión, cuyas circunstancias y características pueden ser moduladas por el legislador, puesto que no constituyen una redefinición de la pena". Y vuelve a citar a la mencionada STEDH para señalar que: "cuando la naturaleza y finalidad de la medida se refieren a la remisión de una condena o al cambio de régimen de excarcelación anticipada, no forman parte de la pena según el sentido del art. 7 del Convenio."

Teniendo en cuenta todo lo anteriormente expuesto, hay un importante sector de los JVP liderados, entre otros, por el de Granada, que sostiene que el instituto de la libertad condicional es propio de la ejecución procesal, y por lo tanto sus normas reguladoras lo son de carácter adjetivo y no sustantivo o material, no viéndose afectado en su consecuencia el principio de legalidad en cuanto que, el delincuente al momento de cometer un hecho punible (lex previa) no adquiere un derecho absoluto a que la pena a imponer, previamente determinada (lex previa), le sea ejecutada de una manera concreta y también determinada; de ahí, que se ha de señalar, que la modificación introducida por la reforma del CP en lo que atañe a la libertad condicional, que la regula como una forma de suspensión de la condena, ni redefine la pena impuesta, ni modifica su alcance.

El hecho de que el penado pueda acceder a una suspensión de la pena o penas de prisión impuestas (han de considerarse todas como una sola a efectos de libertad condicional, conforme al art. 193 RP), una vez cumplidos los requisitos temporales y demás establecidos en el actual art. 90 CP y acceder a la libertad condicional, no redefine la originaria pena de prisión impuesta por el tribunal sentenciador, ni modifica su alcance. El hecho de que la pena se extinga tras el periodo de suspensión impuesto y haber cumplido el penado las reglas de conducta (remisión definitiva) no alarga su duración. La duración de la pena de prisión es exactamente la misma y el cumplimiento del tiempo de privación de libertad es en todo caso exactamente el mismo que impuso el tribunal sentenciador. Lo único que se defiere, tras el cumplimiento de las reglas de conducta impuestas, es la declaración de remisión definitiva de la pena. El tiempo que el penado permanece con la pena suspendida es tiempo de libertad, libertad a prueba sí, pero libertad. Y si la conducta del penado, achacable a él única y exclusivamente, determinase la revocación de la libertad condicional y su nuevo ingreso en prisión, el tiempo que en la misma cumpliría el condenado es exactamente el mismo que determinó el tribunal sentenciador (cosa que no ocurría con la redención de penas por el trabajo), y por lo tanto la nueva regulación de la libertad condicional en modo alguno afecta a la duración de la pena que, por tal no puede entenderse el hecho de que ahora, el tiempo de libertad y hasta que se alcancen los objetivos de la suspensión, no pueda computarse como tiempo de cumplimiento. Pues de alcanzar la libertad condicional sus objetivos, que es lo presumible cuando se otorga y lo que ha de presidir el pensamiento y la conducta del penado (que ab initio no ha de pensar en incumplir las reglas de conducta o volver a delinquir) lo que realmente ocurre es que el periodo de estancia en prisión del penado se acorta y, jamás, ni en el peor de los supuestos, el periodo de estancia en prisión del penado se alarga.

Del mismo criterio es la magistrada Torrecilla Collada, para quien la solución a este problema debe partir de qué naturaleza se atribuye a las normas sobre suspensión, si son sustantivas o no. A su juicio no tienen carácter sustantivo, pues este carácter sólo es predicable de las normas que definen conductas y establecen penas; que son a las que se refiere la Disposición Transitoria Primera de la L.O. 1/2015, y respecto de las que el art. 25 CE proscribe la retroactividad, pero ninguna norma recoge el derecho a que se ejecute la condena con arreglo a las normas vigentes en el momento de la comisión del hecho delictivo.

Considera esta magistrada que nos encontramos ante normas procesales y no existiendo, en el presente caso, normas transitorias de este tipo que regulen esta cuestión, habrá que aplicar la nueva normativa desde su entrada en vigor, sin que pueda hablarse de retroactividad pues en ningún caso se aplicaría a libertades concedidas antes de su entrada en vigor.

En apoyo de su postura cita las SSTS de 24-3-1997, 28-4-1997, nº 667/1997 de 7-5, y nº 933/1997 de 23-6, que reiteran el criterio de que "no hay obstáculo alguno para que estas normas de ejecución de penas del nuevo Código Penal puedan aplicarse en los casos en que tales penas hubieran sido impuestas conforme al Código viejo." En igual sentido el AAP Madrid, secc. 16, de 24-9-2001 dictado en Ejecutoria 101/1997; y AAP Madrid, secc. 23, de 27-9-2002 dictado en Rollo 25/2000. Y finalmente la STS nº 413/2012 de 17-5, que admite la aplicación de normas que son desfavorables por referirse a cuestiones de ejecución, como es el caso relativo a la prohibición del doble abono de prisión preventiva sufrida en la propia causa con motivo de la modificación operada en el art. 58 CP por la L.O. 5/2010[631].

Terciando en esta controversia, sobre si la nueva regulación de la libertad condicional debe aplicarse a todas las penas, o sólo a las impuestas por delitos cometidos tras la entrada en vigor de la reforma del Código Penal, otro sector de la doctrina, en concreto Nistal Burón, entiende que efectivamente, si consideramos que la normativa reguladora de la libertad condicional es de carácter adjetivo o procesal debe aplicarse la vigente en el momento de decidir, esto es, la introducida en el Código Penal tras la reforma operada por la LO 1/2015, pero que este asunto no debe abordarse desde la perspectiva

---

631 TORRECILLA COLLADA María del Prado; «El Juez de Vigilancia Penitenciaria. Aspectos procesales y de competencia» Encuentro de Jueces y Fiscales de Vigilancia Penitenciaria, en *Cuadernos Digitales de Formación* nº 23 de 2015, Consejo General del Poder Judicial, pp. 36-41.

del carácter procesal o sustantivo de dicha normativa. A juicio de este autor la clave está en el carácter de la libertad condicional como beneficio penitenciario.

Dice este autor que los beneficios penitenciarios son normas de ejecución, si bien es verdad que sus efectos en el cumplimiento de la condena pueden afectar, tanto a la duración de la pena, como a la forma de cumplirla, y por esta razón es distinto el alcance temporal de la nueva regulación que pueda flexibilizar o endurecer dichos beneficios penitenciarios. Por eso, el alcance temporal de las normas de ejecución penal en materia de beneficios penitenciarios no está tanto en la naturaleza de la norma –ya ha quedado claro que es ejecutiva y no sustantiva o material– como en los efectos que la nueva regulación relativa a los beneficios penitenciarios genere sobre la pena, si son de tipo cuantitativo (reducción de la condena) o de tipo cualitativo (disminuciones del contenido retributivo de la pena). Así lo ha entendido el Tribunal Constitucional español, que en la Sentencia nº 261/2015 del 14 de diciembre del 2015 de la Sala (Recurso de amparo 1786-2013, BOE 22/01/2016), al tener que pronunciase sobre un caso de aplicación del tiempo pasado en prisión preventiva a una causa penada que se produjo con regulaciones normativas diferentes.

Este autor considera que la libertad condicional es un beneficio penitenciario que afecta a la magnitud de la pena, y por eso la nueva normativa que la regula, tras la reforma del Código Penal, no se puede aplicar retroactivamente, es decir, a las penas que fueron impuestas por delitos cometidos antes de la reforma[632].

5.5. Procedimiento para legalización judicial y control de actos y decisiones objeto de comunicación de la Administración Penitenciaria al JVP

Conforme a la legislación penitenciaria es necesario poner en conocimiento, notificar, o dar cuenta al Juez de Vigilancia de múltiples actos y decisiones de la Administración Penitenciaria; así

[632] NISTAL BURON, Javier; «Comentario sobre el Acuerdo Plenario nº 2-2015/CIJ-116 de la Corte Suprema de Justicia de la República de Perú en el IX Pleno Jurisdiccional de las Salas Penales Permanente y Transitoria», en *Revista Actualidad Penal* nº 26, agosto 2016, pp. 89-103.

por ejemplo, la ejecución de sanciones de aislamiento en celda de duración superior a catorce días, la intervención o cualesquiera otras medidas limitativas de las comunicaciones, la aplicación de medios coercitivos, las intervenciones corporales coactivas, la adopción de medidas cautelares durante la tramitación de un expediente sancionador, el paso a establecimiento de régimen cerrado y aplicación a presos preventivos del régimen especial del art. 10 LOGP, el plan de ejecución de la pena de trabajos en beneficio de la comunidad[633], etc.

En estos casos lo que se suele hacer, y consideramos que resulta un trámite correcto que se debe mantener, es que una vez recibida la correspondiente comunicación de la Administración se da traslado al Ministerio Fiscal y se oye al interno, en su caso, y practicadas las averiguaciones que se estimen necesarias, o que haya solicitado el Ministerio Fiscal o el interesado, entonces se dicta auto motivado aprobando o desautorizando el acto o decisión comunicado.

Se trata en realidad de un procedimiento en el que se ratifican o revocan decisiones administrativas que afectan, muchas de ellas, a derechos o libertades fundamentales de los internos, y que constituye de este modo una auténtica garantía de control judicial de la intervención administrativa que no depende del eventual ejercicio por el recluso de los recursos procedentes. Pero si el interno interpusiera recurso contra los citados actos o decisiones que deben ser objeto de comunicación obligada por parte del Administración Penitenciaria al JVP, entonces consideramos que debe seguirse el procedimiento ordinario o común.

---

[633] Esta pena aparece regulada en el art. 49 CP, pero este precepto no establece los trámites que deben seguirse para su ejecución, simplemente se limita a decir que se desarrollará bajo el control del JVP, que a tal efecto, requerirá los informes sobre el desempeño del trabajo a la Administración, entidad pública o asociación de interés general en que se presten los servicios.

Por su parte el R.D. 840/2011, de 17 de junio, por el que se establecen las circunstancias de ejecución de las penas de trabajo en beneficio de la comunidad y de localización permanente en centro penitenciario, de determinadas medidas de seguridad, así como de la suspensión de la ejecución de las penas privativas de libertad y sustitución de penas, lo que regula son los trámites que debe seguir la Administración, pero no los procesales ante el JVP.

5.6. Suspensión de la ejecución de la pena en los casos de trastorno mental grave

Esta competencia le ha sido atribuida al Juez de Vigilancia conforme a lo previsto en el artículo 60 del Código Penal, tras la reforma llevada a cabo por la Ley Orgánica 15/2003 de 25 de noviembre, que entró en vigor el día 1 de octubre de 2004.

La salud mental del reo es un importante dato que debe ser tenido en cuenta a lo largo del proceso penal. Durante la fase de instrucción y de enjuiciamiento, lo que debe tenerse en cuenta es la aptitud del imputado para apreciar la criminalidad del hecho que se le imputa, y el alcance del juicio al que va a ser sometido[634]. Sin embargo, en la fase de ejecución a lo que ha de atenderse es a la aptitud del penado para conocer el sentido de la pena que se le ha impuesto.

Esto último es lo que toma en consideración el art. 60 CP al regular la suspensión de la ejecución de la pena una vez impuesta; y conforme a su contenido, podemos decir que son requisitos para su aplicación los siguientes:

a) La existencia de una sentencia firme y ejecutoria, contra la que no quepa recurso ordinario alguno.

b) El trastorno mental del penado debe ser duradero y grave, e impedirle a éste conocer el sentido de la pena. Si el trastorno carece de estos requisitos (duradero y grave) y no produce estos efectos (impedir al reo conocer el sentido de la pena), no procede la suspensión de la ejecución de la pena.

c) Conforme a la redacción del precepto cabe suspender penas de cualquier naturaleza. Aunque desde un punto de vista lógico y sistemático, atendiendo a las competencias propias de los Jueces de Vigilancia Penitenciaria (piénsese que los JVP no intervienen en la ejecución de la pena de multa

[634] Si el Juez de Instrucción advirtiese en el imputado indicios de enajenación mental, debe someter a éste inmediatamente a la observación de los médicos forenses en el establecimiento en que estuviere preso, o en otro público si fuera más idóneo o estuviese en libertad. Si la demencia sobreviniera después de cometido el delito, una vez concluido el sumario, se mandará archivar la causa por el Tribunal competente hasta que el imputado recobre la salud, sin perjuicio de adoptar las medidas de seguridad que procedan. (Arts. 381 a 383 LECr.)

u otras privativas de derechos) y al procedimiento para la adopción del acuerdo de suspensión, el supuesto tipo es el del penado que se halla cumpliendo pena de prisión, y le sobreviene el estado de demencia.

Si se trata de la suspensión de la ejecución de una pena privativa de libertad, el Juez de Vigilancia debe garantizar que el penado reciba la asistencia médica precisa, para lo cual podrá decretar la imposición de una medida de seguridad privativa de libertad de las previstas en el Código Penal (art. 96.2 CP, internamiento en centro psiquiátrico, en centro de deshabituación, o en centro educativo especial) que no podrá ser, en ningún caso, más gravosa que la pena privativa de libertad sustituida.

Si se tratase de una pena de distinta naturaleza, una vez apreciada por el JVP la incapacidad del penado para conocer el sentido de la pena, dice el art. 60 CP, que suspenderá, en su caso, la ejecución imponiendo las medidas de seguridad que estime necesarias. Entendemos que, aunque no lo diga expresamente el Código, tales medidas no podrán ser tampoco más gravosas que la pena suspendida, y que habrán de ser de las no privativas de libertad, previstas en el apartado nº 3 del citado art. 96 CP.

El procedimiento para la tramitación de este incidente de suspensión de ejecución de la pena hemos de encontrarlo en lo que, con arcaica redacción, se regula en los artículos 991 a 994 de la Ley de Enjuiciamiento Criminal. Haciendo una interpretación de estos preceptos, acorde con los tiempos actuales, poniéndolos en relación con el mencionado art. 60 CP, entendemos que el procedimiento es el siguiente:

Cuando se sospeche sobre el estado de demencia de un penado, éste será puesto en observación, instruyéndose al efecto por la Dirección del Centro Penitenciario (Comandancia del presidio es la expresión que emplea la LECr.), tratándose de penados que se hallen cumpliendo pena privativa de libertad, un expediente informativo de los hechos y motivos que hayan dado lugar a la sospecha de la demencia, en el que se consignará el informe de los facultativos que lo hayan examinado y observado.

Consignada la gravedad de la sospecha, el Director del Centro Penitenciario dará inmediata cuenta, con copia literal del expediente instruido, al Juez de Vigilancia Penitenciaria, sin perjuicio de ponerlo también en conocimiento de la Secretaría General de Instituciones Penitenciarias.

Una vez recibido el correspondiente informe del Director del Centro Penitenciario, el Juez de Vigilancia oirá al Fiscal y acusador particular de la causa, si lo hubiere, dándose también intervención y audiencia al defensor del penado, o nombrándosele de oficio para este caso si no tuviese, y acordará la instrucción más amplia y formal sobre los hechos y el estado físico y moral (psíquico) del penado, por los mismos medios legales de prueba que se hubieran empleado si el incidente hubiera ocurrido durante el seguimiento de la causa, librándose al efecto, en su caso, los despachos necesarios.

Sustanciado el incidente en juicio contradictorio si hubiera oposición, y en forma ordinaria si no la hubiera, y después de oír las declaraciones e informes de los peritos médicos, el Juez de Vigilancia dictará la resolución que proceda, que la comunicará a las partes, y a la Dirección del Centro Penitenciario en el caso de penados que se hallen cumpliendo pena privativa de libertad.

Si el Juez de Vigilancia acordare la suspensión de la ejecución de la pena, podrá decretar la imposición de alguna medida de seguridad, tal y como ya hemos apuntado con anterioridad.

Para el caso de medidas privativas de libertad consistentes en internamiento en centro de deshabituación y en centro educativo especial, ha de tenerse en cuenta lo dispuesto en el artículo 182 RP, que exige la elaboración del adecuado y pertinente programa de ejecución de la medida, con sus controles correspondientes.

Cuando la medida privativa de libertad consista en el internamiento en un establecimiento o unidad psiquiátrica penitenciaria ha de estarse a lo dispuesto en los arts. 183 a 191 RP[635] que contemplan la existencia de un Equipo multidisciplinar para prestar la asistencia especializada que precisen los penados internados en tales establecimientos, así como la emisión de los correspondientes informes a la

[635] Vid. art. 22 del R.D. 840/2011, de 17 de junio, por el que se establecen las circunstancias de ejecución de las penas de trabajo en beneficio de la comunidad y de localización permanente en centro penitenciario, de determinadas medidas de seguridad, así como de la suspensión de la ejecución de las penas privativas de libertad y sustitución de penas.

autoridad judicial, y el seguimiento y revisión de la medida, al menos con una periodicidad de seis meses.

En todo caso, el JVP debe garantizar que el penado reciba la asistencia médica que precise.

Los Servicios de gestión de penas y medidas alternativas deben efectuar el control y seguimiento de las medidas no privativas de libertad, informando al Juez de Vigilancia cuando éste lo disponga, y en todo caso anualmente. También informarán cuando las circunstancias del penado se modifiquen, cuando la evolución del tratamiento lo aconseje, cuando se produzca cualquier incumplimiento de la medida de seguridad impuesta y cuando finalice su plazo de ejecución.

A los efectos previstos en la Disposición Adicional Primera del Código Penal[636], el Juez de Vigilancia Penitenciaria debe comunicar al Ministerio Fiscal, con suficiente antelación, la extinción de la medida de seguridad impuesta.

Finalmente se ha de indicar que si el penado viera restablecida su salud mental, entonces cumpliría la sentencia si la pena no hubiere prescrito, sin perjuicio de que el Juez o Tribunal, por razones de equidad, pueda dar por extinguida la condena o reducir su duración, en la medida en que el cumplimiento de la pena resulte innecesario o contraproducente.

5.7. Transmisión de resoluciones penales para su ejecución en otros países de la Unión Europea, al amparo del principio de reconocimiento mutuo

La Ley 23/2014, de 20 de noviembre, de reconocimiento mutuo de resoluciones penales en la Unión Europea, incorporó al Derecho español, entre otras, la Decisión Marco 2008/909/JAI del Consejo, de 27 de noviembre de 2008[637], relativa a la aplicación del principio de reconocimiento mutuo de sentencias en materia penal por las que se imponen penas u otras medidas privativas de libertad a efectos de su ejecución en la Unión Europea. Este instrumento jurídico permite que una resolución condenatoria por la que se impone a una per-

---

[636] Para que inste, si fuera procedente, la declaración de incapacidad ante la jurisdicción civil, o el internamiento conforme a las normas de la legislación civil.

[637] Publicada en el DOUE L 327 de 5-12-2008.

sona física una pena o medida privativa de libertad sea ejecutada en otro Estado miembro cuando ello contribuya a facilitar la reinserción social del condenado. Los trámites y requisitos para el reconocimiento mutuo de este tipo de resoluciones judiciales se contemplan en el Titulo III, arts. 63 a 92 de la expresada Ley 23/2014.

En aplicación del principio de reconocimiento mutuo, las autoridades judiciales españolas que dicten una orden o resolución incluida dentro de la regulación de esta Ley podrán transmitirla a otro Estado miembro para su reconocimiento y ejecución, y, a su vez, reconocerán y ejecutarán en España las órdenes y resoluciones penales europeas conforme a lo previsto en la Ley, cuando hayan sido transmitidas por la autoridad competente de otro Estado miembro.

A tenor de lo dispuesto en el art. 94 LOPJ, reformado por la Ley Orgánica 6/2014, de 29 de octubre, en relación con el art. 64.1 de la citada Ley 23/2014, los Jueces de Vigilancia son competentes para la transmisión, a otro país de la Unión, de una resolución por la que se imponga una pena o medida privativa de libertad cuando se haya dado inicio al cumplimiento de la condena. Si no se hubiera iniciado la ejecución la competencia corresponde al tribunal que hubiera dictado sentencia en primera instancia.

De otro lado, según el art. 64.2 de la citada LRMRPUE, la competencia para reconocer y acordar la ejecución en España de una resolución penal de otro país de la Unión corresponde al Juez Central de lo Penal, correspondiendo al Juez Central de Vigilancia Penitenciaria llevar a cabo la ejecución de la pena o medida.

A) Iniciación del procedimiento y comprobaciones previas

El procedimiento puede iniciarse (art. 65 LRMRPUE) de oficio por el JVP, a instancia del Estado de ejecución, o a instancia de la persona condenada, que puede formular su solicitud ante la autoridad judicial española o ante la competente del Estado de ejecución.

La solicitud del penado no vincula al JVP, que debe valorar si concurren los requisitos y si se cumple la finalidad de reinserción que se persigue con este instrumento jurídico[638]. Por ello, antes de acordar la

[638] En todo caso, una circunstancia muy importante a tener en cuenta es conocer cómo se encuentra regulada esta materia del reconocimiento mutuo en el Estado

transmisión de la resolución privativa de libertad, debe comprobar que no existe ninguna sentencia condenatoria pendiente de devenir firme en relación con el condenado. También resulta conveniente comprobar que no se hayan adoptado medidas cautelares en otros procedimientos penales pendientes de enjuiciamiento, a fin de evitar que, si se transmite la sentencia para que se ejecute en el extranjero, el otro tribunal español de la causa pendiente de enjuiciamiento tenga que reclamar la entrega del imputado para enjuiciarle en España por la causa pendiente[639].

B) Emisión del instrumento de reconocimiento mutuo

a) Requisitos:

Una vez iniciado el expediente, durante su tramitación se deben comprobar que concurren una serie de requisitos, como son:

— Que el condenado se encuentre localizado en España o en el Estado de ejecución.
— Que la ejecución de la condena en el Estado de ejecución facilitará la reinserción social del condenado. Para valorar la concurrencia de este requisito consideramos que el Juez de Vigilancia, además de poder consultar al Estado de ejecución como señala la Ley, también podrá efectuar las demás averiguaciones que estime pertinentes a través de la Administración Penitenciaria y otros organismos.
— Que se oiga al condenado y medie su consentimiento, lo que se llevará a cabo ante la autoridad judicial, asistido de abogado y de intérprete si fuera necesario, debiendo ser informado en términos claros y comprensibles de la finalidad de la audiencia y del consentimiento.

---

al que se remitiría la ejecución de la pena o medida de seguridad, pues no todos los Estados de la Unión Europea han implementado o transpuesto a su derecho interno la Decisión Marco 2008/909/JAI del Consejo, de 27 de noviembre de 2008. Si el Estado de ejecución no la ha implementado es muy probable que la emisión del instrumento de reconocimiento mutuo y transmisión de la condena por parte de la autoridad judicial española resulte ineficaz, o de difícil aplicación. Aunque lo cierto es que según el art. 29 de la citada Decisión Marco, todos los Estados deberían adoptar las medidas necesarias para la ejecución de dicha Decisión, a más tardar el 5 de diciembre de 2011.

[639] Todas estas comprobaciones pueden realizarse consultando el Sistema de Registros Administrativos de Apoyo a la Administración de Justicia (SIRAJ), regulado por RD 95/2009 de 6 de febrero.

No será necesario el consentimiento cuando el Estado de ejecución sea el Estado de su nacionalidad, se trate del Estado al que vaya a ser expulsado, o el Estado al que se haya fugado o regresado.

b) Resolución

El Juez de Vigilancia debe decidir por auto motivado sobre la ejecución de la sentencia en el otro Estado de la Unión. Decidida de forma positiva esta cuestión, deberá transmitir a la autoridad competente de este país la sentencia condenatoria junto con el certificado que figura en el Anexo II de la LRMRPUE, debidamente cumplimentado, y firmado por el Juez.

Este certificado debe traducirse a la lengua oficial del Estado de ejecución (o al inglés o al francés si expresamente lo acepta dicho Estado)[640].

El Juez de Vigilancia transmitirá la orden europea (el instrumento de reconocimiento mutuo) directamente a la autoridad judicial competente del Estado de ejecución, a través de cualquier medio que deje constancia escrita en condiciones que permitan acreditar su autenticidad; y cualquier dificultad o duda que surja en relación con la transmisión se debe solventar mediante comunicación directa entre las autoridades judiciales implicadas, con el auxilio, en su caso, de la Red Judicial Europea y Eurojust. (Art. 8 LRMRPUE).

El auto del JVP acordando la transmisión debe notificarse personalmente al condenado, usando para ello de forma obligatoria el modelo de certificado de notificación que figura en el Anexo III de la LRMRPUE.

De conformidad con el art. 13 LRMRPUE, contra los autos por los que se acuerde la transmisión de un instrumento de reconocimiento mutuo podrán interponerse los recursos previstos en el ordenamiento jurídico español, que se tramitarán y resolverán exclusivamente por la autoridad judicial española competente según la legislación española.

Estos recursos no tienen carácter suspensivo, y en caso de estimación del recurso, la autoridad judicial española lo debe comunicar inmediatamente a la autoridad extranjera que esté conociendo de la ejecución.

---

[640] En la siguiente página web se puede obtener el certificado en todos los idiomas de la Unión Europea:
http://eur-lex.europa.eu/legal-content/EN/TXT/?uri=CELEX:32008F0947

C) Medidas cautelares y traslado del condenado

Si el condenado se encuentra en el Estado de ejecución, el Juez de Vigilancia, a instancia del Ministerio Fiscal, puede pedir a la autoridad competente de dicho Estado que adopte una medida restrictiva de libertad personal o cualquier otra medida destinada a garantizar la permanencia del condenado en dicho territorio.

Cuando la autoridad del Estado de ejecución comunique que acepta la ejecución de la sentencia dictada por la autoridad judicial española, se procederá al traslado del condenado a dicho Estado si se encontrara en España, que debe hacerse efectivo en el plazo de treinta días.

Realizado el traslado, las autoridades judiciales españolas dejan de ser competentes para adoptar resoluciones sobre la pena o medida privativa de libertad impuesta al condenado, incluida la libertad anticipada o condicional, siendo la legislación del Estado de ejecución la que regirá todo lo relativo al cumplimiento de la pena o medida impuesta.

5.8. Control de medidas de seguridad

Del contenido de lo normado en los arts. 96, 98, 105 y 106 CP se desprende que en materia de medidas de seguridad, la competencia del Juez de Vigilancia se extiende a todas las privativas de libertad[641], y respecto de las no privativas de libertad únicamente a la de custodia familiar y a la de libertad vigilada que deba ejecutarse después del cumplimiento de una pena privativa de libertad.

5.8.1. Medidas privativas de libertad

A fin de que el Juez o Tribunal sentenciador puedan adoptar alguna de las decisiones previstas en el art. 97 CP, el art. 98 del citado Código establece que el Juez de Vigilancia estará obligado a elevar al menos anualmente, una propuesta de mantenimiento, cese, susti-

---

641 Según el art. 96.2 CP: «Son medidas privativas de libertad: 1ª. El internamiento en centro psiquiátrico. 2ª. El internamiento en centro de deshabituación. 3ª. El internamiento en centro educativo especial.»

tución o suspensión de la medida de seguridad privativa de libertad. Para formular dicha propuesta, este Juez deberá valorar los informes emitidos por los facultativos y profesionales que asistan al sometido a medida de seguridad o por las Administraciones Públicas competentes y, en su caso, el resultado de las demás actuaciones que a este fin ordene.

Según el art. 20 del R.D. 840/2011, de 17 de junio, (por el que se establecen las circunstancias de ejecución de las penas de trabajo en beneficio de la comunidad y de localización permanente en centro penitenciario, de determinadas medidas de seguridad, así como de la suspensión de la ejecución de las penas privativas de libertad y sustitución de penas), las medidas de seguridad privativas de libertad se cumplirán en los centros adecuados, públicos o concertados de las Administraciones públicas competentes por razón de la materia y del territorio; siendo competente la Administración Penitenciaria –según el art. 21 del citado R.D.– para la ejecución de las medidas privativas de libertad de internamiento en establecimiento o unidad psiquiátrica penitenciaria.

Resulta muy importante tener presente lo anteriormente expuesto para que el JVP pueda ejercer las funciones que en esta materia le competen, pues a veces ocurre que los Jueces o Tribunales sentenciadores, sin tener en cuenta lo que sobre esta cuestión se regula en el citado R.D. 840/2011, y en el Reglamento Penitenciario, disponen por su cuenta o a instancia de los familiares del sujeto a la medida de seguridad –creyendo que esto puede ser más beneficioso para él–, que ésta se cumpla en un centro que no reúne las expresadas características, pues ni pertenece a la Administración Penitenciaria ni tampoco está concertado con la Administración pública competente.

Efectivamente, es competencia del Juez de Vigilancia la emisión de la correspondiente propuesta de mantenimiento, cese, sustitución o suspensión de la medida de seguridad, a tenor de lo previsto en el art. 98 CP. Pero para que este Juez pueda cumplir su función de formular la correspondiente propuesta al Tribunal sentenciador, previamente éste ha debido disponer la ejecución de la medida en legal forma.

El Juez de Vigilancia no es un "perito" del Tribunal sentenciador –que deba emitir informes o propuestas a requerimiento de dicho Tribunal, sobre la base de unas actuaciones que se han realizado al margen de la Administración correspondiente, o de unos documentos emitidos por un centro dirigidos al Juez o Tribunal sentenciador sin ningún tipo de control o intervención previa por parte de dicha Administración o del JVP en orden a la elaboración y aprobación de un plan para la ejecución de la medida de seguridad–, sino un órgano jurisdiccional, autónomo e independiente, que ejerce jurisdicción propia[642]. Y para el ejercicio de su jurisdicción debe observar los cauces procesales legalmente establecidos para, de esta forma, actuar válidamente sus competencias.

Por eso, en estos casos de medidas de seguridad privativas de libertad, resulta singularmente importante la observancia de lo dispuesto en los artículos 3.1 y 98 del C.P., los artículos 20, 21 y 22 del R. D. 840/2011, y los artículos 183 a 191 del Reglamento Penitenciario.

La emisión, por parte del Juez de Vigilancia, de una propuesta conforme a lo previsto en el artículo 98 CP, no es un acto aislado, sino que se enmarca en el desarrollo del control de la legalidad de la actuación de la Administración Penitenciaria, y en el seguimiento previo de la medida, desde el inicio de su cumplimiento. Nótese que el JVP no controla el funcionamiento de los centros privados o no concertados con la Administración pública competente.

Para que el JVP pueda ejercer dicha competencia, previamente ha debido intervenir la Administración Penitenciaria remitiéndole los correspondientes informes previstos en los artículos 183 y ss. del RP, y ha debido existir, desde su inicio, un control por parte del JVP de la medida, para de este modo, a la vista de cómo haya sido su evolución, poder proponer si procede su mantenimiento, cese, sustitución o suspensión. No se puede pretender que ejecutándose la medida, sin ningún tipo de intervención de la Administración Penitenciaria ni del JVP, posteriormente emita una propuesta sobre algo de lo que está totalmente ajeno.

En estos casos creemos que el Tribunal sentenciador, que desde el inicio ha sido quien ha decidido la medida y se ha entendido directamente con el centro privado o no concertado, y al que le habrán sido dirigidos los respectivos informes emitidos por éste, es el que está en condiciones para valorar tales informes y tomar la decisión

---

642 Esto es algo que venimos defendiendo a lo largo de este trabajo. Véase especialmente el Capítulo III, apartado III.3 relativo a la naturaleza jurídica del Juez de Vigilancia Penitenciaria Español.

que proceda respecto de la medida de seguridad, sin necesidad de la propuesta –por otro lado no vinculante– del JVP.

Dicho lo anterior, también hemos de poner de manifiesto que ni en el art. 98 CP ni en ningún otro precepto se indican las actuaciones procesales que debe realizar el JVP para la emisión del informe que este artículo del CP le ordena.

Consideramos que lo procedente será incoar de oficio un expediente reclamando los correspondientes informes de los facultativos o profesionales que asistan al sometido a la medida, o bien con los informes recibidos que tales profesionales o las Administraciones Públicas competentes remiten, en la mayoría de los casos, al Juzgado sin esperar a que éste se los requiera. Iniciado el expediente, se deberá dar traslado del mismo al Ministerio Fiscal y seguidamente se practicarán las diligencias que éste interese o el Juez acuerde de oficio, y verificado todo ello, previo informe del Ministerio Fiscal, el Juez deberá dictar auto motivado resolviendo remitir al Juez o Tribunal sentenciador la correspondiente propuesta de mantenimiento, cese, sustitución o suspensión de la medida de seguridad.

5.8.2. Libertad vigilada postpenitenciaria[643]

Establece el art. 106.2 CP que cuando el Juez o Tribunal impongan en la sentencia la medida de libertad vigilada para su cumplimiento posterior a la pena privativa de libertad, que, en estos casos, al menos dos meses antes de la extinción de la pena privativa de li-

---

[643] Determinado sector de la doctrina ha criticado esta medida de seguridad de libertad vigilada, que se fundamenta en el pronóstico de peligrosidad, por considerar que podría entrar en colisión con algunos aspectos de la relación jurídico-penitenciaria previstos en la normativa penitenciaria, en concreto con el tratamiento penitenciario, con el régimen de vida propio del tercer grado, con la libertad condicional y con el pronóstico de reinserción del condenado. "Es decir, que aquellos reclusos a los que en sentencia se les haya aplicado una medida de seguridad de libertad vigilada para su ejecución una vez cumplida la condena de prisión, no se les podrían otorgar ciertos beneficios penitenciarios, entendidos éstos en sentido amplio, como los permisos de salida, el tercer grado, ni, por supuesto, la libertad condicional, lo que, además de ser contrario al modelo de individualización científica (art. 72 LOGP) sobre el que descansa nuestro sistema penitenciario de ejecución penal, impediría comprobar la evolución positiva del interno de cara a constatar que el pronóstico de peligrosidad ha variado durante el cumplimiento de la condena." LEGANES GOMEZ, Santiago; «Clasificación penitenciaria y libertad vigilada», en *Revista La Ley Penal* nº 96-97, septiembre 2012, Editorial LA LEY.

bertad, y a fin de que la medida de libertad vigilada pueda iniciarse en ese momento, el Juez de Vigilancia, por el procedimiento previsto en el art. 98 CP, elevará la oportuna propuesta al Juez o Tribunal sentenciador quien concretará el contenido de la medida fijando las obligaciones o prohibiciones que habrá de observar el condenado. A tenor del contenido del art. 98.1 CP, el Juez de Vigilancia –además de esta propuesta inicial contemplada en el art. 106.2 CP– también está obligado a remitir, al menos anualmente, una propuesta de mantenimiento, cese, sustitución o suspensión de la medida.

Por su parte, el art. 23 del R.D. 840/2011, de 17 de junio, establece que cuando se haya impuesto al penado una medida de libertad vigilada de cumplimiento posterior a la pena privativa de libertad, la Administración Penitenciaria, antes de finalizar el cumplimiento de la pena y *a solicitud del Juez de Vigilancia,* elevará a éste un informe técnico sobre la evolución del penado, elaborado por la Junta de Tratamiento del centro penitenciario correspondiente, a los efectos previstos en el art. 106.2 CP; esto es, para que dicho Juez pueda formular la correspondiente propuesta inicial sobre el cumplimiento de la medida.

Criticamos la redacción de este precepto reglamentario al establecer como requisito, para que la Administración Penitenciaria elabore el correspondiente informe técnico, que sea a "*solicitud del Juez de Vigilancia.*" Para que el Juez de Vigilancia pueda solicitar dicho informe técnico, previamente tendrá que haber sido informado de la existencia de penados a quienes se haya impuesto esta medida de libertad vigilada postpenitenciaria. Sin embargo, en ningún precepto se contempla la obligación, por parte del Tribunal sentenciador o de la Administración Penitenciaria, de informar al Juez de Vigilancia de este dato.

Por ello consideramos que, para que pueda cumplimentarse eficazmente lo previsto en el art. 106.2 CP, la Administración Penitenciaria debe remitir al Juez de Vigilancia el correspondiente informe técnico sin necesidad de que éste se lo solicite. O bien que, de mantenerse el requisito de que el Juez solicite dicho informe, se establezca la obligación previa de la Administración Penitenciaria de informar al Juez de Vigilancia de la existencia de internos sujetos a esta medida de seguridad.

La Secretaría General de Instituciones Penitencias debió ser consciente de las dificultades derivadas de la exigencia de que el informe técnico se elaborase previa solicitud del Juez de Vigilancia, pues en su Instrucción 19/2011, de 16 de noviembre, sobre cumplimiento de las medidas de seguridad competencia de la Administración Penitenciaria[644], al referirse a la libertad vigilada postpenitenciaria, eleva a tres meses el plazo mínimo de antelación, antes de la extinción de la pena, con el que debe remitirse el informe técnico elaborado por la Junta de Tratamiento al Juez de Vigilancia, y no indica que deba elaborarse previa solicitud de este Juez, sino de que de su contenido se desprende que debe ser por propia iniciativa de la Administración Penitenciaria, y que en dicho informe, atendiendo al pronóstico actual de peligrosidad del interno, se propondrán a la autoridad judicial de forma motivada las medidas concretas, de las recogidas en el artículo 106 del Código Penal, a las que debiera de ser sometido el futuro liberado.

Hemos de llamar también la atención, sobre lo dispuesto en el meritado art. 106.2 CP acerca de que el Juez de Vigilancia debe formular la correspondiente propuesta inicial "*por el procedimiento previsto en el artículo 98.*"

Como hemos puesto de manifiesto más arriba, el art. 98 no contempla ningún tipo de procedimiento al respecto, limitándose a señalar que el Juez de Vigilancia para formular su propuesta "*deberá valorar los informes emitidos por los facultativos y profesionales que asistan al sometido a medida de seguridad o por las Administraciones Públicas competentes y, en su caso, el resultado de las demás actuaciones que a este fin ordene.*" Pero, sin embargo, no se indica cuáles deben ser los trámites procedimentales que deban realizarse previamente para la obtención de tales informes, que finalmente conduzcan a su valoración y a la emisión de la correspondiente propuesta.

Por ello, al ser plenamente aplicable al presente caso, consideramos que el procedimiento a seguir debe ser el mismo que hemos expuesto con anterioridad al referirnos a las medidas privativas de libertad.

5.8.3. Custodia familiar[645]

Con idéntica redacción, el art. 96.3-4ª CP y el art. 105.1 b) CP, referentes a la custodia familiar, establecen que: «*El sometido a esta*

[644] Esta Instrucción puede consultarse en la siguiente dirección de internet: *http://www.institucionpenitenciaria.es/web/portal/documentos/instrucciones/index.html?pagina=2*

[645] La implantación de esta medida de seguridad tampoco ha merecido una favorable acogida por la doctrina, al considerar que el tratamiento que se le dispensa

medida quedará sujeto al cuidado y vigilancia del familiar que se designe y que acepte la custodia, quien la ejercerá en relación con el Juez de Vigilancia Penitenciaria y sin menoscabo de las actividades escolares o laborales del custodiado.»

Sin embargo, nada dice el CP acerca de los trámites procesales que deben realizarse ante el JVP para que este Juez lleve a cabo el control de esta medida.

Tampoco se la contempla en el Capítulo V del R.D. 840/2011, de 17 de junio, cuando regula el cumplimiento de las medidas de seguridad competencia de la Administración penitenciaria, ni en ningún otro lugar de dicha Disposición reglamentaria. Y precisamente por considerar que se trata de una medida de seguridad ajena a las competencias de la Administración Penitenciaria, tampoco se la menciona en la anteriormente citada Instrucción de la Secretaría General de Instituciones Penitenciarias nº 19/2011, de 16 de noviembre.

Ante esta orfandad normativa y la ausencia de unas pautas o directrices comunes a seguir, pues ni siquiera los Jueces de Vigilancia en sus distintas Reuniones han aprobado Criterio, conclusión o acuerdo alguno relativo a esta medida de seguridad[646], la ejecución y control

---

en el CP resulta deficiente e ineficaz pues, no sólo pone en peligro la reeducación del sujeto y los derechos de los custodiantes, sino que perjudica seriamente la unidad jurisdiccional al colisionar con otros mecanismos asistenciales y de protección regulados universalmente por otras disciplinas jurídicas. Se la considera un medio asistencial más próximo al Derecho Civil, pero que se adentra en el campo de actuación del llamado Derecho Penal preventivo, que actúa como consecuencia y respuesta criminal frente a delitos cometidos por determinada clase de personas; de ahí que se cuestione su naturaleza jurídica, si pertene al derecho penal o se incrusta como una modalidad civil en el ámbito concreto de lo punitivo. Se critica su deficiente regulación, causante de su ineficacia, al atribuir y asignar el legislador, sin más, naturaleza criminal a un medio asistencial y de auxilio muy elemental que bien pudiera entroncar y compaginar mejor con elementos civiles, sociales, o sanitarios de índole administrativo que los estrictamente sancionadores; perdiéndose también la oportuna de que la atención y fiscalización de las personas que tienen alteradas sus facultades mentales pueda ser realizada por entidades y profesionales, asociaciones públicas o privadas con experiencia en la atención y cuidado de estas personas, pues muchas veces los familiares no son las personas más idóneas para realizar este cometido. LEAL MEDINA Julio; «La custodia familiar: pasado, presente y futuro de una medida de seguridad insuficientemente regulada y de difícil encaje en el Derecho Penal» en *Diario La Ley* nº 6452, Sección Doctrina, 30 de marzo de 2006, año XXVII, Ref. D-82, Editorial La LEY.

[646] *Conclusiones Vigilancia Penitenciaria. Criterios de Actuación, Conclusiones y Acuerdos aprobados por los Jueces de Vigilancia Penitenciaria en sus 16 Reuniones celebradas*

de esta medida se lleva a cabo con arreglo al mejor o peor criterio individual del Juez respectivo.

Consideramos que los trámites más adecuados que se deben seguir ante el JVP para la ejecución y control de esta medida de seguridad, deben ser los siguientes:

Una vez firme la resolución por la que se acuerde la imposición de esta medida, el Juez o Tribunal sentenciador remitirá testimonio de sentencia y de todos los particulares necesarios para su ejecución al JVP del domicilio de la persona a la que se le haya impuesto.

El JVP acordará la incoación del correspondiente expediente, del que se dará traslado al MF para que emita informe y solicite la práctica de las diligencias que estime convenientes, y practicadas las solicitadas, que el Juez de Vigilancia estime pertinentes y las acordadas por éste de oficio, se dictará el correspondiente auto que deberá contener las tareas que deba realizar el familiar custodio.

Creemos que es el Juez o Tribunal sentenciador quien previamente ha debido decidir cuál es el familiar encargado de la custodia de la persona sujeta a la medida, el ámbito de su actuación y la extensión y límites de la medida impuesta. El CP simplemente dice que "*el sometido a esta medida quedará sujeto al cuidado y vigilancia del familiar que se designe...*" pero no indica en qué consiste ese cuidado y vigilancia; especificándose únicamente que será "en relación con el Juez de Vigilancia" y "*sin menoscabo de las actividades escolares o laborales del custodiado.*"

En el caso de que esta designación de familiar custodio y ámbito de su actuación no estuviese acordada por el Juez o Tribunal sentenciador, o se considerase que debe completarse en algunos extremos, entonces debería procederse a la elección del familiar más idóneo para este cargo siguiendo las normas previstas en el Código Civil (art. 231 y ss), para el nombramiento de tutor y curador, dada su similitud con estas instituciones de guarda y custodia de incapaces.

Designado el familiar custodio y determinada la extensión y límites de la medida, se notificará a dicho familiar a quien se requerirá para que la desempeñe fielmente, dando cuenta al JVP en los términos que se hayan establecido.

---

entre 1981 y 2007. CGPJ, Madrid, 2008.

Creemos que este pariente, que ejerce la custodia familiar, en realidad se asemeja mucho a la figura de un defensor judicial, y por tanto, llegado el caso, es decir, si concurrieran los presupuestos para una modificación de la capacidad de obrar de la persona sometida a esta medida de seguridad, estaría legitimado para promover dicha modificación si fuese alguna de las personas previstas en el apartado nº 1 del art. 751 LEC (cónyuge o asimilado, descendiente, ascendiente o hermano). De no tratarse de una de estas personas, habría de ser considerado como una de las incluidas en el inciso segundo del apartado nº 3 del citado art. 751 LEC, pues entendemos que, a tenor de lo dispuesto en el art. 24.2 CP, debe ser considerado como funcionario público.

Como dice el Prof. Cabrera Mercado[647], en los procesos sobre la capacidad de las personas rigen los principios de oficialidad de la acción y de investigación de oficio; de tal manera que la simple facultad –atribuible a cualquier persona– de poner en conocimiento del Ministerio Fiscal los hechos que puedan ser determinantes de la incapacitación, se convierte en deber para autoridades y funcionarios cuando por razón de sus cargos conocieran a una persona en quien pudiera concurrir una causa de incapacitación.

Durante el desarrollo de la medida el Juez recibirá los correspondientes informes del familiar custodio, pero creemos que también podrá recabar información complementaria de los centros y entidades en donde realice sus actividades el sujeto a la medida, y de los diferentes servicios de las distintas Administraciones públicas que tengan relación con el sujeto; así, servicios de asistencia social, sanitaria, educativa, etc., e incluso de las fuerzas y cuerpos de seguridad.

Si por las circunstancias que fuesen resultara imposible el inicio de la ejecución de la medida, o durante su desarrollo surgiesen graves inconvenientes que imposibilitaran su continuación, el JVP deberá dictar auto teniéndola por incumplida, dando cuenta de ello al órgano sentenciador para que resuelva lo procedente.

Una vez transcurrido el tiempo de duración de la medida, y habiéndose desarrollado la misma en los términos acordados, el JVP

---

[647] *Vid.* CABRERA MERCADO Rafael; «La legitimación en el proceso sobre la capacidad de obrar de las personas» en *Intereses colectivos y legitimación activa* (dir. E. Carbonell, coord. R. Cabrera Mercado), Thomson-Reuters, Universidad de Jaén, Cizur Menor, 2014, pp. 561-585.

deberá dictar auto teniéndola por cumplida, dando cuenta de ello al Juez o Tribunal sentenciador para constancia de ello en su ejecutoria.

5.9. Actuaciones de oficio del JVP

Teniendo en cuenta el principio de oficialidad que, como expusimos más arriba[648], debe regir la actuación del JVP sin necesidad de que los internos o el Ministerio Fiscal insten su intervención en los asuntos de su competencia, este Juez en su función de control de los actos de la Administración Penitenciaria y garante de los derechos de los reclusos, puede acordar la incoación de un procedimiento de oficio.

Esto es criterio pacífico en la doctrina y en el *usus fori*, pero, sin embargo, como en casi todos los demás asuntos de su competencia, tampoco hay ninguna norma que regule el procedimiento a seguir cuando el Juez adopte esta decisión.

El art. 67 del PLORPJVP contenía una breve regulación sobre esta cuestión que prácticamente se ajusta a lo que realmente sucede en el quehacer diario de estos Juzgados, y que creemos que debe seguirse.

Así en estos casos, el Juez dará cuenta de la incoación del procedimiento al MF, y al interno o internos afectados si la actuación se refiriese a situaciones individualizadas. Seguidamente se practicarán las diligencias o pruebas acordadas de oficio por el Juez o propuestas por el MF o los internos, que hubieran sido declaradas pertinentes, y a partir de este momento se seguirá el procedimiento que hemos denominado ordinario o común.

6. RECURSOS

En materia de recursos hemos de distinguir entre los que cabe interponer contra resoluciones del Secretario Judicial (ahora denominado Letrado de la Administración de Justicia)[649], y contra resoluciones del Organo Jurisdiccional.

---

648 Véase el apartado V.3.2.1. de este trabajo.

649 A partir del día uno de octubre de 2015, fecha en que entra en vigor la LO 7/2015 de 21 de julio, que modifica determinados aspectos de la LOPJ, los Secretarios pasan a denominarse "Letrados de la Administración de Justicia." (*Vid.*

6.1. Contra resoluciones del Secretario Judicial

En este aspecto no se presenta ninguna especialidad digna de mención pues se debe seguir el mismo régimen previsto en la normativa contenida en los arts. 238 bis y 238 ter de la LECr., que establecen los siguientes:

A) Recurso de reposición

Puede interponerse contra todas las diligencias de ordenación y contra los decretos, excepto en aquellos supuestos en que proceda la interposición directa de recurso de revisión por así preverlo expresamente la Ley. Se interpone ante el mismo Secretario que haya dictado la resolución.

B) Recurso de revisión

Cabe contra los decretos del Secretario judicial, y se interpone ante el Juez o Tribunal con competencia funcional en la fase del proceso en la que haya recaído el decreto que se impugna.

La única salvedad que hemos de poner de manifiesto en esta materia es que, según los citados artículos de la LECr, estos recursos se interpondrán siempre por escrito autorizado con firma de Letrado. Sin embargo, pese a lo dispuesto en estos artículos, teniendo en cuenta las notas que caracterizan el procedimiento ante el JVP, y puesto que como hemos visto más arriba, por regla general, no es necesaria la asistencia letrada en las actuaciones que se practiquen ante el JVP ni para interponer recursos de reforma contra las decisiones del Juez de Vigilancia, siguiendo un criterio similar habrá que convenir que tampoco es necesaria la asistencia letrada para recurrir las resoluciones del Secretario Judicial.

6.2. Contra resoluciones del Organo Jurisdiccional

Esta materia aparece regulada de forma específica en la Disposición Adicional Quinta de la LOPJ, que contempla determina-

art. 440 LOPJ). Sin embargo, resulta curioso que el cargo de Secretario de Gobierno y de Secretario Coordinador Provincial, mantienen la denominación de Secretario en vez de la nueva de "Letrado".

dos aspectos concretos que deben completarse con las normas generales contenidas en la LECr.

La mencionada Disposición Adicional Quinta es una norma que ha sido objeto de críticas tanto por la doctrina como por la jurisprudencia, reprochándole que es un precepto larguísimo, repleto de párrafos y subpárrafos que quieren salir al paso de problemas particulares concretos –normalmente ya pretéritos–, al tiempo que carecen de la necesaria capacidad de abstracción para dar respuestas generales[650].

Atendiendo a la clase de Órgano Jurisdiccional, según sea unipersonal o colegiado, podemos hacer la clasificación que seguidamente se indica.

6.2.1. Jueces de Vigilancia Penitenciaria

Contra las resoluciones dictadas por estos órganos unipersonales caben las siguientes resoluciones:

A) Recurso de reforma

Dice el apartado nº 1 de la citada Disposición Adicional que el recurso de reforma podrá interponerse contra todos los autos del Juez de Vigilancia.

No se establece ninguna particularidad en esta Disposición Adicional, por lo que su tramitación debe seguir las reglas generales para este tipo de recurso previstas en los artículos correspondientes de la LECr[651].

B) Recurso de apelación

Aparece confusamente regulado en la Disposición Adicional Quinta de la LOPJ.

---

650 *Vid.* DEL MORAL GARCÍA, Antonio; «Recursos frente a decisiones en materia de ejecución de penas privativas de libertad», en *Derecho Penitenciario II, Cuadernos de Derecho Judicial*, CGPJ, Madrid, 2004, p. 367.

Por su parte, el Tribunal Constitucional califica a esta Disposición Adicional Quinta, como norma "poco clara e insatisfactoria." Fundamento de Derecho Tercero, de la STC nº 54/1992 de 8 de abril.

651 Arts. 211 y 217 y ss. LECr.

Haciendo una síntesis ordenada de los criterios que allí se exponen, podemos decir que cabe interponer este recurso contra todos los Autos del JVP, salvo se hayan dictado resolviendo un recurso contra una resolución de la Administración Penitenciaria[652]. Pero esta excepción tiene, a su vez, otra excepción, cual es la que de que sí cabe apelación aunque el Auto del JVP se dicte resolviendo un recurso contra una resolución de la Administración, siempre que esta resolución administrativa decida sobre la clasificación del penado.

En definitiva, si tenemos en cuenta las competencias que se atribuyen al Juez de Vigilancia en los arts. 76 y 77 LOGP, podemos decir que cabe recurso de apelación contra todos los Autos del Juez de Vigilancia, salvo contra aquellos que se dicten resolviendo el recurso interpuesto por un interno contra una sanción disciplinaria[653].

Hubiese sido mucho más simple y más fácil expresarlo así, en lugar de –como dice Del Moral García–[654] los retruécanos presentes en la norma, que realiza un diseño apoyándose en excepciones, contraexcepciones y reiteraciones, de las que están repletas los números 4 y 5 de la Disposición Adicional Quinta de la LOPJ.

Como ya pusimos de manifiesto al tratar sobre la competencia funcional en el Capítulo IV.5.3 de este trabajo, en el recurso de apelación se ha impuesto un sistema dual, de tal manera que corresponde su resolución: a) Al Tribunal sentenciador, en materia de ejecución de penas; b) A la Audiencia Provincial del territorio en donde esté el

---

[652] "*...siempre que no se hayan dictado resolviendo un recurso de apelación contra resolución administrativa.*" Esto es exactamente lo que dice el apartado nº 3 de la Disposición Adicional Quinta, utilizando impropiamente el término de recurso de "apelación" al recurso interpuesto ante el JVP contra una resolución administrativa. Lo que viene a introducir mayor confusión a la ya, de por sí, confusa redacción de esta Disposición Adicional.

[653] En el Criterio nº 155 de los aprobados por los Jueces de Vigilancia, se insta una modificación legislativa en el sentido de que "Contra las resoluciones de los Juzgados de Vigilancia Penitenciaria cabe recurso de apelación en materia de permisos de salida, clasificación, libertad condicional, redenciones, y siempre que se alegue una vulneración de derechos fundamentales." Y también "en materia disciplinaria contra los autos del Juez de Vigilancia resolutorios del recurso de reforma que confírmenla comisión de faltas muy graves por parte de un interno, tanto si se mantiene la sanción impuesta como si se reduce y sustituye por otra." *Conclusiones de Vigilancia Penitenciaria: Criterios de Actuación, Conclusiones y Acuerdos aprobados por los Jueces de Vigilancia Penitenciaria en sus 16 Reuniones celebradas entre 1981 y 2007*, cit., p. 89.

[654] DEL MORAL GARCÍA, Antonio; «Recursos frente a decisiones en materia de ejecución de penas privativas de libertad», cit., p. 378.

centro penitenciario, en materia de régimen penitenciario; y c) A la Audiencia Nacional en ambos casos (ejecución de penas, y régimen), contra las resoluciones del Juez Central de Vigilancia[655].

A tenor del apartado n° 5 de esta Disposición Adicional, el recurso no tendrá efectos suspensivos, salvo que la resolución objeto de recurso se refiera a materia de clasificación o libertad condicional que pueda dar lugar a la excarcelación del interno y se trate de condenados por delitos graves.

Según el n° 9, este recurso se tramitará conforme a lo dispuesto en la Ley de Enjuiciamiento Criminal para el procedimiento abreviado. Esto se ha interpretado en el sentido de que se trata de la apelación contra autos y no contra sentencias recaídas en dicho procedimiento; lo que nos conduce a lo dispuesto en el art. 766 de la mencionada Ley procesal penal[656].

Quizás la nota más importante a tener en cuenta en este sentido es que, al seguirse el trámite de los recursos contra Autos y no contra

---

[655] En la VII Reunión de Jueces de Vigilancia se consideró que debía prescindirse de otorgar competencia a las Audiencias Provinciales y a los Tribunales sentenciadores por la diversificación doctrinal que ello convella, y se propusieron como posibles soluciones: 1.- Atribuir la competencia a un Tribunal de Escabinos que integrase una sección dentro de la Audiencia Provincial; y que estaría compuesto por dos magistrados y dos expertos de los Cuerpos Técnicos de Instituciones Penitenciarias. 2.- Una sección de vigilancia residenciada en la Audiencia Nacional, con competencia en todo el territorio nacional. 3.- Una Sección Especial en los Tribunales Superiores de Justicia. *Vid.* CEZON GONZALEZ Carlos; «Normativa procesal de los Juzgados de Vigilancia. Recursos contra las resoluciones de los Jueces de Vigilancia Penitenciaria» en *Vigilancia Penitenciaria (VIII Reunión de Jueces de Vigilancia Penitenciaria)*, cit., p. 98.

Sin embargo en el Criterio n° 158, conforme a la última versión de los mismos, se insta una reforma legislativa en el sentido de que la apelación en materia penitenciaria sea conocida por la Audiencia Provincial correspondiente a la sede del Juez de Vigilancia. *Conclusiones de Vigilancia Penitenciaria: Criterios de Actuación, Conclusiones y Acuerdos aprobados por los Jueces de Vigilancia Penitenciaria en sus 16 Reuniones celebradas entre 1981 y 2007*, cit., p. 91.

En el art. 73 PLORPJVP se preveía que el recurso de apelación lo fuese ante la Sala de lo Civil y Penal del Tribunal Superior de Justicia del que dependiera el Juzgado de Vigilancia Penitenciaria.

[656] Así se recoge en el Criterio n° 160, aprobado por unanimidad por los Jueces de Vigilancia en la Reunión de octubre de 2007. *Conclusiones de Vigilancia Penitenciaria: Criterios de Actuación, Conclusiones y Acuerdos aprobados por los Jueces de Vigilancia Penitenciaria en sus 16 Reuniones celebradas entre 1981 y 2007*, cit., p. 91.

Sin embargo, en el art. 76 PLORPJVP se establecía que el recurso de apelación se tramitase conforme a lo dispuesto en el procedimiento abreviado para la apelación contra sentencias.

Sentencias, esto limita las posibilidades probatorias en la segunda instancia, de tal manera que sólo será admisible, a tenor de lo dispuesto en el art. 766.3 en relación con el 231, ambos de la LECr., la prueba documental en sentido propio[657], no siendo posible proponer y solicitar práctica de prueba conforme a lo previsto en el art. 790.3 de la citada Ley[658].

Finalmente, en este apartado relativo al recurso de apelación, hemos de referirnos a la STS nº 308/2012 de fecha 27/04/2012, (recurso nº 20799/2011) dictada en recurso de casación de unificación de doctrina en materia de vigilancia penitenciaria, relativa a la valoración de circunstancias sobrevenidas en el recurso de apelación.

A la hora de resolver los recursos de apelación contra los autos de los JVP, existían dos criterios en la práctica de las distintas Audiencias Provinciales. Por un lado estaban quienes opinaban que el tribunal de apelación podía integrar en la ratio dicendi de su resolución datos relativos al interno, incorporados a su expediente con posterioridad a la decisión de la administración penitenciaria y a la resolución del JVP objeto del recurso de apelación. Por otro lado, estaban quienes sostenían que el tribunal de apelación debía resolver ateniéndose a lo que constaba en el expediente del interesado en el momento de dictarse el acuerdo administrativo que motivó el recurso ante el JVP y, con posterioridad, el de apelación.

El Tribunal Supremo, en la expresada STS nº 308/2012 fijó la siguiente doctrina:

> "*Como regla, en la resolución de los recursos de apelación contra autos del Juzgado de Vigilancia Penitenciaria deberá estarse a los datos o circunstancias sometidos a la consideración de este; sin perjuicio de que, excepcionalmente, de haberse producido durante el trámite del recurso incidencias propias del tratamiento del interno que fueran relevantes para la decisión, estas puedan ser examinadas contradictoriamente y tenidas en cuenta para dictarla.*"

---

657 *Vid.* DE PAUL VELASCO, José Manuel; «Notas sobre la nueva regulación de los recursos contra resoluciones de los Juzgados de Vigilancia Penitenciaria (LL.OO. 5/2003 y 7/2003)», Encuentro Andaluz S.O.P., Málaga, junio 2004, p. 16. Publicada en *http://www.derechopenitenciario.com/doctrina/doctrina-res.asp?titulo=&autor=&f_desde=&f_hasta=&referencia=&id_voz=14&buscar=S.*

658 Según este art. "En el mismo escrito de formalización podrá pedir el recurrente la práctica de las diligencias de prueba que no pudo proponer en la primera instancia, de las propuestas que le fueron indebidamente denegadas, siempre que hubiere formulado en su momento la oportuna protesta, y de las admitidas que no fueron practicadas por causas que no le sean imputables."

Como se recoge en los fundamentos jurídicos de esta Sentencia, a los efectos de esta regla general, será preciso que la importancia de la circunstancia sobrevenida sea incuestionable, y por tanto sea imprescindible su examen y, además, sea posible abordarla contando con todos los datos relevantes al respecto, porque se hayan aportado o, incluso, porque se reclamen. De la misma manera, por razón de garantía de todos los derechos en presencia, ese examen tendrá que hacerse con respeto del principio de contradicción, esto es, con audiencia de todas las partes implicadas.

C) Recurso de queja

De los dos tipos de queja que contempla el artículo 218 LECr., la Disposición Adicional Quinta de la LOPJ sólo se refiere a la queja por inadmisión de la apelación; al señalar en su apartado nº 4 que «El recurso de queja a que se refieren los apartados anteriores sólo podrá interponerse contra las resoluciones en que se deniegue la admisión de un recurso de apelación.»

El trámite a seguir será el previsto en la LECr, con carácter general, para este tipo de recursos[659]. Pero además de poderse recurrir en queja contra las resoluciones del Juez de Vigilancia que inadmitan un recurso de apelación –único supuesto contemplado en esta Disposición Adicional–, ello no obsta para que, llegado el caso, pueda interponerse también la correspondiente queja contra las resoluciones de la Audiencia inadmitiendo un recurso de casación.

6.2.2. Audiencias Provinciales y Audiencia Nacional

Contra las resoluciones dictadas por estos órganos colegiados caben los siguientes recursos:

A) Recurso de súplica

Aunque la Disposición Adicional Quinta LOPJ no se refiera a él, podrá interponerse este recurso contra los Autos dictados por estos

[659] Vid. arts. 218, 219, 220, 221, 233, 234 y 235 LECr.

órganos colegiados, que no sean resolutorios de un recurso de apelación contra una resolución de un JVP; toda vez que los Autos de las Audiencias resolviendo otros recursos son irrecurribles.

Su tramitación será conforme a lo previsto en los arts. 236 y 238 LECr.

B) Recurso de queja

Tampoco contemplado en esta Disposición Adicional que nos ocupa, pero podrá interponerse contra las resoluciones de estos órganos colegiados, en las que se deniegue la preparación del recurso de casación, conforme a lo previsto en los arts. 862 y ss LECr.

C) Recurso de casación

El caducado PLORPJVP de 1997 contemplaba en su art. 80 un recurso de casación, que denominaba "para unificación de doctrina", contra los autos de las Salas de lo Civil y Penal de los Tribunales Superiores de Justicia que resolvieran recursos de apelación contra las resoluciones de los JVP, estando legitimado únicamente para interponerlo el Ministerio Fiscal, de oficio o a solicitud de la Administración Penitenciaria.

En el apartado nº 2 de este artículo 80 se disponía que: "Las sentencias que se dicten en estos recursos tendrán eficacia únicamente para formar jurisprudencia sobre las cuestiones legales discutidas en el procedimiento, dejando intactas las situaciones jurídicas particulares creadas por la resolución recurrida"[660].

A la vista de las consecuencias atribuidas a las sentencias dictadas, aunque se le denominaba "para unificación de doctrina", en realidad de lo que se trataba era de un recurso de casación "en interés de ley", pues la sentencia dictada en el recurso dejaba intacta la situación creada por la resolución recurrida, y tampoco se exigía la invocación de resoluciones de contraste que pusieran de manifiesto la diversidad de doctrina que hubiera que unificar. Lo que suponía una gran insatisfacción en la realización de la idea de justicia, ya que dejaba sin tutelar la situación jurídica del particular afecta-

---

[660] *Proyecto de Ley Orgánica Reguladora del Procedimiento ante los Juzgados de Vigilancia Penitenciaria*; cit., p. 35.

do, aun cuando se declarase errónea la doctrina aplicada en el caso concreto.

Fracasado aquel Proyecto, el recurso de casación en el ámbito penitenciario fue creado por la Ley Orgánica 5/2003, de 27 de mayo, que modificó la Disposición Adicional Quinta de la LOPJ, que en su renumerado apartado 8 establece lo siguiente:

> «*Contra los autos de las Audiencias Provinciales y, en su caso, de la Audiencia Nacional, resolviendo recursos de apelación, que no sean susceptibles de casación ordinaria, podrán interponer, el Ministerio Fiscal y el letrado del penado, recurso de casación para la unificación de doctrina ante la Sala de lo Penal del Tribunal Supremo, el cual se sustanciará conforme a lo prevenido en la Ley de Enjuiciamiento Criminal para el recurso de casación ordinario, con las particularidades que de su finalidad se deriven. Los pronunciamientos del Tribunal Supremo al resolver los recursos de casación para la unificación de doctrina en ningún caso afectarán a las situaciones jurídicas creadas por las sentencias precedentes a la impugnada.*»

La redacción de este apartado, que como toda la Disposición Adicional Quinta es manifiestamente mejorable –nótese que habla de "sentencias precedentes a la impugnada", cuando las resoluciones dictadas tanto por los Juzgados como Audiencias son autos–, ha dado pié a que por algún autor[661] se interpretara que pese a la etiqueta legal de "unificación de doctrina", en realidad lo que se implantaba era un recurso de casación ordinario, dada la amplitud de legitimación para recurrir y la no exigencia de invocar resoluciones precedentes contradictorias.

La interpretación de este precepto ha venido dada por el Tribunal Supremo en el Acuerdo de fecha 22 de julio de 2004 de la Sala Segunda reunida en Pleno, posteriormente plasmado en la STS nº 1097/2004 de 30-9, que fue la primera dictada por dicho Alto Tribunal en este ámbito del derecho penitenciario.

Atendiendo a los criterios contenidos en esta Sentencia y otras posteriores, podemos decir que en materia penitenciaria caben dos tipos de recursos de casación: Uno para "unificación de doctrina" re-

---

[661] DEL MORAL GARCÍA, Antonio; «Recursos frente a decisiones en materia de ejecución de penas privativas de libertad», cit., p. 381.

ferido en el citado nº 8 de la Disposición Adicional Quinta LOPJ, y otro "ordinario por infracción de ley."

1. Recurso de casación para "unificación de doctrina"

Señala el TS en la expresada Sentencia que no es la primera vez que nuestro ordenamiento jurídico penal configura un recurso de esta naturaleza, y a tal efecto cita el regulado en el art. 42 de la Ley Orgánica 5/2000, de 12 de enero, reguladora de la responsabilidad penal de los menores.

— La finalidad de este recurso es asegurar la unidad del orden normativo jurídico-penal, en materia penitenciaria, para tutelar una aplicación de las normas que garantice óptimamente el derecho de igualdad. No se trata, pues, de controlar la subsunción jurídica llevada a cabo por el Tribunal de instancia en el caso concreto que haya sido sometido a su consideración, sino verificar que ante situaciones sustancialmente iguales se han producido respuestas divergentes que han de ser unificadas por el Tribunal Supremo. De modo que nunca podrá convertirse este recurso para la unificación de doctrina en materia penitenciaria, en una tercera instancia, en donde las partes pretendan hacer valer de nuevo sus pretensiones divergentes con lo resuelto en la instancia.

— Las resoluciones judiciales susceptibles de ser recurridas en casación para la unificación de doctrina en materia penitenciaria son los autos dictados tanto por las Audiencias Provinciales como, en su caso, la Audiencia Nacional, resolviendo recursos de apelación que no sean recurribles directamente mediante el recurso de casación ordinario.

— Son requisitos de este recurso: a) La identidad del supuesto legal de hecho; b) La identidad de la norma jurídica aplicada; c) La contradicción entre las diversas interpretaciones de dicha norma; y d) La relevancia de la contradicción para la decisión de la resolución recurrida.

  Para completar el requisito de la contradicción, deberán alegarse dos resoluciones judiciales: una, la impugnada, que podrá ser objeto de corrección por el Tribunal Supremo, y otra, la de contraste (una o varias), que evidencie, a juicio del recurrente, que el derecho penitenciario se aplicó de forma diferente ante otro supuesto sustancialmente idéntico al que resuelve la sentencia impugnada.

— Son notas características de este recurso: a) No es una tercera instancia; b) Han de respetarse siempre los presupuestos fácticos fijados por el Tribunal "a quo"; y c) No cabe apreciar contradicción en la aplicación de la norma: 1°.- Cuando ello dependa de comportamientos individualizados, informes o diagnósticos personales, y 2°.- Cuando las decisiones judiciales respeten el margen de discrecionalidad que la propia norma establezca o permita.
— Unicamente están legitimados para interponerlo el Ministerio Fiscal y el penado asistido de letrado, no siendo posible su articulación por cualquier tipo de acusación que no sea estrictamente la pública indicada.
— En su tramitación hemos de distinguir dos fases: una de preparación ante el Tribunal "a quo" (Audiencia), y otra de formalización y decisión ante el Tribunal "ad quem" (Sala Segunda del Tribunal Supremo).

Preparación del recurso: El Tribunal "a quo" debe comprobar: a) Que la resolución impugnada puede ser recurrida en casación para unificación de doctrina; b) Que en el escrito de preparación se hace constar la igualdad del supuesto legal de hecho y la desigualdad (contradicción) en la interpretación y aplicación de la correspondiente norma jurídica; y c) Que el recurrente aporta las resoluciones de contraste o las precisa y solicita la aportación del correspondiente testimonio de las mismas, que en todo caso, el Tribunal "a quo" deberá examinar antes de pronunciarse al respecto.

Este Tribunal, previa audiencia del Ministerio Fiscal, deberá pronunciarse motivadamente, sobre si procede, o no, tener por preparado el recurso (art. 858 LECr.)

Formalización del recurso: Ante la Sala Segunda del T.S.:

Este recurso únicamente puede fundamentarse en la existencia de contradicción entre la doctrina jurisprudencial asumida por el auto recurrido y la mantenida en la resolución o resoluciones de contraste. No puede fundamentarse en motivos por infracción de ley ni en quebrantamiento de forma. La infracción constitucional que siempre es alegable como motivo casacional[662], únicamente tendrá relevancia en este recurso como manifestación del derecho a la igualdad y a la seguridad jurídica. En consecuencia, no podrán alegarse vicios constitucionales relacionados con la tramitación de la causa, tales como indefensión, derecho a la prueba, etc.

Decisión del recurso: Se decidirá ordinariamente sin celebración de vista, terminándose mediante el dictado de sentencia (especialidad propia del recurso de casación). La Sala debe estar compuesta por un mínimo de cinco magistrados, y en la sentencia se decidirá cuál es la interpretación correcta del precepto legal cuestionado. El Tribunal Supremo no está obligado a decidir sobre el recurso de acuerdo con alguna de las resoluciones contradictorias citadas por la parte recurrente, ya que podrá hacerlo conforme a la doctrina que estime aplicable. Lo resuelto en la resolución judicial de contraste no podrá ser modificado, aunque se case la resolución impugnada, afectando solamente a ésta el contenido de la sentencia casacional.

2. Recurso de casación "ordinario por infracción de ley"

Partiendo de una concepción amplia del Derecho Penitenciario[663], considerando que las Audiencias Provinciales son también órganos que aplican este Derecho, y que el art. 58 CP puede considerarse integrado dentro de esta disciplina, se ha de reconocer la existencia de este tipo de recurso en el ámbito penitenciario, a raíz de la doctrina contenida en la STS nº 768/2013 de 26 de septiembre. Si bien hemos de hacer la salvedad de que no puede catalogarse estrictamente como un recurso propio de la jurisdicción de vigilancia penitenciaria, en la medida en que este tipo de recurso de casación no tiene como presupuesto una resolución del JVP, pero dada la cercanía que mantiene, y al menos para dejar constancia del diferente tratamiento procesal que merece el citado art. 58 CP, según quien lo aplique sea

[662] Conforme al art. 5.4 LOPJ: «En todos los casos en que, según la ley, proceda recurso de casación, será suficiente para fundamentarlo la infracción de precepto constitucional. En este supuesto, la competencia para decidir el recurso corresponderá siempre al Tribunal Supremo, cualesquiera que sean la materia, el derecho aplicable y el orden jurisdiccional.»

[663] Vid. apartado I.1.2 de este trabajo sobre las distintas concepciones del Derecho Penitenciario.

un JVP o una Audiencia, hemos considerado conveniente hacer siquiera la presente reseña sobre este recurso de casación.

Del contenido de la mencionada Sentencia es obligado constatar, a la luz de la doctrina sentada por la Sala Segunda del Tribunal Supremo, la improcedencia de un recurso de casación ordinario contra una resolución dictada por una Audiencia Provincial (entiéndase, en su caso, incluida también la Nacional) al resolver un recurso de apelación contra una decisión previa del Juez de Vigilancia. En estos casos, solo cabe el recurso de casación para unificación de doctrina, que hemos expuesto con anterioridad.

No obstante, la doctrina de la Sala Segunda del Tribunal Supremo ha confirmado la vigencia, al menos en sus aspectos procesales de la Ley de 17 de enero de 1901, sobre abono de prisión preventiva en causas criminales[664], pronunciándose a favor de la existencia de un recurso de casación contra las resoluciones sobre abono de prisión preventiva dictadas por las Audiencias Provinciales a sus ejecutorias. Sin embargo, a partir de octubre de 2004, con la entrada en vigor de la L.O. 15/2003 de 25 de noviembre, que modifica el art. 58 CP, se atribuye competencia para el abono del tiempo sufrido en prisión preventiva a los Jueces de Vigilancia.

La citada STS nº 768/2013 de 26 de septiembre, resuelve que puesto que la competencia para conocer sobre esta cuestión atribuida al JVP sólo se refiere al abono de prisión sufrida en causa distinta, su resolución será apelable ante la Audiencia respectiva, y contra esta decisión cabrá interponer recurso de casación para unificación de doctrina, conforme a las previsiones de la Disposición Adicional Quinta de la LOPJ.

Sin embargo, cuando la resolución sobre abono de preventiva sea dictada por la Audiencia, en las ejecutorias de las que estuviere conociendo como tribunal sentenciador, entonces al tratarse de autos de carácter definitivo, cabe admitir recurso de casación por infracción de ley, con arreglo a las previsiones de la Ley de 17 de enero de 1901.

[664] SSTS nº 1449/1998 de 27-11; nº 808/2000 de 11-5; nº 1194/1999 de 14-7; nº 926/1999 de 4-6; nº 1021/2005 de 20-9; nº 2394/2001 de 18-12; y ATS de 12-2-2007.

VI
A MODO DE CONCLUSIÓN Y RESUMEN

De las cuestiones tratadas en los Capítulos anteriores, podemos extraer las siguientes conclusiones y resumen:

I.- La figura del Juez de Vigilancia Penitenciaria, o Juez de Ejecución de Penas como se la denomina en otros países, es un producto de la evolución jurídico-social experimentada en Occidente desde la segunda mitad del siglo XVIII, en el que se humanizan las leyes penales, y que llega hasta nuestros días como consecuencia del reconocimiento y respeto de los derechos humanos. Así, por medio de este Juez, se controla la actividad penitenciaria y se garantizan los derechos de los reclusos.

II.- A medida que desaparecen las penas corporales, y toman auge las penas privativas de libertad, se comienza a hablar de la "ciencia penitenciaria" evolucionando hasta lo que hoy conocemos como Derecho Penitenciario. Este Derecho es una disciplina jurídica autónoma en su relación con al Derecho Penal, el Derecho Procesal Penal, y el Derecho Administrativo; el cual tiene sus propias fuentes (LOGP y RP); su objeto es el marcado por el art. 25.2 CE y art. 1 LOGP; y autonomía jurisdiccional representada por la creación del Juez de Vigilancia.

III.- Considerado el Derecho Penitenciario como una rama autónoma del ordenamiento jurídico, de naturaleza material o sustantiva, resulta necesaria otra herramienta jurídica de carácter adjetivo o instrumental, por lo que cabe plantearse la existencia de un Derecho Procesal Penitenciario; no como rama autónoma del Derecho Procesal, sino como una especialización dentro del Derecho Procesal Penal. Así podemos decir que, si el Juez de Vigilancia es un órgano especializado de la jurisdicción penal, que aplica el Derecho Penitenciario, la herramienta procesal que utiliza es una especialización del Derecho Procesal Penal, que podemos denominar Derecho Procesal Penitenciario.

IV.- Dentro del contexto internacional, el Derecho Penitenciario Español se caracteriza por el equilibrio entre el respeto de los derechos de los internos y el mantenimiento de la seguridad en los centros penitenciarios. En ese contexto internacional, en todos los sistemas penitenciarios predomina la existencia de un órgano de ejecución y control de las penas y medidas penales, distinto del tribunal sentenciador. Este órgano puede caracterizarse por ser más bien un "juez de ejecución" que sustituye al tribunal sentenciador (caso del juez de l'aplication des peines francés), o un juez de vigilancia que controla la actividad de la Administración encargada de la ejecución material de las penas (caso del magistrado di sorveglianza italiano.) La creación del JVP español se ha inspirado en el modelo francés e italiano, aunque con mayor influencia de este último. Característica de ambos modelos es contar con una normativa procesal específica de actuación para el ejercicio de su jurisdicción; normativa de la que, sin embargo, adolece el Juez de Vigilancia español.

V.- El Juez de Vigilancia Penitenciaria aparece en el Derecho Español con la promulgación de la Ley Orgánica 1/1979, de 26 de septiembre, General Penitenciaria, que fue la primera de la actual etapa democrática instaurada por la Constitución de 1978. Antes de la promulgación de esta Ley los tribunales tenían un control meramente formal de la ejecución de la pena, de tal modo que la sentencia ejecutoria se convertía en una especie de "cheque en blanco" a favor de la Administración Penitenciaria que era la que decidía sobre las circunstancias reales de la ejecución de la pena, por lo que esta ausencia de un control real, propiciaba que surgieran situaciones de abuso y de falta de respeto a los derechos de los internos.

VI.- El marco normativo básico del sistema penitenciario español lo constituye el art. 25.2 CE y la LOGP. Pero dicho artículo, al señalar como fin de las penas privativas de libertad la reeducación y la reinserción, no consagra un derecho fundamental sino que contiene un mandato al legislador para orientar la política penal y penitenciaria.

VII.- Con anterioridad a la LOGP la situación de las cárceles españolas era caótica. Esta Ley nació con la idea de ser un primer paso en la normalización de la situación penal y penitenciaria de nuestro país, y en la implantación de un nuevo sistema de ejecución de penas y medidas de seguridad en el marco de un Estado social y democrático de derecho. Los principales rasgos que la caracterizan son los siguientes: A).- Consagración expresa del principio de legalidad con referencia a la ejecución de las penas y medidas penales. B).- Potenciación del régimen abierto y reducción del cerrado a supuestos extraordinarios. C).- Sumisión general del régimen penitenciario a las exigencias del tratamiento científico de los internos. D).- Trabajo equiparado al trabajo en libertad. E).- Régimen disciplinario adaptado a las normas promulgadas en 1973 por el Consejo de Europa. F).- Implantación de la figura del Juez de Vigilancia como órgano decisivo, amparador de los derechos de los internos. G).- Importancia atribuida a la asistencia social durante el internamiento y pospenitenciaria, que conduce a la creación de la Comisión de Asistencia Social y del Cuerpo de Asistentes Sociales al servicio de la Administración Penitenciaria como elementos claves de dicha asistencia.

VIII.- Como consecuencia de la aparición de la LOGP, del propio desarrollo de la sociedad española, y de las necesidades que han ido surgiendo en cada momento, el legislador y los demás poderes públicos con capacidad normativa han ido elaborando leyes y normas reglamentarias para dar respuesta a tales necesidades, pudiéndose distinguir dos bloques de normas: Unas de derecho material o sustantivo, integradas dentro del Derecho Penitenciario; y otras relativas a cuestiones orgánicas y de funcionamiento de los JVP, propias de lo que hemos denominado Derecho Procesal Penitenciario. Las primeras, esto es, las de Derecho Penitenciario, han sido las de mayor calado y trascendencia, pues han supuesto la reforma de la LOGP, la aparición de un nuevo Código Penal de 1995, de un nuevo Reglamento

Penitenciario de 1996, y una serie de disposiciones de carácter reglamentario que complementan o desarrollan aspectos relativos a la ejecución de las penas y al tratamiento y régimen penitenciarios. Por el contrario, son las segundas, las normas de Derecho Procesal, las que sólo han merecido un desarrollo parcial, insuficiente, e insatisfactorio, pudiéndose destacar la creación de los Juzgados Centrales de Vigilancia Penitenciaria, y la regulación de los recursos contra las resoluciones de los JVP. Por lo que con tan precario bagaje procesal, resulta meritoria y digna de encomio la labor de los JVP, que sin contar con los instrumentos jurídicos adecuados, vienen desempeñando su función, otorgando la tutela judicial efectiva a los interesados, y resolviendo inexcusablemente los asuntos de su competencia, cumpliendo el mandato de los arts. 1.7 del Código Civil y 11.3 LOPJ.

IX.- Aunque la LOGP prevé la posibilidad de ejercer el cargo de JVP compatibilizándolo con otro destino en la jurisdicción penal, con el devenir del tiempo se ha puesto de manifiesto la necesidad de que los Juzgados de Vigilancia sean servidos por Titulares en régimen de exclusividad, limitándose los supuestos de compatibilidad a casos excepcionales; debiendo constituir la materia de vigilancia penitenciaria una especialización jurisdiccional similar a la que existe en materia de Justicia de Menores, y sus Titulares recibir una formación específica en materia criminológica y penitenciaria, exigiéndose esa formación especializada para cubrir las vacantes que se produzcan en estos órganos; de tal manera que, si los Jueces de 1ª Instancia son Jueces de lo Civil, existen Jueces de lo Penal, de lo Contencioso-Administrativo y de lo Social, el JVP es el Juez de lo Penitenciario, que tiene como principios básicos de actuación: A) El respeto a la personalidad del recluso y, por ende, a los derechos inherentes al mismo; y B) La judicialización de la ejecución penal, que implica el control jurisdiccional de la legalidad de los actos de la Administración Penitenciaria en la ejecución de las penas.

X.- Actualmente asistimos a una profunda reforma de la organización y funcionamiento de la Administración de Justicia, como consecuencia de la implantación de la Nueva Oficina Judicial; lo que también tiene su reflejo en los órganos de la jurisdicción de vigilancia penitenciaria, con una nueva división de competencias entre Jueces y Secretarios, ahora ya denominados Letrados de la Administración de Justicia, con facultades de dirección procesal sin ninguna dependencia respecto de Jueces y Magistrados; por lo que –entre otras muchas cuestiones– podemos preguntarnos hasta qué punto este nuevo diseño organizativo respeta el principio de independencia judicial, entendido no sólo como la potestad de resolver un conflicto, sino también la de ordenar el proceso para que pueda llegarse a la adecuada resolución del mismo.

XI.- En el contexto de este movimiento reformador de las tradicionales estructuras de los órganos de la Administración de Justicia, se enmarcan los trabajos de elaboración de una nueva LOPJ, que supondrá una profunda reforma organizativa, con la creación de los Tribunales de Instancia, la desaparición de los partidos judiciales y de los Juzgados como hoy los conocemos, así como de las Audiencias Provinciales.

Si estas reformas legislativas ven la luz, en la forma que ahora están proyectadas, ello supondrá también la desaparición de los actuales Jueces de Vigilancia Penitenciaria que serán sustituidos por la figura del nuevo Juez de Ejecución de Penas y Medidas de Seguridad, como órgano de nuevo cuño, que aglutinará las competencias que en materia de ejecución tienen los Juzgados de lo Penal en general, los Juzgados de Ejecutorias, y los Juzgados de Vigilancia; lo que significa concentrar en un solo órgano (la Unidad Judicial de Ejecución) dos campos jurídicos de actuación distintos: El Derecho de Ejecución de Penas, y el Derecho Penitenciario. Lo que aparece como contrario a uno de los confesados objetivos de la reforma, cual es el de la especialización judicial, pues de este modo desaparecerá esa especialización de la función que viene desarrollando el JVP como Juez de lo Penitenciario.

XII.- Conforme a su naturaleza jurídica, las notas esenciales características del JVP son: A) Ser un órgano jurisdiccional, no administrativo ni consultivo; B) Desarrollar una doble función de ejecución de penas y medidas de seguridad postdelictuales por un lado, y, por otro, de control de los actos de la Administración Penitenciaria que afecten a los derechos de los internos; C) Ejercer jurisdicción propia, no por delegación de los tribunales sentenciadores; D) Aunque incardinado en la jurisdicción penal, y pese a la dualidad de funciones, ejercer una jurisdicción única: la penitenciaria.

A la vista de estas notas, podemos definir al JVP como "Organo especializado del orden jurisdiccional penal, autónomo e independiente de cualquier otro, que controla la ejecución de las penas y medidas de seguridad postdelictuales, aplicando el Derecho Penitenciario." De esto podemos extraer la conclusión –también mencionada anteriormente– de que para aplicar ese derecho material o sustantivo utiliza una rama especializada del Derecho Procesal, que podemos denominar Derecho Procesal Penitenciario.

XIII.- Si parca resulta la normativa reguladora de la actuación del JVP, la referida al MF puede calificarse de prácticamente inexistente.

La LOGP no hace la más mínima alusión a la intervención del MF. Sin perjuicio de unas referencias genéricas en alguna Instrucción y Consulta de la FGE, la disposición normativa en la que aparece mencionada por primera vez la intervención del MF en el ámbito de la jurisdicción de vigilancia penitenciaria es en la Disposición Adcional 5ª de la LOPJ, que se limita a decir que el MF será parte en todos los recursos que se interpongan contra las resoluciones del JVP. A lo largo del RP de 1996 también se contemplan algunos casos en los que se tiene que dar cuenta al MF.

Pese a esta sequía normativa, no obstante, a tenor del art. 24 CE y su Estatuto Orgánico, al MF le incumbe velar para que la función jurisdiccional se ejerza eficazmente conforme a las leyes y en los plazos y términos en ellas señalados, ejercitando en su caso las acciones, recursos y actuaciones pertinentes. Por lo que, al tener que procurar que el JVP cumpla con su función de forma eficaz, podemos decir que, desde esta perspectiva, aunque sea de forma indirecta, el MF también desempeña funciones de ejecución penal y tutela de los derechos de los internos.

XIV.- Con la implantación de la Nueva Oficina Fiscal se pretende potenciar la modernización del MF, apostando por el principio de especialización; aunque, salvo en las oficinas de mayor envergadura, no está previsto que la gestión de los asuntos de vigilancia penitenciaria cuente con un equipo funcional propio.

XV.- La jurisdicción del JVP se extiende a la ejecución y control de las penas y medidas de seguridad impuestas por los tribunales españoles, y a las impuestas por tribunales extranjeros que deban ejecutarse en España, en los términos establecidos por las leyes.

En el ejercicio de esta potestad jurisdiccional podemos encontrar unos límites internos y otros externos. Los primeros están determinados por las competencias atribuidas al propio JVP y a otros órganos, y los segundos, que exceden de la nota de la territorialidad que caracteriza a los primeros, vienen marcados por otros elementos de carácter internacional como pueden ser la nacionalidad del penado, o el tribunal que haya dictado la condena.

XVI.- Uno de estos límites de la jurisdicción del JVP lo constituyen las competencias atribuidas a la Administración Penitenciaria. En este ámbito existe un marco claramente administrativo del que es ajeno el JVP, que está constituido por todo aquello referido a la organización y dirección de los establecimientos penitenciarios. Sobre estas materias los Jueces de Vigilancia sólo pueden trasladar propuestas y sugerencias a la Administración.

Pero sucede que no siempre es fácil distinguir entre lo que son asuntos de organización y dirección, propios de la Administración, y lo que constituye materia de salvaguardia de los derechos beneficios penitenciarios de los internos, cuya competencia corresponde al JVP. Esto ha dado lugar a múltiples pronunciamientos del Tribunal de Conflictos de Jurisdicción previsto en el art. 38 LOPJ, a fin de clarificar en cada caso concreto a quién corresponde el asunto, existiendo una notable casuística al respecto.

Especialmente conflictiva resulta la cuestión relativa al Centro de destino de los penados.

La doctrina del Tribunal de Conflictos de Jurisdicción ha sido constante al negar competencia a los JVP en materia de traslados, pero a partir de la STCJ nº 10/2012 podemos encontrar un punto de inflexión al señalar que el Juez de Vigilancia no puede interferir en el ejercicio de la competencia de la Administración para decidir sobre los traslados de los internos, pero sí puede anteponer a ella su jurisdicción para salvaguardar los derechos fundamentales y beneficios penitenciarios del interno afectado.

XVII.- Estamos asistiendo a un proceso irreversible de "europeización" del ordenamiento jurídico, bien por la aplicación directa de aquellas normas europeas cuya fuerza vinculante lo permite, bien por la transposición al ordenamiento interno de otras.

En este contexto surge la Ley 23/2014, de 20 de noviembre, de Reconocimiento mutuo de resoluciones penales en la Unión Europea, que, entre otras, incorpora al Derecho Español la Decisión Marco 2008/909/JAI del Consejo, de 27 de noviembre de 2008.

Del principio de reconocimiento mutuo se deriva un nuevo modelo de cooperación judicial, que conlleva un cambio radical al implantar la comunicación directa entre las distintas autoridades judiciales de los Estados miembros de la Unión Europea.

Conforme a esta normativa, los JVP son autoridades judiciales competentes para transmitir a otros Estados miembros de la Unión una resolución dictada por jueces o tribunales españoles por la que se imponga una pena o medida privativa de libertad.

En el desenvolvimiento práctico de estos mecanismos de cooperación pueden darse situaciones que supongan una limitación a la jurisdicción de los tribunales nacionales –en este caso a la del JVP–, en la medida en que las autoridades del Estado de ejecución serán las únicas competentes para determinar el procedimiento de ejecución y todas las medidas conexas, incluidos los motivos de concesión de libertad anticipada o condicional.

XVIII.- En el orden jurisdiccional penal los fueros reguladores de la competencia territorial se contemplan en el art. 14 de la LECr, que fija como fuero general el del lugar de comisión de la infracción penal.

Sin embargo, en la jurisdicción de vigilancia penitenciaria se han de atender a las dos funciones que desarrollan estos Jueces: Una de ejecución de penas, y otra de vigilancia y control de los actos de la Administración Penitenciaria en orden a la salvaguardia de los derechos de los internos.

El legislador, a la hora de establecer el criterio de distribución de la competencia territorial, podía haber optado por dar prevalencia a la función de ejecución de penas, por lo que en este caso habría organizado la planta y demarcación de los JVP atendiendo a la ubicación de los distintos tribunales sentenciadores. Pero, sin embargo, ha elegido la función de vigilancia y control, por eso esta competencia está referida al lugar de los establecimientos penitenciarios.

De este modo existe un fuero general de competencia territorial, en virtud del cual, es JVP competente el del lugar del establecimiento penitenciario en donde se encuentre el recluso, con independencia de cuál sea su domicilio, o la sede del tribunal que lo haya condenado.

Existen por otro lado una serie de fueros especiales, o excepciones a este general, que se han ido perfilando por los Jueces de Vigilancia en sus distintas Reuniones, que atribuyen la competencia para resolver a Juez distinto según la materia, para evitar que la competencia territorial pueda convertirse en un fuero electivo según la conveniencia de los internos, o provocado por la Administración cuando ésta decida el traslado de aquéllos.

XIX.- Con la entrada en funcionamiento de los JVP, durante bastante tiempo se consideró, tanto por la doctrina como por la jurisprudencia, a tenor de la dicción literal del art. 76 LOGP y art. 94 LOPJ, que las funciones de ejecución y control que respecto de las penas y su modo de cumplimiento, venían desarrollando los tribunales sentenciadores y los órganos de la jurisdicción contencioso-administrativa, pasaron a atribuirse a los JVP, que vinieron a sustituir a aquéllos en estas funciones.

Sin embargo, leyes posteriores y nuevos criterios jurisprudenciales han cambiado esta interpretación, y con ello la configuración inicial que del JVP hizo el legislador que aprobó la LOGP.

Ahora se pone de manifiesto, y se recalca la idea de que la función de ejecución de la pena reside en el tribunal sentenciador, que no ha sido despojado de la misma.

A la hora de establecer la delimitación entre las competencias del tribunal sentenciador y del JVP, hemos de acudir a la naturaleza jurídica de este último. De este modo, podemos decir que el tribunal sentenciador actúa el Derecho Penal y sus actos de ejecución están sujetos al Derecho Procesal Penal de ejecución. El JVP, por su parte, actúa el Derecho Penitenciario, por lo que sus actos de ejecución se rigen por las normas de esta disciplina jurídica, cuya autonomía científica resulta innegable, instrumentándose procedimentalmente por esa parcela especial del Derecho Procesal Penal que podemos denominar Derecho Procesal Penitenciario.

Se puede decir que la competencia objetiva del JVP se reduce a sustituir al tribunal sentenciador, con jurisdicción propia y no delegada de éste, en el control de la ejecución de las penas y medidas de seguridad.

Esta competencia presenta dos facetas: Una de ejecución penal, mediante la que el JVP debe procurar que la ejecución se lleve a cabo conforme a la acordado en el título de condena (sentencia ejecutoria), y en la forma prescrita por la ley y los reglamentos. Otra, de vigilancia y control, que se traduce en la salvaguarda de los derechos de los internos y corrección de los abusos y desviaciones que en el cumplimiento de los preceptos del régimen penitenciario puedan producirse.

XX.- En la jurisdicción de vigilancia penitenciaria, conforme a lo previsto en la Disposición Adicional Quinta de la LOPJ, existe un sistema dual de competencia funcional. Para unas materias (las relativas al régimen penitenciario) esta competencia se atribuye al superior jerárquico de la circunscripción territorial, no de la sede del JVP, sino del centro penitenciario en el que se encuentre el interno, y para otras materias (las relativas a la ejecución de la pena y al tratamiento penitenciario), la competencia funcional se atribuye al tribunal sentenciador, el cual puede ejercer su jurisdicción en otro territorio distinto al del JVP que dictó la resolución recurrida, y del centro penitenciario en donde se encuentre interno el penado.

Este sistema puede resultar válido cuando existe un solo tribunal sentenciador, pero plantea problemas cuando el penado cumple distintas penas impuestas por otros tantos tribunales que, a su vez, pueden ser Juzgados o Audiencias.

La jurisprudencia dio una respuesta a los problemas que se producían en la práctica. Pero la LO 5/2003 de 27 de mayo, que modificó la Disposición Adicional Quinta de la LOPJ, vino a desbaratar en parte la solución dada por la jurisprudencia, pues al utilizar en su apartado nº 2 el término Juzgados o Tribunales dio pié a interpretar que los Juzgados de lo Penal, como órganos sentenciadores, son también competentes funcionalmente para resolver los recursos de apelación contra las resoluciones de los JVP. Lo que no resulta coherente con las competencias atribuidas a las Audiencias y a los Juzgados de lo Penal en los arts. 82 y 89 bis LOPJ.

Nuevamente el Tribunal Supremo halló una interpretación del apartado nº 2 de la Disposición Adicional Quinta de la LOPJ, que venía a solucionar los problemas derivados de su redacción literal. Esta interpretación, contenida en el ATS de fecha 14 de junio de 2005 (recurso nº 17/2005), viene a establecer que cuando el órgano sentenciador sea un Juzgado de lo Penal, la competencia funcional para conocer del recurso de apelación contra las resoluciones del JVP en materia de ejecución de penas, no corresponde al Juzgado de lo Penal sino a la Audiencia Provincial que sea el superior jerárquico de dicho Juzgado sentenciador.

Sin embargo esta razonable interpretación ha sido enturbiada por el propio TS con su ATS de 2 de febrero de 2011 (recurso nº 20652/2010).

Aunque consideramos que no existe contradicción entre los dos Autos del Tribunal Supremo mencionados, toda vez que resuelven situaciones diferentes y, por otro lado, este último Auto de 2011 no supuso impedimento alguno para que el Juzgado de Ejecutorias de San Sebastián enviara las actuaciones a su Audiencia Provincial para que ésta resolviera el recurso de apelación; sin embargo este último Auto, lejos de contribuir a cerrar definitivamente la polémica sobre la competencia funcional de los Juzgados de lo Penal, lo que ha venido ha sido a crear confusión y a reavivar esta polémica, como así lo revela la existencia de criterios dispares al respecto entre las distintas Audiencias Provinciales.

Es por ello, por lo que estimamos necesario que el Ministerio Fiscal o alguna de las partes afectadas, llegado el caso, planteen ante la Sala Segunda del Tribunal Supremo el correspondiente recurso de casación para unificación de doctrina en esta materia.

XXI.- La necesidad de una Ley que regule el procedimiento en la jurisdicción de vigilancia penitenciaria ha sido reiterada en múltiples ocasiones por los Jueces de Vigilancia, los prácticos del derecho, y por la doctrina científica.

En el año 1997 hubo un intento de colmar esta laguna mediante la aprobación de un Proyecto de Ley Orgánica Reguladora del Procedimiento ante los Juzgados de Vigilancia Penitenciaria, pero caducó al concluir la Legislatura. No se ha vuelto a reproducir ninguna iniciativa legislativa similar, habiendo existido intentos de regulación parcial introducidos en la elaboración de anteproyectos de leyes procesales posteriores.

Mirando retrospectivamente, y analizando el devenir histórico legislativo, podemos afirmar que nuestros gobernantes y legisladores no tienen una idea clara de qué es lo que quieren que sea o cómo quieren que actúe el Juez de Vigilancia; pieza clave de nuestro sistema penitenciario, según palabras del Tribunal Constitucional.

Esta laguna legal, derivada de la falta de una normativa procesal específica de vigilancia penitenciaria, crea inseguridad jurídica, atenta contra el principio de legalidad procesal, y provoca graves problemas a la hora de que los órganos de esta jurisdicción puedan otorgar la adecuada tutela judicial efectiva, dando respuesta a las cuestiones que les plantean los interesados que a ellos acuden demandando el amparo judicial y la tutela de sus derechos.

XXII.- Con ocasión de la entrada en funcionamiento de los Juzgados de Vigilancia, y ante la ausencia de una normativa procesal que regulara su actividad, la Presidencia del Tribunal Supremo dictó unas "Prevenciones" en las que indicaba que la actuación de estos Jueces debe caracterizarse por la sumariedad, y conforme a ella la proporcionalidad de trámites y en cualquier caso con respeto a las garantías inherentes a toda actividad jurisdiccional.

La precariedad normativa con la que debieron afrontar su tarea, motivó que los Jueces de Vigilancia celebraran Reuniones con cierta periodicidad, a fin de tratar los distintos problemas que se les planteaban. En estas Reuniones se fueron adoptando una serie de acuerdos y conclusiones en orden a perfilar el procedimiento a seguir.

Fruto de la experiencia acumulada durante sus años de funcionamiento, y aunque sin un procedimiento definido, los Jueces de

Vigilancia han encauzado su actividad tomando como referencia el bloque legal del régimen de la ejecución penal regulado en la LECr, dentro de una libertad de trámites impuesta por la carencia de regulación, atendiendo a los principios generales del derecho, como son el de audiencia a las partes, la proscripción de la indefensión, el principio "pro actione", la intervención del Ministerio Fiscal como exigencia derivada del art. 124 CE, y en general el respeto a los derechos consagrados en el art. 24 CE, con observancia también del art. 9.3 CE, que garantiza la interdicción de la arbitrariedad de los poderes públicos. Todo ello complementado con los preceptos procesales contenidos en la LOPJ, y aplicación supletoria de las normas y principios generales del Derecho Procesal contenidos en las Leyes de enjuiciamiento.

XXIII.- El procedimiento de actuación de los JVP podemos enmarcarlo dentro de la actividad procesal de ejecución, pero como procedimiento autónomo, que participa de la naturaleza de las cuestiones incidentales, toda vez que puede considerarse como un incidente –esto es, un proceso declarativo especial– dentro del proceso de ejecución de la sentencia condenatoria, en el que se ventilan los asuntos planteados por los internos, por el Ministerio Fiscal, la Administración en su caso, o los suscitados de oficio por el Juez de Vigilancia.

Este procedimiento está informado por el principio de oficialidad, procura guardar un adecuado equilibrio entre oralidad y escritura, y como consecuencia de ello de la inmediación judicial. También lo informan el principio de contradicción, íntimamente ligado a los de igualdad y audiencia de partes, con publicidad restringida, y con impulsión de oficio.

XXIV.- Están plenamente legitimados para intervenir como partes, el interno o liberado condicional y el Ministerio Fiscal; con posibilidad de intervención limitada de la víctima del delito, y sin posibilidad de intervención de la Administración Penitenciaria porque el legislador ha optado por este criterio, pero sin que exista impedimento constitucional para acordar una modificación legislativa que permita la personación de la Administración en estos procedimientos.

Aunque no quepa otorgar legitimación a terceras personas, no existe inconveniente legal en admitir a prevención los recursos, peticiones o quejas formuladas por terceras personas, como mandatarias verbales de los reclusos, sin perjuicio de la posterior ratificación de éstos. Ni tampoco existe obstáculo legal alguno para que cualquier persona ajena, que tenga conocimiento de una posible vulneración de derechos fundamentales de personas recluidas en centros penitenciarios, pueda denunciar estos hechos ante el Ministerio Fiscal para que éste pueda instar lo que proceda ante el JVP.

XXV.- Con carácter general no es preceptiva la intervención de abogado ni procurador, sin perjuicio de que voluntariamente los interesados puedan solicitar el concurso de estos profesionales. Se exige su intervención en los recursos de casación y apelación. En este último, si no se designa procurador, el abogado tiene también habilitación legal para asumir la representación.

En cualquier caso, aunque no resulte preceptiva la intervención abogado, sin embargo, si el Juez, a solicitud del interno, y constatada la complejidad del asunto, considera que la falta de asistencia técnica puede causarle indefensión, deberá acordar que se le provea de abogado de oficio.

XXVI.- Para todas las actuaciones de los JVP que incidan directamente en los derechos fundamentales de los internos, son hábiles todos los días y horas del año. Pero como los JVP no prestan servicio de guardia, cuando surja necesidad de practicar alguna actuación preventiva o urgente fuera de las horas de audiencia, es el Juez de Instrucción de guardia de la localidad de la sede del JVP quien la realiza.

XXVII.- Salvo en materia de recursos contra las sanciones disciplinarias, para los demás recursos, peticiones o quejas, ni la LOGP ni el RP establecen un plazo para su interposición ante el JVP.

Ante este vacío normativo son varias las alternativas. Desde nuestro punto de vista, lo más razonable sería el plazo de cinco días previsto para el recurso de apelación en los arts. 212 y 766 LECr. No obstante, el criterio mayoritario aprobado por los Jueces de Vigilancia es el de que el plazo para impugnar cualquier acto o resolución de la Administración penitenciaria, será de un mes (salvo que la Ley o el Reglamento establezcan cualquier plazo diferente), por analogía con los recursos de alzada y reposición de la LRJAPPAC.

XXVIII.- Las peticiones y quejas formuladas por los internos ante el JVP, conforme a lo previsto en el art. 50 LOGP y art. 54 RP, son las que dan lugar al mayor número de actuaciones procesales, por lo que podemos considerar al procedimiento seguido para la tramitación de tales peticiones y quejas como el procedimiento ordinario o común, por ser el más frecuente y también de tramitación más simple o sencilla. Junto a este procedimiento ordinario o común, que vendría a ser el *procedimiento tipo,* podemos considerar la existencia de una serie de especialidades procedimentales que, partiendo de la estructura del procedimiento tipo, contemplen las especialidades o singularidades que la cuestión a debatir exija.

Como no existe trámite procesal regulado este procedimiento es "inventado", siguiendo las originarias Prevenciones de la Presidencia del Tribunal Supremo y los criterios que han ido perfilándose en las distintas Reuniones de los Jueces de Vigilancia, con los matices particulares que incluso cada Juez haya estimado procedente introducir en su Juzgado. En todo caso, se observa una fase inicial o de alegaciones, otra de prueba, de conclusiones, y otra final de resolución.

No se establece distinción según sea el derecho afectado. Por otro lado, como tampoco existe limitación, se pueden plantear peticiones o quejas de lo más variopinto; por lo que se estima necesario el establecimiento de un filtro previo en el que poder decidir sobre la admisión o inadmisión a trámite, para evitar las absurdas, carentes de objeto, o las referentes a cuestiones o materias sobre las que ya se han dictado múltiples resoluciones con anterioridad y existe un criterio establecido.

XXIX.- Se estima necesaria la regulación de un procedimiento o trámite cautelar, siquiera mínimo o simple, que posibilitase en algunos supuestos que, antes de que recayera resolución definitiva, los internos o el MF, pudieran solicitar la suspensión cautelar de los actos o prácticas impugnados cuando su ejecución o mantenimiento pudiera producir daños o perjuicios de difícil o imposible reparación, o para evitar que la reclamación pierda su finalidad.

Pese a esta ausencia de regulación, entendemos que el Juez puede adoptar esta medida aplicando los principios generales del derecho y los que inspiran lo normado en los arts. 56 LOTC y 130 LRJCA.

XXX.- Consideramos como especialidades procedimentales, con peculiaridades distintas del calificado como procedimiento tipo o común, las siguientes: a) Recursos en materia disciplinaria; b) Recursos en materia de clasificación; c) Permisos de salida; d) Procedimiento en materia de libertad condicional; e) Procedimiento para legalización judicial y control de actos y decisiones objeto de comunicación de la Administración Penitenciaria al JVP; f) Suspensión de la ejecución de la pena en los casos de trastorno mental grave; g) Transmisión de resoluciones penales para su ejecución en otros países de la Unión Europea, al amparo del principio de reconocimiento mutuo; h) Control de medidas de seguridad; i) Actuaciones de oficio del JVP.

La regulación de estas especialidades oscila desde aquellas que tienen, aunque elemental, una pauta procesal indicada o deducida en preceptos legales o reglamentarios, hasta aquellas otras, como es el caso de la custodia familiar, en las que la ausencia de regulación es total.

XXXI.- Por la novedosa regulación de la materia que constituye su objeto, merece destacarse el procedimiento para la concesión de la libertad condicional.

La Ley Orgánica 1/2015, de 30 de marzo, de modificación del Código Penal, ha introducido una modificación sustancial en el régimen de la libertad condicional, que deja de ser una figura autónoma y pasa a convertirse en una modalidad de la suspensión de la ejecución de la pena, perdiendo de este modo su naturaleza de último grado del sistema penitenciario que ha venido teniendo conforme a lo establecido en el art. 72.1 de la LOGP.

Como esta nueva normativa es más gravosa que la anterior, la principal problemática que suscita es la de si a partir del día 1/07/2015, fecha de su entrada en vigor, todos los expedientes de libertad condicional que se incoen deben tramitarse y resolverse con arreglo a esta nueva regulación, con independencia de cuando se cometieron los hechos delictivos que dieron lugar a la sentencia condenatoria, o si por el contrario sólo se debe aplicar a las condenas por hechos cometidos con posterioridad a la indicada fecha.

Nosotros defendemos que, en este aspecto, la nueva regulación de la libertad condicional es una norma procesal de ejecución y no una norma de derecho penal sustantivo; por lo que la nueva normativa debe aplicarse a todos los expedientes de libertad que se incoen a partir del día 1/07/2015, con independencia de la fecha en que fueron cometidos los hechos delictivos objeto de la condena.

XXXII.- En el tema de recursos contra las resoluciones procesales, cabe interponer todos los previstos en la LECr contra las resoluciones del Secretario Judicial (ahora Letrado de la Administración de Justicia conforme a la nueva denominación que entró en vigor el 1/10/2015), y contra las del Organo jurisdiccional, según sea unipersonal (JVP) o colegiado (Audiencia Provincial o Audiencia Nacional).

En esta materia merece destacarse el recurso de casación para la unificación de doctrina, creado por la LO 5/2003, de 27 de mayo, que modificó la Disposición Adicional 5ª de la LOPJ.

La finalidad de este recurso es asegurar la unidad del orden normativo jurídico-penal en materia penitenciaria, para tutelar una aplicación de las normas que garantice óptimamente el derecho de igualdad.

Cabe interponer este recurso contra los Autos de las Audiencias resolutorios de los recursos de apelación contra las resoluciones de los JVP.

Son requisitos de este recurso, la identidad del supuesto legal de hecho, la identidad de la norma jurídica aplicada, la contradicción entre las diversas interpretaciones de dicha norma y la relevancia de la contradicción para la decisión de la resolución recurrida.

Son sus notas características la de no ser una tercera instancia, respetarse siempre los presupuestos fácticos fijados por el Tribunal "a quo", y no poderse apreciar contradicción en la aplicación de la norma cuando ello dependa de comportamientos individualizados, informes o diagnósticos personales, y cuando las decisiones judiciales respeten el margen de discrecionalidad que la propia norma establezca o permita.

El Tribunal Supremo no está obligado a decidir sobre el recurso de acuerdo con alguna de las resoluciones contradictorias citadas por la parte recurrente, ya que podrá hacerlo conforme la doctrina que estime aplicable. Lo resuelto en la resolución judicial de contraste no podrá ser modificado, aunque se case la resolución impugnada, afectando solamente a ésta el contenido de la sentencia casacional.

BIBLIOGRAFÍA

ALONSO de ESCAMILLA, A.; *El Juez de Vigilancia Penitenciaria,* Civitas, Madrid, 1985.

— «La Institución del Juez de Vigilancia en el Derecho Comparado: Sus relaciones con la Administración penitenciaria.», en *Anuario de Derecho Penal y Ciencias Penales*; Tomo XXXIX, Fasc. I, abril 1986.

ARMENTA GONZALEZ-PALENZUELA, F. J.; HERNANDEZ SANCHEZ, M. F.; *Código Penitenciario,* 2ª edic., coord. L. Fernández Arévalo, Aranzadi, Cizur Menor, 2012.

BELTRAN CATALA, D.; «Ministerio Fiscal y Administración Penitenciaria como partes en el proceso ante la Jurisdicción de Vigilancia Penitenciaria», en *Derecho Penitenciario,* Cuadernos de Derecho Judicial, CGPJ, Madrid, 1995.

BENITEZ YEBENES, J. R.; «Algunos Problemas de la Ejecución Penal desde la perspectiva de la Jurisdicción de Vigilancia Penitenciaria», en *Personalidad y capacidad jurídicas (74 contribuciones con motivo del XXV aniversario de la Facultad de Derecho de Córdoba)*; coord. por R. Casado Raigón e I. Gallego Domínguez; Servicio de Publicaciones de la Universidad de Córdoba, 2005.

— «El Presidio de Melilla: antecedentes histórico-normativos de la libertad condicional en España», en *Revista Akros,* núm. 4 (2005).

— «Funcionarios de Centros Penitenciarios. El Jurista», *en Carreras Jurídicas y Judiciales: Un análisis desde la perspectiva profesional,* dir. y ed. por M. Peláez del Rosal, Universidad de Córdoba, 2004.

— «La malograda figura del Juez de Vigilancia Penitenciaria», en *Revista La Ley Penal,* nº 114, Sección Derecho Penitenciario, Mayo-Junio 2015, Editorial LA LEY, (*http://revistas.laley.es/*).

BLANCO, I. y DE LA CUESTA, J.; *Módulo I: Derecho Penal. El sistema penitenciario español.* Transcripción en línea] Disponible en: *http://ocw.ehu.es/ciencias-sociales-y-juridicas/derecho-penal-y-violencia-contra-la-mujer/contenidos/leccion-i-4-el-sistema-penitenciario-espanol.* [2011].

BUENO ARUS F., y otros; *Ley General Penitenciaria. Comentarios, Jurisprudencia, Concordancias, Doctrina,* 2ª edic., Colex, Madrid, 2010.

— «Conclusiones encuentro de Vigilancia Penitenciaria», en *Revista Poder Judicial*, nº 68, cuarto trimestre 2002.

— «Garantías y límites de la actividad penitenciaria» en *Comentarios a la Legislación Penal*, dir. por Manuel Cobo del Rosal, coord. por Miguel Bajo Fernández; EDERSA, Madrid 1986.

— «La jurisprudencia del Tribunal Constitucional en materia penitenciaria», en *Vigilancia Penitenciaria, Revista Poder Judicial*, núm. especial III (1988).

CABRERA MERCADO, R.; «La legitimación en el proceso sobre la capacidad de obrar de las personas», en *Intereses colectivos y legitimación activa*, dir. E. Carbonell, coord. R. Cabrera Mercado, Thomson Reuters, Universidad de Jaén, Cizur Menor, 2014.

CALDERON CEREZO, A.; y CHOCLAN MONTALVO, J. A.; *Derecho Penal, Parte General*, t. I, 2ª edic., Bosch, Barcelona, 2001.

CARLO IOVINO, F. P.; *Contributo Allo Studio del Procedimento di Sorveglianza*, Institui del Diritto Processuale Penale, collana coordinata da Andrea Antonio Dalia, G. Giappichelli Editore, Torino 1995.

CARMONA BERMEJO, J.; «Instituciones de Apoyo a la Cooperación: Red Judicial Europea, Eurojust, Europol, Interpol, Magistrados de Enlace, IberRed» en *Cooperación Judicial Penal en Europa*, dir. M. Carmano Ruano y otros, CGPJ, Dykinson, Madrid, 2013.

CASTRO ANTONIO, J. L.; FENANDEZ AREVALO, L.; RIOS MARTIN, J. C.; *Ley General Penitenciaria. Comentarios, Jurisprudencia, Concordancias, Doctrina*, 2ª edic., coord. por F. BUENO ARUS, Colex, Madrid, 2010.

CERVELLO DONDERIS V.; *Derecho Penitenciario*, 4ª edic., Tirant lo Blanch, Valencia, 2016.

CESARE BONESSANA, Marqués de Beccaria; "*Tratado de los Delitos y de las Penas*". Traducido del italiano por D. Juan Antonio de las Casas. Madrid MDCCLXXIV; edición facsímil. Ed. MAXTOR, Valladolid, 2004.

CEZON GONZALEZ, C.; «Normativa procesal de los Juzgados de Vigilancia. Recursos contra las resoluciones de los Jueces de Vigilancia Penitenciaria», en *Vigilancia Penitenciaria (VIII Reunión de Jueces de Vigilancia Penitenciaria)*, CGPJ, Madrid, 1996.

CHIANG REBOLLEDO, M. E.; *Procedimiento ante el Juzgado de Vigilancia Penitenciaria*, 2ª edic., Bosch, Barcelona, 2003.

CORDON MORENO, F.; «El derecho a obtener la tutela judicial efectiva», en *Derechos procesales fundamentales, Manuales de Formación Continuada*, coord. por F. Gutierrez-Alvi Conradi y E. López López, CGPJ, Madrid, 2005.

CORONA TORRES, R. D.; «La Garantía de Ejecución Penal a cargo del Juez de Vigilancia Penitenciaria a 36 años de su existencia en la legislación española» en *Revista Internacional de Doctrina y Jurisprudencia*, volumen 11, diciembre 2015, Universidad de Almería.

CUELLO CALON, E.; *La Moderna Penología: represión del delito y tratamiento de los delincuentes, penas y medidas de seguridad, su ejecución*, Bosch, Barcelona 1958.

DE LA OLIVA, A., y FERNANDEZ, M. A.; *Derecho Procesal Civil*, t. I, Promociones y Publicaciones Universitarias S.A., Barcelona 1988.

DE MARCOS MADRUGA, F.; «El Juez de Vigilancia Penitenciaria» en *Derecho Penitenciario, Enseñanza y aprendizaje*, direct. Rosario de Vicente Martínez, Tirant lo Blanch, Valencia, 2015.

DE OÑA NAVARRO, J. M.; «La especialización del Ministerio Fiscal», en *Revista Derecho y Fiscales El Derecho* 1/2009.

DE PAUL VELASCO, J. M.; «Notas sobre la nueva regulación de los recursos contra resoluciones de los Juzgados de Vigilancia Penitenciaria (LL.OO. 5/2003 y 7/2003)», Encuentro Andaluz S.O.P., Málaga, junio 2004.

DE PORRES ORTIZ DE URBINA, E.; «La Nueva Oficina Judicial», en *Hacia un catálogo de buenas prácticas para optimizar la investigación judicial*, CGPJ, Madrid, 2009.

DE URBANO CASTRILLO, E.; «Las nuevas exigencias de los principios de contradicción, oralidad, inmediación y publicidad» en *Revista Poder Judicial*, número especial XIX-2006.

DEL MORAL GARCÍA, A.; «Recursos frente a decisiones en materia de ejecución de penas privativas de libertad», en *Derecho Penitenciario II, Cuadernos de Derecho Judicial*, CGPJ, Madrid, 2004.

DELLA CASA, F.; *La Magistratura di Sorveglianza. Organizzazione competenze procedure*, G. Giappichelli Editore, Torino 1992.

DIEZ-PICAZO L. M.; *Sistema de Derechos Fundamentales*, 1ª edic., Thomson-Civitas, Madrid 2003.

DOÑATE MARTIN, A.; «Problemas Generales de la Jurisdicción de Vigilancia», en *Vigilancia Penitenciaria (VII Reunión de Jueces de Vigilancia Penitenciaria)*, CGPJ, Madrid 1994.

ELIAS MONDEJAR, A.; «Resoluciones firmes por su propia naturaleza. Audiencias Provinciales y seguridad jurídica», en Revista *El Derecho Editores/Diario de las Audiencias y TSJ El Derecho*, nº 26, de 20-12-1996.

ESTEVEZ JIMENO, A. D.; «Notas acerca del procedimiento ante los Juzgados de Vigilancia Penitenciaria», en *Derecho Penitenciario II, Cuadernos de Derecho Judicial*, CGPJ, Madrid, 2004.

FERNANDEZ AREVALO L.; MAPELLI CAFFARENA B.; *Práctica Forense Penitenciaria*. Civitas, Madrid, 1995.

FERNANDEZ AREVALO, L.; NISTAL BURON, J.; *Manual de Derecho Penitenciario*, 2ª edic., prólogo V. Moreno Catena, Aranzadi, Cizur Menor (Navarra), 2012.

FERNANDEZ BERMEJO, D.; *Derecho Penitenciario*, Centro de Estudios Financieros, Madrid, 2016.

FERNANDEZ GARCIA, J.; PEREZ CEPEDA, A.; SANZ MULAS, N.; ZUÑIGA RODRIGUEZ, L.; *Manual de Derecho Penitenciario,* coord. Ignacio Berdugo Gómez de la Torre y Laura Zúñiga Rodriguez, edic. Universidad de Salamanca, Colex, Madrid-Salamanca, 2001.

FERNANDEZ MARTINEZ, J. M., y otros; *Diccionario Jurídico,* 3ª edic., Thomson Aranzadi, Cizur Menor (Navarra), 2004.

FERNANDEZ SEGADO, F.; «El marco constitucional. La jurisdicción militar: su organización y competencia», en *La Jurisdicción Militar,* CGPJ, Madrid, 1992.

FLORES PARAREDA, N.; «Envío de escritos y documentos judiciales por vía electrónica y celebración de juicios a través de videoconferencia», en *Boletín de Legislación El Derecho nº 373,* de 4 de abril de 2005.

GARCIA ALBERO, R.; y Otros; *Curso de Derecho Penitenciario. Adaptado al Nuevo Reglamento Penitenciario de 1996.* Cedecs Editorial S.L., Barcelona 1996.

GARCIA ARAN, M.; «La ejecución penitenciaria en una sociedad cambiante: hacia un nuevo modelo» en *Revista La Ley Penal,* año III, nº 30, septiembre 2006.

GARCIA CASTAÑO, C.; «La Defensa Letrada en Fase Penitenciaria. SOJ Penitenciario y Ley de Asistencia Jurídica Gratuita», en *Derecho Penitenciario II, Cuadernos de Derecho Judicial,* CGPJ, Madrid, 2004.

GARCIA VALDES, C.; «Derecho Penitenciario Español. Notas sistemáticas», en *Comentarios a la Legislación Penal,* dir. por Manuel Cobo del Rosal, coord. por Miguel Bajo Fernández, Edersa, Madrid 1986.

— *Comentarios a la legislación penitenciaria,* 2ª edic., Civitas, Madrid, 1982.

— *Derecho Penitenciario (Escritos 1982-1989),* Ministerio de Justicia, Madrid, 1989.

GIMENEZ-SALINAS COLOMER, E.; «Autonomía del Derecho Penitenciario. Principios informadores de la LOPJ» en *Derecho Penitenciario, Cuadernos de Derecho Judicial,* C.G.P.J., Madrid 1995.

GOMEZ ORBANEJA V., y HERCE QUEMADA E.; *Derecho Procesal Civil,* vol. I «Parte General», 8ª edic., Madrid 1979.

— *Derecho Procesal Civil II, Juicios y procedimientos especiales, ejecución procesal, jurisdicción voluntaria,* 8ª edic., Madrid, 1979.

— *Derecho Procesal Penal,* 8ª edic., Madrid, 1975.

GOMEZ VILLOSA, C.; «Ejecución de sentencias y el Ministerio Fiscal» en *La Ejecución de la Sentencia Penal,* Cuadernos de Derecho Judicial, CGPJ, Madrid, 1994.

GONZALEZ MONTES, J.L.; «La legitimación en el proceso civil: aspectos generales», en *Intereses colectivos y legitimación activa,* dir. E. Carbonell, coord. R. Cabrera Mercado, Thomson Reuters, Universidad de Jaén, Cizur Menor, 2014.

GONZALEZ RUS, J.J.; «Secuelas colaterales no pretendidas de la L.O. 1/2015, de 30 de mayo, de reforma del Código Penal», en Diario Le Ley nº 8553, Sección Tribuna, 3 de junio de 2015, Ref. D-222, Editorial La Ley.

GUI MORI, T.; *Vademécum de Jurisprudencia Procesal*, Bosch, Madrid, 2014.

GUTIERREZ-ALVI CONRADI, F.; «El Derecho a la defensa y a la asistencia de letrado», en *Derechos Procesales Fundamentales, Manuales de Formación Continuada 22/2004*, CGPJ, Madrid, 2005.

HERNANDEZ GARCIA, J.; «El juicio oral. La prueba», en *Hacia un nuevo proceso penal, Manuales de Formación Continuada 32/2005*, CGPJ, Madrid, 2006.

HERRERO ORTEGA; «Ejecución Penal y procedimiento penitenciario», en *Ministerio Fiscal y sistema penitenciario, Centro de Estudios Jurídicos*, Madrid, 1992.

HINOJOSA SEGOVIA, R.; «Regulación general de la ejecución penal», en *La Ejecución de la Sentencia Penal, Cuadernos de Derecho Judicial*, CGPJ, Madrid, 1994.

JIMENEZ APARICIO, E.; «Sobre el principio de legalidad procesal» en Revista Actualidad Jurídica Aranzadi, año VIII, nº 362, 22-10-1998.

JUANATEY DORADO, C.; *Manual de Derecho Penitenciario*, 3ª edic.,Iustel, Madrid, 2016.

LEAL MEDINA, J.; «La custodia familiar: pasado, presente y futuro de una medida de seguridad insuficientemente regulada y de difícil encaje en el Derecho Penal» en *Diario La Ley* nº 6452, Sección Doctrina, 30 de marzo de 2006, año XXVII, Ref. D-82, Editorial La LEY.

LEGANES GOMEZ, S.; «Clasificación penitenciaria y libertad vigilada», en *Revista La Ley Penal* nº 96-97, septiembre 2012, Editorial LA LEY.

LICATA, F.; «El Principio de Reconocimiento Mutuo y su Desarrollo» en *Cooperación Judicial Penal en Europa*, dir. M. Carmano Ruano y otros, CGPJ, Dykinson, Madrid, 2013.

LOPEZ BENITEZ M.; *Naturaleza y Presupuestos Constitucionales de la Relaciones Especiales de Sujeción*, Universidad de Córdoba, Civitas, Madrid 1994.

— «Prisiones, presos y derecho administrativo», en *Derechos Fundamentales y otros estudios, en homenaje al Prof. Dr. Lorenzo Martín-Retortillo*, vol. II, Zaragoza, 2008.

LORCA NAVARRETE, A. M.; «Algunas cuestiones que plantea el concepto de parte», en Diario de Jurisprudencia El Derecho nº 1773, de 15-4-2003.

LUZON CUESTA J. M.; *Compendio de Derecho Penal. Parte General*, 9ª edic., Dykinson S.L., Madrid, 1997.

— *Compendio de Derecho Penal. Parte General.* 21ª edic., Dykinson, Madrid, 2011.

MAGRO SERVET, V.; «Ante la Reforma de los Juzgados de Vigilancia Penitenciaria», en Revista *Actualidad Penal*, nº 41/10-16 noviembre 1997.

MANZANARES SAMANIEGO, J. L.; «La problemática del Juez de Vigilancia», en *Revista de Estudios Penitenciarios*, núm. 232-235, 1981.

— «Relaciones entre la Administración Penitenciaria y los Jueces de Vigilancia», en *Anuario de Derecho Penal y Ciencias Penales*, Tomo XXXVII, fasc. I, 1984.

MAPELLI CAFFARENA, B.; «La judicialización penitenciaria, un proceso inconcluso» en *Cuadernos de Derecho Judicial, Derecho Penitenciario*, CGPJ, Madrid, 1995.

MARTIN CANIVELL, J.; «Título V: Del Juez de Vigilancia. Introducción», en *Comentarios a la legislación penal*, dir. por Manuel Cobo del Rosal, coord. por Miguel Bajo Fernández, EDERSA, Madrid, 1986.

MARTIN DIZ, F.; *El Juez de Vigilancia Penitenciaria, Garante de los derechos de los reclusos*, Comares, Granada, 2002.

MARTIN OSTOS, J.; *Diccionario de Derecho Procesal*, Astigi, Sevilla, 2001.

MARTINEZ LAZARO, J.R; «Poder Judicial y construcción europea» en *Derecho y Jueces*, año 5, nº 35, Junio-Julio 2006.

MATA y MARTIN, R. M.; *Fundamentos del Sistema Penitenciario*, Tecnos, Madrid, 2016.

MIR PUIG, C.; *Derecho Penitenciario. El cumplimiento de la pena privativa de libertad*, 3ª edic., Atelier, Barcelona, 2015.

MONTERO AROCA, J., GOMEZ COLOMER, A., BARONA VILAR, S., ESPARZA LEIBAR, I., ETXEBERRIA GURIDI, J. F.; *Derecho jurisdiccional, t. III, Proceso Penal*, 24ª edic., Tirant lo Blanch, Valencia, 2016.

MONTERO HERNANZ, T.; *Legislación Penitenciaria Comentada y Concordada*, La Ley, Madrid, 2012.

MORENO CATENA, V.; «El cambio de paradigma y el principio de reconocimiento mutuo y sus implicaciones. Perspectivas del Tratado de Lisboa», en *Cooperación Judicial Penal en Europa*, dir. M. Carmano Ruano y otros, CGPJ, Dykinson, Madrid, 2013.

MORILLAS CUEVA, L.; *Derecho Penal. Parte General. Fundamentos conceptuales y metodológicos del Derecho Penal. La ley Penal.* 2ª ed., Dykinson S.L., Madrid, 2010.

— Prólogo a la Primera Edición de Lecciones de Derecho Penitenciario de Antonio Rodríguez Alonso. Comares. Granada, 1997.

MUÑOZ CONDE F.; GARCIA ARAN M.; *Derecho Penal. Parte General.* 6ª edic. Tirant lo Blanch, Valencia 2004.

NISTAL BURÓN, J.; «El nuevo régimen jurídico de la libertad condicional en la ley orgánica 1/2015, de reforma del código penal. De la teoría penal a la praxis penitenciaria» en *Revista Aranzadi Doctrinal num.5/2015.*

— «Comentario sobre el Acuerdo Plenario nº 2-2015/CIJ-116 de la Corte Suprema de Justicia de la República de Perú en el IX Pleno Jurisdiccional de las Salas Penales Permanente y Transitoria», en *Revista Actualidad Penal nº 26*, agosto 2016.

PAZ RUBIO, J. M.; GONZALEZ-CUELLAR, A.; y otros; *Legislación Penitenciaria. Concordancias, comentarios, y jurisprudencia*, Colex, Madrid, 1996.

PEITEADO MARISCAL, P.; *La ejecución jurisdiccional de las penas privativas de libertad*. Edersa, Madrid, 2006.

PEREZ ESTEBAN, F.; «El Derecho Penitenciario Militar», en *Derecho Penal y Procesal Militar*, CGPJ, Madrid, 1993.

PEREZ-CRUZ MARIN, A. J., y Otros; *Derecho Procesal Penal*, 2ª edic., Civitas, Thomson Reuters, Navarra, 2010.

— «Videoconferencia y proceso penal», en *Revista El Derecho Editores/ Diario de Jurisprudencia El Derecho nº 2182*, de 10 de octubre de 2005.

PEREZ-TEMPLADO JORDAN, J.; «Los recursos ante los Jueces de Vigilancia Penitenciaria», en *Vigilancia Penitenciaria, Poder Judicial nº Especial III*, CGPJ, Madrid, 1988.

RACIONERO CARMONA, F.; «La norma reguladora del procedimiento ante los Juzgados de Vigilancia Penitenciaria», en *Derecho Penitenciario II*; Cuadernos de Derecho Judicial, C.G.P.J., Madrid, 2004.

RAMOS MENDEZ, F.; *El proceso penal. Sexta lectura constitucional*. Barcelona, 2000.

RAMOS, J.; *El tercer grado penitenciario y los Juzgados de Vigilancia*. Diario El País, 29 de octubre de 2003, p. 17.

ROCA MELCHOR, M.; «La Europeización de la Ejecución Penal: Importancia de la Decisión Marco 909 de 2008 del Consejo de la UE», en *Boletín de la Asociación de Técnicos de Instituciones Penitenciarias*, nº 28, 2013.

RODRIGUEZ ALONSO, A.; y RODRIGUEZ AVILES, J. A.; *Lecciones de Derecho Penitenciario (Adaptadas a la normativa vigente)*, 4ª edic., Comares, Granada 2011.

RODRIGUEZ DEVESA, J. M.; *Derecho Penal Español. Parte General*, 12ª edic., Dykinson, Madrid, 1989.

RODRIGUEZ MAGARIÑOS, F. G.; «El Derecho Penitenciario» en *Derecho Penitenciario, enseñanza y aprendizaje*, dir. Rosario de Vicente Martínez, Tirant Lo Blanch, Valencia, 2015.

SAEZ MALCEÑIDO, E.; «La intervención del Ministerio Fiscal en materia de clasificación penitenciaria», Encuentro de jueces de vigilancia penitenciaria, fiscales e instituciones penitenciarias 2013, en *Cuadernos Digitales de Formación nº 15 de 2013*, CGPJ, 2013.

SAINZ CANTERO, J. A., *Lecciones de Derecho Penal. Parte General*, 3ª edic., Bosch, Barcelona, 1990.

SALAT PAISAL, M.; «Libertad Condicional», en *Comentario a la Reforma Penal de 2015*, dir. por G. Quintero Olivares, Aranzadi, Pamplona, 2015.

SANCHEZ YLLERA Ignacio; «Tutela judicial efectiva en prisión. Especial referencia a la asistencia letrada en la jurisdicción de vigilancia penitenciaria» en *Vigilancia Penitenciaria (VI Reunión de Jueces de Vigilancia Penitenciaria y bibliografía)*, CGPJ, Madrid, 1993.

SANZ HERMIDA A. M.; «Extraterritorialidad de la ley penal y jurisdicción», en *Derecho Penal: implicaciones internacionales*, coord. por R. Diego Díaz-Santos y V. Sánchez López; Colex, Madrid, 1999.

SERRANO PATIÑO, J. V.; *Sistema Penitenciario Militar Español*, Premio Nacional Victoria Kent 2012 Segundo Accesit, Ministerio del Interior-Secretaría General Técnica, Madrid, 2013.

SOLAR CALVO, P.; «La libertad condicional antipenitenciaria. Comentario al Auto del JVP nº 5 de Madrid de 3 de noviembre de 2016» en *Diario La Ley* nº 8873, Sección Tribuna, 29-11-2016, Ref. D-417.

TAMARIT SUMALLA, J. M.; SAPENA GRAU, F.; GARCIA ALBERO, R.; *Curso de Derecho Penitenciario. Adaptado al Nuevo Reglamento Penitenciario de 1996.* Cedecs Editorial, Barcelona 1996.

TELLEZ AGUILERA, A.; «Aproximación al Derecho Penitenciario de algunos países europeos» en *Boletín de Información del Ministerio de Justicia* nº 1818, de 1 de abril de 1998.

— «El procedimiento ante los Juzgados de Vigilancia Penitenciaria», en *Estudios acerca de la reforma de la Justicia en España*, t. II, Real Academia de Jurisprudencia y Legislación y Ministerio de Justicia, Madrid, 2004.

— «La necesaria reforma de la Ley Penitenciaria», en *Derecho Penitenciario: incidencias de las nuevas modificaciones*. CGPJ, Madrid, 2007.

— *El control jurisdiccional en el Derecho Penitenciario español*. Congrés Penitenciari Internacional: La funció social de la política penitenciària. Barcelona, 2006.

TORRECILLA COLLADA, M. P.; «El Juez de Vigilancia Penitenciaria. Aspectos procesales y de competencia» Encuentro de Jueces y Fiscales de Vigilancia Penitenciaria, en *Cuadernos Digitales de Formación* nº 23 de 2015, Consejo General del Poder Judicial.

TRUYOL Y SERRA A.; *Los Derechos Humanos*, 2ª edic., Tecnos, Madrid, 1977.

VALENCIA MIRON, A. J.; *Introducción al Derecho Procesal*, 9ª edic., Granada 2005.

VERGER GRAU, J.; «Derecho a un Proceso Público», en *Derechos Procesales Fundamentales, Manuales de Formación Continuada 22/2004*, CGPJ, Madrid, 2005.

WEXLER, D. B.; y CALDERON, J.; «El Juez de Vigilancia Penitenciaria: Un modelo para la creación de juzgados de reinserción en las jurisdicciones angloamericanas en aplicación de los principios del "derecho terapéutico"» en *Revista Española de Investigación Criminológica*, REIC AC-01-04.

VV. AA.

— *Anteproyectos de ley para un nuevo proceso penal*, edita Ministerio de Justicia, Secretaría General Técnica, Madrid, 2011.

— *Conclusiones Vigilancia Penitenciaria. Criterios de actuación, conclusiones y acuerdos aprobados por los Jueces de Vigilancia Penitenciaria en sus 16 reuniones celebradas entre 1981 y 2007*; CGPJ, Madrid, 2008.

— Jueces de Vigilancia. Comunicación de la Presidencia del Tribunal Supremo a los Jueces de Vigilancia Penitenciaria, en *Revista Poder Judicial (Primera época)* nº 1, 1981.

— *Jurisprudencia Penitenciaria 2005*, Ministerio del Interior, Dirección General de Instituciones Penitenciarias, Madrid, 2006.

— *Jurisprudencia Penitenciaria 2006*, Ministerio del Interior, Dirección General de Instituciones Penitenciarias, Madrid, 2007.

— *Jurisprudencia Penitenciaria 2008*, Ministerio del Interior, Secretaría General de Instituciones Penitenciarias, Madrid, 2009.

— *Jurisprudencia Penitenciaria 2013*, Ministerio del Interior, Secretaría General de Instituciones Penitenciarias, Madrid, 2014.

— *Ley Orgánica General Penitenciaria. Trabajos Parlamentarios*, Cortes Generales, Servicio de Estudios y Publicaciones, edic. preparada por el Letrado D. Fernando Sainz Moreno, Madrid 1980.

— *Memoria elevada al Gobierno de S. M. en la Solemne Apertura de los Tribunales, el día 15 de septiembre de 1982 por el Fiscal General del Estado, Excmo. Sr. D. José María Gil-Albert y Velarde.* Instituto Editorial Reus. Madrid.

— *Novísima Recopilación* (1850), Libro XII, Título XXXIX, Ley I. Vid. Los Códigos españoles, concordados y anotados, tomo X, Madrid.

— *Proyecto de Ley Orgánica reguladora del procedimiento ante los Juzgados de Vigilancia Penitenciaria.* Boletín de Información del Ministerio de Justicia, año LI, suplemento al núm. 1797, de 15-5-1997.

— *Vigilancia Penitenciaria (VIII Reunión de Jueces de Vigilancia Penitenciaria)*, CGPJ, Madrid, 1996,

— VII Reunión celebrada en Madrid, en septiembre de 1993. Criterios publicados como Anexo VIII en el Boletín de Información del CGPJ de marzo de 1994.

SITIOS WEB CONSULTADOS

— «*http://www.unhchr.ch/htlm/menu3/b/h comp34.htm*»

— «*http://www.un.org/*»

— «*http://untreaty.un.org/*»

— «*http://www.coe.int/*»

— «*http://www.soleis.adv.br*»

— «*http://www.legifrance.gouv.fr*»

— «*http://www.justice.gouv.fr*»

— «*http://ec.europa.eu/civiljustice/org_justice/org_justice_pol_es.htm*»

— «*http://www.juris.de*»

— «*http://www.jusline.de*»

— «*http://bundesrecht-juris.de*»
— «*http://www.irm.gov.hu/*»
— «*http://www.bvop.hu/?mid=26&lang=en*»
— «*http://www.kalejimudepartamentas.lt/?item=sk_ist&lang=3*»
— «*http://www.sisej.com/documentos/nueva-oficina-judicial/doc_view/1269-protocolo-de-actuacion-de-oficinas-judiciales-delegadas-en-centros-penitenciarios*»
— «*http://www.magistratura.es/component/content/article/165-declaracion-de-profesores-universitarios-procesalistas*»
— «*http://andresdelaoliva.blogspot.com.es/2011/12/las-resoluciones-de-los-secretarios.html*»
— «*https://www3.poderjudicial.es/cgpj/es/Temas/Formacion-Judicial/Formacion-continua-/Encuentros-de-jueces/Conclusiones-de-la-XIX-Reunion-de-Magistrados-as-de-Vigilancia-Penitenciaria–Gran-Canaria–del-24-al-26-de-mayo-de-2010*»
— «*http://www.mjusticia.gob.es/cs/Satellite/es/1215198252237/ALegislativa_P/1288774452773/Detalle.html#id_1288788482721*»
— «*http://www.mjusticia.gob.es*»
— «*http://twitter.com/justiciagob*»
— «*https://www.fiscal.es/fiscal/publico/ciudadano/fiscal_especialista/vigilancia_penitenciaria/documentos_normativa/*»
— «*https://www.fiscal.es/fiscal/PA_WebApp_SGNTJ_NFIS/descarga/memoria2012_vol1_fge_11.pdf?idFile=943aaf28-bc0e-4fb4-9e12-b5509e06813a*»
— «*http://www.cej-mjusticia.es/cej_dode/doc_users/pdf/nueva_oficina_judicial/NOJ/ORGANIZACION_DE_LA_FISCALIA_CON_LA_NUEVA_OFICINA_JUDICIAL.pdf*»
— «*https://www.administraciondejusticia.gob.es/paj/PA_WebApp_SGNTJ_NPAJ/descarga/NL%20ESPECIAL%20OFICINA%20FISCAL.pdf?idFile=f8ce47e6-f22f-4961-9549-9d93229ed67a*».
— «*http://curia.europa.eu/juris/liste.jsf?language=es&num=C-411/10*»
— «*http://www.mjusticia.gob.es/cs/Satellite/es/1215197775106/Medios/1288778173060/Detalle.html*»
— «*http://www.institucionpenitenciaria.es/web/portal/documentos/instrucciones/*»
— «*http://www.juntadeandalucia.es/organismos/justiciaeinterior/actualidad/noticias/detalle/103659.html*»
— «*http://www.derechopenitenciario.com/noticias/noticia.asp?id=5975*»
— «*http://www.institucionpenitenciaria.es/web/export/sites/default/Noticias/Carpeta/Circular_I-4-2015.pdf*»
— «*http://eur-lex.europa.eu/legal-content/EN/TXT/?uri=CELEX:32008F0947*»
— «*http://www.institucionpenitenciaria.es/web/portal/documentos/instrucciones/index.html?pagina=2*»
— «*http://www.derechopenitenciario.com/doctrina/doctrina-res.asp?titulo=&autor=&f_desde=&f_hasta=&referencia=&id_voz=14&buscar=S*»

Made in United States
Troutdale, OR
01/25/2026

46111867R00325